21世纪本科金融学名家经典教科书系

天津市精品课程教材

投 资 学

（第四版）

主　编　张元萍
副主编　杨　哲　黄树青

中国金融出版社

责任编辑：王　君
责任校对：潘　洁
责任印制：丁淮宾

图书在版编目（CIP）数据

投资学/张元萍主编 . —4 版 . —北京：中国金融出版社，2022.2
（21 世纪本科金融学名家经典教科书系）
ISBN 978 – 7 – 5220 – 1460 – 9

Ⅰ. ①投… Ⅱ. ①张… Ⅲ. ①投资经济学—高等学校—教材 Ⅳ. ①F830.59

中国版本图书馆 CIP 数据核字（2022）第 018109 号

投资学（第四版）
TOUZIXUE（DI-SI BAN）

出版	中国金融出版社
发行	

社址　北京市丰台区益泽路 2 号
市场开发部　（010）66024766，63805472，63439533（传真）
网 上 书 店　www.cfph.cn
　　　　　　（010）66024766，63372837（传真）
读者服务部　（010）66070833，62568380
邮编　100071
经销　新华书店
印刷　河北松源印刷有限公司
尺寸　185 毫米 × 260 毫米
印张　26.25
字数　578 千
版次　2007 年 9 月第 1 版　2013 年 1 月第 2 版
　　　2018 年 2 月第 3 版　2022 年 4 月第 4 版
印次　2022 年 4 月第 1 次印刷
定价　63.00 元
ISBN 978 – 7 – 5220 – 1460 – 9
如出现印装错误本社负责调换　联系电话（010）63263947

21世纪高等学校金融学系列教材编审委员会

顾　　问：
吴晓灵（女）　清华大学五道口金融学院　教授　博士生导师
陈雨露　中国人民银行　党委委员　副行长
王广谦　中央财经大学　教授　博士生导师

主任委员：
郭建伟　中国金融出版社　总编辑
史建平　中央财经大学　教授　博士生导师
刘锡良　西南财经大学　教授　博士生导师

委员：（按姓氏笔画排序）
丁志杰　对外经济贸易大学　教授　博士生导师
王爱俭（女）　天津财经大学　教授　博士生导师
王效端（女）　中国金融出版社　副编审
王　稳　对外经济贸易大学　教授　博士生导师
王　能　上海财经大学　美国哥伦比亚大学　教授　博士生导师
王　聪　暨南大学　教授　博士生导师
卞志村　南京财经大学　教授　博士生导师
龙　超　云南财经大学　教授
叶永刚　武汉大学　教授　博士生导师
邢天才　东北财经大学　教授　博士生导师
朱新蓉（女）　中南财经政法大学　教授　博士生导师
孙祁祥（女）　北京大学　教授　博士生导师
孙立坚　复旦大学　教授　博士生导师
李志辉　南开大学　教授　博士生导师
李国义　哈尔滨商业大学　教授
杨兆廷　河北金融学院　教授
杨柳勇　浙江大学　教授　博士生导师
杨胜刚　湖南大学　教授　博士生导师
汪　洋　江西财经大学　教授　博士生导师
沈沛龙　山西财经大学　教授　博士生导师
宋清华　中南财经政法大学　教授　博士生导师

张礼卿　中央财经大学　教授　博士生导师
张成思　中国人民大学　教授　博士生导师
张　杰　中国人民大学　教授　博士生导师
张桥云　西南财经大学　教授　博士生导师
张志元　山东财经大学　教授
陆　磊　国家外汇管理局　副局长
陈伟忠　同济大学　教授　博士生导师
郑振龙　厦门大学　教授　博士生导师
赵锡军　中国人民大学　教授　博士生导师
郝演苏　中央财经大学　教授　博士生导师
胡炳志　武汉大学　教授　博士生导师
胡金焱　山东大学　教授　博士生导师
查子安　金融时报社　总编辑
贺力平　北京师范大学　教授　博士生导师
殷孟波　西南财经大学　教授　博士生导师
彭建刚　湖南大学　教授　博士生导师
谢太峰　首都经济贸易大学　教授　博士生导师
赫国胜　辽宁大学　教授　博士生导师
裴　平　南京大学　教授　博士生导师
潘英丽（女）　上海交通大学　教授　博士生导师
潘淑娟（女）　安徽财经大学　教授
戴国强　上海财经大学　教授　博士生导师

主编简介

张元萍，女，天津财经大学金融学院教授，博士生导师。天津数量经济学会常务理事、天津市金融学会理事、金融工程学会理事。主要研究领域为金融投资与融资、金融工程、量化投资等。为本科生、研究生开设投资理论与实务、金融衍生工具、投资学、数理金融、量化投资等课程。曾在各种刊物上公开发表论文 80 篇，主编、参编各种著作 30 部，自 1999 年起享受国务院政府特殊津贴。

第四版前言

《投资学》教材又经过了三年的教学和实践，得到了各校师生的支持和鼓励。三年来，证券市场改革亮点频出，科创板和北京证券交易所落地、新证券法实施、新三板精选层推出及转板制度建立、首只 CDR（中国存托凭证）股票发行上市等，为本次教材修订增添了素材。相关学习资料、网络资源通过二维码提供给学生，便于实现课堂翻转，师生互动互学。此外，还更新了部分教学案例。

此次修订有以下几个方面：

1. 根据新证券法，对核心内容进行修订，即证券的发行由"核准制"改变为全面推行"注册制"；不再强调盈利能力，降低上市门槛；强化了上市公司董监高的信息披露职责，强化证券交易所对信息披露的监管职能；重视投资者保护，引入"代表人诉讼"制度；大幅提高违法成本，加大对市场参与主体的处罚力度等。

2. 运用二维码将有关教学资料提供给师生，教学课件挂在中国金融出版社网站，方便教学和交流；便于课上课下结合，师生互动互学。

3. 结合教学丰富和更新了相关的教材案例。本书此次修订由天津财经大学张元萍教授任主编，天津财经大学杨哲、黄树青任副主编。天津财经大学杨哲、张元萍修订第一章、第二章、第四章，天津财经大学周远、杨哲修订第三章，天津财经大学郗文泽、任雅婷修订第五章、第六章、第七章，黄树青、任雅婷修订第八章、第九章。

在本书修订过程中，许多教师在疫情期间用各种方式提供了宝贵的意见和建议，在此表示深深的谢意。我们也衷心感谢中国金融出版社的编辑为本书的出版付出的心血。

编　者

二〇二二年三月

第三版前言

《投资学》教材又经过了 5 年的教学和实践，在多所学校教学中使用，受到了广大师生的欢迎。5 年来，国际、国内资本市场迅速发展，无论是在市场结构拓展方面还是在金融产品创新以及交易方式技术手段等方面都发生了深刻的变化。这为本教材的修订提供了丰富的理论内涵和实践素材。

本书此次修订有以下几个方面：

1. 紧密追踪国内外资本市场的发展进程，增加了近年来资本市场新的交易品种和新的监管措施等内容。

2. 在体例上做了较大的调整。正文每章开篇有本章学习目标、知识结构图，文中对重点关键词给予了明确标注，章末有本章小结、重点概念、思考与练习，列主要参考文献。便于学生更明确地掌握学习重点。

3. 结合互联网上大量的信息资源，对知识拓展、案例分析、互动交流等，使用网络资源进行链接。丰富了教学内容，使学生更容易开阔眼界，学习更多的课外知识。

本书此次修订由天津财经大学张元萍教授任主编，天津财经大学黄树青教授任副主编。张元萍、刘畅修订第一章，张元萍、马小林修订第二章，张元萍、闫瑜洁修订第三章，张元萍、秦畅修订第四章，天津财经大学杨哲、韩暄、崔建修订第五章，杨哲、陈昱颖修订第六章，杨哲、赵越修订第七章，黄树青、关耀达、刘庆修订第八章，黄树青、江波、李振梁修订第九章。

在本书修订过程中，许多经验丰富的教师提供了宝贵的意见，在此表示深深的谢意。我们也衷心感谢中国金融出版社的编辑为本书的出版付出的心血。

编　者

二〇一七年十月

第二版前言

《投资学》出版5年来，国际经济形势发生了重大变化，美国次贷危机、欧洲主权债务危机、全球金融风暴席卷整个世界，并不断扩散。在金融危机的背景下，如何把握投资机会，怎样选择投资品种，创建哪种投资组合能够有效地规避投资风险等一系列问题摆在我们面前，需要实践的探索和科学的解释。

近年来，我国资本市场也有了长足的发展。创业板的推出、融资融券业务的开展及国际板的日渐成熟，为投资学的教学提供了丰富的实践素材。

本书的修订是在总结近年来国内外投资理论和实践发展的基础上，结合我国出台的投资政策，针对本科生教学的特点，进行了较大规模的修改。

在本书的写作过程中，参考了国内外专家学者相关的研究成果，得到中国金融出版社的支持和帮助，感谢教材编辑一部王效端主任的大力协助，在此一并致谢。各章修订人员：第一章张元萍、王欣，第二章、第三章张元萍、温萍，第四章刘敬、杨哲，第五章黄树青、张文，第六章金曦、周祥，第七章李胜歌、周祥，第八章黄树青、孙璐璐，第九章黄树青、滕振国，全书由张元萍总撰定稿。

本书的网络资源包括教学课件、各章习题及答案、知识扩展、案例分析、实验软件、优秀作业展示、答疑互动等，请登录天津财经大学教务处及天津市精品课程《投资学》网络资源板块下载。

编　者

二〇一二年八月

第一版前言

近几年来，无论从国际范围来看还是从中国国内来看，投资理论都非常活跃，也有很大的发展。现代投资理论一般以马柯维茨于1952年发表的投资组合选择理论为起点，把数理工具引入了金融研究。1958年，莫迪利安尼和米勒发表的研究企业资本结构和企业价值关系的MM理论，首次采用了无套利均衡分析方法，使投资学的研究从方法论的角度与一般经济学的研究相分离。上述两项研究成果均获得诺贝尔经济学奖，对投资学具有奠基性意义。

本书将投资学、行为金融学、数理金融学等内容结合起来，全面、准确地分析了投资工具及资本市场的基本结构、投资风险和收益的计量、投资分析方法以及投资组合的相关理论和实务；从投资活动全球化、衍生化、虚拟化的独特视角，对国内外最新学术观点进行了深入细致的评述；系统梳理了现代投资学的理论和方法，并对当前投资实务中的热点问题进行了全面剖析；借助现代投资组合模型，通过提供一个完整的框架来揭示资本市场的关联机制，体现了理论和应用的创新。

本书总结归纳了国内外的实践成果，将投资视为一个连续不断的过程，从实际操作者的角度，探讨了实际运行中可能出现的各种问题，并努力寻求问题的答案，具有鲜明的实用性，使读者不仅能了解理论，更掌握了投资实务。本书语言朴实、简明易懂，巧妙地将一些数学问题通过实际案例自然地表述出来，使读者易于理解和掌握。

本书整体来说有如下几个特点：

特点之一，体系完整，线条清楚，结构严谨。目前，投资学从内容、方法到工具，都已经形成了自己独有的学科特色，真正作为一门独立的学科在发展。到20世纪七八十年代，投资学的基本理论框架已经确立，有效市场假设（EMH）和不完全市场一般均衡理论等重要研究成果纷纷问世，许多重要的理论成果经过反复的辩驳和大量的实证检验，验证了其内在逻辑体系的一致性。马柯维茨在投资组合选择理论中开始将数量化研究和无均衡套利分析思想相结合，酝酿了后续一系列重大的投资学理论突破，包括资本资产定价模型（CAPM）、套利定价理论（APT）以及行为金融学。本书系统地介绍了现代投资学的基本理论、基本观点和基本方法，逻辑严密，层次清晰，既体现了扎实的基础理论功底，又展示了现代投资理论及实践的最新发展趋势和成果，实现了基础性和前瞻性的统一。

特点之二，连通理论与实践，促使两者相互转化，实用性强。投资学的理论和金融市场的实践是平行发展的，二者之间又紧密地结合并产生了深刻的交互影响。本书的逻辑体系具有鲜明的本土适应性，充分结合中国特点，联系中国投资的内外部环境进行论述，使理论阐述与实际操作达到统一，便于引导读者在学以致用上下功夫。

特点之三，内容全面，分析具体。观点的表述脉络清晰，力图从历史、理论和现实层面对现代投资问题加以深刻剖析。全书以现代经济全球化、金融一体化为背景，分析投资在整个现代经济运行中的地位与作用，对相互制约的各种关系给予深入的说明和阐释。

特点之四，生动鲜明，易于互动。本书配有多媒体网络教学光盘，形象逼真地将投资学的内容展现出来，运用知识扩展模块更新知识，并在能力训练和自我测试模块中提供答案，使读者得以方便地进行课外学习。

在本书的写作过程中，参考了国内外专家学者相关的研究成果，得到了中国金融出版社的支持和帮助，在此一并致谢。各章编写分工如下：第一、第二章由张元萍编写，第三章由张元萍、高鑫生编写，第四章由刘敬编写，第五章由邢恩泉编写，第六章由金曦编写，第七章由李吉栋编写，第八章由张惠敏、赵子臣编写，第九章由张元萍、李晶编写。光盘制作由张元萍、刘昱、李晶完成。全书由张元萍总撰定稿。本教材适用于本科高年级学生、研究生、MBA、在职硕士研究生使用。

由于作者水平所限，本书结构和内容方面难免存在不当之处，恳请读者批评指正。

编　者
2007 年 5 月

目 录 Contents

1	**第一章 投资概述**
1	★本章知识框架　★本章学习目标
2	第一节　投资的相关机理
2	一、投资的概念
3	二、投资与投机
5	三、金融投资和实物投资的区别与联系
6	四、金融投资的功能
7	第二节　投资环境与投资过程
7	一、证券市场参与者
7	二、证券市场的结构划分
10	三、证券市场的交易机制
13	四、报价方式
14	五、投资过程
16	第三节　有效市场理论与面临的挑战
16	一、有效市场理论及分类
18	二、研究有效市场的意义
19	三、对市场有效性的检验
20	四、有效市场理论面临的挑战
21	五、行为金融学与投资
26	第四节　金融投资活动的发展趋势
26	一、投资活动的资产证券化趋势
28	二、投资活动的国际化趋势
29	三、投资活动的量化趋势
32	案例分析　　31　本章小结
36	能力训练　　32　关键术语
38	参考资料

39	**第二章 投资收益率与利率期限结构**
39	★本章知识框架　★本章学习目标
39	第一节　债券投资的收益率
40	一、债券的息票率
41	二、到期收益率
42	三、当期收益率
42	四、年最终收益率
44	五、债券持有期间收益率
44	六、剩余期限不到1年的贴现债券（或零息票债券）的年最终收益率
45	第二节　股票投资的收益率衡量指标
46	一、普通股每股净收益（EPS）
48	二、普通股每股现金流量
48	三、股息实得率
48	四、持有期收益率
49	五、股价收益率或市盈率（PER）
50	六、股价对现金流量的比率（PCFR）
50	七、每股净资产
51	八、股价对净资产的倍率（PBR）
51	第三节　即期利率与远期利率
51	一、即期利率和折现因子
52	二、远期利率
53	第四节　利率的风险结构与期限结构
53	一、利率的风险结构
54	二、利率的期限结构
58	案例分析　　58　本章小结

62	能力训练	58	关键术语
64	参考资料		

65　第三章　固定收益证券理论与实务

65　★本章知识框架　★本章学习目标
65　第一节　固定收益证券概述
66　　一、债券的含义和构成要素
67　　二、债券的性质和特征
68　　三、债券的种类
77　第二节　债券属性与价值分析
77　　一、到期时间
78　　二、息票率
78　　三、债券的内含条款
80　　四、税收待遇
80　　五、流动性
80　　六、违约风险
81　第三节　债券定价原理
81　　一、债券定价的五个原理
82　　二、久期
86　　三、凸性
86　　四、债券凸性与麦考利久期之间的关系
87　　五、运用久期和凸性进行资产负债管理
90　第四节　债券组合管理
91　　一、消极管理策略
96　　二、积极管理策略

102	知识拓展	104	案例分析
101	本章小结	107	能力训练
102	关键术语	111	参考资料

112　第四章　股票投资理论与实务

112　★本章知识框架　★本章学习目标
113　第一节　股份公司与股票
113　　一、股份公司的特征、种类及设立条件
115　　二、股票的特征与种类

123　第二节　股票发行与交易
123　　一、股票发行的条件
125　　二、股票发行的程序
126　　三、股票发行的方式
127　　四、证券交易
137　第三节　股票价格指数
137　　一、股票价格及其影响因素
140　　二、股票价格指数的编制方法
143　　三、我国主要的股价指数
144　　四、国际主要股票市场及其价格指数
147　第四节　股票的投资价值分析
147　　一、股票价值的概念
148　　二、股票投资价值的影响因素
149　　三、股票内在价值的计算方法
158　　四、其他投资工具的投资价值分析

163	知识拓展	164	案例分析
161	本章小结	166	能力训练
163	关键术语	169	参考资料

170　第五章　证券投资基金理论与实务

170　★本章知识框架　★本章学习目标
170　第一节　证券投资基金概述
170　　一、证券投资基金的概念与特点
172　　二、证券投资基金的发展沿革
178　　三、证券投资基金的种类
186　第二节　证券投资基金理论
186　　一、公司型开放式基金——共同基金的治理结构
188　　二、信托型开放式基金的治理结构
189　　三、我国证券投资基金的参与主体
192　第三节　证券投资基金实务
192　　一、证券投资基金的运行过程
197　　二、证券投资基金的估值与定价、费用成本、收益组成与收益分配以及业绩评估

214	知识拓展	216	案例分析
213	本章小结	220	能力训练

214	关键术语 223 参考资料		274	第三节 套利定价理论
			274	一、套利机会与套利行为
225	**第六章 证券投资组合理论**		275	二、套利定价理论的基本假设
225	★本章知识框架 ★本章学习目标		276	三、套利证券组合
225	第一节 证券投资组合收益率和风险的测度		277	四、套利定价线
			280	五、套利定价理论和资本资产定价模型的一致性
226	一、证券投资组合收益率的测定			
228	二、证券投资组合风险的测定		284	案例分析 283 本章小结
233	三、风险的划分及衡量		288	能力训练 284 关键术语
236	第二节 证券投资组合理论的基本模型		294	参考资料
236	一、假设			
236	二、无差异曲线		296	**第八章 投资信息披露的监控与分析**
237	三、有效集			
238	四、最优证券投资组合的确定		296	★本章知识框架 ★本章学习目标
239	第三节 无风险借贷对有效集的影响		297	第一节 信息披露监控的意义与内容
239	一、无风险资产的定义		297	一、信息披露制度及其起源
239	二、引入无风险贷出对有效集的改进		298	二、信息披露的必要性
243	三、引入无风险借入对有效集的改进		299	三、信息披露制度的基本要求
245	四、同时允许投资者无风险借入和贷出时对有效集的改进		300	四、各国信息披露制度的要求与规范
			303	五、信息披露的内容
249	案例分析 246 本章小结		308	六、规范信息披露的监控框架
253	能力训练 249 关键术语		310	七、证券投资相关法律法规修订的主要内容
258	参考资料			
			312	第二节 上市公司信息分析
260	**第七章 资本资产定价模型与套利定价理论**		312	一、审计意见的分析
			318	二、会计报表项目的分析
260	★本章知识框架 ★本章学习目标		323	三、其他信息的分析
260	第一节 资本资产定价模型		324	第三节 信息披露及投资行为效应
261	一、资本资产定价模型的假设		324	一、公开信息的测度
261	二、分离定理		325	二、市场对公开信息反应的调整速度
262	三、市场组合		326	三、信息披露的时间效应
263	四、资本市场线		329	案例分析 327 本章小结
264	五、证券市场线（SML）		332	能力训练 329 关键术语
268	第二节 因素模型		335	参考资料
268	一、单因素模型			
271	二、多因素模型		336	**第九章 投资分析、策略与监管**
273	三、因素模型与均衡		336	★本章知识框架 ★本章学习目标

336	第一节 投资分析		368	二、独立董事制度
337	一、基本分析法		375	三、集团诉讼制度
350	二、技术分析法		382	案例分析
359	第二节 投资策略		388	能力训练
359	一、影响投资策略的因素		392	参考资料
360	二、投资策略分类			
361	三、常用的投资方法		379	本章小结
365	第三节 证券市场监管		381	关键术语
365	一、证券市场监管概述			

393 参考文献

第一章
投资概述

【本章知识框架】

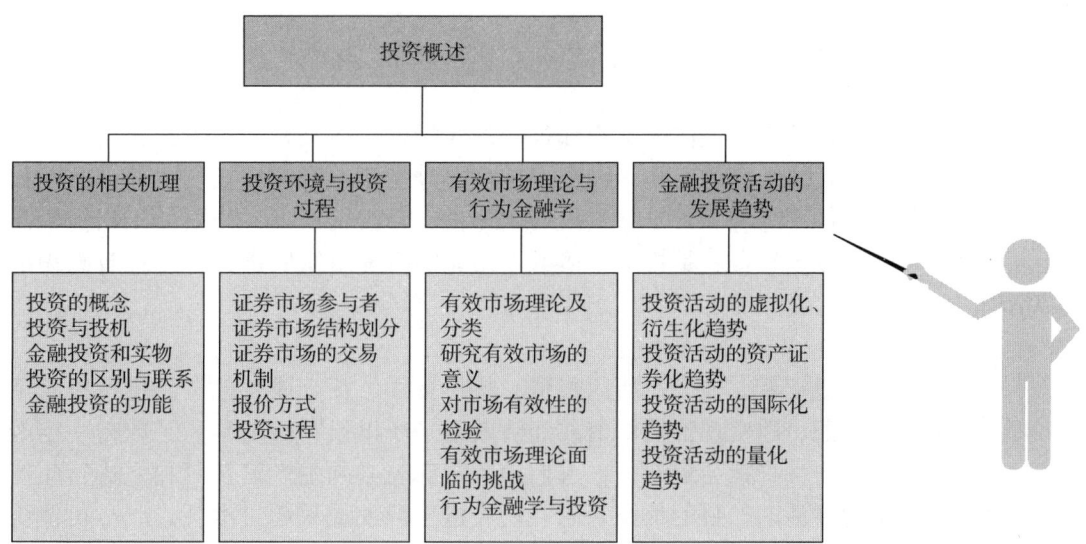

【本章学习目标】

1. 掌握投资的概念内涵，正确认识投机与投资的区别；
2. 掌握金融投资的环境要素构成；
3. 了解有效市场理论的发展沿革；
4. 了解金融投资活动的发展趋势。

第一节 投资的相关机理

一、投资的概念

投资学是系统、科学地研究投资过程和投资行为的应用科学。

威廉·F. 夏普等在其所著的《投资学基础》中将投资表述为：投资是为未来收入货币而奉献当前的货币。[①] 汉姆·列维在《投资学》中将其定义为：利用金融资本努力创造更多的财富。[②] 可见，投资的特点包括：（1）投资是现在投入一定价值量的经济活动；（2）投资具有时间性；（3）投资是为了获得经济效益；（4）投资具有风险性，即不确定性。

{ 综合起来，我们一般将投资定义为：投资是指经济主体将一定的资金或资源投入某项事业，以获得未来经济效益的经济活动。

一项投资事业往往涉及最基本的三个方面：投资主体、投资目的和投资形式。

（一）投资主体

投资活动是由一定的投资主体来承担和推动的，投资主体又称投资者或投资方，是责任体、权利体、利益体结合的产物。投资主体有多种类型，有政府投资主体、企业投资主体、个人投资主体，等等。正是这些投资主体推动着投资活动，使之处于川流不息的运动循环之中。所以，投资就是投资主体或人格化的投资组织所进行的一种有意识的经济活动。

（二）投资目的

不管什么类型的投资者，他们之所以投资，垫付货币、资金或其他资源进行投资活动，都具有明确的目的，即实现价值增值或经济效益。所以投资活动是为了取得一定经济效益的活动。在任何一种社会形态下，人们为了生存就必须生产消费资料，进行生产活动，而任何一项生产活动的目的都是采取一切先进手段使成果超过消耗，以尽可能少的投入获取尽可能多的产出。投资活动是经济活动中最注重经济效益的活动，经济效益是投资活动的出发点和归宿。

（三）投资形式

投资活动由于投资主体、投资领域、投资目的不同，投资形式也是多种多样的，大体分为直接投资和间接投资。直接投资的实质是资金所有者与使用者的统一，是资产所有权与资产经营权的统一。与直接投资相比，间接投资形成的是金融资产，而非实物资产。

{ 直接投资是指投资者直接将资金投入投资项目，用于购买固定资产或流动资产形成企业实物资产的投资。直接投资者可以进行或参与企业的经营管理，并通过直接占有并经营企业资产而获得收益。

---

① [美] 威廉·F. 夏普等. 投资学基础（第三版）[M]. 赵锡军等译. 北京：电子工业出版社，2004.
② [美] 汉姆·列维. 投资学 [M]. 任淮秀等译. 北京：北京大学出版社，2004.

由此可见，投资是投资主体、投资目的、投资方式和行为内在联系的统一，也就是说，投资是要素投入权、资产所有权、收益占有权的统一。

> 间接投资则是用于购买各种证券形成金融资产的投资，是指投资者不直接投资兴办企业，而是将货币资金用于购买证券（包括股票和债券）和提供信用所进行的投资。

"三权"统一的本质特征是明确的，这是因为以下几个原因。（1）"三权"统一的特征适用于商品市场经济的一切时空。从时间上看，无论是商品经济发展的低级阶段还是高度发达的市场经济阶段，投资都是"三权"的统一；从空间上看，无论是在中国还是外国，投资也都是"三权"的统一。（2）"三权"统一的特征适用于任何投资种类和形式。尽管投资的类型多种多样，投资的形式千差万别，但它们都是"三权"的统一。（3）"三权"统一的特征贯穿于投资运动的全过程。从投入要素形成资产开始到投入生产，产出成果，最后凭借对资产的所有权获取收益，实际上也是投资"三权"统一的过程。（4）"三权"统一的特征是投资区别于其他经济活动的根本标志。投资的这种本质特征决定着投资的目的和动机，规定着投资的发展方向，决定着投资的运动规律。这些都使投资与其他经济活动区别开来，从而构成独立的经济范畴和研究领域。

二、投资与投机

长期以来，在中国人的传统观念中，"投机"一直是个不光彩的贬义词，人们往往认为不付出辛勤劳动，通过单纯买卖而获利的投机行为是不道德的。然而，投机可指从不断的买卖（价格变动）中获利，它是一个经济学的概念。

> 经济学所说的投机，是指投机者为了获利而依据其对市场价格波动的预期而进行的各种买卖活动。

（一）投机的特点与功能

1. 投机的特点。

（1）投机有很大的风险性。投机的本质是为了获利，是为了以最小的投资获取最大的利润，而能否获利则取决于投机者对市场价格的未来预期是否准确。在市场经济条件下，未来价格受多种因素的影响，具有极大的不准确性，投机者判断的准确程度取决于对各种信息掌握的程度。一个投机者要掌握有关市场变化的完全信息几乎是不可能的，因为有关信息的获取、处理、判断等活动都必须付出宝贵的资源。由于时间、智力、财力有限，投机者只能将它们投入最重要的信息上去，而不得不放弃重要性不大的信息。对市场信息把握准确，他就获利；把握不准确，他就亏损。因此，投机者从事投机活动具有很大的风险性。

（2）投机可能获得高额的利润。历史经验表明，投机行为成功往往能带来可观的利润，正是这种低投资的高额利润吸引着那些勇敢而自信的投机者屡屡冒险。

2. 投机的经济功能。投机是促成市场流动的基本组成部分，在市场经济中发挥着不可或缺的功能。它在与投资和其他经济活动正确结合、相互作用的条件下，不仅对市场无害，而且有一定的积极作用，这在期货市场、外汇市场上表现得尤为明显。没有投机行为，这些市场将难以正常运行，也发挥不出它们应有的市场作用。具体来说，投机的经济功能主要表现在以下几点。

（1）承担交易风险。在证券和期货市场上，投机者是和保值者相辅相成的。保值者是"不求有功，但求无过"，为避免价格波动带来的损失而交易的投资者。保值者的目的是为了获得合理的正常的稳定经营收入，因此他们往往利用套期保值的方式规避风险。而投机者则是专门承担价格波动风险的，以期通过风险来赚钱。投机者承受风险才能使保值者顺利避险。

（2）促进价格平衡。在正常情况下市场价格是随着供求关系的变化而上下波动的，供过于求则价格下降，供不应求则价格上升。而投机者所遵循的原则是低价买、高价卖，当市场供大于求时，价格很低，投机者大量低价购进，吸收剩余，实际上是增加了市场需求，减小了供求缺口，使价格回升；而当供不应求时，价格很高，投机者大量卖出，客观上增加了市场供给，消除部分短缺，同样减少供求缺口，使价格回落。所以，投机行为可以缓和价格波动，创造一个价格平衡的市场环境。

（3）活跃市场交易。这一功能体现在一个市场能够迅速地向某一个买方或卖方提供他们的交易对象，还要在不发生过度价格波动的情况下，有承受交易的能力，使大量的交易迅速完成。投机活动在证券、外汇、期货市场上能起到催化与润滑作用，使市场活跃起来，增加市场的流动性。因为投机者的目的就是在短期内追求暴利，不求稳妥，追求"一旦成功"。他们投入相当的资金积极进行"买空""卖空"，买卖数量大，交易频繁，消息传递快，能降低交易成本；如果没有投机行为，保值性投资者会因市场流动不畅，找不到成交机会，在交易中就会颇费周折，增大交易成本。

3. 投机的作用。投机行为是市场具有生机活力的因素，正确把握投机的"度"是非常重要的。适度投机的存在有助于发挥投机的经济功能，促进市场经济的发展。但物极必反，任何事物的发展都不能超过一定的限度。从整体和长远来看，过度投机会产生消极作用，原因在于买卖价格高低在很大程度上是取决于投机者对未来价格的预期，当市场上的一种商品（无论是实物商品还是金融商品）价格发生波动时，价格越是上涨，就有越多的人由于上涨的预期而入市抢购，促使价格进一步上扬，上涨的预期也会进一步增强；反过来，当价格下降时，又会出现另一种情况。这两种情况都会导致市场供求不平衡的极端局面，从而导致市场的不稳定，引发泡沫经济。因此，我们既要认识到投机在经济活动中的积极作用，鼓励适度投机，又要看到投机的消极作用，用法律把投机约束在一定范围内。

（二）投机与投资的区别

在实践中，投资与投机的界限很难区分和掌握。可以说任何投资者都有投机心理，而任何投机者都有投资心理。因为投资本身的不确定性使投资者在充分认定行情看涨已成定局时，也会加入投机行列低买高卖谋取价差；而在跌势已成定局时，则高卖低买。同样，投机者一旦投机失误，走了市场反势，高价买进的股票没有按预期上涨，反而被套牢在低价位上，这时投机者若不低价卖出，只好转为投资，持有股票以获股息，并等待日后股价再度上升。因此，按照投资学的说法，投资是一门科学，而投机是一门艺术。股票投资和投机的区别表现在以下五个方面。

1. 交易目的不同。股票投资者关心的是本金的安全,并在本金安全的基础上获得长期稳定的股息收入;而投机者则期望在短期的价格涨跌中取得资本所得。

2. 持有时间不同。投机动机的实施者一般持有股票时间都在一年以上;而投机者的持有期限可能只有几个月、几周,甚至几天、几个小时。

3. 风险倾向不同。投资动机者的准则是"安全第一",宁可少一点收益也不愿承担过大的风险。在选择投资对象时,多看公司经营状况好、发展前景好,股价稳中有升的股票。投机动机者则不同,他们多是以"收益第一"作为投资准则,为了可观的收益,宁愿冒很大的风险,所以他们通常热衷于股价波动大的中小公司股票,特别是那些有周期性价格变化规律的股票。

4. 交易方式不同。从事投资动机的资金主要来源于自身积蓄,在投资实施时伴随着实际的交割,即投资者在买卖股票的同时进行货币收付;而用于投机的资金多从他人处借得,其交易方式主要是买空和卖空,并不伴随实际的交割行为。

5. 投资的决策依据不同。投资行为的作出基于对股票发行公司的分析考察;投机行为则侧重于对市场行情短期变化的预测。

三、金融投资和实物投资的区别与联系

(一) 金融资产与金融投资

金融资产是指一切代表未来收益或资产合法要求权的凭证,也称为金融工具或证券。金融投资主要是以金融资产为投资对象的投资。金融投资的实质是资金所有者和资金使用者的分离,是资产所有权和资产经营权的分离,投资者对企业资产及其经营不具有直接的所有权和控制权,仅凭借持有的金融资产获取一定的收益。

金融投资的形式主要有证券投资和信用投资两种。证券投资的形式,大体上分为两类,即股票和债券。股票投资是投资者将资金运用于购买直接投资者设立的股份公司的股票,并凭借股票持有权从股份公司以股息、红利形式分享投资效益的投资活动;债券投资是投资者将资金运用于购买直接投资者发行的债券,并凭借债券持有权从直接投资主体那里以债息形式分享投资效益的投资行为。信用投资的主要形式可分为两类:信贷和信托。信贷投资是投资者将资金运用于给直接投资主体提供贷款,并从直接投资主体那里以利息形式分享投资效益的投资活动;信托投资是投资者将资金委托银行的信托部或信托投资公司代为投资,并以信托受益形式分享投资效益的投资行为。

> 证券投资是投资者为了获得预期收益购买资本证券以形成金融资产的经济活动。
>
> 信用投资是投资者将资金运用于提供信用给直接投资者,并从直接投资主体那里以利息形式分享投资效益的投资活动。

(二) 实物资产与实物投资

实物资产通常指有形资产,包括房地产、贵金属、各种名贵艺术品、邮票、古董等。实物投资主要是以实物资产为对象,是投入资金,以建造或购置固定资产和与之相联系的流动资产而取得利益的一种实际资产化的过程,也被称为直接投资。实物投资要求投资者必须了解或熟悉所投资领域的专门知识,具备相应的鉴别能力。

(三) 金融投资和实物投资的区别与联系

实物资产是金融资产存在和发展的基础，金融资产的收益最终来源于实物资产在社会再生产过程中的创造。金融投资都是以货币资金转化为金融资产，都没有实现为实物资产，因而也没有引起社会再生产扩大和社会总投资的增加。只有当金融投资被直接投资者运用于直接投资时，才使社会总投资增加和社会再生产规模扩大。但金融投资之所以成为一种重要的投资形式，主要是因为金融投资把社会闲散资金迅速集中起来，从而形成巨额资金流入直接投资者手中，这必然加速和扩大直接投资的规模，促进了经济的增长。随着商品经济的充分发展，市场经济的高度完善，银行和信用的作用越来越大，金融市场越来越成熟完善，股份公司越来越普遍，金融投资在聚集投资资金方面的作用也越来越重要。所以研究金融投资，即成为投资学的重要内容之一。本书主要围绕金融投资的理论与实务展开论述。

知识拓展 1-1：
实物投资的形式

四、金融投资的功能

（一）分散化与多元化功能

金融投资促进了投资权利和投资风险分散化，同时又创造了多元化的投资主体集合。金融投资把投资权利扩大到了整个社会，一项金融投资，无论其品种如何，总是通过商品的社会销售而转化为社会自然人或法人的金融资产，实际上起到了一种把投资权利向社会转移的功能。可以说，金融投资实现了社会物质资产的社会化和持有大众化。投资具有风险，金融投资在促进投资权利分散化的同时，把投资风险也分散化了。由于金融投资是一种流动性的投资，因而在制造投资风险的同时，又创造了转移风险的机制。金融投资通过投资权利的分散化，在社会经济活动中创造了公众化的投资主体，使投资摆脱了个别生产经营者的束缚而转化为一种社会公众参与的经济活动和盈利活动。

（二）优化资源配置功能

货币是经济增长的推动力和持续动力，因此如何筹集货币、分配货币，以及如何通过货币的分配优化整个经济系统的资源配置，是经济运行的首要问题。金融投资为有效地利用货币资本和优化资源配置提供了条件。一方面，金融投资是一种直接的社会化投资，社会公众和法人机构可以把自己闲散的货币资本直接用于投资，而且金融投资的市场价格化形成了对筹资者用资的激励机制，即促使筹资者最大限度地用好货币资本，以提高其对应金融商品的市场价格和对公众投资的吸引力。另一方面，金融投资又是资源运用的组合机制，各生产经营要素通过金融投资而不断地重组。由于金融投资是一种直接的价格导向的投资，有着灵敏的市场价格机制和广泛的信息发布载体，所以那些经济效益好、有发展前途的资源运用主体可以容易地发售金融商品。而且由于金融投资的流动性，金融投资可以灵活地在不同的金融商品之中作出选择，这样就实现了资源按效率优先原则的合理优化配置。

（三）调节经济运行功能

由于金融投资的市场价格本质上是社会经济效益的反映，它会随社会经济的利润水平和利息水平的变化而变动。因此，当经济运行达到周期性的高峰之时，实物系统运行产生的市场供给大大超过市场需求，从而会导致利润率下降。同时，由于生产经营规模的扩大，社会对货币资本的需求增大会促进利息率的提高，从而引致金融投资市场价格的下降。金融投资的这种对经济运行的反应能力以及本身数量和价格的变化会引起经济运行变化的特点，使得金融投资产生了调节经济运行的功能。它不仅调节宏观经济活动，也调节微观经济活动，既调节金融市场的货币流动，也调节金融市场和商品市场之间的货币流动。同时又通过金融投资的运动，调节经济结构的变动。值得指出的是，金融投资实际上是国家货币政策和财政政策综合运用的工具，国家可以通过对金融投资的调控而调节经济运行。

第二节　投资环境与投资过程

投资环境是进行金融投资的必要条件，而证券市场正是进行金融投资的载体。证券市场的存在和发展可以有效促进筹资与投资的对接，引导资金的流动从而实现投资的优化资源配置功能，推动一国经济增长，提高经济运行效率。本节内容主要介绍证券市场参与者、证券市场结构划分、证券市场的交易机制、报价方式及投资过程等内容。

一、证券市场参与者

证券市场作为完整金融市场体系中重要的组成部分，是股票、债券等证券产品发行和交易的场所，也是筹资和投资活动的载体。证券市场的主要参与者由市场主体、中介机构、自律性组织和监管机构构成。

1. 市场主体。市场主体包括证券发行人和证券投资人。证券发行人指按照《证券法》等国家有关法律的规定，具备发行条件公开发行证券的相关主体；证券投资者包括个人、工商企业、各类金融机构、各类基金以及外国投资者等。

2. 中介机构。中介机构是指参与到证券发行、交易过程中的相关机构，主要包括证券承销商和证券经纪商、律师事务所、会计师事务所或审计事务所、资产评估机构、证券评级机构、证券投资咨询与服务机构等。

3. 自律性组织。自律性组织是指按照行业规定，实施自我监管，以保证市场公平、有效的组织，一般包括行业协会、证券交易所等。目前我国证券行业的自律组织主要有中国证券业协会、上海证券交易所和深圳证券交易所等。

4. 监管机构。监管机构是指按照证券法规和行业规定，对证券发行、交易活动及市场参与者行为实施监督和管理的机构。目前，我国对证券市场进行监管的机构主要是中国证券监督管理委员会。

二、证券市场的结构划分

证券市场有着广泛的外部联系和复杂的内部结构，按照不同的划分依据，证券市场主要有层次结构、品种结构、交易场所结构等。

（一）层次结构

层次结构是指按照证券进入市场的顺序而形成的结构关系，分为一级市场和二级市场。

一级市场，指证券发行市场，在这个市场上，投资者可以认购公司发行的各种证券。通过一级市场，发行人筹措到了公司所需资金，而投资人则购买了公司的证券，实现了储蓄转化为资本的过程。一级市场有以下几个主要特点：（1）发行市场是一个抽象市场，其买卖活动并非局限在一个固定的场所；（2）发行是一次性的行为，其价格由市场决定，投资人以同一价格购买证券。

二级市场，指流通市场，是已发行证券进行买卖交易的场所。二级市场的主要功能在于有效地集中和分配资金：（1）促进短期闲散资金转化为长期建设资金；（2）调节资金供求，引导资金流向；（3）二级市场的股价变动能反映出整个社会的经济情况，有助于提高劳动生产率和新兴产业的兴起；（4）维持证券的合理价格，交易自由、信息灵通、管理缜密，保证买卖双方的利益都受到严密的保护。已发行的证券一经上市，就进入二级市场。投资人根据自己的判断和需要买进或卖出证券，其交易价格由买卖双方来决定。

（二）品种结构

这是根据有价证券品种的不同所形成的结构关系，主要包括股票市场、债券市场、基金市场、衍生产品市场等。这些内容将在之后章节详细介绍，这里只做简单了解。

股票市场是股票发行和买卖交易的场所。股票市场的发行人为股份有限公司，股份有限公司通过增发股票募集公司的股本，或是在公司营运过程中通过发行股票扩大公司的股本。股票市场交易的对象是股票，股票的市场价格除了与股份公司的经营状况和盈利水平有关外，还受到政治、社会、经济等其他多方面因素的综合影响，因此，股票价格经常处于波动之中。

债券市场是债券发行和买卖交易的场所。债券是债权凭证，债券持有者与债券发行人之间是债权债务关系。债券的发行人有中央政府、地方政府、中央政府机构、金融机构、公司和企业。债券发行人必须按时归还本金并支付约定的利息。债券市场交易的对象是债券，相对于股票价格而言，其市场价格比较稳定，当然，债券存续期变化、市场利率变动、发行人信用状况变化以及其他影响债券供求关系的因素仍然会引起债券价格变动。

基金市场是基金份额发行和流通的市场。封闭式基金在证券交易所挂牌交易，开放式基金则通过投资者向基金管理公司申购和赎回实现流通转让。此外，近年来，全球各主要市场均开设了交易所交易基金（ETF）或上市开放式基金（LOF）交易，使开放式基金也可以在交易所市场挂牌交易。

衍生产品市场是各类衍生产品发行和交易的市场，随着金融创新在全球范围内的不断深化，衍生产品市场已经成为金融市场不可或缺的重要组成部分。

（三）交易场所结构

按交易活动是否在固定场所进行，证券市场结构可分为有形市场和无形市场。通常把有形市场称为场内市场，是指由证券交易所组织的集中交易市场，有固定的交易场所和交易活动时间。无形市场通常被称为场外市场或柜台市场（OTC市场），是指没有固定交易场所的市场，其交易主要利用电话、电报、传真及计算机网络进行。

一般而言，证券必须达到证券交易所规定的上市标准才能够在场内交易。但是，随着现代通信技术的发展和电子计算机网络的广泛应用、交易技术和交易组织形式的演进，越来越多的证券交易不在有形的场内市场进行，而是通过经纪人或交易商的电传、电报、电话、网络等洽谈，这便形成了场外市场。目前场内市场与场外市场之间的截然划分已经不复存在，出现了多层次的证券市场结构。很多传统意义上的场外市场由于报价商和电子撮合系统的出现而有了集中交易特征，而证券交易所市场也开始逐步推出兼容场外交易的交易组织形式。

（四）我国多层次的股票市场

按照发行条件不同，我国股票市场可分为主板、创业板、科创板、北京证券交易所、新三板、区域性股权交易市场等。

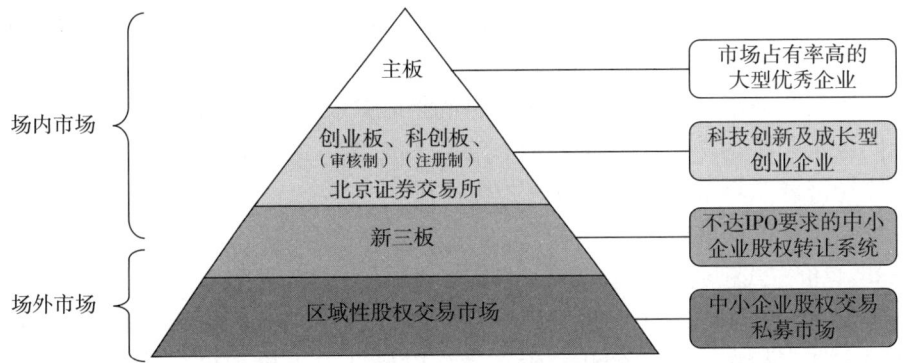

主板市场也称为一板市场，是一个国家或地区证券发行、上市及交易的主要场所。主板市场对发行人的营业期限、股本大小、盈利水平、最低市值等方面的要求标准较高，上市企业多为大型成熟企业，具有较大的资本规模以及稳定的盈利能力。为了鼓励自主创新，深圳证券交易所于2004年5月设立中小板市场，经过16年的发展，中小板上市公司总体不断发展壮大，在市值规模、业绩表现、交易特征等方面与主板趋同，中小板市场已于2021年2月与创业板合并，这是顺应市场发展规律的自然选择。

创业板市场也称为二板市场，是深圳证券交易所为暂时达不到在主板上市条件的中小企业和新兴企业，提供的另外的证券交易市场。创业板市场在上市门槛、监管制度、信息披露、交易者条件、投资风险等方面和主板市场有较大区别；其目的主要是扶持中小企业，尤其是高成长型企业，为风险投资和创投企业建立正常的退出机制，为自主创新国家战略提供融资平台，为多层次的资本市场体系建设添砖加瓦。

科创板市场同属于二板市场，设立在上海证券交易所，主要服务于符合国家战略、突破关键核心技术、市场认可度高的科技创新企业，通过在盈利状况、股权结构等方面的差异化安排，增强对创新企业的包容性和适应性。2019年6月，科创板正式开板，对于完善多层次资本市场体系，提升资本市场服务实体经济的能力，促进上海国际金融中心、科创中心建设具有重要意义。

新三板市场是全国性的非上市股份有限公司股权交易平台。我国的三板市场起源于2001年"股权代办转让系统"，用于承接两网公司（STAQ系统、NET系统）和退市公司，2006年在北京中关村科技园区建立起了新的更加严格的股份转让系统，在这之后便被称为新三板市场。它与证券交易所共同组成一个完整的证券交易市场体系，为许多未能上市的、处于成长期的高科技公司提供了股份流动的机会。它的主要特点有：交易品种多，拥有众多证券种类和证券商，上市和不上市的股票都可以在此进行交易；投资者可直接参与交易过程的开放性市场，市场管理比较宽松；股票不挂牌，股价自由协商，以交易商报价驱动；是抽象的、分散的、没有固定的场所和时间的市场。新三板自2013年正式运营以来，通过不断的改革探索，已发展成为资本市场服务中小企业的重要平台。2019年以来，证监会推出了设立精选层、建立公开发行制度、引入连续竞价和转板机制等一系列改革举措，激发了市场活力，取得了积极成效。2021年，证监会进一步深化新三板改革，以现有的新三板精选层为基础组建北京证券交易所，进一步提升服务中小企业的能力，打造服务创新型中小企业主阵地。北京证券交易所与新三板现有创新层、基础层坚持统筹协调与制度联动，维护市场结构平衡。

区域性股权交易市场是为特定区域内的企业提供股权、债券的转让和融资服务的市场，对于促进企业特别是中小微企业股权交易和融资，鼓励科技创新和激活民间资本，加强对实体经济薄弱环节的支持，具有积极作用。

三、证券市场的交易机制

（一）竞价方式和成交原则

1. 竞价方式。证券交易所一般采取公开申报竞价方式产生成交价格。公开申报竞价是由多数买方和多数卖方共同公开竞价，最终以最低卖出价和最高买入价成交的方法，这种方法能大量地集中供求双方，迅速达成成交价。公开申报竞价具体又可分为集中竞价和连续竞价两种形式。

（1）集中竞价。集中竞价聚集众多的买方和卖方，在交易所中介经纪人的主持下展开竞价，当在某一价位水平上出现买卖数量相等时，交易所主持人当场拍板成交的一种竞价方式。这种方式适合于上市证券种类不多、交易量较少的交易所，一般在证券市场形成初期使用，有的不是例行开市而是定期开市，所以又称"定期分盘竞价制"。

（2）连续竞价。连续竞价是证券交易所普遍使用的方法，是在证券交易所交易时间内由众多的买方和卖方就某一具体证券集中报出买价和卖价，每出现一次买入价与卖出价一致的机会，就成交一笔，然后竞价，再连续进行下去。

上海证券交易所和深圳证券交易所均采用计算机申报竞价方式。在每个营业日开市前采用集合竞价方式形成开盘价，在交易过程中采用连续竞价方式形成成交价。

2. 成交规则。证券买卖成交的基本规则是价格优先和时间优先原则。所谓价格优先原则是指较高的买入申报价比较低的买入申报价优先满足；较低的卖出申报价比较高的卖出申报价优先满足。所谓时间优先原则是指相同价位申报中对先提出申报者优先满足。

价格优先原则在具体执行时，若以口头唱报竞价，则最高买进申报与最低卖出申报的价位相同，即成交。在计算机终端申报竞价和专柜书面申报竞价时，除了买卖价位相同立即成交外，当买入申报价高于卖出申报价时，按对手价成交。如果买卖双方以市价申报而没有限价，则按当日最近一次成交价或当时显示价格的价位成交。

时间优先原则在具体执行时，口头唱报竞价，按中介经纪人听到的顺序排列；专柜书面申报竞价，按中介经纪人接到书面申报单证的顺序排列；计算机终端申报竞价，以交易所主机接受的时间顺序排列。在无法区分先后时，由中介经纪人组织抽签决定。当证券经纪商更改申报时，其原申报的时间顺序自然撤销，按新申报依更改后报出的时间顺序重新排列。

除价格优先原则和时间优先原则外，在计算机终端申报竞价和专柜书面申报竞价时，还实行市价优先原则，即市价申报比限价申报优先满足。

此外，有的证券交易所还实行客户优先原则和数量优先原则。前者是指客户的申报比证券商自营买卖申报优先满足，后者是指申报买卖数量大的比数量较小的优先满足。根据我国的交易规则，取得自营业务资格的证券公司，应当设专职管理人员和专用交易终端从事自营业务，从而可防止证券公司自营业务申报优先于客户申报的情况。

（二）做市商制度

做市商制度是通过作为交易中介的具备一定实力和信誉的经营法人作为特许交易商来进行证券等产品买卖交易的制度。在这种交易中，特许交易商通常要先垫入一笔自有资金，建立某种交易产品的库存，并承诺维持这些交易产品的买卖双向交易，即特许交易商要同时推出买入价格和卖出价格，投资者可根据特许交易商的报价与特许交易商进行买入或卖出交易。若特许交易商推出的双向报价中买入价格低于卖出价格，则把这种差额叫做"价差"，特许交易商通过买卖的价差来赚取盈利。特许交易商通过用自有资金既充当交易的买方又充当交易的卖方，活跃了交易市场，这种行为具有"做市"的含义。因此，这些特许交易商被称为"做市商"，这种交易制度被称为"做市商制度"。

做市商制度大体上分为两大类：一类是以纳斯达克（NASDAQ）为代表的竞争性做市商制度，另一类是以纽约证券交易所（New York Stock Exchange，NYSE）为代表的垄断性做市商制度。

1. 纳斯达克做市商制度。纳斯达克做市商制度是多元做市商制度，一只证券有多个做市商做市。在纳斯达克市场中目前共约有520个做市商，全部由全美证券交易商协会会员公司担任。按照现行规定，凡是在纳斯达克上市的股票，至少要有四家做市商共同为其做市，以限制垄断价格的出现，并保证市场足够的流动性。事实上，在纳斯达克市场中每只股票的做市商个数均超过4个，活跃的股票通常有30多个做市商为其做市，最活跃的股票有时会有60个做市商。做市商必须报出有效的买入价和卖出价，买卖差价是做市商的利润，限定在全美证券交易商协会定期发布的最大买卖价差范围之内，一般不超过证券价格的5%。另外，做市商制度与其他交易制度不同，投资者与做市商之间是一种交易关系，而不是委托代理关系，所以，投资者进行交易时不需要付给做市商手续费。由于做市商要承担一定的风险，因此做市商享有如税收优惠、融资融券、"卖空"等优先权。除了享有一定的权利外，做市商还要履行持续为所做市进行股票报价；恪守所报出的价格，并在报出价格下执行 1 000 股以上的买卖订单；交易完成 90 秒内通过计算机终端网络向全美证券交易商协会报出该种证券有效的买入价和卖出价以及成交情况等职责。如果做市商违反规定将被勒令退市 20 天。①

2. 纽约证券交易所做市商制度。纽约证券交易所做市商制度被称为专家做市商制度，属于特许制做市商制度。在纽约证券交易所市场中的做市商必须在联邦证券交易委员会登记注册，并成为纽约证券交易所的专业会员。在纽约证券交易所市场中有 400 多个专业会员，每一个专业会员负责几只或十几只股票的做市，但一只股票只有一个专业会员为其做市。当然，股票也可以越过做市商直接交易。② 纽约证券交易所做市商制度是作为竞价制度的补充、为解决证券的流动性和稳定性于 1934 年才从英国引入的。因此，它不同于纳斯达克市场的做市商制度，纳斯达克市场是以做市商制度为主要交易制度，而纽约证券交易所市场仍以竞价制度为主，实施的是做市商制度和竞价制度混合的交易制度，只有在市场出现大涨大跌或买卖不均衡时做市商才出面做市。

3. 做市商制度的功能。

（1）稳定市场价格的功能。在竞价制中，如果交易证券价格发生了偏移，投资者想要在现行的低价位或是想以比现存价位更低的价位买入证券，在市场中只要有一位投资者对市场的预期更不看好，同样有在此价位卖出证券的交易申请，则交易就可以完成。很显然，竞价制中，证券的价格容易随着交易者的市场预期而发生波动。但是，在做市商制度中，交易的买卖价格由做市商集合市场信息后公布，即使投资者的市场预期不好，报出超低市场价格的卖盘，只要做市商不供给相应的买价，交易就不能形成。从而做市商可利用自身信息较全面的优势，稳定市场价格，避免由于投资者的不合理市场预期而造成市场价格大起大落。

（2）保持市场流动性的功能。做市商在交易中既充当交易的买方又充当交易的卖方，这使市场的交易不会因为交易单边的缺失而中断。例如，在我国现行的证券市场涨停制度下，有时会出现好的股票买不到，差的股票卖不掉的现象，这就是交易单边缺失而发生的交易中断。在做市商制度下，做市商依据自身的实力，可以根据市场的需求进行买入和卖出的报价，并且可以针对市场的需求进行单独报价，从而满足投资者的买卖愿望，增强了市场在边缘位置的活跃性。

（三） 交易指令

投资者买卖证券必须给证券经纪人发出清晰准确的指令，才能降低成本，减少投资失误，并能提高经纪人完成委托指令的效率。常用的委托指令有以下几种。

1. 市场（价）指令。市价委托指令是指投资者只提出交易数量而不指定成交价格

---

① 王锦炎. 美国市场做市商制度 [J]. 数字财富，2003 (7).
② 1997 年纳斯达克开始允许客户限价委托，出现两种交易制度融合的趋势。

的指令。经纪人接到市价委托指令后，应以最快的速度并尽可能以市场上最好的价格执行这一指令。市价委托指令是证券市场上最常见的指令之一。

2. 限价指令。限价指令又称限定性委托指令，是指投资者在提出委托时，既限定买卖数量又限定委托价格的指令。经纪人接到限价指令后，必须以限价或比限价更好的价格来完成委托。限价委托指令是证券市场上使用最多的一种指令。

3. 止损指令。停止损失委托指令是一种特殊的限制性市价委托。投资者需提前设置某一触发价格，当证券市场价格上升或超过该触发价格时便委托经纪人买进证券，当证券市场价格下降或低于该触发价格时便卖出证券。前者称为停止损失买入指令，后者称为停止损失卖出指令。

知识拓展 1-2：
限价指令和止损指令的区别

4. 停止损失限价委托指令，即将停止损失委托和限价委托结合运用的一种指令。这种指令中包含两个指定价格——触发价格和限制价格。当市场价格上升或下降到该触发价格时，该指令转化为一个止损指令，但是由于限制价格的约束，此时的成交价格必须优于限价。

5. 当日有效指令和带撤销的有效指令，当日有效指令是发出委托指令的当天收盘前有效。如果在当天交易结束时它未被执行，则自动失效。带撤销的有效指令是在投资者撤销前始终有效或在证券经纪公司保留 6 个月为止。

知识拓展 1-3：
国际上的其他交易指令

四、报价方式

证券市场的一个重要功能就是为希望在市场上买进或卖出股票的投资者建立合理的均衡价格并完成交易，因此，价格确定机制是市场微观结构设计的一个核心内容。

（一）公开喊价

这种方式将交易商聚集在交易大厅中，由他们喊出买卖报价，并以面对面的方式进行相互议价，一旦双方接受了彼此的价格，便可完成配对成交。

（二）从场外引入价格作为基准

这种机制本身没有确定市场均衡价格的能力，而是需要从场外引入一个参考价格，然后再由电子系统处理委托交易。在一般情况下，这是一种辅助的、与主要市场并行的交易系统，如纳斯达克市场的小笔交易处理系统（SOES）就是利用整个纳斯达克市场的买卖报价（做市商报价）来处理委托交易的。

（三）协商定价

在这种模式下，潜在的买卖双方可直接就证券的买卖数量和价格进行协商，然后确定成交价格。在电子化交易模式下，系统可在屏幕上显示不标价的委托，以期市场上有人会报价，这种公开招标的方式会使一部分已记入市场限价委托簿的委托转向招标交易，从而在一定程度上减少了市场电子化撮合的程度。

（四）双向竞价

买卖双方的委托持续地输入系统，并根据委托优先规则依次汇总排列。优先规则一般根据委托价格、时间、数量及交易者类型来决定。一旦买卖双方在同一价位上重合就可以成交。

（五）集合竞价

在这种模式中，所有买卖委托都集中到一个固定时点，通过各个价位上的交易量比较来确定唯一的交易价格。在大部分情况下，选择的标准是交易量最大化。许多市场都利用这种方法确定股票的开市价格和某些交易不活跃股票的成交价格。

（六）通过定价模型确定价格

这种模式选择某些变量来确定交易价格，这些变量可能不是其他市场的参考价格，而是与理论价格直接有关的因素。例如在期权市场上，期权价格与标的证券价格的波动幅度有直接联系，著名的B-S期权定价模型就是建立在包括波动幅度（标准差）在内的5个变量的基础上。有些市场的交易模式就选用了波动幅度而不是价格来进行报价。一些衍生金融产品市场，例如环球期货交易系统（GLOBEX）已采用了这种模式。

五、投资过程

一个完整的投资过程包括五个步骤：确定投资政策、进行投资分析、组建投资组合、投资组合的修正和投资组合业绩评估。

（一）确定投资政策

投资政策是投资者为实现投资目标所应遵循的基本方针和基本准则，它包括确定投资收益目标、投资资金的规模、投资对象以及应采取的投资策略和措施等内容。

投资收益目标是指在投资者承担一定风险的前提下，希望获得的投资收益率。由于证券投资属于风险投资，而且风险和收益之间呈现出一种正相关关系，所以，投资者如果把只能赚钱不能赔钱定为证券投资的目标，是不合适和不客观的。客观和合适的投资收益目标应该是在盈利的同时，也承认可能发生的亏损。因此，投资收益目标的确定应包括风险和收益两项内容。

投资资金的规模是指投资者可以用于证券投资的资金，它取决于投资者的实际财务能力。

投资对象是指投资者准备投资的证券品种，它是根据投资收益目标来确定的。

确定投资政策是证券投资的第一步，它反映了投资者的投资路径和投资风格，并最终反映在可能的投资组合中所包含的金融资产的类型特征上。

（二）进行投资分析

投资分析是投资过程的第二步，它是指对投资过程第一步所确定的金融资产类型中个别证券或证券组合的具体特征进行考察分析。这种考察分析的一个目的是明确这些证券的价格形成机制和影响证券价格波动的诸因素及其作用机制，考察分析的另一个目的是发现那些价格偏离价值的证券。

进行投资分析的方法很多，大致可分为两类：第一类称为技术分析，第二类称为基本分析。

技术分析的目的是预测证券价格涨跌的趋势，即解决何时买卖证券的问题。技术分析偏重证券价格的分析，并认为证券价格是由供需关系所决定的；不过，技术分析并不研究影响供需状况的各种因素，而只是就供需情况、证券市场行情表上的变化加以分析。

基本分析是指通过对各公司的经营管理状况、行业的动态及一般经济情况的分析，来研究证券的价值，即解决应该购买何种证券的问题。据此，基本分析试图预测这些现金流量的时间和数量，再利用适当的折现率把它们折算成现值。具体来说，不仅需要预测折现率，而且还必须预测这种证券未来的收益（股息、利息）流量（对于股票投资来说，这相当于预测企业的每股平均收益和派息率）。如果预测的证券真实价值低于其当前的市场价格，则该证券的价值被高估；反之，则该证券的价值被低估。真实价值和市场价格的差异部分地影响着投资者对证券价格偏离的判断。基本分析人士相信，任何较大的价格偏差都会被市场纠正，即被低估的证券价格会有较大幅度的上升，被高估的证券价格会有较大幅度的下跌。

（三）组建投资组合

组建投资组合是投资过程的第三步，它是指确定具体的证券投资品种和投资者的资金投入各种证券的比例。在这里，投资者需要注意个别证券选择、投资时机选择和多元化这三个问题。个别证券选择，主要是预测个别证券的价格走势及其波动情况；投资时机选择，涉及预测和比较各种不同类型证券的价格趋势和波动情况（例如预测普通股相对于公司债券之类的固定收益证券的价格波动）；多元化则是指依据一定的现实条件，组建一个在一定收益条件下风险最小的投资组合。

（四）投资组合的修正

投资组合的修正作为投资过程的第四步，实际上是指定期重温前三步的过程，即随着时间的推移，或是投资者改变投资目标，或是投资对象发生变化，从而使当前持有的证券投资组合不再成为最优组合的状况，为此需要卖掉现有组合中的一些证券和购买一些新的证券以形成新的组合。这一行为主要取决于交易的成本和修订组合后投资业绩前景改善幅度的大小。

（五）投资组合业绩评估

投资过程的第五步是对投资组合进行业绩评估，它主要是指定期评价投资的表现，检验投资的业绩与预期投资目标是否吻合。其依据不仅是投资的回报率，还有投资者所承受的风险，因此，需要有衡量收益和风险的相对标准（或称基准）。通过跟踪投资收益与评价基准之间的误差，来分析导致这些误差的原因，并总结经验为下一阶段的投资过程提供指导。

从时间上看，业绩评价可以分为过程评价和事后评价两种。过程评价是一种阶段性的评价，可为投资过程的动态调整提供必要的信息。事后评价是一种检验性和总结性的评价，可为以后的投资提供必需的经验性信息。事实上两种业绩评价在投资过程中是不断交替运用的。业绩评价最重要的作用是为投资者的投资组合调整提供指导。在现代投资实践中，绝大多数的投资是由职业投资经理人通过委托—代理关系代表投资者进行的。评价职业投资者的职业经验和投资业绩，不仅成为投资者选择投资代理的必要参考信息，同时也是约束和激励职业投资者的重要手段。所以，业绩评价能为投资过程的良性循环提供必要的检验和支持。

在投资实践中，投资过程五个步骤的工作并不是机械地进行的，而应该根据投资实践的动态变化而不断地作出适应性调整。它们之间是一种动态反馈与调整的关系，而投资过程就在这种反馈与调整循环中不断地进行着。

第三节　有效市场理论与面临的挑战

20世纪60年代，美国芝加哥大学财务学家尤金·法玛提出了著名的有效市场假说理论。该假说认为，在充满信息交流和信息竞争的社会里，一个特定的信息能够在股票市场上迅速地被投资者知晓。随后，股票市场的竞争将会驱使股票价格充分且及时地反映该组信息，从而使得投资者根据该组信息所进行的交易不存在非正常报酬，而只能赚取风险调整的平均市场报酬率。

{ 只要证券的市场价格充分、及时地反映了全部有价值的信息，市场价格代表着证券的真实价值，这样的市场就称为有效市场。

有效市场假说表明，在有效率的市场中，投资者所获得的收益只能是与其承担的风险相匹配的那部分正常收益，而不会有高出风险补偿的超额收益。因此，在有效率的市场中，公平原则得以充分体现，同时资源配置更为合理和有效。由此可见，不断提高市场效率无疑有利于证券市场持续健康地发展。

但是，市场达到有效的重要前提有两个：其一，投资者必须具有对信息进行加工分析并据此正确判断证券价格变动的能力；其二，所有影响证券价格的信息都是自由流动的。因而，若要不断提高证券市场效率，以促进证券市场持续健康地发展，一方面应不断加强对投资者的教育，以提高他们的分析决策能力；另一方面还应不断完善信息披露制度，以疏导信息的流动。

知识拓展1-4：
2013年度诺贝尔
经济学奖
得主学术贡献评介

一、有效市场理论及分类

与证券价格有关的"可知"的资料是一个广泛的概念，它包括有关国内及世界经济、行业、公司的所有公开可用的资料，也包括个人、群体所能得到的所有私人的、内部的资料，这类资料被定义为第Ⅰ类资料；第Ⅱ类资料则是第Ⅰ类资料中已公开的部分；第Ⅲ类资料是第Ⅱ类资料中对证券市场历史数据进行分析得到的资料。这三类资料是一种包含关系。依据有效市场假说，结合实证研究的需要，学术界一般按证券市场价格对三类不同资料的反应程度，将证券市场区分为三种类型，即弱式有效市场、半强式有效市场和强式有效市场，见表1-1。这三类市场对于以信息为分析基础的证券投资分析而言，具有不同的意义。

表 1-1　　　　　　　　　　　　有效市场形式分类

市场有效性形式	市场价格反应		
	历史市场数据	公共信息	私有信息
弱式有效市场	✓		
半强式有效市场	✓	✓	
强式有效市场	✓	✓	✓

（一）弱式有效市场

此时，股价满足随机游走的特性，使用技术分析当前及历史价格对未来作出预测将是徒劳的，要想取得超额回报，必须寻求历史价格信息以外的信息。

{ 在弱式有效市场中，证券价格充分反映了历史上一系列交易价格和交易量中所隐含的信息，从而投资者不可能通过对以往的价格进行分析而获得超额利润。

在该市场中，信息从产生到公开的效率受到损害，即存在"内幕信息"，而且，投资者对信息进行价值判断的效率也受到损害。并不是每一位投资者对所披露的信息都能作出全面、正确、及时和理性的解读和判断，只有那些掌握专门分析工具和具有较高分析能力的专业人员，才能对所披露的信息作出恰当的理解和判断。

（二）半强式有效市场

如果市场是半强式有效的，那么仅仅以公开资料为基础的分析将不能提供任何帮助，因为针对当前已公开的资料信息，目前的价格是合适的，未来的价格变化依赖于新的公开信息。在这样的市场中，只

{ 在半强式有效市场中，证券当前价格完全反映所有公开信息，不仅包括证券价格序列信息，还包括有关公司价值的信息、有关宏观经济形势和政策方面的信息。

有那些利用内幕信息者才能获得非正常的超额回报。因此，在半强式有效市场中，已公布的基本面信息无助于分析师挑选价格被高估或低估的证券，基于公开资料的基础分析毫无用处。

（三）强式有效市场

在该市场中，有关证券产品的信息的产生、公开、处理和反馈几乎是同时的。而且，有关信息的公开是真实的，信息的处理是正确的，反馈也是准确的。在强式有效市场上，每一位投资者都掌握了有关

{ 在强式有效市场中，证券价格总是能及时、充分地反映所有相关信息，包括所有公开的信息和内幕信息。任何人都不可能再通过对公开或内幕信息的分析来获取超额收益。

证券产品的所有信息，而且每一位投资者所占有的信息都是一样的，每一位投资者对该证券产品的价值判断都是一致的，证券的价格反映了所有即时信息。所以，在这种市场中，任何企图寻找内部资料信息来打击市场的做法都是不明智的。在强式有效市场假说下，任何专业投资者的边际市场价值为零，因为没有任何资料来源和加工方式能够稳定地增加收益。对于证券组合的管理者来说，如果市场是强式有效的，管理者会选择消极

保守的态度，只求获得市场平均的收益水平，管理者一般模拟某一种主要的市场指数进行投资。而在弱式有效市场和半强式有效市场中，证券组合的管理者往往是积极进取的，在选择证券和买卖时机上下大功夫，努力寻找价格偏离价值的证券。

二、研究有效市场的意义

资本市场效率是金融市场理论的核心问题之一，有效市场假说为判断资本市场的金融资源配置效率提供了一种标准。金融资源有效配置的关键是市场定价机制，只有在市场竞争基础上形成了公正合理的股价，才能有效引导金融资源流向最有效率和最有发展前景的企业和产业，最终实现资金在生产者之间的最佳配置。

（一）有效市场的研究具有理论价值

有效市场理论是现代财务理论与现代金融理论的基础。包括资产定价、资本结构等一系列金融经济学理论都是建立在市场有效假说前提之下，一旦有效市场假说受到动摇，就会使所有的基于市场效率假说的理论受到质疑，甚至被推翻。因此研究市场效率假说的正确性，是金融经济学研究的基石之一。

对有效市场的研究有利于建立符合中国市场实际情况的金融理论。中国证券市场许多方面都具有不同于海外市场的一些特点，如何在中国市场环境下修正现代金融理论，并根据证券市场的实际情况对其理论模型的假设、框架及参数设定进行必要修正，是中国金融理论研究的中心课题之一。只有在对中国证券市场效率情况作出可靠结论之后，才能建立符合中国市场实际情况下的一系列金融理论，如投资组合、资产定价理论等，从而指导投资实践和证券市场的长期发展。

（二）为制定政策提供理论依据

股票价格的变动方式和信息的完整性、时效性影响着证券市场的资金调节和分配效率，公正合理的股价才能实现资金在生产者之间最佳的配置。有效市场的研究可以为政策制定提供理论支持，其研究成果可以成为监管部门制定有效的监管政策的理论依据。例如，有效市场使建立强制性信息披露制度有了理论依据，并为我国提高市场的效率指明了方向。

（三）引导投资者的投资行为

如果市场是有效的，意味着即使是专业投资人也无法击败市场，那么实际上就否定了积极管理的投资理念。相反，如果市场无效，那么投资者和投资机构就可以通过构造组合，创造超过市场的收益。因此，中国证券市场是不是有效的这一命题，将对引导投资者的投资行为，指导投资策略产生重大影响。对投资机构而言，如果有效市场理论不成立，基于传统的金融学投资理论、充分分散化的基金投资策略将很难成功，则投资机构会致力于寻找非公开的信息，通过寻找错误定价的证券构造积极的投资组合。

（四）规范上市公司管理和经营

根据有效市场理论，证券市场效率越高，有关上市公司的信息会越迅速地被投资者捕获并融入股价当中，这就迫使上市公司的管理层以股东利益最大化为目标，规范自身的经营、加强管理、完善治理结构，真正地从提高上市公司经营业绩着手，而不是通过不正当的手段误导投资者，以虚假的利好信息来哄抬股价。如果有效市场理论不成立，上市公司的管理层将可能关心诸如如何选择会计报告方法等这些会对投资者产生影响的事务，而不真正关心上市公司的经营管理。因此，对有效市场问题展开研究，有利于规范资本市场，规范上市公司的经营行为，进而促进我国经济的长期健康成长。

三、对市场有效性的检验

为了更准确地描述市场有效性理论，有必要对有效市场理论的定义及检验重新进行描述。1991年，法玛将传统的弱式有效、半强式有效及强式有效三个层次的市场有效性分类方法，改为收益预测研究、事件研究及私人信息检验三种，实际上描述的是分别针对以上三种市场形态的检验方法。

（一）收益预测研究

在弱式有效市场中，由于价格变动是随机游走的，因此对弱式有效市场的检验主要侧重于检验前后期的价格或收益率变动是否存在自相关关系，其中最有代表性的方法就是收益预测研究。

收益预测研究主要是从预测与描述股票价格的角度来对弱式有效市场进行检验，即相关的历史信息是否有助于预测未来股票的收益。若股票收益率存在时间上的自相关，即以前的收益率能影响现在的收益率，则技术分析有用，弱式有效不能成立。如序列相关检验法，检验股票过去的收益序列对股票未来收益的预测能力。如果未来收益与过去收益相关系数为0，表明根据过去的收益不能预测未来的收益，市场达到弱式有效；如果序列相关系数为正数，说明市场存在不足反应行为，因为价格在市场对信息价值确认的不断修正过程中持续地上涨（信息价值为正）或下降（信息价值为负），表现为序列正相关；如果序列相关系数为负数，则市场存在过度反应，价格将在过度反应后有一个反向的修正过程，表现为序列负相关。不足反应是市场对信息的反应过慢或信息价值估计过低，而过度反应是由于市场对信息的价值估计过高造成的。

不可否认，法玛将有效性定义与检验注重在收益可预测性上，对研究具有一定的指导性意义，但有关收益可预测性的研究，例如异象研究，似乎说明收益的预测模式是不正确的。这也从另一个角度说明投资者对收益的预期是随时间而发生变化的，有一些研究表明收益存在异方差特征。因而，收益的预测性不具有长期稳定性，即短期内的收益可预测性，甚至长期内的收益可预测性，也不能证明未来的收益可持续准确地被预测。

（二）事件研究

半强式有效市场假说的检验关注公共信息是否被股票价格所充分反映，法玛将其改为事件研究。事件研究注重分析某事件发生前后一段时期内研究对象的具体行为特征，研究的时间区间称为事件窗口。研究对象主要是金融资产收益，通过考察研究对象在事件发生前后的变化，以研究市场运行效率。

事件研究注重考察事件所产生的市场效应，而不是精确测度事件本身，因而，这可以解决市场有效性检验中信息披露问题导致的信息不易精确度量问题。只要我们所选择的方法可以度量出市场效应即可，如在考察公开信息的市场效应时，选择常数模式与市场模式计量超额收益率，虽然它们计量出的超额收益率会有所不同，但只要这种差异远远小于事件本身所产生的超额收益，所计量的超额收益率就不会有太大差别。

（三）私人信息检验

强式有效市场中，由于内幕人士和专业机构更易获得私人信息，因此，早期对强式有效市场的检验主要集中在对内幕人士和专业机构是否能获得超额收益的检验。法玛将强式有效检验改为私人信息检验，认为除机构投资者外，内部人员如公司内部持股人员，也具有私人信息，通过考察他们的投资行为、市场效应，以及投资业绩表现，可以检验私人信息的市场效应。若被评估者的投资绩效确实优于市场平均，则强式有效不能成立。

在不考虑信息成本的情况下，事先获知私人信息是可以获取超额收益的。但在考虑信息成本的情况下，就不一定存在超额收益了。如果私人信息的获得可以产生超额收益，在投资机构的业绩上应该有所表现，因为他们有实力及分析能力去获得私人信息。然而，实际研究表明大多数机构投资者所获得的是边际超额收益与其边际成本相等的收益率，在考虑支付费用的情况下，其收益甚至低于市场平均收益率。

四、有效市场理论面临的挑战

有效市场假说是现代资本市场的一个重要理论假设。在一个有效的市场上，由于资产的价格充分地、及时地反映所有相关信息，因此任何人在任何时间、任何地点都不可能以任何方式、利用任何信息赚取超常收益。从信息论的角度看，有效市场上信息的流动是均匀和及时的，任何投资者在同一时间得到的信息都是等量和等质的；从经济学的角度看，有效市场上资产的价值与价格相等；从统计学的角度看，有效市场上资产的收益或价格变动是独立的；从投资学的角度看，有效市场上的投资不可能获得超额收益。由此可以推知，有效市场是一个由理性投资者构成的信息分布均匀、资产价格均衡、价格变动独立、无超额收益的市场。但值得注意的是，有效市场假说还隐含着收益率时间序列服从正态分布这样一个假设。因为理性的投资者以当时可获得的信息为基础进行交易，其交易价格反映了已有的信息，市场未来的价格变化与现在的信息无关，只反映未来的新信息。而未来的信息又是随机出现的，所以未来的价格变化也是随机的、不可预测的。正是由于资本市场价格变化的独立性，同时理性的投资者又被假设为能够根据期望收益率及其方差进行投资决策。因此，当观测的收益率足够多的时候，有效市场假说隐含着收益率正态性的假设。Bachelier（1900）和 Osborne（1959）证明了如果每种资产每次交易价格的变动是相互独立和来自同一分布，如果在每个时间段的交易是均匀分布的，根据中心极限定理（Central Limit Theorem），该种资产各次交易的价格变动的总和服从正态分布。同时，在研究有效市场时，涉及如何计量超常收益。从目前所使用的计量方法看，主要有：基于随机游动理论的平均差模型（个股实际收益 - 市场平均收益）、基于特征线的超常收益模型（个股实际收益 - 个股市场模型的预计收益）和基于资本资产定价模型的超常收益模型（个股实际收益 - 个股资本资产定价模型的预计收益），这些模型无一例外，都是线性范式。为了统计推断，资产收益率服从正态分布又成为检验有效市场假说的必要条件。这一富有创造性的假设为数学和统计学在资本市场理论研究中的应用扫清了障碍，使资本市场研究从一个以描述性为主的领域转变为以推断性为主的领域。但遗憾的是，假设毕竟是假设。随着研究的深入，虽然大多数实证研究支持了有效市场假说，但是人们发现，正态收益率假设与实际之间的偏差和越来越多的异象（Anomalies）。

有效市场理论面临两个不可回避的挑战：一是正态收益率假设与实际不符，二是存在某些获取超常收益的现象。许多实证研究表明：证券的日、周或月收益率并非正态分布，它们显著地偏离了正态，呈现偏态、宽尾、扁平或尖峰的特征。但这些发现在一段时间内却被忽视，以维持现有资本市场理论的严格假设。同时，大量研究发现了有效市场理论所无法解释的异象，诸如小公司效应、BTM效应、P/E效应、一月效应和周末效应等异象的存在，表明投资者足以利用这些异象赚取超常收益，这些理论谜题给有效市场理论带来新的课题。

知识拓展1-5：
P/E效应、小公司效应与一月效应

然而，法玛等人认为，这些现象并不能说明有效市场理论不成立，这些现象的实质是承担风险的补偿价格表现而已。某些公司的股票之所以有较高期望收益，是因为面对着更高的风险。如小公司效应，在一些年份中存在而在另一些年份中不存在。此外，另一个可能的原因，是由于统计方法的差异，认为如果修正了方法，那么大多数异常都会消失。

知识拓展1-6：
中国股票市场是弱式有效的吗？

五、行为金融学与投资

近年来，随着行为金融理论的发展，行为金融投资策略已渐为人知并得到大力推广，它为金融投资理论的发展注入了新的活力。

（一）行为金融学与标准金融学的理论冲突

标准金融学起始于20世纪50年代中后期，马柯维茨于1952年对资产组合理论进行了开创性研究，随后经托宾、夏普、林特纳、莫辛、法玛等人的拓展研究，形成了一整套较为完善的理论，使其在20世纪70年代成为金融理论的主流范式。标准金融学以投资人是理性的、市场完善、投资人最大化期望效用、投资人具有理性预期等为假设前提，其理论基础为现代资产组合理论（MPT）和有效市场假说（EMH），根据这一理论基础发展起来的资本资产定价模型（CAPM）、套利定价模型（APT）和期权定价模型（OPM）等一系列市场模型共同组成了标准金融学的理论基石。

到了20世纪80年代，大量实证研究发现，金融市场中存在着大量与理性人假设和有效市场假说相悖的异象，这些异象包括：股票长期投资的收益溢价；股票价格的异常波动与股价泡沫；股价对市场信息的过度反应或反应不足；等等。由于标准金融学难以解释这些异象而受到众多的批评和质疑，这表明，基于理性投资者假设的有效市场假说存在着内在缺陷。

经济心理学的诞生开始了对人类心理与行为非理性的研究，但早期经典金融理论的主导地位使得这项研究并没有被人们所重视，而随着经典金融理论中的理性人假设和有效市场假说的缺陷日益暴露，以及对于个体行为、心理研究的逐渐成熟，尤其是认知心理学的迅速发展，行为金融学这一将心理学研究成果运用于金融投资领域的边缘学科得以迅速发展起来。

最早要求将心理学融入金融研究中的学者是来自美国俄勒冈大学的巴伦（O. K. Burren）教授。他于1951年发表了题为"投资研究中运用实践方法的可能性"的论文，探讨了用构建实验室来验证理论的必要性。随后，1967年又一位俄勒冈大学的金融学教授巴曼（Bauman）发表了《科学投资分析：是科学还是幻想？》一文。这两位学者在各自文章中都批评了金融研究一味地过分强调数量模型的风气，并且指出了将金融学和行为科学的方法相结合加以研究将是一片极具研究价值的新领域。

随后，以芝加哥大学的萨勒、耶鲁大学的席勒、威斯康星大学的德邦特为代表的一批金融学家认为，投资者是非完全理性的（有的甚至认为是不理性的），现代金融学应采用不同于理性行为模型的其他人类行为模型，将心理学、社会学、人类学等其他社会科学的行为研究方法引入金融学的研究中来。近年来，以研究金融市场中参与者非理性行为的行为金融学发展迅速，日益成为一门科学。

美国耶鲁大学教授席勒认为，行为金融学是从人们进行投资决策时的实际心理特征入手研究投资者决策行为的学科，其投资决策模型是建立在有关投资者心理的相关假设之上的。因此，可以认为行为金融学由心理学、行为科学及金融学交叉并结合而成，它是从人的观点来解释和研究投资者的决策行为及其对资产定价影响的学科。

行为金融学包含两个基本假设：一是至少有一部分投资人的行为是非理性的（经常犯认知错误）；二是标准金融学中的理性投资人不能满足具有非理性的资产需求，这意味着资产的价格由理性的投资需求和非理性的投资需求共同决定。在此基础上，行为金融学提出了自己的一套更加符合金融市场实际运行情况的理论、投资行为模型和投资策略，揭开了金融学研究的新篇章。

（二）行为金融学的理论基础

行为金融学的理论基础主要有期望理论、行为组合理论和其他一些心理学理论。这些理论大多注重投资人在投资时的实际心理决策，认为投资决策是投资人在心理账户上计量风险与收益并进行决策的过程。

1. 期望理论。期望理论是 Kahnenman 和 Tversky 于 1979 年提出的，他们通过实验对比发现，与预期效用理论相反，大多数投资者并非是标准金融投资者，而是行为投资者：他们的行为并不总是理性的，其效用不是单纯财富的函数，他们也并不总是规避风险的。标准金融投资者的效用依赖于财富或消费的绝对水平（如图 1-1 所示），而行为金融投资者的效用则反映在期望理论的价值函数中（如图 1-2 所示），是一条中间有一拐点（称为参考点）的 S 形曲线——在盈利范围内通常是凹的，在损失范围内则是凸的，而且曲线的斜度在损失范围内比在盈利范围内要陡。投资者对不同选择可能产生的结果的计算和比较，是通过对价值乘以决策权值（由权值函数给出）而非概率来进行的。根据期望理论，行为投资者并非根据绝对收入规模，而是根据与初始参考点的收入或财富的比较来判断投资的收益与风险并进行决策的，在损失时投资者是风险偏好的，而在盈利时则是风险规避的，财富损失给投资者带来的痛苦比等量财富盈利带来的幸福要大（约为 2.25 倍）。

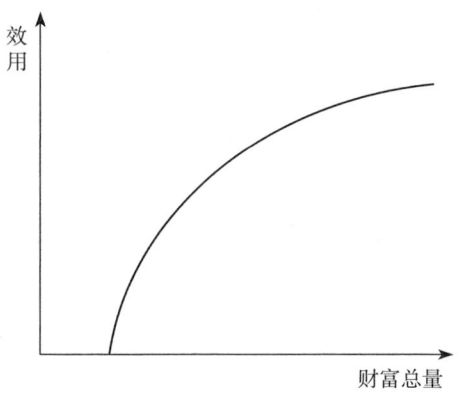

图 1-1 标准效用函数

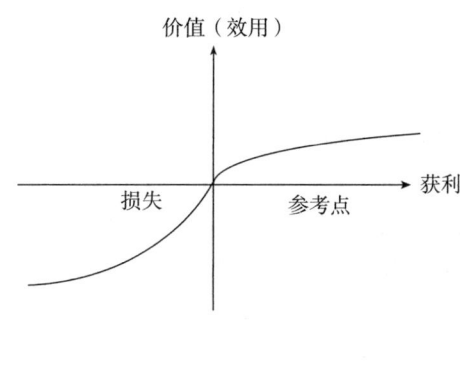

图 1-2 期望理论效用价值函数

通过价值函数和权值函数，期望理论对异象作出了合理解释，产生了广泛影响。但由于期望理论并没有给出如何确定价值函数中的关键——参考点以及权值函数的具体形式，在理论上还存在着很大缺陷。

2. 行为组合理论。行为组合理论是 Meir Statman 和 Hersh Shefrin 于 2000 年首创性地提出的，它针对均值—方差方法以及以其为基础的投资决策行为分析理论的缺陷，从投资人的最优投资决策实际上是不确定条件下的心理选择的事实出发，确立了以预期财富和安全质量来进行组合与投资选择的方法根基，以此来研究投资者的最优投资决策行为。在此基础上，他们还对资本资产定价模型进行了扩展，提出了行为资产定价模型（BAPM），在行为资产定价模型中，投资者被分为两类：信息交易者和噪声交易者。信息交易者严格按资本资产定价模型行事，他们不受认知偏差的影响，只关注组合的均值和方差；噪声交易者则会犯各种认知偏差错误，并没有严格的对均值方差的偏好。两类交易者相互影响，共同决定资产价格。证券的预期收益是由其行为 β 决定的，β 是均值方差有效组合的切线斜率。这里的均值方差有效组合并不等于资本资产定价模型中的市场组合，因为现在的证券价格受到噪声交易者的影响。另外，行为资产定价模型还对在噪声交易者存在的条件下，市场组合回报的分布、风险溢价、期限结构、期权定价等进行了全面研究。但在行为资产定价模型中，由于均值方差有效组合会随时间而改变，市场组合的选择与资本资产定价模型面临同样困境。

（三）行为金融学的投资行为模型

行为金融学认为投资者在投资决策过程中常常采用试探法，即一种以常识为基础，用试错法而不用详细理论的推理方法，结果形成了行为偏差：非财富最大化行为和启发式偏差。启发式偏差使大多数投资者不正确地处理所得到的信息而犯系统性认识错误，这种认识上的错误使得市场产生有偏差的预期，结果导致证券的错误定价。如果投资者形成无偏预期，并且了解市场偏差的趋势，那么他就能获得超常收益。试错法的错误形态通常有四种，分别是记忆的有效性、事件的典型性、抛锚性和自负性。其中，记忆的有效性和事件的典型性会使投资者对新信息反应过度，而自负性和抛锚性则会使投资者对新信息反应不足。

近年来，许多模型从不同角度对反应过度和反应不足进行了解释，其中包括 BSV（Barberis，Shieifer 和 Vishny，1996）模型、DHS（Daniel，Hirshleifer 和 Subrahmanyam，1998）模型、HS（Hong 和 Stein，1999）模型和羊群效应模型等。

1. BSV（1996）模型假定投资者在决策时存在两种偏差。一是相似性偏差，即基于近期数据与某种模式（比如股票上升或下降通道）的相似性来预测，过分重视近期数据。这会造成投资者对新信息反应过度，认为近期股价的变化反映了其未来变化的趋势，从而错误地对价格变化进行外推。二是保守性偏差，即不能及时根据变化了的情况修正自己的预测，这会造成投资者对新信息反应不足，认为股票收益的变化只是一种暂时现象，投资者未根据收益的变化充分调整对未来收益的预期，当后来的实际收益与先前的预期不符时才进行调整。投资者在相似性偏差和保守性偏差之间的状态转移遵循贝叶斯法则。

2. DHS（1998）模型假设投资者在决策时存在两种偏差：一是过度自信，二是自我归因偏差。投资者通常过高估计自身的预测能力，低估自己的预测误差；过分相信私人信息，低估公开信息的价值。在 DHS 模型中，过度自信使得投资者过高估计私人信息所发出信号的准确性，赋予私人信号比先验信息更高的权重，引起反应过度。当包含噪声的公开信息越聚越多后，价格的偏差将得到部分矫正并逐渐趋于反转。自我归因偏差是指当事件与投资者的行动一致时，投资者将其归结为自己的高能力；当不一致时，投资者将其归结为外在噪声，即把证实自己判断的消息作为信息予以重视，把证伪自己判断的消息作为噪声予以怀疑甚至抛弃。这样，归因偏差一方面导致了短期的惯性和长期的反转，另一方面助长了过度自信。

3. HS（1999）模型假定市场由两种有限理性投资者组成：消息观测者和惯性交易者。消息观测者接收关于基础价格的个人信息，随后逐步在这些消息观测者中扩散，这些投资者基于自己的信息来形成价格预期，但由于他们不从市场价格中获取信息，因而是不完全理性的。惯性交易者没有个人信息，而是根据最近的价格变化来进行交易，由于他们并不根据股票交易的整个历史价格变化来最优化其投资，所以也是有限理性的。价格在短期内的反应不足使得惯性交易者可以从追涨杀跌中渔利。然而，这种套利企图必然导致长期的价格反应过度。

4. 羊群效应模型。羊群效应在生活中非常普遍，股市中的跟风、跟庄行为就是典型的羊群效应。羊群效应模型分为序列型羊群效应模型和非序列型羊群效应模型。前者由 Banerjee 于 1992 年提出，他认为投资者通过典型的贝叶斯过程从市场噪声以及其他个体的决策中获取自己决策的信息，这种依此决策的过程导致市场中的信息流。序列型模型假设了投资者的决策次序，这在金融市场上缺乏支持。后者也是在贝叶斯法则下得出的，它假设任意两个投资者之间的仿效倾向是固定相同的。羊群效应对反应过度和反应不足起到了推波助澜的作用。Wermers 曾对 1975—1994 年美国共同基金之间是否存在羊群效应，以及羊群效应对股价的影响进行了研究，结果他发现：在交易中等规模股票时共同基金之间

知识拓展 1-7：
投资者心理、行为
特征与认知偏差

存在轻微的羊群效应，而在小盘股的交易中成长型基金之间存在较强的羊群效应，被基金同时买入的股票在随后6个月的回报比被基金同时卖出的股票高4%。

（四）行为金融学的部分投资策略

针对市场中异常现象的存在，行为金融学家提出了许多投资策略，比较有代表性的有反向投资策略、动量交易策略、成本平均策略和时间分散化策略。这里既包括反价值策略（价值策略指传统的基于信息的投资策略，如低市盈率择股策略等基本面分析策略），也包含技术策略（经行为金融理论诠释了的技术分析策略），还有行为控制策略（针对人性易于贪婪和恐惧的弱点，利用强制力或规则来约束自我的相应投资策略）等。

1. 反向投资策略。行为金融理论发展至今，较为成熟同时也是最受关注的论点之一是人们对信息的过度反应。在此基础上，产生了许多新的理论和投资策略，反向投资策略就是其中之一。反向投资策略，就是买进过去表现差的股票而卖出过去表现好的股票来进行套利的投资方法，这种策略的提出最初是基于DeBondt和Thaler（1985，1987）对股市过度反应的实证研究。DeBondt和Thaler通过所选取的样本（1926—1982年）发现，在美国证券市场上，持有在测试期前3~5年中比市场组合（以道·琼斯指数为代表）表现差的股票组合3~5年，与同期持有比市场组合表现好的股票组合所获得的收益相比，前者的收益显著较大。其后Poterba等（1988）与Jegadeesh（1990）提供了短期收益回归趋势的证据，Chopra等（1992）和Lakonishock等（1994）也对美国股市的过度反应现象提供了研究支持。对此，行为金融理论认为，这是由于投资者在实际投资决策中，往往过分注重上市公司的近期表现，通过一种质朴策略——也就是简单外推的方法，根据公司的近期表现对其未来进行预测，从而导致对公司近期业绩情况作出持续过度反应，形成对绩差公司股价的过分低估和对绩优公司股价的过分高估现象，最终为反向投资策略提供了套利的机会。

2. 动量交易策略。动量交易策略，即预先对股票收益和交易量设定过滤准则（Filter Rules），当股票收益或股票收益和交易量同时满足过滤准则就买入或卖出股票的投资策略。行为金融意义上的动量交易策略的提出，源于对股市中股票价格中期收益延续性的研究。Jegadeesh和Titman（1993）在对股票资产组合的中期收益进行研究时发现，与DeBond和Thaler（1985）的价格长期回归趋势、Jegadeesh（1990）和Lehmann（1990）的以周为间隔的短期价格回归趋势的实证结果不同，以3~12个月为间隔所构造的股票组合的中期收益呈现出延续性，即中期价格具有向某一方向连续变动的动量效应。Rouvenhorst（1998）在其他12个国家发现了类似的中期价格动量效应，表明这种效应并非来自数据采样偏差。事实上，动量交易策略（也称相对强度交易策略），在实践中早在这些研究之前就已有了广泛的应用，如美国的价值线排名的利用等。

3. 成本平均策略。成本平均策略是指投资者在投资股票时，按照预定计划根据不同的价格分批进行，以备不测时摊薄成本，从而规避一次性投入可能带来较大风险的策略。成本平均策略假定投资者的财富只有一种形式，并且想把资产转化为另一种形式。成本平均策略的投资者通常会把现金分成不同的部分，然后每次以同样数量的现金按照事先确定的方案投资，这样可以避免一次性投资带来的风险。成本平均策略使得投资者在股票价格较高时投资的股数少,而股票价格低时投资的股数多,即可以减少投资成本。成本平均策略的投资者其实是次优的而非最优的投资策略。1994 年,Warther 的实证研究发现,基金公司的现金流入和流出存在着强烈的联系,采用成本平均策略的投资者在经过股价下跌一段时间以后更有可能买进股票。

4. 时间分散化策略。时间分散化策略是指根据投资股票的风险将随着投资期限的延长而降低的信念,建议投资者在年轻时较大比例地投资股票,随后逐渐减少此比例的投资策略。Fisher 和 Statman(1999)分别对这两种策略进行了系统解释,提出了其合理性并给出了实施中加强自我控制的建议。时间分散化策略包含两个方面:一方面,认为股市的风险会随着投资期限的增加而降低;另一方面,建议投资者在年轻时将资产组合中的较大比例投入股市中,而随着年龄的增长则不断地减少股票在资产组合中的比例。无论是个人投资者还是机构投资者,都认为时间分散会减少风险。1998 年,Ibbotson、Associate 通过研究股票不同时间范围内的收益——从 1 年到 20 年,结果发现时间分散的影响,长时间地持有资产可以降低损失的风险,并且认为如果期限 15 年或者以上,基本就可以获得非负的收益。

成本平均策略和时间分散化策略有很多相似之处,都是在个人投资者和机构投资者中普遍存在并广受欢迎的投资策略,同时却又都被指责为收益较差的投资策略,而与现代金融理论的预期效用最大化原则明显相悖。行为金融学的支持者认为,不能单纯评价这两种策略的好与坏,事实上,二者体现了投资者的感受和偏好对投资决策的影响,可以用行为金融理论来解释,属于行为控制策略。

知识拓展 1-8:
行为金融学
与投资者情绪

行为金融学投资策略的目的是:寻求并确定证券市场中投资者对新信息过度反应或反应不足的情形,这些情形都将导致证券的错误定价。由此,其投资理念就是在大多数投资者认识到这些错误之前投资于这些证券,随后当大多数投资者意识到这些错误并投资于这些证券时卖出这些证券获利。

第四节 金融投资活动的发展趋势

一、投资活动的资产证券化趋势

(一)资产证券化的内容

资产证券化(Asset Securitization,AS)是指将一组流动性较差的金融资产经过一定的组合,使这组资产所产生的现金流收益比较稳定并且预计今后仍将保持稳定,再配以相应的信用担保,把这组资产所产生的未来现金流的收益权转变为可在金融市场上流动、信用等级较高的债券型证券的技术和过程。具体来说,资产证券化就是发起人(Originator)将其持有的不能随时变现的流动性较差的资产分类整理为一批批资产组合转移给特殊目的载体(Special Purpose Vehicle,SPV),再由特殊目的载体以该资产为担保发行资产支持证券,收回购买资金的一个技术和过程。参与组合的金融资产在期限、现金流收益水平和收益的风险程度方面都可以不同。资产证券化的实质是融资者将被证券化的金融资产的未来现金流收益权转让给投资者,而金融资产的所有权可以转让,也可以不转让。

当前,资产证券化趋势正深入金融投资活动的各个方面,不只局限于传统银行贷款的证券化,经济中以证券形式持有的资产占全部金融资产的比例也越来越大。社会资产金融资产化、融资非中介化都是这种趋势的反映。在证券信用阶段,融资活动以有价证券作为载体,有价证券把价值的储藏功能和价值的流通功能集于一身,即意味着短期资金可以长期化,长期资金也可短期化,从而更好地适应了现代化大生产发展对资金调节的要求。

(二) 资产证券化的原因

资产证券化之所以自20世纪80年代以来成为一种国际性的趋势,与以下原因是分不开的。

1. 金融管制的放松和金融创新的发展。20世纪70年代以来,经济"滞胀"成为困扰西方发达国家的主要问题,这一时期,市场利率大幅波动,各类金融机构之间竞争日趋激烈,金融管理法规与现实经济环境已不相适应。于是,西方发达国家纷纷采取放松管制的措施,刺激本国金融业的发展。在这个过程中,金融创新起到了推波助澜的作用。金融创新本身是适应市场需要的产物,也是金融机构规避管制的结果。金融管制的放松和金融创新的发展,促进了金融市场的活跃及效率的提高,从而构成了资产证券化的基础。

2. 国际债务危机的出现。国际债务危机的出现导致了巨额的呆账,一些国际性的大银行深受债务拖欠之苦,希望通过加强资产的流动性来解决资金周转的困难,而证券的发行无疑是途径之一。资产证券化,既可使原有债权得以重新安排,又可使新增债权免受流动性差的困扰。因此,银行开始越来越多地介入国际证券市场。银行的介入,又对资产的证券化起到了巨大的促进作用。

3. 现代电信及自动化技术的发展为资产证券化创造了良好的条件。一方面,随着信息传递和处理技术的发展,获取信息的成本降低,完全依赖金融机构的服务以消除借贷者之间信息不对称的情况已有了很大变化;另一方面,交易过程中的计算机技术的广泛使用,使数据处理成本大大下降,信息流通渠道大为畅通,从而证券交易成本大幅度下降。另外,交易技术的改进也为新的金融工具的开发创造了条件。这些都支持了资产证券化的发展。

(三) 资产证券化的目的

1. 增加资产的流动性,提高资本使用效率。资产的流动性指资产变现的能力。融资者可以通过资产证券化将贷款、应收账款等流动性较差的资产出售以获得现金,或者以贷款等为担保发行债券进行融资,从而为他们提供一条新的解决流动性不足的渠道。资产流动性的提高,意味着资本利用效率的提高。资产证券化作为一种融资手段,在获得资金的同时并没有增加负债,却加快了资金的周转,从而提高了资本的利用效率。

2. 实现资产负债的流动性和期限匹配。对于银行来说，银行的资产和负债的流动性不匹配主要是因为银行的资产主要是贷款等中长期、流动性较差的资产，而其负债则主要是活期存款等期限短、流动性较高的资产，因而两者不能很好地匹配起来。如果发生挤兑等特殊情况，银行就无法支付，此时就会发生支付危机。而资产证券化可以将长期的、流动性差的贷款转化为流动性高的现金，从而解决流动性和期限匹配上的问题。

3. 获得新的低成本的融资渠道。首先，资产证券化使得融资成本降低。传统的融资方式一般是以借款方的整体信用为担保的，但是资产证券化却是以资产的信用为担保的。资产证券化可以通过真实出售和破产隔离的机制设计，再辅以信用增级等手段，使得发行的证券的信用级别独立于借款方的信用级别，大大提高债券的信用级别。信用级别的提高必然使得投资者要求的回报率降低，所以融资成本就得到了节约。

其次，资产证券化的信息披露要求相对较低。因为资产证券化只需要对进行证券化的资产的信息进行披露，而无须对融资者的所有财务状况进行披露，所以信息披露要求就相对较低，因此融资成本也进一步相应降低。

最后，资产证券化使得融资渠道拓宽。由于资产证券化可以使得证券的信用级别高于原有融资者的整体信用级别，原来可能因为信用级别不够而无法融资的借款人也可以获得融资的机会，这就使公司的融资渠道得到了拓宽。

4. 获取服务费收入，提高盈利能力。资产证券化的实行，使银行等金融机构可以通过提供信用增级和相关服务等途径收取费用，增加新的收入来源，提高盈利能力。

二、投资活动的国际化趋势

（一）金融投资国际化的含义

金融投资国际化是指以证券形式为媒介的资本在运行过程中实现的证券发行、证券投资以及证券流通的国际化。从一国的角度来看，国际化包含三个方面的内容：一是国际证券筹资，指外国政府、企业、金融机构以及国际性金融机构在本国的证券发行和本国的政府、企业、金融机构在外国及国际证券市场上的证券发行；二是国际证券投资，指外国投资者对本国的证券投资和本国投资者对外国的证券投资；三是证券业务国际化，指一国法律对外国证券业经营者（包括证券的发行者、投资者和中介机构）进出本国自由的规定和本国证券业经营者向国外的发展。

金融投资国际化是一国经济发展到一定阶段及其在国际经济活动中所占份额的增长和地位的加强对其资本市场发展所提出的客观要求；资本市场国际化是以一国国内市场一定的规模和一定的发展程度为基础，并与资本市场的规模相互促进、相互推动；资本市场国际化是有步骤、有计划、分阶段进行的。一般情况下，发展中国家资本市场的国际化从利用资本市场筹集外资开始，然后逐步过渡到资本市场的全面对外开放；资本市场国际化过程是一国政府不断放松管制的结果。

（二）金融投资国际化的成因及影响因素

1. 生产和资本国际化的发展。第二次世界大战后，主要西方国家经济的迅速恢复和发展、国民收入和国内储蓄的不断增大、资本积累和科学技术的进步以及新兴工业的崛起等，都有力地推动了证券市场国际化的发展。尤其是20世纪80年代以来，频频出现的发展中国家的债务危机使许多国际银行的信用受到怀疑，产生了转移信用风险的必要，国际融资证券化的趋势更加明显；国际银行贷款呈下降趋势，而国际债券的发行额则不断增加。

2. 国际金融管制的放松。20世纪70年代以来，伴随着经济全球化的迅猛发展，各国政府审时度势，根据本国经济发展的需要，放宽对资本市场的管制，允许外国金融机构与投资者买卖本国公司股票以及政府与公司债券，并取消了对外国投资者与本国投资者实施不同政策的双重标准。

3. 金融市场国际竞争的加剧。为了扩大交易量，世界各主要证券市场纷纷利用最新科技手段，简化证券发行手续和改善上市管理环境，降低交易成本，完善投资风险管理系统，改革结算交易程序，以此来吸引外国公司和政府发行股票与债券，并吸引外国投资者。

4. 金融衍生工具的发展。期货、期权等金融衍生工具的发展为机构投资者提供了投资组合机会和风险管理手段，不仅增加了交易量，还增加了市场流动性。

5. 现代电子技术的发展。现代电子技术的迅猛发展为证券市场国际化提供了技术保证。电子交易系统的应用意味着：交易场地已通过远程终端扩展至整个世界；交易营业时间由8小时延长为24小时。其他还有世界统一市场与价格形成，节省交易成本，提高结算速度和准确性等。

三、投资活动的量化趋势

投资活动的量化趋势即是量化投资技术的兴起与发展。量化投资不是靠个人感觉来管理资产，而是将适当的投资思想、投资经验，甚至包括直觉反映在量化模型中，利用电脑帮助人脑处理大量信息，帮助人脑总结归纳市场的规律，建立可以重复使用并反复优化的投资策略（经验），并指导投资决策过程。

（一）量化投资的含义与特点

传统的投资方法主要有基本面分析法和技术分析法两种，与它们不同的是，量化投资主要依靠数据和模型来寻找投资标的和投资策略。

> 量化投资就是利用计算机科技并采用一定的数学模型去实现投资理念、实现投资策略的过程。

量化投资的特点包括纪律性、系统性、及时性、准确性、分散化等几个方面。

1. 纪律性。严格执行量化投资模型所给出的投资建议，而不是随着投资者情绪的变化而随意更改。纪律性的好处很多，可以克服人性的弱点，如贪婪、恐惧、侥幸心理，也可以克服认知偏差。

2. 系统性。量化投资的系统性特征主要包括多层次的量化模型、海量数据的处理、多角度的观察及海量数据的观察等。多层次模型主要包括大类资产配置模型、行业选择模型、精选个股模型等。多角度观察主要包括对宏观周期、市场结构、估值、成长、盈利质量、分析师盈利预测、市场情绪等多个角度的分析。

3. 及时性。及时快速地跟踪市场变化，不断发现能够提供超额收益的新统计模型，寻找新的交易机会。

4. 准确性。准确客观评价交易机会，克服主观情绪偏差，妥善运用套利的思想。量化投资正是在找估值洼地，通过全面、系统的扫描，捕捉错误定价、错误估值带来的机会。

5. 分散化。在控制风险的条件下，充当准确实现分散化投资目标的工具。分散化，也可以说量化投资是靠概率取胜。这表现为两个方面：一是量化投资不断地从历史中挖掘有望在未来重复的历史规律并且加以利用，这些历史规律都是有较大概率获胜的策略；二是依靠筛选出股票组合来取胜，而不是一只或几只股票取胜，从投资组合理念来看也是捕获大概率获胜的股票，而不是押宝到单只股票上。

（二）量化投资的具体策略

量化投资策略包括量化选股、量化择时、统计套利、算法交易、资产配置等。

1. 量化选股。量化选股就是利用数量化的方法选择股票组合，期望该股票组合能够获得超越基准收益率的投资行为。选股策略分为两大类：一类是基本面量化选股，另一类则是市场行为量化选股。基本面选股，常用的经典策略主要有多因子模型、风格轮动模型和行业轮动模型。市场行为选股，则主要有资金流模型、动量反转模型、一致预期模型、趋势追踪模型和筹码选股模型。

2. 量化择时。择时交易是指利用某种方法来判断大势的走势情况，是上涨还是下跌或者是盘整。如果判断是上涨，则买入持有；如果判断是下跌，则卖出清仓；如果判断是震荡，则进行高抛低吸，这样可以获得远远超越简单买入持有策略的收益率，所以择时交易是收益率最高的一种交易方式。

3. 统计套利。统计套利是利用证券价格的历史统计规律进行套利，是一种风险套利，其风险在于这种历史统计规律在未来一段时间内是否继续存在。统计套利在方法上可以分为两类：一类是利用股票的收益率序列建模，目标是在组合的 β 值等于零的前提下实现 Alpha 收益，我们称之为 β 中性策略；另一类是利用股票的价格序列的协整关系建模，我们称之为协整策略。前者是基于日收益率对均衡关系的偏离，后者是基于累计收益率对均衡关系的偏离。

4. 算法交易。算法交易又被称为自动交易、黑盒交易或者机器交易，它指的是通过使用计算机程序来发出交易指令。在交易中，程序可以决定的范围包括交易时间的选择、交易的价格，甚至可以包括最后需要成交的证券数量。根据各个算法交易中算法的主动程度不同，可以把算法交易分为被动型算法交易、主动型算法交易、综合型算法交易三大类。

5. 资产配置。资产配置是指资产类别选择，即投资组合中各类资产的适当配置及对这些混合资产进行实时管理。量化投资管理将传统投资组合理论与量化分析技术结合，极大地丰富了资产配置的内涵，形成了现代资产配置理论的基本框架。资产配置一般包括两大类别、三大层次，两大类别分别为战略资产配置和战术资产配置，三大层次分别为全球资产配置、大类资产配置及行业风格配置。

（三）量化投资的主要方法

量化投资涉及很多数学和计算机方面的知识和技术，总的来说，主要有人工智能、数据挖掘、小波分析、支持向量机、分形理论等。

1. 人工智能（Artificial Intelligence，AI）。人工智能是研究使用计算机来模拟人的某些思维过程和智能行为（如学习、推理、思考、规划等）的学科，主要包括计算机实现智能的原理、制造类似于人脑智能的计算机，使计算机能实现更高层次的应用。金融投资是一项复杂的、综合了各种知识与技术的学科，对智能的要求非常高。所以人工智能的很多技术可以用于量化投资分析中，包括专家系统、机器学习、神经网络、遗传算法等。

2. 数据挖掘（Data Mining）。数据挖掘是从大量的、不完全的、有噪声的、模糊的、随机的数据中提取隐含在其中的、人们事先不知道的、但又是潜在有用的信息和知识的过程。与数据挖掘相近的同义词有数据融合、数据分析和决策支持等。在量化投资中，数据挖掘的主要技术包括关联分析、分类/预测、聚类分析等。

3. 小波分析。小波（Wavelet）这一术语，顾名思义，小波就是小的波形。所谓"小"是指它具有衰减性；而称之为"波"则是指它的波动性，其振幅正负相间的震荡形式。小波分析在量化投资中的主要作用是进行波形处理。任何投资品种的走势都可以看做是一种波形，其中包含了很多噪音信号。利用小波分析，可以进行波形的去噪、重构、诊断、识别等，从而实现对未来走势的判断。

4. 支持向量机（Support Vector Machine，SVM）。支持向量机方法是通过一个非线性映射，把样本空间映射到一个高维乃至无穷维的特征空间中（Hilbert空间），使得在原来的样本空间中非线性可分的问题转化为在特征空间中的线性可分的问题，简单地说，就是升维和线性化。SVM特别适合于进行有关分类和预测问题的处理，这就使得它在量化投资中有了很大的用武之地。

5. 分形理论。分形理论既是非线性科学的前沿和重要分支，又是一门新兴的横断学科。作为一种方法论和认识论，其启示是多方面的：一是分形整体与局部形态的相似，启发人们通过认识部分来认识整体，从有限中认识无限；二是分形揭示了介于整体与部分、有序与无序、复杂与简单之间的新形态、新秩序；三是分形从一特定层面揭示了世界普遍联系和统一的图景。由于这种特征，分形理论在量化投资中得到了广泛应用，主要可以用于金融时序数列的分解与重构，并在此基础上进行数列的预测。

知识拓展1-9：
国内量化投资的
发展与现状

【本章小结】

1. 投资是指经济主体将一定的资金或资源投入某项事业，以获得未来经济效益的经济活动。金融投资的特点包括：（1）它是现在投入一定价值量的经济活动；（2）它具有时间性；（3）它是为了获得经济效益；（4）它具有风险性，即不确定性。一项投资事业往往涉及最基本的三个方面：投资主体、投资目的和投资形式。

2. 实物投资主要是以实物资产为对象,是投入资金,以建造或购置固定资产和与之相联系的流动资产而取得利益的一种实际资产化的过程。实物资产是金融资产存在和发展的基础,金融资产的收益最终来源于实物资产在社会再生产过程中的创造。

3. 投资环境是进行金融投资的必要条件,主要包括证券市场结构、交易机制、报价方式等内容。投资过程通常包括以下五个基本步骤:(1)确定证券投资政策;(2)进行证券投资分析;(3)组建证券投资组合;(4)对证券投资组合进行修正;(5)评估证券投资组合的业绩。

4. 投机是促成市场流动的基本组成部分,在市场经济中发挥着不可或缺的功能。它在与投资和其他经济活动正确结合、相互作用的条件下,不仅对市场无害,而且有一定的积极作用。因此,我们既要认识到投机在经济活动中的积极作用,鼓励适度投机,又要看到投机的消极作用,用法律把投机约束在一定范围内。

5. 有效市场假说表明,在有效率的市场中,投资者所获得的收益只能是与其承担的风险相匹配的那部分正常收益,而不会有高出风险补偿的超额收益。证券市场区分为三种类型,即弱式有效市场、半强式有效市场和强式有效市场。这三类市场对于以信息为分析基础的证券投资分析而言,具有不同的意义。因而,在有效率的市场中,"公平原则"得以充分体现,同时资源配置更为合理和有效。由此可见,不断提高市场效率无疑有利于证券市场持续健康发展。

6. 随着行为金融理论的发展,行为金融投资策略已渐为人知并得到大力推广,它为金融投资理论的发展注入了新的活力。

7. 随着金融市场国际竞争的加剧,金融投资活动日趋资产证券化和国际化,量化投资也是未来发展的主要趋势。

【关键术语】

直接投资　间接投资　证券投资　投机　行为金融学　有效市场假说
弱式有效市场　半强式有效市场　强式有效市场　量化投资

【案例分析】

中国股票市场是弱式有效的吗?
——基于样本外预测的检验[①]

对我国证券市场的有效性进行研究,必须从检验市场的弱式有效性开始,因为从逻

---

① 资料来源:汪卢俊. 中国股票市场是弱式有效的吗——基于样本外预测的检验[J]. 当代经济科学,2014(2):62–69+126.

辑上讲，如果证券市场不能满足弱式有效，则一定无法满足半强式有效与强式有效等更高级的有效市场的要求。

萨缪尔森指出有效市场假说实质上就是鞅假设后，法玛关于有效市场的重新表述也使学界加深了这一共识，对股票市场是不是弱式有效市场的检验也转化为股票价格序列是不是鞅序列或者股票收益率序列是不是鞅差分序列的检验。

本文以上证指数与深证成指为例，经过非线性检验后，建立 LSTAR 模型描述上证指数与深证成指收益率序列的真实数据生成过程，在此基础上借助滚动分析进行样本外预测，通过对比真实数据生成过程与鞅假设下的预测效果，对股票市场的弱式有效性进行检验。

（一）数据分析

2005 年 4 月 29 日，经国务院批准，证监会宣告股权分置改革正式启动，为此，本文选取自 2005 年股改以来上证指数与深证成指日度数据进行分析，样本期是 2005 年 4 月 29 日至 2013 年 7 月 25 日，两类股指数据均有 2 000 个观测值，可以保证估计结果的稳健性，数据分别来源于上海证券交易所与深圳证券交易所网站。具体地，用 y_1、y_2 分别代表对数化后的上证指数和深证成指，dy_1、dy_2 分别代表上证指数和深证成指收益率序列。

经 ADF 单位根检验表明，在 5% 的显著性水平下，y_1、y_2 均为非平稳序列，但对应的差分序列，即上证指数和深证成指收益率序列均为平稳序列，故可针对 dy_1 和 dy_2 建模。

（二）股价收益率的非线性动态特征

本文通过检验股票价格的可预测性来判断股市的弱式有效性。如果我们建立的模型能够较好地描述股价或收益率序列的真实数据生成过程，同时该过程下的样本外预测效果不优于鞅假设下的预测效果，说明不能根据历史信息进行预测，股票市场是弱式有效市场。反之，真实数据生成过程下的样本外预测效果优于鞅假设下的预测效果，则说明可以根据历史信息进行预测，此时股票市场并非弱式有效市场。

本文经过一系列检验，选择建立两区制 LSTAR – GARCH (1, 1) 模型，对 2005 年 4 月 29 日至 2013 年 7 月 25 日中国股票市场两大股指收益率的真实数据生成过程进行描述。因为其检验结果表明，在样本期内，该模型可以更好地描述上证指数与深证成指收益率的真实数据生成过程。

但是，与此同时，检验结果也表明上证指数与深证成指收益率的真实数据生成过程均存在非线性特征，采取传统的检验方法很容易接受鞅假设，误判股票市场为弱式有效市场。

为避免这种误判，本文将样本期重新划分为样本内与样本外两个时间区间，根据对样本内股指收益率序列真实数据生成过程的拟合模型，考察样本外的预测效果，通过比较与鞅假设下的预测效果，得出股指收益率是否可预测的结论以判断股票市场的有效性。

（三）基于样本外预测的检验

2010 年 4 月 16 日，沪深 300 股指期货在中国金融期货交易所正式挂牌交易。理论上，由于股指期货价格的形成是建立在众多交易者对股票市场未来价格预期的基础上，具有预见性与竞争性的特征，因而具有价格发现的功能，股指期货的引入能够转移现货市场的风险，吸引更多投资者从事股票投资，有利于市场流动性和效率的提高，进而增进股票市场的有效性。但实际效果如何尚缺少实证中的检验，为考察股指期货推出以来股票市场有效性的变化，本文分别考察2005年4月29日至2010年4月15日、2010年4月16日至2013年7月25日两段时期内股票市场的有效性。

根据滚动分析的原理，将两段时期内的样本均划分为样本内期数R以及样本外预测期数P，由第1期至第R期样本内股价指数收益率的变动趋势预测第R+1期股价指数收益率的预测值，之后根据第2期至第R+1期样本内股价指数收益率的变动趋势预测第R+2期股价指数收益率的预测值，依此类推，最后可以得到P个样本外预测值。之后可以根据相应的准则评价预测效果，具体依据均方预测误差（MSFE）与交易回报的平均预测（MFTR）两大指标，分别从统计意义与经济意义两大角度考察样本外预测的效果。具体地：

$$MSFE = \frac{1}{P} \sum_{t=R+1}^{R+P} (y_t^f - y_t)^2 \qquad (1.1)$$

$$MFTR = \frac{1}{P} \sum_{t=R+1}^{R+P} \text{sign}(y_t^f) y_t \qquad (1.2)$$

其中，P代表样本外预测的期数；y_t代表真实值；y_t^f表示预测值；当$y_t^f \geq 0$时，$\text{sign}(y_t^f) = 1$；$y_t^f < 0$时，$\text{sign}(y_t^f) = -1$。MSFE越小，说明模型的预测精度越高，预测值与真实值的差异越小，即从统计意义上考虑，模型的预测效果更好。MFTR越大，说明股市投资者对股价变动方向的预测越准确，而由于股价变动有时会很大，很有可能出现虽然统计意义上预测效果较差，但从经济意义考虑，仍然具有较好的预测效果。因此，有必要同时从统计与经济意义角度考察样本外预测的效果。

根据以上分析，首先比较2005年4月29日至2010年4月15日，真实数据生成过程以及鞅假设下对上证指数与深证成指收益率的样本外预测效果，具体见表1-2。从表1-2中可以发现，自2005年4月29日股改至2010年4月16日推出股指期货之前，基于真实数据生成过程的样本外预测发现，无论从统计意义还是经济意义进行考察，根据真实数据生成过程预测股指收益率更加准确，预测效果显著优于鞅假设下的预测，说明股指收益率可预测性较强，进而可以拒绝股指收益率序列是鞅差分序列的假设，得到上海与深圳股票市场均非弱式有效市场的结论。

进一步考察2010年4月16日至2013年7月25日股票市场的有效性，具体见表1-3。从表1-3中可以发现，2010年股指期货推出后，无论从统计意义还是经济意义进行考察，根据真实数据生成过程预测上证指数收益率仍较准确，预测效果依旧显著优于鞅假设下的预测，说明上证指数收益率可预测性较强，可以拒绝上证指数收益率序列是鞅差分序列的假设，上海股市仍未达到弱式有效市场。而真实数据生成过程下预测深证成指收益率的准确度较股改之初下降，预测效果不再优于鞅假设下的预测，说明深证成指收益率可预测性较弱，进而不能拒绝深证成指收益率序列是鞅差分序列的假设，深圳股票市场已逐渐转变为弱式有效市场。而由此推断，样本期间，中国股市有效性有所增强，但仍需进一步推进制度性改革，提升股票定价效率并减少政策干预以使沪深两市均能达到弱式有效市场。

表 1-2　　　　　　真实数据生成过程与鞅假设下的样本外预测效果比较

（2005 年 4 月 29 日至 2010 年 4 月 15 日）

股票指数	P/R	MSFE			MFTR		
		鞅假设	LSTAR 模型	pwhite	鞅假设	LSTAR 模型	pwhite
上证指数	1.000	0.013	0.006	0.031	-0.003	-0.001	0.012
	0.500	0.013	0.004	0.020	-0.003	0.001	0.014
	0.200	0.012	0.006	0.029	-0.002	-0.001	0.019
	0.100	0.012	0.005	0.023	0.003	0.001	0.013
	0.010	0.011	0.004	0.019	0.003	0.001	0.016
深证成指	1.000	0.010	0.004	0.028	-0.004	-0.001	0.045
	0.500	0.009	0.003	0.025	-0.003	0.001	0.029
	0.200	0.008	0.003	0.034	-0.004	-0.001	0.038
	0.100	0.006	0.002	0.040	-0.002	-0.001	0.044
	0.010	0.006	0.002	0.039	-0.003	-0.001	0.025

表 1-3　　　　　　真实数据生成过程与鞅假设下的样本外预测效果比较

（2010 年 4 月 16 日至 2013 年 7 月 25 日）

股票指数	P/R	MSFE			MFTR		
		鞅假设	LSTAR 模型	pwhite	鞅假设	LSTAR 模型	pwhite
上证指数	1.000	0.013	0.006	0.037	-0.002	0.000	0.022
	0.500	0.012	0.004	0.022	0.003	0.001	0.025
	0.200	0.013	0.005	0.026	0.002	0.001	0.016
	0.100	0.011	0.005	0.028	0.003	0.001	0.016
	0.010	0.010	0.005	0.039	0.002	0.000	0.019
深证成指	1.000	0.008	0.008	0.428	-0.003	-0.003	0.645
	0.500	0.009	0.008	0.428	-0.003	-0.003	0.429
	0.200	0.008	0.007	0.231	-0.004	-0.003	0.538
	0.100	0.007	0.006	0.142	0.002	0.002	0.643
	0.010	0.006	0.004	0.089	0.002	0.001	0.195

（四）结论与建议

研究发现，2005 年 4 月 29 日股改之初，沪深两市均为非弱式有效市场，而随着股改的推进，包括 2010 年 4 月 16 日推出股指期货等股市制度性改革力度的加大，股票市场有效性增强，虽然上海股市尚未达到弱式有效市场，但深圳股市已经达到弱式有效市场。同时，经济意义上的证据也支持这一结论，随着股改的推进和股指期货的推出，虽然上海股市套利的空间依旧存在,但深圳股市套利的可能性很小。

总之,中国股票市场的有效性仍有待增强。股票市场完全达到弱式有效市场的核心是市场信息的完全性与公平性以及股票定价的市场化。首先,健全和完善信息披露制度可以提升市场信息的公开程度和信息的公平性;其次,加强对投资者尤其是中小投资者利益的保护可以扩大股票市场的参与方,同时避免股价被操纵;再次,加大惩处利用内幕信息、内幕交易、虚假陈述等措施获利的力度,在防范股价波动风险的同时也向市场释放了积极的信号;最后,从股票市场供求角度出发,丰富股票交易品种、完善衍生品市场,引入做空机制,都可以促进股票市场有效性的提升。

【能力训练】

(一) 选择题

1. 投资者进行投资活动的确定目的是( )。
   A. 实现价值增值   B. 实现货币增值
   C. 实现自我价值   D. 实现资本保值

2. 投资就是投资主体、投资目的、投资方式和行为内在联系的统一,这充分体现了投资必然与( )相联系的本质特征。
   A. 经营权   B. 所有权   C. 使用权   D. 支配权

3. 证券投资的主体是( )。
   A. 金融机构   B. 家庭   C. 非金融机构 D. 法人和自然人

4. 下列( )功能不属于证券市场基本职能。
   A. 筹措资金   B. 资本定价   C. 资本配置   D. 国有企业转制

5. 有效市场假说理论是( )提出的。
   A. 巴菲特   B. 索罗斯   C. 法玛   D. 夏普

6. 在( ),所有公开的可用信息假定都被反映在证券价格中。
   A. 弱式有效市场   B. 半强式有效市场
   C. 强式有效市场   D. 完全有效市场

7. 在( )中,证券价格充分反映了历史上一系列交易价格和交易量中所隐含的信息,从而使投资者不可能通过对以往的价格进行分析而获得超额利润。
   A. 弱式有效市场   B. 半强式有效市场
   C. 强式有效市场   D. 完全有效市场

8. 只要证券的市场价格充分、及时地反映了全部有价值的信息,市场价格代表着证券的真实价值,这样的市场就称为( )。
   A. 完全竞争市场   B. 自由竞争市场
   C. 有效市场   D. 完全市场

9. 证券市场的品种结构是( )。
   A. 依有价证券的品种而形成的结构关系

B. 一种按证券进入市场的顺序而形成的结构关系

C. 按交易活动是否在固定场所进行而形成的结构关系

D. 依有价证券的发行主体不同而形成的结构关系

10. 为了更准确地描述市场有效性理论，有必要对有效市场理论的定义及检验重新进行描述。1991年，法玛将传统的弱式、半强式及强式有效三个层次的市场有效性分类方法，改为（   ）。

A. 收益预测研究　　　　　　　B. 事件研究

C. 私人信息研究　　　　　　　D. 整体信息研究

11. 投资过程通常包括以下几个基本步骤：（   ）。

A. 确定证券投资政策　　　　　B. 进行证券投资分析

C. 组建证券投资组合　　　　　D. 对证券投资组合进行修正和评估

12. 证券市场是证券发行和流通的活动场所，主要由（   ）构成。

A. 市场主体　　　　　　　　　B. 交易所等自律性组织

C. 中介机构　　　　　　　　　D. 自律性组织和监管机构

13. 投资于某项事业时，涉及的最基本的三个方面是（   ）。

A. 投资主体　　B. 投资客体　　C. 投资目的

D. 投资形式　　E. 投资行为

14. 直接投资的实质是（   ）。

A. 投资目的与投资手段的统一

B. 资金所有者与使用者的统一

C. 资金所有者与投资目的的统一

D. 资产所有权与资产经营权的统一

15. 金融投资的形式主要是（   ）。

A. 证券投资　　B. 信用投资　　C. 信托投资　　D. 黄金投资

16. 在行为资产定价模型中，投资者被分为（   ）。

A. 理性交易者　　B. 信息交易者　　C. 非理性交易者　　D. 噪声交易者

17. 在证券市场中，发行市场与流通市场的关系是（   ）。

A. 流通市场是发行市场的前提

B. 发行市场是流通市场的延续

C. 发行价格受交易价格影响

D. 发行市场是流通市场的基础

18. 关于证券市场的筹资—投资功能，下列说法正确的有（   ）。

A. 筹资和投资是证券市场基本功能不可分割的两个方面，忽视其中任何一个方面都会导致市场的严重缺陷

B. 资金盈余者可以通过买入证券而实现投资

C. 为了筹集资金，资金短缺者可以通过发行各种证券来达到筹资的目的

D. 在证券市场上交易的证券，只是筹资的一种工具

（二）思考题

1. 试述股票投资与投机的区别。
2. 试述金融投资与实物投资的区别。
3. 试述金融投资在优化资源配置方面的重要作用。
4. 联系实际，阐述投机的经济功能。

第一章
【能力训练】
参考答案

【参考资料】

[1]［美］博迪等．投资学（第六版）［M］．朱宝宪等译．北京：机械工业出版社，2005.

[2] 刘红忠，蒋冠．金融市场学［M］．上海：上海财经大学出版社，2006.

[3] 王锦炎．美国市场做市商制度［J］．数字财富，2003（7）．

[4] 熊春红．行为金融学与中国的资本市场［J］．金融与经济，2004（11）．

[5] 汪卢俊．中国股票市场是弱式有效的吗——基于样本外预测的检验［J］．当代经济科学，2014（2）．

[6] 丁鹏．量化投资——策略与技术［M］．北京：电子工业出版社，2012.

第二章
投资收益率与利率期限结构

【本章知识框架】

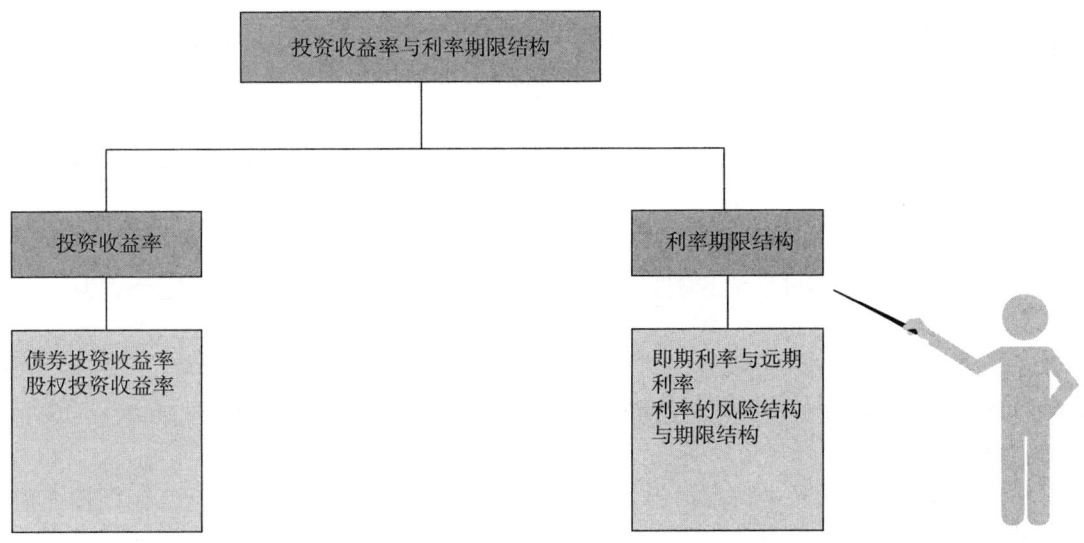

【本章学习目标】

1. 掌握各种不同的债券收益率、股票收益率以及即期利率、远期利率的计算方法；
2. 了解利率的风险结构，掌握利率的期限结构理论。

第一节 债券投资的收益率

对于投资者来说，债券是债权性证券。投资者拥有债权，能定期收取利息，到期时收回债券本金，因此持有债券能得到一定的收益。而所得到的收益与投入资本金的比率被称为债券收益率,它一般以年率来表示。债券投资所带来的收益有以下三种:利息收入、资本损益以及将利息作为再投资所得到的收益。在计算债券投资的收益率时,由于对以上三种收益来源的涵盖范围不同,因此,有各种不同的债券收益率。

投资收益率是投资者在进行金融工具投资时所需要的最重要的分析指标,它是指金融工具未来现金流的现值与当前价值相等时的利率水平。投资收益率和到期期限有一定的关系,这种关系称为利率期限结构,它由一系列远期利率和一个本期已知的即期利率组成。

一、债券的息票率

$$债券的息票率 = \frac{债券每年支付的利息}{债券的票面值或偿还价格} \times 100\% \quad (2.1)$$

债券的息票率又称做债券的票面利率或名义利率,它是指在债券发行时设定并印在券面上的,而且在债券整个存续期间固定不变的利率。

对于一次性还本付息的债券来说,其预期货币收入是期末一次性支付的利息和本金,必要收益率可参照可比债券得出。

(1) 如果一次还本付息债券按单利计息,按单利贴现,其内在价值决定公式为

$$P = \frac{F(1+in)}{(1+rn)} \quad (2.2)$$

(2) 如果一次还本付息债券按单利计息,按复利贴现,其内在价值决定公式为

$$P = \frac{F(1+in)}{(1+r)^n} \quad (2.3)$$

(3) 如果一次还本付息债券按复利计息,按复利贴现,其内在价值决定公式为

$$P = \frac{F(1+i)^n}{(1+r)^n} \quad (2.4)$$

式中,P 为债券的内在价值;F 为票面价值;i 为每期票面利率;n 为剩余时间数;r 为必要收益率。

贴现债券也是一次还本付息债券,只不过利息支付是以债券贴现发行、到期按面值偿还的方式,于债券发行时发生,所以可把面值视为贴现债券到期的本息之和。参照上述一次还本付息债券的估价公式,可计算出贴现债券的内在价值。

【例 2-1】有一张债券的票面价值为 100 元,票面利率为 10%,期限为 5 年,到期一次还本付息,市场利率为 8%,试分别用 3 种不同的计息和贴现方式计算价格。

(1) 单利计息,单利贴现。

$$P = \frac{F(1+in)}{1+rn} = \frac{100 \times (1 + 10\% \times 5)}{1 + 8\% \times 5} = 107.14(元)$$

(2) 单利计息,复利贴现(最常用)。

$$P = \frac{F(1+in)}{(1+r)^n} = \frac{100 \times (1 + 10\% \times 5)}{(1 + 8\%)^5} = 102.09(元)$$

(3) 复利计息,复利贴现。

$$P = \frac{F(1+i)^n}{(1+r)^n} = \frac{100 \times (1+10\%)^5}{(1+8\%)^5} = \frac{161.05}{1.469} = 109.61(元)$$

二、到期收益率

票面利率往往并不反映债券真正的利率水平，因为投资者并不一定是按照面值买入债券的。真正的利率水平通常用到期收益率来衡量，它是指某种金融工具的现金流的现值总和与今天的价值相等的利率水平。首先要考虑对债券的收入流进行贴现的问题。由于债券的未来收入可能不止一次，所以，必须要把每次支付的现值加总在一起。

【例2-2】 投资者以900元的价格购入一张10年期的面值为1 000元的债券，每年将获得100元的利息收入，并在第10年末收回1 000元的债券面值。1年后的100元利息的现值为$100/(1+r)$，2年后的100元利息的现值为$100/(1+r)^2$，依此类推，第10年末的债券面值与利息之和的现值为$1100/(1+r)^{10}$。所以，使得：

$$900 = \frac{100}{1+r} + \frac{100}{(1+r)^2} + \cdots + \frac{1\,100}{(1+r)^{10}}$$

成立的$r=11.75\%$，即为到期收益率。

将上式公式化。如果以C代表年利息，以F代表面值，以n代表距离到期日的年数，以P代表债券的现值，对于一般的附息债券，到期收益率的计算公式为

$$P = \frac{C}{1+r} + \frac{C}{(1+r)^2} + \cdots + \frac{C+F}{(1+r)^n} \tag{2.5}$$

到期收益率也称为内部收益率。在式（2.5）中，由于C、F、P、n已知，可以计算出到期收益率。实际的计算可以使用试错法进行。当然，现在人们可以借助计算机方便地计算。

在实际操作中还可使用近似法进行计算，公式为

$$i = \frac{C + (F - P_0)/n}{(F + P_0)/2} = \frac{100 + (1\,000 - 900)/10}{(1\,000 + 900)/2} = 11.58\%$$

如果债券的现价与债券的面值相等，那么，到期收益率就等于息票利率。因为此时债券与简易贷款一样，有相同的本金支付，按年支付利息数量也是一样的。如果债券的价格下降，到期收益率就会上升，如果债券的价格上升，到期收益率就会下降，所以，到期收益率与债券的价格是负相关的。

到期收益率是比较精确衡量利率水平的指标，但也有局限性。它是在假定所有现金流都按可以计算出来的到期收益率进行再投资时得到的收益率，因此需要满足两个条件才能实现：（1）投资未提前结束；（2）投资期内的所有现金流都按到期收益率进行再投资。

在金融市场上，有一种债券被称为永久性债券。这种债券没有到期日，也不能偿还本金。永久性债券的到期收益率计算公式为

$$P = \frac{C}{1+r} + \frac{C}{(1+r)^2} + \frac{C}{(1+r)^3} + \cdots$$

$$= C\left(\frac{1}{1+r} + \frac{1}{(1+r)^2} + \frac{1}{(1+r)^3} + \cdots\right) = C\left(\frac{\frac{1}{1+r}}{1-\frac{1}{1+r}}\right) = \frac{C}{r} \quad (2.6)$$

根据式（2.6），如果永久性债券的价格为900元，每年支付利息数为100元，则该债券的到期收益率为11.1%。

三、当期收益率

当期收益率是指债券的年利息收入与买入债券的实际价格的比值。对永久性债券而言，当期收益率就是到期收益率。当债券的价格等于面值时，当期收益率与到期收益率、票面利率完全相等。相应地，债券的期限越长，债券的价格越接近面值，当期收益率就越接近于到期收益率。由于当期收益率与债券的价格也是负相关的，所以当期收益率与到期收益率的波动将会是同向的。

实际上，债券不一定总是按平价发行，它有可能是溢价发行，也可能是折价发行。在二级市场上购买债券时，投资者所花费的购买价格也不一定正好就是债券的票面值。因此，债券投资的名义收益率并不能确切地衡量投资者的实际收益，而当期收益率则克服了这一缺陷，当期收益率使用的是债券的实际购买价格而非债券息票率公式中的债券票面值来做分母。

$$\text{当期收益率} = \frac{\text{债券每年支付的利息}}{\text{债券的认购价格}} \times 100\% \quad (2.7)$$

【例2-3】某债券面值为1 000元，5年期，票面利率为10%，现以950元的发行价向全社会公开发行，则投资者在认购债券后到持有至期满时可获得的直接收益率为

$$\frac{1\,000 \times 0.1}{950} \times 100\% = 10.53\%$$

当期收益率反映了投资者的投资成本所带来的收益。其不足之处在于它仅仅考虑了利息收入，没有考虑投资者收益的其他来源。

四、年最终收益率

当期收益率似乎比债券息票率更为合理，实际上这个衡量指标只考虑到债券投资每年所得到的利息收入，而忽略了债券的偿还盈亏或资本损益。对于长期性运用资金的机构投资者（如保险基金、养老信托基金等）来说，它们不仅看重债券的利息收入，还看重债券投资的资本损益。于是，年最终收益率这一衡量指标应运而生。

> 年最终收益率是指将从债券的认购日起至偿还日止的债券全部持有期间所得到的利息收入与偿还盈亏的合计金额，折算成相对于投资本金每年能获多少收益的百分比，它是以年率为基础来计算的。

$$\text{年最终收益率} = \frac{\text{年利息} + (\text{债券面额} - \text{发行价格或认购价格}) \div \text{剩余年限}}{\text{债券的发行价格或认购价格}}$$

$$\times 100\%$$

用字母表示公式为

$$R = \frac{C + (F - P)}{n} \quad (2.8)$$

式中，R 代表年最终收益率；C 代表年利息；F 代表债券面值；n 代表剩余年数；P 代表债券的发行价格或者认购价格。其中，若在市场上剩余年数 n 以天数计算，应转折合年数：n = 实际天数/365。

【例 2-4】 假如债券面额为 100 元，债券息票率为 8%，投资者按 94 元的价格购入债券，日期是 2015 年 1 月 26 日，债券的偿还日期是 2023 年 12 月 20 日。债券的剩余年限采用择一计算法，即认购日和偿还日只计入其中的 1 天。从认购日的第 2 天（2015 年 1 月 27 日）至 2015 年 12 月 20 日共计 328 天，即

（1 月）	5 天	（7 月）	31 天
（2 月）	28 天	（8 月）	31 天
（3 月）	31 天	（9 月）	30 天
（4 月）	30 天	（10 月）	31 天
（5 月）	31 天	（11 月）	30 天
（6 月）	30 天	（12 月）	20 天
合计	328 天		

328 天折合成 0.89863 年，加上从 2015 年 12 月 21 日到 2023 年 12 月 20 日的整年数（8 年），共计 8.89863 年，则

$$\text{年最终收益率} = \frac{8 + (100 - 94) \div 8.89863}{94} \times 100\% = 9.23\%$$

值得一提的是：在债券投资的年最终收益率中，利息收益要征收所得税，债券的偿还盈亏或损益要征收资本利得税。

证券交易所里的债券报价，一般都使用年最终收益率，而不是直接报出债券价格。这样做的目的是方便投资者能直接将债券投资的收益率与其他投资工具的收益率作比较，以判断投资债券是否合算。另外，投资者也需要通过年最终收益率来计算债券的认购价格。

$$\text{债券的认购价格或卖出价格} = \frac{\text{债券面值} + \text{年利息} \times \text{剩余年数}}{1 + \text{年最终收益率} \times \text{剩余年数}}$$

用字母表示公式为

$$P = \frac{F + C \times n}{1 + R \times n} \quad (2.9)$$

可以看出，在数学上，式（2.8）和式（2.9）互为逆运算。

【例 2-5】 有一种附息国债面额为 100 元，息票率为 6.2%，偿还日期是 2023 年 7 月 20 日。在 2015 年 2 月 20 日，其单利最终收益率为 4.81%。问：该种国债的卖出价格（对于投资者来说就是认购价格）是多少？

根据前面介绍过的方法，算出该种附息国债的剩余年限为 8.41095 年，投资者的认购价格为

$$\text{认购价格} = \frac{100 + 6.2\% \times 8.41095 \times 100}{1 + 4.81\% \times 8.41095} = 108.32 \text{（元）}$$

五、债券持有期间收益率

对债券进行投资并非一定要持有到债券的偿还日。在市场利率水平趋于下降、债券价格开始上涨的情况下,投资者可在二级市场上抛出债券以实现资本收益。实际上,持有期间收益率是年终收益率的推广,二者本质是一致的。计算公式如下:

> 以获取买卖利益为主要目的债券交易需要"持有期间收益率"这一衡量指标,它表现为息票收益和买卖收益的合计金额对投入资本金的比率,并用年率作标准化处理。

$$债券持有期间收益率 = \frac{年利息 + (卖出价格 - 买入价格) \div 持有年限}{买入价格} \times 100\%$$

用字母表示公式为

$$r = \frac{C + (P_t - P_0)/n}{P_0} \tag{2.10}$$

式中,r 代表债券持有期间收益率;C 代表年利息;P_t 代表卖出价格;P_0 代表买入价格;n 代表持有年数。与年最终收益率计算 n 的方法相同,若在市场上剩余年数 n 以天数计算,应转折合年数:$n = $ 实际天数$/365$。

【例 2−6】某种附息债券的面额为 100 元,息票率为 5.1%。假定有个投资者在 2023 年 10 月 22 日以 94.49 元的价格将其买进,在领取了当年的息票收入之后,他又于同年 12 月 1 日以 98.17 元的价格将其抛出,其持有期间的收益率(年率)为

$$持有期间的收益率 = \frac{100 \times 5.1\% + (98.17 - 94.49) \div \frac{40}{365}}{94.49} \times 100\%$$

$$= 40.94\%$$

投资者的持有期间收益折合成年率竟高达 40.94%,假定当时的市场短期利率(年率)为 4.75%,前者就是后者的 8.6 倍。很显然,在这类追求持有期间收益的短期交易中,准确预测债券未来行情走向的技巧非常关键。但是,即使预测失败,投资者在债券价格处于较高水平时买进,其后债券价格却下跌了,并且再未出现过反弹,在这种情况下,投资者只要将该债券一直持有到偿还日,当初购买债券时的年最终收益率还是能够确保的。

六、剩余期限不到 1 年的贴现债券(或零息票债券)的年最终收益率

贴现债券与附息债券不同,它没有息票率,即在债券存续期间没有周期性的利息支付,故又称零息票债券。这类债券以低于面额的价格发行,到期按面额偿还,偿还金额与认购价格之差便是投资收益。距偿还日不满 1 年的贴现债券的年最终收益率的计算公式如下:

$$贴现债券的年最终收益率 = \frac{债券面值(或偿还价格) - 认购价格}{认购价格}$$

$$\times \frac{365}{剩余天数} \times 100\%$$

用字母表示公式为

$$R^* = \frac{(F-P)/\dfrac{d}{365}}{P} \qquad (2.11)$$

式中，R^* 代表年最终收益率；F 代表债券面值；d 代表剩余天数；P 代表债券的发行价格或者认购价格。

【例 2-7】某种短期金融债券的面值为 100 元，偿还日期是 2024 年 1 月 27 日，在 2023 年 2 月 20 日，投资者按 96.83 元的价格购入该种贴现债券。问：其单利年最终收益率是多少？

解：根据前面介绍过的方法算出该种金融债券的剩余天数为 341 天，投资者的单利年最终收益率为

$$\text{年最终收益率} = \frac{100 - 96.83}{96.83} \times \frac{365}{341} \times 100\% = 3.504\%$$

同样，投资者也可根据已知的距到期日的天数不到 365 天的贴现债券的年最终收益率来推算债券的认购价格，但使用的公式与附息债券的情况是不一样的。

$$\text{剩余期限不足 1 年的贴现债券的认购价格} = \frac{\text{债券面额（或偿还价格）}}{1 + \text{年最终收益率} \times \text{剩余天数} \div 365}$$

用字母表示公式为

$$P = \frac{F}{1 + R^* \times \dfrac{d}{365}} \qquad (2.12)$$

知识拓展 2-1：
试错法计算
到期收益率

可以看出，在数学上，式（2.11）和式（2.12）互为逆运算。

【例 2-8】某种短期国库券的面额为 100 元，距偿还日还剩余 341 天。假定其年最终收益率为 3.42%，那么，该种国库券的现行市场价格（或投资者的认购价格）为多少元？

$$\text{零息票国库券的认购价格} = \frac{100}{1 + 3.42\% \times 341 \div 365} = 96.9038 \text{（元）}$$

第二节 股票投资的收益率衡量指标

股票是一种权益性证券。股票投资与债券投资既有不同点又有相同点，不同点在于，债券的收益率是确定的收益率，而股票的收益率只是一种预测的收益率或期待的收益率。这是因为，债券投资从债券的购买日到偿还日这段期间投资者共能得到多少利息、相对于投资本金折合成的年收益率有多少个百分点等，这些都能在事先确切地计算出来，而股票投资尽管预期收到的股息相当于债券投资的利息，但是由于在认购股票时并不能确切地知道究竟能得到多少股息，因此，股票投资的股息收益包含有较多的预测因素或不确定因素。另外，由于股票没有到期日，因而没有偿还价格，即便我们可假定

以在二级市场上卖出股票的时点作为到期偿还日，以股票的卖出价格作为偿还价格，但是，由于持有期的长短及卖出价格的高低在购买股票时完全无法预测，因此，股票投资在事前是不能计算出确切的收益率的。当然，债券投资也并非一定要将其持有至到期日取得面值金额，投资者也可在债券存续期间将其在二级市场上售出以实现资本收益，这种持有期间的债券收益率与股票投资的收益率非常相似，即在事前也是不能确知的，它只能在事后加以确切地计算。

反映股票投资收益状况的财务比率通常又称市场测试比率，它可从流量的角度（利润价值）来衡量，具体的衡量指标有每股净收益、股息实得率、持有期收益率和市盈率等。与此同时，股票投资的市场价值也可从存量的角度（实物价值）来衡量，主要的衡量指标有每股净资产和股价对净资产倍率等。

一、普通股每股净收益（EPS）

上市公司的财务报告中通常使用的股本收益率是将公司的普通股和优先股作为一个整体来分析股权资本收益率状况的指标。实际上，普通股和优先股虽然都属于企业的股权资本，但两者所涉及的风险和所拥有的权利是有差别的。这主要表现在：优先股在两个方面较之普通股具有优先权，即分享公司税后净收益的优先和公司解散清算时分配剩余财产的优先。换句话说，普通股股东是企业利润和剩余财产分配的最后成员。所以，后者最为关注的是企业经营利润作了各种分配以后属于他们的那部分净收益，这是发放普通股股利和普通股市价升值的基础。企业的这部分净收益或以股利的形式支付给普通股股东，或以留存收益（未分配利润）的形式留在公司内以备日后追加资本投入、扩大再生产之用，而企业经营规模的扩大、预期利润的增长又会使公司股票的市价上涨，从而使股东们获得资本收益。正是由于这个原因，普通股投资者总是对公司所报告的每股净收益怀有极大的兴趣，认为它是评估一家企业经营业绩以及比较不同企业运行状况的十分重要的依据或指标。

$$普通股每股净收益 = \frac{税后净收益 - 优先股股息}{普通股股数} \quad (2.13)$$

在式（2.13）中，发行在外的普通股数量假如在某个会计年度里发生过变化，那就应该使用以月份为基础的加权平均数据。

【例 2-9】 某公司 2022 年实现税后净收益 360 000 美元，公司未发行过优先股，但其发行在外的普通股股数在年内曾发生过如下变化：1—3 月，普通股的股数为 100 000 股；4—9 月为 120 000 股；10—12 月又变成 130 000 股。在这种情况下，假如不对公司发行在外的普通股股数的变化作出调整，其 2022 年度普通股每股净收益为 $\frac{360\ 000}{100\ 000} = 3.6$ 美元。假如进行调整，那么经过加权平均的 2022 年度的普通股股数为 117 500 股；经过加权平均的每股净收益为 $\frac{360\ 000}{117\ 500} = 3.06$（美元）。

很显然，每股净收益突出了相对价值的重要意义。某家上市公司的税后利润的绝对数即便很高，倘若由于其总股本非常大，每股净收益因此较低的话，该公司股票的市价肯定不会高；反之，每股净收益的数额大则意味着企业有潜力增发股利或增资扩大生产经营规模，公司股票的价格会因此而稳步上升。

在20世纪60年代以后，大企业经常发行可转换的有价证券，如可转换的公司债券和可转换的优先股等，即该种公司债券和优先股的持有者可在规定的期限内按照自己的意愿，按预先规定好的调换比率或调换价格，用债券和优先股向发行公司换取普通股股票。公司债券和优先股的这种可调换特征对公司的普通股股本形成了一种潜在的稀释或冲淡作用，并有可能使原来的普通股股东在公司全部股份中所占的比重发生变化，使其对公司所有权的控制程度降低。

其中，稀释后的每股净收益 = $\dfrac{(\text{税后净收益} - \text{优先股股息}) + \left(\begin{array}{c}\text{可转换}\\ \text{优先股股利}\end{array}\right) + \left(\begin{array}{c}\text{可转换}\\ \text{债券利息}\end{array}\right) \times (1-t)}{\left(\begin{array}{c}\text{加权平}\\ \text{均股票}\\ \text{股数}\end{array}\right) + \left(\begin{array}{c}\text{转换可转换优}\\ \text{先股后增加的}\\ \text{普通股股数}\end{array}\right) + \left(\begin{array}{c}\text{转换可转换}\\ \text{债券后增加}\\ \text{的普通股股数}\end{array}\right) + \left(\begin{array}{c}\text{执行股票期}\\ \text{权后发行的}\\ \text{普通股股数}\end{array}\right)}$

(2.14)

【例2-10】某投资者拥有公司发行的10 000股普通股，占公司全部发行的500 000股的2%。现在，由于发生了有价证券的转换，该公司的普通股增加了100 000股。这样一来，该投资者的持股比重下降至 $\dfrac{10\,000}{100\,000 + 500\,000} = 1.67\%$。

由于存在着可转换的公司债券和优先股，因而给普通股每股净收益的计算造成一个问题，即如何来确定普通股的发行总数，是将可转换的公司债券和优先股全都视做普通股呢，还是仍将其作为公司债券和优先股处理呢？美国注册会计师协会（AICPA）对待这个问题的态度是，任何具有上述复杂资本结构的企业，必须同时列示两个每股净收益的数据：一个为原始的每股净收益，即将可转换的有价证券作为一般的公司债券和优先股处理；另一个为完全稀释后的每股净收益，即假定全部可转换的公司债券和优先股都按规定的调换比率转化为普通股。其中，后一个每股净收益着眼于未来有可能发生的情况，旨在使股东们意识到稀释对他们在公司所有权的比重所具有的潜在影响。

【例2-11】某股份公司在2022年度实现的税后净收益为1 500 000美元。该公司发行在外的普通股共有500 000股，另外，公司还发行过20 000股可转换的优先股，规定的调换比率是1:5。本年度，公司准备发放的优先股股息共计120 000美元。在这种情况下，公司计算出来的两个每股净收益分别为

原始的每股净收益 = $\dfrac{1\,500\,000 - 120\,000}{500\,000} = 2.76$（美元/股）

完全稀释后的每股净收益 = $\dfrac{1\,500\,000}{500\,000 + 20\,000 \times 5} = 2.50$（美元/股）

稀释后的每股净收益比原始的每股净收益下降了26美分。从这个差异看，影响似乎并不算太大，但如果公司发行在外的可转换有价证券的数量非常巨大，那么，投资者

就不应该忽略这种潜在的稀释作用。由此可见，除了对公司的控股权具有影响之外，普通股发行总数的增加还会导致每股净收益的降低，并很有可能使股票的市场价格发生下跌。

二、普通股每股现金流量

它所反映的是，理论上流通在外的每股普通股股票平均占公司所有营运资本或现金流量的情况。这项指标的数值要比普通股每股净收益高，因为后者在计算过程中对不涉及现金开支的固定资产折旧、无形资产摊销及递耗资产（如石油等自然资源）的折耗已作了扣除。每股现金流量的计算公式为

$$普通股每股现金流量 = \frac{税后净收益 + 折旧和待摊费用 - 优先股股息}{普通股股数} \quad (2.15)$$

就衡量公司在资本成本开支和现金股利支付等方面的决策水平而言，每股现金流量这项指标要比每股净收益更加有用，原因是公司正常营业业务所带来的净现金流量还会包括一些从利润中扣除出去，但又不影响现金流出的费用调整项目，比如折旧费等；但是，在衡量公司的盈利能力和经营效益方面，每股现金流量不能代替每股净收益这项指标。

三、股息实得率

其计算公式为

$$股息实得率 = \frac{每股年息}{股票现行市价} \times 100\% \quad (2.16)$$

{ 股息实得率是一个衡量普通股股东在当期获得股息收益情况的指标，又称股息与市价比率。

【例2-12】ABC公司2023年度向普通股股东派发的股息为每股1.15美元，该种股票的现行市场价格为30美元。据此计算，持有该种股票的股息实得率为

$$股息实得率 = \frac{1.15}{30} \times 100\% = 3.83\%$$

股息实得率的分母是股票的现行市价，而不是投资者当初购买股票时所支付的价格（在绝大多数的情况下，这个价格不会与股票的现行市价相同）。这样做的意义在于：它一方面衡量了股东们持有该种股票所获得的股息收益的高低情况，另一方面也为投资者揭示了出售这种股票或者放弃购买这种股票而转向别的投资所具有的机会成本。

西方各国在报道股市行情时，经常使用股息实得率这个指标，以供投资者参考比较。然而，投资者对股息实得率感兴趣并不意味着这个指标能反映股权投资的全部收益状况。实际上，在计算股权投资总收益时，还必须在股息收入的基础上再加减由于股票市价的升降变化所造成的资本损益。在绝大多数的情况下，后者对投资总收益的重要意义要超过前者。

四、持有期收益率

股息实得率主要适用于长期投资，而持有期收益率主要是为短期资金运用提供了一个衡量收益状况的尺度。

$$持有期收益率 = \frac{(股票售价 - 股票买价) + 持有期得到的股息}{股票的购入价格} \quad (2.17)$$

【例 2-13】 某种股票在第 1 年初时的市场价格为 46 美元，当年支付红利 1.50 美元，在年底时股票价格涨至 50 美元。下一年度又支付红利 2.00 美元，年底的市场价格更是攀升到 56 美元。假定红利的支付都发生在年底，其持有期收益率为

$$持有期收益率 = \frac{(56-46) + 2 + 1.5}{46} = 29.35\%$$

然而，式（2.17）未考虑以第 1 年末收到的股利假如用于再投资所应获得的收益。在考虑复利的前提下，第 1 年末收到的红利 1.50 美元按当时的市价可以购买 0.03 股股票。到了第 2 年末，按当时的股票价格，股权投资的价值已达到 57.68 美元，加上第 2 年末分得的红利 2.06 美元，考虑到复利因素的股权投资的总价值为 59.74 美元。则持有期收益率为：$\frac{(59.74-46)}{46} \times 100\% = 29.87\%$。再将持有期收益率转换成年等价收益率为：$(\sqrt{29.87\% + 1} - 1) \times 100\% = 13.96\%$。

相比较而言，上一节介绍的到期收益率虽然能较全面地衡量债券投资的收益状况，但它是以投资者一直将债券持有至到期日为假设前提的。在实践中，有些有价证券没有到期日，如普通股股票就是没有到期期限的，而持有期收益率则提供了一个对任何形式的证券投资都适用的收益率衡量指标。

五、股价收益率或市盈率（PER）

股息实得率是分析股价与股息关系的尺度，而市盈率则将分析重点放在作为股息来源的公司纯利润或税后收益之上，它反映了公司盈利能力与股价之间的关系。从目前各国股市的发展趋势来看，以股息实得率为基准来决定是否购买股票的观念正变得过时，其地位由市盈率这个概念取而代之。

市盈率表现为股票的现行市价对每股净收益的比率，它显示了股票目前正以几倍于每股净收益的价格在市场上买卖，即

$$市盈率（倍） = \frac{股票的现行市价}{普通股每股净收益} \quad (2.18)$$

从式（2.18）中可看出，市盈率的分母是已作了单位化处理后的每股净收益，它与上市公司的规模大小、当年盈利额的绝对数的多少无关。所以，投资者可在不同的上市公司之间比较这项指标。值得一提的是：由于股票的市场价格随着人们对公司未来盈利能力的预期心理的变化而上下波动，因此，在计算这项比率时往往采用公司在本期或下一期有关税后利润和每股净收益的预测数据，而不是将计算基于前期的经营实绩之上。

假如【例 2-12】中的 ABC 公司，2023 年度预期每股净收益为 3.34 美元，该种股票目前在市场上的价格为 30 美元，根据式（2.18）计算可得，其市盈率为 8.98 倍。

市盈率被广泛用做评估股票价值的一项重要依据。特别是对于一个潜在的投资者来说，根据其对上市公司未来发展前景的分析，在心目中往往会形成一个标准的市盈率，据此评价股票的市价是过高还是过低，并且在不同的上市公司之间比较这项指标，以便

最终作出投资决策。当然，这一可接受的市盈率水准也会随着公司内部生产经营状况以及外部宏观经济环境的变化而由投资者作出适当的调整。一般来说，经营前景良好、具有发展前途的上市公司的股票的市盈率会趋于升高；反之，发展机会不大、经营前景暗淡的公司，其股票市盈率总是处于较低水平。

另外，对于同一个上市公司，不同的投资者会有不同的市盈率接受标准。这是由于他们对待风险的态度以及对上市公司未来盈利能力的期望值不同所决定的。正是因为投资者之间存在着这个差异，所以在某一特定价位上，有些投资者愿意出售股票，而另一些投资者却愿意按这个价格买进股票。

市盈率的倒数称每股净收益对普通股市价的比率。在财务分析的实践中，也经常有人用这一衡量指标取代市盈率。

六、股价对现金流量的比率（PCFR）

这实际上是一项将市盈率概念加以扩展的衡量尺度。市盈率是从公司税后净收益的角度来分析股价的，而股价对现金流的比率是在企业现金流（公司的税后净收益再加上固定资产折旧和无形资产摊销等不涉及现金开支的费用）的基础上来对股价展开分析，其计算公式为

$$股价对现金流量的比率 = \frac{股票的现行市价}{每股现金净流量} \quad (2.19)$$

这一比率表明，投资者目前正以几倍于每股现金流动量的价格来买卖上市公司股票。这项比率较低则意味着股价偏低；反之，这项比率较高则意味着股价偏高。

七、每股净资产

其计算公式为

$$每股净资产 = \frac{股东权益或净资产总额}{普通股股数} \quad (2.20)$$

> 每股净资产又称普通股每股账面价值，这是一个表示普通股每股资产价值的指标，它从静态的角度反映了普通股股东的权益或福利状况。

值得注意的是，式（2.20）中的股东权益是指普通股股东权益。假如企业的股本中除了普通股之外，还有优先股，那就必须在股东权益中减去优先股的权益。

假如【例2-12】中的ABC公司2023年度发行在外的普通股共有1 300 000股，普通股股东权益为34 367 000美元。据此，我们可算出，ABC公司的每股净资产为26.44美元，而该种股票目前在市场上的价格则为30美元。

上市公司股票的价格与每股净资产相比，往往显得有些高估。然而，这只是一种表面现象。实际上，股票的市价更多的是受上市公司未来盈利能力及预期中的股利发放水平的影响；与此相反，股票的账面价值则是由已完成的经济交易所构成的过去的经营业绩和财务状况所决定的。

由于每股净资产是股份公司解散时的每股股票的价值，因此，它通常可用来确认股票股价不会再往下跌的最低价格水平。此项指标受到重视还有一个理由，那就是每股净资产越是高，则说明公司的内部积累就越是雄厚，即使处于经济不景气的时期公司也具有相当的抵御亏损的能力。此外，在企业收购和兼并的过程中，公司的每股净资产及其

股票的现行市价还是收购公司对目标公司的价值进行估算的重要参考指标。

八、股价对净资产的倍率（PBR）

这是股票的现行市场价格对每股净账面价值的比率，即

$$股价对净资产的倍率 = \frac{股票的现行市价}{每股净账面价值或每股净资产} \quad (2.21)$$

与市盈率相比较，股价对净资产的倍率是将股票作为实物证券，从存量的角度来分析上市公司的资产价值，它着眼于公司解散时普通股股东取得剩余财产分配的股份价值；而市盈率（PER）则是将股票作为利润证券，从流量角度来分析股价与每股净收益之间的关系。

值得指出的是，企业在许多场合都是以历史成本作为会计核算的基础，而实际上，企业拥有的房产、地产、机器设备及有价证券的市场价格早已上涨，甚至远远超出其账面价值。因此，企业的账面价值与企业的市场价值之间可能会出现巨大偏差。关于这一点，我们在使用股价对净资产的倍率时必须加以注意。

总而言之，股票的市场价格是人们愿意出售的股票数量正好满足潜在的投资者愿意买进的股票数量的均衡价格，它代表了市场在某一个时点上对上市公司价值的评价，反映了投资者作为一个整体对持有该公司股票可能带来的潜在收益和所承担的风险的看法。所以，公司股票的市场价格对于股权投资决策是十分重要的。然而，潜在的投资者要在几十家甚至是千百家上市公司中间作出投资选择，光是依靠股票市价所提供的信息是远远不够的。这是因为不同公司发行在外的股票数量（特别是普通股股数）、企业实现的经营利润以及派发的股利金额等都是不同的，人们必须将股票市价和会计报表所提供的有关信息结合起来分析，以便计算出每股净收益、市盈率、股利实得率以及普通股每股账面价值等比率。所有这些与股票市场价格或（和）股票发行数量有关的、为企业股东和潜在投资者所关注的财务比率，统称为市场测试比率。

知识拓展 2－2：
市盈率与
市净率的比较

第三节 即期利率与远期利率

一、即期利率和折现因子

无息债券是一种贴现债券，其特点是在票面上不规定利率，发行时按某一折扣率，以低于票面金额的价格发行，中间没有利息支付，到期按面额偿还本金。前面我们分析了 1 年期限的贴现债券的到期收益率。依此类推，t 年期限的贴现债券的到期收益率为

{ 即期利率是指在特定时点上无息债券的到期收益率。

$$P_t = \frac{F_t}{(1 + S_t)^t} \quad (2.22)$$

式中，P_t 为 t 年贴现债券的市场价格，F_t 为债券面值，S_t 为 t 年期即期利率。

市场上的贴现债券通常是期限小于1年的,而长期债券一般是附息债券。因此,只有1年期即期利率S_1是可以观测到的。对2年期以上的即期利率,应该如何计算呢?

根据现值概念,未来时期的一笔支付C,其现值为$C/(1+i)^n$。未来时期的一系列支付,其现值之和应当等于其当前价格,即

$$PV = \sum_{t=1}^{n} \frac{C_t}{(1+S_t)^t} = \sum_{t=1}^{n} d_t C_t \tag{2.23}$$

式中,C_t为债券在t年的支付;d_t为贴现因子;$d_t = \frac{1}{(1+S_t)^t}$为市场贴现函数。

【例2-14】假定已知1年期即期利率S_1是5%,2年期附息债券的当前价格为900元,面值为1 000元,年利息支付为100元。我们可以将2年期债券的不同期支付分别按照相应的即期利率进行贴现,并使现值之和等于债券的当前价格。

$$900 = \frac{100}{1+0.05} + \frac{1\ 100}{(1+S_2)^2}$$

由此可以计算出$S_2 = 16.9\%$。

即期利率是从当前时点分析利率的结果。如果我们考虑未来时期的借贷行为,假定现在签订一笔短期借贷合同,约定资金将在一年后贷出,两年后归还,在这个合约上规定的一年以后的一年期利率就称为远期利率。远期利率当然不是一年以后实际出现的即期利率,后者既可能高于这个远期利率,也可能低于这个远期利率。但是,远期利率反映了人们对未来时期即期利率水平的预期。

二、远期利率

远期利率有些是可以直接观测到的,因为远期合约上会注明这一指标。而许多时候,远期利率则是隐藏着的,因为在金融市场上存在着不同期限的即期利率,这些即期利率之间就隐藏着远期利率。

> 远期利率是指现在时刻的将来一定期限的利率。

在前面计算2年期的即期利率时,是将债券的面值按照2年期限进行贴现,使现值总和等于当前价格。这一贴现过程还可以分成两步进行:第一步,可以先计算2年期债券在1年后的现值是多少,这就需要将其按照远期利率进行贴现,即$\frac{1\ 100}{1+f_{1,2}}$,$f_{1,2}$代表1年以后的1年期利率;第二步,再将这1年后的价值按照1年期即期利率进行贴现,其结果应该等于债券的当前价格,即

$$900 = \frac{100}{1+0.05} + \frac{1\ 100}{(1+0.05)(1+f_{1,2})}$$

由此可以计算出$f_{1,2} = 30.2\%$。

将上述贴现过程一般化,则$t-1$期和t期的即期利率与从第$t-1$年到第t年间的远期利率$f_{t-1,t}$的关系为

$$(1+S_{t-1})^{t-1} \times (1+f_{t-1,t}) = (1+S_t)^t$$

即

$$f_{t-1,t} = \frac{(1+S_t)^t}{(1+S_{t-1})^{t-1}} - 1 \tag{2.24}$$

同时，可以将式（2.24）写为

$$(1+f_{0,1})(1+f_{1,2})(1+f_{2,3})\cdots(1+f_{t-1,t}) = (1+S_t)^t \tag{2.25}$$

更一般地，当时间间隔不为 1 的时候，对于任意的期限 m 和 n，可以导出 $n-m$ 期和 n 期的即期利率与远期利率 $f_{n-m,n}$ 的关系：

$$(1+R_{n-m})^{n-m}(1+f_{n-m,n})^m = (1+R_n)^n$$

即

$$f_{n-m,n} = \left(\frac{(1+R_n)^n}{(1+R_{n-m})^{n-m}}\right)^{\frac{1}{m}} - 1 \tag{2.26}$$

第四节　利率的风险结构与期限结构

下面分析债券的各种收益率之间的关系。

一、利率的风险结构

实证材料表明：期限相同的不同债券利率一般不同，而且相互之间的利差也不稳定。例如，同样是 10 年期限，政府债券的利率往往低于公司债券。不同公司发行的 10 年期债券利率也各不相同。究其原因，主要有以下几点。

> 相同期限的不同债券之间的利率差异与违约风险、流动性、税收因素都有密切关系，习惯上人们称这种差异为利率的风险结构。

（一）违约风险

公司债券或多或少都会存在违约风险，政府债券可以视为是没有违约风险的。

> 违约风险又称信用风险，是指债券发行者不能支付利息和到期不能偿还本金的风险。

假定某公司的债券在最初也是无违约风险的，那么，它与相同期限的政府债券有着相同的利率水平。如果公司由于经营问题出现了违约风险，预期回报下降，公司债券的需求曲线将向左移动，导致价格下降，利率上升。同时，政府债券相对于公司债券的风险减少，预期回报上升，政府债券的需求曲线会向右移动，价格上升，利率将下降。

这表明，违约风险的不同是相同期限的债券之间利率不同的一个重要原因，其差额是对公司债券持有者承担更多风险的补贴，称为风险升水。

既然违约风险与债券的利率有着密切的关系，投资者如何才能知道某种债券的违约风险呢？著名的穆迪公司和标准普尔公司专门负责根据违约风险对债券进行信用评级。穆迪评级中 Baa 级及其以上的公司债券和标准普尔评级中 BBB 级及其以上级别的债券违约风险较低，称为投资级债券。在 Baa（或 BBB）级以下的债券违约风险较大，称为非投资级债券，也称为垃圾债券。

(二) 流动性

假定在最初某公司债券与政府债券的流动性是完全相同的,其他条件也相同,因而利率也相同。如果该公司债券的流动性下降,交易成本上升,需求曲线将向左移动,利率上升。同时,政府债券相对于公司债券的流动性上升,政府债券的需求曲线会向右移动,利率将下降。

这表明,流动性的不同也是相同期限的债券之间利率不同的一个重要原因。其差额称为流动性升水,不过,流动性升水与风险升水往往总称为风险升水。

(三) 税收因素

税收因素也与利率的差异密切相关。在美国,市政债券一般可以免交联邦所得税。因而,相对于其他没有免税优惠的债券而言,如果其他条件相同,人们对市政债券利率的要求可以低些。这是因为,投资者在进行债券投资时,他们更关心的是税后的预期回报,而不是税前的预期回报。所以,如果一种债券可以获得免税优惠,就意味着这种债券的税后预期回报率会上升,对这种债券的需求将会增加,需求曲线右移将导致利率下降。相应地,其他债券的需求将会减少,需求曲线左移将导致利率上升。因此,税收优惠将会造成一定的利率差异。

二、利率的期限结构

风险、流动性、税收因素完全相同的债券,由于距离债券到期日的时间不同,{ 利率的期限结构是指证券收益率与到期年限之间的关系。

利率也往往不同,我们称这种差异为利率的期限结构。利率的期限结构可以形象地以收益率曲线表示出来,如果以横轴表示距离到期日的时间,以纵轴表示利率(收益率),将不同期限的利率连接起来,就会形成一条收益率曲线。

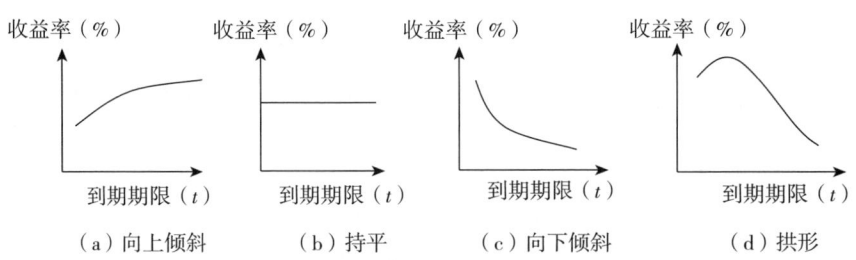

图 2-1 四种收益率曲线

在图 2-1 中,图 (a) 显示的是一条向上倾斜的利率曲线,表示期限越长的债券利率越高,这种曲线形状被称为正向的利率曲线。图 (b) 显示的是一条平直的利率曲线,表示不同期限的债券利率相等,这通常是正利率曲线与反利率曲线转化过程中出现的暂时现象。图 (c) 显示的是一条向下倾斜的利率曲线,表示期限越长的债券利率越低,这种曲线形状被称为相反的或反向的利率曲线。图 (d) 显示的是拱形利率曲线,表示期限相对较短的债券,利率与期限呈正向关系;期限相对较长的债券,利率与期限呈反向关系。从历史资料来看,在经济周期的不同阶段均可以观察到这四条利率曲线。

当然,几乎没有风险、流动性、税收因素完全相同,只有期限不同的债券。所以,实际观测到的收益率曲线反映的往往不仅仅是期限结构。

如果收益率期限向上倾斜，就说明长期利率大于短期利率。如果收益率曲线向下倾斜，就说明短期利率会大于长期利率。如果收益率曲线是水平的，就说明短期利率与长期利率相同。

在金融市场上，人们观察到，不同期限的债券利率水平有这样几个特点。

（1）同向波动。不同期限的债券的利率往往会同向波动。也就是说，如果短期利率上升，长期利率一般也会相应上升。如果短期利率下降，长期利率一般也会相应下降。

（2）如果短期利率偏低，收益率曲线更可能是向上倾斜。如果短期利率偏高，收益率曲线更可能是向下倾斜。

（3）多数情况下，收益率曲线都是向上倾斜的。

为什么金融市场上利率的期限结构会存在上述三种现象呢？经济学家提供了不同的理论对这些现象进行解释。

1. 预期假说。预期假说又称为无偏差预期理论。这一理论认为，长期利率等于在长期债券到期前预期短期利率的平均值。也就是说，如果当前的1年期利率为10%，同时人们预期1年后的1年期即期利率为8%，2年后的1年期即期利率为6%，那么，当前的3年期债券的利率就应该为8%。为什么会得出这样的结论呢？我们可以用下面的例子加以说明。

【例2-15】 假定投资者拥有一笔可以在两年内进行投资的资金。这样，投资者现在有两个投资战略可以选择：一个是全期战略，购买一张2年期的债券持有至到期日；另一个是滚动战略，先购买一张1年期的债券，在1年期满时收回资金，再购买一张1年期的债券，持有至到期日。预期假说假定不同期限的债券之间是完全替代的，因而，只要这两个战略的收益率存在差异，人们就会选择收益较高的战略。这样，这两个战略必须具有相同的收益市场才能均衡。如果当前的1年期即期利率是10%，预期1年后的1年期即期利率是8%，那么，当前的2年期即期利率应该是9%。否则的话，如果当前的2年期即期利率是10%，购买2年期债券的投资策略将获得更大的收益，人们就会纷纷购买2年期债券，使其价格上升，利率下降，最终使2年期利率与短期利率的预期相吻合。

如果投资者的投资期只有1年，他也可以采取两种战略：一种是购买一张1年期的债券，持有至到期日；另一种是购买一张2年期的债券，在1年后卖出。如果2年期利率大于1年期利率和预期1年以后1年期即期利率的平均值，那么，2年期债券在1年后的预期价值将大于1年期债券在1年以后的预期价值。于是，人们将偏好2年期债券，使2年期债券的价格上升，利率下降。

因此在均衡状态下：

$$(1+s_1)(1+es_{1,2}) = (1+s_2)^2 \qquad (2.27)$$

式中，$es_{1,2}$代表预期1年后的1年期即期利率，因而，$es_{1,2}$应该等于远期利率$f_{1,2}$。

整理式（2.27）得

$$1 + s_1 + s_1 \times es_{1,2} + es_{1,2} = 1 + 2s_2 + s_2^2$$

由于 $s_1 \times es_{1,2}$ 与 s_2^2 都很小，我们可以将之忽略，得到

$$s_2 = \frac{s_1 + es_{1,2}}{2} \tag{2.28}$$

将式（2.28）扩展，n 周期的即期利率 s_n 应该等于：

$$s_n = \frac{s_1 + es_{1,2} + es_{2,3} + \cdots + es_{n-1,n}}{n} \tag{2.29}$$

对于前述期限结构的三个现象，预期理论可以很好地解释第一个现象，即利率的同向波动问题。因为，如果短期利率上升，人们将会提高对未来时期短期利率的预期，所以，长期利率也会上升。或者，也可以从另外的角度解释。由于预期假说假定短期债券和长期债券是完全替代的，如果短期债券利率上升，价格下降，人们就会纷纷买入短期债券，卖出长期债券，使得长期债券的供给增加，价格下降，利率上升。对于第二个现象，预期假说也可以很好地进行解释。如果当前的短期利率偏低，人们就会预测未来时期利率水平将向正常水平复归，因而，长期利率就会明显高于短期利率，使收益率曲线明显向上倾斜。如果短期利率偏高，人们就会普遍预期在未来时期的短期利率水平将会下降，因此，长期利率会低于短期利率，收益率曲线就会向下倾斜。该如何区分对第一个现象和第二个现象的解释呢？当短期利率偏低时，能不能也根据投资者可能卖短买长判断长期利率也会降低？应该说，前一个解释是动态分析，描述的是收益率曲线经过一段时间后向上移动的过程，而后一个解释是静态的分析，描述的是收益率曲线具有特定斜率的原因。在动态过程中，过于陡峭的收益率曲线也可能会由于卖出短期债券、买入长期债券而斜率下降。

预期假说能够很好地解释第一个现象和第二个现象，但是，它不能解释第三个现象。为什么收益率曲线一般会向上倾斜？按照预期假说，这就意味着人们会普遍预期未来短期利率会上升。但这是不可能的，因为人们既可能预期短期利率将会上升，也可能会预期短期利率下降。

2. 分割市场理论。分割市场理论假定不同期限的债券完全不可替代。也就是说，短期债券与长期债券的投资者是完全不同的群体，他们互相只在各自所偏好的市场上活动，对其他债券市场的情况漠不关心。比如，由于持有期不同，那些为了养老、子女教育而储蓄的人们只会购买长期债券，而那些 1 年后就要购买住房的人则只会在短期债券市场上投资。即便另一个长期市场会带来更高的收益，但是由于偏好不同，也不会造成短期投资者离开自身市场进入较高收益率的长期市场。所以，短期利率与长期利率是在不同的市场上由不同的供求因素所决定的。由于投资者一般会偏好期限短、利率风险小的债券，所以短期债券由于需求旺盛而利率较低，长期债券的利率相应就会比较高。因此，分割市场理论可以很好地解释第三个现象，但是，由于它完全否定长期利率与短期利率之间的内在联系，所以根本无法解释第一个现象和第二个现象。

3. 流动性升水理论。该理论假定不同期限的债券既是可以替代的，又不是完全可以替代的，长期利率应该等于长期债券到期前预期短期利率的平均值加上由于供求关系的变化决定的期限（流动性）升水。投资者对某一种债券会有一定的偏好，但这种偏好不

是绝对的，投资者并非对他所不偏好的债券的收益率漠不关心。所以，如果向投资者支付一个正值的期限升水，投资者就会离开其偏好的短期债券市场，进入长期债券市场。因此，长期利率与短期利率的关系可以表述为

$$s_n = \frac{s_1 + es_{1,2} + es_{2,3} + \cdots + es_{n-1,n}}{n} + l_{nt} \tag{2.30}$$

式中，l_{nt} 为 n 周期债券的期限（流动性）升水。

【例 2-16】如果 1 年期利率为 10%，1 年后的 1 年期即期利率预期为 8%，那么 2 年期债券的利率必须大于 9%，如 9.5%，才能使偏好短期债券的投资者认为两种投资战略是无差异的。这 0.5% 的差即为期限升水。

在【例 2-15】讨论的 2 年持有期的两个投资战略的比较中，如果：

$$(1 + s_1)(1 + es_{1,2}) = (1 + s_2)^2 \tag{2.31}$$

那么，两个战略是等价的。事实上，可能没有任何人会选择购买 2 年期的全期战略。投资者之所以都有一种偏好短期债券的倾向，是因为短期债券的利率风险比较小。如果投资者在 1 年后需要现金，那么，如果采用滚动战略，它就能够确定无疑地得到现金。而如果投资者采取全期战略，在 1 年后只能通过出售证券获得现金，这样就会面临价格风险。因此，要让投资者持有长期债券，就必须向其支付一个正值的风险补贴。同时，债券的发行者一般也愿意为了长期债券的发行而支付一定的风险溢价。这是因为，如果发行者也采取滚动战略，他就将支付更高的发行成本。另外，发行长期债券也使发行者没有了在未来时期短期利率上升从而提高发行成本的风险。因此，远期利率实际上会等于预期未来时期的即期利率加上流动性升水，即

$$f_{1,2} = es_{1,2} + l_{1,2} \tag{2.32}$$

式中，$l_{1,2}$ 代表流动性升水。

流动性升水理论可以完全解释有关期限结构的三个现象。由于预期理论可以解释第一个现象和第二个现象，那么，作为该理论修正的流动性升水理论当然也可以解释这两个现象。对于第三个现象，由于长期债券需要支付一个正值的期限升水，所以长期债券的利率往往会大于短期债券的利率，使得收益率曲线向上倾斜。

知识拓展 2-3：
不同风险的
债券收益率

有了这个理论，通过观测收益率曲线，我们还可以对未来时期短期利率的走势进行判断。如果收益率曲线向上倾斜，且斜率比较大，就说明市场可能预期未来短期利率会明显上升。如果收益率曲线向上倾斜，但斜率比较小，就说明市场预期未来的短期利率不会发生变化。如果收益率曲线是水平的，说明市场会普遍预期未来的短期利率会轻微下降。如果收益率曲线向下倾斜，就说明市场预期未来的短期利率会急剧下降。如果收益率曲线是拱形的，就说明市场预期未来的期限较短的债券利率在一定时期内会明显上升，但随着债券的期限变长，上升的趋势会逐渐下降，直至达到一个极值，自此之后，随着债券期限的增长，市场预期未来的短期利率会下降。

知识拓展 2-4：
利率期限结构的
数学解析

【本章小结】

1. 衡量债券投资收益率的主要指标有：到期收益率、年最终收益率、持有期间收益率等。

2. 股权投资收益率从流量角度（利润价值）的衡量指标有：每股净收益、股息实得率、持有期收益率和市盈率等；从存量角度（实物价值）的衡量指标有每股净资产和股价对净资产倍率等。

3. 即期利率是指在特定时点上无息债券的到期收益率。远期利率是指现在时刻的将来一定期限的利率。远期利率反映了人们对未来时期即期利率水平的预期。即期利率与远期利率的关系公式为

$$(1+S_{t-1})^{t-1} \times (1+f_{t-1,t}) = (1+S_t)^t$$

对于更一般的时间间隔，即期利率与远期利率的关系公式为

$$(1+R_{n-m})^{n-m} \times (1+f_{n-m,n})^m = (1+R_n)^n$$

4. 利率的风险结构是指相同期限的不同债券之间的利率差异。它与违约风险、流动性、税收因素有密切关系。

5. 利率的期限结构是指证券收益率与到期年限之间的关系。由于距离债券到期日的时间不同，利率也往往不同。利率的期限结构可以形象地以收益率曲线表示出来。预期假说、分割市场理论、流动性升水理论分别解释了利率的期限结构表现出的一些特点。

【关键术语】

投资收益率　年最终收益率　持有期间收益率　普通股每股净收益　市盈率
即期利率　远期利率　利率的风险结构　利率的期限结构

【案例分析】

GNMA的利率风险结构和期限结构分析

背景资料

20世纪80年代后期和90年代前期，金融新闻的醒目标题通常是："阿斯金资本公司的垮台""重要的抵押品证券交易商——大和证券公司在国库券交易中损失11亿美元""住友银行（Sumitomo Bank）价值20亿美元黄铜期货交易惨败"，等等。贯穿这些事件的共同线索就是对金融衍生工具的操作。金融衍生工具交易合约的规模庞大，其价值是美国国内生产总值的8倍以上，这一现象已经引起人们的警觉。甚至美国国会还产

生禁止金融衍生工具相关交易的动议。金融衍生工具大大地活跃了世界金融市场，但它无疑是一柄双刃剑，其本身并没有过错，但金融机构在对其操作的过程中出现的失误，会给金融市场带来区域性甚至是世界范围的金融动荡。

当时有大和银行的井口俊英伪造交易确认书和银行对账单造成 11 亿美元的损失，也有巴林银行的尼古拉斯·里森未经授权而进行日经指数期货交易造成的近 20 亿美元的亏损，致使具有 233 年悠久历史的巴林银行倒闭破产。美林证券的霍华德·鲁宾（Howard Rubin）对美国政府住宅抵押信贷的操作给美林证券带来的 3.77 亿美元的损失虽然不是同一时期亏损额最大的，但它对息票债券拆分剥离前后进行销售和管理的经验和教训，对投资者进行金融工具创新和风险管理具有重要的借鉴意义。

GNMA——美国政府住宅抵押信贷，人们俗称为吉利美（Ginnie Mae），是一种与含有息票的债券十分相似的金融工具，它从基础抵押品集合中向投资者支付利息和本金，由息票和本金债券两个部分组成。1987 年春季，美林证券公司的明星交易员霍华德·鲁宾，将 GNMA 的票息债券（IO）以及本金债券（PO）拆分之后进行单独销售，这一业务被称为剥离，此举为美林证券和他自己都带来了滚滚财源。他赚取利润的方式是以较低的价格整体购买 GNMA，拆分为 IO 和 PO 两个部分之后，再以较高的价格分别出售给只愿意购买 IO 或 PO 的顾客。美林证券公司十分清楚鲁宾的行为将不可避免地使自有资本面临一定的风险，因为在对 GNMA 进行购买拆分剥离以及最终售出的短暂过程中，鲁宾必须通过自己的交易账户来持有 GNMA。然而美林证券作为证券公司承担一定风险是无可厚非的，因此在允许鲁宾进行 GNMA 的剥离及交易的同时也给他制定了一个日交易限额。

GNMA 拆分以后各部分的行情波动程度要远远超过整个 GNMA 的行情波动程度。与所有的债券一样，当利率上升时 GNMA 的价格下降，而它的整体贬值反映为 IO 价格的上升以及 PO 价格更大幅度的下跌。美林证券在授权鲁宾动用自有资本时，其隐含的前提是要求鲁宾使 GNMA 拆分剥离的两个部分同时售出，以避免滞留在美林证券交易账户中的 GNMA 暴露在利率风险之下。然而在 1987 年 4 月初时，一位大客户从鲁宾处购买了大量的 IO，导致鲁宾的交易账户上累积了相应比例的巨额 PO 头寸。使事态更为恶化的是，由于 PO 头寸超过了鲁宾的日交易限额，因此他无视公司的有关规定未将交易结果输入美林的会计系统。利率在随后的数周之内迅速达到巅峰区域，这不可避免地造成了 PO 行情的一落千丈，而此时美林公司才发觉自己已蒙受了 3.77 亿美元的严重亏损。

（一）拆分前后 GNMA 的利率风险结构分析

债券收益率与债券无风险利率、违约风险、预期通货膨胀率、流动性风险、到期风险和税收因素有密切关系。GNMA 拆分以前的利率风险结构可以用式（1）表示如下：

$$r = r^* + DRP + IP + LP + MRP - T \tag{1}$$

式中，r 表示收益率；r^* 表示无风险利率；DRP 表示违约风险溢价；IP 表示通货膨胀溢价；LP 表示流动性溢价；MRP 表示到期风险溢价；T 表示税收因素（所得税税率）。

无风险利率是指无违约风险和通货膨胀风险的利率水平。如美国 3 个月期国库券的利息率。

违约风险溢价（Default Risk Premium）是指债券发行者在规定时间内不能支付利息

和本金的风险。债券信用等级越高,违约风险越小;债券信用等级越低,违约风险越大。公司债券或多或少都存在违约风险,政府债券通常被认为是没有违约风险的。如 AAA 级债券 $DRP = 1.0\%$,BB 级债券 $DRP = 5.0\%$;而美国国库券 $DRP = 0$。

通货膨胀溢价(Inflation Premium)是指在债券持有期内预期未来通货膨胀率的平均值。预期通货膨胀率越高,通货膨胀溢价也就相应越高;反之,通货膨胀溢价越低。

流动性溢价(Liquidity Premium)是指给债券持有者不能在很短时间内把资产以合理价格转为现金的风险补偿。通常流动性溢价很难精确测量,大的、强的公司 LP 较低,小公司的 LP 较高。其实质上是作为当债券变现能力较低时的一种补偿。

到期风险溢价(Maturity Risk Premium)主要是当未来利率上升时,长期债券价格会相应下降。所以到期期限越长,风险越大,到期风险溢价越高。

税收因素(Income Tax Considerations)也与利率的差异密切相关。投资者真正关心的是税后的回报率。如在美国,购买地方政府债券免征联邦政府所得税。同样票面利率的地方政府债券的回报率就要高于联邦政府发行的债券。税收因素对投资者尤其是年收入较高的投资者的影响是不容忽视的。

拆分以后的 GNMA 的利率风险结构分别用 IO 和 PO 两个部分表示,如式(2):

$$\begin{cases} \text{IO}: r_{IO} = r_{IO}^* + DRP_{IO} + IP_{IO} + LP_{IO} + MRP_{IO} - T_{IO} \\ \text{PO}: r_{PO} = r_{PO}^* + DRP_{PO} + IP_{PO} + LP_{PO} + MRP_{PO} - T_{PO} \end{cases} \quad (2)$$

分析以上公式可以得出以下几点结论:

第一,由于同一时期的无风险利率相等,而且作为同一种债券拆分出来的两个部分,IO 和 PO 的违约风险是相等的,因此无风险利率和违约风险溢价相等即:

$$r_{IO}^* = r_{PO}^* \quad ①$$

$$DRP_{IO} = DRP_{PO} \quad ②$$

第二,拆分以后的 IO 部分由于每年都能通过息票的支付回收部分投资,因此投资者可以利用再投资的方法回避大部分的由于通货膨胀带来的风险(类似于免疫策略的过程)。而 PO 部分由于只能在到期时支付票面金额,因此其投资收益受通货膨胀影响很大,通货膨胀风险显著。从通货膨胀溢价上考虑可以得出

$$IP_{IO} < IP_{PO} \quad ③$$

第三,从流动性上看,显然 IO 的流动性较 PO 更强。换言之,IO 的流动性风险小于 PO,即 IO 的流动性溢价应小于 PO:

$$LP_{IO} < LP_{PO} \quad ④$$

第四,到期风险溢价与债券的期限长短呈正向相关,到期期限越长,风险越大,到期风险溢价越高,因此:

$$MRP_{IO} < MRP_{PO} \quad ⑤$$

第五,对于同一投资者来说,从 GNMA 中拆分出来的 IO 和 PO,税收因素是相等的,因此:

$$T_{IO} = T_{PO} \quad ⑥$$

综合上面五个方面,将式①至式⑥相加得到:

$$r_{IO}^* + DRP_{IO} + IP_{IO} + LP_{IO} + MRP_{IO} - T_{IO} < r_{PO}^* + DRP_{PO} + IP_{PO} + LP_{PO} + MRP_{PO} - T_{PO}$$

也即 $r_{IO} < r_{PO}$。

可见，拆分后 IO 和 PO 的风险结构都与原来 GNMA 的风险结构不同，但总的来说 PO 的风险要高于 IO，因此应该获得更高的到期收益率。

从久期的角度来看，拆分前 GNMA 的久期（用 DUR_{GNMA} 表示）和拆分后 IO 和 PO 的久期（分别用 DUR_{IO} 和 DUR_{PO} 表示）的关系可以用如下不等式表示：

$$DUR_{IO} < DUR_{GNMA} < DUR_{PO}$$

因此拆分后 PO 的部分对利率起伏的敏感程度最大，实际上承担了大部分的利率风险，应该具有更高的到期收益率。美林证券在购买、拆分和销售过程中，是以较低的价格整体购买 GNMA，再以较高的价格分别出售给只愿意购买 IO 或 PO 的顾客，并通过买卖差价赚取利润。但在事实当中这种看起来稳操胜券的操作方法因为在美林证券的交易账户上积累了巨额的 PO 头寸而变得投机性十足，最终也正是由于 PO 对利率变化的高敏感性而使美林证券损失惨重。

（二）拆分前后 GNMA 的利率期限结构分析

1987 年的美国经济处于正常的发展阶段，因此可以认为当时的利率期限结构也处于正常状态，即收益率曲线是一条向右上倾斜的曲线。对 GNMA 的拆分，实际上是将一个整体的息票债券分割成若干个不同到期日的贴现债券。因此，这里采用了利率期限结构中的市场分割理论对拆分后的 IO 和 PO 进行期限结构分析。如图 1 所示："○"表示拆分后的各个息票（IO 部分），视为不同到期期限的贴现债券；"△"表示同一时期市场上与拆分后形成的贴现债券具有相同到期期限的贴现债券的利率期限结构；"☆"表示拆分后的 PO 部分，也被视为一个与原来 GNMA 具有相同到期期限的贴现债券。

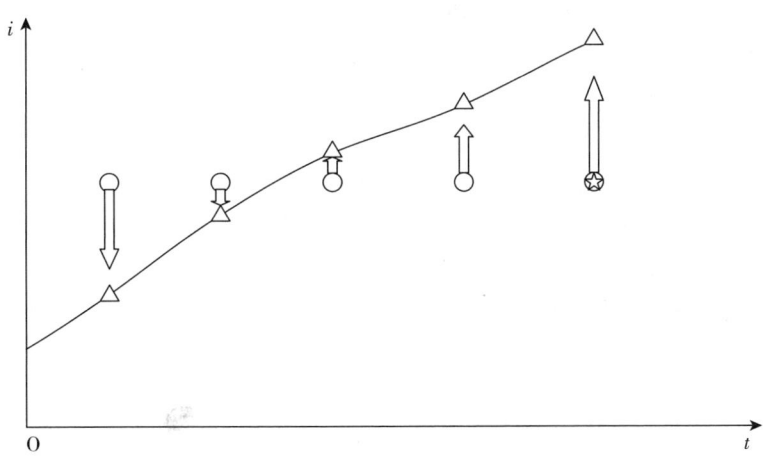

图 1 拆分前后 GNMA 的利率期限结构分析

从图 1 中可见，在到期期限较短的情况下，拆分后形成的贴现债券较市场上交易的其他相同到期期限的贴现债券具有明显的超额收益率，这种超额的收益率与到期期限呈负相关关系，它会随着到期期限的延长而减小。但由于 IO 本身仍具有整体性，因此从整体上看，IO 部分的收益率大于那些具有相同到期期限的贴现债券相等权数债券组合的收益率。再看 PO 部分，回顾鲁宾赚取利润的方式：以较低的价格整体购买 GNMA，拆分为 IO 和 PO 两个部分之后，再以较高的价格分别出售给只愿意购买 IO 或 PO 的顾客。

讨论题

试对息票债券拆分剥离前后经验和教训进行分析，请谈谈对我们有何借鉴意义。

分析路径与提示

拆分前后 GNMA 的利率风险结构分析和利率期限结构分析。结合上文对风险的分析可见，PO 的风险与收益并不一致。风险结构和期限结构的分析可以得出简单的处理方法：溢价出售 IO 以降低收益率到与其风险水平一致；同时折价出售 PO 以升高收益率到与其风险水平一致。

通过以上分析，美林证券的交易账户上积累的巨额 PO 头寸最终给它带来惨重的损失，虽然可以视为由利率的预期以外的上涨引起的偶然事件，但其实也具有其内在的合理性。因此在对金融工具的创新上就要考虑风险，避免和减小此类事件的发生给金融市场带来的冲击。

【能力训练】

（一）选择题

1. （　　）指标用来衡量以获取买卖利益为主要目的的债券交易。
   A. 持有期间收益率　　　　　　B. 到期收益率
   C. 当期收益率　　　　　　　　D. 年最终收益率

2. （　　）通常可用来确认股票股价不会再往下跌的最低价格水平。
   A. 每股现金流量　　B. 市盈率　　C. 股息实得率　　D. 每股净资产

3. 两只债券的期限相同，且为同一发行人发行，但票面利率不同，当市场利率下降时，会发生（　　）。
   A. 两只债券的价格都上升　　　　B. 两只债券的价格都下降
   C. 票面利率高的债券价格上升，票面利率低的债券价格下降
   D. 票面利率高的债券价格下降，票面利率低的债券价格上升

4. 某债券期限为 10 年，面值 1 000 元，票面利率 10%，市场交易价格为 1 060 元，则该债券的到期收益率应为（　　）。
   A. 10%　　　B. 低于 10%　　C. 高于 10%　　D. 无法判断

5. 在市场利率为 10% 时，投资者希望买入 7 年期的一次还本付息的债券，到期偿付额为 500 万元，则目前最可能成交的价格是（　　）元。
   A. 3 324 512.9　　B. 2 941 176.4　　C. 2 567 913.8　　D. 2 741 123.3

6. 下列关于水平型利率期限结构说法正确的是（　　）。
   A. 最常见的利率期限结构
   B. 通常是正利率曲线与反利率曲线转化过程中出现的暂时现象

C. 预期利率上升时 D. 预期利率下降时

7. 根据市场预期理论，当预期未来即期利率上升时，最可能出现（　　）。
A. 正向的利率期限结构　　　　　B. 反向的利率期限结构
C. 水平的利率期限结构　　　　　D. 拱形的利率期限结构

8. 某公司发行到期一次还本付息债券，票面利率10%，单利计息，面值1 000元，期限5年，市场利率8%，债券的内在价值为（　　）元。
A. 1 020.87　　B. 1 000　　C. 1 388.89　　D. 1 096.08

9. 在计算到期一次还本付息债券内在价值时，下列说法正确的是（　　）。
A. 单利计息，单利贴现计算出的数值最大
B. 单利计息，复利贴现计算出的数值最大
C. 复利计息，单利贴现计算出的数值最大
D. 复利计息，复利贴现计算出的数值最大

10. 我国债券内在价值的计算中最常用的公式是（　　）。
A. 单利计息，单利贴现　　　　　B. 单利计息，复利贴现
C. 复利计息，单利贴现　　　　　D. 复利计息，复利贴现

11. （　　）属于流动性偏好理论。
A. 远期利率不是未来的预期即期利率的无偏估计
B. 远期利率是未来的预期即期利率的无偏估计
C. 流动性溢价的存在使得收益率曲线为正向的情况要多于为反向的情况
D. 预期利率上升，利率期限结构并不一定是正向的

12. 复利债券的到期收益率隐含着（　　）两个重要的假定。
A. 投资者可将债券中途折现
B. 投资者一直将债券持有至偿还日
C. 在未来收到的（最后一期除外）所有利息收入都能按到期收益率进行再投资
D. 在未来收到的（最后一期除外）所有利息收入都不能按到期收益率进行再投资

13. 从流量角度衡量股票投资收益状况的财务比率有（　　）。
A. 每股净收益　　　　　　　　　B. 股价对净资产倍率
C. 市盈率　　　　　　　　　　　D. 持有期收益率

14. 关于利率期限结构说法正确的是（　　）。
A. 正向的收益率曲线表示期限越长的债券收益率越高
B. 反向的收益率曲线表示期限越长的债券收益率越低
C. 水平的收益率曲线是最常见的一种形状
D. 拱形的收益率曲线表示期限相对较短的债券，利率水平与期限呈正向关系，期限相对较长的债券，利率水平与期限呈反向关系

15. 利率期限结构理论包括（　　）。
A. 调整过渡理论　　　　　　　　B. 市场分割理论
C. 流动性偏好理论　　　　　　　D. 市场预期理论

(二) 思考题

1. 简述债券收益所带来的收益的种类。
2. 试述利率与到期收益率变化对投资者的影响。
3. 联系实际试述利率的风险结构。
4. 试述利率期限结构的三种理论。
5. 根据收益率曲线的不同形状，如何预期未来利率的水平？

(三) 计算题

1. 投资者以900元的价格购入一张10年期的面值为1 000元的政府债券，每年将获得100元的利息支付，并在10年末收回1 000元的债券面值。计算债券的到期收益率。

2. 有一种附息国债面额为100元，息票率为6.2%，偿还日期是2013年7月20日。在2005年2月20日，其单利最终收益率为4.81%。问：该种国债的卖出价格（对于投资者来说就是认购价格）是多少？

3. 某种短期金融债券的面值为100元，偿还日期是2007年1月27日，在2006年2月20日，投资者按96.83元的价格购入该种贴现债券。问：其单利最终收益率是多少？

4. 一只面值1 000元，3年到期的折价债券现售价为816.30元，它的到期收益率是多少？

5. 一只面值1 000元，4年到期的息票债券，年息票为100元，到期收益率为12%，那么债券现售价是多少？

6. 面值为1 000元的1年到期、2年到期和3年到期的债券价格分别为930.23元、923.79元和919.54元，求它们的即期利率。

7. 已知从现在起不同时期的即期利率：

年数	1	2	3	4
即期利率	5%	5.5%	6.5%	7%

计算从1年到2年，2年到3年和3年到4年的远期利率。

8. 已知远期利率

远期时段	$f_{0,1}$	$f_{1,2}$	$f_{2,3}$	$f_{3,4}$
远期利率（%）	10.0	9.5	9.0	8.5

计算1年、2年、3年和4年的即期利率。

9. 假设现时1年即期利率是6%，1年到2年，2年到3年的远期利率分别为$f_{1,2}=9\%$和$f_{2,3}=10\%$，计算面值为1 000元、息票率为8%的3年到期债券的现值。

10. 2年期国债，面值1 000元，票面利率9%，市场利率8%，到期一次还本。如果：(1) 每年支付利息；(2) 每半年支付利息；(3) 每季度支付利息，其发行价格各为多少？

第二章
【能力训练】
参考答案

【参考资料】

[1] 吴晓求. 证券投资学 [M]. 北京：中国人民大学出版社，2015.
[2] 中国证券业协会. 证券投资分析 [M]. 北京：中国财政经济出版社，2010.

第三章
固定收益证券理论与实务

【本章知识框架】

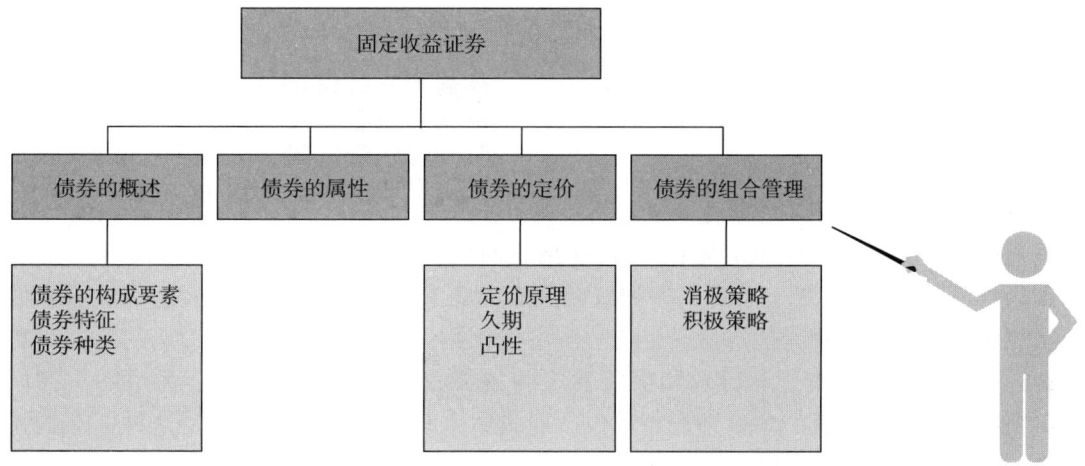

【本章学习目标】

1. 明确固定收益证券的含义、种类与构成要素；
2. 正确理解债券的性质与特征；
3. 明确债券的属性；
4. 掌握债券定价理论；
5. 能够熟练计算债券的久期和凸性；
6. 理解债券的消极管理策略和积极管理策略。

第一节 固定收益证券概述

固定收益证券（Fixed-income Instrument）是指收益水平较为确定的一类证券。持券人按照约定可以在特定的时间内取得固定的收益,并预先知道取得收益的数量和时间。

我国金融市场上的固定收益类产品主要有国债、中央银行票据、企业债、结构化产品和可转换债券。从存量来看,国债和中央银行票据构成了我国固定收益类证券的主体,可转债、结构化产品以及无担保企业债也正在快速发展,本章以债券作为重点研究对象。

我国的债券市场存在着三个交易场所:银行间债券市场、银行柜台交易及交易所市场。1997年6月5日中国人民银行发布《关于银行间债券政策、回购业务有关问题的通知》和《关于各商业银行停止在证券交易所证券回购及现券交易的通知》两个文件。根据文件要求,所有商业银行全部从交易所国债市场撤出;开办银行间债券市场,商业银行持有的国债由中央国债登记结算公司托管;商业银行不能再购买和增加国债持有量。至此,我国国债市场形成了两个相互分离的市场,即银行间国债市场和交易所国债市场。

一、债券的含义和构成要素

具体地说,持券者就是债权人,债券的发行者(如国家、地方政府、公司或金融机构)是债务人。债券上规定资金借贷的权责关系主要有三点:(1)所借贷货币的数额;(2)借款时间;(3)在借贷时间内应有的补偿或代价是多少(债券的利息)。

> 债券是一种表明债权债务关系的凭证,证明持券者有按约定的条件(如面值、利率和偿还期等)向发行人取得利息和到期收回本金的权利。

债券上规定资金借贷双方的权利义务关系包括:第一,发行人是借入资金的经济主体;第二,投资者是出借资金的经济主体;第三,发行人必须在约定的时间付息还本;第四,债券反映了发行者和投资者之间的债权债务关系,是这一关系的法律凭证。债券的借款者只有一个,即发行单位。而贷款人却常为千万个,凡是这种债券的持有人,都是债权人。债券的种类繁多,但它们都包含以下几个基本要素。

1. 票面价值(Face Value)。债券的面值包括币种和面值大小两个基本内容。面值币种取决于发行者的需要和债券的种类,国内债券的面值币种为本币,外国债券的面值币种为债券发行地国家的货币,欧洲债券的面值币种为发行地国家以外的货币,主要为欧洲美元、欧洲日元等。债券面值的大小从1个货币单位到上百万个货币单位不等。

2. 偿还期限(Maturity)。债券的偿还期是指从债券发行之日起至清偿本息之日止的时间,一般分为三类:偿还期在1年或1年以内的,称为短期债券;偿还期在1年以上、10年以下的,称为中期债券;偿还期在10年以上的,称为长期债券。债券偿还期限的确定主要取决于债务人的资金需求期限、未来市场利率的变化趋势以及证券市场的发达程度等因素。

3. 利率(Coupon Rate)。债券的利率也称为息票率,是债券的利息与债券面值之比。债券利率有固定利率与浮动利率之分,前者从发行时确定并延续至期满,后者则随某个参照利率(如优惠贷款利率)的变动而变动(新票面利率=参考利率+/-浮动基点)。影响债券利率的因素主要有银行利率水平、发行人的资信状况、债券偿还期限和资本市场资金供求状况等。

4. 赎回条款（Call Provisions）。现代大多数公司的债券都具有赎回的特性，或者说它们的债券契约中包含赎回条款。赎回的意思是，发行公司有权在债券未到期以前赎回一部分在外流通的债券。公司是否行使这种权利，可根据具体情况来决定。在什么时候赎回和付多少钱赎回，这些条款都会在契约上写明。一般情况，规定债券在发行后的前若干年不能赎回，这个期间称为赎回保护期（Call Protection）。在赎回保护期过后，该债券可以被赎回。在契约里面，可赎回的日期可以是多个，而且赎回价格一个较一个低。通常，当债券在第一个可赎回日被赎回的话，那么赎回价格高于票面价格，此为赎回溢价，大约为面值的3%~10%。赎回条款在市场利率降低的时候是最有用的。这时，公司行使其赎回权利可以收回原来利息成本较高的时候发行的旧债，用较低利率另行发行新债，这样公司可以减轻债息负担。如果债券不完全被赎回或者因市场利率比原来发行时升高从而不实施赎回，那么赎回价格将会按约定随时间逐步下降。例如，一份20年期的可赎回债券，合约规定发行5年后可以实施赎回。5年后赎回价格是110元，10年后赎回价格是105元，15年后赎回价格是100元。

5. 偿债基金（Sinking Fund Provisions）。在一个债券契约里通常有要求发行公司建立"偿债基金"的条款。建立这种基金的目的，是要求债务人按期偿还部分本金。例如，一份20年期总面值300万美元的债券可能要求发行人从第6年开始每年偿还20万美元本金额度。偿债基金可以通过以下两种方式实施：现金支付或证券传递。

现金支付：发行人被要求每年按期存一定数额资金到债券发行托管账户。托管人通过抽签的方式决定提前偿付部分债权金额（上例中是20万美元）。那些被抽中提前偿付的债券将被提前按面值结算。

证券传递：发行人被要求每年定期购买一定数额的证券交由托管人，然后由托管人传递给债券投资者。

因此，如果债券的市场交易价格低于面值，则发行人在市场上购买较低价格的证券进行传递。如果债券的市场交易价格高于面值，发行人则通过现金支付的方式进行偿付。

二、债券的性质和特征

债券是一种债务人承诺按一定利率支付利息并按约定条件偿还本金的债权债务凭证。它要把债权债务转化为有价证券，具有转让性或流通性。债券作为一种以法律和信用为基础的借款凭证，具有法律的约束力，它受法律保护、受信用制约。债券的发行、上市流通、付息和归还本金，都要按法定的程序和信用合同办理。

债券具有以下基本性质。（1）债券属于有价证券。（2）债券是一种虚拟资本。债券有面值，代表了一定的财产价值，但它也只是一种虚拟资本，而非真实资本。在债权债务关系建立时所投入的资金已被债务人占用，债券是实际运用的真实资本的证书。债券的流动并不意味着它所代表的实际资本也同样流动，债券独立于实际资本之外。（3）债券是债权的表现。

债券作为一种有价证券，从投资者角度看具有以下四个特征。

1. 返还性。债券一般都规定了偿还期限，由债务人按期向债权人支付利息并偿还本金。这与股票的非返还性形成了鲜明对比。

2. 流动性高。如果债券的发行人信誉卓著，或者二级市场较为发达，那么债券持有者能够将债券迅速转让而不会在价值上遭受损失。因此，债券的流动性一般要比银行定期存款高。

3. 安全性较好。债券安全性是相对于债券价格下跌的风险性而言的。一般来说，具有高流动性的债券其安全性也较高。而且，债券的安全性与发行者的资信密切相关。通常，国债、地方政府债券有国家和地方政府的信誉作担保，不存在信用（违约）风险，因此其安全性最高；金融债券的安全性与银行存款相当；而公司债券的安全性较低，因此，在债券发行时要有一套严格的资信审查制度并需发行人提供担保或抵押。

4. 收益性较高且稳定。债券的收益率通常比银行存款高，且比股票的收益率要稳定。

债券的返还性、流动性、安全性与收益性之间存在着一定的置换关系。一种债券，很难同时具备以上四个特征。如果某种债券流动性强，安全性高，在市场上供不应求，于是价格就会上涨，其收益率也就随之降低；反之，如果某种债券风险大，流动性差，供过于求，价格必然下降，使其收益率随之上升。

三、债券的种类

债券的种类繁多，最基本的分类方法是：按发行主体不同划分为政府债券、公司债券、金融债券和国际债券几大类，而各类债券根据其要素组合的不同又可细分为不同的小类。

（一）政府债券

它的特征集中表现于：安全性高、流动性强、收益稳定、享受免税待遇。政府债券的性质主要从两个方面考察：从形式看，政府债券是一种有价证券，具有债券的一般性质。从功能看，政府债券最初仅是弥补赤字的手段，现代已成为政府筹集资金、扩大公共开支的重要手段，并逐步成为国家实施宏观经济政策、进行宏观调控的工具。政府债券的主要用途是解决由政府投资的公共设施或重点建设项目的资金需要以及弥补国家赤字。按政府债券发行主体的不同，可分为中央政府债券、政府机构债券和地方政府债券。

> 政府债券是指中央政府、政府机构和地方政府发行的债券，是国家为了筹措资金而向投资者出具的、承诺在一定时期支付利息和到期还本的债务凭证，它以政府的信誉作保证，因而通常无须抵押品，其风险在各种投资工具中是最小的。

1. 中央政府债券。国债发行量大，品种多，是政府债券市场上最主要的融资和投资工具。其特点突出表现在：（1）一般不存在违约风险，故又称为金边债券；（2）可享受税收优惠，其利息收入可豁免所得税。

> 中央政府债券是中央政府财政部发行的以国家财政收入为偿还保证的债券，也称为国家公债（简称国债）。

国债按偿还期限可分为：偿还期限为1年或1年以内的短期国库券，偿还期限在1年以上、10年以下的中期国债和10年或10年以上的长期国债。第一种属货币市场工具，是一种贴现证券。后面两种属资本市场工具，是息票证券，通常是每6个月付一次息，到期偿还本金。

从债券形式来看，我国发行的国债可分为记账式国债、凭证式国债、无记名式国债三种。记账式国债是指没有实物形态、投资者持有的国债登记于证券账户中、投资者仅取得收据或对账单以证实其所有权的一种国债。在我国，上海证券交易所和深圳证券交易所已为证券投资者建立电脑证券账户，因此，可以利用证券交易所的系统来发行债券。我国近年来通过沪、深交易所的交易系统发行和交易的记账式国债就是这方面的实例。如果投资者进行记账式国债的买卖，就必须在证券交易所设立账户。所以，记账式国债又称无纸化国债。记账式国债可以记名、挂失，可上市转让，流通性好，由于其发行与交易均无纸化，故效率高，成本低，交易安全。

凭证式国债是一种债权人认购债券的收款凭证，而不是债券发行人制定的标准格式债券。我国近年通过银行系统发行的凭证式国债，券面上不印制票面金额（而是根据认购者的认购额填写实际的缴款金额），是一种国家储蓄债，可记名、挂失，以凭证式国债收款凭证记录债权，不能上市流通，从购买之日起计息。在持有期内，持券人如果遇到特殊情况，需要提取现金，可以到购买网点提前兑取。提前兑取时，除偿还本金外，利息按实际持有天数及相应的利率档次计算，经办机构按兑付本金的一定比率收取手续费。凭证式国债具有购买方便、变现灵活、收益稳定，安全性高的特点，是我国重要的国债品种。

无记名式（实物）国债是一种票面上不记载债权人姓名或单位名称的债券，通常以实物券形式出现，又称实物券或国库券。实物券是一种具有标准格式实物券面的债券。在标准格式的债券券面上，一般印有债券面额、债券利率、债券期限、债券发行人全称、还本付息方式等各种债券票面要素。有时，债券利率、债券期限等要素也可以通过公告向社会公布，而不再在债券券面上注明。无记名国债不记名，不挂失，可上市流通。由于不记名、不挂失，其持有的安全性不如凭证式国债和记账式国债，但购买手续简单。由于可上市转让，流通性较强。

国债回购交易是指证券买卖双方在成交同时就约定于未来某一时间以某一价格双方再进行反向成交的交易，是一种以有价证券为抵押品进行资金拆借的信用行为。我国国债回购在银行间市场和交易所市场进行交易，其实质内容是：证券的持有方（融资者或资金需求方）以持有的证券作抵押，从而获得一定期限内的资金使用权，期满后则需归还借贷的资金，并按约定支付一定的利息；而资金的贷出方（融券方或资金供应方）则暂时放弃相应资金的使用权，从而获得融资方的证券抵押权，并于回购期满时归还对方抵押的证券，收回融出资金并获得一定利息。

国债回购交易是一种常用的交易方式，是指国债持有者在卖出一笔国债的同时，与买方协议，约定于某一到期日再以事先约定的价格将该笔国债购回的交易方式；投资者也可以在购入一笔国债的同时，与卖方约定在未来某一到期日，再以事先约定的价格将该笔国债卖给最初的售券者。前一种称为国债的正回购，又叫卖出回购，后一种称为国债的逆回购，又叫买入返售，两者统称为国债回购。一次完整的国债回购交易包括一来一去两次买卖，只是第二次买卖的时间、价格，在第一次时就已经约定好了。

国债回购交易可以提高国债市场的流动性，并为社会提供一种新的资金融通方式。

它也是中央银行进行公开市场业务操作的基本方式,中央银行通过国债回购来调节或影响社会货币流通量和利率,借此执行一定的货币政策。

例如,上海证券交易所的国债回购交易是从 1993 年 12 月 15 日起正式开始的,按交易期限不同,分为九个品种,分别是 1 天、2 天、3 天、4 天、7 天、14 天、28 天、91 天和 182 天,其交易代码依次为 204001、204002、204003、204004、204007、204014、204028、204091、204182。交易所内的国债回购业务也实行竞价交易,融资方(资金需求方)和融券方(资金供给方)按照每百元资金应付(收)的年收益率报价。报价时可省略百分号,直接输入年收益率数值,并限于小数点后 3 位有效数字,最小的报价变动单位是 0.005 个百分点。交易方向以到期时国债的交付方向为准,如融资方开始时卖出国债得到资金,到期时偿还本息买回国债,他的交易方向就是买进;反之,融券方的交易方向为卖出。

国债回购申报数量同国债现券一样为"手"(1 000 元面值的国债为 1 手),并以面值 10 万元,即 100 手标准券国债为最小单位。交易双方实行"一次交易,两次清算",成交当天对双方进行融资、融券的成本清算,到期进行购回清算,由证券交易所根据成交时的收益率计算出购回价,其计算公式为

$$购回价 = 100 \times (1 + 年收益率 \times 回购天数/360)$$

计算结果保留小数点后 3 位数值。如果到期回购时恰逢节假日则回购顺延至到期后的第一个交易日进行。国债回购的交易佣金是单向收取的,在交易发生时一次付清,到期回购时不再付任何费用。

【例 3-1】某投资者有 10 万元资金,在 2022 年 12 月 30 日进行 14 天国债回购业务,他以 6.0% 的当天收盘价卖出 100 手 GC014,其购回价格 = 100 × (1 + 6.0% × 14/360) = 100.233 元。在交易日当天,该投资者付出的现金是 100 010 元,其中 10 元是付给券商的手续费,在 14 天后的 2023 年 1 月 13 日,该投资者得到 100 233 元,投资者在这 14 天内的实际投资收益率是

$$(100\ 233 - 100\ 010)/100\ 010 \times 360 \div 14 = 5.7\%$$

一般而言,国债回购交易的风险较小,因为融资方借入资金必须有足额的国债进行抵押,当抵押国债的市值不能归还所融资金时,交易所可以将融资方抵押在上海证券中央登记结算公司的足额国债拿到市场上立即变现。所以,国债回购交易是一种安全性高、收益稳定的投资选择,它特别适合那些资金流量大的企业对资金进行流动性管理,以降低财务费用。但要特别指出的是,个人是不允许参与国债回购交易的。国债回购品种及标准佣金如下所示。

回购品种	挂牌名称	代码	佣金率
1 天国债回购	GC001	204001	0.001%
2 天国债回购	GC002	204002	0.002%
3 天国债回购	GC003	204003	0.003%
4 天国债回购	GC004	204004	0.004%

续表

回购品种	挂牌名称	代码	佣金率
7 天国债回购	GC007	204007	0.005%
14 天国债回购	GC014	204014	0.010%
28 天国债回购	GC028	204028	0.020%
91 天国债回购	GC091	204091	0.030%
182 天国债回购	GC182	204182	0.030%

国债回购交易期限短、安全性强、风险小，因而是一种很受投资者和筹资者欢迎的短期融资工具。国债回购交易的期限，通常为一个营业日，即今日卖出证券明日买回，相当于日拆。也有 30 天的，最长可达 3～6 个月，而且还可以签订连续性合同。由于回购交易有国债作抵押，所以利率一般低于同业拆借利率。在国债回购交易中，交易双方都面临着利率风险，即由于市场利率变化而引起的作为抵押品的国债市价的变动。交易期限越长，这种风险越大。因此，交易双方在约定国债的回购价格时，要准确估量和把握交易期内的市场利率走势及国债市价变动可能产生的影响。

2. 政府机构债券。除财政部外，一些政府机构也可发行债券。这些债券的收支偿付均不列入政府预算，而是由发行单位自行负责。政府机构债券一般是指政府的有关机构以自己的名义，而不是以政府或国家的名义发行的债券；或者虽然发行债券的机构不是政府机构，但是从政府得到发债特许，政府出于宏观的考虑，为这些债券提供一定程度的信用担保或进行相应的监管。有权发行债券的政府机构有两种：一种是政府部门机构和直属企事业单位，如美国联邦住宅和城市发展部下属的政府全国抵押协会（GNMA）；另一种是虽然由政府主办却属于私营的机构，如联邦全国抵押贷款协会（FNMA）和联邦住宅抵押贷款公司（FHLMC）。这些政府有关机构或政府资助企业具有某些社会功能，它们通过发行债券增加信贷资金以及降低融资成本，其债券最终由中央政府作担保，因而信誉也很高。

3. 地方政府债券。在多数国家，地方政府也可以发行债券。这些债券也是由政府担保，其信用风险仅次于国债及政府机构债券，同时也具有税收豁免特征。若按偿还的资金来源可将其分为一般责任债券（普通债券）和专项债券（收益债券）两大类。前者是以发行人的无限征税能力为保证来筹集资金，用于提供基本的政府服务，如教育、治安、防灾等，其偿还列入地方政府的预算；后者则是为了给某一特定的营利性建设项目（如公用电力事业、自来水设施等）筹资而发行的，其偿还依靠这些项目建成后获取的收入。

知识拓展 3-1：
我国地方政府
债券的发行情况

（二）公司债券

公司债券的持有者是公司的债权人，而不是公司的所有者，这是与股票持有者的最大区别。债券持有者有按约定条件从公司取得利息和到期收回本金的权利。债券的

{ 公司债券是公司为筹措营运资本而发行的债权债务凭证。

求偿次序要先于股票，不管公司业绩如何都应先于股票偿还其利息和本金，否则将在相应破产法的裁决下寻求解决，因而其风险小于股票，但比政府债券高。公司债券的种类很多，通常可按以下几项标准进行分类。

1. 按抵押担保状况可分为信用债券、抵押债券、担保信托债券和设备信托证。

（1）信用债券是指完全凭公司信誉，不提供任何抵押品而发行的债券。这种债券大多由信用良好的大公司发行，期限较短，利率较高。

（2）抵押债券是以土地、房屋等不动产为抵押品而发行的一种公司债，也称固定抵押公司债。如果公司不能按期还本付息，债权人有权处理抵押品以资抵偿。在以同一不动产为抵押品多次发行债券时，应按发行顺序分为第一抵押债券和第二抵押债券，前者对抵押品有第一置留权，应首先得到清偿；后者只有第二置留权，只能待前者清偿后，用抵押品的剩余款偿还本息。

（3）担保信托债券是以公司持有的各种动产或有价证券为抵押品而发行的公司债券，也称流动抵押公司债。用做抵押品的证券必须交由受托人保管，但公司仍保留股票表决及接受股息的权利。

（4）设备信托证是指公司为筹资购买设备并以该设备作为抵押品而发行的公司债券。发行公司购买设备后，即将设备所有权转交给受托人，再由受托人以出租人的身份将设备租赁给发行公司，发行公司则以承租人的身份分期支付租金，由受托人代为保管及还本付息，到债券本息全部还清后，该设备的所有权才转交给发行公司。这种债券常用于铁路、航空或其他运输部门。

2. 按利率可分为固定利率债券、浮动利率债券、指数债券、零息债券和混合利率债券。

（1）固定利率债券（Fixed – rate Bonds）是指事先确定利率，每半年或一年付息一次，或一次还本付息的公司债券，其在发行时所规定的利率在整个偿还期内均不改变。这是最常见的公司债券。固定利率债券不考虑市场变化因素，因而其筹资成本和投资收益可以事先预计，不确定性较小，但同时债券发行人和投资者必须承担市场利率波动的风险。

（2）浮动利率债券（Floating – rate Bonds）是在某一基础利率（如同期政府债券收益率、优惠利率、LIBOR 等）之上增加一个固定的溢价，如 100 个基点（1%），以防止未来市场利率变动可能造成的价值损失。浮动利率债券的利率是在某一基础利率（如同期政府债券收益率、优惠利率、LIBOR 等）之上增加一个固定的溢价，如 100 个基点即 1%。对某些中小型公司或状况不太稳定的大公司来说，发行固定利率债券发生困难或成本过高时，可考虑选择浮动利率债券。

（3）指数债券（Indexed Bonds）是通过将利率与通货膨胀率挂钩来保证债权人不致因物价上涨而遭受损失的公司债券，挂钩办法通常为：债券利率 = 固定利率 + 通货膨胀率 + 固定利率 × 通货膨胀率。有时，用来计算利息的指数并不与通货膨胀率相联系，而与某一特定的商品价格（油价、金价等）挂钩，这种债券又称为商品相关债券。

（4）零息债券（Zero – coupon Bonds）是以低于面值的贴现方式发行，到期按面值兑现，不再另付利息的债券，它与短期国库券相似，可以省去利息再投资的麻烦，但该债券价格对利率变动极为敏感。

（5）混合利率债券（Mixed-rate Bonds）是指债券发行时按浮动利率计算，但是在市场利率下降到某一规定的利率水平时，可自动改为以所规定的利率为基准的固定利率债券。如果日后市场利率重新上升，那么，混合利率债券因无法重新改为浮动利率债券，发行者可以节省融资成本；反之，投资者则可以继续按高于市场利率的固定利率收取利息。

3. 按内含选择权可分为可赎回债券、偿还基金债券、可转换债券和附认股权证的债券。

（1）可赎回债券（Callable Bonds）是指公司债券附加早赎和以新偿旧条款，允许发行公司选择于到期日之前购回全部或部分债券。当市场利率降至债券利率之下时，赎回债券或代之以新发行的低利率债券对债券持有人是不利的，因而一般规定在债券发行后至少5年内不允许赎回。

（2）偿还基金债券（Sinking Fund Bonds）是要求发行公司每年从盈利中提取一定比例存入信托基金，定期从债券持有人手中购回一定量的债券以偿还本金。这种债券与可赎回债券相反，其选择权为债券持有人所有。偿还基金的设立可以吸引投资者，使投资者感受到偿还其本金的可靠性，便于企业筹措资金。

（3）可转换债券（Convertible Bonds）简称"转债"，是指公司债券附加可转换条款，赋予债券持有人按预先确定的比例（转换比率）转换为该公司普通股的选择权。可转换债券的特点在于它具有普通股所不具备的固定收益和一般债券不具备的升值潜力。大部分可转换债券都是没有抵押的低等级债券，并且是由风险较大的小型公司所发行的。这类公司筹措债务资本的能力较低，使用可转换债券的方式可增强对投资者的吸引力；另一方面，可转换债券可被发行公司提前赎回。近年来可转换公司债券已经成为上市公司又一重要的融资手段，已经有深宝安、中纺机、深南玻、南宁化工和上海虹桥机场等企业先后在境内外发行了可转换债券。2001年中国证监会颁布了《上市公司发行可转换公司债券实施办法》。2006年11月证监会下达《行政许可事项：发行可转换公司债券审批》的通知。

（4）附认股权证的债券（Bonds with Warrant）是指公司债券可把认股权证作为合同的一部分附带发行，持有人依法享有在一定期间内按约定价格（执行价格）认购公司股票的权利，是债券加上认股权证的产品组合。附认股权证的债券与可转换债券的区别主要在：①在认股权证持有人行使权利时，公司会获得额外资金，并使得股本扩大；可转换债券持有人在行使权利时，不会增加公司的资金来源，仅仅改变了公司的资本结构；②认股权证持有人行使权利时，公司所发行的债权依然流通，但可转换债券持有人行使权利后，债券则被公司收回；③与可转换债券一样，认股权证允许债券持有人购买发行人的普通股，但对于公司来说，认股权证是不能赎回的，而可转换债券可被发行公司提前赎回。

4. 短期融资券。短期融资券是指具有法人资格的非金融企业，依照规定的条件和程序在银行间债券市场发行并约定在一定期限内还本付息的有价证券。短期融资券是由企业发行的无担保短期本票。在中国，短期融资券是指企业依照2008年4月15日实施的《银行间债券市场非金融企业债务融资工具管理办法》的条件和程序在银行间债券市场发行和交易并约定在一定期限内还本付息的有价证券，是企业筹措短期（1年以内）资金的直接融资方式。

（三）金融债券

金融债券是银行和非银行金融机构为筹集资金而发行的债权债务凭证。作为债券的一种，金融债券具有债券的一般特征。在欧美国家，由于金融机构大多属于股份公司组织，故金融债券的发行、流通和转让被纳入公司债券的范畴进行管理。

发行金融债券，表面看来同银行吸收存款一样，但由于债券有明确的期限规定，不能提前兑现，所以筹集的资金要比存款稳定得多。更重要的是，金融机构可以根据经营管理的需要，主动选择适当时机发行必要数量的债券以吸引低利率资金，故金融债券的发行通常被看做银行资产负债管理的重要手段。而且，由于金融机构的资信度比一般公司要高，金融债券的信用风险也较公司债券低。金融债券通常有以下两种分类办法。

1. 按利息支付方式不同，分为附息金融债券和贴现金融债券。附息金融债券是在债券的票面上附有各期息票的金融债券，通常为中长期债券。其利息支付及本金偿还方式与一般附息债券相同。贴现金融债券是按规定的折扣率（贴现率）以低于票面金额的价格发行，到期仍按票面金额偿还本金的金融债券。发行价与票面金额的差价即为发行人向投资者支付的利息。

2. 按发行条件不同，分为普通金融债券、累进利息金融债券和贴现金融债券。普通金融债券是一种类似于定期存单式的债券，平价发行，不计复利，到期一次还本付息。累进利息金融债券是一种浮动期限式、利率与期限挂钩的金融债券。其期限短为1年，长达5年，债券持有者可在这一期限内随时到发行银行兑付。其利息采取累进制，即将债券的利率按债券的期限分成几个不同的等级，每一个时间段按相应的利率计息，然后将几个等级部分的利息相加便可得出该债券的总的利息收入。贴现金融债券如前所述。

知识拓展3-2：
资产支持证券

我国从1985年开始发行人民币金融债券，发行机构包括各商业银行、政策性银行和其他金融机构，发行对象主要是城乡居民。1993年，中国投资银行在我国境内向城乡居民首次发行1年期外币金融债券。1994年，政策性金融债券开始在我国出现，国家开发银行、中国进出口银行和中国农业发展银行多次在国内和国际市场上发行人民币和外币金融债券。在国内发行的政策性金融债券的发行对象是银行与非银行金融机构。

（四）央行票据

央行票据即中央银行票据，是中央银行为调节商业银行超额准备金而向商业银行发行的短期债务凭证，其实质是中央银行债券。之所以叫中央银行票据，是为了突出其短期性特点。但中央银行票据与金融市场各发债主体发行的债券具有根本的区别：各发债主体发行的债券是一种筹集资金的手段，其目的是筹集资金，即增加可用资金；而中央银行发行的中央银行票据是中央银行调节基础货币的一项货币政策工具，目的是减少商业银行的可贷资金量。商业银行在支付认购中央银行票据的款项后，其直接结果就是可贷资金量的减少。

1. 中央银行票据的发展历程。中央银行融资券一直是中央银行公开市场操作的一种重要工具。1993年，中国人民银行就发布了《中国人民银行融资券管理暂行办法实施细则》。1995年，中国人民银行开始试办债券市场公开市场业务。为弥补手持国债数额过少的不足，中国人民银行也曾将融资券作为一种重要的补充性工具。2002年6月24日，为增加公开市场业务操作工具，扩大银行间债券市场交易品种，中国人民银行将2002年6月25日至9月24日进行的公开市场业务操作的91天、182天、364天的未到期正回购品种转换为相同期限的中央银行票据，转换后的中央银行票据共19只，总量为1937.5亿元。2003年4月22日，中国人民银行正式通过公开市场操作发行中央银行票据。2003年4月28日，中国人民银行发布了2003年第6号《公开市场业务公告》，决定自4月29日起暂停每周二和周四的正回购操作，固定于每周二发行中央银行票据。中央银行票据开始成为货币政策日常操作的一项重要工具。

2. 中央银行票据的发行与流通。中央银行票据由中国人民银行在银行间市场通过中国人民银行债券发行系统发行，其发行的对象是公开市场业务一级交易商。

和在银行间债券市场上发行的其他债券品种一样，中央银行票据发行后也可以在银行间债券市场上市流通，银行间市场投资者均可像投资其他债券品种一样参与中央银行票据的交易。中央银行票据的交易方式为现券交易和回购，同时作为人民银行公开市场业务回购操作工具。中央银行票据在银行间债券市场上市流通和作为人民银行公开市场业务回购操作工具的时间为"T+2"，即发行日的第三个工作日。通过配售方式购买中央银行票据的双边报价商必须将中央银行票据作为双边报价券种，在交易时同时连续报出现券买、卖双边价格，以提高其流动性。中央银行票据由于其流动性优势受到了投资者的普遍欢迎。

3. 中央银行票据的作用。

（1）丰富公开市场业务操作工具，弥补公开市场操作的现券不足。自1998年5月人民银行恢复公开市场业务操作以来，主要以国债等信用级别高的债券作为操作对象，但无论是正回购还是现券买断，都受到中央银行实际持券量的影响，使公开市场操作的灵活性受到了较大的限制。中央银行票据的发行，改变了以往只有国债这一种操作工具的状况，增加了中央银行操作工具的选择余地。同时，现有国债和金融债期限均以中长期为主，缺少短期品种，中央银行公开市场以现有品种为操作对象容易对中长期利率产生较大影响，而对短期利率影响有限。引入中央银行票据后，中央银行可以利用中央银行票据发行或回购及其组合，进行"余额控制、双向操作"，增加了公开市场操作的灵活性和针对性，增强了货币政策的执行效果。

（2）为市场提供基准利率。国际上一般采用短期的国债收益率作为该国基准利率。但从我国的情况来看，财政部发行的国债绝大多数是3年期以上的，短期国债市场存量极少。在财政部尚无形成短期国债滚动发行制度的前提下，由中央银行发行票据，在解决公开市场操作工具不足的同时，还可利用设置票据期限完善市场利率结构，形成市场基准利率。

（3）推动货币市场的发展。目前，我国货币市场的工具很少，由于缺少短期的货币市场工具，众多机构投资者只能去追逐长期债券，带来债券市场的长期利率风险。中央银行票据的发行将改变货币市场基本没有短期工具的现状，为机构投资者灵活调剂手中的头寸、减轻短期资金压力提供重要工具。

（五）国际债券

国际债券，指一国政府、金融机构、企业在其他国家发行的债券，是与该国政府、金融机构、企业在国内发行的国内债券相对而言的。国际债券是一种跨国发行的债券，涉及两个或两个以上的国家。同国内债券相比，具有一定特殊性：（1）资金来源广、发行规模大；（2）存在汇率风险；（3）有国家主权保障；（4）以自由兑换货币作为计量货币。国际债券可以按不同的标准进行分类。

1. 外国债券与欧洲债券。

外国债券是指使用发行所在国货币计价发行、支付本金利息的国际债券。它的特点是债券发行人属于一个国家，债券的面值货币和发行市场则属于另一个国家。按发行所在国币种差异，可以分成外国美元债券、外国日元债券、外国英镑债券、外国瑞士法郎债券等。习惯上，把外国美元债券称为扬基债券；把外国日元债券称为武士债券；把以非日元的亚洲国家或地区发行的外国债券称为龙债券。

同欧洲货币市场一样，发行欧洲债券使用的欧洲货币，不是一种地理概念，指存在于货币发行国以外的某种货币，例如，欧洲美元、欧洲日元以及欧洲英镑等。欧洲债券的特点是债券发行者、债券发行地点和债券面值所使用的货币可以分别属于不同国家。由于它不以发行市场所在国的货币为面值，故也称"无国籍债券"。

2. 按债券币种种数，可分为单一货币债券与多重货币债券。

单一货币债券，指在计价发行与偿还本金利息时均使用同一种货币的债券。投资者可能承受较大的汇率风险。

多重货币债券，指在计价发行与偿还本金利息时使用一种以上货币的债券。这种债券的发行，旨在降低投资者的汇率风险，增加债券的吸引力。

3. 按债券发行对象是否受限，可分为公募债券与私募债券。

公募债券，指经过国际债券资信评估机构的评级，并经发行所在国有关主管机构批准，向发行所在国广大公众发行的国际债券。这种债券，可以在发行所在国的证券交易所上市交易。但是，发行者有义务向投资者公布反映其主要经营活动、财务状况等的文件。

私募债券，指向发行所在国有限的投资者发行的国际债券。它在发行前，无须经由国际债券资信评估机构的评级，不必向投资者公布上述有关文件，所以，发行手续较为简便。

但是，这种债券不能在发行所在国证券交易所公开上市交易。

第二节 债券属性与价值分析

债券价值分析与债券属性密切相关。这些属性分别是：(1) 到期时间（期限）长短；(2) 债券的息票率；(3) 债券的内含条款；(4) 税收待遇；(5) 市场的流动性；(6) 违约风险。其中任何一种属性的变化，都会改变债券的到期收益率水平，从而影响债券的价格。下面采用局部均衡的方法，即在假定其他属性不变的条件下，分析某一种属性的变化对债券价格的影响。

一、到期时间

当其他属性不变时，债券的到期时间越长，债券价格的波动幅度越大。但是当到期时间变化时，债券的边际价格变动率递减。

【例 3-2】 假定存在四种期限分别是 1 年、10 年、20 年和 30 年的债券，它们的息票率都是 6%，面值均为 100 元，其他的属性也完全一样。如果起初的市场利率为 6%，根据内在价值的计算公式可知这四种债券的内在价值都是 100 元。如果相应的市场利率上升或下降，这四种债券的内在价值的变化如表 3-1 所示。

表 3-1　　　　　　　　　内在价值（价格）与期限之间的关系

相应的市场利率（%）	期限			
	1 年	10 年	20 年	30 年
	内在价值（价格）（元）			
4	102	116	127	135
5	101	108	112	115
6	100	100	100	100
7	99	93	89	88
8	98	86	80	77

表 3-1 反映了当市场利率由现在的 6% 上升到 8%，1 年、10 年、20 年和 30 年四种期限的债券的内在价值分别下降 2 元、14 元、20 元和 23 元；反之，当市场利率由现在的 6% 下降到 4%，四种期限的债券的内在价值分别上升 2 元、16 元、27 元和 35 元。由此看出，当其他条件完全一致时，债券的到期时间越长，债券价格的波动幅度越大。同时，当市场利率由现在的 6% 上升到 8% 时，1 年期和 10 年期的债券的内在价值下降幅度相差 12 元，10 年期和 20 年期的债券的内在价值下降幅度相差 6 元，20 年期和 30 年期的债券的内在价值下降幅度相差 3 元。可见，由单位期限变动引起的边际价格变动率递减。

二、息票率

债券的到期时间决定了债券的投资者取得未来现金流的时间,而息票率决定了未来现金流的大小。在其他属性不变的条件下,债券的息票率越低,债券价格的波动幅度越大。

【例3-3】 存在五种债券,期限均为20年,面值为100元。唯一的区别在于息票率,即它们的息票率分别为4%、5%、6%、7%和8%。假设初始的市场利率水平为7%,那么,可以分别计算出各自的初始的内在价值。如果市场利率发生了变化(上升到8%或下降到6%),相应地可以计算出这五种债券的新的内在价值。具体结果见表3-2。

表3-2 内在价值(价格)变化与息票率之间的关系

息票率(%)	相应的市场利率下的内在价值(元)			内在价值变化率(%)(7%到8%)	内在价值变化率(%)(6%到7%)
	8%	7%	6%		
4	61	68	77	-10.29	+13.24
5	71	79	89	-10.13	+12.66
6	80	89	100	-10.11	+12.36
7	90	100	111	-10.00	+11.00
8	100	110	123	-9.91	+10.81

从表3-2中可以发现,面对同样的市场利率变动,无论市场利率上升还是下降,五种债券中息票率最低的债券(4%)的内在价值波动幅度最大,而随着息票率的提高,五种债券的内在价值的变化幅度逐渐降低。所以,债券的息票率越低,债券价格的波动幅度越大。

三、债券的内含条款

在债券契约中,各种嵌入式条款和债券契约是一个整体而非单独一部分。有些条款是对债券发行者有利的,债券发行人可以执行;另一些是对债券投资者有利的条款,是债券投资者可以执行的。这些条款主要包括债券发行者执行的权利:可赎回条款、提前偿付条款、加速偿债基金条款、利率上限条款,债券投资者执行的权利:可转换条款、回售条款、利率下限条款。

1. 债券发行者权利。

(1) 可赎回条款。许多债券在发行时含有可赎回条款,即在一定时间内发行人有权赎回债券。这是有利于发行人的条款。为此,可赎回债券往往规定了赎回保护期,即在保护期内,发行人不得行使赎回权。常见的赎回保护期是发行后的5~10年。

【例3-4】 一种10年期的可赎回债券的息票率为12%,按面值1 000美元发行,赎回价格为1 050美元,赎回保护期为5年。如果5年后,5年期的债券的息票率降低为8%,该债券的发行人可能行使赎回权。这时,投资者的现金流发生了变化,即从原来的每年 120 美元利息（共 10 年）加第 10 年末的本金（1 000 美元），改变为每年 120 美元利息（前 5 年）加第 5 年末的赎回价格（1 050 美元）。

假定在没有零股交易限制的情况下，投资者将赎回价格 1 050 美元再投资于息票率为 8% 的 5 年期债券，该投资组合的内在价值仍低于发行人没有行使赎回权的内在价值。所以，可赎回条款的存在，降低了该类债券的内在价值，并且降低了投资者的实际收益率。一般而言，息票率越高，发行人行使赎回权的概率越大，即投资债券的实际收益率与债券承诺的收益率之间的差额越大。

（2）提前偿付条款。大多数分期偿还的贷款都包含提前偿付条款。提前偿付条款给予债务人（发行人）加速偿还一项贷款本金的权利，并且不受到处罚。这种权利存在于各种抵押贷款或者分期付款合约中，如汽车贷款、住房贷款。分期付款合约要求一系列等额还款，每期还款包括利息和提前偿付的本金额度。当债务人签署一份住房贷款或者汽车贷款合约时，通常拥有提前偿还一部分或者全部贷款的权利。如果债务人转卖了住房或者汽车，他会被要求立即偿付所欠的所有贷款额度。具有提前偿付条款的合约相对于不可提前偿付的合约对于投资者的区别在于，依附于该合约的现金流的不确定性更高些。

（3）加速偿债基金条款。加速偿债基金条款赋予债券发行人偿付超出偿债基金条款约定金额的还款额，直至一个约定的最高额度。

（4）利率上限条款。债券合约参与双方能通过设置参考利率的上、下限来控制极端波动的风险。利率上限，又称"帽子"，规定了债券发行人可能支持的最高利率；利率下限，又称"地板"，规定了债券投资者在债券有效期内可能面临的最低利率水平。当利率上下限同时实施时，就称为利率锁定。

利率上限通过限制浮动利率债券的利率上限来保护债券发行人，保护发行人不会以超过利率上限的成本发行债券。短期利率上限一般以某一短期利率如 LIBOR 或者 T‑bill（美国国库券）利率为参考。

2. 债券投资者执行的权利。

（1）可转换条款。可转换条款赋予债券拥有者将债券按照预先约定的比例转换为一定数量债券发行人普通股的权利。这种权利对债券拥有者而言是有价值的。大部分可转换债券都是没有抵押的低等级债券，并且是由风险较大的小型公司所发行的。这类公司筹措债务资本的能力较低，使用可转换债券的方式可增强对投资者的吸引力；另外，可转换债券可被发行公司提前赎回。

（2）回售条款。回售条款给予债券投资者将债券以约定价格提前卖给发行人的权利。如果债券以面值或者接近于面值发行，则约定价格一般是面值。如果市场利率上升或者发行人信誉受损使得该债券市场价值降低，则债券投资者会选择执行此回售条款，要求发行人按约定提前购回该债券。

（3）利率下限条款。与利率上限条款相对，利率下限条款债券设定一个利率下限，其利率下限一般以短期 LIBOR 或者 T‑bill 利率为参考。

四、税收待遇

在不同的国家之间,由于实行的法律不同,不仅不同种类的债券可能享受不同的税收待遇,而且同种债券在不同的国家也可能享受不同的税收待遇。债券的税收待遇的关键在于债券的利息收入是否需要纳税。由于利息收入纳税与否直接影响着投资的实际收益率,所以,税收待遇成为影响债券的市场价格和收益率的一个重要因素。享受免税待遇的债券的内在价值一般略高于没有免税待遇的债券。

五、流动性

债券的流动性是指债券投资者将手中的债券变现的能力。如果变现的速度很快,并且没有遭受变现所可能带来的损失,那么这种债券的流动性就比较高;反之,如果变现速度很慢,或者为了迅速变现必须为此承担额外的损失,那么,这类债券的流动性就比较低。

通常用债券的买卖差价的大小反映债券的流动性大小。买卖差价较小的债券的流动性比较高;反之,流动性较低。所以,在其他条件不变的情况下,债券的流动性与债券的名义到期收益率之间成反比关系,即流动性高的债券的到期收益率比较低,反之则相反。相应地,债券的流动性与债券的内在价值呈正向关系。

六、违约风险

债券的违约风险是指债券发行人未履行契约的规定支付债券的本金和利息,给债券投资者带来损失的可能性。债券评级是反映债券违约风险的重要指标。美国是目前世界上债券市场最发达的国家,所拥有的债券评级机构也最多。其中,最著名的两家是标准普尔公司和穆迪投资者服务公司。尽管这两家公司的债券评级分类有所不同,但是基本上都将债券分成两类:投资级和投机级。投资级的债券被评定为最高的四个级别,例如:标准普尔公司和穆迪投资者服务公司分别将 AAA、AA、A、BBB 和 Aaa、Aa、A、Baa 四个级别的债券定义为投资级债券,将 BB 级以下(包括 BB 级)和 Ba 级以下(包括 Ba 级)的债券定义为投机级。有时人们将投机级的债券称为垃圾债券。在政府债券与公司债券之间,包括 AAA 级和 Aaa 级在内的公司债券的违约风险高于政府债券;在政府债券内部,地方政府债券的违约风险高于中央政府债券;在公司债券内部,AAA 级债券的违约风险最小,并随着评级的降低,违约风险不断上升。

由于债券存在着违约风险,投资者必然要求获得相应的风险补偿,即取得比无风险收益率更高的投资收益率。所以,违约风险越高的债券,其投资收益率也相对越高。

表3-3概括了债券属性与债券收益率的关系。

表3-3 债券属性与债券收益率的关系

债券属性	与债券收益率的关系
1. 期限	当市场利率调整时,期限越长,债券的价格波动幅度越大;当期限延长时,单位期限的债券价格的波动幅度递减
2. 息票率	当市场利率调整时,息票率越低,债券的价格波动幅度越大

续表

债券属性	与债券收益率的关系
3.1 内涵条款之 债券发行者执行的权利 ①可赎回条款 ②提前偿付条款 ③加速偿债基金条款 ④利率上限条款	当债券被执行发行者权利时,投资者收益率降低。作为补偿,易被赎回的债券名义收益率比较高,不易被赎回的债券名义收益率比较低
3.2 内涵条款之 债券投资者执行的权利 ①可转换条款 ②回售条款 ③利率下限条款	当债券被执行投资者权利时,相比于不含有这些权利的债券,投资者收益率升高
4. 税收待遇	享受税收优惠待遇的债券收益率比较低,无税收优惠待遇的债券收益率比较高
5. 流动性	流动性高的债券收益率比较低,流动性低的债券收益率比较高
6. 违约风险	违约风险高的债券的收益率比较高,违约风险低的债券的收益率比较低

第三节 债券定价原理

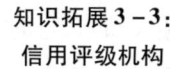

知识拓展 3-3:
信用评级机构

一、债券定价的五个原理

1962 年,麦尔齐①最早系统地提出了债券定价的五个原理。至今,这五个原理仍然被视为债券定价理论的经典。

原理一:债券的价格与债券的收益率呈反向关系。

换句话说,当债券价格上升时,债券的收益率下降;反之,当债券价格下降时,债券的收益率上升。

【例 3-5】某 5 年期的债券 A,面值为 1 000 美元,每年支付利息 80 美元,即息票率为 8%。如果现在的市场价格等于面值,意味着它的收益率等于息票率 8%。如果市场价格上升到 1 100 美元,它的收益率下降为 5.76%,低于息票率;反之,当市场价格下降到 900 美元时,它的收益率上升到 10.68%,高于息票率。

原理二:当债券的收益率不变,即债券的息票率与收益率之间的差额固定不变时,债券的到期时间与债券价格的波动幅度之间呈正向关系。

换言之,到期时间越长,价格波动幅度越大;反之,到期时间越短,价格波动幅度越小。这个定理不仅适用于不同债券之间的价格波动的比较,而且可以解释同一债券的

---

① Malkiel, B. G., "Expectations, Bond Prices, and the Term Structure of Interest Rates", Quarterly Journal of Economics, 1962: 197-218.

期满时间的长短与其价格波动之间的关系。

【例3-6】某5年期的债券B,面值为1 000美元,每年支付利息60美元,即息票率为6%。如果它的发行价格低于面值,为883.31美元,意味着收益率为9%,高于息票率;如果一年后,该债券的收益率维持在9%的水平不变,它的市场价格将为902.81美元。这种变动说明了在维持收益率不变的条件下,随着债券期限的临近,债券价格的波动幅度从116.69(1 000-883.31)美元减少到97.19(1 000-902.81)美元,两者的差额为19.5美元,占面值的1.95%。

原理三:随着债券到期时间的临近,债券价格的波动幅度减少,并且是以递增的速度减少;反之,到期时间越长,债券价格波动幅度增加,并且是以递减的速度增加。

这个定理同样适用于不同债券之间的价格波动的比较,以及同一债券的价格波动与其到期时间的关系。

【例3-7】沿用【例3-6】的债券,假定两年后,它的收益率仍然为9%,到时它的市场价格将为924.06美元,该债券的价格波动幅度为75.94(1 000-924.06)美元。与【例3-6】中的97.19美元相比,两者的差额为21.25美元,占面值的比例为2.125%。所以,第一年与第二年的市场价格的波动幅度(1.95%)小于第二年与第三年的市场价格的波动幅度(2.125%)。

原理四:对于期限既定的债券,由收益率下降导致的债券价格上升的幅度大于同等幅度的收益率上升导致的债券价格下降的幅度。

换言之,对于同等幅度的收益率变动,收益率下降给投资者带来的利润大于收益率上升给投资者带来的损失。

【例3-8】某5年期的债券C,面值为1 000美元,息票率为7%。假定发行价格等于面值,那么它的收益率等于息票率7%。如果收益率变动幅度定为1个百分点,当收益率上升到8%时,该债券的价格将下降到960.07美元,价格波动幅度为39.93(1 000-960.07)美元;反之,当收益率下降1个百分点,降到6%,该债券的价格将上升到1 042.12美元,价格波动幅度为42.12美元。很明显,同样1个百分点的收益率变动,收益率下降导致的债券价格上升幅度(42.12美元)大于收益率上升导致的债券价格下降幅度(39.93美元)。

原理五:对于给定的收益率变动幅度,债券的息票率与债券价格的波动幅度之间呈反向关系。换言之,息票率越高,债券价格的波动幅度越小。

【例3-9】与【例3-8】中的债券C相比,某5年期的债券D,面值为1 000美元,息票率为9%,比债券C的息票率高2个百分点。如果债券D与债券C的收益率都是7%,那么债券C的市场价格等于面值,而债券D的市场价格为1 082美元,高于面值。如果两种债券的收益率都上升到8%,它们的价格无疑都将下降,债券C和债券D的价格分别下降到960.07美元和1 039.93美元。债券C的价格下降幅度为3.993%,债券D的价格下降幅度为3.889%。显然,债券D的价格波动幅度小于债券C。

二、久期

在债券领域,利率风险指的是债券价格对于市场利率变动的敏感度,一般我们用久期这个概念来衡量利率风险。

债券的久期（Duration）（又译为久性）最早是麦考利于1938年提出的，所以又被称为麦考利久期（简称 MD 或 D）。麦考利使用加权平均数的形式计算债券的平均到期时间，即麦考利久期（Macaulay Duration）。它是从现值角度度量了债券现金流的加权平均年限，即债券投资者收回其全部本金和利息的平均时间。

（一）麦考利久期的计算

麦考利久期的计算公式如下：

$$D = \frac{\sum_{t=1}^{T} PV(c_t)t}{P_0} = \sum_{t=1}^{T} \left[\frac{PV(c_t)}{P_0} t \right] \quad (3.1)$$

式中，D 是麦考利久期；P_0 是债券当前的市场价格；$PV(c_t)$ 是债券未来第 t 期现金流（利息或本金）的现值；T 是债券的到期时间。需要指出的是，在债券发行时以及发行后，都可以计算麦考利久期。计算发行时的麦考利久期，T（到期时间）等于债券的期限；计算发行后的麦考利久期，T（到期时间）小于债券的期限。

【例3-10】某债券息票率为8%，面值为1 000美元，3年后到期，一次性偿还本金，当前市场利率为10%。该债券的有关数据详见表3-4。利用公式（3.1），可知：

$$D = \frac{72.73 \times 1 + 66.11 \times 2 + 811.40 \times 3}{950.24} = \frac{2\,639.16}{950.24} = 2.78(年)$$

表3-4　　　　　　　　　　麦考利久期计算举例

未来现金流支付时间（t）	未来现金流（c）	现值系数	未来现金流的现值 $[PV(c_t)]$	现值乘以支付时间 $[PV(c_t)t]$
1	80 美元	0.9091	72.73 美元	72.73 美元
2	80 美元	0.8264	66.11 美元	132.22 美元
3	1 080 美元	0.7513	811.40 美元	2 434.21 美元
加总			950.24 美元	2 639.16 美元

上面介绍的为单个债券久期的计算，对于债券组合的久期计算，可以用组合中所有债券久期的加权平均值来计算，权重为各个债券价值在组合中的比重。

（二）麦考利久期定理

关于麦考利久期（MD）与债券的期限（T）之间的关系，存在以下7个定理。[①]

定理1：只有贴现债券的麦考利久期等于它们的到期时间。

由于该种债券以贴现方式发行，期间不支付利息，到期一次性偿还本金。所以，它的市场价格应该等于到期偿还的本金的现值，即

---

① Francis, J. C., Investments: Analysis and Management, 4th edition, McGraw-Hill Book Company, 1986: Box 11-1, p.297.

$$D = \frac{PV(c_T)}{P_0}T = 1 \times T = T \tag{3.2}$$

式中，c_T 是第 T 期偿还的本金；$PV(c_T)$ 是相应的现值。

定理2：附息债券的麦考利久期小于或等于它们的到期时间。

只有仅剩最后一期就要期满的附息债券的麦考利久期等于它们的到期时间，并等于1，即

$$D = \frac{\sum_{t=1}^{T} PV(c_t)t}{P_0} = \frac{PV(c_1)}{P_0} \times 1 + \frac{PV(c_2)}{P_0} \times 2 + \cdots + \frac{PV(c_T)}{P_0}T \leq T \tag{3.3}$$

定理3：统一公债的麦考利久期等于 $[1+1/y]$，其中 y 是计算现值采用的贴现率，即

$$D = 1 + \frac{1}{y} \tag{3.4}$$

定理4：在到期时间相同的条件下，息票率越高，久期越短。因为息票率越高，早期支付的现金流的权重越大，加权平均的到期时间自然就越短。

定理5：在息票率不变的条件下，到期时间越长，久期一般也越长。

定理6：在其他条件不变的情况下，债券的到期收益率越低，久期越长。因为到期收益率越低，远期支付的现金流价值相对越大，其在债券总价值中占的权重也越大。

定理7：麦考利久期不能用于衡量含有内含条款的债券。因为麦考利久期的计算公式是基于不含内含条款债券的预期现金流，而债券的内含条款会改变债券预期现金流的状态。

（三）修正麦考利久期（Modified Duration）

修正麦考利久期来源于麦考利久期，同时又将到期收益率也考虑了进去，所以 D_m 也称为债券的修正久期。但是同麦考利久期一样，修正久期也不适合对存在内含条款的债券的利率风险进行衡量。修正麦考利久期 D_m 是债券价格的切线的斜率，D_m 是债券的麦考利久期除以 $(1+y)$。

$$D_m = D \times \frac{1}{1+y} \tag{3.5}$$

由于麦考利久期是市场利率的减函数，所以修正麦考利久期也是市场利率的减函数。这就意味着市场利率越高，修正麦考利久期就越小，从而债券的利率风险越小。反之，市场利率越低，修正麦考利久期越大，从而债券的利率风险越大。

由于修正麦考利久期是麦考利久期除以 $(1+y)$，所以修正麦考利久期与债券到期时间的关系类似于麦考利久期与债券到期时间的关系，修正麦考利久期与债券息票率的关系类似于麦考利久期与债券息票率的关系。可以发现，在度量债券的利率风险方面，修正麦考利久期比麦考利久期更加方便，所以，人们谈及久期时往往是指修正麦考利久期。需要注意的是，修正麦考利久期与麦考利久期不同，它不再是一个时间概念，而是一个强度概念，反映了市场利率变化对债券价格的影响强度。

（四）麦考利久期与债券价格的关系

债券的利率风险通常用债券的利率弹性指标 IE 衡量，即

$$IE = \frac{\Delta P/P}{\Delta y/y} \tag{3.6}$$

其中的分子和分母分别表示债券价格和债券收益率的变动率。根据债券定价原理一，可以推知债券价格的利率弹性小于零。例如，当某债券的收益率上升100%时，假定其价格下降70%，那么该债券的利率弹性为 -0.7。

麦考利久期表面上呈现了债券的加权平均期限，但其的真正实用价值在于将债券收益率的变动和债券的价格变动联系了起来：

首先，债券价格的公式为： $P = \sum_{t=1}^{T} \frac{C_t}{(1+y)^t}$

求 P 关于 y 的导数可得： $\frac{dP}{dy} = -\frac{1}{1+y} \sum_{t=1}^{T} \frac{tC_t}{(1+y)^t}$

等式两边同乘以 $\frac{1}{P}$ 得： $\frac{1}{P}\frac{dP}{dy} = -\frac{1}{1+y} \frac{1}{P} \sum_{t=1}^{T} \frac{tC_t}{(1+y)^t}$

进行移项变换即可得价格弹性： $\frac{dP}{P} = -\frac{D}{1+y}dy = -D_m dy \tag{3.7}$

式（3.7）表明，对于给定的收益率变动幅度，麦考利久期越大，债券价格的波动幅度越大。而债券定价原理二认为：债券的到期时间与债券价格的波动幅度之间呈正向关系。由于债券的到期时间与麦考利久期呈正向关系，所以，式（3.7）显示的债券价格与麦考利久期之间的关系，与债券定价原理二是一致的。同时，久期是对债券价格波动对收益率变动敏感性的衡量：久期越大，债券价格对收益率变动的反应就越强烈，即 IE 越大，意味着利率风险就越大。

（五）有效久期（Effective Duration）

在讨论久期这一问题开始，我们就提到久期是衡量债券价格对于利率变化敏感性的指标；继而，在第四点中考虑凸性对久期的影响：根据价格—收益率曲线我们可以看出，在不含内含条款的债券中，因收益率升高的价格变动量会小于因收益率降低同样幅度而引起的价格变动量。因此，提出有效久期的概念，在计算有效久期中，我们运用的是收益率上升和下降相同幅度时，债券价格平均变化率的结果，其具体计算公式为

$$D_e = \frac{V_- - V_+}{2V_0(\Delta y)} \tag{3.8}$$

式中，V_- 表示收益率下降 Δy 时的债券价值；V_+ 表示收益率上升 Δy 时的债券价值；V_0 表示债券的初始价值；Δy 表示收益率变化的大小（以小数形式表现）。

麦考利久期和修正久期都是根据未来预期现金流计算出来的，这种方法没有考虑债券的内含条款问题，有效久期是根据债券内在价值对收益率变化计算出来的，而债券的内在价值考虑了债券的内含条款问题，因此有效久期是衡量存在内含条款的债券利率风

险的最佳指标。同时，我们应注意到，对于一个不含内含条款的债券来说，其麦考利久期与有效久期相等。

三、凸性

根据债券定价原理一和原理四，可以推出债券价值分析中的一个重要概念，即债券的凸性（Convexity）。债券的凸性反映了债券价格变动率与债券的收益率变动关系的曲度。一方面，原理一认为债券的价格与债券的收益率呈反向关系；另一方面，原理四认为债券价格与债券收益率之间并非线性的反向关系。所以，债券的凸性在图中就表现为一条向下倾斜的曲线（见图3–1），其值等于价格—收益曲线的二阶导数除以债券的价格，计算公式为

$$c = \frac{1}{p} \sum_{t=1}^{n} \frac{pv_t(t^2 + t)}{(1+y)^{t+2}} \tag{3.9}$$

在图3–1中，假定某债券的价格和收益率分别为 P 和 Y。当收益率上升或下降一个固定的幅度时，表现为 $Y^+ - Y = Y - Y^-$，相应的债券价格分别为 P^- 和 P^+。显然地，当收益率上升或下降时，债券的价格将下降或上升，即收益率与价格之间呈反向关系；此外，由于 $P^+ - P$ 大于 $P - P^-$，所以，对于相同的收益率变化幅度，收益率上升导致的价格下降幅度小于收益率下降导致的价格上升幅度。

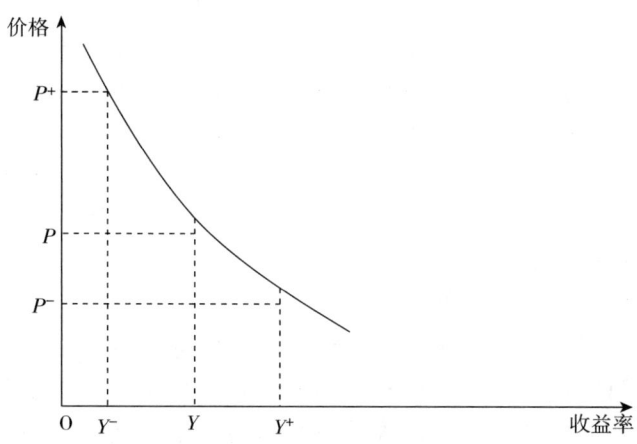

图3–1 债券的凸性

四、债券凸性与麦考利久期之间的关系

从上面的分析可以发现，它们都涉及了债券收益率的变动与债券价格变动之间的联系。图3–1形象地描述了债券收益率与债券价格之间的反向关系，即凸性。然而，这种反向关系是非线性的。图3–2中的曲线与图3–1中的曲线完全相同。图3–2中的直线与曲线的切点，正好是债券当前的市场价格与收益率的组合点。这条直线的函数表达式为式（3.6），说明债券价格与收益率之间呈线性的反向关系。

债券的凸性准确地描述了债券价格与收益率之间非线性的反向关系；而债券的久期将债券价格与收益率的反向关系视为线性的，只是一个近似的公式。

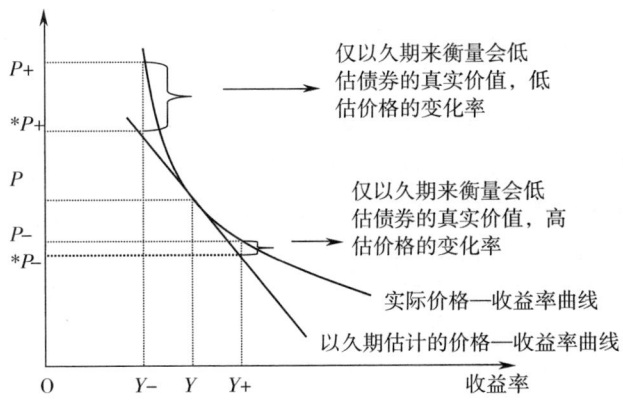

图 3-2 债券的凸性与久期

$$\frac{\Delta P}{P} \approx -D \times \frac{\Delta y}{1+y}$$

利用久期来估计债券价格的波动性实际是用价格收益率曲线的切线作为价格收益率曲线的近似。只有在收益变动较小时,此方法才适用。若利率变化较大,我们则需要选取更为精确的度量方式——凸性。

【例 3-11】某债券的面值是 1 000 元,期限为 15 年,年息票率为 11%,到期时按面值偿还。计算在不同市场利率水平下债券价格、麦考利久期、修正麦考利久期和凸性。计算结果见表 3-5。

表 3-5   债券价格、麦考利久期、修正麦考利久期和凸性与市场利率的关系

利率(%)	4	5	6	7	8	9	10	11	12	13
债券的价格(元)	1 778	1 623	1 486	1 364	1 257	1 161	1 076	1 000	932	871
麦考利久期	9.69	9.44	9.19	8.95	8.70	8.46	8.22	7.98	7.75	7.52
修正麦考利久期	9.31	8.99	8.67	8.36	8.06	7.76	7.47	7.19	6.92	6.65
凸性	119.2	112.8	106.6	100.7	95.01	89.56	84.35	79.39	74.67	70.19

五、运用久期和凸性进行资产负债管理

运用久期和凸性对资产与负债进行适当安排,可以减轻利率风险可能造成的不良影响。一般而言,金融机构的负债结构是一个外生变量,受其自身的影响相对较小,而其资产结构却可以根据需要进行调整。

金融机构未来的资金流出就是它的负债,在负债结构一定的条件下,如何安排资产结构,从而使得资产结构与负债结构正好平衡,以消除或减弱利率风险造成的不良影响就是资产负债管理的主要目标。假设某银行发行了一种 1 年期的存款单,存款单的利率为 5%,银行吸收到的存款金额为 100 万元。那么银行在投资这笔资金时可能遭遇下述两种类型的利率风险。

1. 如果投资期限太长,银行有可能遭遇市场利率上升的风险。当市场利率上升时,

某些储户可能要抽走资金,此时,如果投资期限太长,银行就不得不将一些未到期的投资变现,而这些投资的价值由于市场利率的上升而下降,所以在这种情况下,银行必然遭受损失。

2. 如果投资期限太短,银行有可能遭遇市场利率下降的风险。因为投资期限太短,那么当市场利率下降时,再投资的收益率必然会下降,从而使银行的总体收益减少,甚至有可能还不足以支付向储户保证的利息,从而致使银行遭受损失。

资产负债管理就是通过合理安排资产的投资期限,从而减弱或消除上述两种利率风险的方法。换言之,通过合理地安排投资期限,金融机构可以获得一种"免疫力",从而避免遭受因市场利率波动而造成的损失。

假设金融机构在未来的一系列负债(资金流出)为 $L_1, L_2, \cdots, L_n$,那么它现在需要安排一系列在未来到期的资产 $A_1, A_2, \cdots, A_n$,以准备偿付在未来到期的债务。显然,在最初的时点上,资产的现值应该等于负债的现值,只有如此,才说明资产正好可以支付负债。但是,当市场利率在未来发生变化时,资产的价值可能将不再等于负债的价值。如果资产的价值超过了负债的价值,那对银行是再好不过的事。但如果资产的价值小于负债的价值,银行将面临支付危机。如何安排资产的结构,才可以使得资产的价值一直大于或等于负债的价值呢?要做到这一点,必须满足下述条件。

1. 按当前的市场利率计算,资产的现值(价值)应该等于负债的现值(价值)。这一点可以保证未来到期的资产价值与未来到期的负债价值在最初的时点上正好相等,即资产正好可以支付负债。

2. 资产的修正麦考利久期等于负债的修正麦考利久期。这一点可以保证当市场利率发生变化时,资产的价值和负债的价值将发生同样幅度的变化,从而保证资产的价值不会低于负债的价值。

3. 资产的凸性大于负债的凸性。如果能够满足这一条件,那就意味着当市场利率发生变化时,资产的价值将超过负债的价值。换言之,当市场利率上升时,资产价值下降的幅度小于负债价值下降的幅度;当市场利率下降时,资产价值上升的幅度大于负债价值上升的幅度。资产价值与负债价值的这种变化关系正好如同图3-3所示的债券 A 和债券 B 的价格变化关系一样。

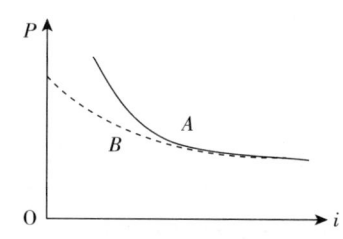

图3-3 凸性对债券价格的影响

如果能够恰当地安排资产的结构,从而使得上述三个条件都成立,那就意味着成功地实现了资产负债管理策略,从而使得金融机构彻底地获得了防范利率风险的"免疫力"。然而在实践中要做到这一点并非易事,尤其是第三个条件通常难以满足。这是因为,如果确实能做到这一点,那就说明存在无风险套利机会,而一个有效的金融市场是不会长期存在无风险套利机会的。下面通过一个简例说明在前面两个条件得以满足的情况下,资产负债管理策略可能带来的好处。

【例3-12】某人在10年以后需要偿还一笔债务,按当前的市场利率6%计算,这笔债务的现值为 1 000 元，因此，到期的偿还值为 1 000 × (1 + 6%)^{10} = 1 790.85 元。为了防范利率风险，债务人希望购买价值 1 000 元的债券实施资产负债管理策略，假设可供选择的债券有如下三种。

债券 A：面值 1 000 元，期限为 10 年，息票率为 6.7%。债券 B：面值 1 000 元，期限为 15 年，息票率为 6.988%。债券 C：面值 1 000 元，期限为 30 年，息票率为 5.9%。试问债务人如何在三种债券中进行选择？

计算得出负债的修正麦考利久期为 9.4340，债券 A 的修正麦考利久期为 7.2316，债券 B 的修正麦考利久期为 9.4340（注意：它与负债的修正麦考利久期正好相等），债券 C 的修正麦考利久期为 13.8076。在当前的市场利率下（6%），三种债券的价格分别为：债券 A 为 1 051.52 元，债券 B 为 1 095.96 元，债券 C 为 986.24 元。

债务人投资 1 000 元所能购买到的债券面值分别为：如果购买债券 A，可以购买到 951 元的面值，即面值的 95.1%；如果购买债券 B，可以购买到 912.44 元的面值，即面值的 91.24%；如果购买债券 C，可以购买到 1 013.96 元的面值，即面值的 101.40%。

下面分别对市场利率保持不变和市场利率发生变化两种情况进行分析。

1. 如果市场利率保持不变，那么可以将每期的息票收入仍然按 6% 的利率重新投资。因此，如果购买债券 A，则在第 10 年末（债务偿还日期）可以积累到的价值为 1 883.11 元。用 1 000 元购买债券 A，只能购买到 95.1% 的面值，因此债务人在第 10 年末实际可以积累到的价值为 1 790.84 元，正好等于到期需要偿还的债务。如果购买债券 B，则在第 10 年末可以积累到的价值为 1 962.69 元。用 1 000 元购买债券 B，只能购买到 91.24% 的面值，因此债务人在第 10 年末实际可以积累到的价值为 1 790.75 元。这也正好等于到期需要偿还的债务。同理，如果购买债券 C，债务人在第 10 年末也可以积累到 1 790.75 元。

由此可见，在市场利率保持不变的情况下，不论购买哪种债券，债务人在第 10 年末都可以获得与到期债务相等的金额。也就是说，债务人没有利率风险。上述所有计算结果如表 3-6 所示。

表 3-6　　　　　　　　市场利率保持不变时的计算结果

债券类型	A	B	C
面值（元）	1 000	1 000	1 000
期限（年）	10	15	30
息票率（%）	6.70	6.988	5.90
修正麦考利久期	7.2316	9.4340	13.8076
债券的价格	1 051.52	1 095.96	986.24
1 000 元可以购买到的面值	951.00	912.44	1 013.96
1 000 元可以购买到的面值比例（%）	95.10	91.24	101.40
债券在第 10 年末的累积价值	1 883.11	1 962.69	1 766.20
债务人在第 10 年末实际可以获得的价值	1 790.75	1 790.75	1 790.75

2. 如果市场利率发生变化。假设购买债券以后，市场利率立即下降并保持在新的水平上。显然，在这种情况下，上述计算结果将发生变化。例如，当市场利率下降到 5% 时，重新进行计算可得到表 3 – 7。

表 3 – 7　　　　　　　市场利率下降到 5% 时的计算结果

债 券 类 型	A	B	C
1 000 元可以购买到的面值比例（%）	95.10	91.24	101.40
债券在第 10 年末的累积价值	1 842.73	1 965.01	1 854.26
债务人在第 10 年末实际可以获得的价值	1 752.43	1 792.97	1 880.14

由此可见，如果市场利率下降到 5%，则债券 A 将不足以偿付到期债务，债券 C 明显超过了到期债务，而债券 B 几乎没有变化，只是略有上升。这一点毫不奇怪，因为债券 B 的修正麦考利久期正好等于债务的修正麦考利久期，所以当市场利率变化时，债券 B 的变化不大；在市场利率下降到 5% 的条件下，债务人如果购买上述三种债券，在第 10 年末实际可以获得的价值如表 3 – 7 所示。可以看出，实现资产负债管理策略最好的债券仍然是债券 B。不论市场利率是上升还是下降，债券 B 在第 10 年末的价值都会略高于债务的到期值。

前面曾经提到，债券组合的修正麦考利久期可以通过组合中每种债券的修正麦考利久期的加权平均数求得，因此，构造一种债券组合，使其修正麦考利久期等于债务的修正麦考利久期也是可能的。事实上，在本例中，如果投资 665.09 元在债券 A，投资 334.91 元在债券 C，则这个债券组合的修正麦考利久期也是 9.4340。其计算过程如下：

假设在债券 A 上的投资比例为 p，在债券 C 上的投资比例为 $(1-p)$，那么债券组合的修正麦考利久期为 $7.2316 p + 13.8076 (1-p)$，令其等于债务的修正麦考利久期 9.4340，则有

$$7.2316 p + 13.8076 (1-p) = 9.4340$$

由此式即可求得在债券 A 上的投资比例为 0.66509，在债券 C 上的投资比例为 0.33491。对于这样一个债券组合，当市场利率变化时，它比债券 B 具有更好的特性。当市场利率上升或下降时，债券 B 和债券组合的价值都会上升，但债券组合的价值上升得更多。这就说明债券组合的凸性大于债券 B 的凸性，从而使债券组合对利率风险的免疫能力更强。

知识拓展 3 – 4：久期在商业银行风险管理中的应用

第四节　债券组合管理

当投资者在进行债券投资时，首先要确定采用何种投资策略，在确定投资策略时不仅要考虑资金来源和用途，还应考虑自身整体资产与负债状况，从而达到收益性与安全

性的最佳组合。债券的组合管理有两种方法：消极管理策略和积极管理策略。

一、消极管理策略

消极管理策略是债券组合管理者不积极寻求交易的可能性而企图战胜市场的一种策略。它的基本假设是债券市场是半强式有效市场，债券的现时价格准确地反映了所有公开能获得的信息。因此，债券在市场中公正定价，提供与风险相协调的收益，管理者可资利用的机会是很少的。消极管理策略不意味着管理者无所作为。管理者为了使其资产与风险偏好和目标相配合，在金融市场的条件发生快速变化时，也要迅速改变债券组合的状态。消极管理策略主要包括免疫策略、现金流搭配策略和指数化策略。

（一）免疫策略

我们知道，债券组合的主要风险来自利率变化，就是期限结构的改变。期限结构的变化影响所有债券的价格，而且是非确定性的。免疫策略是保护债券组合避免利率风险的一种策略，是指构造这样一组投资组合，以至于任何利率变化所引起的资本损失（利得）能与再投资的回报（损失）所抵消。管理者选择久期与他们负债（现金外流）的久期相等的债券组合，利用价格风险和再投资利率风险互相抵消的特点，保证管理者不受损失。在上一节讲述的资产负债管理，实际上就是一种免疫策略。又如，养老基金的管理者要安排每年得到的现金流以满足养老金的支付，其所要采取的也是一种免疫策略。

【例3-13】债券管理者为投资者管理一个面值为1 000美元，息票率是8%，息票再投资收益率是8%的5年期债券，那么，1~4年的息票再投资所得为

$80 \times (1.08^4 + 1.08^3 + 1.08^2 + 1.08) = 389.36$（美元），第5年的本息为1 080美元，总所得为

$389.36 + 1080 = 1469.36$（美元），即投资者现在每投资1美元，5年后能收回1.469美元。

它的实现复收益率[①]为 $RCY = (1469.36/1000)^{1/5} - 1 = 8\%$

如果利率在投资初期从8%突然跌到6%，那么1~4年的息票再投资所得为

$80 \times (1.06^4 + 1.06^3 + 1.06^2 + 1.06) = 370.96$（美元）

第5年本息为1 080美元，总所得为 $370.96 + 1080 = 1450.96$（美元）

其实现复收益率为 $RCY = (1450.96/1000)^{1/5} - 1 = 7.73\%$

使用免疫策略可以避免上述结果。如果另一个债券的久期等于这个债券的到期期限，那么那个债券是免疫的。这就是利率变化在给定的到期期限上不影响实现复收益的情形。

---

① 实现复收益率指债券以不同利率再投资息票而赚取的复回报率，公式为 $RCY = \sqrt[\text{年数}]{\dfrac{\text{债券总所得}}{\text{债券成本}}} - 1$。

【例 3-14】一个 6 年期面值为 1 000 美元，息票率和再投资率都是 8% 的债券，其久期 $D=4.99$ 年。在第 5 年出售，所得为 1 469.96 美元，这是因为 1~4 年的息票再投资所得为（利率为 6%）

$80 \times (1.06^4 + 1.06^3 + 1.06^2 + 1.06) = 370.96$（美元）

第 5 年息票所得为 80 美元。债券还有 1 年到期，现价为 $1 080/1.06 = 1 019$（美元）

总所得为 $370.96 + 80 + 1 019 = 1 469.96$（美元）

实现复收益率为 $RCY = (1 469.96/1 000)^{1/5} - 1 = 8\%$

由于利率下降，再投资收入减少约 19 元，而资本盈余 19 元补偿了损失。可以看出利率风险可分为两种情况：(1) 如果利率下降，再投资收入减少，而债券价格上升；(2) 如果利率上升，再投资收入增加，而债券价格下降。免疫策略是用再投资收入和债券价格相反变动、互相抵消来消除利率风险的。

免疫策略广泛用于减少利率风险，它不仅可以应用于个别债券，而且大量应用于债券组合。这时债券组合的久期是所包含的债券的久期的加权平均和。假设 w_i 是债券组合中第 i 个债券占的比例，D_i 是第 i 个债券的久期，Dp 是 N 个债券组成的债券组合的久期。则

$$Dp = \sum_{i=1}^{N} w_i D_i \tag{3.10}$$

【例 3-15】我们考虑由两个债券组成的免疫债券组合。【例 3-13】中 5 年期债券，面值 1 000 美元，息票率和再投资率为 8%，它的久期为 4.312 年，而与它仅期限不同的 8 年期债券的久期为 6.202 年。如果就用这两个债券构成免疫债券组合，它的久期应等于 5 年。因为 $63.6\% \times 4.312 + 36.4\% \times 6.202 = 5$，所以，在这个债券组合中，5 年期债券占 63.6%，8 年期债券占 36.4%。如果在投资初期，利率从 8% 降到 6%，5 年后出售这个债券组合，此时 8 年期债券还有 3 年到期，出售的市价应为

$P = 80/1.06 + 80/1.06^2 + 1 080/1.06^3 = 1 053.84$（美元）

总所得计算如下：

1~4 年息票再投资收入：$80 \times (1.06^4 + 1.06^3 + 1.06^2 + 1.06)$
$= 370.96$（美元）

5 年期债券最后 1 年所得：$1 080 \times 63.6\% = 686.88$（美元）

8 年期债券在第 5 年的息票所得：$80 \times 36.4\% = 29.12$（美元）

第 5 年出售 8 年期债券所得：$1 053.84 \times 36.4\% = 383.60$（美元）

总所得为 $370.96 + 686.88 + 29.12 + 383.60 = 1 470.56$（美元）

实现复收益率为 $RCY = (1 470.56/1 000)^{1/5} - 1 = 8.02\%$

与 5 年期债券比较，利率从 8% 跌到 6%，再投资所得减少 18.4 美元，而资本盈余增加 19.6 美元，大致抵消。因而两者实现复收益率可以认为是相同的，这个债券组合是免疫的。债券的预期实现复收益率可用下式估计：

$$E(i) = y + (1 - D/H)(r - y) \tag{3.11}$$

式中，$E(i)$ 为债券的实现复收益率的预期值；y 为现时市场的到期收益率；H 为投资

者持有债券的时期；D 为久期；r 为在购买时预估的再投资收益率。

到期收益率 y 和久期 D 描述债券的特征，而持有债券的时期 H 和再投资收益率 r 表示投资者选择的意愿。再投资收益率 r 是从市场中得到的未来利率的一个估计值。

【例 3-16】息票率是 8%，再投资收益率也是 8% 的 5 年期债券，在投资初期预期利率从 8% 跌到 6%，那么债券实现复收益率的预期值是多少？

$E(i) = 8\% + (1 - 4.312/5)(6\% - 8\%) = 7.725\%$

这里假设投资者持有债券一直到期，所以 $H=5$。一般地，投资者持有期可能小于债券的到期期限。实现复收益率的预期值为 7.725% 与实现复收益率为 7.73% 相差不到 0.1%。

如果实现复收益率的预期值等于再投资收益率，必须 $1 - D/H = 0$ 或 $r = y$ 或两者都成立。前一式成立，即久期 D 与投资者持有期限相同。这正是债券免疫策略要求久期 D 等于到期期限的条件，不管再投资收益率如何改变，实现复收益率将等于到期收益率 y。

免疫策略通常被认为是消极投资策略。因此，购买这种债券组合一直要持有至到期日。构造免疫债券组合时，一般假定收益率曲线是水平的，或做平移，但实际变动要复杂得多。当收益率曲线变动时，债券的久期会改变，并且债券组合的久期也会改变。为了使债券组合具有免疫力，需要频繁地再调整、重新构造债券组合，这样的免疫策略是积极投资策略。

（二）现金流搭配策略

现金流搭配策略是一种特殊类型的免疫策略。债券组合的管理者建立一个债券组合，它的现金流将用于支付每一个到期的负债现金流。这种策略适用于非水平收益率曲线发生非平行频繁变化的情况，因为利率对债券组合没有相反的影响。

这样的现金流搭配的债券组合叫做专用债券组合。它没有任何再投资现金流，即没有再投资收益率风险。而且由于债券仅在到期时出售，所以也没有利率风险。

【例 3-17】假定一个养老基金在以后 20 个时期（以半年为单位）负债流是表 3-8 中的第 2 列。基金会根据现金流搭配策略建立一个专用债券组合满足这个负债流。这个债券组合可以由下面四种债券组成，面值均为 100 000 美元。

债券	A	B	C	D
到期期限（年）	5	10	7.5	10
息票率（%）	10	12	8	4

这个债券组合包括 6 个债券 A，40 个债券 B，15 个债券 C 和 10 个债券 D。从表 3-8 可以看出，这 71 个债券组成的债券组合的现金流在每一时期与负债流完全匹配。由于债券组合的现金流是由息票和到期本金组成的，因此没有再投资收益率风险和价格风险。

表 3-8　　　　　　　　　　　现金流搭配　　　　　　　　　单位：1 000 美元

期限	负债	债券 A	债券 A 总值	债券 B	债券 B 总值	债券 C	债券 C 总值	债券 D	债券 D 总值
1	350	5	30	6	240	4	60	2	20
2	350	5	30	6	240	4	60	2	20
3	350	5	30	6	240	4	60	2	20
4	350	5	30	6	240	4	60	2	20
5	350	5	30	6	240	4	60	2	20
6	350	5	30	6	240	4	60	2	20
7	350	5	30	6	240	4	60	2	20
8	350	5	30	6	240	4	60	2	20
9	350	5	30	6	240	4	60	2	20
10	950	105	630	6	240	4	60	2	20
11	320			6	240	4	60	2	20
12	320			6	240	4	60	2	20
13	320			6	240	4	60	2	20
14	320			6	240	4	60	2	20
15	1 820			6	240	104	1 560	2	20
16	260			6	240			2	20
17	260			6	240			2	20
18	260			6	240			2	20
19	260			6	240			2	20
20	5 260			106	4 240			102	1 020

对于长期的大金额的负债建立专用债券组合可能很困难。债券管理者可能要选择成千只债券。为了更好地建立专用债券组合，可以使用线性规划方法找出最小成本的债券组合使得每一时期的现金流满足所有负债的付款。

（三）指数化策略

消极管理策略的基本假设是债券市场是半强式有效市场。债券市场的业绩由债券指数表示，典型的有所罗门兄弟债券指数或雷曼兄弟债券指数。这些债券指数是有效的债券组合。这里的有效性是指以最小风险达到总的市场收益。经验证明，债券组合要想超过债券指数是很困难的。因此，债券管理者模仿债券指数把债券指数化。

债券管理者采用指数化策略，首先要选定一个债券指数作为依据，然后追踪这个指数构造一个债券组合。指数化的债券组合和债券指数的业绩的任何差别叫做追踪误差。追踪误差有三个来源：（1）建立指数化组合的交易成本；（2）指数化组合的组成与指数组成的差别；（3）建立指数的机构所采用的债券价格与债券实际交易价格之间的偏差。仿照债券指数构造债券组合有三种方法。

1. 区格方法。区格方法是构造反映一个债券指数的债券组合的最简单的方法。每个区格代表这个指数的不同特征。最普通的特征有：（1）久期；（2）息票率；（3）到期期限；（4）市场板块；（5）信用等级；（6）可提前赎回因素；（7）偿还基金性质。后两个性质是特别重要的，因为一个债券的赎回和再投资性质将影响其业绩。

【例3－18】假设一位管理者选择了以下几种特征来分解指数。

特征1：久期　①少于5年　②大于5年
特征2：到期期限　①小于5年　②在5年和15年之间　③大于或等于15年
特征3：市场板块　①国债　②市政债券　③公司债券
特征4：信用等级　①AAA　②AA　③A　④BBB

那么区格总数为：$2 \times 3 \times 3 \times 4 = 72$，比如区格1代表的债券特征是：久期少于5年、到期期限小于5年、信用等级为AAA的国债。

然后管理者需要选出这个债券指数中的所有债券，每个区格中一个或多个债券可用于代表整个区格。购买每个区格中债券的总金额将依据这区格中的债券在债券指数的总市值中所占的比重。例如，如果债券指数中所有债券的总市值有60%是公司债券，那么指数化的债券组合60%的市值将由公司债券构成。

只有在指数化债券组合中的债券数和包含在债券指数中的债券数相等时，才能达到最小的追踪误差，但这是不实际的。比如，债券指数由5 000种债券构成，为搭配这个债券指数构造一个指数化债券组合将使用大量区格，这将增加购买代表区格中的债券的成本，因而会增加追踪误差。如果减少区格数，就会使错误搭配的追踪误差风险增大，因为指数化的债券组合的特征可能实质上不同于债券指数特征。

2. 最优化方法。最优化方法是指债券管理者设计的指数化债券组合，不仅适应前面提到的区格分类，而且满足其他约束条件，并且还要最优化某个目标。一个目标可能是最大化这个债券组合中所有债券的平均市值或最大化到期收益率或其他目标。约束条件可能包括购买一种债券或一组债券不超过规定的金额。

通常，指数化债券组合的最优化问题使用的是线性规划方法，目标函数是一个有一组线性约束条件的线性函数。线性规划方法使用的数据与债券指数的现有资料有关，因而，这种方法不依靠历史资料。

3. 方差最小化方法。方差最小化方法需要使用历史资料来估计追踪误差的方差。一般根据两组因子估计债券指数中的每一种债券的价格函数：一组是不同的即期利率折现的现金流，另一组是其他特征，如部门、品质和息票。一旦得到每个债券的价格函数，可以构造追踪误差的方差。目标是最小化所构造的指数化债券组合的追踪误差的方差。因为方差是一个二次函数，所以使用二次规划最小化追踪误差的方差可以找出最优的指数化债券组合。方差最小化方法的最大问题是利用历史资料估计价格函数是非常困难的，而且价格函数可能是不稳定的。

虽然区格方法可能最容易使用，但在债券指数是大量债券的多样化债券组合时，就难以应用。因为这时需要许多区格并且情况变得很复杂。而且,因为是主观上搭配区格和从每个区格中挑取债券,所以产生了追踪误差。最优化方法降低了问题的复杂性,它可以使用明确的约束条件对大量的资料做最优化分析。实际上,大多数债券管理者依照债券指数使用最优化方法或方差最小化方法来构造指数化的债券组合。

二、积极管理策略

知识拓展 3-5:债券指数

积极管理策略指债券组合管理人员根据债券市场不是完全有效市场的假设,采用积极投资策略管理债券组合的方法。这种方法是积极交易债券组合试图得到附加收益的一种策略。这就需要预测未来的利率走向,然后选择债券和决定市场的时机,或者识别错定价格的债券。当预期利率下降时,选择长期债券,较长的到期期限的债券有较大的价格波动,因此,有较大盈余(亏损)的机会。当预期利率上升时,选择短期债券,通常是低息票债券,因为价格较小的波动可以保护投资者。积极投资管理方法很多,这里只介绍三种常用的方法:应变免疫、横向水平分析和债券换值。

(一) 应变免疫

前面我们讨论了免疫策略,它防止在较低利率下的再投资风险。如果一个证券组合是免疫的,在较低利率下其价格上升足以保证实现原有的复收益,就是说可以得到最大的收益。这个收益是证券组合被免疫时可得到的市场利率。因此,免疫本身是利率预测的一种决策。但是,最大收益受大量的不确定因素影响,特别是在利率变化非常大的时候。证券组合管理人员可能接受一个比最大收益小的目标利率。

最小目标利率叫做安全净收益。如果债券组合的收益下跌到安全净收益这点时,债券组合管理人员就要免疫这个债券组合并锁定安全净收益。

> 应变免疫是债券组合管理人员通过积极投资策略免疫债券组合以确保得到他们接受的最小目标利率。

【例 3-19】假设管理人员有 1 亿美元的投资,并愿意接受在 4 年持有期中 10% 的收益,这时免疫收益为 12%;收益 10% 叫做安全净收益,免疫收益和安全净收益之差叫做安全缓冲,这里是 200 个基点。实际上,安全缓冲从 100 个基点到 200 个基点对积极管理策略来说是相当大的范围。不断重复的相反变化可能发生,但债券组合的收益不至于跌到安全净收益之下。由于最初的债券组合的价值是 1 亿美元,并且每半年付息,所以第 4 年底最小目标值是 $1 \times 1.05^8 = 1.4775$(亿美元)。

假设债券组合管理人员将所有资金投资于 20 年期、息票率为 12%、收益率为 12%、以面值出售的债券。如果 6 个月后收益率下跌到 9%,这个债券组合的价值在 6 个月后将是 19.5 年到期、息票率为 12%、市场收益率为 9% 的债券价格与 6 个月的息票利息之和。这时,债券价格为 1.2734 亿美元,息票利息为 600 万美元。因此,6 个月后债券组合的价值为 1.3334 亿美元。因为持有期为 4 年,那么需要求 3.5 年的最小目标值的现值,即应得的现值为:$1.4775/1.045^7 = 1.0857$(亿美元)。

债券组合的价值与应得现值之差叫做现金安全边际。现在是 1.3334 - 1.0857 =

0.2477（亿美元），就是说安全边际是正值，这个债券组合是被积极管理的。

假设6个月后利率不是下跌而是上涨到14.26%，债券组合的市值下跌到0.8523亿美元，息票利息600万美元的债券组合价值为0.9123亿美元。以现时利率14.26%达到最小目标值1.4775亿美元的应得现值为$1.4775/1.0713^7 = 0.9123$（亿美元）。债券组合的价值近似等于应得现值，即现金安全边际几乎是零。因此，债券组合管理人员为保证最小目标值需要免疫这个债券组合。

（二）横向水平分析

考察在任何已知的持有期上的债券业绩，通常用实现复收益率来测定，它取决于债券的期初和期末的价格以及息票率。为了估计在持有期间的债券的收益就必须分析期初的收益结构以及随后可能的变化。横向水平分析是使用实现复收益率估计某个投资在横向水平上的业绩的一种方法。

债券投资的收益由息票收入、利息上的利息和资本盈亏构成。收益的资本盈余与债券的市值增量有关，这就需要估计债券的期末价格。如果已知估计的债券期末价格，而现时价格相对低，那么债券有相对高的预期收益。相反，现时价格相对高，那么债券有相对低的预期收益。

【例3-20】某息票率为4%的债券还剩下10年到期。假设现价为67.48美元，面值为100美元，到期收益率为9%。然而以后几年到期收益率可能会改变，如表3-9所示，虚线表示该债券市价在这个横向水平上（5年）最后达到83.78美元，到期收益率为8%。债券的资本盈余为16.30（83.78－67.48）美元。

表3-9　　　　　　息票率为4%的债券的时间效应和收益变化效应分析

到期年数 到期收益率(%)	10年	9年	...	5年	...	1年	0年
7.00	78.68	80.22		87.53		97.15	100.00
7.50	75.68	77.39		85.63		96.69	100.00
8.00	72.82	74.68		83.78		96.23	100.00
8.50	70.09	72.09		81.98		95.77	100.00
9.00	67.48	69.60		80.22		95.32	100.00
9.50	64.99	67.22		78.51		94.87	100.00
10.00	62.61	64.92		76.83		94.42	100.00
10.50	60.34	62.74		75.21		93.98	100.00
11.00	58.17	60.64		73.62		93.54	100.00

横向水平分析可以把资本盈余分成两部分——时间效应和收益变化效应，即

$$\text{盈余变化} = \text{时间效应} + \text{收益变化效应}$$

从表3-9中可见，盈余变化可分成从67.48美元变化到80.22美元，随后从80.22美元变化到83.78美元。前者假定收益率没有变化，仅有时间推移，即时间效应为12.74美元；后者假定没有时间推移，仅收益率发生变化，即收益变化效应为3.56美元。则盈余变化可表示为

$$16.30 \text{ 美元} = 12.74 \text{ 美元} + 3.56 \text{ 美元}$$

我们还需要考虑息票收入和息票再投资。息票收入5年共20美元，由于每6个月有2美元息票收入并以4%的利率再投资，5年后的价值近似为24.09美元。因此，利息上的利息为4.09（24.09－20）美元。所以，债券5年的实现复收益率由这四部分组成，可表示为

$$\text{实现复收益率} = 12.74/67.48 + 3.56/67.48 + 20.00/67.48 + 4.09/67.48$$
$$= 18.88\% + 5.28\% + 29.64\% + 6.06\% = 59.86\%$$

其中，第一项是时间推移的收益率，第二项是收益变化的收益率，第三项是息票收益率，第四项是息票再投资的收益率。因为第二项是不确定的，所以，进一步分析非常重要。到期收益率从9%下降到8%，所以债券市价从80.22美元上涨到83.78美元。如果在横向水平上已知预期收益率为8%，就可以计算实现复收益率为59.86%。不同的预期收益率能得到不同的实现复收益率。因此，证券组合管理人员非常关心未来收益率的预测值。

（三）债券换值

债券换值是债券组合管理人员购买和出售同等数量的类似债券以提高债券组合收益率的积极管理方法。通常，首先需要辨别市场中的债券是否被暂时错误定价。然后，购买和出售债券改进债券组合的收益率。债券换值通常包括替代换值、市场间差额换值、获取纯收益换值和利率预期换值。

1. 替代换值。替代换值是指两种债券在等级、到期期限、息票利息付款、收兑条款以及其他方面都相同，仅有的差别是在特定时间，由于市场的不均衡，两种债券的价格不同，因此到期收益率不同，这时出售较低收益率债券，同时购买较高收益率债券。当两种债券的收益率趋于相同时，将得到资本盈余和较高的现时收益率。

两种换值的债券的价格已经调整的时期叫做有预期结果的时期。短的有预期结果的时期可能仅为几个星期，如果交换者发现市场是非有效的，就可以进行套利活动，其结果是市场很快趋于均衡。当然，有预期结果的时期也可能长到到期日。

【例3-21】债券组合管理者准备出售的是30年期、息票率为7%、以面值出售的债券，购买的是30年期、收益率为7.1%、价格为987.70美元的债券。然而在购买1年后，价格上涨到1 000美元，收益率下降到7%。有预期结果的时期为1年，两只债券的再投资率都是7%，见表3-10。

表 3-10　　替代换值的评估

	出售债券	购买债券
每种债券初始投资（美元）	1 000.00	987.70
1 年的息票利息（美元）	70.00	70.00
年利率7%，半年付息（美元）	1.23	1.23
1 年后债券价格（美元）	1 000.00	1 000.00
1 年后总计（美元）	1 071.23	1 071.23
1 年后盈利（美元）	71.23	83.53
1 元投资盈利（美元）	0.07123	0.08458
1 年的实现复收益率（%）	7	8.29
1 年替代换值赢得 129 个基点		

结果是收益率差额为 10 个基点（7.1%–7%）的替代换值在有预期结果的时期为 1 年时实现复收益率多了 129 个基点。但只是 1 年，而在 30 年期上，不同的有预期结果的时期可以得到不同的实现复收益率。

表 3-11　　替代换值的有预期结果的时期的影响

有预期结果的时期（年数）	30	20	10	5	2	1	1/2	1/4
实现复收益率盈利（每年基点数）	4.3	6.4	12.9	25.7	64.4	129	258.8	527.2

表 3-11 表明，有预期结果的时期越长，实现复收益率盈利越少，30 年仅有盈利 4.3 个基点。这里假设收益率差额都是 10 个基点，而不同的收益率差额也可以得到不同的实现复收益率。表 3-12 说明了收益率差额不同的情形，差额越大，实现复收益率越多。

表 3-12　　替代换值的收益率差额影响

收益率差额基点数	实现复收益率盈利基点数	
	1 年有预期结果的时期	30 年有预期结果的时期
5	64.6	2.2
10	129.0	4.3
15	193.4	6.4
20	257.9	8.6
25	322.2	10.7
30	386.5	12.8

2. 市场间差额换值。市场间差额换值是利用债券市场的不同部门间的收益率差额的预期变化进行换值的一种方法。换值将得到资本利益或至少和资本利益相当的较好收益。

市场间差额换值有两种情形：第一种是将购买的债券的到期收益率比将出售的债券的到期收益率高。如果预期两个部门间的债券的收益率差额不变宽或变窄，结果是将购买的债券有相对低的到期收益率,因此,这个债券有相对高的价格。第二种是将购买的债券的到期收益率比将出售的债券的到期收益率低。当收益率差额扩大时,即将购买的债券的到期收益率相对低。因此,相对高的价格将大于需要补偿的收益损失。

表 3-13　　　　　　　　　　　　获取收益的市场间差额换值

	出售债券	购买债券
初始到期收益率（%）	7.00	6.50
1 年后到期收益率（%）	7.00	6.40
收益率差额增加 10 个基点		
有预期结果的时期（年）	1	
再投资收益率（%）	7.00	
每种债券初始投资额（美元）	1 000.00	671.82
年息票收入（美元）	70.00	40.00
6 个月再投资收益率为 7% 的息票利息（美元）	1.23	0.70
1 年后的价格（美元）	1 000.00	685.34
总计（美元）	1 071.23	726.04
总盈余（美元）	71.23	54.22
每 1 元盈余（美元）	0.0712	0.0807
实现复收益率（%）	7.000	7.914
1 年市场间差额换值赢得 91.4 个基点		

表 3-13 是第二种换值的情形。假设欲出售的是 30 年期息票率为 7%、面值为 1 000 美元的债券,将购买的是 30 年期息票率为 4%、价格为 671.8 美元、收益率为 6.5% 的债券。此时,市场收益率差额为 50 个基点。债券管理人员预期差额会变宽,假设在 1 年有预期结果的时期将扩大为 60 个基点,再投资利率为 7.00%,那么 10 个基点差额盈利在 1 年后将有 91.4 个基点的显著盈利。

3. 获取纯收益换值。获取纯收益换值是指出售较低息票率或较低到期收益率的债券或将两者都出售而购买相对高的债券的一种管理方法,目的是获得较高的收益率。

这种类型的债券换值不需要有预期结果的时期,因为假定持有新债券到期,不需要预测利率的变化,也不用分析债券价格被高估或低估,债券换值仅是寻求较高收益。除了息票率和到期收益率外,债券等级和到期期限都相同,主要风险是未来再投资收益率可能不如预期那么高,致使投资的最终值没有预期高。因此,这就需要债券换值设定可接受的最小再投资收益率。

4. 利率预期换值。利率预期换值是根据利率预期进行换值的一种方法。当预期利率上升时,则出售长期债券,购买短期债券或保存现金,以避免资本损失;当预期利率下降时,则出售短期债券,购买长期债券,以获取更多收益。近年来,由于利率波动较大,利率预期换值使用更为普遍。

【本章小结】

1. 债券是一种表明债权债务关系的凭证，证明持券者拥有按约定条件向发行人取得利息和到期收回本金的权利。

2. 债券属性与价值分析。

（1）到期时间。当市场利率（r）和债券的到期收益率（y）上升时，债券的内在价值和市场价格都将下降。当其他条件完全一致时，债券的到期时间越长，债券价格的波动幅度越大。但是当到期时间变化时，债券的边际价格变动率递减。

（2）息票率。在其他属性不变的条件下，债券的息票率越低，债券价格的波动幅度越大。

（3）可赎回条款。债券在发行时含有可赎回条款有利于发行人。因为，当市场利率下降并低于债券的息票率时，债券的发行人能够以更低的成本筹到资金。

（4）税收待遇。由于利息收入纳税与否直接影响到投资的实际收益率，所以，税收待遇成为影响债券的市场价格和收益率的一个重要因素。

（5）流动性。在其他条件不变的情况下，债券的流动性与债券的名义到期收益率之间呈反向关系，即流动性高的债券的名义到期收益率比较低，反之则相反。

（6）违约风险。违约风险越高，投资收益率也应该越高。

3. 债券定价原理。

（1）债券的价格与债券的收益率呈反向关系。

（2）当债券的收益率不变，即债券的息票率与收益率之间的差额固定不变时，债券的到期时间与债券价格的波动幅度之间呈正向关系。

（3）随着债券到期时间的临近，债券价格的波动幅度减少，并且是以递增的速度减少；反之，到期时间越长，债券价格波动幅度增加，并且是以递减的速度增加。

（4）对于期限既定的债券，由收益率下降导致的债券价格上升的幅度大于同等幅度的收益率上升导致的债券价格下降的幅度。

（5）对于给定的收益率变动幅度，债券的息票率与债券价格的波动幅度之间呈反向关系。

4. 凸性。凸性反映了债券的价格与债券的收益率在图形中的反向关系，是对债券价格利率敏感性的二阶估计，也是对债券久期利率敏感性的测量。在价格—收益率出现大幅度变动时，它们的波动幅度呈非线性关系。由于久期作出的预测将有所偏离，凸性就是对这个偏离的修正。无论收益率是上升还是下降，凸性所引起的修正都是正的。因此，如果修正久期相同，凸性越大越好。

$$c = \frac{1}{p} \sum_{t=1}^{n} \frac{pv_t(t^2+t)}{(1+y)^{t+2}}$$

5. 麦考利久期的计算公式：

$$D = \frac{\sum_{t=1}^{T} PV(c_t) \times t}{P_0} = \sum_{t=1}^{T} \left[\frac{PV(c_t)}{p_0} \times t \right]$$

6. 麦考利久期与债券价格的关系：

对于给定的收益率变动幅度，麦考利久期越大，债券价格的波动幅度越大。用公式可表示为

$$\frac{\Delta P}{P} \approx -D \times \frac{\Delta y}{1+y}$$

7. 修正麦考利久期（D_m）计算公式如下：

$$D_m = D \times \frac{1}{1+y}$$

8. 有效久期计算公式如下：

$$D_e = \frac{V_- - V_+}{2V_0(\Delta y)}$$

9. 消极管理策略是债券组合管理者不再积极寻求交易的可能性而企图战胜市场的一种策略，主要包括如下策略：免疫策略、现金流搭配策略和指数化策略。

10. 积极管理策略是积极交易证券组合试图得到附加收益的一种策略。首先需要预测未来的利率走向，然后选择债券和决定市场的时机，或者识别错定价格的债券。主要包括如下策略：应变免疫、横向水平分析和债券换值。

【关键术语】

债券　中央政府债券　公司债券　信用债券　抵押债券　担保信托债券
固定利率债券　浮动利率债券　指数债券　零息债券　可赎回债券　偿还基金债券
可转换债券　外国债券　欧洲债券　公募债券　私募债券　消极管理策略
积极管理策略　应变免疫　凸性　债券的久期

【知识拓展】

久期与凸性公式的进一步推导

1. 久期公式推导

久期可以由以下的方式进行推导。推导方法为债券现金流支付时间的加权平均法。

麦考利提出对债券的每次息票利息或本金支付时间进行加权平均来计算久期。每次支付时间的相关权重则定义为所支付现金流的现值除以债券价格。

根据现值原则，可以定义债券价格为

$$P_0 = \sum_{t=1}^{T} \frac{C_t}{(1+y)^t}$$

式中，P_0 为债券价格；C_t 为在时间 t 时发生的现金流；y 为债券的到期收益率；t 为每次现金流发生的时间；T 为最后一次现金流支付时的时间。

支付时间的权重 w_t 则定义为

$$w_t = \frac{C_t}{(1+y)^t}/P_0$$

$$\text{s.t.} \sum_{t=1}^{T} w_t = 1$$

所以根据麦考利的久期定义，可以推导出久期公式：

$$D = \sum_{t=1}^{T} t \times w_t = \frac{1}{P_0}\left(\sum_{t=1}^{T} \frac{t \times C_t}{(1+y)^t}\right)$$

2. 久期在微分上的解释

由于债券价格对利率变化的敏感性可用久期测度，所以存在以下关系：

$$\Delta P_0/P_0 = -D \times [\Delta(1+y)/(1+y)]$$

因为 $\Delta(1+y) = \Delta y$，所以 $\Delta P_0/P_0 = -D \times [\Delta y/(1+y)]$

由上式可以看出，由于债券到期收益率变化必然引起债券价格变动，所以债券价格变动率实际上是到期收益率变化在时间上积累的结果。

当 ΔP、Δy 变化非常微小时，我们可以分别用 dP、dy 代替。代入公式可以得到：

$$dP_0/P_0 = -D \times [dy/(1+y)]$$

所以：$D = -\frac{(1+y)}{P_0}\frac{dP_0}{dy}$

$$D = -\frac{1+y}{P_0}\left(\sum_{t=1}^{T} \frac{C_t \times (-t)}{(1+y)^{t+1}}\right)$$

$$D = \frac{1}{P_0}\left(\sum_{t=1}^{T} \frac{t \times C_t}{(1+y)^t}\right)$$

3. 债券价格关于收益率的弹性

久期也可解释为债券（资产）的价格对其收益率变动的弹性。因为：

$$\frac{dP_0}{dy} = -\sum_{t=1}^{T}\left[\frac{C_t}{(1+y)^{t+1}}\right]t = -\frac{DP_0}{1+y}$$

即有 $\dfrac{dP_0/P_0}{dy/(1+y)} = -D$。所以久期是价格对利率的弹性。

4. 修正久期

设 D_m 为修正久期，则 $D_m = \dfrac{D}{1+y}$，则 $\Delta P_0/P_0 = -D_m \Delta y$

上式可以认为是债券的价格—收益曲线的粗略描述，$-D_m$ 即为债券价格—收益曲线的斜率。修正久期可用来测度债券在利率变化时的风险暴露程度。

5. 凸性公式的推导

价格—收益曲线的曲率称做债券的凸性。凸性一般被认为是债券的理想特征：当债券收益率下降时，债券价格以更大的曲率上升；当债券收益率上升时，债券价格以较低的曲率下降。

以 C 表示凸性，由于凸性为价格—收益曲线的曲率，所以：

$$C = -\frac{dD_m}{dy} = \frac{1}{P_0}\frac{d^2 P_0}{dy^2} = \frac{1}{P_0}d\left[\frac{d\left(\sum_{t=1}^{T}\frac{C_t}{(1+y)^t}\right)}{dy}\right]\Big/dy$$

$$= \frac{1}{P_0}d\left[\sum_{t=1}^{T}\frac{C_t \times (-t)}{(1+y)^{t+1}}\right]\Big/dy$$

$$= \frac{1}{P_0}\sum_{t=1}^{T}\frac{C_t}{(1+y)^{t+2}}(-t)(-t-1)$$

$$= \frac{1}{P_0}\sum_{t=1}^{T}\frac{(t^2+t)C_t}{(1+y)^{t+2}}$$

【案例分析】

"南山转债"提前摘牌揭示可转债融资问题

背景资料

可转债全称为可转换公司债券。在目前国内市场，就是指在一定条件下可以被转换成公司股票的债券。可转债具有债权和期权的双重属性，其持有人可以选择持有债券到期，获取公司还本付息；也可以选择在约定的时间内转换成股票，享受股利分配或资本增值。所以投资界一般戏称，可转债对投资者而言是保证本金的股票。

当可转债失去转换意义，就作为一种低息债券，它依然有固定的利息收入。如果实现转换，投资者则会获得出售普通股的收入或获得股息收入。

可转债具备了股票和债券两者的属性，结合了股票的长期增长潜力和债券所具有的安全和收益固定的优势。此外，可转债与股票相比还有优先偿还的要求权。

1. 案例介绍

南山转债于 2008 年 5 月 13 日在上海证券交易所挂牌交易，自 2008 年 10 月 20 日起，南山转债可以转换为南山铝业发行的 A 股股票。之后由于股市低迷，触及了南山转债的修正条款，即当公司股票（A 股）在任意连续 15 个交易日的收盘价低于当期转股价格的 85% 时，公司董事会有权向下修正转股价格，修正后的转股价格不低于关于修正转股价格的董事会召开前 20 个交易日公司股票（A 股）交易均价和前一交易日的均价。南山铝业由此向下修正了南山转债的转股价格，自 2009 年 3 月 16 日起，转股价格由原来的 16.89 元/股调整为 8.52 元/股。随后，2009 年 6 月 4 日，南山铝业实施了 2008 年度每10股派1元（含税）的分配方案，根据有关约定，南山转债的转股价格相应由原来的8.52元/股调整为8.42元/股。2009年7月14日至2009年8月10日，南山铝业股价持续上涨，又触及了南山转债的有条件赎回条款，即在转股期内，如果公司A股股票连续20个交易日的收盘价格不低于当期转股价格的130%（含130%），公司有权按可转债面值103%（含当期利息）的赎回价格赎回全部或部分未转股的可转债。因此，公司决定行使南山转债的提前赎回权，将截至赎回登记日（2009年9月17日）收市后尚未转股的南山转债全部赎回。为此，公司于2009年8月12日、13日、14日，9月14日连续4次刊登南山转债赎回的提示性公告。截至2009年9月17日，已有2 794 771 000元南山转债转换成南山铝业的股票；南山转债赎回余额为5 229 000元，占南山转债发行总额28亿元的0.19%。南山转债于2009年9月18日（赎回日）在上海证券交易所停止交易及转股，未转股的南山转债全部被冻结，公司按面值103元（含当期计息年度利息，税后个人投资者为102.875元/张，QFII为102.938元/张）的价格赎回全部在赎回日之前未转股的南山转债。仅仅不到1年半的时间，南山转债就于2009年9月24日从上海证券交易所提前摘牌，其经验教训值得其他企业借鉴。

2. 理性分析

（1）较大的发行规模对公司业绩的摊薄压力较大。南山铝业可转债发行募集资金28亿元，在近两年我国上市公司发行的转债中处于较高水平。当时的初始转股价格按交易均价上浮0.1%定为16.89元，假设全部转股，将增加南山铝业16 578万股流通股，对总股本的增幅为12.57%。但之后因为股价连续下跌和分红，转股价修正为8.42元/股，更是加大了转股的数量规模。按照最终2 794 771 000元的转股金额计算，共增加南山铝业33 192.06万股流通股，对总股本的增幅为25.17%，股本扩张几乎是原计划的一倍，这对公司业绩的摊薄压力较大，需要公司以较高的成长性来支撑。但事实上，南山铝业最近几年的业绩增长似乎并不理想。除了2007年和2008年业绩有大幅度波动外，南山铝业近十年的业绩基本处于停滞状态。按照募集说明书，公司本次发行可转债募集资金主要用于投资年产10万吨新型合金材料生产线项目、年产52万吨铝合金锭熔铸生产线项目以及补充流动资金。但实际上公司铝型材、铝板带以及铝箔均处于完全竞争市场，行业内企业众多、集中度低，如果发行可转债的拟建项目不能产生足够回报的话，势必会对公司的业绩产生较大影响。事实上，南山铝业2009年中期业绩显示，公司2009年上半年实现营业收入比上年同期减少15.44%；营业利润比上年同期减少67.61%；归属于母公司所有者的净利润比上年同期减少67.40%；每股收益比上年同期减少66.67%。可见，转股后的南山铝业业绩堪忧。

（2）初始转股价格的溢价幅度较低，且在并无回售压力的情况下修正了转股价。一般而言，初始转股价格的溢价幅度越低，股价在未来超过转股价的可能性和超出幅度也就越大，转债投资者在未来更有可能取得较高的转股收益。南山转债0.1%的初始溢价幅度是目前市场上最低的一类，可见在此条款设计上公司充分考虑了转债投资者的利益。另外，南山转债在2008年4月发行后，公司股价随大盘出现了深幅回调，于是公司董事会提出向下修正转股价格的方案。修正转股价本属正常，但与其他因回售压力而被迫修正转股价的公司不同的是，南山转债是在距回售期尚有三年多时间且并无回售压力的情况下，冒着急速摊薄业绩的风险提出转股价修正议案的，其中的主要原因可能是公司希望转债持有人能尽快转股。因为持有人尽快转股能够减少公司未来的利息支付，并降低公司的财务风险。事实上，2009年8月24日，南山铝业刊登的公司与南山集团财务有限公司签订人民币借款合同。董事会决议公告显示，公司向财务公司借款人民币1亿元用于补充流动资金等，借款期为12个月，年利率4.779%。可以看到，南山铝业的流动资金出现匮乏。

（3）南山转债的利率水平较高，回售期限很短，提前赎回条款较为普通。票面利率、利息补偿、到期赎回和无条件回售条款共同决定了转债的纯债券价值。通常提高转债纯债券价值的方法有两种：一是设置利息补偿条款；二是通过设置到期赎回或无条件回售的方式来间接提高转债的纯债券价值。无论是到期赎回还是无条件回售，所达到的效果基本上与利息补偿一致。南山转债除了每年的票面利息外，还对到期未转股的投资者按2.7%进行利息补偿。可见南山转债采用了到期后对投资者进行利息补偿的方式来提高转债的纯债券价值。其利率水平与市场上已经发行的同期限可转债相比，属于相对较高的一类。但这也与南山转债的评级和没有担保有关。同时，公司募集说明书规定，在公司可转债到期日前一年内，如果公司股票收盘价连续30个交易日低于当期转股价格的70%，可转债持有人有权将其持有的全部或部分可转债按面值的103%（含当期利息）回售给公司。可见南山转债的回售要在2012年后才可能实行，回售期限较短，对转债发行人较为有利，对转债投资人则保护不足。另外，募集说明书还规定，在转股期内，如果公司股价连续20个交易日不低于当期转股价格的130%，公司有权按可转债面值103%（含当期利息）的赎回价格赎回全部或部分未转股的可转债。与其他公司相比，南山转债的提前赎回条款较为普通，达到赎回标准的可能性较大。事实也证明了这一点，设计期限原本为5年的转债提前3年半就得到赎回，似乎与原计划相差甚远。

讨论题

本案例的分析对于利用可转债融资有哪些借鉴和启示意义？

分析路径与提示

可转换债券作为兼具股票和债券双重属性的衍生品种，其条款的复杂性远超过了单纯的股票或债券。南山转债前后存续时间一年有余。期间随着国内股市的牛熊转换，南山转债及南山铝业的价格可谓跌宕起伏，不仅令投资者眼花缭乱，也使融资者始料不及。虽然国际金融危机的影响不可小觑，但从融资者角度出发，南山转债在其转债本身的发行、转股价格设定及其修正、回售期限、赎回条款等过程中的经验教训都值得其他企业借鉴。

（1）转股价格是所有条款的核心，必须权衡可转债持有人和老股东之间的利益关系。可转换债券的转股价格越高，越有利于老股东；反之，转股价格越低，越有利于可转债持有人。但当发行在外的可转换债券发生转换后，将导致转换后公司股份急剧扩容，稀释了原有股东的收益。所以，融资者应该妥善设计转债的转股价格，且后续的转股价格的调整，也应该本着谨慎且立足长远的原则进行。另外，我国股市变化无常，发行者在设计转股价格时，也应该尽量考虑股市的非正常波动，以避免发生非正常波动时的被动行为。事实上，目前市场上可转债数量偏少，在一定程度上也与转股价格有关。不少上市公司在股价低迷时急于修正下调转股价格，而一旦股市回升，就非常容易触发赎回条款。在国内为数不多的可转债品种中，五洲交通、金鹰转债、赤化转债、柳工转债和海马转债都属于提前赎回的品种，虽然提前赎回有利于缓解企业的付息压力，但可转债延缓业绩摊薄的优势未能发挥，这不能不说是一个遗憾。

（2）票面利率的设定应该结合公司信用等级，实行差别利率。可转债由于存在期权价值，利率的设计只具有象征意义，利率高低其实对可转换债券不具有决定性的意义。从实践上看，国外发行的可转债很多都是零息债券，我国目前规定可转换债券的利率不超过一年期银行存款利率，而一般债券的年利率要高于银行同期存款利率的40%左右，事实上，可转换债券的利率越高，说明其债券属性上升而股票属性下降，投资者从转股获得的收益相应下降，可能反而得不偿失。此外，利率的设计应该结合发行者的信用等级加以区分，实现有差别的利率设计方案，对于那些信用级别高的发行公司来说，票面利率的设计可采取更为宽松的政策。为此，相关部门也应该进一步完善企业的信用评估制度。

（3）上市公司须强化风险意识，合理选择融资方式。按照现代资本结构理论，企业的融资应遵循"啄食"顺序，即内部融资优先，债权融资次之，股权融资最后。这一"融资定律"在西方发达国家得到了普遍验证；而我国则恰恰相反，上市公司表现出一种强烈的股权融资偏好，即便在可转债这一兼具股票和债券双重属性的融资方式上，也是如此。从包括南山铝业在内的大部分上市公司在短时间内快速下调转股价格，几乎不计代价地促使投资者尽快转股的行为中可以看出，大多数上市公司依然把可转债看成是股权融资的替代品，甚至是免费的午餐，这是融资者在融资方式选择中的不理性表现。如果这种非理性的融资行为长期存在，势必会削弱投资者的信心，也将不利于资本市场的长期发展。

（4）结合国家产业政策，进一步拓宽和优化发行主体。可转债作为一种公司债券，其实是与股票看涨期权紧密结合的。因此，可转债融资最适用于那些目前规模较小，或者虽处于起步阶段但有着良好发展前景的公司。在美国和欧洲市场，发行可转换债券的主体就是那些高成长、高风险性行业或资本密集型行业中的企业，而我国却基本以钢铁、机械、化工、煤炭、电力、机场等大型国企居多。因为按我国现行的可转换债券管理暂行办法，可以发行可转换债券的只有符合条件的上市公司和重点国有企业。当前，我国正在大力进行产业政策调整，管理层也应该结合国家产业政策，将融资主体逐步转移至那些新兴的朝阳产业，进一步拓宽和优化发行主体，为国家产业调整提供支持。

【能力训练】

（一）选择题

1. 现代大多数公司的债券都具有"赎回"的特性，或者说它们的债券契约中包含赎回条款。那么债券发行公司常常在（　　）的情况下，在债券未到期以前赎回一部分在外流通的债券。

　　A. 发行在外的债券的票面利率较高，当前市场利率较低
　　B. 发行在外的债券的票面利率较低，当前市场利率较高
　　C. 发行在外的债券的票面利率较高，当前市场利率较高
　　D. 发行在外的债券的票面利率较低，当前市场利率较低

2. 根据债券定价原理，债券的价格与债券的收益率具有（　　）的关系。
　　A. 当债券价格上升时，债券的收益率上升
　　B. 当债券价格上升时，债券的收益率下降
　　C. 当债券价格上升时，债券的收益率不变
　　D. 二者没有相关关系

3. 中期债券的偿还期在（　　）。
　　A. 1年以上、5年以下　　　　B. 1年以上、10年以下
　　C. 半年以上、1年以下　　　　D. 1年以上、1年半以下

4. 证券组合的价值与应得现值之差叫做（　　）。
　　A. 安全净收益　　　　　　　B. 最小目标值
　　C. 现金安全边际　　　　　　D. 最小净收益

5. 两种换值的债券的价格已经调整的时期叫做（　　）时期。
　　A. 相近　　B. 有预期结果的　　C. 预期　　D. 结果相同

6. 适用于现金流搭配策略的债券组合叫做（　　）。
　　A. 现金流债券组合　　　　　B. 搭配债券组合
　　C. 免疫债券组合　　　　　　D. 专用债券组合

7. （　　）是保护债券组合避免利率风险的一种策略。管理者选择久期等于他们负债（现金外流）的到期期限的债券组合，利用价格风险和再投资率风险互相抵消的特点，保证管理者不受损失。
　　A. 免疫　　B. 应变免疫　　C. 现金流搭配　　D. 指数化

8. 消极管理策略的基本假设是债券市场是（　　）有效市场。
　　A. 强式　　B. 弱式　　C. 半强式　　D. 半弱式

9. 麦考利久期是使用加权平均数的形式计算债券的平均（　　）。
　　A. 收益率　　B. 到期时间　　C. 有效期限　　D. 价格

10. 通常用债券的（　　）的大小反映债券的流动性大小。
　　A. 买卖差价　　B. 贴现率　　C. 价格　　D. 面值

11. （　　）是反映债券违约风险的重要指标。
　　A. 流动性　　B. 债券面值　　C. 债券评级　　D. 息票率

12. 债券在发行时含有可赎回条款有利于（　　）。
　　A. 持有人　　B. 税收机构　　C. 投资者　　D. 发行人

13. 外国债券与欧洲债券的主要区别在于（　　）。

A. 是否使用发行所在国的币种　　B. 是否在欧洲发行
C. 是否在发行国以外的国家发行　　D. 是否使用本国货币

14. 混合利率债券指债券发行时按（　　）计算，但在市场利率下降到某一规定的利率水平时，可自动改为以所规定的利率为基准的（　　）债券。
A. 浮动利率，固定利率　　B. 固定利率，浮动利率
C. 浮动利率，混合利率　　D. 固定利率，混合利率

15. 下面哪一只债券的久期最长（　　）。
A. 期限15年的零息债券　　B. 期限5年，息票率8%的债券
C. 期限15年，息票率8%的债券　　D. 期限5年的零息债券

16. 如果预期收益为9%，那么年支付2 500美元的永续年金的久期是（　　）。
A. 12.11年　　B. 12年　　C. 12.47年　　D. 11.58年

17. 某债券的收益率为10%，息票率为8%，3年后到期，每年支付一次利息，到期一次性偿还本金。这种债券的久期是（　　）。
A. 2.78年　　B. 3年　　C. 2.57年　　D. 2.53年

18. 某债券当前的市场价格为950.24美元，收益率为10%，息票率为8%，面值为1 000美元，3年后到期，一次性偿还本金。这种债券的麦考利久期是（　　）。
A. 2.78年　　B. 3年　　C. 2.57年　　D. 2.53年

19. 某债券面值为1 000元，到期收益率为10%，每年支付一次利息120元，3年后到期一次性偿还本金。如果现在收益率增长1%，那么债券价格下降（　　）。
A. 28.31元　　B. 25.74元　　C. 27.53元　　D. 27.83元

20. 某债券每年支付一次利息，3年后到期一次性偿还本金，到期收益率是10%，其麦考利久期为2.70年，市场价格为1 050元。如果现在收益率增长1%，那么债券价格下降（　　）。
A. 28.34元　　B. 25.77元　　C. 27.53元　　D. 27.83元

21. （　　）不属于中长期国债与短期国库券的区别。
A. 发行方式　　B. 发行主体　　C. 利息支付　　D. 期限

22. 债券的基本因素有（　　）。
A. 票面价值　　B. 偿还期限　　C. 利率　　D. 赎回条款

23. 债券的种类繁多，按发行主体不同可以划分为（　　）。
A. 政府债券　　B. 公司债券　　C. 金融债券　　D. 国际债券

24. 国际债券，指一国政府、金融机构、企业在其他国家发行的债券。那么，中国移动通信公司在美国发行的以美元计价的国际债券是（　　）。
A. 外国债券　　B. 欧洲债券　　C. 扬基债券　　D. 龙债券

25. 积极投资管理方法很多，三种常用的方法是（　　）。
A. 应变免疫　　B. 免疫　　C. 横向水平分析　　D. 债券换值

26. 横向水平分析可以把资本盈余分成两部分：（　　）。
A. 时间效应　　B. 收益效应　　C. 息票效应　　D. 收益变化效应

27. 债券管理者采用指数化策略，仿照债券指数构造证券组合有以下几种方法：（　　）。
   A. 现金流搭配方法　　　　　　　B. 区格方法
   C. 最优化方法　　　　　　　　　D. 方差最小化方法

28. 适用于现金流搭配策略的证券组合，没有（　　）风险。
   A. 再投资率　　B. 价格　　C. 利率　　D. 收益率

29. 麦考利久期（MD）与债券的期限（T）之间的关系，存在以下定理：（　　）。
   A. 只有贴现债券的麦考利久期等于它们的到期时间
   B. 附息债券的麦考利久期小于或等于它们的到期时间
   C. 统一公债的麦考利久期等于 $1 + \dfrac{1}{y}$
   D. 附息债券的麦考利久期大于或等于它们的到期时间

30. 债券作为一种有价证券，从投资者角度看具有以下特征：（　　）。
   A. 返还性　　B. 流动性　　C. 安全性　　D. 收益性

31. 债券上规定资金借贷的权责关系主要有（　　）。
   A. 所借贷货币的数额　　　　　　B. 借款时间
   C. 债券的利息　　　　　　　　　D. 赎回条款

32. 以下说法正确的是（　　）。
   A. 对于不含有内含条款的债券来说，修正麦考利久期大于有效久期
   B. 对于不含有内含条款的债券来说，修正麦考利久期等于有效久期
   C. 麦考利久期和修正麦考利久期不适合衡量含有内含条款的债券
   D. 麦考利久期和修正麦考利久期能够较为准确地衡量含有内含条款的债券

（二）思考题

1. 债券包含的基本因素有哪些？
2. 从投资者角度看，债券具有哪些特征？
3. 债券具有哪些属性？它们如何影响债券的价格？
4. 债券定价理论有哪些原理？
5. 什么是债券换值？它包含哪几种换值方法？

（三）计算题

1. 投资者有面值为 1 000 元、每年息票收入为 75 元（按年支付）的 3 年期债券。息票从现在到一年后做第一次支付。现在债券价格为 975.48 元。已知折现率为 10%，那么投资者是保存还是出售这只债券？

2. 现有面值为 1 000 元、年息票率为 8%（按年支付）的 3 年期债券，其到期收益率为 12%，计算它的价格和久期。如果现在到期收益率下降到 10%，使用久期计算价格的改变量，并与价格实际改变量作比较，说明它们为什么不同。

3. 面值为 1 000 元、息票率为 12%（按年支付）的 3 年期债券，其到期收益率为 9%，计算它的久期和凸性。如果预计到期收益率增长 1%，那么价格变化多少？

4. 由三种债券构成的债券组合中,三种债券的比例分别为20%、30%和50%,有效期限分别为2.8年、3.5年和4年。求这只债券组合的有效期限。

第三章
【能力训练】
参考答案

【参考资料】

[1] 林清泉. 固定收益证券 [M]. 武汉:武汉大学出版社,2005.

[2] 张亦春,郑振龙. 金融市场学 [M]. 北京:高等教育出版社,2003.

[3] 杨海明,王燕. 投资学 [M]. 上海:上海人民出版社,1998.

[4] 证券考试命题研究组. 金融市场基础知识 [M]. 成都:西南财经大学出版社,2017.

[5] 文中桥. 固定收益证券的投资价值分析 [M]. 北京:经济科学出版社,2006.

[6] 王佩. 从南山转债的提前摘牌看可转债融资中的问题 [J]. 财务与会计,2009(22).

[7] 冯琦. 国内外信用评级业发展对比分析 [J]. 中国流通经济,2013(6).

[8] 和讯债券:www. hexun. com。

[9] 百度文库。

[10] www. bloomberg. com.

[11] www. standardandpoors. com.

[12] www. moodys. com.

第四章 股票投资理论与实务

【本章知识框架】

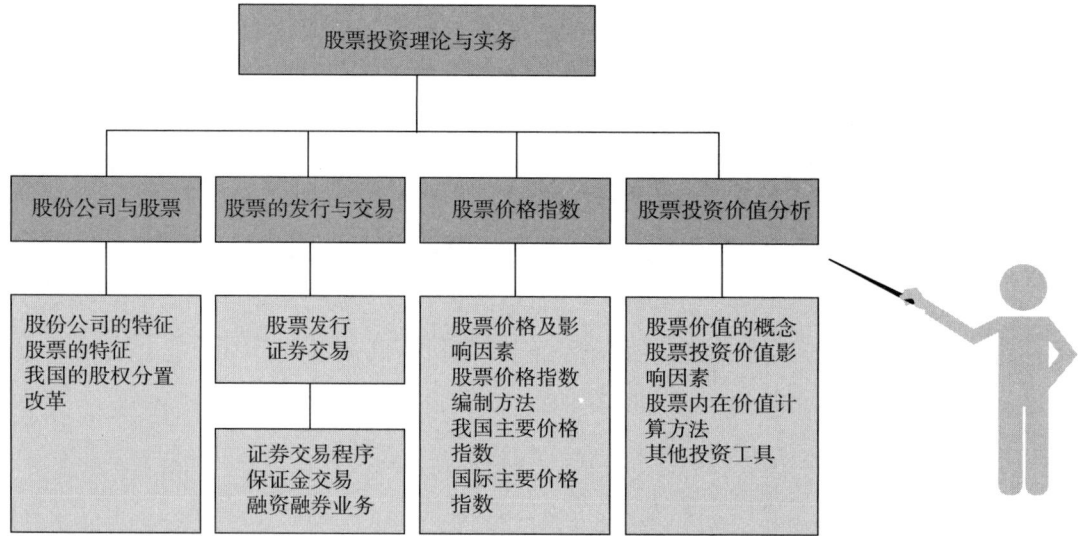

【本章学习目标】

1. 了解股份公司的特征,了解股票的发行条件、发行方式及程序;
2. 掌握保证金交易的相关内容;
3. 了解影响股票价格变动的因素;
4. 熟练掌握股票内在价值的计算方法。

第一节　股份公司与股票

《中华人民共和国公司法（修订草案）》（以下简称《公司法》）第三条规定："公司是企业法人，有独立的法人财产，享有法人财产权。公司以其全部财产对公司的债务承担责任。"公司的合法权益受法律保护，不受侵犯。

> 股份公司是股份有限公司的简称，是由一定人数的股东发起设立的，全部资本分为等额股份，股东以所认购的股份承担财产责任的公司。

一、股份公司的特征、种类及设立条件

（一）股份公司的特征

1. 股份公司是依照公司法规定设立的企业法人。法人是根据法律参加民事活动，享有与其业务有关的民事权利、承担相应的民事义务的组织。股份公司一旦成立，则独立于其发起人及股东，取得独立的法人地位，有权以自己的名义参与经济生活和承担责任。由于股份有限公司的成立是股份投资的结果，其存在的目的是经营某项或数项业务以获得投资回报，即以盈利为目的，因此其性质上属于企业法人。

2. 股份公司的发起人不得少于法定最低人数。股份公司的发起人，是指按照有关公司法规订立发起人协议，提出设立公司申请，认购公司股份，对公司的设立承担责任的公司创办人。在一般情况下，法人和具有行为能力的符合创办公司条件的自然人均可充当公司发起人。各国对股份公司发起人的数量作了具体规定，《公司法》第九十三条规定："设立股份有限公司，应当有一人以上二百人以下为发起人，其中须有半数以上的发起人在中华人民共和国境内有住所。"

3. 股份公司的股本（资本）全部划分为等额股份。股份公司的全部资本划分为若干非常小的等份（股份），且每股价值相等，以股票的形式表现。股东按持股比例享受权利、承担义务，一股一权、一责一利、股权平等。采用等额股份这一做法，对股份公司有特殊的法律意义和实际作用：第一，能够推动股份公司集资活动的标准化。即由于每股价值相等，投资者可以根据自己的具体情况确定认购的数量，而无须复杂的计算。第二，有利于股份公司吸引社会上的闲散资金。由于所发行的股票面值非常小，大大扩展了集资对象的范围，从而实现了分散的、闲置的资本的集聚。第三，便于股息及红利的计算与支付。

4. 股份公司的所有权和经营权通常相分离。随着商品经济、市场经济和社会化大生产的发展，科学技术的进步，生产力水平的提高，管理工作日益复杂，并日益成为一种专门的职业。在股份公司中，从事生产和经营管理的一般都是公司的董事和经理（独资和合伙企业除外），他们拥有专业知识和特殊的管理才能，从而有利于提高管理水平，有利于为股东带来更大的利益。而绝大多数股东很难直接参与公司的日常生产经营事务，也很少能单独干预公司对其资产的占有、分配、使用、处分的权利，只能在股东大会上对有关的重大决策以投票表决的方式来表达、反映自己的意见。因此，股东只是作

为资本的所有者领取股息和红利，并通过股东大会监督董事和经理的管理活动。

5. 股份公司的股票可依法自由转让。我国《公司法》第一百六十八条、第一百六十九条规定：股份有限公司的股东持有的股份可以向其他股东转让，也可以向股东以外的人转让……股东转让其股份，应当在依法设立的证券交易所进行或者按照国务院规定的其他方式进行。公司股票的转让只是投资者发生了变化，并不影响公司的资本。因此，股东部分或全部的转让股票，虽然使股东人数处于不稳定状态，却可以保持股份公司股本的长期稳定。

股份公司的股票转让与有限责任公司的股份转让有所区别，股份公司的股票转让不需要取得股东间的信任，而有限责任公司的股份转让受到若干限制，如取得其他股东的同意，其他股东的优先购买权，等等。

6. 股份公司的财产责任形式为有限责任。股份公司的这一特征与有限责任公司相同。所谓有限责任实际上是指公司股东民事责任有限，即有限责任公司的股东仅在其出资范围内对公司债务承担清偿责任。这里的出资范围，指其认购的股份数额，而不是股东实际出资或缴资的数额。如果股东在认股后尚未缴清出资时公司发生资不抵债的情况，公司有权要求股东补足欠缴的股款。除此之外，股东对公司债务不再承担清偿责任，所以单个股东承担的风险较小。

（二）股份公司的种类

按照不同的标准可对股份公司作如下划分。

1. 根据设立公司的方式，分为"发起设立"的股份公司和"募集设立"的股份公司。发起设立的股份公司是指由发起人认购公司应发行的全部股份而设立的公司。募集设立的股份公司是指由发起人认购公司应发行股份的一部分，其余部分通过向社会公开募集而设立的公司。

2. 根据股东的国籍，分为"中资股份有限公司"和"中外合资股份有限公司"。

3. 根据公司的注册地，分为中国股份公司和外国股份公司。

4. 根据公司的存续性，分为新设股份公司和改组股份公司。

5. 根据公司发行的股票的上市地点，分为境内上市股份公司和境外上市股份公司。

（三）股份公司设立的条件

依据我国股份公司的特点和我国《公司法》的规定，设立股份公司应具备下列条件：

1. 发起人应符合法定的人数。设立股份公司应当有一人以上二百人以下为发起人，其中须有过半数的发起人在中国境内有住所。如果是在海外发行，可以采取先由一家或数家国有企业发起设立股份公司，在发行成功后再变更登记的方法设立境外发行的股份公司。

2. 发起人认缴和社会公开募集的股本应达到法定资本最低限额。《公司法》第九十八条规定：股份有限公司的注册资本为在公司登记机关登记的已发行股份的股本总额。在发起人认购的股份缴足前，不得向他人募集股份。法律、行政法规以及国务院决定对股份有限公司注册资本最低限额另有规定的，从其规定。

此外，第四十三条规定：股东可以用货币出资，也可以用实物、知识产权、土地使用权、股权、债权等可以用货币估价并可以依法转让的非货币财产作价出资；但是，法律、行政法规规定不得作为出资的财产除外。

3. 股份发行、筹办事项符合法律规定。《公司法》第一百五十六条规定：股份的发行，实行公平、公正的原则，同类别的每一股份应当具有同等权利。同次发行的同类别股份，每股的发行条件和价格应当相同；认购人所认购的股份，每股应当支付相同价额。第一百五十七条规定：公司可以按照公司章程的规定发行与普通股权利不同的类别股。

4. 发起人制定公司章程，并经创立大会通过。公司章程是由发起人制定并经全体股东同意，由股东大会通过，依法规定公司的组织机构及其行为的基本准则，也是政府及社会监督机构对公司进行监督管理的重要依据。

5. 有公司名称、建立符合股份有限公司要求的组织机构。《公司法》第七条规定：依照本法设立的股份有限公司，必须在公司名称中标明股份有限公司或股份公司字样。公司的名称必须经其注册登记机关核定、注册，公司只准使用一个名称，未经注册登记的公司名称不得使用。公司有了合法的名称，就可以依法进行生产和经营活动。为此，它必须建立符合股份公司要求的组织机构，即设立股东大会、董事会、经理及监事会。

6. 有固定的生产经营场所和必要的生产经营条件。生产经营场所主要指生产性设施，包括厂房、办公住所、设备和生产技术、经费以及生产管理人员等。

以上是设立股份公司的六个方面的条件，缺一不可。如果在这些条件中，有一个条件不具备，就不得设立股份公司。

二、股票的特征与种类

股票是一种有价证券，是经股份公司签发的，证明持有者拥有公司的股份，并按其所持股份享有权利和承担义务的书面凭证。它应载明公司的名称、公司成立的日期、股票的种类、票面金额及代表的股份数、股票的编号等。

股票和股份是两个既有联系又有区别的概念。股份是股份公司股本的等额构成单位，每一股份代表一定量的资本额。股票实质上是股份的具体表现形式。持有股票，一方面意味着拥有公司资本的一部分；另一方面表明持有者即股东在股份公司享有相应的权利和负有一定的义务。股票是股份的形式，股份是股票的内容。

股票一经认购，持有者不能以任何理由要求退还股本，只能通过证券市场将股票转让和出售。作为交易对象和抵押品，股票已成为金融市场上主要的、长期的信用工具。但实质上，股票只是代表股份资本所有权的凭证，本身并没有任何价值，不是真实的资本，而是一种独立于实际资本以外的虚拟资本。

（一）股票的特征

在市场经济运行中，股票具有以下特征。

1. 收益性。股票的收益性指的是持有者凭其持有的股票，有权按公司章程从公司领取股息和红利，获取投资的收益。收益性是股票认购者认购股票的目的，也是股份公司发行股票的必备条件。股票收益的大小取决于公司的经营状况和盈利水平。在一般情况下，持有股票获得的收益要高于银行储蓄的利息收入，也要高于债券的利息收入。股票的收益性还表现在持有者利用股票可以获得价差收入和实现货币保值。也就是说，股票持有者可以通过低进高出赚取价差利润；或者在货币贬值时，股票会因为公司财产的增值而升值，或以低于市价的特价或无偿获取公司配发的新股而使股票持有者得到利益。

2. 风险性。股票的风险性是与股票的收益性相对应的。认购了股票，投资者既有可能获得较高的投资回报，同时也要承担较大的投资风险。在市场经济活动中，由于多种不确定因素的影响，股票的收益就不是事先即已确定的固定数值，而是一个事先难以确定的动态数值，它要随公司的经营状况和盈利水平而波动，也要受到股票市场行情的影响。企业盈利高，投资者就能获得较高的股息红利；企业盈利低，投资者只能获得较低的股息红利；企业经营失败破产，投资者的财产凭证——股票就将成为一张废纸。企业盈利高低与投资风险大小相伴随，因而股票投资者在时时刻刻关注着股价的动向。

3. 稳定性。股票的稳定性包含两方面的含义：一是指股东与发行股票的公司之间存在稳定的经济关系；二是指通过发行股票筹集到的资金在公司有一个稳定的存续时间。

股票是一种期限无限长的法律凭证，反映着股东与公司之间比较稳定的经济关系。投资者一旦购买了股票就不能退股，股票的有效存在又是与公司的存续期间相联系的。对认购者来说，只要其持有股票，公司股东的身份和股东权益就不能改变。同时，股票又代表着股东的永久性投资，持有者只有在股票市场上转让股票才能收回本金。而对公司来说，股票则是筹集资金的主要手段。由于股票始终流通于股票交易市场而不能退出，因此，通过发行股票所筹集到的资金，在公司存续期间就是一笔稳定的自有资本。

4. 流通性。股票具有很高的流通性，流通性是股票的一个基本特征。股票的流通性是商品交换的特殊形式。持有股票不同于持有一般的商品，它随时可以在股票市场兑现。股票的流通性促进了社会资金的有效利用和合理配置。在股票交易市场上，股票可以作为买卖对象或抵押品随时转让。股票转让，意味着转让者将其出资金额以股价的形式收回，而将股票所代表的股东身份及各种权益让渡给了受让者。

5. 股份的伸缩性。股票所代表的股份既可以拆细，又可以合并。股份的拆细，是指将原来的一股分为若干股。股份拆细并没有改变资本总额，只是增加了股份总量和股权总数。当公司利润增多或股票价格上涨后，投资者购入每手股票所需的资金增多，股票的市场交易会发生困难。在这种情况下，就可以将股份拆细，即采取分割股份的方式来降低单位股票的价格，以争取更多的投资者，扩大市场交易量。股份的合并，即是将若干股股票合并成较少的几股或一股。股份合并一般是在股票面值过低时采用。公司实行股份合并主要出于如下几个原因：（1）公司资本减少；（2）公司合并；（3）使股票市价由于供应减少而促使股票价格回升。

6. 经营决策的参与性。根据有关法律的规定，股票的持有者即是发行股票的公司的股东，有权出席股东大会，选举公司的董事会，参与公司的经营决策。股票持有者的投资意志和经济利益通常是通过股东参与权的行使而实现的。股东参与公司经营决策的权利大小，取决于其所持有的股份的多少。从实践看，只有股东持有的股票数额达到决策所需的实际多数时，才能成为公司的决策者。股票所具有的经营决策的参与性，对于调动股东参与公司经营决策的积极性和创造性，对于建立一个科学合理的企业运行和决策机制，具有十分重要的实践意义。

（二）股票的种类

股票公司发行的股票，按不同的标准可以划分为很多种类。这里介绍几种主要的股票种类。

1. 根据股票所代表的股东权利不同，可划分为普通股股票、优先股股票。

（1）普通股股票。这是股份公司发行的最基本、数量最多的股票，构成股份公司资本的基础部分。普通股持有人是公司的基本股东，是公司的主人，与公司同命运，在享有较多权利，获得较多利益的同时，为公司承担较多的风险。普通股股票具有以下特征。

> 普通股股票是指每一股份对公司财产都拥有平等权益，即对股东享有的平等权利不加以特别限制，并能随股份公司利润的大小而分取相应红利的股票。

第一，普通股股东有参与公司经营决策的权利。这种权利是通过参加股东大会来行使的。普通股股东有权出席或委托代理人出席股东大会，听取公司董事会的业务报告和财务报告，在股东大会上行使表决权和选举权，对公司的合并、解散及修改章程等具有广泛的表决权。

第二，普通股股东有权参与公司剩余资产的分配。在股份公司破产或解散清算时，当公司资产满足了公司债权人的清偿权和优先股股东分配剩余资产的请求权后，普通股股东有权参与公司剩余资产的分配。如果公司破产后资不抵债，普通股股东也只承受它原来的投资的损失，个人财产不因公司的破产而受清算。

第三，普通股股东具有优先认股权。这是指股份公司为增加公司资本而决定增加发行新的普通股股票时，现有的普通股股东有优先认购权，以保持其在公司中股份权益的比例。

第四，普通股的股息不固定。普通股股息的多少取决于公司在偿还所有债务和支付优先股固定股息后，公司盈余部分的大小。盈余多则股息多，盈余少则股息少，如果公司发生亏损，普通股股息甚至为零。

（2）优先股股票。优先股比普通股安全，而股息又高于公司债券，因此，可吸引那些保守投资者购买。优先股股票具有以下特征。

> 优先股股票是相对于普通股股票而言的，它是公司在筹集资本时，给予投资者某些优惠特权的股票。

第一，优先股股东一般不参与企业的经营管理，但在某些特殊情况下或当决策结果会影响优先股股东的地位和权益时，优先股股东有权参加股东大会，并行使表决权。例如，在公司连续几期都不能支付优先股股息或公司讨论有关优先股问题等情况下，优先股股东可参加股东大会。

第二，优先股股东优先获得股息支付和剩余资产清偿。一个公司经董事会宣布要发放股息时，优先股股息先得到全部支付后，如有足够的资金，才能支付普通股股息。在优先股股息没有全部付清以前，任何年份都不能给普通股持有者派息。当公司因解散、破产等进行清算时，优先股股东又可先于普通股股东分取公司的剩余财产。

第三，股息率固定。优先股股票在发行时即已约定了固定的股息率，且股息率不受公司经营状况和盈利水平的影响。按照公司章程的规定，优先股股东可以优先于普通股股东向公司领取股息，所以，优先股股票的风险要小于普通股股票。不过，由于股息率固定，即使公司经营状况良好，优先股股东也不能分享公司利润增长所带来的额外利益。

第四，优先股股票可由公司赎回。股票（无论是普通股还是优先股）在正常情况下是不能要求退还股本的。但优先股股票却可以依照其上所附的赎回条款，由公司予以赎回。大多数优先股股票都附有赎回条款。发行可赎回优先股股票的公司赎回股票时，要在优先股价格的基础上适当加价，使优先股股票的赎回价格高于发行价格，从而使优先股股东从中得到一定的利益。

2. 按照股票有无表决权，可分为表决权股股票和无表决权股股票。

（1）表决权股股票。表决权股股票是指持有人对公司的经营管理享有表决权的股票。表决权股股票具体又可以分为以下几种。

第一，单权股票，即每张股票只享有一票表决权。这类股票符合股东权一律平等原则，各国公司法均予以确认，故其适用范围广、发行量大。目前，除科创板、北京证券交易所外，我国仅允许发行单权股票。

第二，多权股票，即每张股票享有若干表决权。这种股票一般是股份公司向特定的股东发行的，如公司的董事会或监事会成员，其目的在于保证某些股东对公司的控制权，以限制公司外部的股东对公司的控制，或限制股票的外国持有者对本国产业的支配权。在现代公司制度中，对持有多权股票的股东的行为往往加以限制，有的国家甚至不允许发行多权股票。

第三，限制表决权股票，即表决权受到法律和公司章程限制的股票。有些公司为防止拥有大量股份的股东享有过多的表决权，形成对公司事务的控制和操纵，保护众多小股东的利益，因此规定，股东持有公司股份达到一定比例（如3%以上）时，其表决权将受到限制。

（2）无表决权股股票。无表决权股股票是指根据法律或公司章程的规定，对股份公司的经营管理不享有表决权的股票。因而股东无法参与公司重大事项的决策，但仍可以参加股东大会。优先股股票就属于无表决权股股票，其股东投资于公司的主要目的是为了取得股利，不愿参与公司管理。由于参与公司经营管理权是股东权的基本内容之一，是股东地位平等的体现，因此，有些国家的法律明确规定不允许或有条件允许存在无表决权股股票。

3. 按照股票上是否记载股东的姓名，可以划分为记名股票和不记名股票。

（1）记名股票。记名股票是指将股东姓名记载在股票票面和股东名册上的股票。认购记名股票，认购者的姓名不仅要载入股票票面，还要载入发行该股票的股份公司的股东名册。如果股票是归一人单独所持有的，就要记载持有人的本名；如果股票是数人共同持有的，则要记载各持有人的姓名；如果股票为国家机构或法人持有，则应记载国家机构或法人的名称，不得另立户名，也不能仅记载法定代表人的姓名。

记名股票所代表的股东权益归属于记名股东，只有记名股东或其正式委托授权的代理人才能行使股东权。非经记名股东转让及股份公司过户的其他持有人，不得行使股东权。如果记名股票遗失，记名股东的资格和权利并不消失，仍可依照法定程序要求公司补发。

认购记名股票的款项可以一次缴足，也可以分次缴纳。一般来说，投资者在认购记名股票时应一次缴足股款，但是由于记名股票确定了公司与股东之间的特定关系，有时也可允许记名股东分次缴纳股款。

转让记名股票必须依照法律和公司章程规定的程序进行，还要符合规定的转让条件。记名股票一般采用背书转让和交付股票，或者采取转让证书的形式，有的只要求交付股票。任何一种转让方式都必须由公司将受让的有关情况载入股东名册，办理股票过户登记手续，这样，受让人才取得记名股东的资格和权利。股份公司的股票一般可以自由转让，但记名股票的转让却往往受到限制，这些限制通常规定在公司章程中，限制的目的是为了维护公司和其他股东的利益。

多数国家的股份公司发行的股票可以记名，也可以不记名。但某些特定的股票，如董事资格股票、雇员股票、可赎回股票等，一般要求记名。在我国，股票虽然采取了无纸化的形式，但从理论上讲仍属于记名股票。

（2）不记名股票。不记名股票是指股票票面不记载股东姓名的股票。与记名股票相比，这种股票只是存在记载姓名与否的差别，股东权的内容并没有变化。

不记名股票的权利属股票持有者所有。不记名股票股东资格的确认，不是以特定的姓名记载为依据，而是依据占有股票的事实，亦即持有股票的公民或法人就是股东，不必再以其他方式加以证明。

认购不记名股票必须一次性缴纳足额股款。不记名股票的转让比记名股票更方便、更自由，转让时不需要办理过户手续，只要交付股票，受让人即取得股东资格，其权利不会因转让人的权利缺陷而受影响。

4. 按照股票有无票面价值，可分为有面值股票和无面值股票。

（1）有面值股票。有面值股票是指在股票票面上记载一定金额的股票，也称有面额股票。早期的股票基本上都是有面值股票，现代各国股份公司发行的股票仍以有面值的居多，对于有面值股票的票面金额，很多国家的公司法都予以明确规定，限定了发行此类股票的最低票面金额，但有些国家则不作规定。

有面值股票的发行价格可以与股票票面金额相一致，法律上也允许以高于票面金额的价格发行，即溢价发行，但一般不允许以低于票面金额的价格发行。

股份公司增资发行有面值股票时，可采取面值发行、时价发行和中间价发行等方法。面值发行就是按股票票面标明的价值发行，这种方法在我国很少采用；时价发行就是按股票在市场上的实际买卖价格出售新股票，发行价格可能高出票面金额的几倍甚至十几倍，这种方法可以用较少的股票获取较多的资金，以充实自有资本；中间价发行就是由公司董事会根据股票的市场价格，在面值发行价格和时价发行价格之间确定发行价格出售新股票，其价格一般是市场价格的50%～80%。对于同一次发行的同种股票，发行价格一般要求一致。

（2）无面值股票。无面值股票是指股票票面不记载金额的股票，也称无面额股票。这类股票在票面上不标明固定的金额，但要求表示其在公司资本金额中所占的比例，所以又被称做比例股票。无面值股票并不是说股票没有票面价值，只是由于公司经营状况不断变动，公司资产总额经常发生变化，股票的价值也随公司实际资产的增减而升降。

无面值股票实质上与有面值股票相同，都代表着股东对公司资本总额的投资比例，它们的股东享有同等的股东权。但由于票面形式上的差异，无面值股票又有其自身的特点，主要表现在：①发行价格更为灵活和自由。无面值股票没有票面金额的限制，其发行价格可以自由确定，还能随公司的经济效益而浮动。②便于进行股份分割。这类股票没有票面金额的限制，可以顺利地分割股份、划分股东的权利和义务、计算盈余分配比例。由此，这类股票又被称为分权股票。③具有更强的流通性。由于公司可以灵活地掌握无面值股票的发行价格，适时地进行股票分割，投资者也不会为票面金额所迷惑，而是在认购时认真计算股份的实际价值，所以，可以提高股票的流通数量和流通速度，具有更强的流通性。我国至今没有发行过无面值股票。

5. 按照股票是否能上市流通，可分为流通股股票和非流通股股票。

（1）流通股股票。流通股股票是指可以上市交易的股票，具有很好的流动性。股权分置改革以前，我国上市公司中可流通的股票一般只占总股本的25%。

（2）非流通股股票。非流通股股票是指不能上市流通的股票，仅是一种股权的证明，但并不意味着这些非流通股永远在流通领域之外，在条件成熟时，它们有可能转化为流通股。

（三）我国现行的股票类型

按照投资的主体将股票分为国家股股票、法人股股票、个人股股票和外资股股票。

1. 国家股股票。国家授权的投资机构目前主要有投资公司、国有资产经营公司、国家企业集团等。

> 国家股股票是国家授权的投资机构或部门以国有资产向股份公司投资形成的股票。

目前的国家股主要包括：（1）现有国有企业改造为股份公司时其资产净值折成的股份；（2）现阶段有权代表国家投资的政府部门或机构向新设的股份公司投资所形成的股份；（3）经国家授权代表国家投资的投资公司、国有资产经营公司、国家企业集团等向新设的股份公司投资所形成的股份。

我国国家股的资金主要来源于以下几个方面：（1）国有企业由国家计划投资所形成的固定资产、国拨流动资金和各项专用拨款；（2）各级政府的财政部门、经济主管部门对企业的投资所形成的股份；（3）原有行政性公司的资金所形成的企业固定资产。

在国有企业或集体企业中的国有资产转变为股份经营时，要对企业的财产进行清查，其目的是为了避免国有资产的流失。清查的内容包括：清理债权债务、界定国有资产产权、进行资产评估、由国有资产管理部门核定企业占用的经营性国有资产价值总量等。

在由国家控股的企业中，国家股一般为普通股。由国家对国有股实行统一领导、分级管理，国有资产管理部门可以授权投资公司、控股公司、集团公司、经济实体性行业总公司，以及少数特定部门，行使国家股的股权。受委托的公司或部门应向有国家股的企业委派股权代表，发给委派证书，明确权利义务，并报送国有资产管理部门备案，国家股的分红收入由国有资产管理部门组织收取，并解缴国库，或经主管部门批准，继续留给企业作为生产发展基金。国家股要出售给其他法人或自然人时，须经国有资产管理部门批准，其收入应及时解缴国库；若出售给外商，应按国家有关规定办理。当股份公司破产或解散时，国家股所分得的资产应由国有资产管理部门负责处理，变现后解缴国库。

在其他一些国家，国家股在国有企业中发挥着重要的控股作用。如法国的国有企业全部实行股份制的管理和经营方式，国家有三种控股方式：（1）国家控制企业的100%的股份；（2）国家控制企业50%以上的股份；（3）国家控制企业50%以下的股份。国家控股的程度，因企业经济活动与国计民生的关切程度不同而不同。

2. 法人股股票。按投资主体的不同，分为集体法人股和国家法人股。前者为集体所有制法人以其资产投入股份公司形成的股票，后者则是国有企业法人运用其法人资产向股份公司投资形成的股票。

> 法人股股票是由企业法人以其依法可支配的资产投入公司形成的股票，或具有法人资格的事业单位和社会团体以国家允许用于经营的资产向公司投资形成的股票。

法人股的资金主要来源于以下几个方面：（1）企业利用税后利润留成所形成的固定资产净值和流动资金；（2）利用银行贷款进行技术改造和基本建设，归还贷款后而形成的固定资产中应属于企业所有的部分；（3）企业利用自己的力量进行科技开发所形成的技术专利等。

法人的权利是由法定代表人或法定代表人的代理人来行使的。但法人股股票不得以代表人姓名记名，而应记载法人名称。法人不得将持有的公司股份、认股权证和优先认股权转让给本法人单位的职工，不得将以集体福利基金、奖励基金、公益金购买的股份派送给职工，以维护公有资产权益。

法人股主要有两种形式：一是企业法人股，它是指具有法人资格的企业把其所拥有的法人财产投资于股份公司所形成的股份，即企业以法人身份认购其他公司法人的股票所拥有的股份。因而，企业法人股体现的是企业法人与其他法人之间的财产关系。二是非企业法人股，是指具有法人资格的事业单位或社会团体以国家允许用于经营的财产投资于股份公司所形成的股份。

3. 个人股股票。个人股股票也称公众股股票，是指社会个人或股份公司内部职工以个人财产投入公司形成的股份。个人股按股权所有者分类，可分为两类，即公司内部职工股和社会公众股。

公司内部职工股是指股份公司内部职工认购的本公司的股份。按国家有关规定，公司内部职工认购的股份数额不得超过向社会公众发行的股份总额的10%。一般来讲，公司内部职工股上市的时间要晚于社会公众股。

社会公众股是指股份公司公开向社会募集发行的股票。按有关规定，向社会发行的部分不得少于公司股本总额的25%。这类股票在市场上最活跃，是投资者重点选择的投资品种。

上述论及的国家股、法人股、个人股三种股票形式合称为 A 种股票，它是以人民币标明面值，在上海、深圳或北京证券交易所上市的股票，是由代表国有资产的部门或者机构、企业法人、事业单位和社会团体以及公民个人以人民币购买的，因此又称为人民币普通股票。

4. 外资股股票。外资股股票原指股份公司向外国和我国香港、澳门、台湾地区投资者发行的股票，它分为境内上市外资股和境外上市外资股两种形式。

境内上市外资股原指外国和我国香港、澳门、台湾地区投资者向我国股份公司投资所形成的股票。境内外资股又称为 B 种股票，是指以人民币标明面值、以外币认购、专供外国及我国香港、澳门、台湾地区的投资者买卖的股票，因此又称为人民币特种股票。从 2001 年 2 月 19 日起，B 股对境内投资者开放，境内投资者可以用外汇存款、外币现钞存款和境外汇入的外汇资金投资，但不允许用外汇现钞投资。境内外资股在境内上市进行交易买卖。上海证券交易所的 B 股以美元认购和买卖，深圳证券交易所的 B 股以港元认购和买卖。

我国境外上市的外资股有 H 股、N 股、S 股。H 股是境内公司发行的以人民币标明面值，供境外投资者用外币认购，在香港联合交易所上市的股票。N 股是以人民币标明面值，供境外投资者用外币认购，获纽约证券交易所批准上市的股票。S 股是以人民币标明面值，供境外投资者用外币认购，在新加坡证券交易所上市的股票。

（四）我国的股权分置改革

由于历史原因，我国证券市场存在股权分置现象。股权分置是指 A 股市场上的上市公司股份按能否在证券交易所上市交易，被区分为非流通股和流通股，这是我国经济体制转轨过程中形成的特殊问题。股权分置不能适应资本市场改革开放和稳定发展的要求，必须通过股权分置改革，消除非流通股和流通股的流通制度差异。

公司股权分置改革的动议，原则上应当由全体非流通股股东一致同意提出。非流通股股东提出改革建议，应委托公司董事会召集 A 股市场相关股东举行会议，审议公司股权分置改革方案。改革方案应当兼顾全体股东的即期利益和长远利益，有利于公司发展和市场稳定，并可根据公司实际情况，采用控股股东增持股份、上市公司回购股份、预设原非流通股股份实际出售的条件、预设回售价格、认沽权等具有可行性的股价稳定措施。相关股东会议投票表决改革方案，须经参加表决的股东所持表决权的 2/3 以上通过，并经参加表决的流通股股东所持表决权的 2/3 以上通过。改革方案获得相关股东会议表决通过，公司股票复牌后，市场称这类股票为"G 股"。改革后公司原非流通股股份的出售应当遵守以下规定：自改革方案实施之日起，在 12 个月内不得上市交易或转让；持有上市公司股份总数 5% 以上的原非流通股股东在上述规定期满后，通过证券交易所挂牌交易出售原非流通股股份，出

知识拓展 4-1：
什么是优先股制度？

售数量占该公司股份总数的比例在12个月内不得超过5%，在24个月内不得超过10%。

股权分置改革是为解决A股市场相关股东之间的利益平衡问题而采取的措施，对于同时存在H股或B股的A股上市公司，由A股市场相关股东协商解决股权分置问题。

证券监督管理机构将根据股权分置改革进程和市场整体情况择机实行"新老划断"，即对首次公开发行公司不再区分流通股和非流通股。股权分置改革基本完成和其他市场化改革措施的实施，解决了长期影响我国资本市场健康发展的重大历史遗留问题，理顺了市场机制，释放了市场潜能，使资本市场融资和资源配置功能得以恢复，并引领资本市场活跃向上。更为重要的是，资本市场已经开始对中国经济社会产生重要影响，不仅中国社会的各个层面感受到资本市场给经济带来的活力，而且中国的资本市场已成为全球投资者关注的焦点。

知识拓展4-2：
股票基本特征

第二节 股票发行与交易

一、股票发行的条件

根据《中华人民共和国证券法》（以下简称《证券法》）、《中华人民共和国公司法》、《首次公开发行股票并上市管理办法》和《上市公司证券发行管理办法》等的有关规定，首次公开发行股票和上市公司发行新股必须具备一定的条件。

（一）首次公开发行股票（IPO）的条件

1. 在主板上市公司首次公开发行股票的条件。

（1）主体资格：发行人应是依法设立且合法存续的股份有限公司，注册资本已足额缴纳，持续经营时间在3年以上；

（2）独立性：发行人应当具有完整的业务体系和独立经营能力，保证公司的资产完整、人员独立、财务独立、机构独立和业务独立；

（3）规范运行：发行人已经建立了完善的公司内部治理结构，内部控制制度健全且得到有效执行；

（4）财务与会计：最近3个会计年度净利润均为正数且超过人民币3 000万元；最近3个会计年度经营活动产生的现金流量净额超过人民币5 000万元或营业收入累计超过人民币3亿元；发行前股本总额不少于人民币3 000万元；最近一期末无形资产占净资产比例不高于20%；

（5）募集资金运用：募集资金应当有明确的使用方向，原则上应当用于主营业务，除金融类企业外，不得将募集资金用于财务性投资。

2. 在创业板上市公司首次公开发行股票的条件。在创业板上市发行股票应具备的条件与主板市场基本相同，但在财务会计方面有以下特别规定：

（1）最近2年连续盈利，累计净利润不少于人民币1 000万元，且持续增长；或最近1年盈利，且净利润不少于人民币500万元，最近1年营业收入不少于人民币5 000万元，最近2年营业收入增长率均不低于30%；

（2）最近一期末净资产不少于人民币2 000万元，且不存在未弥补亏损；

（3）发行后股本总额不少于人民币3 000万元。

3. 在科创板上市公司首次公开发行股票的条件。

（1）符合中国证监会规定的发行条件；

（2）发行后股本总额不低于人民币3 000万元；

（3）公开发行的股份达到公司股份总数的25%以上；公司股本总额超过人民币4亿元的，公开发行股份的比例为10%以上；

（4）市值及财务指标符合本规则规定的标准，见表4-1。

表4-1　　　　　　　　　　　不同市值对应的上市标准

预计市值（人民币）	上市标准	各方面要求				
		利润	营收	现金流	研发投入	产品
不低于10亿元	最近两年净利润均为正且累计净利润不低于人民币5 000万元，或者最近一年净利润为正且营业收入不低于人民币1亿元	√	√			
不低于15亿元	最近一年营业收入不低于人民币2亿元，且最近三年累计研发投入合计占最近三年累计营业收入的比例不低于15%		√		√	
不低于20亿元	最近一年营业收入不低于人民币3亿元，且最近三年经营活动产生的现金流量净额累计不低于人民币1亿元		√	√		
不低于30亿元	最近一年营业收入不低于人民币3亿元		√			
不低于40亿元	主要业务或产品需经国家有关部门批准，市场空间大，目前已取得阶段性成果。医药行业企业需至少有一项核心产品获准开展二期临床试验，其他符合科创板定位的企业需具备明显的技术优势并满足相应条件					√

（二）上市公司发行新股的条件

上市公司发行新股是指上市公司向不特定对象发行新股，包括向原股东配售股份（简称配股）和向不特定对象公开募集股份（简称增发）。

1. 上市公司发行新股的基本条件。

（1）公司的组织机构健全、运行良好，能够依法履行职责，内部控制制度健全，不存在重大缺陷；

（2）公司的盈利能力具有可持续性，最近3个会计年度连续盈利，最近24个月内曾公开发行证券的，不存在发行当年营业利润比上年下降50%以上的情形；

（3）公司的财务状况良好，财务会计文件无虚假记载，未被注册会计师出具保留意见、否定意见和无法表示意见的审计报告；

（4）募集资金数额不超过项目需要量，资金用途符合国家产业政策。

2. 配股的特别规定。

（1）拟配股数量不超过本次配股前股本总额的30%；

（2）控股股东应当在股东大会召开前公开承诺认配股份的数量；

（3）采用《证券法》规定的代销方式发行。

3. 增发的特别规定。

（1）最近3个会计年度加权平均净资产收益率平均不低于6%；

（2）除金融类企业外，最近一期末不存在财务性投资的情形；

（3）发行价格应不低于公开招股意向书前20个交易日公司股票均价或前一个交易日的均价。

二、股票发行的程序

在核准制和注册制下，股票发行的程序有所区别，如图4-1所示。核准制就是指证券申请人不仅要依法公开一切与证券发行有关的信息并确保其真实性，而且还要符合法律、法规和证券监督管理机构规定的实质要件，由证券审核机构决定是否准予其发行证券的一种制度。核准制有下列特征：证券发行权利是通过证券审核机构的批准获得的；规定证券发行的实质条件，强调实质管理原则；主张事前与事后并举。

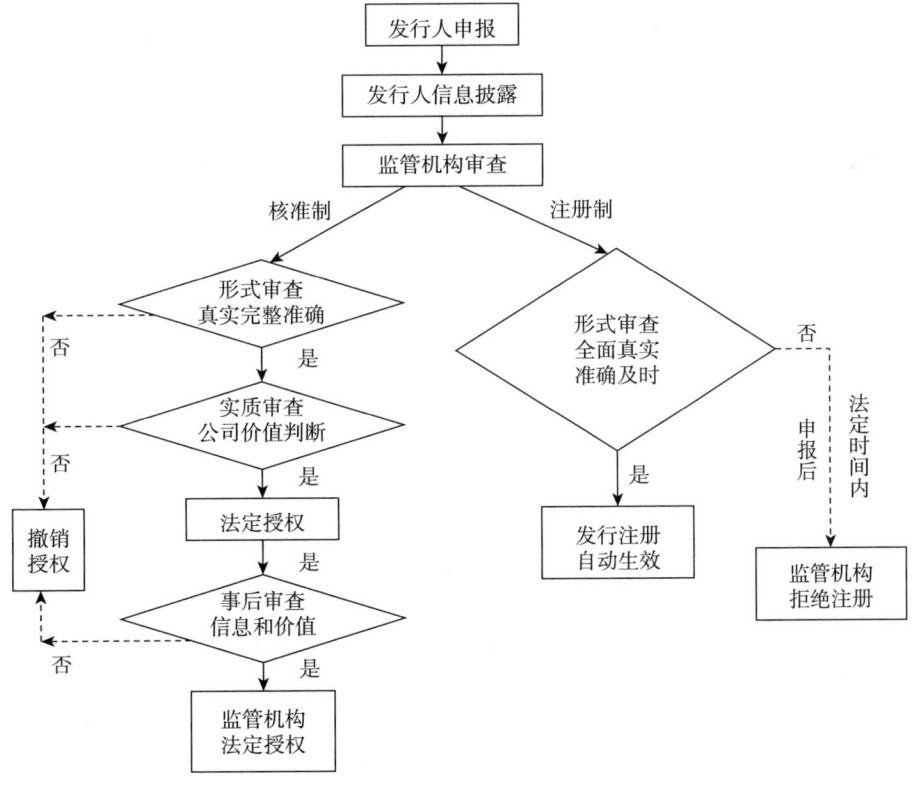

图4-1 核准制和注册制的简要流程

注册制是指证券发行申请人依法将与证券发行有关的一切信息和资料公开,制成法律文件,送交主管机构审查,主管机构只负责审查发行申请人提供的信息和资料是否履行了信息披露义务的一种证券发行制度。注册制有下列特征:公司发行证券的权利是自然取得的,并不需要政府的特别授权;信息披露是注册制的核心;证券发行审核机构只对注册文件进行形式审查,不进行实质判断;强调事后控制。

注册制和核准制是成熟证券市场上两种并行的证券发行审核制度,注册制的典型代表是美国、日本等,核准制的典型代表是英国、德国等。注册制和核准制的差别主要表现在法律制度及其背后体现的理论思想上,在证券发行的实际运作程序中两种制度的体现并非泾渭分明。在美国,虽然联邦实行的是证券发行注册制,但很多州实行的是带有核准制特点的协调注册制和完全的审查核准制。即使联邦实行注册制,但在规定具体审查条件、核准方面也存在实质性审查的倾向。实行核准制的国家强调的是实质性和合规性审查并重,政府通过实质性审查旨在提高证券发行的质量,但并不是替代投资者作出证券的分析判断,强调的是证券发行信息的全面、准确、客观、真实披露,使投资者免受欺诈和误导等。目前,沪深两市的主板实行核准制,创业板和科创板实行注册制,两种制度的主要区别见表4-2。

表4-2　　　　　　　　　核准制与注册制的区别

项目	注册制	核准制
对发行人作出实质性判断的主体	中介机构	中介机构、证监会
发行监管性制度	证监会形式审核　中介机构实质审核	中介机构和证监会分担实质性审核职责
监管侧重点	事中和事后监管	事前监管
市场化程度	市场化程度较高	逐步市场化
发行效率	更高	较低

三、股票发行的方式

根据《证券发行与承销管理办法》,首次公开发行股票可以根据实际情况,采取向战略投资者配售、向参与网下配售的询价对象配售以及向参与网上发行的投资者配售等方式。

(一) 向战略投资者配售

首次公开发行股票数量在4亿股以上的,可以向战略投资者配售股票。发行人应当与战略投资者事先签署配售协议,并报中国证监会备案。发行人及其主承销商应当在发行公告中披露战略投资者的选择标准、向战略投资者配售的股票总量、占本次发行股票的比例及持有期限制等。战略投资者不得参与首次公开发行股票的网下询价,并应当承诺获得本次配售的股票持有期限不少于12个月,持有期自本次公开发行的股票上市之日起计算。

(二) 向参与网下配售的询价对象配售

发行人及其主承销商应当向参与网下配售的询价对象配售股票,并应当与网上发行同时进行。发行人及其主承销商向询价对象配售股票的数量原则上不低于本次公开发行新股及转让老股（简称为本次发行）总量的50%。询价对象与发行人、承销商可自主约定网下配售股票的持有期限。发行人股东拟进行老股转让的，发行人和主承销商应于网下网上申购前协商确定发行价格、发行数量和老股转让数量。采用询价方式且无老股转让计划的，发行人和主承销商可以通过网下询价确定发行价格或发行价格区间。

（三）向参与网上发行的投资者配售

向参与网上发行的投资者配售方式是指通过交易所交易系统公开发行股票。投资者参与网上发行应当遵守证券交易所和证券登记结算机构的相关规定。网上发行时发行价格尚未确定的，参与网上发行的投资者应当按价格区间上限申购，如最终确定的发行价格低于价格区间上限，差价部分应当退还给投资者。

（四）其他发行方式

我国股票发行历史上还曾采取过全额预缴款方式、储蓄存款挂钩方式、上网竞价和市值配售等方式。前两种股票发行方式都属于网下发行的方式，其中全额预缴款方式又包括"全额预缴款、比例配售、余款即退"和"全额预缴款、比例配售、余款转存"两种方式。

四、证券交易

证券交易是指已发行的证券在证券市场上买卖或转让的活动，主要特征表现为证券的流动性、收益性和风险性。证券需要有流动机制，只有通过流动，证券才具有较强的变现能力。而证券之所以能够流动，就是因为它可能为其持有者带来一定收益。同时证券在流动中也因其价格的变化有可能给持有者带来损失的风险。

（一）证券交易程序

证券交易程序见图4-2。

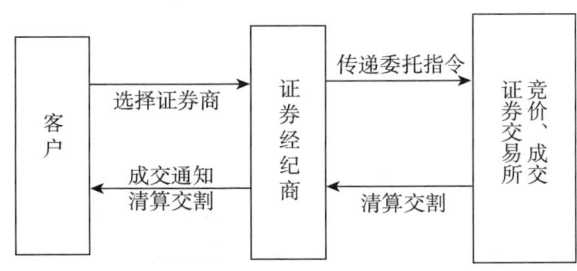

图4-2 证券交易程序

1. 开户。投资者买卖证券一般需要通过委托经纪人的方式在证券营业部进行登记；同时，证券商要对要求开设账户的投资者进行资信等状况调查。证券和资金都登记在账户里，证券交易以转账的方式进行。因此，投资者在买卖证券之前，要到证券经纪人处开立户头，开户之后，才有资格委托经纪人代为买卖证券。开户有两个方面，即开立证券账户和开立资金账户。证券账户用来记载投资者所持有的证券种类、数量和相应的变动情况，资金账户则用来记载和反映投资者买卖证券的货币收付和结存数额。开立证券账户和资金账户后，投资者买卖证券所涉及的证券、资金变化就会从相应的账户中得到反映。例如，甲投资者买入证券，乙投资者卖出证券，成交后证券从乙投资者的证券账户转入甲投资者的证券账户，相应的资金在扣除费用后从甲投资者的资金账户转入乙投资者的资金账户。

目前，我国证券账户的种类有两种划分依据：按交易场所划分，证券账户可以划分为上海证券账户、深圳证券账户和北京证券账户，分别用于记载在上海证券交易所、深圳证券交易所和北京证券交易所上市交易的证券以及中国结算公司认可的其他证券。按用途划分，证券账户可以划分为人民币普通股票账户、人民币特种股票账户、证券投资基金账户、创业板交易账户和其他账户等。

2. 委托。投资者不能直接进入证券交易所办理买卖证券，必须通过具有交易所会员席位的证券经纪商进行。投资者在办理委托买卖证券时，需向证券经纪商下达委托指令，根据委托方式的不同，可分为柜台委托和非柜台委托。柜台委托是指委托人亲自或由其代理人到证券营业部交易柜台，根据委托程序和必需的证件采用书面方式表达委托意向，由本人填写委托单并签章的形式。非柜台委托主要有人工电话委托或传真委托、自助和电话自动委托、网上委托等形式。根据中国证券业协会提供的《证券交易委托代理协议（范本）》的要求，客户在使用非柜台委托方式进行证券交易时，必须严格按照证券公司证券交易委托系统的提示进行操作，因客户操作失误造成的损失由客户自行承担。对证券公司电脑系统和证券交易所交易系统拒绝受理的委托，均视为无效委托。

根据投资者委托的不同内容，证券委托可有不同的分类：

（1）从买卖证券的数量来看，有整数委托和零股委托之分。整数委托是指投资者委托经纪人买进或卖出的证券数量是以一个交易单位为起点或是一个交易单位的整数倍。一个交易单位称为"一手"。"手"的概念来源于证券交易初期的一手交钱一手交货，现已发展为标准手。如上海、深圳证券交易所规定：A股、B股、基金的标准手为100股。债券以100元面值为一张，10张即1 000元为一标准手。零股委托是指委托买卖的证券数量不足一个交易单位。若以一手等于100股为一个交易单位，则1～99股便为零股。一般规定，只有交易额达到一个交易单位或交易单位的整数倍时，才允许进交易所内交易，零股则必须由经纪人凑齐为整数股后，才能进行交易。

（2）从委托的价格看，有市价委托和限价委托。市价委托便于成交，尤其在证券价格急剧波动，投资者急需立即卖出或买入某种股票时，为减少损失或增加更多的收益，常以此方式报价成交。限价委托有可能按投资者希望的价格成交，有利于投资者谋取较大的收益，但成交速度慢，有可能坐失良机。若投资者预测失误，有可能无法成交而蒙受损失。

> 市价委托是指投资者向经纪人发出委托指令时，只规定某种证券的名称、数量，价格由经纪人随行就市，不作限定。

> 限价委托即由投资者发出委托指令时，提出买入或卖出某种证券的价格范围，经纪人在执行时必须按限定的最低价格或高于最低价格卖出，或按限定的最高价格或低于最高价格买进。

3. 竞价与成交。证券交易所内的证券交易按"价格优先、时间优先"原则竞价成交。"价格优先"的原则是指较高价格买入申报优先于较低价格买入申报,较低价格卖出申报优先于较高价格卖出申报。"时间优先"的原则是指买卖方向、价格相同的,先申报者优先于后申报者。先后顺序按证券交易所交易主机接受申报的时间确定。

目前,上海、深圳、北京证券交易所同时采用集合竞价和连续竞价两种方式。上海证券交易所规定,采用竞价交易方式的,每个交易日的 9:15～9:25 为开盘集合竞价时间,9:30～11:30、13:00～15:00 为连续竞价时间。深圳证券交易所规定,采用竞价交易方式的,每个交易日的 9:15～9:25 为开盘集合竞价时间,9:30～11:30、13:00～14:57 为连续竞价时间,14:57～15:00 为收盘集合竞价时间。北京证券交易所的竞价时间与深圳证券交易所相同。

所谓集合竞价,是指对在规定的一段时间内接受的买卖申报一次性集中撮合的竞价方式。根据我国证券交易所的相关规定,集合竞价确定成交价的原则为:

(1) 可实现最大成交量的价格;
(2) 高于该价格的买入申报与低于该价格的卖出申报全部成交的价格;
(3) 与该价格相同的买方或卖方至少有一方全部成交的价格。

如有两个以上申报价格符合上述条件的,深圳证券交易所取距前收盘价最近的价位为成交价;上海证券交易所则规定使未成交量最小的申报价格为成交价格,若仍有两个以上使未成交量最小的申报价格符合上述条件的,其中间价为成交价格。

【例 4-1】某股票当日在集合竞价时买卖申报价格和数量情况如表 4-3 所示,该股票上日收盘价为 10.13 元。该股票在上海证券交易所的当日开盘价及成交量分别是多少?如果是在深圳证券交易所,当日开盘价及成交量分别是多少?

表 4-3　　　　　　　　某股票某日在集合竞价时买卖申报价格和数量

买入数量(手)	价格(元)	卖出数量(手)
—	10.50	100
—	10.40	200
150	10.30	300
150	10.20	500
200	10.10	200
300	10.00	100
500	9.90	—
600	9.80	—
300	9.70	—

根据表 4-3 分析各价位的累计买卖数量及最大可成交量见表 4-4。

表 4-4　　　　　　　　　　各价位累计买卖数量及最大可成交量

累计买入数量（手）	价格（元）	累计卖出数量（手）	最大可成交量（手）
0	10.50	1 400	0
0	10.40	1 300	0
150	10.30	1 100	150
300	10.20	800	300
500	10.10	300	300
800	10.00	100	100
1 300	9.90	0	0
1 900	9.80	0	0
2 200	9.70	0	0

由表 4-3 和表 4-4 可见，符合上述集合竞价确定成交价原则的价格有两个：10.20 元和 10.10 元。上海证券交易所的开盘价为这两个价格的中间价 10.15 元，深圳证券交易所的开盘价取离上日收盘价（10.13 元）最近的价位 10.10 元。成交量均为 300 手。

在上述集合竞价结束后，集合竞价中未能成交的委托，自动进入连续竞价。在连续竞价时，须依据成交价格确定规则选取两笔有效委托进行竞价和撮合。连续竞价时，成交价格的确定原则为：

（1）最高买入申报与最低卖出申报价位相同，以该价格为成交价；

（2）买入申报价格高于即时揭示的最低卖出申报价格时，以即时揭示的最低卖出申报价格为成交价；

（3）卖出申报价格低于即时揭示的最高买入申报价格时，以即时揭示的最高买入申报价格为成交价。

每一笔买卖委托输入交易自动撮合系统后，当即判断并进行不同的处理：能成交者予以成交；不能成交者，则以"价格优先，时间优先"的顺序排队等待，直至系统内已有的所有买卖不能成交，即已有买卖盘达到平衡状态，然后再逐笔处理新进入系统的委托。这样循环往复，直至收市。

4. 清算与交割。证券的清算与交割是一笔证券交易达成后的后续处理，是价款结算和证券交收的过程。清算和交割统称证券的结算，是证券交易中的关键一环，它关系到买卖达成后交易双方责权利的了结，直接影响到交易的顺利进行，是市场交易持续进行的基础和保证。

证券的结算方式有逐笔结算和净额结算两种。逐笔结算指买卖双方在每一笔交易达成后对应收应付的证券和资金进行一次交收，可以通过结算机构进行，也可以由买卖双方直接进行，比较适合以大宗交易为主、成交笔数少的证券市场和交易方式。例如 CEDEL 国际清算中心就采用此方式。净额结算指买卖双方在约定的期限内将已达成的交易进行清算，按资金和证券的净额进行交收。该方式比较适合于投资者较为分散、交易次数频繁、每笔成交量较小的证券市场和交易方式。净额结算通常需要经过二次结算，即首先由证券交易所的清算中心与证券商之间进行结算,称为一级结算;然后由证券商与投资者之间进行结算,称为二级结算。

证券结算的时间安排,在不同的证券交易所因其传统和交易方式的不同而不同。目前在交割日的安排上可分为两种:一是会计日交割,是指在一个时期内发生的所有交易在交易所规定的日期交割。如比利时根据交易所排定日期安排交割,奥地利证券市场交易安排在次周一交割,印度证券市场交易每周安排一次交割。二是滚动交割,是指所有的交易安排在交易日后固定天数内完成,大多数国家的证券市场都采用此方式。有的规定在成交日后的第一个营业日,称其为 T+1 规则,有的规定在成交日后的第四个营业日,称其为 T+4 规则,等等。由于尽早地完成交割对提高市场效率、防止发生结算风险有重要意义,采用滚动交割方式并缩短交割期,最终实现 T+0 交割,是国际证券界倡导的方向。我国目前证券结算对 A 股实行 T+1 交割,对 B 股实行 T+3 交割。

5. 过户。从上述的结算过程可以看出,我国证券交易所的股票已实行"无纸化交易",对于交易过户而言,结算的完成即实现了过户,所有的过户手续都由交易所的电脑自动过户系统一次完成,无须投资者另外办理过户手续。

从世界各国的证券交易结算来看,因为有记名证券的发行,购买记名证券的投资者仍需办理过户手续。买卖股票办理过户手续时,投资者要持原有股东填写的过户申请书或转让背书证明,凭自己的身份证和印章,在原发行公司或指定的过户机构办理过户申请,填写过户申请书和股东印鉴卡,经查验无误后可正式办理过户手续。投资者若是发行公司的老股东,则只要将新购的股票数量记入原来的账户即可。若是新股东则须开立户头,进行登记。

(二) 保证金交易

保证金交易亦即信用交易、垫头交易,是投资者通过交付保证金取得经纪人信用而进行的交易方式。在经纪人处开有现金账户的投资者购买证券时,必须完全以现金支付;而开立保证金账户的投资者只需支付证券成本的一定比例的现金,其余部分由经纪人贷给。经纪人一般是从银行借款贷给投资者的,故必须按期还本付息。银行要收经纪人的通知贷款利率,随后经纪人收取客户保证金利率。保证金利率是经纪人的通知贷款利率加上经纪人的劳务费。

1. 保证金买空和卖空的交易。如果证券商资金不足,可用代理客户买入的证券作为抵押品向商业银行取得贷款。待证券价格上升,投资者委托证券商卖出该证券,证券商扣除买卖手续费和对投资者的贷款及利息,余下即为投资者的本金及投资收益。做保证金买空的投资者叫"多头"。

> 保证金买空是指投资者预计证券行市将上涨并准备在现在价格较低时买进一定数量证券,但因资金不足,可通过向证券经纪人支付一定比率保证金而取得经纪商贷款,并委托经纪商代理买入这种证券的交易方式。

【例 4-2】投资者预计 W 公司的股票价格将上涨,准备以保证金购买 1 000 股 W 公司股票,每股售价 20 元,原始保证金率要求为 50%,那么投资者要付给经纪人 10 000

元（50%×1 000股×20元/股），而其余10 000元是经纪人借给投资者的。当该股票价格涨至每股22元时，投资者委托经纪人出售股票可得22 000元（1 000股×22元/股），若不考虑手续费和借款利息等，在归还经纪人借款和本金后，可获利2 000元，为本金的20%（2 000元/10 000元）。若用现货进行交易，只能购买500股（10 000元/20元/股），获利1 000元，仅为本金的10%（1 000元/10 000元）。

显然，使用保证金交易方式买进证券，在证券价格上升的情况下，投资者可用较少的本金获得较大的盈利；但是如果证券价格下跌，做保证金买空交易给投资者带来的损失也比用现货交易方式大。在【例4-1】中，如果投资者向经纪人借款买入股票后股价下跌，他不得已在股价为每股18元时出售股票，在不考虑其他费用的条件下他将亏损2 000元，为本金的20%，而做现货交易，他的亏损额为1 000元，为本金的10%。

但投资者手中并没有该种证券，他可以让他的经纪人从别处借来证券并在较高的价位上卖出，然后再在较低的价位上买回，还给出借证券的人，并支付借入证券应付的利息和买卖手续费，买卖差额在扣除利息和手续费后即为投资者的收益。做保证金卖空的投资者叫"空头"。

> 保证金卖空是西方股票交易中一种常用的操作方法，是指投资者预期证券价格会下降，他可以先卖后买，贱买贵卖，从中获得价差利润。

投资者向证券经纪人借入证券也要交存一定数量的保证金，交存保证金数量按所借证券卖出时的市场价值乘以法定保证金率计算。由于卖空所借入的是证券而不是货币，所以他必须以相同的证券偿还债务。典型的卖空过程如【例4-3】所述。

【例4-3】斯通先生认为某公司的股票市价每股20元价格过高，预期该股票会跌，他想通过卖空获利。他可以安排经纪人借入100股该公司股票并卖出。假定经纪人从约翰那儿借到股票并以每股20元卖掉，卖股票所得的2 000元暂存在经纪人处。假定一周之后，该公司股票下跌到每股15元，斯通先生让经纪人买入100股，然后把买的股票还给约翰。通过先卖后买，高价卖（2 000元）、低价买（1 500元），斯通先生净赚了500元（当然要扣除佣金、借股票的费用等）。

仍用【例4-3】，如果斯通先生的预期错了，股票价格上涨，斯通先生为了偿还股票就不得不承受损失。假定价格涨到25元，斯通的净损失是500元再加上佣金和借股票的费用。

美国证券交易委员会规定，卖空只能在以下两种情况下进行：其一，某种股票的卖价高过最近一次交易的市场价，即必须在价格报升情况下做卖空；其二，如果某股票最近的交易价没有变化，它以前的交易价必须低于这个交易价，即必须在价格零加报升情况下做卖空。例如，甲想以每股20元卖出某种股票，如果之前的市场交易价是20.125元，根据第一个条件，甲就不能卖空，如果之前的交易价是19.875元，这时就可以卖空。又例如最近三次的交易价分别为19.875元、20元、20元，那么根据条件二，甲也可以以每股20元卖空。

2. 初始保证金及其规定。法定保证金比率又称初始保证金，是由中央银行规定的。美国1934年《证券交易法案》授权联邦储备委员会（FBR）有权规定原始保证金。它是投资者自有资金在用保证金购买的资产价值中所占的一定比例。历史上保证金的变动范围从 40%～100%，从 1974 年起到现在是 50%。股票交易和债券交易的保证金要求不同。联邦储备银行还用改变初始保证金要求作为调节金融市场的工具之一。通常交易所规定的初始保证金可能比联邦储备委员会高，而经纪公司规定的又比交易所高。因此，假定联邦储备委员会规定初始保证金为 50%，纽约证券交易所可能为 55%，而经纪公司则可能为 60%。

3. 实际保证金率及其计算。由于证券价格随市场变化，投资者账户中的保证金率也在变化。因此，证券经纪商在每个营业日结束后需计算每一保证金账户的实际保证金率。

（1）保证金买空时实际保证金率的计算

$$\text{实际保证金率} = \frac{\text{证券市值} - \text{借款额}}{\text{证券市值}} \quad (4.1)$$

根据【例 4-2】，若股票价格下跌到 15 美元，那么

$$\text{实际保证金率} = \frac{1\,000 \times 15 - 1\,000}{1\,000 \times 15} = 33.3\%$$

如果股价再下跌到 8 美元，经纪人手中 1 000 股股票的市价仅为 8 000 美元，比他的放款 10 000 美元要少。为了防止这种现象发生，交易所和经纪公司规定了最低保证金，这是投资者自有资金净值占其全部证券市场价值的一个最小比例，纽约证券交易所规定为 25%，经纪公司通常为 30% 或以上。要求实际保证金不能低于最低保证金。如果投资者账户的实际保证金下跌到最低保证金以下，这时，经纪人将发补交保证金通知给投资者，要求投资者存入现金或证券，归还部分贷款，或出售现在账户内的一些证券以归还贷款。如果投资者不愿意另加资金或归还部分贷款，为使实际保证金不低于最低保证金要求，经纪人将出售账户中的证券。

如果实际保证金超过初始保证金，超出部分可以从账户中取出或不需另加现金购买更多的证券。如果实际保证金在初始保证金和最低保证金之间，这时，账户是受限账户。不允许投资者采取使实际保证金进一步下降的行动，例如提取现金，或用多余的保证金购买证券。

（2）保证金卖空时实际保证金率的计算

$$\text{实际保证金率} = \frac{\text{卖空时证券市值} \times (1 + \text{初始保证金率}) - \text{借款额}}{\text{借款额}} \quad (4.2)$$

式中，卖空时证券市值 = 出售股票时的价格 × 股数；

卖空时证券市值 ×（1 + 初始保证金率）为保证金账户中的资产；

借款额 = 计算时的股价 × 股数。

式（4.2）的分母与式（4.1）的分母不同，对保证金卖空来说等于借款的现值，而对于保证金买空来说是账户中的证券现值。在【例 4-3】中，假设初始保证金为 50%，那么斯通先生要付给经纪人 1 000 元（2 000 元 × 50%）。若股价上涨到每股 25 元，斯通先生账户中的实际保证金率为

$$实际保证金率 = \frac{(20 \times 100) \times (1 + 50\%) - (25 \times 100)}{25 \times 100} = 20\%$$

在股价下跌时，经纪人不会面临不归还的风险。如果股价上升超过50%，这时就很危险了，因而这里也需要规定最低保证金。假设最低保证金为30%，这时斯通先生收到补交保证金通知，要求他在账户中增加现金或证券。和保证金买空一样，如果卖空者的实际保证金在最低保证金和初始保证金之间，其账户是受限的，即禁止任何使实际保证金减少的交易；如果股价下跌，实际保证金超过初始保证金，卖空者的账户是不受限制的。

（三）融资融券交易

根据《证券公司融资融券业务试点管理办法》的规定，融资融券业务是指证券公司向客户出借资金供其买入上市证券或者出借上市证券供其卖出，并收取担保物的经营活动。融资融券交易与普通证券交易的区别见表4-5。

> 融资融券交易又称为证券信用交易，是投资者向具有融资融券业务试点资格的证券公司提供担保物，借入资金买入上市证券（融资交易）或借入上市证券并卖出（融券交易）的行为。

表4-5　融资融券交易与普通证券交易的区别

项目	普通证券交易	融资融券交易
资金、证券	足额资金或证券	向证券公司借入证券
杠杆效应（保证金）	无	有
法律关系	委托买卖关系	委托买卖关系和借贷关系
风险承担	投资者自行承担	自行承担，同时给证券公司带来一定的风险

2005年10月重新修订后的《证券法》取消了证券公司不得为客户交易融资融券的规定。随后，中国证监会发布了《证券公司融资融券业务试点管理办法》，上海证券交易所和深圳证券交易所也公布了融资融券交易试点的实施细则。2010年3月31日，上海证券交易所和深圳证券交易所开始接受融资融券交易的申报。

1. 标的证券的选择。客户融资买入、融券卖出的证券，不得超出证券交易所规定的范围。可作为融资买入或融券卖出的标的证券，一般是在交易所上市交易并经交易所认可的四大类证券，即符合交易所规定的股票、证券投资基金、债券和其他证券。

标的证券为股票的，应当符合下列条件：

（1）在交易所上市交易满3个月；

（2）融资买入标的股票的流通股本不少于1亿股或流通市值不低于5亿元，融券卖出标的股票的流通股本不少于2亿股或流通市值不低于8亿元；

（3）股东人数不少于4 000人；

（4）近3个月内日均换手率不低于基准指数日均换手率的20%（试点初期暂不执行），日均涨跌幅的平均值与基准指数涨跌幅的平均值的偏离值不超过4个百分点，且波动幅度不超过基准指数波动幅度的500%以上；

（5）股票发行公司已完成股权分置改革，未被交易所实行特别处理；

（6）交易所规定的其他条件。

交易所按照从严到宽、从少到多、逐步扩大的原则，根据融资融券业务试点的进展情况，从满足上述规定的证券范围内审核、选取并确定试点初期标的证券的名单，并向市场公布。

2. 交易保证金的计算。证券公司向客户融资融券，应当向客户收取一定比例的保证金。保证金可以用标的证券以及交易所认可的其他证券冲抵。

（1）有价证券冲抵保证金的计算。冲抵保证金的有价证券，在计算保证金金额时，应当以证券市值按表4-6所示折算率进行折算。

表4-6　　　　　　　　　　可冲抵保证金证券的折算率

可冲抵证券	比率
上证180指数成分股股票及深证100指数成分股股票	≤70%
其他股票	≤65%
交易所交易型开放式指数基金（ETF）	≤90%
国债	≤95%
其他上市证券投资基金和债券	≤80%

交易所遵循审慎原则，审核、选取并确定试点初期可冲抵保证金证券的名单，并向市场公布。

（2）融资融券保证金比例及计算。客户融资买入证券时，融资保证金比例不得低于50%。融资保证金比例是指客户融资买入时交付的保证金与融资交易金额的比例，计算公式为

$$融资保证金比例 = \frac{保证金}{融资买入证券数量 \times 买入价格} \times 100\%$$

客户融券卖出时，融券保证金比例不得低于50%。融券保证金比例是指客户融券卖出时交付的保证金与融券交易金额的比例，计算公式为

$$融券保证金比例 = \frac{保证金}{融券卖出证券数量 \times 卖出价格} \times 100\%$$

客户融资买入或融券卖出时所使用的保证金不得超过其保证金可用余额。保证金可用余额是指客户用于冲抵保证金的现金、证券市值及融资融券交易产生的浮盈经折算后形成的保证金总额，减去客户未了结融资融券交易已占用保证金和相关利息、费用的余额。其计算公式为

保证金可用余额 = 现金 + ∑（冲抵保证金的证券市值 × 折算率）

　　　　　　　　+ ∑[（融资买入证券市值 − 融资买入金额）× 折算率]

　　　　　　　　+ ∑[（融券卖出金额 − 融券卖出证券市值）× 折算率]

　　　　　　　　− ∑ 融券卖出金额 − ∑ 融资买入证券金额 × 融资保证金比例

　　　　　　　　− ∑ 融券卖出证券市值 × 融券保证金比例 − 利息及费用

式中，融券卖出金额＝融券卖出证券的数量×卖出价格；

融券卖出证券市值＝融券卖出证券数量×市价；

融券卖出证券数量指融券卖出后尚未偿还的证券数量。

"∑［（融资买入证券市值－融资买入金额）×折算率］"和"∑［（融券卖出金额－融券卖出证券市值）×折算率］"中的"折算率"，是指融资买入、融券卖出证券对应的折算率。当融资买入证券市值低于融资买入金额或融券卖出证券市值高于融券卖出金额时，折算率按100%计算。

3. 客户担保物的监控。证券公司向客户收取的保证金以及客户融资买入的全部证券和融券卖出所得全部资金，整体作为客户对证券公司融资融券债务的担保物。

证券公司应当对客户提交的担保物进行整体监控，并计算其维持担保比例。维持担保比例是指客户担保物价值与其融资融券债务之间的比例，计算公式为

$$维持担保比例=\frac{现金＋信用证券账户内证券市值}{融资买入金额＋融券卖出证券数量×市价＋利息及费用}$$

客户维持担保比例不得低于130%。当该比例低于130%时，证券公司应当通知客户在约定的期限内追加担保物，该期限不得超过2个交易日。客户追加担保物后的维持担保比例不得低于150%。

维持担保比例超过300%时，客户可以提取保证金可用余额中的现金或冲抵保证金的有价证券，但提取后维持担保比例不得低于300%。

交易所认为必要时，可以调整融资、融券保证金比例及维持担保比例，并向市场公布。

4. 开展融资融券业务对我国证券市场的影响。融资融券业务允许客户以较少的保证金获得高于自身资产水平的交易资产，这就放大了市场上资金和证券的供给，扩大证券交易量，增强证券市场的流动性和连续性，活跃市场交易。融资融券业务推出，从长远来看将有利于我国金融市场结构的优化、资本市场规模的扩大和资源配置优化效率的全面提高，并实现货币市场和资本市场相互对接，资金顺畅良性循环，提高资本市场的运作效率，从而有助于未来中国资本市场规模的迅速成长壮大，为中国证券市场国际化打下良好的基础。

融资融券业务是一把"双刃剑"，在促进我国证券市场发展的同时，也带来了一定的问题。由于我国证券市场带有明显的"政策市""消息市"特征，市场上还存在操纵股价、"内幕消息"等违法现象，融资融券业务的杠杆效应有可能会进一步加剧市场的波动性，并推高市场价格，导致一定程度的资产泡沫。随着融资融券业务的发展成熟，开展该业务的机构数量将不断增加，资金来源和通道的限制也会逐渐减弱甚至取消，多方面的资金可以通过多渠道进入市场，导致市场上的信用资金规模急剧放大，隐含于市场的金融风险也将随之暴露。

第三节　股票价格指数

一、股票价格及其影响因素

（一）股票价格的本质

股票作为一种能流通的有价证券，它可以抵押和买卖。股票价格就是股票在市场上买卖的价格，又称股票市价或股票行市。股票作为一种有价证券的凭证，它本身是没有价值的，股票之所以

> 股票价格指数，简称股价指数，是由金融机构编制，通过对股票市场上一些有代表性的公司发行的股票价格进行平均计算和动态对比后得出的数值。股票价格指数是股市动态的综合反映。

有价格，能够作为买卖对象，是因为股票能够给它的持有者带来股利收入。买卖股票实际上就是购买或转让一种领取股利收入的凭证，是一种权益的让渡或转移，是一种资本所有权和收益权的买卖。

（二）决定股票价格的基本要素

股票价格是一个很复杂的问题，有直接决定股票价格的基本要素，还有影响股票市场价格变动的诸多因素。股票价格的高低直接取决于两个基本要素：股票预期的股息量和银行的利息率。用公式表示为

$$股票价格 = \frac{预期股息}{利息率} \tag{4.3}$$

【例4-4】现有一张10元面值的股票，预期年股息1元，当时银行的年利息率为5%，在这种情况下，这张股票的价格为：$\frac{1}{5\%} = 20$（元）。

这样得到的股票价格又叫理论价格。它构成股票投资价值的基础。股票的持有者按理论价格出卖股票所得货币，如果存入银行，亦可取得同股息等额的利息，这称之为资本还原。

从【例4-4】可以看出，股票价格与预期股息成正比例关系，与利息率成反比例关系。在利息率不变的情况下，预期股息量越大，股票价格就越高，反之，预期股息量越小，股票价格就越低。当股票的预期股息量不变时，利息率越高，股票价格就越低；利息率越低，股票价格越高。

（三）股票市场上的各种价格

股票的市场价格是股票在市场上的实际成交价格，它是投资者关注的集中点，因为它关系投资的盈亏。股票的市场价格按实际成交时间的不同，分为开盘价格、收盘价格、最高价格、最低价格、平均价格等。开盘价格指的是证券交易所每个营业日开市后，第一笔成交的价格。如果开市后一段时间内（一般为半小时内），某种股票没有交易，则以该股票前一个营业日的收盘价作为当日此种股票的开盘价。如果某种股票几日内都无交易做成，通常是由证券交易所的场内中介经纪人和证券商交易员根据客户对该种股票买卖委托的价格趋势定出指导性价格，促其成交，并将这种价格作为开盘价格。

收盘价格指的是证券交易所每个营业日闭市前最后一笔成交的价格。最高价格和最低价格分别指的是证券交易所每个营业日成交的最高价格和最低价格,而平均价格则是当日股票交易的加权平均价格。

（四）影响股票市场价格变动的因素

影响股票市场价格变动的因素有很多,除前面提到的股息和存款利息率两个基本因素外,还有企业经营状况等内部因素和社会经济的兴衰、政治风云、社会的动荡等外部因素。

1. 内部因素。内部因素是决定股票市场价格变动的最根本性因素。它集中反映在公司的经营盈利水平、资产价值、股票分割和经营管理人员的变换等各方面。

（1）公司盈利。公司盈利是股息的主要来源。只有公司盈利增加,股息的增加才有了物质基础,股票价格才会上涨；反之,公司可分配的股息将减少,股票价格也就会下跌。可见,在一般情况下,公司盈利水平与股票价格是同方向变动的。不过,两者的变化并不一定同时发生,股票价格变动往往要先于公司盈利的变化。这是因为,投资者买卖股票都着眼于公司的预期盈利,公司是盈是亏一般在年终结算前已有征兆,熟知内情的人常提前采取行动,从而导致股票价格波动。

（2）资产价值。公司的资产价值包括土地、厂房等不动资产的实有数量、发行有价证券的数额、实有资本数额等。资产价值的大小体现着公司的经济实力,决定着公司的发展前景,因此是投资者进行投资分析的重要依据。如果公司资产增值,表明公司具有成长性,发展前景乐观,则其股票价格看涨,反之,则意味着公司实力减弱,股票价格会下跌。

（3）股票分割。公司为增加股票数量和扩大股票流通范围,经常在年度结算后宣布股票分割。这既能保证股票持有人原有的持股比例不变,同时又使其所持有的股票份额增加,面值减少,从而会刺激一些人增加股票的购买数量。在这期间,由于大量的需要过户的股票会退出股市,股票在市场的流通量减少,股票价格就会上涨。分股和过户手续结束后,这部分股票又回到股市,使股票价格趋于稳定。

（4）公司经营管理人员的变换。公司董事会、监事会人选的改换和经理的变更,可能改变公司的经营方针,进而影响公司的财务状况、盈利水平、股息政策等。因此,公司经营管理人员的变换容易引起投资者的猜测和信任度的变化,进而导致股票价格的变动。

2. 外部因素。外部因素是股票市场变动的条件。一国的政治、经济、军事、外交、贸易以及交通、利率等方面稍有变动,或国际形势稍有变化,都会引起股票市场价格的波动。这些外部因素概括起来有三种：经济性因素、政治性因素、人为投机因素。

（1）经济性因素。

①供求关系。股票作为有价证券市场上的一种商品,它的买卖价格必然受股票市场上股票的供求状况影响。证券市场上某种股票的需求大于供给,该种股票的市场价格必然上涨；若供给大于需求,该种股票的市场价格自然下跌。证券市场上的供求关系影响股票市场价格不停地波动。

②经济周期。经济的周期性变化对股票市场价格有很大的影响,特别是资本主义市场经济的周期性对股市的影响非常明显。在经济衰退和危机时,商品滞销、生产锐减、

工厂倒闭，投资者纷纷出卖手中股票，股票市场价格大跌；在经济复苏和高涨繁荣时，工业生产增加、商品畅销，投资者积极购买股票，股票市场价格上涨。

③物价变动。物价变动从两个方面影响股票价格：一是物价升降影响企业利润，导致股票价格变化；二是由于通货膨胀，影响股市价格变化。在一般情况下，物价上涨时，企业的产品价格随之上涨，如果生产成本没多少增加，企业利润增加，股息自然增加，因而股票市场价格上升；当物价下降时，企业产品价格也随着下降，若产品成本未变和变动较少，企业利润和股息将减少，股票市场价格会下跌。在通货膨胀情况下，股票市场价格会由于物价猛涨而剧烈变动。物价飞涨、货币贬值，人们为了避免损失、保值，可供选择的是抢购商品、金银制品、股票，这时的股票价格会上扬。如果通货膨胀、物价猛涨造成整个社会经济混乱，爆发了严重经济危机，工厂纷纷倒闭，股票市场也会混乱，股票价格在社会经济大危机中可能暴跌，这种事例屡见不鲜。

④金融政策。各国中央银行的金融政策发生变化也会影响股票市场价格的变动。

首先，银行信贷的松动或紧缩会影响股票价格。中央银行采取了宽松的信贷政策，资金宽松，社会游资也会增多，最后往往投资于股票市场，这会促使股票市场繁荣，推动股票市场价格步步上升。反之，中央银行如果实行紧缩的信贷政策，社会资金减少，特别是现金减少，企业和个人可能纷纷出卖股票，换取现金，最终致使投资于股票市场的资金减少，由此引起股票市场价格下跌。

其次，银行利率变化会影响股票价格。利率提高时，一方面会吸引社会游资流向银行，股票市场的需求减少，引起股票价格下降；另一方面由于利率提高，企业贷款的利息增加、负担加重，导致企业利润减少，股票市场价格也会因此下降。反之，利率降低时，社会资金将流向股市，股票市场需求增加，股票价格会上升，企业也因利率降低而增加利润，从而引起股票市场的价格上升。

⑤汇率变动。国家汇率变动会影响股票价格。在一个国家的经济发展过程中，根据国内外经济情况，可能对汇率进行调整，而汇率的调整，对整个国家的经济发展会产生很大的影响，有利有弊。从一般情况来说，汇率调整后，若是本国货币升值，这将不利于出口，但有利于进口；若是本国货币贬值，将有利于出口，而不利于进口。汇率调整对经济发展的作用，若利大于弊，股票行市受经济看好的影响，股票价格会上升，反之就会下降。对具体企业来说，汇率调整后，对企业有利或有弊、企业能否适应，都会对某些企业的经济效益产生影响，从而影响某些股票市场价格的升跌。

⑥税收政策及其变化。国家的税收政策及其调整变化会对企业和投资者产生直接影响，从而影响股市。如果税收政策有利于企业和投资者，则股票市场价格可能上升，如果税收政策对企业和投资者不利，则可能影响股票市场价格下落。

（2）政治性因素。

①国际形势的变化。当代世界各国的经济联系十分紧密，因此，国际政治经济的风云变幻，必然影响各国经济的发展，甚至一些主要国家的政治经济形势的重大变化，也会波及其他国家，从而产生连锁反应，导致股市变化。

②战争。在现今世界里，不管是全局战争，还是局部战争，都会对股市产生直接影

响。这个影响有较长时期的、有短期的、有影响面较广的。总的来说，战争一旦爆发，对交战两国、几国甚或整个世界都将产生不良影响，人心惶惶、安危不定，股票市场也会混乱，股票价格狂跌是常见的事。战争若造成某国、某地区交通中断、原材料短缺、经济瘫痪，这些国家和地区的股票市场价格必然下跌。但也会有另一种情况，即战争爆发可促使军需品业发展，与军需有关的工业的股票市场价格会上涨。

③政府易人、政权转移、重大政治事件。一个国家政权的转移、政府领导人的更迭、重大政治事件的发生，都关系到国家的政治、经济、外交、军事等政策的调整和变动，这会影响社会的安定，影响股市行情。

（3）人为投机因素。股票市场是人们进行证券投资和投机的场所。为了保证股票市场的正常交易，各国都制定了与证券有关的法律。尽管如此，股票市场上人为操纵股市的行为仍屡见不鲜，并且操纵手法隐蔽且变化多端。一些机构大户选择某一种或某几种股票，通过垄断、串通、透支、谣言等手段控制股价，使其朝有利于自身利益的方向变动。可见，人为操纵对股票价格变动的影响是很大的。同时，由于股票投资既可以获利，又具有风险性，所以，投资者的心理非常容易产生变化。许多因素都会引起投资者心理的变化，并且多数投资者都有从众心理，因此股市上很容易形成抢购或抛售股票的热潮，引起股票价格的暴涨或暴跌。

二、股票价格指数的编制方法

（一）编制股票价格指数的意义

编制股票价格指数的意义主要有以下几个方面。

1. 股票价格指数是一种反映股票行市变动的价格平均数。从静态的观点看，它所表示的是一定时点上市股票价格的相对水平；从动态的观点看，它所表示的是一定时期内股票行市平均涨跌变化的情况和幅度。

2. 股票价格指数是衡量一国政治、经济状况的晴雨表。由于股票价格指数是以若干具有代表性上市公司的股票价格为基础编制的，而这些公司在整个经济体系中都占有举足轻重的地位，所以股票价格指数与社会经济发展及政治气候之间存在着密切的联系。如果社会经济运行正常，则股价指数会稳中有升，否则，股价指数会出现下跌，并且股价指数的波动总是在社会经济出现波动之前发生。可见，股价指数是反映一个国家的社会经济发展状况的晴雨表。

3. 股票价格指数为投资者进行股票投资提供了重要的参考依据。借助于股票价格指数，投资者可以观察和分析股票市场的发展动态，了解股市从过去到现在的发展历程和轨迹，并据此对股市未来走势作出合理的预测，从而确定最佳的买卖股票的机会。

4. 股票价格指数还为投资者进行股价指数期货交易提供了工具，丰富了证券投资的品种。

（二）股票价格平均数

编制股票价格指数，必须首先计算平均股价。平均股价也称股价平均数，是指股票市场全部股票或采样股票的平均价格，主要用来反映股票市场的价格水平。其计算方法通常有以下几种：

1. 简单算术平均法。用简单算术平均法计算平均股价，是将样本股票每日收盘价之和除以样本数得出的，其计算公式为

$$P = \frac{\sum p_i}{n} \quad (4.4)$$

式中，P 为平均股价；p_i 为某一时点第 i 种样本股票的价格；n 为股票样本数。

世界上第一个股票价格平均数——道·琼斯股票价格平均数在 1928 年 10 月 1 日前就是使用简单算术平均法计算的。此方法的优点是简单易懂、计算简便；但缺陷是：（1）计算时未考虑权数，即未考虑各种股票的发行量或交易量不同对股票价格的不同影响。（2）在发生某种股票拆股时，会导致股价平均数发生不合理的下降，使之发生断层而失去连续性，难以反映股价的真实变动情况。

2. 修正平均法。修正平均法是美国道·琼斯公司为克服简单算术平均数的不足，于 1928 年创立的一种计算股价平均数的方法。修正平均法与简单算术平均法的一个重要区别，就在于除数的变化，因此这一方法也称为新除数法或弹性除数法。

修正平均法的基本原理是：（1）将更换或分割的股票每股市场价格加上其他没有变换或分割的股票每股市场价格，得到一个新的股票价格合计数；（2）用这个新的股票价格合计数除以变换或分割前的各种股票价格平均数，得到一个常数，这个常数就是新除数或弹性除数；（3）再用新的股票价格合计数除以这个新除数，即得到与变换或分割前数值相同的股价平均数。其计算公式为

$$\text{新除数} = \frac{\text{拆股后的总价格}}{\text{拆股前的平均数}} \quad (4.5)$$

$$\text{修正股价平均数} = \frac{\text{拆股后总价格}}{\text{新除数}} \quad (4.6)$$

运用修正平均法计算平均股价，其目的在于消除股票分割、分红、增资发行等因素的影响，弥补由此带来的平均股价数列的断裂现象，保持股市变动指标的真实性，每当股票分割、发放股票股息或增资配股数超过原股份 10% 时，就对除数作相应的修正。应当指出，用修正平均法计算的股价平均数，已经与原来意义上的平均股价分离，其计量单位不再是货币单位，而是以"点"来表示。

3. 加权平均法。用加权平均法计算平均股价就是考虑样本股票的相对重要性，以样本股票的发行量或交易量为权数来计算的。其计算公式为

$$P = \frac{\sum p_i w_i}{\sum w_i} \quad (4.7)$$

式中，w_i 为第 i 种股票的发行量或交易量；$p_i w_i$ 为第 i 种股票的发行额或交易额。

（三）股票价格指数

股票价格指数是将计算期的股价与某一基期的股价相比较的相对变化指数，用于反映市场股票价格的相对水平。

1. 股票价格指数的编制步骤。股票价格指数的编制分为四步：

（1）选择样本股。选择一定数量有代表性的上市公司股票作为编制股票价格指数的

样本股。样本股可以是全部上市股票,也可以是其中有代表性的一部分。样本股的选择主要考虑两条标准:一是样本股的市价总值要占在交易所上市的全部股票市价总值的相当部分;二是样本股票价格变动趋势必须能反映股票市场价格变动的总趋势。

(2) 选定某基期,并以一定方法计算基期平均股价或市值。通常选择某一有代表性或股价相对稳定的日期为基期,并按选定的某一种方法计算这一天的样本股平均价格或总市值。

(3) 计算基期平均股价或市值,并作必要的修正。收集样本股在计算期的价格并按选定的方法计算平均价格。有代表性的价格是样本股收盘平均价。

(4) 指数化。将基期平均股价定为某一常数(通常为100、1 000或10),并据此计算基期股价的指数值。

2. 股票价格指数的编制方法。平均股价虽然计算简便、简单明了,能够反映股票市场的价格水平,但不能反映股价涨落的变动程度。因此,有关金融服务机构和证券交易所在逐期发布平均股价的基础上,还编制并及时公布股价指数,以弥补平均股价的不足。

股票价格指数一般是由一些世界著名金融服务公司或金融研究组织编制并定期公布的。

世界各国的股票市场都有自己的股票价格指数,在一个国家不同的股票市场上甚至同一股票市场上也有不同的股票价格指数。其原因主要在于股票样本不同或者计算方法的不同。目前,各国最常用的计算方法主要有以下几种:

(1) 简单算术股价指数,又有相对法和综合法之分。

相对法是先计算各样本股的个别指数,再加总求算术平均数。若设股价指数为 P,基期第 i 种股票价格为 p_{0i},计算期第 i 种股票价格为 p_{1i},样本数为 n,其计算公式为

$$P = \frac{1}{n} \sum \frac{p_{1i}}{p_{0i}} \qquad (4.8)$$

综合法是将样本股票基期价格和计算期价格分别加总,然后再求出股价指数,其计算公式为

$$P = \frac{\sum p_{1i}}{\sum p_{0i}} \qquad (4.9)$$

(2) 加权股价指数是以样本股票发行量或成交量为权数加以计算,又有基期加权、计算期加权和几何加权之分。

基期加权股价指数又称拉斯贝尔加权指数,该方法采用基期发行量或成交量作为权数。其计算公式为

$$P = \frac{\sum p_{1i} q_{0i}}{\sum p_{0i} q_{0i}} \qquad (4.10)$$

式中,q_{0i} 表示第 i 种股票的基期发行量或成交量。

计算期加权股价指数又称派氏加权指数,该方法采用计算期发行量或成交量作为权数。其适用性较强,使用较广泛,很多著名股价指数,如标准普尔指数等,都使用这一方法。其计算公式为

$$P = \frac{\sum p_{1i}q_{1i}}{\sum p_{0i}q_{1i}} \quad (4.11)$$

式中，q_{1i} 表示计算期第 i 种股票的发行量或成交量。

几何加权股价指数又称费雪理想式，是对两种指数作几何平均。由于计算复杂，很少被实际应用。其计算公式为

$$P = \sqrt{\frac{\sum p_1 q_0 \times \sum p_1 q_1}{\sum p_0 q_0 \times \sum p_0 q_1}} \quad (4.12)$$

三、我国主要的股价指数

（一）上证综合指数

上海证券交易所从 1991 年 7 月 15 日起编制并公布上海证券交易所股价指数，它以 1990 年 12 月 19 日为基期，以全部上市股票为样本，以股票发行量为权数，按加权平均法计算。其计算公式为

$$\text{本日股价指数} = \frac{\text{本日股票市价总值}}{\text{基期股票市价总值}} \times 100 \quad (4.13)$$

式中，本日股票市价总值 = ∑本日收盘价 × 发行股数

基期股票市价总值 = ∑基期收盘价 × 发行股数

遇新股上市、退市或上市公司增资扩股时，需作出相应修正。修正时计算公式为

$$\text{新基期市价总值} = \text{修正前基期市价总值} \times \frac{\text{修正前市价总值} + \text{市价总值变动额}}{\text{修正前市价总值}} \quad (4.14)$$

$$\text{修正后本日股价指数} = \frac{\text{本日股票市价总值}}{\text{新基期股票市价总值}} \times 100 \quad (4.15)$$

随着上市股票品种逐渐增加，上海证券交易所在这一综合指数的基础上，从 1992 年 2 月起分别公布 A 股指数和 B 股指数；从 1993 年 5 月 3 日起正式公布工业、商业、地产业、公用事业和综合五大类分类股价指数。其中上证 A 股指数以 1990 年 12 月 19 日为基期，上证 B 股指数以 1992 年 2 月 21 日为基期，以全部上市的 A 股和 B 股为样本，以发行量为权数进行加权计算。上证分类指数以 1993 年 5 月 1 日为基期，按同样方法计算。

（二）深证成分股指数

深证成分股指数由深圳证券交易所编制，通过对所有在深圳证券交易所上市的公司进行考察，按一定标准选出 40 家有代表性的上市公司作为成分股，以成分股的可流通股数为权数，采用加权平均法编制而成的。深证成分股指数包括深证成分指数、成分 A 股指数、成分 B 股指数等。深证分类指数包括农林指数、采掘指数、制造指数、食品指数、纺织指数、木材指数、造纸指数、石化指数、电子指数、金属指数、机械指数、医药指数、水电指数、建筑指数、运输指数、IT 指数、批零指数、金融指数、地产指数、服务指数、传播指数、综企指数等 22 项。成分股指数以 1994 年 7 月 20 日为基日，基日指数为 1 000 点。

深圳证券交易所选取成分股的一般原则是：有一定的上市交易时间；有一定的上市规模，以每家公司一段时期内的平均可流通股市值和平均总市值作为衡量标准；交易活

跃，以每家公司一段时期内的总成交金额和换手率作为衡量标准。根据以上标准，再结合下列各项因素评选出成分股：公司股票在一段时间内的平均市盈率；公司的行业代表性及所属行业的发展前景；公司近年来的财务状况、盈利记录、发展前景及管理素质等；公司地区、板块代表性等。

（三） 沪深300指数

沪深300指数于2005年4月8日正式发布，它是由中证指数有限公司负责编制和维护的成分股票指数，该公司由上海证券交易所和深圳证券交易所共同出资设立。沪深300指数以2004年12月31日为基日，基日点位1 000点，吸收了国际市场成熟的指数编制理念，采用自由流通股本加权、分级靠档、样本调整缓冲期等先进技术。

沪深300指数市场覆盖率高，主要成分股权重比较分散，涵盖能源、原材料、工业、可选消费、主要消费、健康护理、金融、信息技术、电信服务、公共事业10个行业，使得该指数能较好地应对行业的周期性波动。沪深300指数也是我国第一只用于反映A股整体市场表现的股票指数，有利于投资者观察和把握国内股票市场的整体变化，具有很好的投资参考价值。2010年4月，中国金融期货交易所推出了以沪深300指数为标的物的金融期货合约，这一举措对未来中国证券市场的发展带来持续和深远的影响。

四、国际主要股票市场及其价格指数

（一） 道·琼斯工业股价平均数

道·琼斯工业股价平均数，是世界上最早、最享盛誉和最有影响的股票价格平均数，由美国道·琼斯公司编制并在《华尔街日报》上公布。早在1884年7月3日，道·琼斯公司的创始人查尔斯·亨利·道和爱德华·琼斯根据当时美国有代表性的11种股票编制股票价格平均数，并发表于该公司编辑出版的《每日通讯》上。以后，道·琼斯股价平均数的样本股逐渐扩大至65种，编制方法也有所改进，《每日通讯》也于1889年改为《华尔街日报》。现在人们所说的道·琼斯指数实际上是一组股价平均数，包括5组指标：（1） 工业股价平均数：以美国埃克森石油公司、通用汽车公司和美国钢铁公司等30家著名大工商业公司股票为编制对象，能灵敏反映经济发展水平和变化趋势。平时所说的道·琼斯指数就是指道·琼斯工业股价平均数。（2） 以美国泛美航空公司、环球航空公司、国际联运公司等20家具有代表性的运输业公司股票为编制对象的运输业股价平均数。（3） 以美国电力公司、煤气公司等15家具有代表性的公用事业大公司股票为编制对象的公用事业股价平均数。（4） 以上述65家公司股票为编制对象的股价综合平均数。（5） 以700种不同规模或实力的公司股票作为编制对象的道·琼斯公正市价指数，该指数于1988年10月首次发表。由于该指数所选的股票不但考虑了广泛的行业分布，而且兼顾了公司的不同规模和实力，因而具有相当的代表性。

道·琼斯股价平均数以1928年10月1日为基期，基期指数为100。道·琼斯指数的编制方法原为简单算术平均法，由于这一方法的不足，从1928年起采用除数修正的简单平均法，使平均数能连续、真实地反映股价变动情况。长期以来，道·琼斯股价平均数被视为最具权威性的股价指数，被认为是反映美国政治、经济和社会状况最灵敏的指标。究其原因，主要是由于该指数历史悠久，采用的65种股票都是世界上第一流大公司的股票，在各自的行业中都占有举足轻重的主导地位，而且不断地以新生的更有代表性的股票取代那些已失去原有活力的股票，使其更具代表性，比较好地与纽约证券交易所上市的2 000多种股票变动同步，指数由最有影响的金融报刊《华尔街日报》及时而详尽的报道等。

(二) 标准普尔指数

除了道·琼斯股票价格指数外，标准普尔股票价格指数在美国也很有影响，它是美国最大的证券研究机构标准普尔公司编制的股票价格指数。该公司于1923年开始编制发表股票价格指数。最初采选了230种股票，编制两种股票价格指数。到1957年，这一股票价格指数的范围扩大到500种股票，分成95种组合。其中最重要的四种组合是工业股票组、铁路股票组、公用事业股票组和500种股票混合组。从1976年7月1日开始，改为400种工业股票，20种运输业股票，40种公用事业股票和40种金融业股票。几十年来，虽然有股票更迭，但始终保持为500种。标准普尔公司股票价格指数以1941—1943年抽样股票的平均市价为基期，以上市股票数为权数，按基期进行加权计算，其基点数为10。以目前的股票市场价格乘以股票市场上发行的股票数量为分子，用基期的股票市场价格乘以基期股票数为分母，相除之数再乘以10就是股票价格指数。

(三) 金融时报指数（FTSE100指数）

金融时报指数是英国最具权威性的股价指数，由《金融时报》编制和公布。这一指数包括三种：一是金融时报工业股票指数，又称30种股票指数。该指数包括30种最优良的工业股票价格，其中有烟草、食油、电子、化学药品、金属机械、原油等，由于这30家公司股票的市值在整个股市中所占的比重大，具有一定的代表性，因此该指数是反映伦敦证券市场股票行情变化的重要尺度。它以1935年7月1日为基期，基期指数为100。二是100种股票交易指数，又称"FT-100指数"，该指数自1984年1月3日起编制并公布。这一指数挑选了100家有代表性的大公司股票，又因它通过伦敦股票市场自动报价电脑系统可随时得出股票市价并每分钟计算一次，因此能迅速地反映股市行情每一分钟的变动，自公布以来受到人们广泛重视。为便于期货交易和期权交易，该指数基值定为1 000。三是综合精算股票指数。该指数从伦敦股市上精选700多种股票作为样本股加以计算，它自1962年4月10日起编制和公布，并以这一天为基期，令基数为100。这一指数的特点是统计面宽、范围广，能较全面地反映整个股市状况。特别地，富时指数集团（FTSE）与新华财经的合资公司新华富时指数公司编制并推出新华富时中国25指数，反映在香港联合交易所上市挂牌并被海外投资者广泛注视的25只中国内地企业股的走势；这25只中资股股份亦是属于流通量最高的中国内地企业股份。新华富时中国25指数每15秒计算一次，计算及报价都是以港元为基础，为了满足国际投资者需求而设计的实时可交易指数。

(四) 日经225股价指数

日经225股价指数是日本经济新闻社编制和公布的以反映日本股票市场价格变动的股价指数。该指数从1950年9月开始编制，最初根据东京证券交易所第一市场上市的225家公司的股票算出修正平均股价，称为"东证修正平均股价"。1975年5月1日，日本经济新闻社向道·琼斯公司买进商标，采用道·琼斯修正指数法计算，指数也改称为"日经道式平均股价指标"。1985年5月合同期满，经协商，又将名称改为"日经股价指数"。现在日经股价指数分成两组：一是日经225种股价指数。这一指数以在东京证券交易所第一市场上市的225种股票为样本股，包括150家制造业、15家金融业、14家运输业和46家其他行业。样本股原则上固定不变，以1950年算出的平均股176.21元为基数。由于该指数从1950年起连续编制，具有较好的可比性，成为反映和分析日本股票市场价格长期变动趋势最常用和最可靠的指标。二是日经500种股价指数。该指数从1982年1月4日起开始编制，样本股扩大到500种，约占东京证券交易所第一市场上市股票的一半，因而更具代表性。该指数的特点是采样不固定，每年根据各公司前3个结算年度的经营状况、股票成交量、成交金额、市价总额等情况对样本股票进行更换。正因为如此，该指数不仅能较全面地反映日本股市的行情变化，还能如实反映日本产业结构变化和市场变化情况。

（五）纳斯达克市场及其指数

纳斯达克（NASDAQ）的中文全称是全美证券交易商自动报价系统，于1971年正式启用。它利用现代电子计算机技术，将美国6 000多个证券商网点联结在一起，形成了一个全美统一的场外二级市场。1975年又通过立法，确定这一系统在证券二级市场中的合法地位。目前有不少国家和地区模仿美国纳斯达克建立第二交易系统或二板市场，如欧洲的EASDAQ市场、日本的JASDAQ市场、新加坡的SESDAQ市场、马来西亚的MESDAQ市场、韩国的KOSDAQ市场、罗马尼亚的RASDAQ市场等，但都不甚成功。中国于1992年7月建立的全国证券交易商自动报价系统（STAQ）和1993年4月中国证券交易系统有限公司建立的全国电子交易系统（NET），也有相类似的性质。纳斯达克采取的模式是孪生式或称为附属式，即把创业板市场分为两个部分：一个是全国市场，其上市公司达3 300家；另一个是小型市场，其上市公司达1 700多家。纳斯达克市场设立了13种指数，分别为：纳斯达克综合指数、纳斯达克－100指数、纳斯达克金融－100指数、纳斯达克银行指数、纳斯达克生物指数、纳斯达克计算机指数、纳斯达克工业指数、纳斯达克保险指数、纳斯达克其他金融指数、纳斯达克通信指数、纳斯达克运输指数、纳斯达克全国市场综合指数和纳斯达克全国市场工业指数。

纳斯达克综合指数是以在纳斯达克市场上市的、所有本国和外国的上市公司的普通股为基础计算的。该指数按每个公司的市场价值来设权重，这意味着每个公司对指数的影响是由其市场价值所决定的。市场总价是所有已公开发行的股票在每个交易日的卖出价总和。现在纳斯达克综合指数包括了5 000多家公司，远远超过其他市场指数。正因为有如此大的计算范围，使得该指数成为纳斯达克的主要市场指数。该指数是在1971年2月5日启用的，基准点为100点。

（六）纽约证券交易所股票价格指数

纽约证券交易所股票价格指数是由纽约证券交易所编制的股票价格指数。它开始于1966年6月，先是普通股股票价格指数，后来改为混合指数，包括在纽约证券交易所上市的1 500家公司的1 570种股票。具体计算方法是将这些股票按价格高低分开排列，分别计算工业股票、金融业股票、公用事业股票、运输业股票的价格指数,最大和最广泛的是工业股票价格指数,由1 093种股票组成;金融业股票价格指数包括投资公司、储蓄贷款协会、分期付款融资公司、商业银行、保险公司和不动产公司的223种股票;运输业股票价格指数包括铁路、航空、轮船、汽车等公司的65种股票;公用事业股票价格指数则有电话电报公司、煤气公司、电力公司和邮电公司的189种股票。

纽约股票价格指数是以1965年12月31日确定的50点为基数,采用的是综合指数形式。纽约证券交易所每半个小时公布一次指数的变动情况。虽然纽约证券交易所编制股票价格指数的时间不长,因它可以全面及时地反映其股票市场活动的综合状况,较为受投资者欢迎。

第四节 股票的投资价值分析

股票不同于一般商品,它本身并不具有价值,而仅仅是领取股利收入的凭证。但作为虚拟资本的股票是有价值的,它的价值是其所代表的真实资本的价值量,而其使用价值(即股票的盈利能力)更能通过影响股票的价格而影响股票的内在价值,因此人们在不同的情况下对股票的价值做了不同的限定和分类。

一、股票价值的概念

在证券投资和资本运营实践中,有效反映普通股股票价值的概念指标主要有面值、账面价值、清算价值、市值、内在价值和投资价值。

(一)面值

股票的面值就是股票上标明的金额。它的主要作用有二:一是确定每股股票在公司中所占的份额。将发行公司资本额分为若干股,每股所代表的资本额即为每股面值。例如某企业发行股票100万元,分为10万单位,即该股票面值为10元。那么一股股票就代表该企业总股本的十万分之一的股权,10万股面值为10元的股票的总和就是该企业的股本总额。二是股票面值是股票市场交易价格的基础。尽管股票的市场交易价格与股票的面值常常脱离,但它仍是股票起售价格和市场交易价格的重要参照值。对一般投资者来说,票面价值只是原始股东最初支付的金额,随着股市价格的变化,市价与面值脱离,使股票面值的意义变小。

通常,企业发行的股票是要标明面值的,但也有不标明面值的股票,即无面值股票。这种股票在票面上只注明股数,没有标明金额,但在招股说明书上一定要注明每股代表多少价值或每股代表公司总股本的比例。每股代表的实际价值,随净资产增减而扩大或减少。

股票面值的确定可大可小,没有统一规定。通常在习惯上将股票面值定得低一些,其原因在于,低面值的股票纳税少,易于发行销售,有利于企业分散筹集资金。如上千元上万元面值的股票,要有相当的现款才能办到,而面值10元、5元甚至1元的股票谁都可以买。在美国,票面价值的高低与税负有一定的关系。州政府有权以票面价值为基础征收国内消费税和特许权费，目的就是鼓励公司发行小额票面价值的股票。

（二）账面价值（净值）

股票净值的计算，通常是公司的总资产减去全部负债和优先股的数值，再除以普通股股数。股票的净值是每股股票实际代表公司资产的价值，反映了股东权益，又被叫做"股东权益"。经营状况好、财务健全的公司，股东所享有的权益大，其账面价值必然大于票面价值。换句话说，净值较高的股票的股东能享有的权益也较大。因此，股票净值的高低，可作为投资分析的参考依据之一。对于长期投资者，以净值作为投资评估依据，是一种既安全又基础的做法，因为净值是公司长时间积累的成果。

{ 股票的账面价值即股票的净值，是企业按财务报表计算的一种会计概念。

（三）清算价值

在理论上，清算价值等于清算时的账面价值，但由于公司的大多数资产可能会以低价出售，再扣除清算费用，清算价值往往小于账面价值。一般投资者当然不希望自己持股的公司撤销或解散，故忌讳这个概念。股市分析专家也只是偶尔用到这个术语。

{ 股票的清算价值是指在公司撤销或解散时，资产经过清算后，每股所代表的实际价值。

（四）市值

本来价值和价格是两个不同的概念，但股票交易习惯用语有时不分。市值与面值、净值最大的不同点在于不固定，它随市场交易的进行经常变动。这一特点正是许多投资者所希望的，或者说是吸引投资者的动人之处。

{ 股票的市值又称市场价值，是股票在实际交易过程中所表现出的价值，它是分析家或投资者根据自己所掌握的信息、估价理念，对公司收益、风险及成长性的预期，表现为动态变化的市场价格，也就是股票买卖价格。

（五）内在价值

它是客观存在、动态变化的价值，主要取决于公司的财务状况以及公司资产负债表以外的，如管理水平、技术开发能力、公司发展潜力、公司面临的各种风险、客户长期业务关系等会计核算准则和方法难以衡量的价值驱动因素，人们往往通过各种具体估价方法和模型来衡量公司的内在价值。

{ 股票的内在价值是公司股票未来预期现金收益的折现值。

（六）投资价值

投资者对某种股票分析得出估计价值，并与现行股价进行比较，以决定是否值得投资。

{ 股票的投资价值等于股票的内在价值与股票的市场价格之比。

二、股票投资价值的影响因素

（一）影响股票投资价值的内部因素

1. 公司净资产。净资产或资产净值是总资产减去负债后的净值，它是全体股东的权益，是决定股票投资价值的重要基准。公司经过一段时间的营运，其资产净值必然有所变动。股票作为投资的凭证，每一股代表一定数量的净值。理论上讲，净值应与股价保持一定比例，即净值增加，股价上涨，净值减少，股价下跌。

2. 公司盈利水平。公司业绩好坏集中表现于盈利水平高低。公司的盈利水平是影响股票投资价值的基本因素之一。在一般情况下，公司盈利增加，可分配的股利也会相应增加，股票的市场价格上涨；公司盈利减少，可分配的股利相应减少，股票的市场价格下降。但值得注意的是，股票价格的涨跌和公司盈利的变化并不完全同时发生。

3. 公司的股利政策。股份公司的股利政策直接影响股票投资价值。股利与股票价格成正比，通常股利高，股价涨，股利低，股价跌。股利来自公司的税后盈利，公司盈利的增加只为股利的分配提供了可能，并非盈利增加，股利一定增加。公司为了把盈利合理地分配到扩大再生产和支付股利以回报股东等用途，都会有一定的股利政策。股利政策体现了公司的经营作风和发展潜力，不同的股利政策对各期股利收入有不同影响。此外，公司对股利的分配方式也会给股价波动带来影响。

4. 股份分割。股份分割又称分股拆细，是将股票均等地拆成若干股。股份分割一般在年度决算月份进行，通常会刺激股价上升。股份分割给投资者带来的不是现实的利益，因为股份分割后投资者保持的股份和以前一样，得到的股利也相同。但是投资者持有的股份数量增加了，给投资者带来了今后可多分股利和更高收益的希望，因此股份分割往往比增加股利分配对股价上涨的刺激作用更大。

5. 增资和减资。公司因业务发展需要增加资本额而发行新股，一般情况下，在没有产生相应效益前将使每股净资产下降，因而会促使股价下跌。但增资对不同公司股票价格的影响不尽相同。对那些业绩优良、财务结构健全、具有发展潜力的公司而言，增资意味着将增加公司经营实力，会给股东带来更多回报，股价不仅不会下跌，可能还会上涨。当公司宣布减资时，多半是因为经营不善、亏损严重、需要重新整顿，所以股价会大幅下跌。

6. 公司资产重组。公司重组总会引起公司价值的巨大变动，因而其股价也会随之产生剧烈的波动。但公司重组对公司是否有利、重组后是否会改变公司的经营状况等，才是决定股价变动方向的决定因素。

（二）影响股票投资价值的外部因素

1. 宏观因素。宏观经济走向和相关政策是影响股票投资价值的重要因素。宏观经济走向包括经济周期、通货膨胀率变动以及国际经济市场的变化等因素；国家的货币政策、财政政策、收入分配政策和对证券市场的监管政策等相关政策也会对股票的投资价值产生影响。

2. 行业因素。产业的发展状况和趋势对于该产业上市公司的影响是巨大的，因此，国家的产业政策和相关行业的发展等都会对该产业上市公司的股票投资价值产生影响。

3. 市场因素。证券市场上投资者对股票走势的心理预期会对股票价格走势产生重要的影响。市场中的散户投资者往往有从众心理，对股市产生助涨或助跌的作用。

三、股票内在价值的计算方法

（一）现金流贴现模型

1. 一般公式。现金流贴现模型是运用收入的资本化定价方法来决定普通股股票的内在价值的。按照收入的资本化定价方法,任何资产的内在价值是由拥有这种资产的投资者在未来时期中所能取得的现金流决定的。由于现金流是未来时期的预期值,因此必须按照一定的贴现率返还成现值,也就是说,一种资产的内在价值等于预期现金流的贴现值。对于股票来说,这种预期的现金流即是在未来时期支付的股利。因此,贴现现金流模型的公式如下:

$$V = \sum_{t=1}^{\infty} \frac{D_t}{(1+k)^t} \tag{4.16}$$

式中,V 表示股票的内在价值;D_t 表示在未来时期以现金形式表示的每股股利;k 表示在一定风险程度下现金流的合适的贴现率。

在这个方程里,假定在所有时期内,贴现率都是一样的。由该方程可以引出净现值这个概念。净现值等于内在价值与成本之差,即

$$\begin{aligned} NPV &= V - P \\ &= \sum_{t=1}^{\infty} \frac{D_t}{(1+k)^t} - P \end{aligned} \tag{4.17}$$

式中,P 表示在 $t=0$ 时购买股票的成本。

如果 $NPV>0$,意味着所有的预期现金流入的现值之和大于投资成本,即这种股票的价值被低估了,因此购买这种股票可行。

如果 $NPV<0$,意味着所有预期的现金流入的现值之和小于投资成本,即这种股票的价值被高估了,因此不可购买这种股票。

2. 内部收益率。内部收益率就是指投资净现值等于零的贴现率。如果用 k^* 代表内部收益率,通过式(4.17)可得

$$NPV = V - P = \sum_{t=1}^{\infty} \frac{D_t}{(1+k^*)^t} - P = 0 \tag{4.18}$$

由式(4.18)可以解出内部收益率 k^*。把 k^* 与具有同等风险水平的股票的必要收益率(用 k 表示)相比较:如果 $k^*>k$,则可以考虑购买这种股票;如果 $k^*<k$,则不要购买这种股票。

3. 不同类型的现金流贴现模型。

(1)零增长模型。零增长模型假定股利增长率 $g=0$,也就是说,未来的股利按一个固定数量支付。根据这个假定,用 D_0 来替换式(4.16)中的 D_t,得:

$$V = \frac{\sum D_0}{(1+k)^t} = D_0 \sum \frac{1}{(1+k)^t} \tag{4.19}$$

因为 $k>0$,按照数学中无穷级数的性质,可知:

$$\sum \frac{1}{(1+k)^t} = \frac{1}{k}$$

代入式(4.19)中,得出零增长模型公式:

$$V = D_0/k \tag{4.20}$$

式中，V 表示股票的内在价值；D_0 表示在未来无限时期支付的每股股利；k 表示到期收益率。

【例 4-5】 假定某公司在未来无限时期支付的每股股利为 8 元，必要收益率为 10%，运用式（4.20），可知该公司每股股票的价值等于 8/0.10＝80（元），而当时 1 股股票价格为 65 元，每股股票净现值为 80－65＝15（元），说明该股股票价值被低估 15 元，因此可以购买该种股票。

式（4.20）也可以用于计算投资于零增长证券的内部收益率。首先，用证券的当前价格 P 代替 V，用 k^*（内部收益率）代替 k，其结果是：

$$P = \frac{\sum D_0}{(1+k^*)^t} = \frac{D_0}{k^*} \tag{4.21}$$

进行转换，可得：$k^* = D_0/P$。

利用这一公式，计算上述例子中的公司股票的内部收益率，其结果是 $k^* = 8/65 = 12.3\%$。由于该股票的内部收益率大于其必要收益率（12.3%＞10%），表明该公司股票价值被低估了。

零增长模型的应用似乎受到相当的限制，毕竟对某一种股票永远支付固定的股利的假定是不合理的。但在特定的情况下，对于决定普通股股票的价值，仍然是有用的。而在决定优先股股票的内在价值时，这种模型相当有用，因为大多数优先股支付的股利是固定的。

（2）不变增长模型。如果假设股利永远按不变的增长率增长，那么就可以建立不变增长模型。当股利以不变增长率 g 增长时，t 时点的股利为

$$D_t = D_{t-1}(1+g) = D_0(1+g)^t \tag{4.22}$$

因此，将式（4.22）代入式（4.16）可得：

$$V = \frac{\sum D_0(1+g)^t}{(1+k)^t} \tag{4.23}$$

运用数学中无穷级数的性质，如果 $k > g$，可知：

$$V = \frac{(1+g)^t}{(1+k)^t} = \frac{1+g}{k-g} \tag{4.24}$$

得出不变增长模型的价值公式：

$$V = D_0(1+g)/(k-g) \tag{4.25}$$

又因为 $D_1 = D_0(1+g)$，有时把式（4.25）改写成如下形式：

$$V = D_1/(k-g) \tag{4.26}$$

【例 4-6】 假定去年某公司支付每股股利为 1.80 元，预计在未来日子里该公司股票的股利按每年 5% 的速度增长。因此，预计下一年股利等于 1.80×（1＋0.05）＝1.89（元）。假定必要收益率是 11%，根据公式可知，该公司的股票价值等于 1.80×（1＋0.05）/（0.11－0.05）＝31.50（元）。而当时每股股票价格是 40 元，因此股票价值被高估 8.50 元，建议当前持有该股票的投资者出售其股票。

式（4.25）可用于求解不变增长股票的内部收益率。首先，用股票的当前价格 P 代

替 V，其次，用 k^* 代替 k，其结果是：
$$P = D_0(1+g)/(k^* - g) \tag{4.27}$$
经过变换，可得：
$$\begin{aligned}k^* &= D_0(1+g)/P + g \\ &= D_1/P + g\end{aligned} \tag{4.28}$$

用上述公式来计算【例 4-6】中公司股票的内部收益率，得出：
$$k^* = 1.80 \times (1+0.05)/40 + 0.05 = 9.725\%$$

由于该公司股票的内部收益率小于其必要收益率，表明该公司股票价值被高估了。

零增长模型实际上是不变增长模型的一个特例。假定增长率 $g = 0$，股利将永远按固定数量支付，这时，不变增长模型就是零增长模型。

从这两种增长模型来看，虽然不变增长的假设比零增长的假设有较小的应用限制，但是在许多情况下仍然被认为是不现实的。但由于不变增长模型是多元增长模型的基础，因此这种模型仍极为重要。

(3) 两阶段增长模型。两阶段增长模型假设在 $1 \sim n$ 期内公司以较高比率增长，n 以后的时期以一个长期的平稳的比率增长。这样，模型把股利现金流分成两部分，分别算出它们的现值，然后把它们的现值相加，即为股票的内在价值。公式如下：

$$V = \sum_{t=1}^{n} \frac{D_0(1+g_1)^t}{(1+k)^t} + \frac{D_n(1+g)}{k-g} \cdot \frac{1}{(1+k)^n} \tag{4.29}$$

式中，g_1 表示超正常（或低于正常）的股息增长率；g 表示股息的不变增长率；D_n 表示非正常增长期结束时的股息，$D_n = D_0(1+g_1)^n$。

【例 4-7】某公司现时股息为 1 元，预期前五年股息每年增长率为 12%，五年以后预期每年不变增长率为 6%，投资者的应得回报为 10%，股票的内在价值是多少？

解：因为，$D_n = D_0(1+g_1)^n$

所以，预计第五年的股息 $D_5 = 1 \times (1+12\%)^5 = 1.76$（元）

股票的内在价值 $V = \sum_{t=1}^{5} \frac{1 \times (1+12\%)^t}{(1+10\%)^t} + \frac{1.76(1+6\%)}{10\% - 6\%} \times \frac{1}{(1+10\%)^5} = 5.26 + 46.64 \times 0.621 = 34.22$（元）

(4) 三阶段增长模型。许多投资银行广泛使用最早由莫洛多斯基提出的三阶段增长模型（见图 4-3），该模型将股息增长分成三个不同阶段：

第一阶段（期限为 O 到 A）：股息的增长率是一个常数（g_a）；

第二阶段（期限从 A 到 B）：股息增长转折期，股息增长率以线性方式从 g_a 到第三阶段的股息增长率 g_n，若 $g_a > g_n$，转折期是递减增长率，若 $g_a < g_n$，转折期为递增增长率；

第三阶段（期限为 B 以后，一直到永远）：股息增长率为常数 g_n，该增长率是公司长期的正常增长率。

在转折期内任何时点上的股息增长率，可用下式表示：

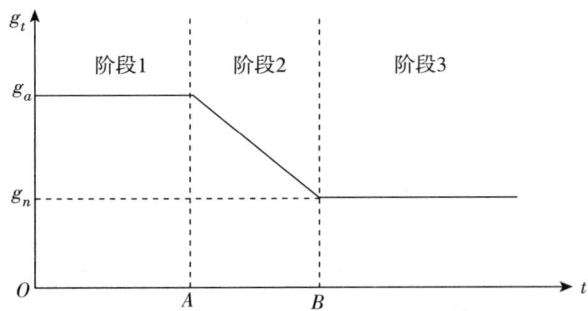

图 4-3 三阶段增长模型图示

$$g_t = g_a - (g_a - g_n)\frac{t-A}{B-A}(g_a > g_n) \quad (4.30)$$

若已知 g_a、g_n、A、B 和初期的股息水平 D_0，可计算出所有各期股息，然后根据贴现率计算股票的内在价值。公式如下：

$$V = D_0 \sum_{t=1}^{A}(\frac{1+g_a}{1+r})^t + \sum_{t=A+1}^{B}[\frac{D_{t-1}(1+g_t)}{(1+r)^t}] + \frac{D_B(1+g_n)}{(1+r)^B(r-g_n)} \quad (4.31)$$

【例 4-8】 假定某股票初期支付的股息为 1 美元/股，在今后两年的股息增长率为 6%，股息增长率从第 3 年开始递减；从第 6 年开始每年保持 3% 的增长速度，另外贴现率为 8%。计算股票的内在价值。

解： $A=2$，$B=5$，$g_a=6\%$，$g_n=3\%$，$r=8\%$，$D_0=1$

$$g_3 = 6\% - (6\% - 3\%) \times \frac{3-2}{5-2} = 5\%$$

$$g_4 = 6\% - (6\% - 3\%) \times \frac{4-2}{5-2} = 4\%$$

$$g_5 = 6\% - (6\% - 3\%) \times \frac{5-2}{5-2} = 3\%$$

每年的每股股息见表 4-7。

表 4-7　　　　　　　　　三阶段增长模型例题分析

	年份	股息增长率（%）	股息（美元/股）
第一阶段	1	6	1.0 × 1.06 = 1.06
	2	6	1.06 × 1.06 = 1.124
第二阶段	3	5	1.124 × 1.05 = 1.18
	4	4	1.18 × 1.04 = 1.227
	5	3	1.227 × 1.03 = 1.264
第三阶段	6	3	1.264 × 1.03 = 1.302

$$V = 1 \times \sum_{t=1}^{2} \left(\frac{1+0.06}{1+0.08}\right)^t + \sum_{t=3}^{5} \left[\frac{D_{t-1}(1+g_t)}{(1+0.08)^t}\right] + \frac{D_5(1+0.03)}{(1+0.08)^5(0.08-0.03)}$$

$$= 22.36(美元)$$

三阶段增长模型依旧是运用内部收益率指标判断股票价值是低估还是高估。由于无法解出内部收益率，并且转折期内现金流贴现计算也比较复杂，因此1984年，佛勒和夏提出了H模型，简化了现金流贴现的计算。

(5) H模型。佛勒和夏的H模型（见图4-4）假定：股息的初始增长率为g_a，然后以线性的方式递减或递增；从$2H$期后，股息增长率成为g_n，即长期的正常的股息增长率；在股息递减或递增的过程中，在H点上的股息增长率恰好等于初始增长率和常数增长率的平均数。当$g_a > g_n$时，在$2H$点之前股息增长率为递减，当$t=H$时，$g_H = \frac{1}{2}(g_a + g_n)$。在满足上述假定条件情况下，佛勒和夏推导出计算股票内在价值的H模型公式如下：

$$V = \frac{D_0}{r - g_n}[(1 + g_n) + H(g_a - g_n)] \tag{4.32}$$

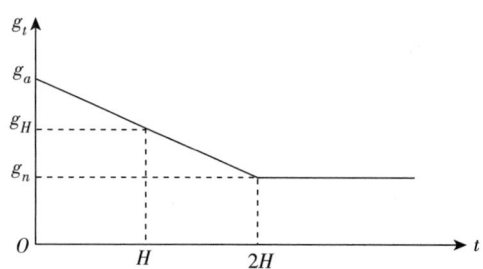

图4-4 H模型图示

【例4-9】沿用三阶段增长模型中的【例4-8】，所以：
$$A = 2, B = 5, g_a = 6\%, g_n = 3\%, r = 8\%, D_0 = 1$$

假定$H = \frac{1}{2} \times 6 = 3$，代入公式：

$$V = \frac{1}{0.08 - 0.03}[(1 + 0.03) + 3 \times (0.06 - 0.03)] = 22.4(美元)$$

4. H模型与三阶段增长模型的关系。

(1) 在考虑了股息增长率变动的情况下，H模型大大简化了计算过程。

(2) 在已知股票当前市场价格P的情况下，H模型可以直接计算内部收益率。即

$$NPV = V - P = \frac{D_0}{r - g_n}[(1 + g_n) + H(g_a - g_n)] - P = 0$$

可推出：$IRR = \frac{D_0}{P}[(1 + g_n) + H(g_a - g_n)] + g_n \tag{4.33}$

(3) 在假定 H 位于三阶段增长模型转折期的中点情况下，H 模型与三阶段模型的结论非常接近。

(4) 当 g_a 等于 g_n 时，不变增长模型是 H 模型的特例。即

$$V = \frac{D_0}{r-g_n}[(1+g_n) + H(g_a - g_n)] = \frac{D_0}{r-g_n}(1+g_n) = \frac{D_0(1+g)}{r-g} \quad (4.34)$$

(5) 将上式改写为

$$V = \frac{D_0(1+g_n)}{r-g_n} + \frac{D_0 H(g_a - g_n)}{r-g_n} \quad (4.35)$$

股票内在价值由两部分组成：第一项是根据长期的股息增长率决定的现金流贴现价值；第二项是由超常收益率 g_n 决定的现金流贴现价值，并且这部分价值与 H 成正比关系。

【例 4-10】假定某公司股票 1999 年 2 月的市场价格为 59 美元。经预测该公司股票在 1999 年后的 4 年间保持 11% 的股息增长率，从第 5 年开始股息增长率递减，但是从第 16 年起该公司股票增长率将维持在 5% 的正常水平。1998 年的股息为 4.26 美元/股。期望收益率为 14.25%。求内在价值。

解：

$$V = \frac{D_0}{r-g_n}[(1+g_n) + H(g_a - g_n)]$$

$$= \frac{4.26}{(0.1425 - 0.05)}[(1+0.05) + 8 \times (0.11 - 0.051)]$$

$$= 70.46 (\text{美元})$$

可见，该股票价值被低估了（59 美元 < 70.46 美元）。该公司股票内部收益率为

$$IRR = \frac{D_0}{P}[(1+g_n) + H(g_a - g_n)] + g_n$$

$$= \frac{4.26}{59}[1.05 + 8 \times (0.11 - 0.05)] + 0.05$$

$$= 16.05\%$$

(二) 市盈率估价法

市盈率又称价格收益比，是股票市价与税后利润之间的比值，即市盈率等于股票市价除以税后利润。

如果能分别估计出股票的市盈率和每股收益，就能由此公式估计出股票价格。用公式表示为

$$P_1 = E_1 \frac{P_1}{E_1} \quad (4.36)$$

这种评价股票价格的方法就是市盈率估价法。在股价一定时，利润越多，市盈率越低；利润越少，市盈率越高；而在利润一定的情况下，股票市价越高，市盈率越高，反之，则市盈率越低。所以市盈率说明了股票的盈利能力，它与盈利能力呈反向关系。

怎样确定价格收益比呢？可以使用现金流贴现模型，将模型中的股息用收益来表示，即

$$D_t = p_t E_t \tag{4.37}$$

式中，p_t 是公司派息率，即公司收益的支付比。

将 $D_t = p_t E_t$ 代入现金流贴现模型，得

$$V_0 = \sum_{t=1}^{\infty} \frac{p_t E_t}{(1+k)^t} \tag{4.38}$$

假设每股收益在第 t 年的增长率为 g_{et}，则

$$E_1 = E_0(1+g_{e1})$$
$$E_2 = E_1(1+g_{e2}) = E_0(1+g_{e1})(1+g_{e2})$$
$$\cdots\cdots$$
$$E_t = E_0(1+g_{e1})(1+g_{e2})\cdots(1+g_{et})$$
$$= E_0 \prod_{i=1}^{t}(1+g_{ei})$$

所以上式可以表示为

$$V_0 = E_0 \sum_{t=1}^{\infty} \frac{p_t \prod_{i=1}^{t}(1+g_{et})}{(1+k)^t}$$

移项为

$$\frac{V_0}{E_0} = \sum_{t=1}^{\infty} \frac{p_t \prod_{i=1}^{t}(1+g_{et})}{(1+k)^t} \tag{4.39}$$

式中，$\frac{V_0}{E_0}$ 表示内在价值与收益比。它受公司收益支付比和每股收益预期增长率的影响，在其他条件不变的情况下，p_t 越大，或每股收益预期增长率 g_{et} 越大，那么比值越大。

用 $\frac{V_0}{E_0}$ 与 $\frac{P_0}{E_0}$ 相比较，可以判断股票是否被错误定价。

式（4.39）很复杂，计算 $\frac{V_0}{E_0}$ 是比较困难的。下面介绍几种比较特殊的情形。

1. 零增长模型。零增长模型是假设每股股利保持不变，这时公司的盈利完全用于支付股息，即 $P_t = 1$，$g_{et} = 0$，所以：

$$\frac{V_0}{E_0} = \sum_{t=1}^{\infty} \frac{1}{(1+k)^t} = \frac{1}{k} \tag{4.40}$$

【例 4–11】一公司的股票现在每股股息为 10 元，应得回报为 12%，股票的市价为 70 元，投资者是否应该购买此股票？

解：

$$\frac{V_0}{E_0} = \frac{1}{0.12} = 8.33$$

$$\frac{P_0}{E_0} = 70/10 = 7$$

因为 $\frac{V_0}{E_0} > \frac{P_0}{E_0}$，价格被低估，应该购买。

2. 不变增长模型。此模型假设每股股息在各个时期的增长率相同，同时假设每股收益在各个时期的增长率也相同，并且支付比为常数，即

$$p_1 = p_2 = p_3 = \cdots = p$$
$$g_{e1} = g_{e2} = g_{e3} = \cdots = g$$

则 $E_1 = E_0(1 + g_e)$

$$E_2 = E_1(1 + g_e) = E_0(1 + g_e)^2$$
$$E_3 = E_2(1 + g_e) = E_0(1 + g_e)^3$$
$$\cdots\cdots$$
$$E_t = E_0(1 + g_e)^t$$

所以，$D_t = pE_0(1 + g_e)^t$，将此式代入股息贴现模型得

$$V_0 = \sum_{t=1}^{\infty} \frac{D_t}{(1 + k)^t} = \sum_{t=1}^{\infty} \frac{pE_0(1 + g_e)^t}{(1 + k)^t} = pE_0 \frac{1 + g_e}{k - g_e}$$

所以，$\frac{V_0}{E_0} = p \frac{1 + g_e}{k - g_e}$ \hfill (4.41)

【例 4-12】某公司现在每股收益为 1.5 元，股息为 1 元，投资者预期每股收益每年以 7% 增长，应得回报率为 15%，现实市价为 20 元，投资者是否应购买该股票？

解：

$$\frac{V_0}{E_0} = p \frac{1 + g_e}{k - g_e} = \frac{1}{1.5} \times \frac{1 + 7\%}{15\% - 7\%} = 8.92$$

而 $\frac{P_0}{E_0} = 20/1.5 = 13.33$

因此，股价被高估了，不应购买该股票。

3. 两阶段增长模型。考虑两个时期的模型。假设前一时期每股收益以 g_{e1} 增长，后一时期每股收益以 g_{e2} 增长，根据股息多重增长模型，可得

$$V_0 = \sum_{t=1}^{n} \frac{D_0(1 + g_{e1})^t}{(1 + k)^t} + \frac{D_n(1 + g_{e2})}{k - g} \times \frac{1}{(1 + k)^n}$$

$$V_0 = \sum_{t=1}^{n} \frac{p_1 E_0(1 + g_{e1})^t}{(1 + k)^t} + \frac{p_2 E_0(1 + g_{e1})^n(1 + g_{e2})}{k - g_{e2}} \times \frac{1}{(1 + k)^n}$$

两边同时除以 E_0，得

$$\frac{V_0}{E_0} = \sum_{t=1}^{n} \frac{p_1(1 + g_{e1})^t}{(1 + k)^t} + \frac{p_2(1 + g_{e1})^n}{k - g_{e2}} \times \frac{1 + g_{e2}}{(1 + k)^n} \quad (4.42)$$

【例 4-13】某公司上一年每股收益为 2.5 元，股息为 1 元，预期前 5 年股息每年增长率为 12%，5 年后预期每年不变增长率为 6%，投资者的必要回报率为 10%，这时 $p_1 = p_2 = 1/2.5 = 40\%$，计算内在价值与收益比，并与市价和收益比相比较。

解：

$$\frac{V_0}{E_0} = 0.4 \left[\sum_{t=1}^{5} \frac{(1+12\%)^t}{(1+10\%)^t} + \frac{(1+12\%)^5}{10\% - 6\%} \times \frac{1+6\%}{(1+10\%)^5} \right] = 0.4 \times 34.22 = 13.69$$

$$\frac{P_0}{E_0} = 34/2.5 = 13.6$$

$\frac{V_0}{E_0}$ 与 $\frac{P_0}{E_0}$ 两者近似相等，因此，此时股票的价格接近真实价值。

四、其他投资工具的投资价值分析

（一）可转换证券

1. 可转换证券的价值。可转换证券有两种价值：理论价值和转换价值。

{ 可转换证券赋予投资者以其持有的债券或优先股按规定的价格和比例，在规定的时间内转换成普通股的选择权。

（1）理论价值。可转换证券的理论价值是指当它作为不具有转换选择权的一种证券的价值。为了估计可转换证券的理论价值，必须首先估计与它具有同等资信和类似投资特点的不可转换证券的必要收益率，然后利用这个必要收益率算出它未来现金流量的现值。

（2）转换价值。如果一种可转换证券可以立即转让，它可转换的普通股股票的市场价格与转换比率的乘积便是转换价值，即

转换价值 = 普通股股票市场价格 × 转换比率

式中，转换比率是指证券持有人获得的每一份证券可转换的股票数。

2. 可转换证券的市场价格。可转换证券的市场价格必须保持在它的理论价值和转换价值之上。如果可转换证券市场价格在理论价值之下，该证券价值被低估了，这是显而易见的；如果可转换证券的市场价格在转换价值之下，购买该证券并立即转化为股票就有利可图，从而将吸引大量投资者购买该证券，最终促使该证券价格上涨至转换价值之上。

（1）转换平价、转换升水和转换贴水。除非发生特定情形，如发售新股、配股、送股、派息、股份的拆细与合并以及公司兼并、收购等情况，转换平价一般不

{ 转换平价是可转换证券持有人在转换期限内可以依据可转换证券的市场价格和转换比率把证券转换成公司普通股股票的每股价格。

做任何调整。前文所说的转换比率，实质上就是转换平价的另一种表示方式。

转换平价是一个非常有用的指标，因为一旦实际股票市场价格上升到转换平价水平，任何进一步的股票价格上升肯定会使可转换证券的价值增加。因此，转换平价可视为一个盈亏平衡点。计算方法为

转换平价 = 可转换证券的市场价格/转换比率

一般来说，投资者在购买可转换证券时都要支付一笔转换升水。每股的转换升水等

于转换平价与普通股当期市场价格（也称为基准股价）的差额，或者说是可转换证券持有人在将证券转换成股票时，相对于当初认购可转换证券时的股票价格（基准股价）而作出的让步，通常以百分比表示。

而如果转换平价小于基准股价，基准股价与转换平价的差额就被称为转换贴水。转换贴水的出现与可转换证券的溢价程度相关。

转换升水 = 可转换证券的市场价格 - 可转换证券的转换价值

转换贴水 = 可转换证券的转换价值 - 可转换证券的市场价格

转换升水比率 = 转换升水/可转换证券的转换价值 × 100%

转换贴水比率 = 转换贴水/可转换证券的转换价值 × 100%

（2）转换期限。可转换证券具有一定的转换期限，该证券持有人在该期限内有权将持有的可转换证券转化为公司股票。转换期限通常是从发行日之后若干年起至债务到期日止。

【例 4–14】某公司的可转换债券，面值为 1 000 元，转换价格为 25 元，该债券市场价格为 1 200 元，其标的股票市场价格为 26 元。

转换比例 = 1 000/25 = 40（股）

转换平价 = 1 200/40 = 30（股）

转换价值 = 40 × 26 = 1 040（元）

转换升水 = 1 200 – 1 040 = 160（元）

转换升水比率 =（160/1 040）× 100% = 15.38%

因此，按当前的价格购买该债券并立即转股对投资者不利。

（二）认股权证

债券和优先股发行时有时附有长期认股权证。购买股票的权证称为认购权证，出售股票的权证叫做认售权证（或认沽权证）。权证分为欧式权证和美式权证两种。所谓欧式权证就是只有到了到期日才能行权的权证；所谓美式权证就是在到期日之前随时都可以行权的权证。

> 认股权证是发行人与持有人之间的一种契约关系，持有人有权在某一约定时期或约定时间段内，以约定价格向权证发行人购买一定数量股票的权利。

1. 认股权证的理论价值。在认股权证可以公开交易时，它就有自己的市场，有的在交易所上市，有的在场外交易。股票的市场价格与认股权证的预购股票价格之间的差额就是认股权证的理论价值。其公式如下：

认股权证的理论价值 = 股票市场价格 - 预购股票价格

【例 4–15】某股票的市场价格为 25 元，而通过认股权证购买的股票价格为 20 元，认股权证就具有 5 元的理论价值；如果股票的市场价格跌至 19 元，认股权证的理论价值就为负值 1 元。

但在进行交易时，认股权证的市场价格很少与其理论价值相同。事实上，在许多情况下，认股权证的市场价格要大于其理论价值。即使其理论价值为零，认股权证的期限尚未到期，它的需求量也可能会很大。认股权证的市场价格超过其理论价值的部分被称

为认股权证的溢价,其公式如下:

认股权证的溢价 = 认股权证的市场价格 − 理论价值
= (认股权证的市场价格 − 普通股市场价格) + 预购股票价格

认股权证的市场价格会随着股票价格的不同而变化,其溢价可能会变得很高。当然,认股权证的理论价值也同样会急剧上升或急剧下跌。

2. 认股权证的杠杆作用。认股权证的价格杠杆作用,是指认股权证价格要比其可选购股票价格的上涨或下跌的速度快得多。

【例4 – 16】某公司股票报价为15元,未清偿的认股权证允许持有者以20元价格购买股票,则该认股权证没有理论价值。如果公司股票报价为25元,认股权证则具有5元的市场价值。如果股票的价格上升到50元,即股价上涨100%,则认股权证的理论价值上升到50 − 20 = 30(元),上涨600%,或者说其市场价格最低也会上涨600%。

杠杆作用在这里可用普通股的市场价格与认股权证的市场价格的比率表示。对于某一认股权证来说,其溢价越高,杠杆因素就越低;反之,如果认股权证的市场价格相对于普通股的市场价格低时,其溢价就会低,杠杆因素就会高。

(三)存托凭证及其种类

1. 存托凭证的定义。存托凭证(Deposition Receipts,DR),又称存券收据或存股证,是指在一国证券市场流通的代表外国公司有价证券的可转让凭证,属公司融资业务范畴的金融衍生工具,具体而言,是一个国家的公司为其股票和债券能在外国上市而与外国的金融机构(通常是银行)达成协议,由此金融机构买进并寄存该公司证券,然后再由该金融机构向投资者发行代表该公司若干证券的替代凭证,即存托凭证,之后存托凭证便开始在外国证券交易所上市或进行柜台交易。从投资者的角度来说,存托凭证是由存托银行所签发的一种可转让证券,证明一定数量的某外国公司证券已寄存于该银行的保管机构,而凭证的持有人实际上是寄存证券的所有人,其所有的权利与原证券持有人相同。

2. 存托凭证的种类。

(1)美国存托凭证(ADR),是面向美国投资者发行并在美国证券市场交易的存托凭证。ADR 是世界上出现最早、运作最规范、流通量最大、最具有代表性的存托凭证。目前,国际上的存托凭证主要是以 ADR 的形式存在。

(2)全球存托凭证(GDR),是指发行范围不止一个国家的存托凭证。从本质上讲,GDR 与 ADR 是一样的,两者都以美元标价,都以同样标准进行交易和交割,两者的股息都以美元支付,并且存托银行提供的服务及有关协议的条款与保证都是一样的。"全球"的称谓只是出于营销方面的考虑。

(3)香港存托凭证(HKDR),指面向中国香港投资者发行并在香港证券交易市场上市的存托凭证。

(4)新加坡存托凭证(SDR),指面向新加坡投资者发行并在新加坡证券市场上市的存托凭证。

3. 存托凭证的形式。存托凭证有两种形式:非参与型与参与型。非参与型存托凭证由一家或更多的存券银行发行,但存券银行与发行原始证券的公司之间无正式的协议,这种形式已较为少见;参与型存托凭证是由存券银行发行,存券银行与发行原始证券的公司之间须签订存券协议或服务合同。

4. 存托凭证的优点。作为一种新出现的金融工具,存托凭证,尤其是 ADR,越来越被各国的股份公司所接受。ADR 呈现一种快速上升的态势,这是与其本身的优点分不开的,其优点表现在以下几个方面:

(1) 市场容量大,筹资能力强。以 ADR 为例,美国证券市场最突出的特点就是市场容量大,市场率水平高。这使公司能在短期内筹集到所需的资金。此外,由于 ADR 不受直接投资于外国公司的法律约束,为外国公司拓宽了股东基础,有利于保持公司的资本市值并提高其长期筹资能力。

(2) 上市手续简单,发行成本低。对股份公司而言,采用存托凭证方式筹资,既可以避免其证券直接在国外上市的烦琐程序,又可绕过当地严格的上市要求,简化上市手续,从而降低发行成本。

(3) 提高知名度,为日后在国外上市奠定基础。以存托凭证的形式直接进入国外的证券市场,尤其是在几个国家的市场上同时出售证券,可以迅速提高公司的知名度,拓宽境外市场。由于场外交易市场与欧洲清算公司相互连通,ADR 可以在美国和欧洲同时出售,这就有利于运用 ADR 的公司的境外业务计划顺利开展,公司也能在更为广泛的范围内被人知晓。公司逐渐被认同后,就能较为顺利地获得在国外证券市场上市的资格。

知识拓展 4-3:
携程宣布美国
存托凭证和可转
债发行定价

(4) 避开直接发行股票、债券的法律要求。直接在国外的市场发行股票和债券,不仅要受本国相关部门的监督和约束,更要受国外相关法律的制约。如美国的法律对证券的发行就规定得相当完备。由于 ADR 并不是证券的直接发行,因而可以避开直接发行时几近苛刻的法律要求。

【本章小结】

1. 股份有限公司(简称股份公司)是依照《公司法》规定设立的企业法人,按照不同的标准可划分为不同的种类,但它们在发起人数、股本划分、两权分离、股票流通、财产责任形式等方面有着共同之处。股份公司的设立必须满足法律规定的条件,缺一不可。

2. 股票是一种代表股份资本所有权的凭证,具有收益性、风险性、稳定性、流通性、股份的伸缩性、价格的波动性、经营决策的参与性等特征。股票种类的划分有不同的依据,我国现行的股票分类方法是按照投资的主体将股票分为国家股、法人股、个人股和外资股。

3. 根据有关规定,首次公开发行股票(IPO)和上市公司发行新股(包括配股和增发)必须具备一定的条件,符合条件的公司发行股票可以根据实际情况选用不同的发行方式，严格遵照程序来进行发行操作。

4. 证券交易是已发行的证券在二级市场上流通买卖的活动，证券交易的程序包括开户、委托、竞价成交、清算交割及过户。

5. 保证金交易是投资者通过交付保证金取得经纪人信用而进行的交易方式。由于证券价格随市场变化，投资者账户中的保证金也在变化，因此，券商必须在每个营业日结束后计算实际保证金率：

$$买空时实际保证金率 = \frac{证券市值 - 借款额}{证券市值} \times 100\%$$

$$卖空时实际保证金率 = \frac{卖空时证券市值 \times (1 + 初始保证金率) - 借款额}{借款额} \times 100\%$$

6. 融资融券交易实际上就是保证金交易，允许投资者借入资金买入证券或借入证券并卖出的行为，我国沪深两所于2010年初开始接受融资融券交易的申报，在看到融资融券交易活跃资本市场的同时，也应意识到它所带来的风险危机。

7. 股票价格的高低直接取决于两个基本要素：股票预期的股息量和银行的利息率。影响股票市场价格变动的因素可分为两类：一类是内部因素，包括公司盈利、公司的资产价值、股票分割、公司经营管理人员的变换等；另一类是外部因素，包括供求关系、经济周期、物价变动、金融政策、国家汇率变动、税收政策及其变化、国际形势的变化、人为投机因素等。

8. 股票价格指数是一种反映股票行市变动的价格平均数，是衡量国家政治、经济状况的晴雨表，为投资者进行股票投资提供了重要的参考依据，为投资者进行股价指数期货交易提供了工具，丰富了证券投资的品种。我国主要的股价指数有上证综合指数、深证成分股指数、沪深300指数等；国际市场主要股价指数有道·琼斯工业股价平均数、标准普尔指数、金融时报指数、日经225指数、NASDAQ指数等。

9. 股票的价值分为账面价值（净值）、清算价值、市场价值（市值）、内在价值和投资价值。股票内在价值的计算方法有：

（1）现金流贴现模型

①一般公式：$V = \sum_{t=1}^{\infty} \frac{D_t}{(1+k)^t}$

②不同类型的贴现现金流模型的股利增长率

零增长模型：$V = D_0/k$

不变增长模型：$V = D_0(1+g)/(k-g)$ 或 $V = D_1/k-g$

二阶段增长模型：$V = \sum_{t=1}^{n} \frac{D_0(1+g_1)^t}{(1+k)^t} + \frac{D_n(1+g)}{k-g} \times \frac{1}{(1+k)^n}$

三阶段增长模型：

$$V = D_0 \sum_{t=1}^{A} \left(\frac{1+g_a}{1+k}\right)^t + \sum_{t=A+1}^{B} \left[\frac{D_{t-1}(1+g_t)}{(1+k)^t}\right] + \frac{D_B(1+g_n)}{(1+k)^B(k-g_n)}$$

(2) 市盈率估价法

$$市盈率 = \frac{每股价格}{每股收益}$$

10. 可转换证券的理论价值是指当它作为不具有转换选择权的证券时的价值。转换价值是指可转换的股票的市场价格与转换比率的乘积。

11. 认股权证的理论价值是股票的市场价格与认股权证的预购股票价格之间的差额。认股权证的杠杆作用是指认股权证价格要比其可选购股票价格的上涨或下跌的速度快得多。

12. 存托凭证是指在一国证券市场流通的代表外国公司有价证券的可转让凭证。分为美国存托凭证、全球存托凭证、新加坡存托凭证、香港存托凭证。

【关键术语】

股份公司　普通股　优先股　国家股　法人股　配股　市价委托　限价委托
卖空　初始保证金　融资融券　股票价格指数　账面价值　清算价值　市值
内在价值　投资价值　可转换证券　转换平价　认股权证

【知识拓展】

基于有限持有期的股票定价[①]

收入资本化的定价方法涉及对未来所有预期红利的贴现，简化了的零增长模型、不变增长模型和多元增长模型都是基于这种方法，它们也同样涉及未来的红利流。贴现模型似乎只适用于那些将股票永远持有的投资者，因为只有这些投资者才会预期接受未来的这种无限红利流。

不过，对于打算 1 年以后出售股票的投资者，情况又会怎样呢？在这种情况下，投资者从购买一股股票中预期能接受的现金流就等于从现在起 1 年后预期能取得的红利（为了方便说明，假设普通股按年支付红利）加上预期的售价。这样，投资者在计算股票的内在价值时，可将这两部分现金流以必要收益率进行贴现，有

$$V = \frac{D_1 + P_1}{1+k} = \frac{D_1}{1+k} + \frac{P_1}{1+k} \tag{1}$$

式中，D_1 和 P_1 分别表示预期红利和 $t=1$ 时的售价；k 表示必要收益率。

使用该式，必须预测在 $t=1$ 时的股票售价。最简单的方法是假设售价是基于出售日以后的预期红利的，这样，在 $t=1$ 时的预期售价为

[①] 根据戈登·J. 亚历山大的《投资学基础》（中文版，北京，电子工业出版社，2004）改编。

$$P_1 = \frac{D_2}{(1+k)^1} + \frac{D_3}{(1+k)^2} + \frac{D_4}{(1+k)^3} + \cdots = \sum_{t=2}^{\infty} \frac{D_t}{(1+k)^{t-1}} \quad (2)$$

将式（2）代入式（1）得：

$$V = \frac{D_1}{(1+k)^1} + \left[\frac{D_2}{(1+k)^1} + \frac{D_3}{(1+k)^2} + \frac{D_4}{(1+k)^3} + \cdots\right]\frac{1}{1+k}$$

$$= \frac{D_1}{(1+k)^1} + \frac{D_2}{(1+k)^2} + \frac{D_3}{(1+k)^3} + \frac{D_4}{(1+k)^4} + \cdots$$

$$= \sum_{t=1}^{\infty} \frac{D_t}{(1+k)^t}$$

这一结果正是现金流贴现模型。因此，对未来某一时点以前的红利和该时点的预期售价进行贴现的股票定价方法，与对所有红利进行贴现的定价方法是等效的。简而言之，这两种方法之所以相同，是因为预期售价本身是基于出售之后的红利来确定的。总之，现金流贴现模型以及其他基于同样原理的模型（零增长模型、不变增长模型和多元增长模型），都可用于确定股票的内在价值而不管投资者对股票的持有期是多长。

【例 1】 在过去 1 年中，铜业公司支付的红利为每股 1.80 美元。而且预计将以每年 5% 的固定比例增长。这意味着其后两年的红利（D_1 和 D_2）预计分别为 1.89 美元 [1.80 美元 ×（1+0.05）] 和 1.985 美元 [1.89 美元 ×（1+0.05）]。如果投资者打算在 1 年以后出售该股票，则对出售价应该作出如下的预测：在 $t=1$ 时，预计未来的红利为 D_2（或 1.985 美元），假定必要收益率为 11%，则售价（以 P_1 表示）应为 33.08 美元 [1.985 美元/（0.11−0.05）]。相应地，铜业公司股票的内在价值就等于预期红利（这里为 D_1 = 1.89 美元）和售价（P_1 = 33.08 美元）的现值，利用式（1）可得现值为 31.50 美元 [（1.80 美元 + 33.08 美元）/（1+0.11）]。

【案例分析】

新浪公司代理权之争

2017 年 11 月 7 日，新浪网宣布，经公司董事会和独立审计委员会批准，在符合公司章程的前提下，公司已向 New Wave MMXV Limited（以下简称 New Wave）公司发行了 7 150 股新创建的 A 类优先股，每股票面价值 1 美元，最初，这 1 750 股 A 类优先股每股具有 10 000 个投票权。New Wave MMXV Limited 是一家控股公司，代表新浪高管持有新浪 7 944 386 股普通股，由曹国伟控股。曹国伟在获得这些 A 类优先股后，不会拥有任何经济收益，但是在股东大会上的投票权将大幅增加。据悉，在本次新浪网向 New Wave 发行 A 类优先股之后，New Wave 总计持有的公司投票权比例从约

11.1%增加至约55.5%。新浪发行A类优先股的理由是：维护公司的利益和稳定，公司相信任何代理权之争都将代价高昂，耗费时日且扰乱公司的日常经营活动。更为重要的是，任何股东凭借潜在损害公司价值的提案，发起代理权之争，都可能对于高度监管环境中的公司稳定造成严重不利影响，并且影响到公司执行长期提升股东价值的商业战略的能力。

此前，新浪股东Aristeia Capital，L.L.C（以下简称Aristeia）由于质疑新浪董事会主席兼CEO曹国伟不仅拥有董事会永久席位，还从"不必要的股份发行中受益"，所以想要通过增加董事会人选来限制曹国伟的权利。所以提名了2名董事会候选人，Aristeia还曾努力寻求与新浪高层对话，在香港与曹国伟见面。很显然，双方的对话并没有达到Aristeia想要的结果。Aristeia转而寻求召开股东大会。提名Brett Krause和Thomas Manning 2位候选人进入董事会，不过股东大会则否决了Aristeia的提议。以下是这些A类优先股的概要说明：

——A类优先股没有任何经济权利，无权获得股息或公司其他任何的红利分配。

——A类优先股获授权能对任何提交公司股东大会的事务进行投票表决。一旦New Wave将所持的任何数量的普通股出售或移交给非New Wave关联的第三方企业，被授予A类优先股的投票权将依据相应比例进行减少。

——针对公司高管人员被提名为董事的提案表决中，如果公司普通股东的投票中多数票反对其出任董事，A类优先股拥有的投票权在该提案的表决结果中不计。

——根据纳斯达克股票市场规则的5 635条款，在必须获得股东批准的任何事项上，New Wave的A类优先股的投票须与董事会对提请股东批准的该事项的建议保持一致。

——一旦New Wave不再被新浪公司任职的高管人员所控制，这些A类优先股将不再拥有任何投票权。

讨论题

新浪增发A类优先股的动因是什么？对其他上市公司有何启示？

分析路径与提示

Aristeia与新浪现任管理层的代理权之争是新浪本次增发A类优先股的直接动因。本次事件正好凸显了公司治理的内容之一即代理权之争及反代理权之争。股东Aristeia提出新浪公司的治理瑕疵，并通过在股东大会选任自己的代理人这一途径来发起挑战，虽然Aristeia最终没有获得董事会席位，但促使新浪公司随后增发A类优先股，以增加现任管理层的投票权。从长期来看，这有利于维护公司的长治久安，使公司的结构趋于合理化，不至于长期陷入代理权或控制权之争，以致公司经营停滞。国内上市公司的控制权之争使公司经营混乱甚至急转直下的先例并不鲜见。

值得一提的是，新浪公司的本次事件，在争夺代理权的路径上都遵循了公司章程及股票市场的规则，双方都在规则之内博弈，这样的博弈结果往往是一个优选。这也正好反映了美国上市公司内部治理的成熟，对于国内即将上市或已经上市的公司以及投资者，是一个非常值得借鉴的案例。

【能力训练】

（一）选择题

1. 股份公司的发起人应当有（　　）人以上。
   A. 50　　　　B. 10　　　　C. 5　　　　D. 2

2. 发起设立是指由发起人认购公司发行的（　　）而设立的公司形式。
   A. 控股股份　　B. 优先股份　　C. 全部股份　　D. 部分股份

3. 募集设立是指由发起人认购公司发行的一部分股份，其余部分通过（　　）而设立的公司形式。
   A. 定向募集　　B. 私募　　C. 社会募集　　D. 招募

4. 股份有限公司注册资本的最低限额为人民币（　　）。
   A. 500万元　　B. 3 000万元　　C. 5 000万元　　D. 2 000万元

5. 以募集方式设立的股份有限公司，发起人认购的股份不得少于公司总额的（　　）。
   A. 50%　　　B. 30%　　　C. 35%　　　D. 45%

6. 股份有限公司的注册资本是指公司向登记机关登记的（　　）。
   A. 实收资本总额　　　　　B. 实收资产总额
   C. 股东权益总额　　　　　D. 虚拟资本总额

7. 股票实质上代表了股东对股份公司的（　　）。
   A. 产权　　　B. 债权　　　C. 物权　　　D. 所有权

8. 记名股票与不记名股票的区别在于（　　）。
   A. 股东权利　　B. 股东义务　　C. 出资方式　　D. 记载方式

9. 股票净值又称（　　）。
   A. 票面价值　　B. 账面价值　　C. 清算价值　　D. 内在价值

10. 投资者以每股30元卖空某公司1 000股股票，原始保证金率为50%，如果股价上涨到35元，则实际保证金率为（　　）。
    A. 58.33%　　B. 28.57%　　C. 40.32%　　D. 33.54%

11. 假设某公司在未来无限时期支付的每股股利为5元，必要收益率为5%。当前股票市价80元，NPV为（　　）元。
    A. 30　　　B. 5　　　C. 20　　　D. 10

12. 假设某公司在未来无限时期支付的每股股利为5元，当前股票市价80元，内部收益率为（　　）。
    A. 5%　　　B. 6.25%　　　C. 10%　　　D. 12.5%

13. 某公司2013年的每股股利为1元，股利增长率为10%，则2014年的每股股利为（　　）。
    A. 1.2元　　B. 1元　　C. 1.1元　　D. 2元

14. 某公司去年支付的每股股利为1元，预计该公司股票股利每年以5%的不变速度增长，假定必要收益率为15%，该股票的内在价值为（　　）。

　　A. 10元　　　　B. 10.5元　　　C. 20元　　　D. 6.7元

15. 某公司2011年支付每股股利为0.5元，预计该公司在未来两年中处于高速增长期，股票股利的增长率为10%，从第三年开始，进入稳定增长期，股票股利的增长率为5%，假定必要收益率为15%，该股票的内在价值为（　　）。

　　A. 5元　　　　B. 4.67元　　　C. 5.74元　　　D. 10元

16. 某公司2011年的每股股息是2美元，预期2012年的每股股息为2.2美元，股息增长率为（　　）。

　　A. 10%　　　　B. 8%　　　C. 5%　　　D. 6%

某公司目前处于高速增长期，预期在未来5年中每股股息将以8%的速度增长，从第6年开始进入稳定增长期，股息增长率将降至5%，今年的股息1元，投资者要求的必要收益率为10%，根据上述情况计算17～25题：

17. 该公司第6年的股息为（　　）。

　　A. 1.05元　　　B. 1.08元　　　C. 1.47元　　　D. 1.54元

18. 该公司第5年股息收入的现值为（　　）。

　　A. 0.91元　　　B. 1.08元　　　C. 1.47元　　　D. 1.54元

19. 该公司第4年股息收入的现值为（　　）。

　　A. 0.91元　　　B. 0.93元　　　C. 1.47元　　　D. 1.54元

20. 该公司第3年股息收入的现值为（　　）。

　　A. 0.91元　　　B. 0.93元　　　C. 0.95元　　　D. 0.96元

21. 该公司第2年股息收入的现值为（　　）。

　　A. 0.91元　　　B. 0.93元　　　C. 0.94元　　　D. 0.96元

22. 该公司明年股息收入的现值为（　　）。

　　A. 0.98元　　　B. 0.93元　　　C. 0.94元　　　D. 0.96元

23. 该公司股票的内在价值为（　　）。

　　A. 10元　　　　B. 22.98元　　　C. 23.89元　　　D. 20元

24. 若该公司股票目前的市场价格为23元，判断其是否具有投资价值（　　）。

　　A. 具有　　　　B. 不具有　　　C. 不一定　　　D. 以上说法都不对

25. 某股票的市场价格为25元，则通过认股权证购买的股票价格为23元，该认股权证的市场价格为5元，则溢价为（　　）。

　　A. 2元　　　　B. 5元　　　C. 3元　　　D. 4元

（二）多项选择题

1. 股票的特征包括（　　）。

　　A. 收益性　　　B. 风险性　　　C. 流通性　　　D. 参与性

2. 优先股的特征是（　　）。

　　A. 股息率固定　　　　　　　　B. 股息分派优先

C. 剩余资产分配优先　　　　　D. 一般无表决权

3. 无面额股票的特点是（　　）。

A. 发行或转让价格灵活　　　　B. 为股票发行价格提供依据
C. 便于股票分割　　　　　　　D. 可以明确表示每股所代表的股权

4. 按照投资主体不同，我国现行的股票的类型分为（　　）。

A. 国家股　　　B. 法人股　　　C. 公众股　　　D. 外资股

5. 我国的外资股包括（　　）。

A. 红筹股　　　　　　　　　　B. 存托凭证
C. 境内上市外资股　　　　　　D. 境外上市外资股

6. 股票的内在价值取决于（　　）。

A. 股票净值　　B. 账面价值　　C. 股息收入　　D. 市场收益率

7. 影响股票投资价值的外部因素有：（　　）。

A. 投资者对股票价格走势的预期　　B. 公司净资产
C. 货币政策　　　　　　　　　　　D. 经济周期

8. 目前我国上海、深圳证券交易所采用的竞价方式为（　　）。

A. 口头竞价　　B. 集合竞价　　C. 连续竞价　　D. 书面竞价

9. 出现（　　）情况，说明股票的投资价值被低估。

A. 净现值大于零
B. 净现值小于零
C. 内部到期收益率低于必要收益率
D. 内部到期收益率高于必要收益率

（三）思考题

1. 股票具有哪些特征？
2. 普通股和优先股的区别是什么？
3. 影响股票价格的因素有哪些？
4. 开展融资融券业务对我国资本市场有何影响？

（四）计算题

1. 一投资者以保证金购买某公司股票 1 000 股，每股 40 元，原始保证金率为 50%，最低保证金率为 30%。如果股价下跌到 30 元，实际保证金是多少？在价格下跌到何价位或以下时，会收到补交保证金的通知？

2. 一投资者以每股 30 元卖空某公司 1 000 股股票，原始保证金率为 50%。

（1）他的保证金账户中有多少资产？

（2）如果股价上涨到 35 元和下降到 28 元时，实际保证金率是多少？

（3）如果最低保证金率为 35%，股价上涨到多少时，投资者会收到补交保证金的通知？

3. 如果股票的股息为 5 元，其预期年增长率为 6%，而应得回报率为 14%，那么它的内在价值是多少？

4. 某公司现时每股股息为2元,预期前3年股息年平均增长率为10%,3年后预期年平均增长率为4%,投资者的应得回报率为8%,那么股票的内在价值是多少?

5. 某公司现在每股股息为3元,股息年平均增长率为6%,应得回报率为10%,计算3年后的股价和现时的内在价值。

6. 假定某股票初期支付的股息为1美元/股,今后两年的股息增长率为6%,股息增长率从第3年开始递减,从第6年开始每年保持3%的增长速度。另外,贴现率为8%,若该股票的市场价格为21美元,根据三阶段增长模型计算股票的内在价值,分析股票的价值被高估还是被低估了,是否投资该股票?

第四章
【能力训练】
参考答案

【参考资料】

[1] [美] 威廉·F. 夏普等. 投资学(中文版) [M]. 赵锡军等译. 北京: 中国人民大学出版社, 2000.

[2] 中国证券业协会. 证券市场基础知识 [M]. 北京: 中国财政经济出版社, 2011.

[3] 中国证券监督管理委员会: 证券发行与承销管理办法, 2016.

第五章 证券投资基金理论与实务

【本章知识框架】

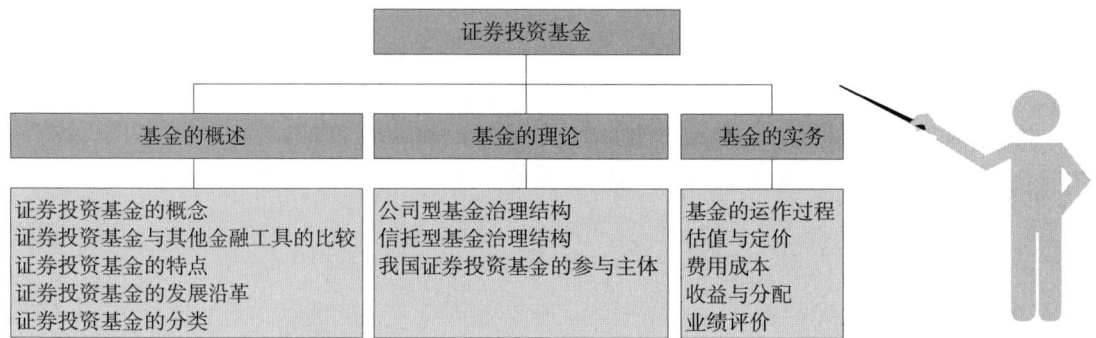

【本章学习目标】

1. 掌握证券投资基金的概念、特点以及证券投资基金的功能；
2. 理解证券投资基金与股票、债券的联系与区别；
3. 深入理解证券投资基金理论；
4. 熟悉证券投资基金实务操作。

第一节 证券投资基金概述

一、证券投资基金的概念与特点

（一）证券投资基金的概念

1. 投资基金的概念。投资基金是资产管理的主要方式之一，它是一种组合投资、专业管理、利益共享、风险共担的集合投资方式。它主要通过向投资者发行受益凭证（基金份额），将社会上的资金集中起来，交由专业的基金管理机构投资于各种

{ 证券投资基金是一种通过公开发售基金份额募集，由基金管理人管理，基金托管人托管，为基金份额持有人的利益以资产组合方式进行证券投资活动的特殊基金。

资产，实现保值增值。投资基金所投资的资产既可以是金融资产如股票、债券、外汇、股权、期货、期权等，也可以是房地产、大宗能源、林权、艺术品等其他资产。投资基金主要是一种间接投资工具，基金投资者、基金管理人和托管人是基金运作中的主要当事人。

2. 证券投资基金的概念。证券投资基金，是指通过发售基金份额，将众多不特定投资者的资金汇集起来，形成独立财产，委托基金管理人进行投资管理，基金托管人进行财产托管，由基金投资人共享投资收益、共担投资风险的集合投资方式。证券投资基金所投资的资产主要是二级市场的有价证券。证券投资基金在不同国家或地区称谓有所不同，美国称之为"共同基金"，英国和中国香港称之为"单位信托基金"，日本和中国台湾称之为"证券投资信托基金"。

（二）证券投资基金与股票、债券的联系与区别

证券投资基金和股票、债券一样，都属于金融产品，在证券市场上都可以成为投资者选择的投资工具。作为有价证券，它们具有收益与增值的双重功能。在它们之间既存在着紧密联系又存在着本质区别。

上市交易的股票、债券是证券投资基金的投资范围之一，这就是证券投资基金与股票、债券之间的核心联系。

证券投资基金与股票、债券主要存在着以下三点区别。

1. 性质不同。股票、债券是直接投资工具，即使是通过经纪人买卖，也是投资者进行直接投资，而证券投资基金却是一种间接投资工具，投资者通过购买基金份额，把资金交给专门投资公司，由其在证券市场上进行再投资，以获得收益和增值。

2. 反映的权利关系不同。股票反映的是所有权关系，债券反映的是债权债务关系，而证券投资基金反映的是信托契约关系。

3. 风险与收益不同。债券的利率是事先规定的，无论借款者的经营业绩如何，债券到期时借款者必须还本付息，因此，投资者面临的风险较小，相应的收益也低；股票的收益则因股份公司的经营状况不同而不同，因此，投资者面临较大的风险，相应的收益也高。而证券投资基金则由社会闲散资金组成，由投资公司的专业人员集中管理、分散投资，从而减少了投资风险。所以，证券投资基金的风险低于股票投资而高于债券投资，相应的收益低于股票投资，而高于债券投资。

（三）证券投资基金的特点

作为一种进行特定投资活动的基金，一种与股票、债券既有联系又有区别的特殊金融产品，证券投资基金主要具有以下特点。

1. 集合理财、专业管理。证券投资基金将众多投资者的资金集中起来，委托基金管理人进行共同投资，表现出一种集合理财的特点。通过汇集众多投资者的资金，积少成多，有利于发挥资金的规模优势，降低投资成本。基金由基金管理人进行投资管理和运作。基金管理人一般拥有大量的专业投资研究人员和强大的信息网络，能够更好地对证券市场进行全方位的动态跟踪与深入分析。将资金交给基金管理人管理，中小投资者也能享受到专业化的投资管理服务。

2. 组合投资、分散风险。为降低投资风险，一些国家的法律法规规定基金一般需以组合投资的方式进行投资运作，从而使"组合投资、分散风险"成为基金的一大特色。中小投资者由于资金量小，一般无法通过购买数量众多的股票分散投资风险。基金通常会购买几十种甚至上百种股票，投资者购买基金就相当于用很少的资金购买了一篮子股票。在多数情况下，某些股票价格下跌造成的损失可以用其他股票价格上涨产生的盈利来弥补，因此可以充分享受到组合投资、分散风险的好处。

3. 利益共享、风险共担。证券投资基金实行利益共享、风险共担的原则。基金投资者是基金的所有者。基金投资收益在扣除由基金承担的费用后的盈余全部归基金投资者所有，基金投资者一般会按照所持有的基金份额比例进行分配。为基金提供服务的基金托管人、基金管理人一般按基金合同的规定从基金资产中收取一定比例的托管费、管理费，并不参与基金收益的分配。

4. 严格监管、信息透明。为切实保护投资者的利益，增强投资者对基金投资的信心，各国（地区）基金监管机构都对证券投资基金业实行严格的监管，对各种有损于投资者利益的行为进行严厉的打击，并强制基金进行及时、准确、充分的信息披露。在这种情况下，严格监管与信息透明也就成为公募证券投资基金的另一个显著特点。

5. 独立托管、保障安全。基金管理人负责基金的投资操作，本身并不参与基金财产的保管，基金财产的保管由独立于基金管理人的基金托管人负责。这种相互制约、相互监督的制衡机制为投资者的利益提供了重要的保障。

二、证券投资基金的发展沿革

从西方经济学中经典的供求理论出发，我们认为：一方面，证券投资基金产生于证券市场中日益多样化、专业化、个性化的投资需求，是证券市场发展到一定阶段的必然产物，也是证券市场走向成熟与高级阶段的自然结果；另一方面，为了满足这种投资需求，在证券市场的不断自我完善过程中，产生了与之相适应的供给，即在需求的带动下产生了供给，证券投资基金便应运而生了，并且伴随着证券市场的发展得到了不断地演变与进化。

从发展沿革的角度看，证券投资基金具有与时俱进、因地制宜的特性，即在不同的历史阶段，证券投资基金具有不同的时代特点，然而在这些不同的时代特点中又蕴含着一脉相承的延续性；在不同的国家或地区，证券投资基金具有迥异的地域特征，但是在这些迥异的地域特征中又包含着大同小异的相似性。

在本部分中，我们将对证券投资基金的发展沿革进行简单地梳理：首先，介绍证券投资基金的"故乡"——英国；然后，整理证券投资基金的"世界中心"——美国；最后，呈现证券投资基金的"新生"——我国的历史发展轨迹。

（一）英国证券投资基金业的发展沿革

投资基金的出现与世界经济的发展有着密切的关系。1868年，英国政府批准成立了一家海外投资实体，由投资者集体出资，专职经理人负责管理和运作。为确保资本的安全和增值，还委托律师签订了文字契约。这样，一种新型的信托型间接投资模式便由此产生了。这个海外投资实体便是世界出现的首家投资基金——海外及殖民地政府信托。

该基金成立时募集资金 100 万英镑,其操作方式类似于现代的封闭式契约型基金,通过契约约束各当事人的关系,委托代理人运用和管理基金资产并实行固定利率制。这家基金与现代意义上的基金相比,还不那么规范和完善。从本质上看,它更类似于股票,没有期限,不能退股,也不能兑现,投资者在购买了基金后只能按期获得分红和股息,但它毕竟在许多方面为现代基金的产生奠定了基础。所以,金融史学家们将它视为现代基金的雏形。

1873 年,第一家专业管理基金的组织苏格兰美洲信托成立,1879 年《英国股份有限公司法》发布,从此投资基金从契约型进入股份有限公司专业管理时代。第一个具有现代开放式基金雏形的基金在 1931 年出现。这种公司型的投资信托(Investment Trust)当今在英国仍然存在。它虽然名为信托,但已不是法律意义上的信托,而是一个公开招股的公司。投资者买入的是公司的股份,成为公司的股东,所得的是股息,而不是收入分配。如果投资者不想再投资,就通过证券经纪人把股份卖给其他投资者。这些股份如同其他挂牌公司的股票,在交易所挂牌上市。在 1870—1930 年的 60 年间,大约有 200 多只这类投资基金在英国各地成立。

标志着英国现代证券投资基金的发端。但在此后相当长的时间里,单位信托(Unit Trust)的发展比较缓慢。从 20 世纪 80 年代起,单位信托在资产规模上逐渐超过投资信托,成为英国资本市场上最具活力和影响的一种储蓄与投资形式,而且,在相当长的一段时间里,这种契约型、开放式的投资基金成为英国基金业发展的典型模式。

1934 年英国成立了一家名为海外政府债券信托(The Foreign Government Bond Trust)的新基金,在这家基金的信托契约中,除明确写明基金公司应以净资产值赎回基金单位外,还指出该基金为灵活的投资组合。

20 世纪 90 年代,英国单位信托增长迅速。与此同时,开放式基金在全球基金业的发展中确立了其主导地位。但与美国和欧洲大陆国家的开放式基金多为公司型不同,英国的单位信托在法律上属于信托,其成立的依据是古老的信托法。为了适应投资者的需求变化和基金业发展与竞争的趋势要求,1997 年英国颁布了《开放式投资公司法》,专门为公司型开放式基金的产生确立了新的法律框架。此后,开放式投资公司(Open-End Investment Company,OEIC)凭借其更加简单、灵活的组织结构和运作机制取得了迅速发展。截至 2021 年第一季度,英国在管的开放式基金数目达 3 212 只,基金业资产净值规模约为 1.85 万亿欧元。[①]

(二)美国证券投资基金业的发展沿革

随着世界经济的进一步发展,从 20 世纪初开始,基金业在欧美国家受到了越来越广泛的注意,被越来越多的投资者所接受和利用。投资基金虽然产生于英国,但其真正的大发展却是在美国。1921 年 4 月,美国组建了国内第一个共同基金组织美国国际证券信托基金(International Securities Trust of America)。1924 年,由 200 名哈佛大学教授出资 5 万美元在波士顿成立的马萨诸塞投资信托基金则更具现代面貌。不幸的是,1929 年

---

① 2021 年第一季度数据来源于世界投资基金协会官网。

美国股市崩盘和随之而来的经济大萧条，使刚刚起步的美国基金业受到了打击。此后，美国国会通过了多部法律来保护投资者，加强对证券、金融市场进行监管，包括对共同基金的监管。美国国会颁布的涉及基金监管的法律主要包括：1933年《证券法》、1934年《证券交易法》、1940年《投资公司法》和1940年《投资顾问法》。1933年《证券法》要求基金募集时必须发布招募说明，对基金本身进行描述。1934年《证券交易法》要求共同基金的销售商要受证券交易委员会的监管，并且置于全美证券商协会（NASD）的管理权限之下，NASD对基金广告和销售设有规则。1940年《投资公司法》和1940年《投资顾问法》是关于共同基金投资者保护的两部最重要的法律，不但规定了对投资公司的监管，而且规定了对投资顾问、销售商、公司董事、管理人员等的管理。以上这些法律，特别是在1940年颁布实施的《投资公司法》，详细规范了投资基金的组成及管理要件，为投资者提供了完整的法律保护，从而奠定了投资基金健全发展的法律基础。

第二次世界大战之后，各发达国家的政府更加明确地认识到投资基金业的重要性，以及它对稳定金融及证券市场所起的作用，从而大大提高了对投资基金业的重视程度。各国政府根据本国金融业的发展状况和传统习惯，相继制定了一系列有关法规，对投资基金业加强了监管，为投资基金业的发展提供了良好的外部条件。以美国为例，1940年基金数目仅有80只，全部资产少于5亿美元。到了1960年，已经增加到160只基金，基金资产超过170亿美元。进入20世纪六七十年代，共同基金的产品和服务趋于多样化，从而使共同基金业的局面和规模发生了巨大变化。在1970年以前，大多数共同基金是股票基金，只有一些平衡型基金在其组合中包括一部分债券。到了1972年，已经出现了46只债券和收入基金，1992年，更进一步达到了1 629只。1971年，第一只货币市场基金建立，提供比银行储蓄账户更高的利率，同时具有支票功能。另外，退休投资工具的变革对共同基金业的发展也起到了重大作用，1974年，雇员退休收入安全法（ERISA）建立，个人退休账户（IRA）开始出现。1976年，第一只免税政府债券基金出现，三年以后，免税货币市场基金出现，把货币市场基金的便利和政府债券基金的税收优惠结合了起来。1978年，401（K）退休计划和自雇者个人退休计划出现，这些退休投资工具的出现极大地促进了对共同基金的需求。共同基金市场开始引入了更多不同的股票、债券和货币市场基金。到了1990年，共同基金业的资产首次达到10 000亿美元，可供投资者选择的基金达3 100多只。1996年，共同基金资产更是超过了传统的金融业——商业银行业的资产，成为第一大金融产业。截至2021年第一季度，美国在管的开放式基金数目达到30 715只，美国基金业资产净值规模达到33.69万亿美元。①

（三）我国证券投资基金的发展沿革

我国的证券投资基金业发展可以分为5个历史阶段：20世纪80年代至1997年11月14日《证券投资基金管理暂行办法》颁布之前的早期探索阶段，1997年《证券投资基金管理暂行办法》颁布实施以后至2004年6月1日《证券投资基金法》实施前的试点发展阶段，2004年《证券投资基金法》实施后的快速发展阶段，2008年国际金融危

---

① 2021年第一季度数据来源于世界投资基金协会官网。

机后的平稳发展及创新探索阶段，2015 年后的防范风险和规范发展阶段。

1. 早期探索阶段。始于 20 世纪 70 年代末的中国经济体制改革，在推动中国经济快速发展的同时，也引发了社会对资金的巨大需求。在这种背景下，基金作为一种筹资手段开始受到一些中国驻外金融机构的注意。1987 年中国新技术创业投资公司与汇丰集团、渣打银行在香港联合设立了中国置业基金，首期筹资 3 900 万元人民币，直接投资于以珠江三角洲为中心的乡镇企业，并随即在香港联交所上市。这标志着中资金融机构开始正式涉足投资基金业务。1992 年 6 月，深圳市率先公布了《深圳市投资信托基金管理暂行规定》，同年 11 月经人民银行深圳经济特区分行批准成立了深圳市投资基金管理公司，发起设立了当时国内规模最大的封闭式基金——天骥基金，规模为 5.81 亿元人民币。在境外中国概念基金与中国证券市场初步发展的影响下，中国境内第一家较为规范的投资基金——淄博乡镇企业投资基金于 1992 年 11 月经中国人民银行批准正式设立，并于 1993 年 8 月在上海证券交易所挂牌上市，成为我国首只在证券交易所上市交易的投资基金。该基金为公司型封闭式基金，募集规模 1 亿元人民币，60% 投向淄博乡镇企业，40% 投向上市公司。淄博基金的设立拉开了投资基金在内地发展的序幕，并在 1993 年上半年引发了短暂的中国投资基金发展热潮。1994 年后，我国进入经济金融治理整顿阶段，基金发展过程中的不规范问题和累积的其他问题也逐步暴露，多数基金资产经营状况恶化，中国基金业发展因此陷入停顿状态。截至 1997 年底，基金的数量为 75 只，规模在 58 亿元人民币左右。

在这一时期，中国人民银行作为基金主管机关，进行基金的审批设立以及运作监管。这一阶段成立的基金数量共有 79 只，总资产 90 多亿元，投资者约 120 万户，大部分是在 1992 年前后成立的。相对于 1997 年《证券投资基金管理暂行办法》实施以后发展起来的证券投资基金，习惯上将 1997 年以前设立的基金称为"老基金"。

2. 试点发展阶段。在对老基金发展过程加以反思之后，经过国务院批准，中国证券监督管理委员会于 1997 年 11 月 14 日颁布了《证券投资基金管理暂行办法》。这是我国首次颁布的规范证券投资基金运作的法规，为我国基金业的发展奠定了基础。由此，我国基金业的发展进入了规范化的试点发展阶段。

1998 年 3 月 27 日，经中国证监会批准，南方基金管理公司和国泰基金管理公司分别发起设立了两只规模均为 20 亿元人民币的封闭式基金——基金开元和基金金泰，由此拉开了中国证券投资基金试点的序幕。

基金试点的当年，我国共设立了 5 家基金管理公司，管理封闭式基金 5 只。1999 年又有 5 家新的基金管理公司获准设立，使基金管理公司的数量增加到 10 家，这 10 家基金管理公司是我国的第一批基金管理公司，也被市场称为"老十家"。在封闭式基金试点成功的基础上，2001 年 9 月，我国第一只开放式基金——华安创新诞生，使我国基金业发展实现了从封闭式基金到开放式基金的历史性跨越。此后开放式基金逐渐取代封闭式基金成为中国基金市场的发展方向。

3. 快速发展阶段。2004 年 6 月 1 日开始实施的《中华人民共和国证券投资基金法》为我国基金业的发展奠定了重要的法律基础，标志着我国基金业发展进入了一个新的发展阶段。2004年10月成立第一只上市开放式基金（LOF）——南方积极配置基金，2004年底推出国内首只交易型开放式指数基金——华夏上证50（ETF），2006年、2007年、2008年分别推出结构化基金、QDII基金、社会责任基金，层出不穷的基金产品创新极大地推动了我国基金业的发展。2007年我国基金业的资产规模达到前所未有的3.28万亿元人民币，2008年受国际金融危机的影响，规模下降到了1.94万亿元。

4. 平稳发展及创新探索阶段。2008年以后，由于国际金融危机的影响、我国经济增速的放缓和股市的大幅调整，基金行业进入了平稳发展时期，管理资产规模停滞徘徊，股票型基金呈现持续净流出态势。面对不利的外部环境，基金业进行了积极的改革和探索。这一时期，基金监管机构不断坚持市场化改革方向，贯彻"放松管制、加强监管"的思路，允许基金管理公司开展专户管理等私募业务、设立子公司开展专项资产管理和销售业务、设立香港子公司从事RQFII等国际化业务；监管机构还推动了《证券投资基金法》的修改。

2012年6月6日，中国证券投资基金业协会正式成立。伴随法律法规的修订完善，我国基金业的制度基础得以夯实，基金业的发展环境进一步得到优化，这拓展了基金业改革创新的空间。2012年12月28日，全国人大常委会审议通过了修订后的《证券投资基金法》并于2013年6月1日正式实施。新《证券投资基金法》对私募基金监管、基金公司准入门槛、投资范围、业务运作等多个方面进行了修改和完善，将私募基金产品纳入管制范围。2013年6月，与天弘增利宝货币基金对接的余额宝产品推出，规模及客户数迅速增长，成为市场关注的新焦点。互联网金融与货币市场基金领域成功融合，凭借在投资回报和资金运用便捷性方面的综合竞争优势，成为公募基金行业快速成长的新生力量代表。

2014年，中国证监会颁布了《私募投资基金监督管理暂行办法》，对其登记备案、资金募集和投资运作进行了明确。《私募投资基金监督管理暂行办法》规定设立私募基金管理机构和发行私募基金不设行政审批，允许各类发行主体在依法合规的基础上，向累计不超过法律规定数量的投资者发行私募基金，由基金业协会对私募基金业开展行业自律管理。我国私募基金机构和产品在这一阶段都有了迅猛的发展。2014年1月基金业协会发布《私募投资基金管理人登记和基金备案办法（试行）》后，私募机构及产品的登记和备案数量迅猛增加。

2014年年底沪港通的推出，实现了沪港股票交易市场互联互通机制，内地公募基金可以通过港股通渠道投资我国香港证券市场，基金行业在资本市场开放的浪潮中走向国际化。

5. 防范风险和规范发展阶段。2015年证券市场的剧烈波动及理财市场上一些风险事件的发生，将基金管理行业的不规范行为和风险暴露出来。从2015年下半年开始，监管部门开始采取比较严格的措施，降低和防范风险、完善法规规范和加强监督检查。基金业协会先后颁布《私募投资基金信息披露管理办法》《私募投资基金管理人内部控制指引》《私募投资基金募集行为管理办法》《私募投资基金合同指引》等一系列自律规则，引导私募基金行业规范运作。中国证监会连续对私募机构开展了包括募资行为合规性、基金资产安全性、信息披露及时性、基金杠杆运用情况、是否存在侵害投资者权益行为五个方面的专项检查。

2016年到2018年，由于股票市场比较低迷，个人投资者投资意愿不强烈。机构投资者的规模和比例上升较快，以货币市场基金、债券型基金和以绝对回报为目标的混合型基金为主。随着基金管理公司竞争市场化和专业投资能力的增强，公募基金凭借其信息透明、税收优惠等优势，成为以保险公司、银行为主的机构投资者青睐的对象。这些机构投资者通过大量认购申购公募基金、对外委托投资等方式与基金管理公司进行合作，甚至出现以某家机构为主来认购基金的方式。同时，在机构投资者和网络金融的支持下，货币市场基金增长比较快。

2019年到2020年，公募基金市场打破了持续多年的存量资金博弈格局，真正迎来了增量资金入场，行业规模持续扩张，尤其是主动权益类基金规模一路攀升。Choice数据显示，截至2020年9月底，市场上154家基金公司主动权益类产品总规模合计为5.73万亿元，而排名前十的基金管理人主动权益类基金规模合计为2.80万亿元，约占据了整个公募权益规模的49%；同时，权益管理规模在千亿元以上的基金管理人一共有19家，数量进一步扩容，主动权益基金合计规模为4.10万亿元，约占总规模的72%。

表5-1　　　　　　　　　　中国证券投资基金发展大事记（1997—2020年）

时间	事件
1997年11月14日	国务院批准发布了《证券投资基金管理暂行办法》
1997年12月12日	中国证监会发布《关于申请设立基金管理公司有关问题的通知》、《关于申请设立证券投资基金有关问题的通知》，规定申请设立基金管理公司、证券投资基金的程序、申报材料的内容及格式
1998年2月24日	中国工商银行作为第一家证券投资基金的托管银行，成立了基金托管部
1998年3月	国泰、南方基金管理有限公司成立，这是我国成立的第一批基金管理公司。我国首批封闭式证券投资基金也在同月设立，分别是基金金泰和基金开元
2000年6月18日	中国证监会举办首届基金从业资格考试
2001年8月28日	中国证券业协会基金公会成立
2001年9月21日	中国首只开放式基金——华安创新基金设立，首发规模约为50亿份基金单位
2001年10月	《开放式证券投资基金试点办法》颁布，使得证券投资基金管理的基本框架进一步得到了完善
2002年6月1日	中国证监会颁布《外资参股基金管理公司设立规则》，该规则自2002年7月1日起实施
2002年12月9日	中国证券业协会证券投资基金业委员会在深圳成立
2004年6月1日	《中华人民共和国证券投资基金法》正式施行
2004年8月24日	第一只LOF南方积极配置基金正式发行，它是我国第一只上市交易型开放式基金，同时也是国内第一只纯股票型基金
2004年11月29日	华夏上证50ETF正式发行。这是我国第一只开放式指数基金
2005年2月20日	《商业银行设立基金管理公司试点管理办法》公布施行，标志着商业银行设立基金管理公司试点工作进入实质性操作阶段

续表

时间	事件
2007年7月9日	国内首只创新分级基金"国投瑞银瑞福分级基金"的优先份额开始发售,该基金的进取份额在2007年7月10日开始出售
2012年11月	经国务院批准,中国证监会、中国人民银行及国家外汇管理局决定增加2 000亿元人民币合格境外机构投资者(RQFII)投资额度,至此RQFII试点总额度达到2 700亿元人民币
2013年6月1日	《中华人民共和国证券投资基金法》(2012年修订)正式实施
2014年11月	中国证监会发布《证券公司及基金管理公司子公司资产证券化业务管理规定》
2015年4月24日	《中华人民共和国证券投资基金法》(2015年修正)正式实施
2015年8月	国务院印发《基本养老保险基金投资管理办法》。该《办法》明确:投资股票、股票基金、混合基金、股票型养老金产品的比例,合计不得高于养老基金资产净值的30%;参与股指期货、国债期货交易,只能以套期保值为目的;办法自印发之日起施行。若按照不高于30%的比例,约有6 000多亿元资金可进入股市
2015年12月	中国证券投资基金业协会发布《私募投资基金募集行为管理办法(试行)》
2015年12月	中国证监会与人民银行发布《货币市场基金监督管理办法》
2017年6月	中国证监会发布《证券基金经营机构参与内地与香港股票市场交易互联互通指引》
2017年6月	中国证监会发布《证券公司和证券投资基金管理公司合规管理办法》
2017年12月	中国证监会发布《非银行金融机构开展证券投资基金托管业务暂行规定》
2018年2月	中国证监会发布《养老目标证券投资基金指引(试行)》
2019年7月	中国证监会发布《公开募集证券投资基金信息披露管理办法》
2020年3月	中国证券投资基金业协会发布《中国证券投资基金业协会投资基金纠纷调解规则》《中国证券投资基金业协会律师事务所入会指引》《基金经营机构及其工作人员廉洁从业实施细则》

三、证券投资基金的种类

伴随着投资需求的细化与金融创新的深化,证券投资基金的品种日益繁多。通常来说,可以按照组织形式、运作方式、投资目标、投资对象、募集方式五个标准将证券投资基金进行分类。[①] 此外,我们将一些不能按这五个标准进行分类的特殊的证券投资基金归纳、整理为"其他类别"。

此外,中国证监会颁布并于2014年8月8日正式生效的《公开募集证券投资基金运作管理办法》,将公募证券投资基金划分为股票基金、债券基金、货币市场基金、混合基金以及基金中的基金等类别。

(一)按照证券投资基金的组织形式划分

证券投资基金按照组织形式的不同,可以分为信托型基金和公司型基金。

1. 信托型基金(原为契约型)。信托型基金又称为合同型基金或单位信托基金。信

---

① 坦率地说,证券投资基金同其他金融工具一样,总是在不断地创新与变化,在"与时俱进"地发展,在这里我们主要介绍比较常见的,并且被一般投资理念所接受的证券投资基金种类。

托型基金起源于英国,目前英国及英联邦国家的基金大多数是这种类型。日本、韩国、东南亚地区设立的基金类型也大多属于信托型。目前我国公募证券投资基金全部是契约型基金。公司型基金则以美国的投资公司为代表。信托型基金由三方当事人组成,即委托人、受托人和受益人。

> 信托型基金是在一定的信托契约的基础上组织起来的代理投资行为。

（1）委托人（基金经理公司）。委托人作为基金的发起人需要设定基金的类型,和受托人签订信托契约,以发行受益凭证的方式对外募集资金,并根据信托契约的要求把所筹集资金交受托人保管,同时运用信托资产进行证券投资。

（2）受托人（信托公司和银行）。受托人作为基金资产的名义持有人,负责保护投资者的利益,监督基金管理公司的投资行为,观察基金管理公司是否遵守契约和有关的政策法规,控制基金资产,办理具体的证券、现金及有关的代理业务,即在银行为委托人开设独立账户,根据委托人的指令办理证券买卖中的钱货清算、过户及收益的分配等。受托人可以定期获得规定数额的信托费用。

（3）受益人（投资者）。受益人即受益凭证的持有人,通过购入基金受益凭证而成为信托契约的第三方,有权要求按其投资比例来分享投资收益。

由此可见,在信托型基金下,委托人依照契约运用信托财产进行投资,受托人依照契约负责保管信托财产,受益人依照契约享受投资收益。

信托型投资基金筹集资金的方式一般是发行受益凭证即基金证券,这是一种有价证券,表明投资人对信托投资的所有权,凭其所有权参与投资收益分配。信托型基金依据其具体经营方式又可分为两种类型:一种是单位型。它的设定是以某一特定资本总额为限筹集资金组成单独的基金,筹资额满,不再筹集资金。它往往有固定期限,到期停止,信托契约也就解除,退回本金与收益。信托契约期限未满,不得解约或退回本金,也不得追加投资。例如,我国香港特别行政区的"单位信托基金"就是属于此种类型的基金。另一种是基金型。这类基金的规模和期限都不固定。在期限上,这类基金是无限期的;在资本规模上,可以有资本总额限制,也可以没有总额限制。基金单位价格由单位基金资产净值、管理费及手续费等构成,原投资者可以以买价把受益凭证卖给代理投资机构,以解除信托契约抽回资金,也可以以卖价从代理投资机构那里买入基金单位进行投资,建立信托契约。如英国的一些信托型基金就属于此类。

2. 公司型基金。在公司创立股东大会后,原发起人往往以公司董事的身份参与公司管理。公司型基金的组织结构如下:

> 公司型基金是依据《公司法》而组建的,专门进行证券投资,以盈利为目的的股份有限公司。美国的投资基金大多是公司型基金,又称投资公司。公司型基金由一些银行、证券公司、信托公司等机构作为基金发起人,设定基金的类型,对外发行股份,发起人常通过持有一定比例的股份来控制投资公司。

（1）基金股东。公司型基金的股东享有一定的选举权,根据美国1940年《投资公司法》的规定,共同基金发行的所有股份必须是选举权股票,且每股必须享有相同的选举权。基金股东应能得到更多具体的信息,用于判断基金董事的独立性。

(2) 基金董事会。作为基金持有人的代表机构——基金董事会，掌管着基金运作的一些重要业务，负责决定公司的经营目标，制定达标的政策和战略，并控制管理目标的实施和监督基金的各项运作，包括批准与基金管理公司及其他有关专业服务机构订立的合同。董事需要进行适当的商业判断，执行监管和检查功能，包括对投资顾问、主承销商和为基金提供服务的其他机构的表现进行评估。因此，基金董事会的设置至关重要。

(3) 各专业服务机构。各专业服务机构负责处理具体事宜。董事会通过与各服务主体签订合同的形式将共同基金的相关业务交由共同基金外部主体办理。其中，基金投资管理人（投资顾问）负责根据基金招股说明书中规定的投资目标和政策管理基金资产（投资组合的运作）；行政管理人主要监督为基金提供服务的其他公司的表现，确保基金的运作符合有关法律的规定，承担向证监会、税务机关、股东和其他相关主体准备和提供报告的责任；保管人负责持有基金资产，单独保管该资产以保护基金持有人的利益，保管人一般不得动用基金的现金和证券；过户代理人负责处理基金申购与赎回，进行股东账户的记录及股东账户状况的电话和信件查询；独立会计师负责审核基金的有关财务会计报表。

3. 信托型基金和公司型基金的区别。信托型基金和公司型基金的主要区别包括以下四个方面。

(1) 两者主体资格不同。公司型基金其主体为投资公司，具有法人资格；而信托型基金无法人资格。

(2) 两者发行的证券种类不同。公司型基金发行的是投资公司的股份，是代表着公司资产所有权的凭证；而信托型基金发行的是基金受益凭证，是有权享有收益的凭证。

(3) 投资者地位不同。在公司型基金中，投资者以公司股东的身份出现，有权享有股东的一切权益；而在信托型基金中，投资者以基金受益人的身份出现，有收益分配权，却无权参与基金事务的经营管理。

(4) 基金运作的依据不同。在信托资产的运作上，公司型基金依据的是公司章程的有关条款，而信托型基金则依据签订的基金合同。

(二) 按照证券投资基金"运作方式"划分

证券投资基金根据运作方式，分为开放式基金和封闭式基金。

1. 开放式基金。这里所说的开放式基金专指传统的开放式基金，不包括交易型开放式指数基金（ETF）和上市开放式基金（LOF）等新型开放式基金。

{ 开放式基金是指基金份额总额不固定，基金份额可以在基金合同约定的时间和场所申购或者赎回的基金。[①]

对于开放式基金，基金管理者可根据投资的需要或投资者的需要追加发行，投资者也可根据自己的需要，要求发行机构回购股份或受益凭证，回购价格是基金净资产加一定手续费。目前，美国和日本大多数基金都是属于开放型的。我国第一只开放式基金——华安创新基金在2001年9月开始认购、设立。开放式基金的发行规模随投资者的需求经常变动，如果基金经营有道，则基金的规模就会迅速

---

① 参见《中华人民共和国证券投资基金法》，第四十五条。

扩大；反之，基金规模则日益缩小。为预防出现投资者潜在的集中性变现要求所造成的挤兑，开放式基金总会拿出基金总资产中一定比例的现金作为准备金。

2. 封闭式基金。封闭式基金发行总额是固定的，发行机构也不回购已发行在外的股份或受益凭证。为方便投资者变现，此类基金都可上市交易，交易价格由市场供需水平决定。

> 封闭式基金是指经核准的基金份额总额在基金合同期限内固定不变，基金份额可以在依法设立的证券交易场所交易，但基金份额持有人不得申请赎回的基金。①

3. 开放式基金和封闭式基金的区别。开放式基金和封闭式基金的主要区别包括以下五个方面。

（1）基金发行份额不同。开放式基金发行规模不受限制，其发行在外的基金份额随基金的业绩、投资者需求的变动而变动；封闭式基金的发行份额受基金规模的限制，在基金存续期间是固定不变的。

（2）基金期限不同。开放式基金不设定存续期限，只要基金本身不破产就可以永远存在下去；《证券投资基金法》规定，封闭式基金合同中必须规定基金封闭期，期满后可根据一定的法律程序延期或者转为开放式。

（3）价格形成方式不同。封闭式基金的交易价格主要受二级市场供求关系的影响。当需求旺盛时，封闭式基金二级市场的交易价格会超过基金份额净值出现溢价交易现象；反之，当需求低迷时，交易价格会低于基金份额净值出现折价交易现象。开放式基金的买卖价格以基金净值为基础，不受市场供求关系的影响。

（4）交易场所不同。封闭式基金份额固定，在完成募集之后基金份额在证券交易所上市交易。投资者买卖封闭式基金份额，只能委托证券公司在证券交易所按市价买卖，交易在投资者之间完成。开放式基金份额不固定，投资者可以按照基金管理人确定的时间和地点向基金管理人或其销售代理人提出申购、赎回申请，交易在投资者和基金管理人之间完成。

（5）激励约束机制和投资策略不同。与封闭式基金相比，一般开放式基金向基金管理人提供了更好的激励约束机制。但由于封闭式基金份额固定、没有赎回压力，基金投资管理人员完全可以根据预先设定的投资计划进行长期投资和全额投资，并将基金资产投资于流动性相对较弱的证券上，这在一定程度上有利于基金长期业绩的提高。

（6）信息披露。开放式基金每日公布基金单位资产净值，每季度公布资产组合，每六个月公布变更的招募说明书；封闭式基金每周公布基金单位资产净值，每季度公布资产组合。

（7）基金的再筹资方式不同。开放式基金的发行规模不固定，可以通过增发基金份额来扩大经营规模。封闭式基金受基金份额固定的限制，不能增发基金份额来追加筹资。但在资金短缺时，一般可通过发行优先股、债券或向银行借款等方式增加资金。从追加投资方式来看，开放式基金安全程度高，一旦股市大崩溃，开放式基金的净资产值下跌使赎回价格也同步下调，基金份额的净资产值不会跌至全无；而封闭式基金则由于

---

① 参见《中华人民共和国证券投资基金法》，第四十五条。

有借入资金,在市场不被看好时债权人通常要求提前偿还,封闭式基金则被迫出售证券来支付贷款,以致损失惨重甚至破产清盘。在第一次世界经济危机时,由于股市大跌,美国的封闭式基金惨遭灭顶之灾。

（三）按照证券投资基金的投资目标划分

投资目标,就是指投资者投资于证券投资基金所要达到或者所要追求的目的,实际上是"在风险与收益之间的一种权衡"。证券投资基金按照投资目标不同,主要可以分为以下三种类型。

1. 收入型基金。其主要特点是基金的成长性不高,强调投资组合多元化以分散风险,投资策略也比较稳健,如其投资对象主要是那些绩优股、派现额较高的债券、可转让大额定期存单等收入较高而且比较稳定的有价证券。因而该类基金损失本金的风险也相对较低,适合较为保守的投资者。

{ 收入型基金是指将资金投资于各种可以带来收入的有价证券以获取最大当前收益为目的的投资基金。

2. 增长型基金。其投资对象主要是市场中有较大升值潜力的小公司股票,有的也投资于一些新兴的但目前经营还比较困难的行业股票。这类基金的投资策略是尽量充分运用其资金,当行情较好时,甚至借入资金进行投资。这类基金敢于冒风险,为了扩大投资额,经常将投资者应得股息也重新投入市场,其股息分配只占投资收益的一小部分。增长型基金的获利能力较强,但本金损失的风险亦相对较高。增长型基金追求资本长期增值并注意为投资争取一定的收益。

{ 增长型基金又被称为长期成长基金,是一种以追求长期资本利得为主的基金。

3. 平衡型基金。平衡型基金与增长型基金和收入型基金十分类似,是一种收入与增长性并重的投资基金。该基金的设立是为满足一些既需要定期收入,同时又希望本金能不断增值的投资者。因此。平衡型基金的投资策略是投资一定比例的资金于普通股,以期取得长期资本的增值;同时也投资一定比例的资金在债券等债务凭证上,以获得稳定收入来满足基金持有者的需求。但其投资策略较增长型基金和收入型基金更为保守,因此,其资本损失的风险程度相对更低,其成长的潜力亦相对不高。

（四）按照证券投资基金的投资对象划分

投资对象,就是指证券投资基金能够投资于具体金融产品的种类①,以及投资于各种金融产品之间的资金配置比例关系,实际上是指证券投资基金的主要投资标的物不同。一般来说,证券投资基金按照投资对象不同,主要可以分为以下四种类型基金。

1. 股票基金。股票基金是所有基金品种中最为流行的一种基金。其投资对象通常包括普通股和优先股,其风险程度较个人投资股票市场要低得多,且具有较强的变现性和流动性,因此,它是一种比较受欢迎的基金类型。

2. 债券基金。债券基金是投资于政府债券、市政公债、企业债券等各类债券品种的

---

① 《中华人民共和国证券投资基金法》规定了我国证券投资基金的投资范围:1. 上市交易的股票、债券;2. 国务院证券监督管理机构规定的其他证券品种。

投资基金。一般情况下，债券基金定期派息，其风险和收益水平通常较股票基金低。

3. 货币市场基金。由于各种短期债务凭证期限短、有定期收入、风险小、收益率低，安全性和流动性较高，因此，货币市场基金属于收入型基金，在基金市场上属于低风险的安全基金。

> 货币市场基金是指投资于各类货币市场工具的基金，其投资对象为银行存单、存款证、银行票据、商业票据和各种短期国债。

4. 混合基金。混合基金是指同时投资于股票、债券和货币市场等工具，但投资比例又不符合股票基金与债券基金规定的基金类型。混合基金是没有明确的投资方向的基金。其风险低于股票基金，预期收益则高于债券基金。它为投资者提供了一种在不同资产之间进行分散投资的工具，比较适合较为保守的投资者。

根据中国证监会对基金类别的分类标准，基金资产80%以上投资于股票的为股票基金；基金资产80%以上投资于债券的为债券基金；仅投资于货币市场工具的为货币市场基金；投资于股票、债券和货币市场工具，但股票投资和债券投资的比例不符合股票基金、债券基金规定的为混合基金；另外，80%以上的基金资产投资于其他基金份额的，为基金中的基金。

（五）按照证券投资基金的"募集方式"划分

"募集方式"是指基金管理者设立基金并筹集资金的方式。根据募集方式的不同，可以将基金分为以下两种。

1. 公募基金。公募基金是指可以面向社会公众公开发售基金份额的一类基金，基金募集对象不固定。公募基金投资金额要求低，适宜散户这类中小投资者参与。

2. 私募基金。私募基金采取非公开方式发售基金份额，面向特定投资者募集资金。与公募基金相比，私募基金对投资金额要求高，投资者的审核资格要求较高。但是相比之下，私募基金的运作则会显得灵活得多。

（六）证券投资基金的其他类别

我们归纳、整理了以下七种特殊的证券投资基金，它们分别是：

1. 对冲基金。对冲基金（Hedge Fund），意为"风险对冲过的基金"，它是基于投资理论和极其复杂的金融市场操作技巧，

> 对冲基金是指在金融市场上对某一商品及其衍生工具同时进行买与卖的基金。

充分利用各种金融衍生产品的杠杆效用，承担高风险、追求高收益的投资模式。对冲基金一般也采用私募方式，广泛投资于金融衍生产品。

2. 基金中基金。基金中基金是以其他基金作为投资目标的基金，其投资组合由其他基金组成。这是一种具有双重投资管理、双重分散风险特点的特殊基金，通过分散投资于其他各种不同的基金，可使投资基金的风险进一步降低。但这也使投资者需支付双重管理费用，从而降低了单位基金的收益率。

3. 伞形基金。伞形基金实质上是开放式基金的一种经营管理方式和架构，在这种架构下，基金发起人根据一个统一的招募书同时发起设立多只具有不同风格的子基金，这些子基金集合起来就构成了一只伞形基金，由此可以看出伞形基金本身不是一只很具体

的基金，它是一个基金集合，如果下面子基金消失了，那么伞形基金也就不存在了。2003年2月17日，由湘财合丰基金管理公司发起设立的我国首只伞形基金获准发行，这只基金由价值优化型成长类、周期类和稳定类三只开放式基金组成，三只基金适用一个契约和招募说明书，由同一基金发起人发起，同一管理人来管理，三只基金间可互相转换。

与普通基金相比，伞形基金对于投资者而言最大的好处是，投资者可以在不同的子基金之间以相对比较低的成本进行转换；对于基金管理公司而言，通过一次伞形基金的申请可以发行多只基金，规避了现有基金审批制度上的一些限制（现有的基金审批制度规定一次只能申报一只基金，这一只基金没有得到批准，下一只也就不能申报），而且对于不同的子基金，基金管理公司可以根据市场的状况分阶段募集发行，这样使得基金的募集发行工作能贴近市场，从而避免出现2002年下半年的基金发行不顺畅那样的局面。

4. 套利基金。套利基金是利用货币市场上汇率的不正常变化，同时进行买低卖高的交易来获得价格差的基金。操作方式常根据同种货币在不同市场的不同汇率，进行数量相等、方向相反的交易，也利用某一货币即期汇率和远期汇率的不正常汇差进行买低卖高交易来获得价格差。由于同时进行数量相等、方向相反的交易，收益和风险都相对较小，在业务性质上和对冲基金属于同一类型。

5. 交易型开放式指数基金（ETF）。交易型开放式指数基金是以某一选定的指数所包含的成分证券为投资对象，依据构成指数的股票种类和比例，采取完全复制或抽样复制，进行被动投资的指数基金。ETF是一种上市交易的开放式指数基金，属于开放式基金的一种特殊类型，它综合了封闭式基金和开放式基金的优点，投资者既可以向基金管理公司申购或赎回基金份额，同时，又可以像封闭式基金一样在证券市场上按市场价格买卖ETF份额，不过，申购赎回必须以一篮子股票换取基金份额或者以基金份额换回一篮子股票。由于同时存在证券市场交易和申购赎回机制，投资者可以在ETF市场价格与基金单位净值之间存在差价时进行套利交易。套利机制的存在，使得ETF避免了封闭式基金普遍存在的折价问题。在大多数情况下，ETF的投资策略是被动跟踪指数，指数不变，ETF的投资组合不变；指数调整，ETF相应调整。

ETF联接基金是将绝大部分基金财产投资于某一ETF（称为目标ETF），密切跟踪标的指数表现，可以在场外（银行渠道等）申购赎回的基金。根据中国证监会的规定，ETF联接基金投资于目标ETF的资产不得低于联接基金资产净值的90%，其余部分应投资于标的指数成分股和备选成分股。

6. 上市开放式基金（LOF）。上市开放式基金，同样属于开放式基金的一种特殊类型，具体是指开放式基金发行结束后，投资者既可以在指定网点申购与赎回基金份额，也可以在交易所买卖该基金。不过投资者如果是在指定网点申购的基金份额，想要上网抛出，须办理一定的转托管手续；同样，如果是在交易所网上买进的基金份额，想要在指定网点赎回，也要办理一定的转托管手续。

7. 分级基金。分级基金是指通过事先约定基金的风险收益分配，将母基金份额分为预期风险收益不同份额的子份额，并将其中部分或全部类别份额上市交易的结构化证券投资基金。其中，分级基金的基础份额称为母基金份额，预期风险收益较低的子份额称为 A 类份额，预期风险收益较高的子份额称为 B 份额。分级基金作为一种创新型基金，继 ETF 后成为交易所场内的重要交易工具之一，具有以下特点。

（1）一只基金，多类份额，多种投资工具。分级基金借助结构化设计将同一基金资产划分为预期风险收益特征不同份额的份额类别，可以同时满足不同风险收益偏好投资者的需求。目前的分级基金一般为融资类分级基金，即 B 份额以一定的成本向 A 份额融资，B 份额承担扣除融资成本以外的母基金全部的收益或亏损。股票型分级基金一般分为母基金份额和 A 类、B 类两类子份额，三类份额各自具有不同的风险收益特征。其中 A 类份额具有低风险、收益稳定的特征，比较适合保守型、偏好固定收益品种的投资者；而 B 类份额具有高风险、高预期收益的特征，比较适合偏好杠杆投资的激进型投资者；母基金份额等同于普通股股票指数基金份额，具有高风险、较高预期收益的特征，比较适合具有较高风险承受能力的配置型投资者。

（2）A 类、B 类份额分级，资产合并运作。尽管分级基金将母基金份额拆分为不同风险收益特征的子份额，但基金资产仍作为一个整体基金投资运作，不同类别子份额的估值与收益分配一方面取决于事先约定的收益分配条件，另一方面则会受到基金整体投资业绩的影响。

（3）基金份额可在交易所上市。目前主流的股票型分级基金与 LOF 类似，母基金可以通过场外、场内两种方式募集，通过场外与场内获得的基金份额分别被注册登记为场外系统与场内系统，但基金份额可以通过跨系统转托管实现场外市场与场内市场的转换。基金成立后，投资者在场内认购的母基金份额自动分离为 A 类和 B 类份额，并上市交易；对于从场内申购的母基金份额，投资者既可选择将其分拆为 A 类和 B 类份额并上市交易，也可选择不进行基金份额分拆而保留母基金份额。因此，证券交易所内可存在三类份额：母基金份额、A 类份额和 B 类份额，其中母基金份额通常只能够被申购和赎回，而 A 类份额和 B 类份额则只可上市交易。投资者认购/申购母基金份额后可以根据自己的风险偏好选择持有母基金份额；或者在分离/分拆母基金份额后可以根据自己的风险偏好选择卖出某一类份额，持有另一类份额。此外，偏好某一类子份额的投资者也可以选择从二级市场上单独买入该类子份额，或者同时买入两类子份额合并成母基金份额，满足投资者的多种投资需求。

（4）内含衍生工具与杠杆性。分级基金涉及收益分配权的分割与收益保障等结构性条款设置，使其普遍具有杠杆化的特性，具有内含衍生工具特性。此外由于结构设计、运作方式、定价和杠杆的不同，不同的分级基金表现出较大的差异性，这些情况都使分级基金的复杂程度超过普通基金。

（5）多种收益实现方式、投资策略丰富。普通基金通常只能通过基金资产净值的增长或二级市场价格的变化实现投资收益，但分级基金由于份额分类和结构化设计，使其内含了期权、杠杆等多种特性，为投资者提供了多种投资工具，投资者通过折溢价套利、A 类份额持有策略、B 类份额波段操作策略、定期折算与不定期折算投资机会捕捉等多种投资策略，可寻求多样化的收益实现方式。

知识拓展 5-1：
公司型基金和契约型基金孰优孰劣？

第二节 证券投资基金理论

证券投资基金理论就是指证券投资基金的治理结构。证券投资基金的治理结构,是指证券投资基金的管理人、托管人、持有人以及其他利益相关主体之间的相互关系,是协调证券投资基金各个相关利益主体之间经济关系的一系列制度安排。根据基金组织制度的不同,基金治理结构可以划分为公司型基金的治理结构和信托型基金的治理结构。合理的证券投资基金治理结构是保护投资者利益的重要环节,而对投资者利益的保护是证券投资基金能够快速、健康、可持续发展的关键性保障[①]。

下面,分别介绍美国证券投资基金——公司型开放式基金的治理结构、英国与中国香港地区证券投资基金——信托型开放式基金的治理结构、我国证券投资基金的治理结构。

一、公司型开放式基金——共同基金的治理结构

美国共同基金属于公司型开放式证券投资基金,其治理结构见图5-1。

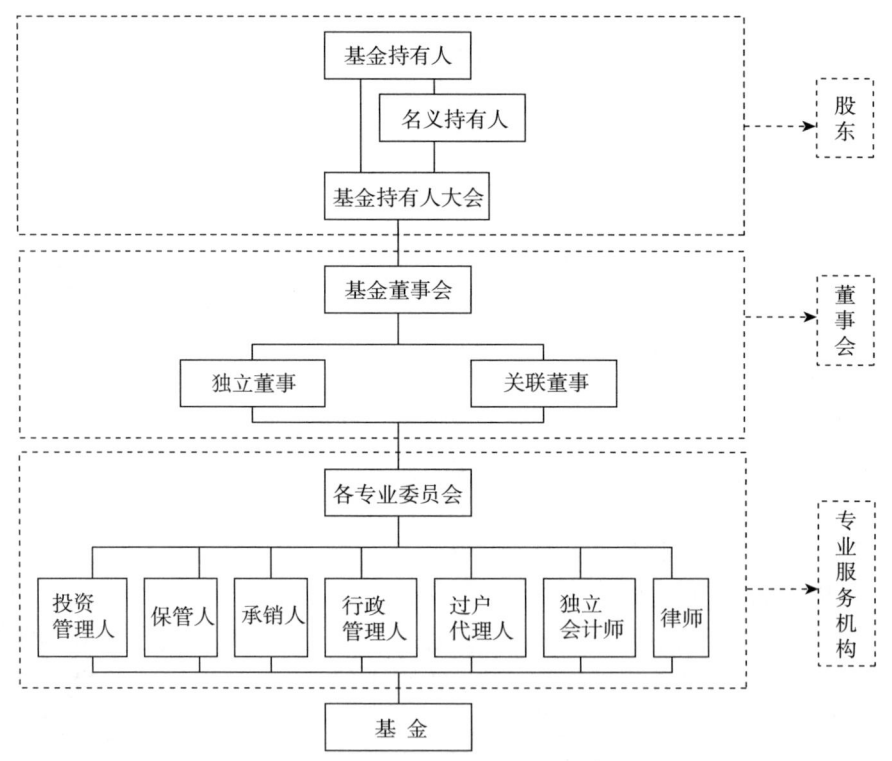

图5-1 美国共同基金的治理结构

[①] 一些国家和地区对投资者利益的保护制度主要包括主管机关和自律组织的监督制度,证券投资基金的设立、审核制度,相关信息的披露制度,中介机构的外部监督制度,证券投资基金的内部控制制度以及关联交易的禁止规定等。

1. 基金股东。公司型开放式证券投资基金的股东享有一定的选举权，根据美国1940年《投资公司法》的规定，共同基金发行的所有股份必须是选举权股票，且每股必须享有相同的选举权。基金股东应能得到更多具体的信息，用于判断基金董事的独立性。

2. 基金董事会。美国共同基金董事会由关联董事和独立董事组成，作为基金持有人的代表机构——基金董事会，掌管着基金运作的一些重要业务。负责决定公司的经营目标，制定达标的政策和战略，并控制管理目标的实施和监督基金的各项运作，包括批准与基金管理公司及其他有关专业服务机构订立的合同。董事需要进行适当的商业判断，执行监管和检查功能，包括对投资顾问、主承销商和为基金提供服务的其他机构的表现进行评估。因此，基金董事会的设置至关重要。根据1940年《投资公司法》的规定，美国投资公司中必须至少有40%的董事为独立董事（现已远远高于此比例，达到2/3及以上），法律明文规定，独立董事的责任是：保障投资者免受基金经理及其关联单位违规行为的损害。独立董事作为代表股东利益的监督者，参与决定基金管理人、基金会计师及基金分销商的聘用、对基金管理人和基金的其他关联人进行监督和检查。正因为如此，独立董事在投资者保护中起到了关键的作用。

美国证券交易委员会（SEC）对独立董事制度的设计主要包括以下九点。

（1）投资公司董事中至少2/3是独立董事，美国证券交易委员会要求独立董事对可能产生冲突的一些领域进行监管。独立董事的这种多数原则，有助于从机制上提高独立董事的影响力。

（2）基金投资顾问、主承销商及某些关联方的高级职员或董事禁止担任基金独立董事，以免影响他们的独立性。

（3）独立董事的自我任命即独立董事的选举和任命由在任独立董事进行。因独立董事要代表公司整体利益和中小股东利益，要积极监督大股东及其派出的董事、高级管理人员以及其他在公司中代表控股股东利益的人员，逻辑上就不应该由控股股东或其控制的董事会选择或决定独立董事候选人，防止独立董事与董事会共进退而使董事会成为一个利益交易的俱乐部。因此，美国证监会希望独立董事的选举和任命由在任独立董事进行。美国证券交易委员会认为，独立董事的这种自我繁衍机制，有利于形成一个具有独立意志的董事会，确保董事会可以优先考虑基金投资人的利益。独立董事的自我任命制度尽管并不能完全保证独立董事的独立，但是比较其他提名方式，毕竟可以更好地保持独立董事的独立性和稳定性。

（4）独立董事的薪酬制定权由独立董事掌握，有助于确保独立董事的独立性和有效性。

（5）独立董事在信息获得方面的保证原则。担任独立董事的律师必须独立于投资顾问和基金其他服务提供者，确保董事得到客观准确的信息，以便在有潜在利益冲突的一些领域提供客观建议。

（6）独立董事对基金董事会、审计委员会进行组织和运作。美国《投资公司法》规定审计师的选择应由独立董事控制，这是法律专门委托给独立董事的职能之一。

（7）必要时独立董事应单独举行会议。对基金管理人提高管理费用的提议或涉及基金与其相关服务提供者之间安排的一些重大变化，独立董事的独立会议都是非常必要的。

（8）在独立董事中选出一个或多个领导，以便协调独立董事的活动及在董事会期间充当发言人。需要指出的是，在独立董事中选出一个或多个领导并不意味着其他独立董事承担的责任或义务被削弱。

（9）独立董事的保险，以保证独立董事在为维护股东利益采取某些行动时不必顾忌自己的诉讼责任，尤其是在与基金管理人发生诉讼的时候。

综上所述，美国共同基金的独立董事制度设置科学合理，既能让独立董事最大限度地发挥作用，又能最大限度地保护独立董事的独立性和自身利益，最终使基金持有人的合法权益得到充分的保护。

3. 各专业服务机构。各专业服务机构负责处理与证券投资基金相关的具体事宜。在美国，几乎所有的共同基金都是外部管理的，董事会通过与各服务主体签订合同的形式将共同基金的相关业务交由共同基金外部主体办理。其中，基金投资管理人（投资顾问）负责根据基金招募说明书中规定的投资目标和政策管理基金资产（投资组合的运作），并且美国法律规定基金投资管理人负有严格的受托和公平交易义务，在避免关联交易等方面也负有一定的法定义务；基金行政管理人主要负责监督为基金提供服务的其他公司的表现，确保基金的运作符合联邦法律的规定，承担向证券交易委员会、税务机关、股东和其他相关主体准备和提供报告的责任；保管人负责为基金保管资产，单独保管该资产以保护基金持有人的利益，证券交易委员会要求共同基金保管人将他们所保管的资产组合证券与保管人自身的其余资产分别独立保管，保管人一般不得动用基金的现金和证券；过户代理人负责处理基金申购与赎回，进行股东账户的记录及股东账户状况的电话和信件查询；独立会计师负责审核基金的有关财务会计报表。

通过美国共同基金治理结构所包括的三个主要层次分析可以看出：美国共同基金由发起人根据公司法组织设立，并设立董事会，董事会作为投资者利益的权威代表，掌管基金运作的一些重要业务，并通过招标竞争等措施选择合作伙伴，与上述各金融专业服务机构签订有关合同，因此，基金董事会的投资至关重要。

二、信托型开放式基金的治理结构

作为信托型开放式基金的代表——英国和我国香港特别行政区的证券投资基金的治理结构具有鲜明的特点。

（一）英国单位信托基金的治理结构

英国单位信托基金主要根据信托法成立，管理人和受托人都有信托义务，该义务来源于一般法、信托契约和其他相关文件及规范。历史上，英国有两套法律和法院体系，普通法规定信托财产的所有权归受托人所有，不承认受益人对信托财产的所有权；衡平法则对受益人对信托财产的权益给予了承认和保护。虽然目前两套法律体系已合为一体，但其原有的信托法律传统仍然被保留下来，受托人成为信托关系的核心。

英国单位信托基金的治理结构主要包括以下几方面。

1. 单位持有人大会。信托契约和计划的重大修改等事项，需要单位持有人大会决议通过。

2. 受托人。受托人是基金的核心，作为基金资产的名义持有人，负责保护对投资的所有权和单位持有人的利益。受托人的责任包括：（1）监督管理人遵守法规和契约的情况以及执行业务的情况，如认为管理人没有达到规定的要求，可向英国金融服务管理局和自律组织报告；（2）控制基金资产并进行适当记录；（3）采取适当措施确保管理人发出的财产所有权相关指令得到执行。

3. 管理人的责任。管理人具有根据有关法规、信托契约和招募说明书管理基金的责任。管理人可以在没有受托人特别授权的情况下向代理人发出接受和处置基金资产的指令。管理人还负责进行估值和决定价格。管理人应保有会计记录、每日单位持有记录和其他记录，并接受受托人的检查，在受托人要求时向其提供相关资料。

4. 管理人和受托人的关系。管理人可以将任何职能委托给任何人包括受托人；但受托人不能将监督管理人、保管职能和控制基金资产等的职能委托给管理人，受托人也不能将监督管理人的职能委托给管理人的关联人，除此之外，受托人可以将其他任何职能委托给任何人，包括管理人。此外，英国法律还规定了一些利益冲突的情形，关联人不可以进行一些交易，以防止利益冲突。

（二）香港地区单位信托基金的治理结构

在我国香港特别行政区，单位信托基金受信托法、单位信托及互惠基金守则等相关规则规范，其主要的治理结构包括以下几方面。

1. 持有人大会。持有人大会决定有关法规、信托契约规定的重要事项，除部分持有人自己参加投票外，相当一部分投资者在代销机构开立名义账户，由代销机构行使投票权。机构投资者则多通过与基金管理人的委托合同，由基金管理人作为基金单位的名义持有人行使投票权。

2. 受托人。受托人在基金的信托关系中居于核心地位，是基金资产的名义所有人，作为基金的监护人，确保投资管理人的活动符合监管机构的要求，并处理基金所有的设立文件，可以为自己和受益人的利益对管理人进行尽职调查。受托人往往同时兼任保管人、登记人和行政管理人。保管人负有安全保管基金资产的责任；登记人负责保有适当的持有人记录，准备单位持有人需要的实物凭证，确保投资者认购费的适当接收和向持有人支付赎回费用；行政管理人则负责处理基金会计事务，包括记账、基金估值、向监管机构和持有人准备财务报告等。

3. 管理人。管理人负责基金的设立，基金的销售和售后服务，基金的交易，与受托人签订信托契约，与保管人签订保管协议，在业务运作中，管理人发指令给经纪人，并通知受托人记账，保管人进行资金调动。

在信托型开放式基金中，受托人作为信托关系的核心和受益人利益的代表，作为信托资产的名义所有人负责对各服务主体进行监督和检查。

三、我国证券投资基金的参与主体

在基金市场上，依据所承担的责任与作用的不同，可以将基金市场的参与主体分为基金当事人、基金市场服务机构、基金监管机构和自律组织三大类。

（一）基金当事人

我国的证券投资基金依据基金合同设立，基金份额持有人、基金管理人与基金托管人是基金合同的当事人。

1. 基金份额持有人。基金份额持有人是基金投资者，也是基金的出资人、基金资产的所有者和基金投资回报的收益人。按照我国《证券投资基金法》的有关规定，基金份额持有人享有以下的权利：分享基金财产收益，参与分配清算后的剩余基金财产，依法转让或申赎其持有的基金份额，按照规定要求召开基金份额持有人大会，对基金份额持有人大会审议事项行使表决权，查阅或者复制公开披露的基金信息资料，对基金管理人、基金托管人、基金销售机构损害其合法权益的行为依法提出诉讼，基金合同约定其他的权利。

2. 基金管理人。基金管理人是基金产品的募集者和管理者，其最主要职责就是按照基金合同的约定，负责基金资产的投资运作，在有效控制风险的基础上为基金投资者争取最大的投资收益。基金管理人在基金运作中具有核心作用，基金产品的设计、基金份额的销售与注册登记、基金资产的管理等重要职能多半由基金管理人或基金管理人选定的其他服务机构承担。在我国，基金管理人只能由依法设立的基金管理公司承担。

截至 2021 年 9 月，我国前十大证券投资基金管理公司详细情况见表 5-2。

表 5-2　　我国前十大证券投资基金管理公司（截至 2021 年 9 月）

基金公司	基金数量（只）	资产合计（亿元）	注册地点
易方达基金管理有限公司	253	15 530.3128	广东省珠海市
广发基金管理有限公司	277	10 828.5469	广东省珠海市
天弘基金管理有限公司	127	10 691.1849	天津市
南方基金管理股份有限公司	253	9 971.4046	广东省深圳市
汇添富基金管理股份有限公司	200	9 714.9686	上海市
华夏基金管理有限公司	261	9 647.0713	北京市
博时基金管理有限公司	290	9 101.3073	广东省深圳市
嘉实基金管理有限公司	236	8 175.7668	上海市
富国基金管理有限公司	222	8 121.4677	上海市
工银瑞信基金管理有限公司	193	7 341.71	北京市

资料来源：Wind。

3. 基金托管人。为保证基金资产的安全，《证券投资基金法》规定基金资产必须由独立于基金管理人的基金托管人保管，从而使基金托管人成为基金的当事人之一。基金托管人的职责主要体现在基金资产保管、基金资产清算、会计复核以及对基金投资运作的监督等方面。在我国，基金托管人只能由依法设立并取得基金托管资格的商业银行或者其他金融机构担任。

（二）基金市场服务机构

基金管理人、基金托管人既是基金的当事人，又是基金的主要服务机构。基金市场还有许多面向基金提供各类服务的其他机构，主要包括基金销售机构、销售支付机构、份额登记机构、估值核算机构、投资顾问机构、评价机构、信息技术系统服务机构以及律师事务所、会计师事务所等。

基金销售是指基金宣传推介，份额发售或者份额申购、赎回，并收取以基金交易（含开户）为基础的相关佣金的活动。基金销售机构是指从事基金销售业务活动的机构，包括基金管理人以及经中国证监会认定的可以从事基金销售的其他机构。目前可申请从事基金代销的机构主要包括商业银行、证券公司、保险公司、证券投资咨询机构、独立基金销售机构。

基金销售支付是指基金销售活动中基金销售机构、基金投资人之间的货币资金转移活动，基金销售支付机构是从事基金销售支付业务活动的商业银行或者支付机构。

基金份额登记是指基金份额的登记过户、存管和结算等业务活动。基金份额登记机构是指从事基金份额登记业务活动的机构。

基金估值核算机构是指从事基金会计核算、估值及相关信息披露等业务活动的机构。

基金投资顾问机构是按照约定向基金管理人、基金投资人等服务对象提供基金以及其他中国证监会认可的投资产品的投资建议、辅助客户作出投资决策，并直接或间接获取经济利益业务活动的机构。

（三）基金监管机构和自律组织

1. 基金监管机构。为了保护基金投资者的利益，世界上不同国家和地区都对基金活动进行严格的监督管理。基金监管机构通过依法行使审批或核准权，依法办理基金备案，对基金管理人、基金托管人以及其他从事基金活动的服务机构进行监督管理，对违法违规行为进行查处，因此其在基金的运作过程中起着重要作用。

2. 基金自律组织。证券交易所是基金的自律管理机构之一。一方面，封闭式基金、上市开放式基金和交易型开放式指数基金等需要通过证券交易所募集和交易，必须遵守证券交易所的规则；另一方面，经中国证监会授权，证券交易所对基金的投资交易行为还承担着重要的一线监控职责。

基金行业自律组织是由基金管理人、基金托管人及基金市场服务机构共同成立的同业协会。我国的基金自律组织是2012年6月6日成立的中国证券投资基金业协会。

（四）证券投资基金运作关系

基金投资者、基金管理人与基金托管人是基金的当事人。基金市场上的各类中介服务机构通过自己的专业服务参与基金市场，监管机构则对基金市场的各种参与主体实施全面监管。

知识拓展5-2：
什么是"老鼠仓"？

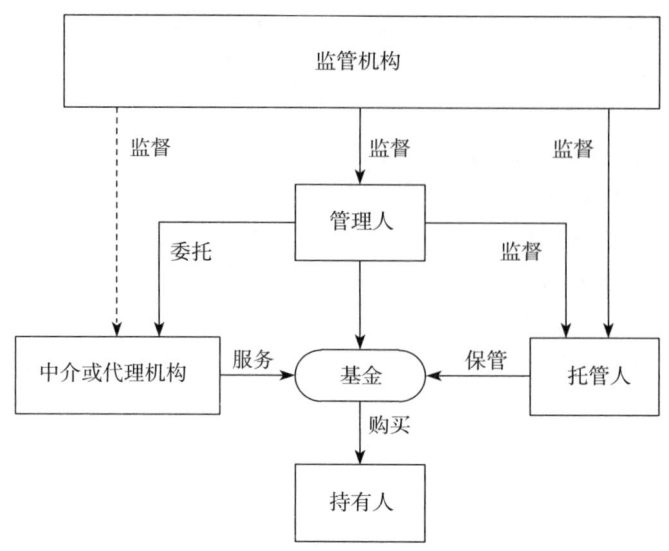

图 5-2 证券投资基金运作关系

第三节 证券投资基金实务

本节对证券投资基金实务知识展开讨论，主要包括以下两个方面：（1）证券投资基金的运作过程；（2）证券投资基金的估值与定价、费用成本、收益组成与收益分配以及业绩评估。

一、证券投资基金的运作过程

在我国，证券投资基金完整的运作过程主要包括：基金的募集、基金的交易、基金的投资管理、信息披露以及基金合同的变更、终止与基金财产清算。

（一）基金的募集

基金的募集是指基金管理公司根据有关规定向中国证监会提交募集申请文件、发售基金份额、募集基金的行为，需要经过申请、注册、发售、基金合同生效四个步骤。

1. 基金募集申请。我国基金管理人进行基金的募集必须根据《证券投资基金法》的有关规定，向证监会提交相关的文件。文件主要包括基金募集申请报告、基金合同草案、基金托管协议草案、招募说明书草案、律师事务所出具的法律意见书等。对于复杂的或创新产品，中国证监会将根据基金的特征与风险，要求基金管理人补充提交证券交易所和证券登记结算机构的授权函、投资者适当性安排、技术准备情况和主要业务环节的制度安排等文件。申请材料一旦受理不可随意更改。申请期间材料所涉及的事项若发生重大变化，基金管理人应当自变化发生之日起 5 个工作日内向中国证监会提交更新材料。

2. 基金的募集申请注册。基金募集申请经中国证监会注册后方可发售基金份额。对常规的基金产品，按照简易程序注册，注册审查时间原则上不超过 20 个工作日；对其他产品，按照普通程序注册，注册审查时间不超过 6 个月。适用于简易程序的产品包括常规股票基金、混合基金、债券基金、指数基金、货币基金、发起式基金、合格境内机构投资者基金（QDII）、理财基金和交易型指数基金及其联接基金。分级基金及中国证监会认定的其他特殊产品暂不实行简易程序。

3. 基金的发售。基金管理人应该在收到核准文件之日起 6 个月内进行基金份额的发售，超过 6 个月开始募集，原注册的事项未发生实质性变化的，应报国务院证券监督管理机构备案；发生实质性变化的，应当向国务院证券监督管理机构重新提交注册申请。基金的募集期限自基金份额发售之日起计算一般不得超过 3 个月。基金份额的发售由基金管理人负责办理。基金管理人应当在基金份额发售的 3 日前公布招募说明书、基金合同及其他有关文件。在基金募集期间募集的资金应当存入专门账户，在基金募集行为结束前，任何人不得动用。

4. 基金合同的生效。

（1）基金募集期限届满，封闭式基金需满足募集的基金份额总额达到核准规模的 80% 以上，并且基金份额持有人人数达到 200 人以上；开放式基金需满足募集的基金份额总额不少于 2 亿份，募集金额不少于 2 亿元人民币，基金份额持有人的人数不少于 200 人。基金管理人应当自募集期限届满之日起 10 日内聘请法定验资机构验资。自收到验资报告之日起 10 日内，向中国证监会提交备案申请和验资报告，办理基金备案手续。

中国证监会自收到基金管理人验资报告和基金备案材料之日起 3 个工作日内予以书面确认；自中国证监会书面确认之日起，基金备案手续办理完毕，基金合同生效。基金管理人应当在收到证监会确认文件的次日予以公告。需要额外说明的是，发起式基金其合同生效不同于上述条件。

（2）基金募集期限届满，基金不满足有关募集要求的，基金募集失败，基金管理人应承担下列责任：一是以固有财产承担募集行为而产生的债务和费用；二是在基金募集期限届满后 30 日内返还投资者已缴纳的款项，并加计银行同期存款利息。

（二）基金的交易

基金的交易是证券投资基金整个运作过程中的一个基本环节，是证券投资基金市场至关重要的组成部分。基金的交易实际上是投资基金证券或受益凭证的交易，通常情况下，它指的是基金证券或受益凭证的认购、上市、赎回、转让等经济活动。基金的认购是与基金的发行相对应的概念。基金的发行是指基金的信托投资机构将已经得到批准发行的基金证券向个人和机构投资者推销的经济活动；基金的认购是指个人和机构投资者按照基金证券发行公告或规定向基金管理公司或基金的信托投资机构购买经批准发行的基金证券的经济活动。在国外，由于投资基金的种类较为丰富，因此，投资者参与基金投资的方式也因投资基金的类型不同而各有差异。如公司型投资基金，投资者的投资活动是通过购买公司股份来实现的；而对于信托型投资基金而言，投资者的投资活动则是通过认购受益凭证来实现的。当然，无论投资于何种类型的投资基金，投资者在申请购买基金单位时，都必须准备好有关证件和价款，将填好的认购申请表交到经纪公司或该基金指定的承销公司，缴足认购款和手续费并办理相关认购手续。

在我国，目前证券投资基金的发行与认购都是通过证券交易所的交易系统进行的，投资者在认购基金单位时，需开设证券交易账户或基金交易账户，在指定的发行时间内利用证券交易所的各个交易网点以公布的价格和符合规定的申购数量进行认购。基金发行成功后，基金证券即可获准在证券交易所或证券交易中心（场外交易柜台）内挂牌买卖，投资者可以按照一定的基金交易规则在规定的基金交易市场从事基金证券或受益凭证的购回和出让，当然投资基金的交易过程也因基金类型和运作方式的不同而各有差异。例如，封闭式基金的交易一般都是利用股票交易系统来进行的，其交易和清算的有关操作事项基本上同股票交易规则相似。而开放式基金的交易则表现为基金单位的申购与赎回，投资者可以根据市场情况和自己的投资决策随时向基金管理公司或销售机构提出申购或赎回基金单位的要求。

与证券投资基金能否赎回相对应，基金的交易包括封闭式基金的份额交易与开放式基金的份额申购与赎回。

1. 封闭式基金的交易。

表5–3　　　　　　　　　　封闭式基金的交易

上市交易条件		1. 基金的募集符合《证券投资基金法》规定； 2. 基金合同期限为5年以上； 3. 基金募集金额不低于2亿元人民币； 4. 基金份额持有人不少于1 000人； 5. 基金份额上市交易规则规定的其他条件。
交易规则	账户开立	必须开立沪、深证券账户或沪、深基金账户及资金账户
	交易时间	每周一至周五（法定公众节假日除外），每天9：30～11：30，13：00～15：00
	交易原则	"价格优先，时间优先"的原则，即较高价格买进申报优先于较低价格买进申报，较低价格卖出申报优先于较高价格卖出申报；买卖方向、价格相同的，先申报者优先于后申报者
	报价单位	申报价格最小变动单位为0.001元人民币。买入与卖出封闭式基金份额，申报数量应当为100份或其整数倍。基金单笔最大数量应当低于100万份
	交割	实行T+1日交割
交易费用		佣金不得高于成交金额的0.3%，起点为5元；交易不收取印花税
折（溢）价率		折（溢）价率 = $\dfrac{\text{二级市场价格} - \text{基金份额净值}}{\text{基金份额净值}} \times 100\%$ = $\left(\dfrac{\text{二级市场价格}}{\text{基金份额净值}} - 1\right) \times 100\%$

2. 开放式基金的申购与赎回。

（1）股票基金、债券基金的申购与赎回原则。一是未知价交易原则。投资者在申购赎回股票基金、债券基金时并不能及时获知买卖的成交价格。申购、赎回价格只能以申购赎回日交易时间结束后基金管理人公布的基金份额净值为基准进行计算。这与股票、封闭式基金等大多数金融产品按已知价原则进行买卖不同。二是金额申购、份额赎回原则。股票基金、债券基金申购以金额申请,赎回以份额申请。在这种交易方式下,确切的购买数量和赎回金额在买卖当时是无法确定的,只有在交易次日或更晚一点才能获知。开放式基金招募说明书中过去一般规定申购申报单位为1元人民币,申购金额应当为1元整数倍,且不低于1 000元;赎回申报单位为1份基金份额,赎回应当为整数份额,但现在这一规定逐渐取消。

（2）货币市场基金的申购和赎回原则。一是确定价原则。货币市场基金的申购和赎回基金份额价格以1元人民币为基准进行计算。二是金额申购、份额赎回原则。货币市场基金申购以金额申请,赎回以份额申请。

表 5-4　　　　　　　　　　　开放式基金的申购和赎回

交易原则	股票基金、债券基金	1. 未知价交易原则。投资者在申购赎回股票基金、债券基金时并不能及时获知买卖的成交价格。申购、赎回价格只能以申购赎回日交易时间结束后基金管理人公布的基金份额净值为基准进行计算。这与股票、封闭式基金等大多数金融产品按已知价原则进行买卖不同 2. 金额申购、份额赎回原则。在这种交易方式下,确切的购买数量和赎回金额在买卖当时是无法确定的,只有在交易次日或更晚一点才能获知。开放式基金招募说明书中过去一般规定申购申报单位为1元人民币,申购金额应当为1元整数倍,且不低于1 000元;赎回申报单位为1份基金份额,赎回应当为整数份额,但现在这一规定逐渐取消
	货币市场基金	1. 确定价原则。货币市场基金的申购和赎回基金份额价格以1元人民币为基准进行计算 2. 金额申购、份额赎回原则。货币市场基金申购以金额申请,赎回以份额申请
交易场所		通过基金管理人的直销中心与基金销售代理网点进行
交易时间		周一至周五（法定公众节假日除外）,每天9:30~11:30,13:00~15:00
交易费用	申购费用	申购采用全额缴款方式
	赎回费用	赎回费用在扣除手续费后,余额不得低于赎回费总额的25%,并应当归入基金财产
	销售费用	从基金财产中按一定比例计提
申购份额计算		净申购金额 = $\dfrac{申购金额}{1+申购费率}$ 申购费用 = 净申购金额 × 申购费率 申购份额 = $\dfrac{净申购金额}{申购当日基金份额净值}$
赎回金额计算		赎回金额 = 赎回总额 - 赎回费用 赎回总额 = 赎回数量 × 赎回日基金份额净值 赎回费用 = 赎回总额 × 赎回费率
申购、赎回款项支付		申购全款支付,赎回7日之内支付
申购、赎回登记		T+1日办理登记

（三）基金的投资管理

实质上，基金的投资管理就是指基金管理公司运用所募集到的资金，在相关法律法规所允许的框架内，进行证券投资，并且使原始本金尽可能达到保值与增值目的的一系列相关活动与过程，是证券投资基金运行过程中的核心，体现着证券投资基金的终极目的。

《证券投资基金法》第七十一条规定：基金管理人运用基金财产进行证券投资，除国务院证券监督管理机构另有规定外，应当采用资产组合的方式。资产组合的具体方式和投资比例，依照本法和国务院证券监督管理机构的规定在基金合同中约定。

另外，对于证券投资基金不得进行的投资或活动，《证券投资基金法》第七章第七十三条规定如下：

（1）承销证券；
（2）违反规定向他人贷款或者提供担保；
（3）从事承担无限责任的投资；
（4）买卖其他基金份额，但是国务院证券监督管理机构另有规定的除外；
（5）向基金管理人、基金托管人出资；
（6）从事内幕交易、操纵证券交易价格及其他不正当的证券交易活动；
（7）法律、行政法规和国务院证券监督管理机构规定禁止的其他活动。

运用基金财产买卖基金管理人、基金托管人及其控股股东、实际控制人或者与其有其他重大利害关系的公司发行的证券或承销期内承销的证券，或者从事其他重大关联交易的，应当遵循基金份额持有人利益优先的原则，防范利益冲突，符合国务院证券监督管理机构的规定，并履行信息披露义务。

（四）信息披露

对于证券投资基金的信息披露，《中华人民共和国证券投资基金法》要求"基金管理人、基金托管人和其他基金信息披露义务人应当依法披露基金信息，并保证所披露信息的真实性、准确性和完整性。基金信息披露义务人应当确保应予披露的基金信息在国务院证券监督管理机构规定时间内披露，并保证投资人能够按照基金合同约定的时间和方式查阅或者复制公开披露的信息资料。律师事务所、会计师事务所接受基金管理人、基金托管人的委托，为有关基金业务活动出具法律意见书、审计报告、内部控制评价报告等文件，应当勤勉尽责，对所依据的文件资料内容的真实性、准确性、完整性进行核查和验证。其制作、出具的文件有虚假记载、误导性陈述或者重大遗漏，给他人财产造成损失的，应当与委托人承担连带赔偿责任。"

并且，对于信息披露所应该包括的内容，《中华人民共和国证券投资基金法》也作出了详细的规定。

第七章第七十六条：公开披露的基金信息包括：（1）基金招募说明书、基金合同、基金托管协议；（2）基金募集情况；（3）基金份额上市交易公告书；（4）基金资产净值、基金份额净值；（5）基金份额申购、赎回价格；（6）基金财产的资产组合季度报告、财务会计报告及中期和年度基金报告；（7）临时报告；（8）基金份额持有人大会决议；（9）基金管理人、基金托管人的专门基金托管部门的重大人事变动；（10）涉及基金财产、基金管理业务、基金托管业务的诉讼或者仲裁；（11）国务院证券监督管理机构规定应予披露的其他信息。

另外，对于信息披露过程中的禁止行为，第七十七条规定：公开披露基金信息，不得有下列行为：（1）虚假记载、误导性陈述或者重大遗漏；（2）对证券投资业绩进行预测；（3）违规承诺收益或者承担损失；（4）诋毁其他基金管理人、基金托管人或者基金销售机构；（5）法律、行政法规和国务院证券监督管理机构规定禁止的其他行为。

（五）基金合同的变更、终止与基金财产清算

基金合同的变更、终止与基金财产清算，是证券投资基金运行过程中不可或缺的组成部分。

1. 基金合同的变更。在证券投资基金的运作过程中，基金合同的变更分为两种情况，一种主要是指按照基金合同的约定或者基金份额持有人大会的决议，基金可以转换运作方式或者与其他基金合并；另一种是指封闭式基金扩募或者延长基金合同期限，应当符合下列条件，并报国务院证券监督管理机构备案，才能够实现。

（1）基金运营业绩良好；
（2）基金管理人最近两年内没有因违法违规行为受到行政处罚或者刑事处罚；
（3）基金份额持有人大会决议通过；
（4）《中华人民共和国证券投资基金法》规定的其他条件。

2. 基金合同的终止。基金合同的终止是指证券投资基金功能的完结，相关证券投资活动的结束，各个相关利益主体之间关系的结束，"有进有退"才能够有效保障基金份额持有人的合法利益。

《中华人民共和国证券投资基金法》第八十条规定有下列情形之一的，基金合同终止：（1）基金合同期限届满而未延期；（2）基金份额持有人大会决定终止；（3）基金管理人、基金托管人职责终止，在六个月内没有新基金管理人、新基金托管人承接；（4）基金合同约定的其他情形。

3. 基金财产清算。基金财产清算是指当证券投资基金合同终止以后，围绕着基金财产分配所要涉及的一系列相关问题。《中华人民共和国证券投资基金法》第八十一条与第八十二条对其作出了详细规定：基金合同终止时，基金管理人应当组织清算组对基金财产进行清算。清算组由基金管理人、基金托管人以及相关的中介服务机构组成。清算组作出的清算报告经会计师事务所审计，律师事务所出具法律意见书后，报国务院证券监督管理机构备案并公告。清算后的剩余基金财产，应当按照基金份额持有人所持份额比例进行分配。

二、证券投资基金的估值与定价、费用成本、收益组成与收益分配以及业绩评估

一般来讲，与证券投资基金实务相关的其他基本知识，主要包括证券投资基金的估值与定价、费用成本、收益组成与收益分配以及业绩评估。

（一）证券投资基金的估值与定价

从本质上看，证券投资基金是一种金融产品，属于金融资产范围，因此，估值与定

价问题理所当然地置于其实务知识体系中的核心。估值与定价两者之间存在着非常紧密的联系：前者是基础，后者是目的，只有对证券投资基金的价值作出尽量准确的评价，才可能相对公允地确定其价格。

1. 估值问题。对证券投资基金的估值实质是对基金净资产的估值，因为无论是开放式基金还是封闭式基金，定价基础均是基金资产净值。证券投资基金的净资产是指在某一时点上每单位基金实际代表的价值。它是基金的资产值扣除了各项应支付的费用后，再除以该基金单位的总数所得出的单位价值。基金净资产是基金单位价格的内在价值，是进行基金价值分析的重要依据之一。下面介绍如何进行证券投资基金资产价值的估算和其净资产的计算问题。

（1）证券投资基金资产价值。不管是开放式基金还是封闭式基金，在发行基金份额时，其单位基金是等额的，代表着发行时每份基金的价值量。在投资基金运用基金资产进行投资时，基金的资产值伴随着基金持有证券的价格变动而变动。为了能正确反映单位基金的价值，就必须在某时点上对基金资产价值进行估算，资产价值的估算过程主要包括以下两个方面。

① 确定估算日。根据各国基金管理制度的规定，基金管理机构必须定期计算并公布基金资产净值。由于各国的具体情况不同，有每天计算、每周计算或每月计算一次，只有在节假日、暂停营业、投资者巨额赎回，以及出现无法抗拒的因素使估值无法正确计算时，才可暂停估值。

② 根据基金所持证券估算日的收盘价，分别计算其市值并汇总，再加上基金的库存现金、银行存款以及应收利息收入等即为基金总资产，其计算公式为

证券投资基金资产总值 = 所持证券市值总额 + 现金 + 银行存款 + 应收利息收入等

目前，国内所有的封闭式证券投资基金均是按照平均价估值；开放式基金则是按照收盘价估值。其他各国和地区在这一点上的做法也不一致：美国规定以收盘价估值；英国则规定投资应以市场中间价估值。采用收盘价估值，在正常情况下可以反映出市场在最后一刻买卖双方的意愿及各种因素对市场综合影响的结果，但是收盘价容易受到人为因素的操纵与干扰，尤其是基金重仓股在收市前的大幅波动会直接影响到基金的资产净值。平均价不容易受到人为的操纵，但是若当天市场上出现某种重大变化引起价格的大幅波动，以平均价估值就不能够真实地反映证券的价值。

（2）证券投资基金净值的计算。确定了证券投资基金在估算日的资产总额以后，需要对其资产净值总额和单位基金净资产进一步进行计算。

证券投资基金资产净值总额的计算公式为

$$证券投资基金资产净值总额 = 证券投资基金资产总额 - 证券投资基金负债总额$$

按照前面所叙述的，证券投资基金资产总额是指证券投资基金拥有的所有资产的价值，包括现金、股票、债券、其他有价证券、银行存款以及应收利息收入等。

证券投资基金负债总额是指证券投资基金应付给基金管理人的管理费用和基金托管人的托管费等应付费用和其他负债。

单位基金净资产值则是以基金资产净值总额除以投资基金发行的总份额。其计算公式如下:

$$单位基金资产净值 = 基金资产净值总额 \div 发行的基金总份数$$

计算证券投资基金单位资产净值的方法主要有两种:已知价计算法和未知价计算法。

① 已知价计算法。已知价又称事前价(Backward Price),或称历史计价(Historic Price),是指证券投资基金管理公司根据上一个交易日的收盘价来计算基金所拥有的金融资产,包括现金、股票、债券、期货合约、期权等的总值,减去其对外负债总值,然后再除以已售出的基金单位总数,得出每个基金单位的资产净值。在已知价计算法下,投资者当天就可以知道单位基金的买卖价格,可以及时办理交割手续。

② 未知价计算法。未知价又称事后价(Forward Price),或称预约计价,是指根据当日证券市场上各种金融资产的收盘价计算的基金资产净值。投资者在收盘前进行基金买卖,是无法确切知道当日收盘价的,因此,就叫未知价计算法。在使用这种计算方法时,投资者当天并不知道其买卖的基金价格是多少,要在第二天才知道单位基金的价格。

采用已知价定价,会加剧股市的波动,损害其他持有人的利益。因为如果按已知价格交易,容易给证券投资基金内部人员造成可乘之机,牟取套利机会。例如,在开放式基金资产价值实际上已经上涨时,基金经理及其关联人知晓内情,却仍然可以按前一天的较低价格申购基金单位。采用未知价定价,相对于已知价定价,可以增加基金投资者购买和赎回基金单位的不确定性,从而在股市上涨(下跌)的时候减轻来自投资者的申购(赎回)压力,对股市的剧烈波动起一定缓和作用。所以,其他国家和地区对开放式基金的申购与赎回大多采用未知价计算法。《中华人民共和国证券投资基金法》规定,开放式基金的申购赎回价格采取未知价计算法。并且,为了切实保护证券投资基金份额持有人的利益,《中华人民共和国证券投资基金法》第六章第七十条规定:基金份额净值计价出现错误时,基金管理人应当立即纠正,并采取合理的措施防止损失进一步扩大。计价错误达到基金份额净值百分之零点五时,基金管理人应当公告,并报国务院证券监督管理机构备案。因基金份额净值计价错误造成基金份额持有人损失的,基金份额持有人有权要求基金管理人、基金托管人予以赔偿。

(3) 基金估值的相关内容与原则。由于基金份额净值是开放式基金申购份额、赎回金额计算的基础,关系到基金投资者的利益,因此基金份额净值的计算必须准确。

广义来讲,每份基金都与基金的各项资产及各项负债按一定的比例一一对应,因此投资者申购一份基金所付出的金额应该相当于在市场上按当前价格购买对应资产所付出的金额,而赎回的投资者从基金中获取的金额也应是基金在市场上按当前价格出售相应资产所能获得的金额。这就是在估值过程中一般采用最新价格的原因。否则,申购与赎回的价格错误将会引起基金资产价值的稀释与浓缩。

估值的频率:基金一般会按照固定的时间间隔对基金资产进行估值,通常监管法规规定一个最小的估值频率。对开放式基金来说,估值的时间与开放申购、赎回的时间一致。目前我国的开放式基金于每个交易日估值，并于次日公告基金份额净值。封闭式基金每周披露一次基金份额净值，但每个交易日也都进行估值。

海外基金多数也是每个交易日估值，但也有一部分基金是每周估值一次，有的甚至每半个月、每月估值一次。基金估值的频率是由基金的组织形式、投资对象的特点等因素决定的，并在相关的发行法律文件中明示。

估值的程序：①基金份额净值是按照每个开放日闭市后，基金资产净值除以当日基金份额的余额数量计算。②基金日常估值由基金管理人进行，每个交易日对基金资产估值后将基金份额净值结果发给基金托管人。③基金托管人按基金合同规定的估值方法、时间、程序对基金管理人的计算结果进行复核，复核无误后签章返回给基金管理人，由基金管理人对外公布，并由基金注册登记机构根据确认的基金份额净值计算申购、赎回数额。月末、年中和年末估值复核与基金会计账目的核对同时进行。

估值的基本原则：①对存在活跃市场的投资品种，如估值日有市价的应采用市价确定公允价值。估值日无市价的，但最近交易日后经济环境未发生重大变化且证券发行机构未发生影响证券价格的重大事件的，应采用最近交易市价确定公允价值。②对存在活跃市场的投资品种，如估值日无市价的且最近交易日后经济环境发生了重大变化或证券发行机构发生了影响证券价格的重大事件，使潜在估值调整对前一估值日的基金资产净值的影响在0.25%以上的，应参考类似投资品种的现行市价及重大变化因素，调整最近交易市价，确定公允价值。③不存在活跃市场的投资品种，应采用市场参与者普遍认同且被以往市场实际交易价格验证具有可靠性的估值技术确定投资品种的公允价值。运用估值技术得出的结果，应反映估值日在公平条件下及进行正常商业交易所采用的交易价格。采用估值技术确定公允价值时，应尽可能使用市场参与者在定价时考虑的所有市场参数，并应通过定期校验确保估值技术的有效性。

有充足理由表明按以上估值原则仍不能客观反映相关投资品种公允价值的，基金管理公司应根据具体情况与托管人进行商定，按最能恰当反映公允价值的价格估值。

2. 定价问题。作为证券投资基金实务操作中的核心——价格，是投资者十分关注的关键性问题。由于证券投资基金的类型和运作方式不同，其价格又可以被划分为封闭式基金价格和开放式基金价格两大类。

（1）封闭式基金的价格。按买卖标的的具体形式划分，封闭式基金的价格主要包括面值、净值和市价三种。这三种价格通常出现在证券投资基金存续过程中的三个不同阶段：

第一阶段——封闭式基金的发行阶段。发行价格一般为证券投资基金的面值，即平价发行（我国证券投资基金发行时一般按照1.01/基金单位的价格发行，其中0.01元为发行费用）。

第二阶段——封闭式基金发行期满后至其正式上市日之前。这时证券投资基金的价格是按基金净资产计算。

第三阶段——封闭式基金上市交易后，即交易阶段。这时证券投资基金价格是由交易双方在证券交易市场上通过公开竞价的方式来确定，即按市价买卖。

基金面值、净值、市价都是封闭式基金价格的构成内容，它们之间有着密切的联系。面值、净值是市价的基础，市价是面值和净值的市场表现形式，但是在它们之间又存在着两个重要区别：

① 面值和净值属于价值范畴，市价属于价格范畴。面值是指基金证券的账面价值（Book Value），净值可看做基金证券的实际价值（Economic Value），市价才是基金的现实价格。对投资者来说，当基金封闭以后，面值已无多大意义，投资者关注的是净值；待基金上市交易后，投资者最关心的是市价及其背后的净值。

②净值主要由基金本身内在的表现即资产和收益等的状况来决定，而市价主要受供求关系决定，例如，某基金单位面值1元，净值1.10元，市价可能是1.50元或0.90元。

由于封闭式基金的基金单位是上市交易的，因此，影响封闭式基金价格的因素也就相对要复杂得多。一般来说，封闭式基金的价格不仅仅以基金的单位资产净值（NAV）作为交易基础，更主要的是由市场供求关系所决定的。因此，封闭式基金的价格在交易的过程中往往是随行就市，有升有跌，有时其价格可能会出现与NAV背离的情况，例如美国的封闭式基金多数都是折价交易，我国则基本上是溢价交易。

我国封闭式基金的溢价交易主要由下列四种因素引起：

①市场供求关系。如果投资者对基金的需求超过基金的供给（已发行的基金单位数），投资者就只能在价格上付出相应的代价，按溢价购买基金。

②基金的超额利润。在一个有效的股票市场上，基金是不可能获得超额利润的。但是，在我国的证券投资基金市场上，支持基金大幅度溢价的超额利润是有可能存在的，其原因主要有：

第一，我国的股票市场离有效市场假设还差得很远，证券投资基金有可能凭借其信息和投资管理方面的优势获得超额利润；

第二，由于我国政府对证券投资基金发展初期采取积极扶持的政策（如新股配售），基金有可能因此获得超额垄断利润；

第三，由于股票市场监管还有漏洞，有可能使证券投资基金凭借其巨额资金获得非正常利润；

第四，证券投资基金有可能通过大量买卖某种股票，将其价格人为地维持在很高的水平，制造出虚假的超额利润。

在基金获得超额利润的假设前提下，基金溢价水平由超额利润的期限、数额和折现率决定。但是，随着我国证券市场日趋规范，基金的优惠政策逐渐取消，基金获取超额利润的基础就越来越不存在了。

③证券市场的不正常情况。证券市场上的不正常情况，如庄家的恶意炒作和普通投资者在投资观念上存在的错误等，也会使证券投资基金的溢价得以存在。一方面，由于基金单位供给的有限性，使得庄家恶意炒作成为可能，他们有可能通过虚假的交易，人为地放大交易量并将基金价格维持在很高的溢价水平上。对于总规模在10亿元以内的小盘基金来说，庄家很容易实现控盘，所以投机性的溢价交易十分普遍。

④经过改制后的"老基金"所存在的历史原因和扩募背景。我国证券投资基金市场的一个特色就是"老基金改制"。"老基金"经改制以后形成"新基金",一般都经历了一个"爆炒"的过程。其原因既有历史成本的问题,也有庄家炒作、投资者赌博的原因。这形成了这些改制后扩募的小盘基金基本上处于溢价交易的格局。

(2) 开放式基金的价格。开放式基金的发行总额不固定,投资者可随时在基金承销机构处购入基金份额或赎回基金份额。证券投资基金的承销机构,根据估值日的每份基金净资产来计算基金的赎回价和认购价,来主持每天的基金交易,因此开放式基金的交易价格代表着每份基金的动态内在价值。

开放式基金的承销机构以单位基金净资产为计价基础每天公开报出两种价格,即申购价(卖出价)和赎回价(买入价),这与外汇买卖报价是一样的。投资者需要注意的是,买入价/卖出价均是针对证券投资基金管理公司,卖出价是证券投资基金管理公司卖出基金单位的价格,也就是投资者的买入价(申购价);同理,买入价是证券投资基金管理公司买入基金单位的价格,也就是投资者的赎回价。

通常情况下,卖出价里包括销售机构的佣金。销售机构的佣金在卖出基金单位时收取,称为前收费(Front Load);也可以在投资者赎回时收取,称为后收费(Backward Load)。无论是前收费还是后收费,销售机构只能收取一次。关于证券投资基金份额持有人是交纳前收费还是后收费,这取决于所在基金承销机构的相关规定,打个比方来说,这类似于我们到餐厅去吃饭的时候是"饭前结账"还是"饭后结账",这一般取决于所消费餐厅的相关规定。

开放式基金的买入价主要包括三种计算方法:
① 买入价等于基金单位净值;
② 买入价等于单位资产净值减去后收费;
③ 买入价是在①或②的基础上减去赎回费。在美国,多数的开放式基金不收取赎回费,如果收取,一般不超过其净资产的1%,并且当投资者的持有期限到达一定时间后(如2年或者3年)就可以免除。

开放式基金的价格主要取决于基金单位资产净值(NAV),其计算公式为

$$基金单位资产净值(NAV) = \frac{基金总资产 - 总负债}{已发行的基金单位总数}$$

因此,有的证券投资基金管理公司在报价时只报出一个价格,即基金的资产净值;但是,在卖出基金单位时会加上前收费,即得申购价,在赎回时可能减去后收费,即得赎回价。其计算公式为

$$申购价 = NAV + 前收费$$
$$赎回价 = NAV - 后收费$$

证券投资基金管理公司采用何种方式来计算基金价格,如何计算基金的价格,都会在其基金招募说明书中或基金契约中进行详细说明。

(二) 证券投资基金的费用成本

在基金的运作过程中费用可分为两大类。一是销售费用,由基金投资者自己承担,

主要包括申购费、赎回费及基金转换费。这些费用直接从投资者申购、赎回或转换的金额中收取。二是管理费用，主要包括基金管理费、基金托管费、持有人大会费用等，由基金资产承担。

证券投资基金是信托投资的工具，基金资产的管理和运作又是委托专家进行的。因此，证券投资基金的创立、日常管理及终止都要支付各种费用，这些费用都是由信托资产的所有者——投资者来负担的，即从证券投资基金的收益中扣除。证券投资基金的费用主要包括销售费用、管理费用、运作费用等。

1. 销售费用。销售费用是指与证券投资基金发行基金份额有关的各项费用的总称，其主要包括以下四种。

（1）前期费用。前期费用是投资者在购买基金份额时一次性交纳的费用，即前面所提到的前收费。在美国，大多数（大约超过2/3）的证券投资基金管理公司都收取申购费用。在我国，封闭式基金发行费用为面值的1%，即每基金单位收取0.01元的发行费用，同时交纳面值0.25%的交易佣金及过户登记费等；而开放式基金的认购费与申购费则依投资者的投资额来确定，投资额越大，费率越低；因为大额投资者可以扩大基金规模，减少单位基金运作成本，所以认购金额越大，相对来说，前期费用就越少。前期费用一般还受证券投资基金市场供求关系的影响，近年来由于证券投资基金数目的迅速增多，销售商之间竞争激烈，收费标准渐趋下降。对同一类型证券投资基金，投资者经常可找到收费相差5%的销售商。

（2）12b-1费用。在美国，开放式基金还有一项运营费用，称为基金服务费。基金服务费，在美国又称为12b-1费用，即持续性销售费用。12b-1费用是指按美国证券交易委员会在1980年10月28日核准的12b-1规则所收取的费用。该规则准许基金动用一部分基金资产来支付销售费用与分配费用。这些费用包括财务顾问的佣金、销售人员的佣金、银行介绍客户的费用、广告宣传费用及邮寄费用等，每年收取一次，其最高限额为基金净资产的0.75%。在12b-1规则出台之前，上述费用均由证券投资基金组织本身负担，禁止动用基金资产。如果按12b-1规则收取费用，那么上述的前期费用就不再收取。在美国，不收申购佣金（无论是前收费还是后收费），并且持续性销售费用不超过0.25%的基金称为免佣基金。

（3）后期费用。后期费用是指投资者在赎回基金份额时所支付的手续费，即前面所提到的后收费。这项费用是按赎回金额的一定比例来收取的。不是所有证券投资基金管理公司都收取这项费用，证券投资基金管理公司在采用直接销售基金份额时就不收这项费用。收取后期费用的目的是为了保障基金承销商的利益。因为，如果投资者持有的基金份额期限长，承销商便每年都可以从收取的12b-1费用中得到补偿。所以，这项费用收取时的费率随投资者持有基金份额的期限而变动，投资者持有期限越长，该项费率就越低。

（4）其他销售费用。其他销售费用主要包括赎回费用与基金转移费用。

① 赎回费用。赎回费用是指投资者赎回基金份额时所支付的费用。这项费用是按赎回金额的一定比例收取的。与后期费用的区别是，这一费用费率固定，约为基金单位资

产净值的 0.5%~1%，其目的是为减少投资者频繁赎回基金，以保持基金资产的稳定。在当今基金业竞争加剧的情况下，收取这项费用的投资公司已越来越少。

② 基金转移费用。大多数证券投资基金管理公司同时管理着许多只不同类型的证券投资基金，投资者可以自由地选择其中的任意一只或者是若干只进行投资，或在这些证券投资基金中进行转换。在进行基金转换时，投资者须按一个固定金额交付手续费，即基金转移费用。同样，为了吸引投资者，大多数证券投资基金管理公司已不再收取这项费用。

2. 管理费用。在证券投资基金的运作过程中，有一些必要的开支需要由基金承担。其中，基金管理费和基金托管费是基金支付的主要费用。

（1）基金管理费。基金管理费是支付给基金管理人的管理报酬，其数额一般按照基金净资产值的一定比例从基金资产中提取。基金管理人是基金资产的管理者和运用者，对基金资产的保值和增值起着决定性的作用。因此，基金管理费收取的比例比其他费用要高。基金管理费是基金管理人的主要收入来源，但是基金管理人的各项开支不能另外向基金或基金公司摊销，更不能另外向投资者收取。在国外，基金管理费通常按照每个估值日基金净资产的一定比例（年费率），逐日计算，定期支付，其计算公式为

$$每日计提的管理费 = 计算日基金资产净值 \times 管理费率 \div 当年天数$$

按照前一日基金资产净值的一定比例逐日计提，按月支付。

$$每日计提的管理费 = \frac{前一日的基金资产净值 \times 年费率}{当年实际天数}$$

在国外成熟基金市场中，基金管理费率通常与基金规模成反比，与风险成正比。基金规模越大，基金管理费率越低；基金风险程度越高，基金管理费率越高。不同类别及不同国家、地区的基金，管理费率不完全相同。但从基金类型看，衍生工具基金的管理费率最高。目前我国股票基金大部分按照 1.5% 的比例计提基金管理费，债券基金的管理费率一般低于 1%，货币市场基金的管理费率不高于 0.33%。在美国等基金业发达的国家和地区，基金的管理费年费率通常为 0.4%~1% 左右。但是，在一些发展中国家或地区则较高，有的发展中国家的基金管理费年费率甚至超过 3%。我国的基金管理费年费率已由最初的 2.5% 下调至现在的 1.5%。

此外，为了激励证券投资基金管理公司更加有效地运用基金资产，有的基金还规定可向基金管理人支付基金业绩报酬。基金业绩报酬通常是根据所管理的基金资产的增长情况规定一定的提取比率。至于提取的次数，我国香港规定每年最多提取一次。2000 年初，我国的证券投资基金管理公司修改了相关契约，对基金管理人的报酬进行了修改，其主要包括两项内容：①调低基金管理费费率，按基金资产净值 1.5% 的年费率逐日计提管理费；②当基金的可分配净收益率高于同期银行一年储蓄利率的 20% 以上，且当年基金资产净值增长率高于同期证券市场平均收益增长率时，按一定比率计提基金业绩报酬。

但是，上述的基金业绩报酬计提制度执行不到两年就被逐步取消了。这主要是由于这种激励机制存在着一定缺陷。实际上不存在有效激励效用。在国外证券投资基金的设

计中,固定管理费费率相当低,在出现亏损时甚至没有管理费,基金管理人主要依靠业绩报酬来获利。相对来说,我国基金管理人所提取1.5%的固定管理费费率明显偏高。显而易见,证券投资基金管理公司完全可以"不作为"而"旱涝保收"地获得无风险的管理费。与此相对应的是,业绩报酬提取的比例却相当低。大多数的证券投资基金只按超额收益的5%计提,总量也相对较小。在如此的激励制度安排下,基金管理人自然难以获得有效激励。因此,健全并完善对基金管理人的内部激励机制就成为提升我国证券投资基金行业竞争力的关键性问题。可以考虑,基金管理人内部激励机制遵循"业绩与报酬齐飞"的原则进行改革,即尽可能降低固定而低效的基金管理费费率,提高业绩报酬的计提比例,使基金管理人与基金份额持有人的利益达到高度正相关。

(2) 基金托管费。基金托管费是指基金托管人为基金提供服务而向基金或基金公司收取的费用。在通常情况下,托管费常按照基金资产净值的一定比例提取,逐日计算并累计,至每月末时支付给托管人,此费用也是从基金资产中支付,不需另向投资者收取。基金托管费计入固定成本,其计算公式为

每日计提的托管费 = 计算日基金资产净值 × 托管费率 ÷ 当年天数

按照前一日基金资产净值的一定比例逐日计提,按月支付。

$$每日计提的托管费 = \frac{前一日的基金资产净值 \times 年费率}{当年实际天数}$$

基金托管收取的比例与基金规模、基金类型有一定关系。在西方成熟基金市场中,通常基金规模越大,基金托管费率越低。新兴市场国家和地区的托管费收取比例相对要高。基金托管费率国际上通常为0.2%左右。目前,我国股票型封闭式基金按照0.25%的比例计提基金托管费;开放式基金根据基金合同的规定比例计提,通常低于0.25%;股票基金的托管费率要高于债券基金及货币市场基金的托管费率。

需要强调的是,基金管理费和基金托管费是基金管理人和基金托管人为证券投资基金提供相关服务而收取的相应报酬,是基金管理人和基金托管人的业务收入。基金管理费费率和基金托管费费率必须经过证券投资基金监管部门认可与审批后,才可以在基金契约或基金公司章程中注明,并且一旦确定就不得随意更改。由于基金管理人和基金托管人没有能够履行或没有能够完全履行义务而导致发生的相关费用支出或证券投资基金的资产损失,以及处理与基金运作无关事项所发生的费用,不得列入基金管理费和基金托管费。

(3) 基金销售服务费。基金销售服务费是指从基金资产中扣除的用于支付销售机构佣金以及基金管理人的基金营销广告费、促销活动费、持有人服务费等方面的费用。目前只有货币市场基金和一些债券型基金收取,费率一般在0.25%。收取销售服务费的基金通常不收取申购费和赎回费。

计提方法和支付方式:目前我国基金管理、基金托管费及基金销售服务费均是按照前一日基金资产净值的一定比例逐日计提,按月支付。计算方法如下:

$$每日计提费用 = \frac{前一日的基金资产净值 \times 年费率}{当年实际天数}$$

（4）基金交易费。基金交易费指基金在进行证券买卖交易时所发生的相关交易费用。目前，我国证券投资基金的交易费用主要包括印花税、交易佣金、过户费、经手费、证管费。交易佣金由证券公司按成交金额的一定比例向基金收取，印花税、过户费、经手费、证管费等则由登记公司或交易所按有关规定收取。参与银行间债券交易的，还需向中央国债登记结算有限责任公司或银行间市场清算所有限公司支付银行间账户服务费，向全国银行间同业拆借中心支付交易手续费等服务费用。

（5）基金运作费。基金运作费指为保证基金正常运作而发生的应由基金承担的费用，包括审计费、律师费、上市年费、分红手续费、持有人大会费、开户费、银行汇划手续费等。按照有关规定，发生的这些费用如果影响基金份额净值小数点后第4位，应采用预提或待摊的方法计入基金损益。发生的费用如果不影响基金份额净值小数点后第4位，应于发生时直接计入基金损益。

（三）证券投资基金的收益组成与收益分配

投资者持有证券投资基金份额的最终目的就是获取与其所承担风险相适应的，并且被其风险偏好所认同与接受的投资收益。所以，认真了解与清楚认识证券投资基金的收益组成与收益分配，是投资者进行证券投资基金实务操作的关键步骤之一。

1. 证券投资基金的收益组成。通过前面的内容可以知道，证券投资基金的种类很多，并且各种类型的基金在投资对象、投资策略和投资目标上都有所不同，因此其收益组成也各不相同。证券投资基金的收益组成主要包括以下四个部分。

（1）利息收入。任何类型的证券投资基金，其收益组成中均要包含利息收入。这是因为：无论是封闭式基金还是开放式基金，在任何时刻几乎都必须保留一定数额的现金。封闭式基金保留现金是为了寻求更好的投资机会，或者是为了在遭遇风险时能够作出相应的补救；而开放式基金为了满足基金份额持有人随时出现的、不确定的赎回要求，其必须经常性地保留一定比例的现金，否则就很容易发生流动性危机，甚至给基金带来巨大的损失。对于这部分必须留存的现金，证券投资基金一般将其存入银行，从而可获得相应的存款利息收入。

货币市场基金投资于短期商业票据、CDs等货币市场工具，其收益主要就是由利息收入构成；证券投资基金投资于短期国库券、中长期国债和企业债券，其收益主要也是由所投资债券的利息收入构成。

《中华人民共和国证券投资基金法》第六章第六十八条规定：开放式基金应当保持足够的现金或者政府债券，以备支付基金份额持有人的赎回款项。基金财产中应当保持的现金或者政府债券的具体比例，由国务院证券监督管理机构规定。由此可见，债券利息是开放式基金投资回报中不可或缺的组成部分。总的来说，利息收入通常是低风险型证券投资基金收益组成的主要来源。

（2）红利和股息。股票基金是以上市公司发行的、在二级市场上进行交易的股票为主要投资标的物。股票基金买入并持有某家上市公司的股票，自然成为该上市公司的股东，有权获得公司派发的红利或股息，从而获得红利或股息收入。

红利是股票基金购买上市公司股票而享有该上市公司净收益分配的所得。股票基金作为"长线"投资者，其主要目标在于为基金份额持有人获取长期、稳定的回报，红利是构成股票基金收益组成的一个重要部分。红利回报的数额，是基金管理人遴选股票投资组合的一个重要标准。

股息是指股票基金购买上市公司的优先股权而享有该上市公司净收益分配的所得。基于优先股的本质特点，股息通常是按一定比例事先确定的，相对来说风险较低，这是股息与红利的主要区别。与红利相同，股息也是构成股票基金收益组成的一个重要部分。股息高低也是基金管理人遴选股票投资组合的一个重要标准。

在实际操作上，比较成熟的股票市场通常会制定一些规定，要求业绩优秀的上市公司必须派发红利。我国股票市场上尚没有形成上述类似的规定，有很多业绩相当优秀的上市公司虽然累计了相当数量的税后利润，但采取了不分配红利政策。如果股票基金持有这些上市公司的股票，就不能取得红利收入。

一般来说，红利支付可以采用三种形式进行：现金、股票和实物，或者是其中若干形式的组合。在通常情况下，红利支付采用的是派发现金，例如，在许多国家都规定红利的支付只能采取派发现金的形式。当然，上市公司还可以选择派发股票的形式进行红利支付。无论是派发现金还是派发股票，都能形成股票基金的收益，从而使基金份额持有人受益。到目前为止，允许派发实物红利的国家很少，而且派发实物红利的上市公司的财务状况必定不太理想，股票基金是不会将这类股票遴选进投资组合的。

（3）资本利得。资本利得是指股票或其他有价证券因卖出价高于买入价而获得的那部分收入，就是"低买高卖"过程的资本增值。资本利得是股票基金收益组成中最主要的来源。股票基金的主要投资对象是在二级市场上流通的股票。市场瞬息万变，相应地，股票价格也会随着市场趋势的变化而上下波动。基金管理人根据自身对市场总体和股票个体走势的判断，尽量做到"逢低买入、逢高卖出"，这样就可以取得股票买卖的差价收入，也就是资本利得。当然，基金管理人投资水平的好坏将直接影响到股票基金能否获得以及获得多少资本利得收入。如果基金管理人投资失败，也就是说在高位买入并且在低位被动卖出，股票基金不仅不能获得资本利得，而且还要承担相应的本金损失。

股票基金所获得的资本利得可以分为两类：已实现的资本利得和未实现的资本利得。

①已实现的资本利得。一般来说，如果基金管理人判断正确，逢低买入某种股票，然后待该股票价格上升到一定价位后再卖出就可以获得货币资金的增长。这种已实现的货币资金的增长称为已实现的资本利得。

②未实现的资本利得。如果基金管理人买入某种股票后，该股票价格上升，基金管理人继续持有该股票而并未卖出，这时股票基金能获得投资该股票的账面收入。这种账面收入虽然没有转变成现金，但是会增加股票基金的资产总值，从而致使股票基金的净资产得到相应增加。在卖出股票之前，由于股票价格上升而形成的这种股票基金的账面收入称为未实现的资本利得。对于基金份额持有人来说，虽然股票基金的这种账面收入并没有转变成现金，但是它同样会引起股票基金净资产的增加，并且会在投资者卖出基

金股份或赎回基金股份时，在卖出价上得到相应体现。因此，这种未实现的资本利得也能使基金份额持有人受益。

（4）其他收入。其他收入是指运用证券投资基金资产而带来的成本或费用的节约额。如由于证券投资基金大额交易而从券商处得到的交易佣金优惠等杂项收入。相对于前面的三项收入，这部分收入占证券投资基金收益组成的比例通常很小。

由于所投资的基础标的物的种类与比例不尽相同，因此，不同类型的证券投资基金具有不同的收益组成，各个组成部分之间的配置比例关系也不同。一般来说，在稳健保守型的基金中，以利息收入、红利和股息为主；而在一些积极进取、风险较大的基金中，则以资本利得为主。

2. 证券投资基金的收益分配。证券投资基金取得投资成功后会得到相应的投资利润，进而会根据相关的法律法规以及基金契约等一系列事先约定的参考依据进行公开、公正、公平的收益分配。收益分配是证券投资基金实务操作过程中顺利实现投资目标的"终极步骤"。证券投资基金的收益分配主要涉及以下五个方面的内容。

（1）确定收益分配的内容。确切地说，收益分配的客体是证券投资基金的净收益，即基金收益扣除按照有关规定应扣除的费用后的余额。这里所说的费用一般包括：支付给基金管理公司的管理费、支付给托管人的托管费、支付给注册会计师和律师的费用、基金设立时发生的开办费及其他费用等。一般来说，证券投资基金当年净收益应先弥补上一年亏损后，才可进行当年收益分配；证券投资基金投资当年发生净亏损的，则不应当进行收益分配。需要特别强调的是，关于上述收益和费用的具体数据都必须经过具备从事证券相关业务资格的会计师事务所和注册会计师审计确认后，方可实施分配。

（2）确定收益分配的比例和时间。一般而言，每只证券投资基金的收益分配比例和时间都各不相同，通常是在不违反国家相关法律、法规的前提下，在基金契约或基金公司章程中进行事先声明。在分配比例上，美国有关法律规定证券投资基金必须将净收益的95%分配给投资者。

在分配时间上，各个国家或地区的规定和实际操作也各不相同。在一些国家或地区，货币市场基金一般每月分配一次，债券基金可以每月分配一次也可以每季度分配一次，而股票基金通常每年分配一次。当然，收益分配的次数越少，所涉及的相关手续就越简单。

（3）确定收益分配的对象。无论是封闭式基金还是开放式基金，其收益分配的对象均为在特定时日的基金份额持有人。一般情况下，证券投资基金管理公司需要规定获得收益分配权的最后权益登记日，凡在当天交易结束后列于基金份额持有人名册上的投资者，都有权享受此次收益分配。

（4）确定收益分配的方式。分配的方式一般有三种：

①现金分配，这是基金收益分配的最普遍的形式。

②基金单位分配，即将应分配的净收益折为等额的、新的基金单位送给投资者。这种分配形式类似于通常所说的"送股"，实际上是增加了证券投资基金的资本总额和规模。

③不分配,是指不送基金单位也不进行现金分配而是将净收益列入资本金进行再投资,体现为基金单位净资产值的增加。

(5) 确定收益分配的支付方式。确定收益分配的支付方式,这关系到基金份额持有人如何领取应该归属于他们的那部分收益。一般来说,证券投资基金进行现金分配的时候,由基金托管人通知基金份额持有人亲自来领取,或者是汇至基金份额持有人的银行账户里;在进行基金单位分配的情况下,指定的证券公司会把分配的基金单位份额打印在基金份额持有人的基金单位持有证明上。在我国,证券投资基金进行现金分配(基金单位分配)的时候,通常需要借助于证券清算系统,将应分派的现金数额(基金单位数额)直接记录到基金份额持有人的资金账户(证券账户)上。因此,通过证券交易终端,基金份额持有人就可以方便地了解到自己是否已经获得现金分配(基金单位分配)以及所得到的分红数额(基金单位数额)。

(四) 证券投资基金的业绩评估

在进行证券投资基金的具体品种选择时,投资者必须对所拟选基金在过去所取得的业绩进行相对客观与准确的评价。一般来说,证券投资基金的业绩评估主要包括两个方面的内容:业绩测定与业绩评价。

1. 业绩测定。因为,从不同的角度,证券投资基金业绩有不同的测定方法,各种方法的侧重点有所区别,所以,对于同一只证券投资基金用不同的方法测定,最终得到的业绩是不一样的。出于"经济人利己考虑",基金管理人在进行基金销售或公布基金业绩时,显然会选择有利于自己利益的计算方法来测定自己的经营与管理业绩。因此,作为普通投资者必须对证券投资基金业绩的不同测定方法有一定了解。

(1) 简单收益率。简单收益率是用某一时期内证券投资基金的净资产值的变化来衡量。利用简单收益率来衡量证券投资基金的表现应具备三个前提条件:

① 在评价期间内,证券投资基金所获得的股息、红利和债券利息等除了以现金分配给基金份额持有人外都会重新进行再投资;

② 分配给基金份额持有人的现金发生在期末或者以现金形式持有到期末;

③ 在评价期间内,证券投资基金没有销售新的基金单位。

一般来说,在进行业绩测定时,简单收益率不能相对准确地测定证券投资基金业绩,主要存在着两点原因:

① 在评价期间相对较长的情况下,上述的三个前提条件一般都不能够完全得到满足;

② 对于具体情况不同的证券投资基金,存在的时间长短不一,仅仅凭借简单收益率难以对不同期限的基金业绩进行比较。

(2) 平均收益率。为了对存续期和运作期不同的证券投资基金业绩进行比较,通常采用计算基金在一段时期内平均单位期间的收益率,如年平均收益率或季度平均收益率。平均收益率有两种计算方法:算术平均法和几何平均法。应当注意到,用算术平均法计算的收益率有时候不能准确地反映证券投资基金业绩,容易给投资者造成误导。

【例5-1】近两年来,某只证券投资基金的表现如下:

在第一年初的净资产为 50 亿元,在第一年内取得了 100% 的收益率,即在第一年末的基金净资产为 100 亿元。

在第二年内取得了 -80% 的收益率,即在第二年末的基金净资产为 20 亿元。

综上可知,该只证券投资基金在近两年内共计亏损 30 亿元。如果采用算术平均法对其收益率进行测算,则该只证券投资基金在两年内的年平均收益率为 10%。显而易见,这样的业绩测定结果是失真的,会对投资者产生极大的错误诱导。

几何平均法比算术平均法更能准确地反映基金在一段时期内的表现。

【例 5-2】如果某只证券投资基金在第一年取得了 20% 的收益率,在第二年取得了 34% 的收益率,按照几何平均法计算,那么其在近两年内取得了 26.81%[①]的年收益率。

2. 业绩评价。因为,不同的证券投资基金具有不同的收益与风险关系,不同的基金管理人的投资风格也各不相同,所以,在对基金业绩进行比较的时候,一定要考虑到基金所承担风险的大小,即在进行风险调整的基础上进行证券投资基金的绩效评估。目前,比较流行的证券投资基金的业绩评估指标主要有三种:夏普测度、特雷诺测度与詹森测度。

(1) 夏普测度。夏普测度是用证券投资基金的长期平均超额收益率除以所对应时期收益的标准差。1966 年,威廉·夏普(William F. Sharpe)在美国《商业学刊》上发表了《共同基金的业绩》一文,提出用单位总风险的超额收益率来评价证券投资基金业绩,即夏普测度(也可称为夏普指数)。夏普测度把资本市场线作为评估标准,是在对总风险进行调整基础上的基金绩效评估方法。夏普利用美国 1954—1963 年 34 只开放式基金的年收益率资料进行了绩效的实证研究,计算公式为

$$S_i = \frac{\overline{R_i} - \overline{R_f}}{\sigma_i}$$

式中,S_i 表示第 i 只证券投资基金在样本期内的夏普测度;$\overline{R_i}$ 表示第 i 只证券投资基金在样本期内的平均收益率;$\overline{R_f}$ 表示在样本期内的平均无风险收益率;$\overline{R_i} - \overline{R_f}$ 表示第 i 只证券投资基金在样本期内的平均风险溢价;σ_i 表示第 i 只证券投资基金收益率的标准差,即证券投资基金的投资组合所承担的总风险。

当采用夏普测度评估模型时,同样首先计算市场上各种基金在样本期内的夏普测度,然后进行比较,较大的夏普测度表示较好的绩效。

夏普测度的大小对证券投资基金表现加以排序的理论基础在于:假设投资者可以以无风险利率进行借贷,这样通过确定适当的融资比例,具有较高夏普测度的证券投资基金总是能够在同等风险的情况下获得比夏普测度较低的基金更高的投资收益率。

【例 5-3】假设有两只证券投资基金 A 和 B,A 的年平均净值增长率为 20%,标准差为 10%,B 的年平均净值增长率为 15%,标准差为 5%,年平均无风险利率为 5%,那么,基金 A 和基金 B 的夏普测度分别为 1.5 和 2,依据夏普测度,B 的风险调整收益率要好于 A。

---

① 计算公式:利用几何平均法,该只证券投资基金在近两年的年收益率 = $[(1+20\%) \times (1+34\%)]^{1/2}$。

为了对此进行更加清晰的解释，可以用无风险利率水平融入等量的资金（融资比例为1:1）投资于B，那么，B的标准差将会扩大1倍，达到与A相同的水平，但这时B的净值增长率为25%（2×15%－5%），大于A基金。使用月夏普测度及年夏普测度的情况较为常见。在国际上，一般选取36个月度的净值增长率和3个月期的短期国债利率来计算夏普测度。

夏普测度在计算上尽管非常简单，但在具体运用中仍然需要对夏普测度的适用性加以重视：

① 用标准差对收益率进行风险调整，其隐含的假设就是所考察的组合构成了投资者投资的全部，因此只有当考虑在众多的基金中选择购买某一只证券投资基金时，夏普测度才能够作为一项重要的依据；

② 使用标准差作为风险指标也被人们认为不是很合适；

③ 夏普测度的有效性还依赖于可以用相同的无风险利率进行借贷的假设；

④ 夏普测度没有基准点，因此其大小本身没有意义，只有在与其他组合的比较中才有价值，是个相对比较的概念；

⑤ 夏普测度是线性的，但是在有效率边界上，风险与收益之间的变换并不是线性的，因此，夏普测度在对标准差较大的基金的绩效衡量上存在较大的偏差；

⑥ 夏普测度没有考虑资产组合之间存在的相关性，因此纯粹依据夏普测度的大小构建资产组合存在很大问题；

⑦ 夏普测度与其他很多指标一样，衡量的是证券投资基金的历史表现，"历史并不完全等于未来"，因此不能够依据基金的历史表现进行简单的未来操作；

⑧ 在具体计算上，夏普测度同样存在着稳定性问题，即夏普测度的计算结果与时间跨度和计算收益的时间间隔的选取有关。

尽管夏普测度存在着上述诸多缺陷，但是其仍然以计算上的简便和不需要过多的假设条件在实践中获得了广泛的运用。

（2）特雷诺测度。1965年，杰克·特雷诺（Jack L. Treynor）在美国《哈佛商业评论》上发表了《如何评价投资基金的管理》一文，首次提出一种评价证券投资基金业绩的综合指标，即特雷诺测度。

在现代财务理论中，衡量投资的风险一般采用两个指标：一是其历史收益率标准差δ，衡量的是投资的总风险；二是其系统性风险系数，即β的估计值。特雷诺认为，基金管理者通过有效的投资组合应能够完全消除单一资产所有的非系统性风险，那么，其系统性风险（即特征线的斜率）就能较好地刻画基金的风险，因此特雷诺用单位系统性风险系数所获得的超额收益率来衡量投资基金的业绩。特雷诺利用美国1953—1962年20只基金（含共同基金、信托基金与退休基金）的年收益率资料，进行基金绩效评估的实证研究，计算公式为

$$T_i = \frac{\overline{R_i} - \overline{R_f}}{\beta_i}$$

式中，T_i表示第i只证券投资基金在样本期内的特雷诺测度；$\overline{R_i}$表示第i只证券投资基

金在样本期内的平均收益率；$\overline{R}_f$ 表示样本期内的平均无风险收益率；$\overline{R}_i - \overline{R}_f$ 表示第 i 只证券投资基金在样本期内的平均风险溢酬；β_i 表示第 i 只证券投资基金投资组合所承担的系统性风险。

特雷诺测度给出了单位风险的超额收益率，其选取的是系统性风险而不是全部风险，即表示证券投资基金承受每单位系统性风险所获取风险收益率的大小。特雷诺测度的评估方法是：

①计算样本期内各种证券投资基金和市场的特雷诺测度；

②进行比较，较大的特雷诺测度意味着较好的绩效。

特雷诺测度评估法同样隐含了非系统性风险已全部被消除的假设，在这个假设前提下，因为特雷诺测度是单位系统性风险收益，因此它能反映基金经理的市场调整能力。不管市场是处于上升阶段还是下降阶段，较大的特雷诺测度总是表示较好的绩效，这是特雷诺测度的优越之处。但是，如果非系统性风险没有被全部消除，那么特雷诺测度可能会造成错误信息误导。因此，特雷诺测度不能评估基金经理分散和降低非系统性风险的能力。

从反映基金经理的市场调整能力这个方面看，特雷诺测度和夏普测度是一样的。与夏普测度不同的是，特雷诺测度仅仅考虑系统性风险，而夏普测度同时考虑了系统性风险和非系统性风险，即总风险。因此，夏普测度还能够反映基金经理分散和降低非系统性风险的能力。如果证券投资基金已完全分散了非系统性风险，那么特雷诺测度和夏普测度的评价结果是一样的。

（3）詹森测度。特雷诺测度和夏普测度都是用收益率、风险的相对数对证券投资基金的业绩进行评价。1968 年，詹森（Michael C. Jensen）在美国《财务学刊》上发表《1945—1964 年间共同基金的业绩》一文，提出一种以资本资产定价模型（CAPM）为基础的评价基金业绩的绝对指标，即詹森测度。詹森利用美国 1945—1964 年 115 只基金的年收益率资料以及 S&P500 指数计算的市场收益率进行了实证研究。计算公式为

$$\begin{aligned}\alpha_i &= (R_{i,t} - R_{f,t}) - \beta_i(R_{m,t} - R_{f,t})\\ &= R_{i,t} - [R_{f,t} + \beta_i(R_{m,t} - R_{f,t})]\end{aligned}$$

式中，α_i 表示第 i 只证券投资基金在样本期内的詹森测度；$R_{m,t}$ 表示市场投资组合在 t 时期的收益率；$R_{i,t}$ 表示第 i 只证券投资基金在 t 时期的收益率；$R_{f,t}$ 表示 t 时期的无风险收益率；β_i 表示证券投资基金的投资组合所承担的系统性风险。

詹森测度奠定了证券投资基金绩效评估的理论基础，也是迄今为止使用最广泛的指数模型之一。但是，与特雷诺测度一样，詹森测度评价证券投资基金整体绩效同样隐含了基金的非系统性风险已通过投资组合彻底地分散掉的假设，因此，该模

> 詹森测度为绝对绩效指标，表示证券投资基金的投资组合收益率与相同系统性风险水平下市场投资组合收益率的差异。当其值大于零时，表示证券投资基金的绩效优于市场投资组合绩效；在不同的证券投资基金之间进行比较时，詹森测度的值越大越好。

型只反映了收益率和系统性风险因子之间的关系。如果证券投资基金并没有完全消除掉非系统性风险,则詹森测度也可能给出错误信息。

【例5-4】两只证券投资基金A与B具有相同的平均收益率和β_i因子,但是A的非系统性风险高于B。根据詹森测度模型,A与B应该具有相同的绩效水平。然而实际上,A承担了较多的非系统性风险,因此A的基金经理分散风险的能力弱于B的基金经理,A的绩效应该劣于B。由于詹森测度模型只反映了收益率和系统性风险的关系,因而基金经理的市场判断能力的存在就会使基金绩效和市场投资组合绩效之间存在非线性关系,从而导致詹森测度模型评估存在着统计上的偏差。

特别需要注意的是,利用上面所介绍的数学模型对证券投资基金的业绩进行定量评价,这只是投资者在进行证券投资基金选择时所考虑的重要方面之一。投资者还应该综合比较与考察证券投资基金的交易成本、相关服务、类型差别以及市场环境等一系列的实务操作问题,只有这样,才能够筛选到最适合的证券投资基金,实现投资收益最大化。

(4) 信息比率与跟踪误差。信息比率计算公式与夏普比率类似,但引入了业绩比较基准的因素,因此是对相对收益率进行风险调整的分析指标。用公式可以表示为

$$IR = \frac{R_p - R_b}{\sigma_{p-b}}$$

知识拓展5-3:
基金的业绩评价体系

式中,R_p表示投资组合收益,R_b表示业绩比较基准收益,两者之差即为超额收益;σ_{p-b}表示跟踪误差。跟踪误差是跟踪偏离度——投资组合真实收益率与基准组合收益率差值的标准差。信息比率是单位跟踪误差所对应的超额收益。信息比率越大,说明该基金在同样的跟踪误差水平上能获得更大的超额收益,或者在同样的超额收益水平下跟踪误差更小。

【本章小结】

1. 证券投资基金是指通过发售基金份额,将众多不特定投资者的资金汇集起来,形成独立财产,委托基金管理人进行投资管理,委托基金托管人进行财产托管,由基金投资人共享投资收益、共担投资风险的集合投资方式,所投资的资产主要是二级市场的有价证券。

2. 证券投资基金与股票、债券主要存在着以下三点区别。(1) 性质不同。股票、债券是直接投资工具,即使是通过经纪人买卖,也是投资者进行直接投资,而证券投资基金却是一种间接投资工具,投资者通过购买基金份额,把资金交给专门投资公司,由其在证券市场上进行再投资,以获得收益和增值。(2) 反映的权利关系不同。股票反映的是所有权关系,债券反映的是债权债务关系,而证券投资基金反映的是信托契约关系。(3) 风险与收益不同。

3. 证券投资基金主要具有以下五方面的特点:集合理财、专业管理、组合投资、

分散风险、利益共享、风险共担、严格监管、信息透明、独立托管、保障安全。

4. 证券投资基金按照组织形式的不同，主要可以划分为信托型基金和公司型基金；按照运作方式可以划分为开放式基金和封闭式基金；按照投资目标不同，可以划分为收入型基金、增长型基金、平衡型基金；按照投资对象不同，可以划分为股票基金、债券基金、货币市场基金、混合基金。

5. 证券投资基金完整的运作过程主要包括基金的设立与募集、基金的交易、基金的投资管理、信息披露以及基金合同的变更、终止与基金财产清算。

6. 对证券投资基金的估值实质是对基金净资产的估值，无论是开放式基金还是封闭式基金，定价基础均是基金资产净值。证券投资基金的净资产是指在某一时点上每单位基金实际代表的价值。它是基金的资产值扣除了各项应支付的费用后，再除以该基金单位的总数所得出的单位价值。基金净资产是基金单位价格的内在价值，是进行基金价值分析的重要依据之一。

7. 在对基金业绩进行比较时，一定要考虑到基金所承担风险的大小，即在进行风险调整的基础上进行证券投资基金的绩效评估。目前，比较流行的证券投资基金的业绩评估指标主要有三种：夏普测度、特雷诺测度与詹森测度。

【关键术语】

证券投资基金　契约型基金　公司型基金　开放式基金　封闭式基金　收入型基金
货币市场基金　对冲基金　分级基金　基金管理人　基金托管人　基金份额持有人
单位基金净资产值　夏普测度　特雷诺测度　詹森测度

【知识拓展】

证券投资基金的创新品种——合格境内机构投资者（QDII）

QDII 背景简介

QDII（Qualified Domestic Institutional Investors，合格境内机构投资者）是指在人民币资本项下不可兑换、资本市场未开放条件下，在一国境内设立，经该国有关部门批准，有控制地允许境内机构投资境外资本市场的股票、债券等有价证券投资业务的一项制度安排。

QDII 是一项投资制度，设立该制度的直接目的是为了"进一步开放资本账户，以创造更多外汇需求，使人民币汇率更加平衡、更加市场化，并鼓励国内更多企业走出国门，从而减少贸易顺差和资本项目盈余"，直接表现为让国内投资者直接参与国外的市场，并获取全球市场收益。

QDII 制度由香港政府部门最早提出，与 CDR（预托证券）、QFII 一样，将是在外汇管制下内地资本市场对外开放的权宜之计，以容许在资本项目未完全开放的情况下，国内投资者对海外资本市场进行投资。而且由于人民币不可自由兑换，CDR、QFII在技术上有着相当难度，相比而言，QDII的制度障碍则要小很多。

QDII的特点

基金公司开展QDII业务，主要是直接投资境外证券市场不同风险层次的产品。与此前银行同类产品主要投资单一市场或结构性产品以及多数实施投资外包不同，基金公司的QDII产品投向更为广泛，把目标锁定全球股票市场，具有专业性强、投资更为积极主动的特点。与第二代银行QDII允许直接投资海外股市的比例达到50%相比，基金QDII产品投资比例理论上可达到100%。在投资管理过程中，除了借助境外投资顾问的力量外，国内基金公司组成专门的投资团队参与境外投资的整个过程，享有完全的主动决策权。此外，基金QDII产品的门槛较低，适合更为广泛的投资者参与。大部分银行QDII产品认购门槛为几万元甚至几十万元人民币，基金QDII产品起点仅为1 000元人民币。

QDII和QFII

另一个与QDII相对应的制度叫QFII。QFII（Qualified Foreign Institutional Investor，合格境外机构投资者）。QDII和QFII的最大区别在于投资主体和参与资金的对立。站在中国的立场来说，在中国以外国家发行，并以合法（Qualified）的渠道参与投资中国资本、债券或外汇等市场的资金管理人（Investor）就是QFII，而在中国发行，并以合法（Qualified）的渠道参与投资中国以外的资本、债券或外汇等市场的资金管理人（Investor）就是QDII。

QDII的意义

1. QDII是由中国银行率先推行的境外代客理财业务，目前工商银行、招商银行等也已经推行此项业务。

2. 获准QDII资格的银行可以收集境内投资者资金，即与客户签订"代客理财业务合同"，由银行代替客户从事境外资金运作，并约定给客户一定收益。

3. 对于我国投资者的益处有：本身我国的境内投资者没有对海外资本市场进行投资的资格，同时因为资本金相对微弱，无法从事境外投资，从而失去了这一部分获利空间，QDII政策的推行，弥补了这一缺陷，客户可由此从境外资本市场赚取利润，银行也可以由此增强国际市场的竞争力，正所谓"众人拾柴火焰高"，此项举措将中国境内资本进一步推向海外，可以说是中国经济发展的又一飞跃。

国内首批获批基金QDII资格的两只基金对比

项目	南方全球精选配置	华夏全球股票精选
规模	10亿美元	不详
投资顾问	梅隆集团	普信集团
托管行	工商银行（境内）	建设银行（境内）
	纽约银行（境外）	摩根大通（境外）
投资范围	港股，海外市场的交易；美国、欧洲、日本、中国香港（不超过30%）的基金、主动管理型基金，以及新兴市场等	
投资方式	股票买卖（港股），股票买卖与债券投资；交易所基金与主动型基金	

事实上，QDII 不是产品而是投资渠道，是投资人投资海外市场借用的途径。通过对不同国家、不同地区、不同资产的投资，为投资人提供分散投资风险的渠道或者对冲的手段。

QDII 主要系列

QDII 产品主要可分为保险系 QDII、银行系 QDII 及基金系 QDII，三个系列各有不同。其主要区别如下：

1. 保险系 QDII。运作的是保险公司自己在海外的资产，一般不对个人投资者开放。
2. 银行系 QDII。既可以投资境外的固定收益类产品，也可以投资境外股票，属于风险居中、收益也居中的 QDII。但认购门槛较高。
3. 基金系 QDII。投资不受限制，可以拿 100%的资金投资于境外股票，因此其风险和收益都比银行系 QDII 高得多。由于采用基金的形式发行，因此其认购门槛比银行系低得多，往往 1 000 元即可起步。

投资者投资 QDII 产品主要面临的风险有哪些呢？

首先是市场风险，还有就是发行风险。这两点和传统的金融产品是一样的。不同的是另外两点，因为我们的 QDII 产品一定是去境外投资，除了面对境内的金融风险之外，还面临境外风险，境外发行人的金融风险。再就是人民币升值风险，QDII 以自有的人民币换汇后去买代客理财产品，产品到期后有结汇的过程，一买一卖可能面临一个问题：如果人民币发生升值且幅度比较大的时候，投资者会面临一个比较大的汇率波动风险，这两点是不太一样的。

现在很多银行推出了 QDII 产品，投资者应该从哪个角度来进行分析和选择呢？

首先大家最关心的是投资收益率，投资者要看看产品的收益率是浮动收益还是保证收益。如果是浮动收益看看实现的可能性有多大。比如说是挂钩一个金融工具，推测一下产品未来的走势，在分析了这个之后，投资者可分析浮动收益在哪个档次可能性比较大。其次要关注风险，如发行机构的信用风险、人民币升值风险等。最后可能跟普通的外汇理财不一样，因为代客理财会发生一定的费用，选择一个费率比较低的，投资人的成本相应会降低。

【案例分析1】

基金黑幕经典案例——老鼠仓事件

背景资料

老鼠仓（Rat Trading）是指庄家在用公有资金拉升股价之前，先用自己个人（机构负责人、操盘手及其亲属、关系户）的资金在低位建仓，待用公有资金拉升到高位后个人仓位率先卖出获利的行为。

(1) 导火索。2007 年 4 月 15 日，国内一家财经媒体一篇名为《监管层重拳出击老鼠仓 多家基金公司被调查》的报道称，上海一家基金公司基金经理人选突然发生变动，尽管没有点名，但报道称"公司在本月初暂停公司一基金经理的投资权限"，市场马上联想到上投摩根基金公司。

4月17日，另一篇报道《上投摩根一基金经理涉嫌"老鼠仓"》对上投摩根基金公司和成长先锋基金经理唐建点名批评。这一天，有关调查其他基金公司"老鼠仓"的传闻四起。

4月18日，上投摩根基金公司发布澄清公告。但此事已经演化为基金全行业事件，市场紧盯前期介入到杭萧钢构、长城股份等强势股票操作中的基金公司，基金经理多数噤声，有些基金经理表示，"可能会引发另外一个基金黑幕"。

紧接着，市场大跌，多数投资者认为，"基金公司老鼠仓"是引发下跌的一个原因。

在2007年的中国大牛市中，基金市场如火如荼，但曾一度深受投资者青睐的上投摩根基金公司曝出一件大丑闻，前上投成长先锋基金经理唐建的"老鼠仓"行为已被证监会查实。客观地说，这可能还只是冰山一角，基金业还有很多没有曝光的基金经理，基金公司的制度和相关法律法规显然存在很多漏洞。据业内人士透露，基金经理的"老鼠仓"是业内公开的秘密。

"老鼠仓"问题属于利用内幕信息以及运作资金的职业优势炒作股票，涉嫌利益输送，也是涉嫌内幕交易刑事犯罪的行为。

显然，对这一问题的解决是加强监管，由《中华人民共和国证券投资基金法》第十八条规定基金经理对基金的义务，基金管理人的董事、监事、经理和其他从业人员，不得担任基金托管人或者其他基金管理人的任何职务，不得从事损害基金财产和基金份额持有人利益的证券交易及其他活动。一方面我们需要做到：首先，加大对责任人员的惩罚力度。其次，增加规范基金个人交易行为监管制度的可操作性。最后，完善持有人会议和基金内部的制衡机制可以防止内部监管机构的"功能弱化"。另一方面，采取有效的激励机制可以成为监管的有效措施，在监管部门难以发现证据的情况下，应该积极鼓励市场来监督，通过高额奖金动员全民力量进行积极举报，从而从源头上遏制这种行为的泛滥。

经历过2000年的"基金黑幕"后，国内基金业对"老鼠仓"一直有所控制，《证券法》中禁止了包括基金在内的证券从业人员买卖股票，2007年初证监会基金部发文，很多内容是针对基金经理"老鼠仓"的监管。

大多数基金公司也规定，基金经理在取得任职资格时，都要填写直系亲属、直系亲属的子女的身份证号和股东代码，投资管理人员的配偶及其未成年子女，不允许买卖股票。

但当时中国还没有建立金融实名制，很多投资人员可以用其他亲属、朋友的名字开户。投资管理者在投资某只股票前后，用自己的资金低位或同步买入，从股价上涨中获利。

另一种就是公募基金为一些机构（如私募基金）接货，从而获取返还利益收入。一家券商基金研究员说，"以前基金公司内部操作优先顺序是，社保基金在前、开放式基金在后、封闭式基金最后,现在社保基金前面又有了私募基金。"

(2) 危机。基金业扩容背后已经出现了很多问题,"基金经理靠利益太近,权力滋生腐败,基金经理权力过大不可避免。听说有基金经理去年在外面捞了8 000万元,几亿元的个人'老鼠仓'。"深圳一位基金公司人士表示。

同时,基民追逐短期利润、没有风险意识也是潜在的风险之一。

"现在基金还赚钱,很多问题都被掩盖,如果基金业不赚钱,可能所有的问题会被引爆。"北京一家基金公司市场部人士说。

实际上,基金业高位运作的风险在加大,"如果市场出现较长时间大幅调整,新入市的基民发生较长时间亏损,市场肯定要为此事件找一个出气口,将怨气归结到基金'老鼠仓'上。"市场人士认为。

在一家网站对投资者进行的调查中,有50%~70%的被调查者认为"老鼠仓"会影响到他们对基金公司和基金行业的信心,这些信心一旦持续受打击,基民可能会持续、大规模赎回基金,这不仅造成整个基金业发展滞后,也引发整个证券市场流动性紧缩,发生崩盘危机。

(3) 防患。"这在美国也有,只要有市场存在,就会有'老鼠仓'存在。"鹏华基金总裁孙煜扬说。

但如何对"老鼠仓"进行控制成为世界级难题。虽然证监会控制基金经理亲戚和家人的股票投资账户,但这是防君子不防小人。

"关键是内部控制和管理。"深圳一家老基金公司副总经理说,好的工作平台、工作环境更重要,"投资范围和比例涨跌幅超过多少幅度要严格控制,交易和下单隔绝。"

另外,要增加做坏事的成本,加大处罚的力度。"香港制度并没有内地严格,但出事后基金经理职业生涯完蛋,以后很难生存,对收入相对较高的基金经理来说没必要去冒险。"在香港和内地都担任过基金经理的一位人士说,"目前国内基金公司仍然没有真正市场化,如果市场竞争残酷,大家自然会考虑声誉问题。"

"公募基金行业就是处罚不力,对于目前的事件,大家普遍认为最多只是内部批评。"深圳一位券商行业基金研究员说。

也有一些基金人士建议,堵不如疏,让基金公司所有人员的账户信息公开、透明,实时或定期披露其个人投资记录的资料。比如允许基金经理购买自己的基金,但是买卖都要提前发公告,由公众、投资者、监管层共同监督。

讨论题

"老鼠仓"的危害有哪些?

分析路径与提示

"老鼠仓"的危害:(1) 损害了基金投资者的利益;(2) 损害了基金公司的利益;(3) 损害了基金行业的利益;(4) 损害了证券市场和国家经济秩序。

【案例分析 2】

证券投资基金之禁忌：短线操作开放式基金[①]

背景资料

A 先生，他曾有过一段对开放式基金频繁进行短线操作的经历。下面将 A 先生进行操作的过程描述出来，然后计算一下 A 先生到底挣了多少钱？

某年初，A 先生购买了净值为 1.1000 元/份的开放式基金 A 2 万份，短期持有后，该基金净值上升为 1.1500 元/份，A 先生将该基金出售；同时，A 先生申购了净值为 0.9500 元/份的开放式基金 B 2 万份，短期持有后，该基金净值上升为 0.9800 元/份，A 先生再次将该基金抛售。下面计算一下 A 先生经过两次短线操作后到底挣了多少钱？

申购基金单位金额计算方法如下：

申购金额 = 申购份额 × 交易日基金单位净值 + 申购费用

申购费用 = 申购份额 × 交易日基金单位净值 × 申购费率

赎回基金单位金额计算方法如下：

赎回金额 = 赎回份额 × 交易日基金单位净值 − 赎回费用

赎回费用 = 赎回份额 × 交易日基金单位净值 × 赎回费率

假设开放式基金的赎回费率为 1.5% 左右，申购费率为 1.0%。那么可以计算出来：

A 先生申购开放式基金 A 的价格为：

开放式基金 A 的申购费用为：20 000 份 × 1.1000 元/份 × 1.0% = 220 元

开放式基金 A 申购价为：20 000 份 × 1.1000 元/份 + 220 元 = 22 220 元

开放式基金 A 的赎回费用为：20 000 份 × 1.1500 元/份 × 1.5% = 345 元

开放式基金 A 的赎回金额为：20 000 份 × 1.1500 元/份 − 345 元 = 22 655 元

A 先生对开放式基金 A 的短线操作利润为：22 655 元 − 22 220 元 = 435 元

而 A 先生申购、赎回基金 A 的交易费用共计：220 元 + 345 元 = 565 元

交易费用是所获利润的 1.30 倍。

开放式基金 B 的申购费用为：20 000 份 × 0.9500 元/份 × 1.0% = 190 元

开放式基金 B 的申购价为：20 000 份 × 0.9500 元/份 + 190 元 = 19 190 元

开放式基金 B 的赎回费用为：20 000 份 × 0.9800 元/份 × 1.5% = 294 元

开放式基金 B 的赎回金额为：20 000 份 × 0.9800 元/份 − 294 元 = 19 306 元

A 先生对开放式基金 B 的短线操作利润为：19 306 元 − 19 190 元 = 116 元

A 先生申购、交易基金 B 的交易费用共计：190 元 + 294 元 = 484 元

A 先生对基金 B 的交易费用是其利润的 4.17 倍。

假如不存在交易费用，A 先生所获得的毛利是多少呢？是 1 600 元。而实际上扣除

[①] 邢恩泉. 证券投资禁忌 50 例 [M]. 北京：电子工业出版社，2006.

交易费用后,A 先生获得了多少利润呢?仅为 551 元!毛利中的 65.6% 就这样被交易费用所吞噬了。

讨论题

A 先生对开放式基金投资操作的亲身经历给我们带来怎样的启示呢?

分析路径与提示

A 先生对开放式基金的投资经历属于"短线操作开放式基金"行为,是在基金投资过程中某些投资者经常触犯到的一个投资禁忌,属于一种"短视"的证券投资基金操作行为,投资者应该在基金投资活动中尽量避免该现象的发生。"短线操作开放式基金"的危害主要包括以下两个方面:

(1) 对投资者来讲,能够找到一个优秀的基金管理者是一件非常幸运的事情,就如同你找到了一个可靠而且非常善于理财的"管家"。"短线操作开放式基金",就如同投资者频繁地更换"管家",其投资效果可想而知。

(2) 开放式基金为了防止投资者频繁更换基金而设置了一种障碍:开放式基金的交易价格取决于基金每单位净资产值的大小,其申购价一般是基金单位净资产值加一定的申购费,赎回价是基金单位净资产值减去一定的赎回费。由此可见,开放式基金虽然给了投资者随时申购和赎回的权利,但是却用申购费和赎回费来对投资者滥用权利的行为加以制约。也就是说,如果投资者"短线操作开放式基金",会花费相当高的"交易费用"。

综上所述,对于投资者来讲,频繁短线操作是开放式基金投资的一大禁忌。这中间既有更换基金存在的"看走眼"的风险在其内,更有基金更换所需要的"交易费用"较高的原因。选择一个对自己最合适的基金进行长期投资,与该基金共同成长,不轻易赎回,以避免交易费用过高,这对投资者是一种有利的投资策略。至少,短线操作,对开放式基金的投资者来讲,是非常不利的。

【能力训练】

(一) 选择题

1. 证券投资基金通过发行基金单位集中的资金,交由( )管理和运作。
   A. 基金托管人   B. 基金承销公司   C. 基金管理人   D. 基金投资顾问
2. 证券投资基金通过发行基金单位集中的资金,交由( )托管。
   A. 基金托管人   B. 基金承销公司   C. 基金管理人   D. 基金投资顾问
3. 证券投资基金反映的是( )关系。
   A. 产权   B. 所有权   C. 债权债务   D. 委托代理
4. 证券投资基金的资金主要投向( )。
   A. 实业   B. 邮票   C. 有价证券   D. 珠宝
5. 证券投资基金的收益有可能高于( )。
   A. 股票   B. 债券   C. 金融期货   D. 金融期权

6. 封闭式基金的交易价格主要取决于（　　）。
A. 基金总资产　　B. 基金净资产　　C. 供求关系　　D. 基金负债

7. 开放式基金的交易价格主要取决于（　　）。
A. 基金单位总资产值　　　　　　B. 基金单位净资产值
C. 供求关系　　　　　　　　　　D. 基金资产净值

8. 基金持有人与基金管理人之间的关系是（　　）。
A. 委托与受托的关系　　　　　　B. 经营与监管的关系
C. 所有者与经营者的关系　　　　D. 持有与托管的关系

9. 基金管理人与托管人之间的关系是（　　）。
A. 委托与受托的关系　　　　　　B. 经营与监管的关系
C. 所有者与经营者的关系　　　　D. 持有与托管的关系

10. 基金持有人与托管人之间的关系是（　　）。
A. 委托与受托的关系　　　　　　B. 经营与监管的关系
C. 所有者与经营者的关系　　　　D. 持有与托管的关系

11. 证券投资基金是一种利益共享、风险共担的（　　）投资方式。
A. 集合证券　　B. 集资　　C. 联合投资　　D. 合作

12. 证券投资基金是通过发售（　　），集中投资者的资金形成独立财产的集合投资方式。
A. 股票　　B. 基金单位　　C. 上市基金　　D. 债券

13. 投资基金中的（　　），可以在市场上变现，存续期满后，投资人可按持有的基金份额分享相应的剩余资产。
A. 公司型基金　　B. 信托型基金　　C. 开放式基金　　D. 封闭式基金

14. 投资人可以随时向基金管理人要求赎回的、没有存续期限的是（　　）。
A. 公司型基金　　B. 信托型基金　　C. 开放式基金　　D. 封闭式基金

15. 对于证券投资基金对证券市场发挥作用的论述不正确的是（　　）。
A. 证券投资基金的发展有利于证券市场的稳定
B. 证券投资基金的发展有利于提高市场回报率
C. 促进上市公司的规范化建设，推动上市公司治理结构的完善
D. 证券投资基金的出现和发展增加了证券市场的投资品种

16. 从（　　）划分，可分为公司型基金和信托型基金。
A. 基金存续期　　　　　　　　　B. 基金规模
C. 基金的组织形式　　　　　　　D. 基金募集方式

17. 以追求资产的长期增值和盈利为基本目标，投资于具有良好增长潜力的上市股票或其他证券的证券投资基金称为（　　）。
A. 收入型基金　　B. 平衡型基金　　C. 开放式基金　　D. 增长型基金

18. 在基金内部可以为投资者提供多种选择的基金类型是（　　）。
A. 股票基金　　B. 增长型基金　　C. 平衡型基金　　D. 伞形基金

19. （　　）是指基金在进行证券买卖交易时所发生的相关费用。
   A. 基金交易费　　B. 基金运作费　　C. 基金托管费　　D. 基金管理费
20. 我国开放式基金由（　　）设立。
   A. 发起人　　　　B. 政府部门　　　C. 管理人　　　　D. 托管人
21. 信托型投资基金的当事人有（　　）。
   A. 管理人　　　　B. 托管人　　　　C. 承销公司　　　D. 投资者
22. 下列关于分级基金特点的描述中，不正确的是（　　）。
   A. 一只基金，多类份额　　　　　　B. 基金份额可在交易所上市交易
   C. 内含衍生工具与杠杆特性　　　　D. 收益实现方式和投资策略单一
23. 作为一种成效卓著的现代化投资工具，基金所具备的明显特点是（　　）。
   A. 规模效益　　　B. 较高收益　　　C. 分散风险　　　D. 专家管理
24. 开放式基金的交易价格取决于基金每单位净资产值的大小，具体是（　　）。
   A. 申购价＝基金单位净资产值－申购费
   B. 赎回价＝基金单位净资产值－赎回费
   C. 申购价＝基金单位净资产值＋申购费
   D. 赎回价＝基金单位净资产值＋赎回费
25. 证券投资基金与股票、债券的区别在于（　　）。
   A. 所反映的关系不同　　　　　　　B. 所筹资金的投向不同
   C. 收益水平不同　　　　　　　　　D. 风险水平不同
26. 按基金的组织形式不同，证券投资基金可分为（　　）。
   A. 开放式基金　　B. 封闭式基金　　C. 信托型基金　　D. 公司型基金
27. 封闭式基金与开放式基金的区别在于（　　）。
   A. 期限和发行规模限制不同
   B. 投资者的地位不同
   C. 基金单位交易方式和价格计算标准不同
   D. 投资策略不同
28. 根据投资目标划分，证券投资基金可分为（　　）。
   A. 衍生基金　　　B. 增长型基金　　C. 收入型基金　　D. 平衡型基金
29. 证券投资基金的费用主要包括（　　）。
   A. 管理费　　　　B. 托管费　　　　C. 运作费　　　　D. 宣传费用
   E. 清算费用
30. 证券投资基金是（　　）。
   A. 投资基金的主要类型
   B. 通过发售基金单位，集中投资的资金形成独立财产的投资方式
   C. 一种金融衍生产品
   D. 一种集合投资方式
31. 证券投资基金的价格主要受（　　）的影响。

A. 市场利率　　　　　　　　　　B. 市场供求关系
C. 上市公司质量　　　　　　　　D. 基金资产净值

（二）思考题

1. 证券投资基金与股票、债券等其他金融产品有何不同？
2. 根据《中华人民共和国证券投资基金法》的相关规定，证券投资基金的基金份额持有人享有哪些权利？
3. 在一般情况下，证券投资基金的设立与募集包括哪几个步骤？
4. 为什么要对证券投资基金的资产进行估值？
5. 开放式基金和封闭式基金有何区别？

（三）计算题

假设某个投资者准备对三只证券投资基金：A、B、C 的业绩进行评价。在样本期内的平均无风险收益率为 6%。在样本期内，三只证券投资基金的平均收益率与收益率的标准差分别为：

	平均收益率（%）	收益率的标准差（%）
基金 A	24	30
基金 B	12	10
基金 C	22	20

如果根据上面提供的数据资料，运用夏普测度的方法对三只证券投资基金：A、B、C 的业绩进行评价，并根据评价结果，确定投资者应选择哪一只证券投资基金？

【参考资料】

[1]［美］博迪等. 投资学（第六版）[M]. 朱宝宪等译. 北京：机械工业出版社，2005.

[2] 博迪等. 投资学题库与题解（第四版）[M]. 朱宝宪等译，北京：机械工业出版社，2000.

[3] 张元萍. 现代投资理论与实务 [M]. 北京：首都经济贸易大学出版社，2004.

[4] 邢恩泉. 证券投资禁忌 50 例 [M]. 北京：电子工业出版社，2006.

[5] 金融学硕士研究生招生联考指导小组. 金融学基础考试大纲 [M]. 北京：中国财政经济出版社，2006.

[6] 中国证券业协会. 证券投资基金 [M]. 北京：中国财政经济出版社，2010.

[7]《科瑞证券投资基金招募说明书》，2002 - 02 - 25。

[8]《上证 50 交易型开放式指数证券投资基金招募说明书》，2004 - 11 - 25。

[9] 平湖，李菁. 基金黑幕——关于基金行为的研究报告解析 [J]. 财经，2000（10）.

[10] 方家喜，张莫. 证券投资基金法修订草案基本完成 [N]. 经济参考报，2011 - 03.

[11]《中华人民共和国证券投资基金法》.

第五章
【能力训练】
参考答案

［12］《基金基本概念》，http：//money.business.sohu.com/2004/05/07/07/article220040731.shtml。

［13］杜志鑫.127只基金业绩过千亿 偏股基金整体获益最多［N］.光明日报，2007-03-29．

［14］《上证50ETF的基本信息》，http：//money.business.sohu.com/20041223/n223627866.shtml。

［15］《LOF小常识》，http：//money.business.sohu.com/20041015/n222508741.shtml。

［16］中国证券监督管理委员会：http：//www.csrc.gov.cn。

［17］上海证券交易所：http：//www.sse.com.cn。

［18］深圳证券交易所：http：//www.szse.com.cn。

［19］新浪网财经频道基金专题：http：//finance.sina.com.cn/fund/index.shtml。

［20］搜狐网财经频道基金专题：http：//money.business.sohu.com/jijin.shtml。

［21］网易网财经频道基金专题：http：//money.163.com/fund。

［22］金融界网基金频道：http：//fund.jrj.com.cn/fund/。

［23］中金在线网基金频道：http：//fund.cnfol.com/。

［24］老鼠仓——百度百科：http：//baike.baidu.com/view/322578.htm。

［25］百度文库——我国基金热点问题：http：//wenku.baidu.com/view/8a50a4b8fd0a79563c1e7293.html。

［26］百度文库——QDII合格境内机构投资者：http：//wenku.baidu.com/view/565df39851e79b8968022629.html。

［27］《证券投资基金管理暂行办法》，1997-11-14。

［28］中国证券投资基金业协会.证券投资基金（上下册）（第二版）［M］.北京：高等教育出版社，2017.

［29］李曜，游搁嘉.证券投资基金学［M］.北京：清华大学出版社，2008.

［30］中国互联网数据咨询中心 http：//www.199it.com。

［31］中国证券投资基金业协会 http：//www.amac.org.cn／。

第六章 证券投资组合理论

【本章知识框架】

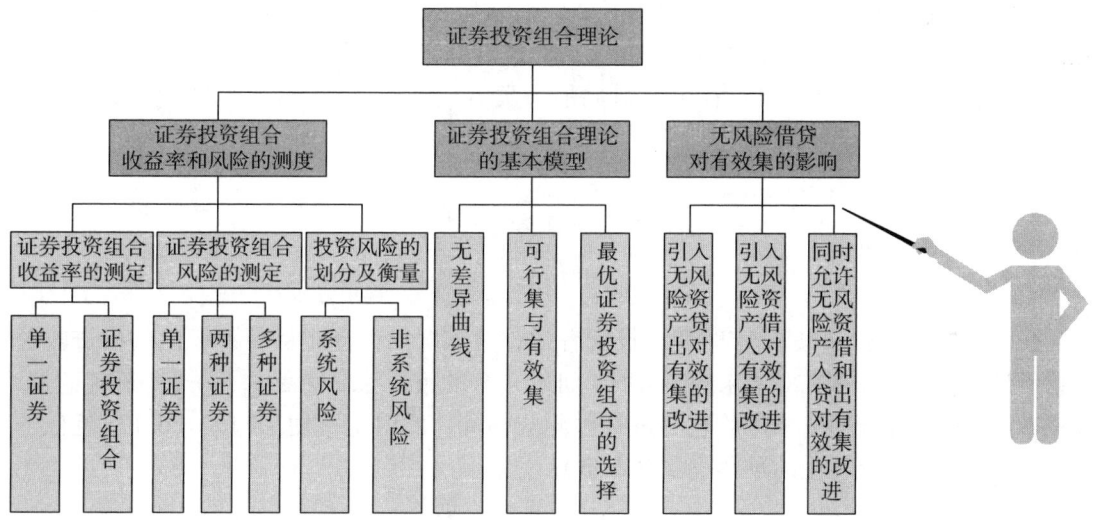

【本章学习目标】

1. 重点掌握单一证券及证券组合预期收益率和风险的测定方法、β 系数的含义、投资组合的可行集与有效集、投资者最优投资组合的选择；

2. 理解马柯维茨证券投资组合理论基本模型的假设、系统风险与非系统风险以及允许投资者无风险借贷后有效集的改变及对投资者最优投资组合的影响。

第一节 证券投资组合收益率和风险的测度

用马柯维茨的方法进行证券组合投资，投资者关心的是不同的投资组合方法将会对未来可以获得的财富水平产生怎样不同的影响,这可以用证券投资组合的预期收益率和风险进行测定。

一、证券投资组合收益率的测定

投资者将资产按一定比例投资于不同证券时,就构成了一个证券组合,组合的预期收益率依赖于组合中每种证券的预期收益率和投资比例。

(一) 单一证券收益率的测定

投资者一定时期内投资于某一证券的收益率测定公式为

$$R = \frac{W_1 - W_0}{W_0} \quad (6.1)$$

式中,R 表示单一证券的收益率;W_0 表示期初购买证券所投入的成本,一般即指期初证券市价;W_1 表示期末财富数量,即期末证券市价及投资期内投资者所获收益的总和,所获收益包括股息和红利。

【例 6-1】 某投资者 2021 年 2 月 15 日以 15.88 元的开盘价格购买浦发银行(600000)的股票,投资期内该股票于 2021 年 6 月 23 日向投资者支付每股 0.52 元现金股利,2022 年 2 月 15 日投资者以当日最高价格 16.93 元将股票卖出,则该投资者这一年的投资收益率为

$$R = \frac{W_1 - W_0}{W_0}$$

$$= \frac{(16.93 + 0.52) - 15.88}{15.88}$$

$$\approx 9.89\%$$

式(6.1)所表示的是一定时期内投资者的收益状况已经确定后所计算出的投资收益率,但是当投资涉及现在对未来的决策时,证券未来的收益状况就变成了一个不确定的量,投资者更多的是需要对未来的收益率进行预测与估计,此时也可使用与式(6.1)近似的公式来计算未来可能发生的预期收益率 $E(R)$:

$$E(R) = \frac{E(W_1) - W_0}{W_0} \quad (6.2)$$

所不同的是 $E(W_1)$ 表示投资期初投资者对于期末财富数量的估计。

马柯维茨认为正是由于未来收益率具有不确定性,因此其往往表现为一个随机变量,所以可以将期望收益率作为对未来收益率的最佳估计。投资者也可以通过估计投资期内可能出现的各种收益状况(事件)及每一种收益状况发生的可能性(概率),使用概率加权的方法来计算预期收益率:

$$E(R) = \sum_{i=1}^{s} E(r_i)p_i \quad (6.3)$$

式(6.3)中,$E(R)$ 表示预期收益率;$E(r_i)$ 表示投资期内第 i 种可能状况下证券的预期收益率;p_i 表示第 i 种可能状况下预期收益率 $E(r_i)$ 发生的概率。

【例 6-2】 某投资者投资于某种股票,其预期收益率 $E(R_i)$ 及其发生的概率如表 6-1 所示。

表 6–1　　某种股票的预期收益率及概率

预期收益率区间（%）	组中值 $[E(r_i)]$（%）	概率（P_i）
7.5~8.5	8	0.05
8.5~9.5	9	0.10
9.5~10.5	10	0.20
10.5~11.5	11	0.30
11.5~12.5	12	0.20
12.5~13.5	13	0.10
13.5~14.5	14	0.05
合计	—	1.00

则该股票的预期收益率为

$$E(R) = \sum_{i=1}^{7} E(r_i)p_i$$
$$= 8\% \times 0.05 + 9\% \times 0.10 + 10\% \times 0.20 + 11\% \times 0.30$$
$$+ 12\% \times 0.20 + 13\% \times 0.10 + 14\% \times 0.05$$
$$= 11\%$$

（二）证券投资组合收益率的测定

证券投资组合的预期收益率是组成该组合的 n 种证券的预期收益率的加权平均数，权数是每种证券的投资额分别占总投资额的比重：

$$E(R_P) = \sum_{i=1}^{n} w_i E(R_i) \tag{6.4}$$

式中，$E(R_P)$ 表示证券投资组合的预期收益率；$E(R_i)$ 表示证券投资组合中第 i 种证券的预期收益率；w_i 表示投资于第 i 种证券的投资额占总投资额的比重。

当全部资产被投资于不同证券品种时，不同证券上的投资比重之和 $\sum_{i=1}^{n} w_i = 1$。

【例 6–3】某投资者将其资产平均投在了某国债和某股票两种证券上，预期两种证券在不同市场情况下的预期收益率及发生概率状况如表 6–2 所示：

表 6–2　　国债和股票在不同市场情况下的预期收益率及发生概率

项目	国债		股票	
	牛市	熊市	牛市	熊市
预期收益率 $E(r_i)$（%）	8	12	14	6
收益率发生的概率 p_i	0.5	0.5	0.5	0.5
预期收益率 $E(R_i)$（%）	$8 \times 0.5 + 12 \times 0.5 = 10$		$14 \times 0.5 + 6 \times 0.5 = 10$	

由这两种证券组成的证券投资组合的预期收益率为

$$E(R_P) = w_A E(R_A) + w_B E(R_B) = 50\% \times 10\% + 50\% \times 10\% = 10\%$$

【例6-4】 某投资者投资于由四种证券构成的证券投资组合，期初投资数额及投资于组合中每种证券的比重情况如表6-3所示，另外该投资者还在期初对期末的财富状况做了估计。

表6-3　　　　　　　　投资数额、比重及期末收益估计状况

证券	期初投资值（元）	预计期末收益（元）	组合中证券所占比重（%）
1	1 000	1 400	19
2	400	600	8
3	2 000	2 000	38
4	1 800	3 000	35
合计	5 200	7 000	100

方法一：分别求出4种证券的预期收益率，使用式（6.4）计算组合的预期收益率。

（1）该投资组合中各种证券的预期收益率 $E(R) = \dfrac{E(W_1) - W_0}{W_0}$，则

$$E(R_1) = \frac{1\,400 - 1\,000}{1\,000} = 40\%, \quad E(R_2) = \frac{600 - 400}{400} = 50\%,$$

$$E(R_3) = \frac{2\,000 - 2\,000}{2\,000} = 0, \quad E(R_4) = \frac{3\,000 - 1\,800}{1\,800} = 67\%$$

（2）该投资组合的预期收益率为

$$E(R_P) = \sum_{i=1}^{4} w_i E(R_i)$$

$$= 19\% \times 40\% + 8\% \times 50\% + 38\% \times 0 + 35\% \times 67\% = 35\%$$

方法二：将四种证券构成的组合整体作为一个证券来看待，使用式（6.2）计算组合的预期收益率，同样为

$$E(R_P) = \frac{E(W_1) - W_0}{W_0} = \frac{7\,000 - 5\,200}{5\,200} = 35\%$$

二、证券投资组合风险的测定

风险是指投资者投资于某种证券后实际收益率的不确定性，实际收益率与平均收益率的偏差越大，投资于该证券的风险也就越大。对于证券的预期收益率可以用每种概率预期收益率与概率加权预期收益率的方差和标准差来衡量风险。

（一）单一证券风险的测定

单一证券的风险由该证券预期收益率的方差（σ^2）或标准差（σ）来衡量：

方差：
$$\sigma^2 = \sum_{i=1}^{S} [E(r_i) - E(R)^2] p_i \tag{6.5}$$

标准差：
$$\sigma = \sqrt{\sum_{i=1}^{S}\left[E(r_i) - E(R)\right]^2 p_i} \qquad (6.6)$$

式中，p_i 表示证券在第 i 种状况下预期收益率发生的概率；$E(r_i)$ 表示证券在第 i 种状况下的预期收益率；$E(R)$ 表示证券的概率加权预期收益率。

【例 6-5】 沿用【例 6-2】中有关数据计算该股票的风险：

$$\begin{aligned}
\sigma^2 &= \sum_{i=1}^{7}\left[E(r_i) - E(R)\right]^2 p_i \\
&= (8\% - 11\%)^2 \times 0.05 + (9\% - 11\%)^2 \times 0.10 \\
&\quad + (10\% - 11\%)^2 \times 0.20 + (11\% - 11\%)^2 \times 0.30 \\
&\quad + (12\% - 11\%)^2 \times 0.20 + (13\% - 11\%)^2 \times 0.10 \\
&\quad + (14\% - 11\%)^2 \times 0.05 = 0.00021 \\
\sigma &= \sqrt{0.00021} = 1.45\%
\end{aligned}$$

计算结果表明，以方差衡量的风险为 0.00021，以标准差衡量的风险为 1.45%。

（二）两种证券构成的组合风险的测定

证券投资组合的风险则不是简单地等于单个证券风险以投资比重为权数的加权平均数，因为组合内部不同证券之间的风险可能具有相互抵消的特征。这就需要引入两个可以表征随机变量之间关系的变量——协方差和相关系数。

1. 协方差。协方差反映了两种证券收益率之间的走向关系。以 A、B 两种证券为例，协方差可以记做 $Cov(R_A, R_B)$，也可记做 σ_{AB}，是用来确定证券投资组合收益率方差的关键性指标，其计算公式为

$$\sigma_{AB} = \sum_{i=1}^{S}\left\{\left[E(r_{Ai}) - E(R_A)\right]\left[E(r_{Bi}) - E(R_B)\right]p_i\right\} \qquad (6.7)$$

式中，p_i 表示证券 A 和证券 B 在第 i 种状况下预期收益率发生的概率；$E(r_{Ai})$ 和 $E(r_{Bi})$ 分别表示证券 A 和证券 B 在第 i 种状况下的预期收益率；$E(R_A)$ 和 $E(R_B)$ 分别表示证券 A 和证券 B 的概率加权预期收益率。

当两种证券的协方差为正值时，则表明证券 A 和证券 B 的收益率变动趋势一致，即一种证券的收益率高于其预期收益率时，另一种证券的收益率也高于其预期收益率；而两种证券的协方差为负值时，则两种证券的收益率变动趋势相反。

但是从协方差的符号仅能看出两种证券收益率之间是否相关，而不能很好地体现两者之间的相关程度。

2. 相关系数。相关系数是协方差的标准化，记做 ρ_{AB}，相关系数与协方差的关系可以用公式表示：

$$\rho_{AB} = \frac{\sigma_{AB}}{\sigma_A \sigma_B} \qquad (6.8)$$

也即
$$\sigma_{AB} = \rho_{AB} \sigma_A \sigma_B \qquad (6.9)$$

在风险的衡量过程中，之所以引入协方差之后又引入相关系数来表征两种证券收益

率之间的关系，是因为两种证券的协方差经各自的标准差进行标准化后，所得到的相关系数剔除了有名数的干扰，而且不再像协方差一样数值是无界的，相关系数的取值范围介于 -1 与 +1 之间，这样既可以体现两者之间的相关程度，又便于同另外一对随机变量的相关性进行比较。

相关系数的值与两种证券收益率变动之间的关系为：$\rho_{AB} = -1$，表示两种证券收益率变动完全负相关；$\rho_{AB} = +1$，表示变动完全正相关；$\rho_{AB} = 0$，表示变动完全不相关；而 $-1 < \rho_{AB} < 0$，表示变动负相关；$0 < \rho_{AB} < 1$，表示变动正相关。有关相关系数值的具体问题将在后面的内容中做具体介绍。

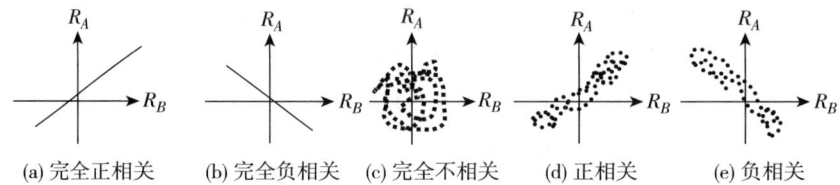

(a) 完全正相关　(b) 完全负相关　(c) 完全不相关　(d) 正相关　(e) 负相关

图 6-1　相关系数的五种情况

需要特别注意的是，对某一证券而言，其自身具有自相关性，自相关是完全正相关的特例，所以

$$\rho_{AA} = 1 \tag{6.10}$$

进而可以得到：

$$\rho_{AA} = \frac{\sigma_{AA}}{\sigma_A \sigma_A} = 1 \Rightarrow \sigma_{AA} = (\sigma_A)^2$$

也即

$$\sigma_{AA} = \sigma_A^2 \tag{6.11}$$

3. 两种证券构成的组合风险的测定。由两种证券构成的投资组合的风险依然由该证券投资组合预期收益率的方差或标准差来衡量：

$$\sigma_P^2 = w_A^2 \sigma_A^2 + w_B^2 \sigma_B^2 + 2w_A w_B \sigma_{AB}$$
$$= w_A^2 \sigma_A^2 + w_B^2 \sigma_B^2 + 2w_A w_B \rho_{AB} \sigma_A \sigma_B \tag{6.12}$$

相关系数的值，即两种证券之间的相关程度会直接影响到整个组合的风险状况，下面将分别对相关系数为 +1，0 和 -1 时的组合风险做更进一步的讨论。

（1）当 $\rho_{AB} = +1$ 时，两种证券收益率的变动完全正相关，此时：

$$\sigma_P^2 = w_A^2 \sigma_A^2 + w_B^2 \sigma_B^2 + 2w_A w_B \rho_{AB} \sigma_A \sigma_B = (w_A \sigma_A + w_B \sigma_B)^2$$

（2）当 $\rho_{AB} = 0$ 时，两种证券收益率的变动完全不相关，此时：

$$\sigma_P^2 = w_A^2 \sigma_A^2 + w_B^2 \sigma_B^2 + 2w_A w_B \rho_{AB} \sigma_A \sigma_B = w_A^2 \sigma_A^2 + w_B^2 \sigma_B^2$$

（3）当 $\rho_{AB} = -1$ 时，两种证券收益率的变动完全负相关，此时：

$$\sigma_P^2 = w_A^2 \sigma_A^2 + w_B^2 \sigma_B^2 - 2w_A w_B \rho_{AB} \sigma_A \sigma_B = (w_A \sigma_A - w_B \sigma_B)^2$$
$$\sigma_P = |w_A \sigma_A - w_B \sigma_B|$$

由此可以看出，在完全负相关的情况下，风险可以大大降低，甚至可以通过改变投资比重 w_A 和 w_B 的值，完全消除风险使其为 0。

【例6-6】沿用【例6-3】和表6-2中的有关资料，计算某国债和某股票两种证券构成的证券投资组合的风险，具体步骤如下：

(1) 单个证券的方差：

$$\sigma_A^2 = \sum_{i=1}^{2} [E(r_{Ai}) - E(R_A)]^2 p_i$$
$$= (8\% - 10\%)^2 \times 0.5 + (12\% - 10\%)^2 \times 0.5 = 0.0004$$
$$\sigma_B^2 = \sum_{i=1}^{2} [E(r_{Bi}) - E(R_B)]^2 p_i$$
$$= (14\% - 10\%)^2 \times 0.5 + (6\% - 10\%)^2 \times 0.5 = 0.0016$$

(2) 组合中两种证券的协方差：

$$\sigma_{AB} = \sum_{i=1}^{2} \{[E(r_{Ai}) - E(R_A)][E(r_{Bi}) - E(R_B)]p_i\}$$
$$= \{[(8\% - 10\%)(14\% - 10\%)] \times 0.5\}$$
$$+ \{[(12\% - 10\%)(6\% - 10\%)] \times 0.5\}$$
$$= -0.0008$$

(3) 两种证券组合的方差和标准差：

$$\sigma_P^2 = w_A^2 \sigma_A^2 + w_B^2 \sigma_B^2 + 2w_A w_B \sigma_{AB}$$
$$= 0.5^2 \times 0.0004 + 0.5^2 \times 0.0016 + 2 \times 0.5 \times 0.5 \times (-0.0008)$$
$$= 0.0001$$
$$\sigma_P = 0.01$$

4. 影响证券投资组合风险的因素。从证券投资组合风险的计算式 (6.12) 中可以得出，主要有三个因素影响证券投资组合风险的大小：

(1) 每种证券所占总投资额的比重。从上面讨论的结果看，对于由两种证券构成的投资组合，当 $\rho_{AB} = -1$ 时，如果投资组合风险为0，则

$$w_A \sigma_A - w_B \sigma_B = 0 \Rightarrow w_A \sigma_A - (1 - w_A)\sigma_B = 0 \Rightarrow w_A(\sigma_A + \sigma_B) = \sigma_B$$

所以由两种证券构成的组合中，证券 A 的最佳结构比例为 $w_A = \dfrac{\sigma_B}{\sigma_A + \sigma_B}$，此时可以完全消除风险。

(2) 证券收益率之间的相关性。当构成证券投资组合的证券之间的收益率是完全正相关的，即 $\rho_{AB} = +1$ 时，证券投资组合并不能达到通过组合降低风险的目的；而当证券投资组合所含证券的收益率是完全负相关的，即 $\rho_{AB} = -1$ 时，投资者可以通过调整证券投资组合的结构完全消除风险。

(3) 每种证券自身的风险状况。组合中每种证券收益率的标准差较大，则组合后的风险相应也要大一些。

【例6-7】两种证券的预期收益率和标准差分别为：$E(R_1) = 20\%$，$\sigma_1 = 10\%$，$E(R_2) = 25\%$，$\sigma_2 = 20\%$。表6-4是根据预期收益率和标准差的计算公式按照不同的

相关系数和投资比重得到的证券投资组合 $[E(R_P), \sigma_P]$ 的不同值。

表6-4 不同相关系数和投资比重下的证券投资组合的 $[E(R_P), \sigma_P]$ 值

(w_1, w_2) \ $\rho_{1,2}$	1	0.5	0	-0.5	-1
(1, 0)	(0.20, 0.10)	(0.20, 0.10)	(0.20, 0.10)	(0.20, 0.10)	(0.20, 0.10)
(0.8, 0.2)	(0.21, 0.12)	(0.21, 0.106)	(0.21, 0.894)	(0.21, 0.0693)	(0.21, 0.040)
(2/3, 1/3)	(0.217, 0.133)	(0.217, 0.115)	(0.217, 0.0943)	(0.217, 0.0667)	(0.217, 0)
(0.5, 0.5)	(0.225, 0.15)	(0.225, 0.132)	(0.225, 0.112)	(0.225, 0.087)	(0.225, 0.05)
(1/3, 2/3)	(0.233, 0.167)	(0.233, 0.153)	(0.233, 0.141)	(0.233, 0.12)	(0.233, 0.10)
(0.2, 0.8)	(0.24, 0.18)	(0.24, 0.17)	(0.24, 0.16)	(0.24, 0.15)	(0.24, 0.14)
(0, 1)	(0.25, 0.20)	(0.25, 0.20)	(0.25, 0.20)	(0.25, 0.20)	(0.25, 0.20)

把这些点绘制在图上，可以看出当 $\rho_{AB} = +1$ 时，表示证券组合预期收益率和风险关系的点会落在 AB 直线上（具体位置取决于投资比重 w_A 和 w_B）；当 $-1 < \rho_{AB} < 1$ 时，代表组合预期收益和风险的所有点的集合是一条向后弯的曲线，ρ_{AB} 越小，向后弯的程度越大，表明在同等风险水平下收益更大，或者说在同等收益水平下风险更小；当 $\rho_{AB} = -1$ 时，所有点的集合是一条向后弯的折线。

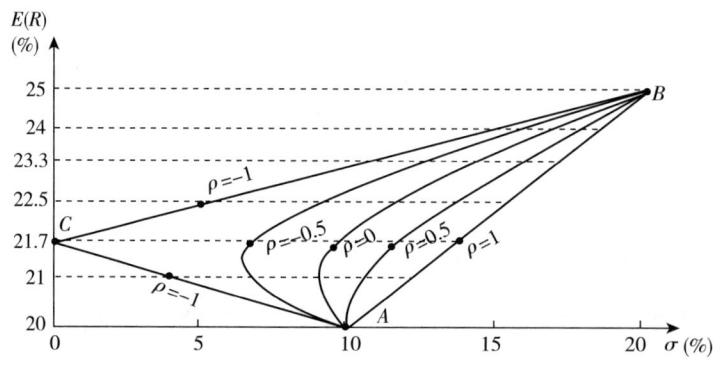

图6-2 两种证券投资组合收益、风险与相关系数的关系

（三）多种证券构成的组合风险的测定

多种证券构成的证券投资组合的预期收益率的方差可以用双和公式表示，也可以用矩阵的形式表示。

$$\sigma_P^2 = \sum_{i=1}^n \sum_{j=1}^n w_i w_j \sigma_{ij} = \sum_{i=1}^n \sum_{j=1}^n w_i w_j \rho_{ij} \sigma_i \sigma_j \qquad (6.13)$$

式中，σ_P^2 表示证券投资组合的方差，以衡量风险；σ_{ij} 表示证券投资组合中某两种证券的协方差；ρ_{ij} 表示证券投资组合中某两种证券的相关系数；σ_i 表示证券投资组合中某种

证券的标准差，用来揭示组合中单一证券的风险。

式（6.13）用矩阵表示为

$$\sigma_P^2 = w' \sum w \qquad (6.14)$$

式中，$\sum$ 称为方差—协方差矩阵：

$$\sum = \begin{bmatrix} \sigma_1^2 & \sigma_{12} & \cdots & \sigma_{1n} \\ \sigma_{21} & \sigma_2^2 & \cdots & \sigma_{2n} \\ \cdots & \cdots & \cdots & \cdots \\ \cdots & \cdots & \ddots & \cdots \\ \sigma_{n1} & \sigma_{n2} & \cdots & \sigma_n^2 \end{bmatrix}$$

方差—协方差矩阵是一个方阵，组合中每种证券的方差出现在矩阵对角线上，而且该矩阵是对称的，也就是说出现在第 j 列第 i 行的数一定会出现在第 i 列第 j 行，这是因为两种证券的协方差不会随组合中两种证券顺序的改变而发生变化。

【例 6-8】某投资组合由 A、B、C 三种证券构成，三种证券占组合的投资比重分别为 $w_A = 0.5$，$w_B = 0.3$，$w_C = 0.2$，三种证券的方差—协方差矩阵为

$$\begin{bmatrix} 459 & -211 & 112 \\ -211 & 312 & 215 \\ 112 & 215 & 179 \end{bmatrix}$$

则使用公式计算，该组合的方差为

$$\begin{aligned} \sigma_P^2 &= \sum_{i=1}^{3} \sum_{j=1}^{3} w_i w_j \sigma_{ij} \\ &= w_A^2 \sigma_A^2 + w_B^2 \sigma_B^2 + w_C^2 \sigma_C^2 + 2w_A w_B \sigma_{AB} + 2w_A w_C \sigma_{AC} + 2w_B w_C \sigma_{BC} \\ &= 0.5^2 \times 459 + 0.3^2 \times 312 + 0.2^2 \times 179 + 2 \times 0.5 \times 0.3 \times (-211) \\ &\quad + 2 \times 0.5 \times 0.2 \times 112 + 2 \times 0.3 \times 0.2 \times 215 \\ &= 0.0135 \end{aligned}$$

标准差为：$\sigma_P = \sqrt{0.0135} = 11.6\%$

使用矩阵方法计算的该组合的方差为

$$\sigma_P^2 = w' \sum w = (0.5 \quad 0.3 \quad 0.2) \begin{bmatrix} 459 & -211 & 112 \\ -211 & 312 & 215 \\ 112 & 215 & 179 \end{bmatrix} \begin{bmatrix} 0.5 \\ 0.3 \\ 0.2 \end{bmatrix} = 0.0135$$

三、风险的划分及衡量

证券投资的总体风险可以划分为两个方面：系统风险（Systemic Risk）与非系统风险（Nonsystematic Risk）。

（一）系统风险及其测定

这种风险来源于宏观方面的变化，对证券市场总体产生影响，因此不可能通过 { 系统风险是指由于某种全局性的因素而对所有证券的收益率都产生作用的风险。

证券投资组合的方式来加以分散,所以也称为宏观风险、不可分散性风险,有时也被称为广义的市场风险。

1. 系统风险的内容。系统风险包括狭义的市场风险、利率风险、汇率风险、购买力风险、政策风险等。

(1) 狭义的市场风险。狭义的市场风险单指由于证券市场行情变化而引起的风险。引起证券市场行情变化的因素很多,政治局势、经济周期、证券市场中的操纵行为等都可能带来整个市场行情的大起大落。

(2) 利率风险。利率变动是影响证券价格的重要因素。利率变动会使货币市场供应量发生变化,从而带来证券市场供求关系的变化,导致价格波动,形成风险。一般来说,利率下调,资金流入证券市场的数量增加,会引起证券价格上涨;反之证券价格则下跌。

(3) 汇率风险。外汇汇率由于受制于各国政府货币政策、财政政策以及国际市场供给与需求平衡等各种因素而频繁变动。因此当投资者投资于以外币为面值发行的有价证券时,就可能承担货币兑换引起的汇率风险。

(4) 购买力风险。购买力风险又称通货膨胀风险,是指由于通货膨胀使货币贬值而给投资者带来的实际收益率水平的下降。在发生通货膨胀的情况下,随着商品价格的上升,证券价格在一段时期内也会不断上涨。虽然投资者获得的货币收入比以往要多,但实际上由于货币贬值,投资者的真实收益率没有增加反而可能下降。

(5) 政策风险。政策风险是指由于国家政策变动而给投资者带来的风险。国家一定时期内的货币政策、财政政策、产业政策、地区发展政策等都有可能影响到证券市场。

2. 系统风险的测定。通常可以用 β 系数测定。单个证券的 β 系数是用单个证券收益率与市场组合收益率的协方差除以市场组合收益率的方差。用公式表示为

$$\beta_i = \frac{\sigma_{iM}}{\sigma_M^2} \tag{6.15}$$

式中,β_i 表示证券 i 的 β 系数;σ_{iM} 表示证券 i 的收益率与市场组合收益率的协方差;σ_M^2 表示市场组合收益率的方差。

需要特别注意的是"市场组合"这个概念。之所以说这个概念是一个理论意义上的概念,是因为:理论上对于市场组合的组成部分表述是非常清晰的,但事实上任何投资者都不可能构造出与市场组合概念完全一致的证券投资组合,而多数投资者都是用指数来代替市场组合。因此,在实际操作中,不同投资者对于不同指数的选择往往会影响到 β 系数值的估计。

> 理论意义上,市场组合是指由市场中所有可以投资的证券构成的组合,在这个组合中,投资于每一种证券的比例等于该证券的总市值除以市场中所有证券的市值总和。

单个证券 β 系数的值说明了单个证券系统风险与市场组合系统风险之间的关系,可以看做是单个证券对市场组合系统风险的贡献度。$\beta=1$ 说明该证券系统风险与市场组合风险一致;$\beta>1$ 说明该证券系统风险大于市场组合风险;$\beta<1$ 说明该证券系统风险小于市场组合风险。

由于系统风险无法通过多样化投资来分散,因此一个证券组合的 β 系数就等于该组

合中各种证券的 β 系数的加权平均数，权数为投资于各种证券的投资数额占组合总投资额的比重，其公式为

$$\beta_P = \sum_{i=1}^{n} w_i \beta_i \tag{6.16}$$

【例 6-9】 依据 Wind 资讯，通过采集 2016 年 1 月 1 日至 2016 年 12 月 31 日我国上海证券交易所数据，可以得到以过去一年数据为基础的我国沪市股票的 β 系数。通过计算我们已知浦发银行（600000）、包钢股份（600010）、鑫科材料（600255）、天药股份（600488）四种股票的系统风险（以上证指数为基准的系统风险）分别是 $\beta_1 = 0.52$，$\beta_2 = 0.92$，$\beta_3 = 0.80$，$\beta_4 = 1.66$，这四种股票在证券投资组合中的投资比重相等，则

$$\beta_P = \sum_{i=1}^{4} w_i \beta_i = 25\% \times 0.52 + 25\% \times 0.92 + 25\% \times 0.80 + 25\% \times 1.66 = 0.975$$

此时 β 系数的数值稍小于 1，说明该证券组合收益率波动比市场指数的波动稍小。

如果投资者改变投资比例，$w_1 = 20\%$，$w_2 = 20\%$，$w_3 = 20\%$，$w_4 = 40\%$，则该证券组合的收益率波动就会大于市场指数的收益率波动：

$$\beta_P = \sum_{i=1}^{4} w_i \beta_i = 20\% \times 0.52 + 20\% \times 0.92 + 20\% \times 0.80 + 40\% \times 1.66 = 1.112$$

（二）非系统风险

因为投资者可以通过投资组合的方式弱化甚至完全消除这部分风险，所以也称微观风险、可分散性风险。{ 非系统风险，是由个别公司特殊状况造成的风险，这类风险只与公司本身有关，而与整个市场没有关联。}非系统风险具体包括财务风险、信用风险、经营风险、偶然事件风险等。

1. 财务风险。财务风险是因企业的筹资方式不同而带来的风险。企业所需资金一般来自发行股票和债券两个方面。其中债务的利息负担是一定的，如果债务过大就会因资本利润率低于利息率使股东可分配的股息减少。也就是说，债务融资后产生的利润率大于债务利息率时，债务给股东带来的是正收益；而当利润率小于债务利息率时，债务越大股东的风险就越大。

2. 信用风险。信用风险又称违约风险，是指企业在债务到期时无力还本付息而产生的风险。作为股票投资人所承担的信用风险，一个是企业债务过重，不能还本付息而对企业所造成的恶劣影响间接导致股价的波动，另一个就是因企业信用上的危机而带来的不能或减少分红对股价产生的直接影响，更严重的是企业因债务问题而破产，那么股票将一文不值。

3. 经营风险。经营风险是指由于企业经营方面的问题造成盈利水平下降而给投资者带来的风险。在市场竞争中，企业的经营方针、管理水平、市场占有率等无不经受着严峻的考验。或是由于产品陈旧、质量下降，或是由于管理混乱、人浮于事，或是由于市场定位不准、产品积压等，都可能导致盈利水平的下降，而这些问题往往会给投资者带来风险。

4. 偶然事件风险。偶然事件风险是突发性风险，这种风险是绝大多数投资者事先无

法预料的，其剧烈程度和时效性也因事而异。

（三）系统风险与非系统风险的关系

系统风险与非系统风险的关系可由图6-3表示。

从图6-3中可以看出：

1. 证券投资组合的风险由两部分组成——不可分散的系统风险和可分散的非系统风险，其中非系统风险随证券投资组合中证券数量的增加而逐渐减小；当证券数量达到一定程度时，证券组合的总风险程度趋于稳定且趋近于系统风险。

2. 证券投资组合的总风险通过组合收益率的标准差（或方差）来衡量。

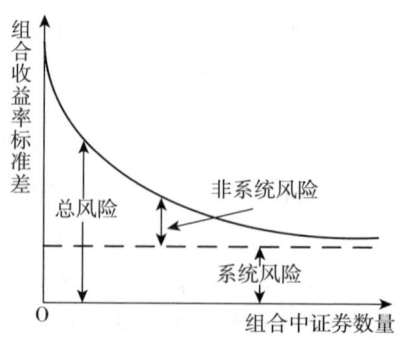

图6-3 系统风险与非系统风险的关系

第二节 证券投资组合理论的基本模型

证券投资组合理论的基本模型由马柯维茨提出，为了使模型简单明了，必须对复杂的市场环境进行提炼，这就是模型的假设。

一、假设

证券投资组合理论的基本模型关于投资者行为提出了如下几个关键的假设：

1. 投资者完全根据一段时期内投资组合的预期收益率和标准差来评价组合的优劣，以作出投资决策；

2. 投资者永不满足，因此，当面临其他条件相同的两种选择时，投资者会选择具有较高预期收益率的组合；

3. 投资者厌恶风险，因此，当面临其他条件相同的两种选择时，投资者会选择具有较低风险（较小标准差）的组合。

二、无差异曲线

投资者的一条无差异曲线表示能够给投资者带来相同满足程度的预期收益与风险的不同组合。而对于"满足程度"这一概念，可以用经济学理论中的效用值来度量。一个投资组合预期收益越高，那么其效用值也越大，风险越大的投资组合，其效用越小。同一条无差异曲线上的效用值相等。其中一个被许多金融理论者和特许金融分析师（CFA）机构采用的投资组合的效用函数如下：

定义预期收益为$E(R)$，收益方差为σ^2，效用值为

$$U = E(R) - 0.005A\sigma^2 \tag{6.17}$$

式中，U表示效用值；A为投资者的风险厌恶系数。系数0.005是一个按比例计算的方法。这样效用函数是按百分比而不是按小数来表示预期收益与标准差的。

表6-5给出了风险厌恶系数$A=4$的投资者在同一条无差异曲线上可能的投资组合，高回报的投资组合其风险也高，而每个投资组合的效用值都是一样的。

表6-5　　　　　　　　　同一条无差异曲线上不同投资组合的效用值

$E(R)$	σ	$U = E(R) - 0.005A\sigma^2$
10	20.0	$10 - 0.005 \times 4 \times 400 = 2$
12	25.5	$12 - 0.005 \times 4 \times 650 = 2$
20	30.0	$20 - 0.005 \times 4 \times 900 = 2$
25	33.9	$25 - 0.005 \times 4 \times 1150 = 2$

式（6.17）实际包含这样一个观点，即认为效用随着期望收益率的增加和风险的减少而增长，投资者对风险厌恶程度越高（A值越大），风险投资组合带来的效用越低。

对于投资组合理论基本模型假设下的厌恶风险的投资者来说，其无差异曲线即为一个固定效用值下的所有预期收益与风险的组合点，且具有如下特征：

（1）投资者都拥有正斜率的、下凸的无差异曲线，这是因为投资者都是不满足且风险厌恶的，如果需要让投资者多承担一单位风险就需要给予更多的收益作为补偿；

（2）同一投资者拥有无限多条平行的无差异曲线，位置越靠上的无差异曲线所代表的投资者的满足程度越高。

虽然假设所有投资者都是风险厌恶的，但并未假设其风险厌恶程度相同，因此，不同风险厌恶程度的投资者所具有的无差异曲线的斜率是有差别的，如图6-4所示。无差异曲线的斜率表示风险和收益率之间的替代率，斜率越高，表明为了让投资者多冒同样的风险，必须给其提供更高的收益补偿，说明该投资者越厌恶风险；反之，则表明投资者的风险厌恶程度要轻些。

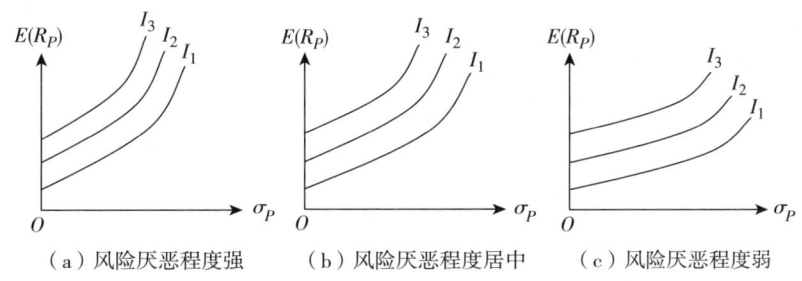

（a）风险厌恶程度强　　（b）风险厌恶程度居中　　（c）风险厌恶程度弱

图6-4　不同风险厌恶程度投资者的无差异曲线

对于风险厌恶的投资者来说，有一种特殊情况的无差异曲线需要注意。当投资者追求风险极小化时，只要风险水平一定，投资者得到的满足程度就相等。所以此时投资者的无差异曲线成为与横轴垂直的直线，直线位置越靠左，组合提供的满足程度就越高，如图6-5所示。

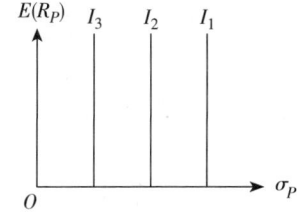

图6-5　追求风险最小化的投资者的无差异曲线

三、有效集

无差异曲线表明了投资者主观的风险—收益偏好，而证券市场客观存在的可供投资者选择的投资组合的风险—收益状况可由投资组合的可行集和有效集来表示。

（一）可行集

可行集是指由 n 种证券所构成的所有投资组合的集合，它包括了现实生活中所有可能的投资组合。也就是说，由几种证券所构成的所有可能的投资组合将位于可行集的内部或边界上。一般来说，可行集的形状呈伞状，如图6-6中由 A、N、B、H 所围成的区域所示。

（二）有效集

1. 有效集的位置。有效集是可行集的一个子集，位于可行集的左上方边界上，如图6-6中所示，可行集边界上 N 和 B 两点间的部分为有效集。

在图6-6中，对于各种风险水平而言，能提供最大预期收益率的组合集是可行集 N 和 H 之间上方边界上的组合集；而

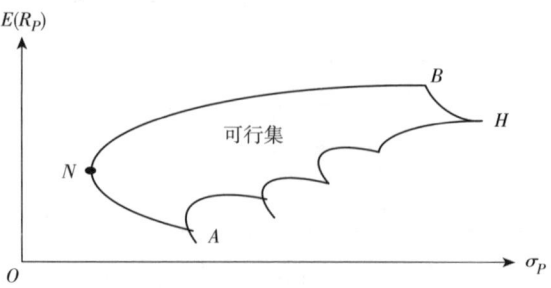

图6-6 可行集与有效集

马柯维茨投资组合理论假设投资者是风险厌恶型的，所以一定的风险水平下，投资者将会选择能够提供最大预期收益率的组合；而同样的预期收益率水平下，他们将会选择风险最小的组合。同时满足这两个条件的投资组合的集合就是有效集，也称有效边界或马柯维茨有效集。

对于各种预期收益率水平而言，能提供最小风险水平的组合集是可行集中介于 A、B 之间的左边界上的组合集，同时满足这两个条件的即为 N 和 B 两点之间可行集上方边界上的组合集即 NB 弧。

2. 有效集的特点。从有效集的形状可以看出，有效集具有如下特点：

第一，有效集是一条向右上方倾斜的曲线。这是因为它反映了证券投资"高收益、高风险"的原则。

第二，有效集是一条上凸的曲线，不可能存在凹陷的地方。这是因为，有效集是可行集的子集，则有效集上任意两点再构成组合仍是可行的，也就是说两点之间仍可以连线，如图6-7所示，V、W 两点之间如果存在凹陷，则 V、W 两点间仍可连线，这时，一定风险水平之下，VW 连线上的组合的预期收益率一定高于凹陷处的预期收益率，所以不可能存在凹陷的地方。

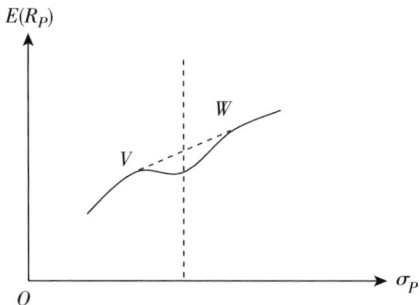

图6-7 有效集不可能存在凹陷

四、最优证券投资组合的确定

确定了有效集后，投资者就可根据自己的无差异曲线簇选择能使自己投资效用最大化的最优证券投资组合。这个组合位于无差异曲线与有效集的切点 E，如图6-8所示。

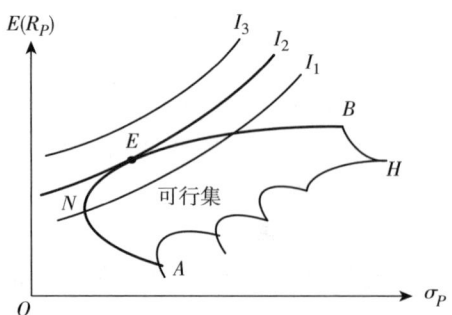

图6-8 最优证券投资组合的确定

虽然投资者更偏好 I_3 上的组合，但可行集中找不到这样的组合，因而是不可能实现的；而 I_1 上的组合，虽然有一部分在可行集中，但由于位置位于 I_2 的右下方，即所代表的效用低于 I_2，因此 I_1 上的组合都不是最优组合；而 I_2 代表了可以实现的最高投资效用。对于投资者而言，有效集是客观存在的，由证券市场决定，而无差异曲线则是主观的，由投资者风险—收益偏好决定，当两者相切时就找到了现实中存在的、可以满足投资者最大效用的投资组合。有效集上凸的特征和无差异曲线下凸的特征决定了有效集和无差异曲线的切点只有一个，也就是说最优投资组合是唯一的。但对于不同风险厌恶程度的投资者来说，最优投资组合的位置不同，风险厌恶程度越强的投资者，无差异曲线的斜率越大，因此其最优投资组合越接近 N 点；风险厌恶程度越弱的投资者，无差异曲线的斜率越小，因此其最优投资组合越接近 B 点。

第三节　无风险借贷对有效集的影响

投资组合理论的基本模型所讨论的是市场中仅存在风险资产可供投资者选择时，厌恶风险的投资者通过使其无差异曲线与有效集相切从而确定市场中存在的可以满足投资者最大效用的最优投资组合。

本节所讨论的内容是对基本模型的扩展。当市场中除了风险资产外还存在无风险资产可供投资者选择时，新的有效集和投资者的新的最优投资组合将会如何？

一、无风险资产的定义

无风险资产是预期收益率确定且方差为零的资产，也就是说无风险资产的收益率在投资期初就是确定的，其收益率 $R_F = E(R_F)$，而且没有风险 $\sigma_F^2 = 0$（也即 $\sigma_F = 0$）。而后者同时意味着无风险资产的收益率变动情况与任何风险资产的收益率变动无关，即无风险资产的预期收益率与任何风险资产的预期收益率之间的协方差也为零，这是因为任何两种资产 i 和 j 之间的协方差都等于这两种资产之间的相关系数与两种资产各自的标准差的乘积：$\sigma_{ij} = \rho_{ij}\sigma_i\sigma_j$，如果 i 为无风险资产，则其标准差 $\sigma_i = 0$，所以 $\sigma_{ij} = 0$。

这种有固定收益而且没有风险的证券在现实中只可能是由政府发行的短期债券。但有一点需要明确，那就是如果投资者没有将自己手中的政府债券持有到期，而是在政府债券到期之前提前出售了，这时的政府债券也是有风险的。因为在投资者持有期内利率的变化是不可预测的，所以政府债券没有到期而提前出售会面临利率风险（或称价格风险），而不能被视为无风险资产。所以，只有投资者持有期限与债券到期期限相一致的短期政府债券才可以被作为无风险资产看待。这样，一定的投资期限内市场上就只会存在一种无风险资产。

二、引入无风险贷出对有效集的改进

投资于无风险资产通常被称为"无风险贷出"。下面分步骤讨论投资者由只投资于风险资产或风险资产的组合而变为投资于无风险资产与风险资产（或其组合）的组合

后,马柯维茨有效集的改变情况。

(一)投资于一种无风险资产和一种风险资产的情形

如果投资组合由一种风险资产和一定时期内唯一的一种无风险资产构成,则此时组合的预期收益率和标准差分别为

$$E(R_P) = \sum_{i=1}^{2} w_i E(R_i) = w_1 E(R_1) + w_F E(R_F) \tag{6.18}$$

$$\sigma_P = \sqrt{w_1^2 \sigma_1^2 + w_F^2 \sigma_F^2 + 2w_1 w_F \sigma_{1F}} \tag{6.19}$$

因为,无风险资产方差 $\sigma_F^2 = 0$,而且无风险资产与任何风险资产之间的协方差 $\sigma_{1F} = 0$,所以式(6.19)得

$$\sigma_P = \sqrt{w_1^2 \sigma_1^2} = w_1 \sigma_1 \tag{6.20}$$

即

$$w_1 = \frac{\sigma_P}{\sigma_1} \tag{6.21}$$

同时,一种无风险资产和一种风险资产构成的投资组合中 $w_1 + w_F = 1$,所以式(6.18)整理后为

$$\begin{aligned}
E(R_P) &= \frac{\sigma_P}{\sigma_1} E(R_1) + \left(1 - \frac{\sigma_P}{\sigma_1}\right) E(R_F) \\
&= E(R_F) + \frac{E(R_1) - E(R_F)}{\sigma_1} \sigma_P
\end{aligned} \tag{6.22}$$

由式(6.22)可以看出,由于无风险资产的预期收益率 $E(R_F)$ 和风险资产的预期收益率 $E(R_1)$、风险 σ_1 已知,所以一种无风险资产和一种风险资产构成的投资组合的预期收益率 $E(R_P)$ 是组合风险 σ_P 的线性函数。

【例 6—10】 A、C 两只股票及无风险资产的预期收益率分别为:$R_A = 16.2\%$,$R_C = 22.8\%$,$R_F = 4\%$;A、C 两只股票的方差、协方差分别为:$\sigma_A^2 = 0.0146$,$\sigma_C^2 = 0.0289$,$\sigma_{AC} = 0.0145$。

如果投资者所选择的投资组合仅由 A 股票和无风险资产 F 构成,当两种资产的投资比重发生变化时,不同投资比重的投资组合其预期收益率和风险状况也会随之变化,如表 6—6 所示。

表 6—6　　　　　　　　　　不同投资比重的投资组合

变量	组合 1	组合 2	组合 3	组合 4	组合 5
w_A	0	25%	50%	75%	1
w_F	1	75%	50%	25%	0
$\overline{R}_P$	4%	7.05%	10.10%	13.15%	16.20%
σ_P	0	3.02%	6.04%	9.06%	12.08%

此处仅以组合 2 的预期收益率和风险为例加以说明：

组合 2 包括 25% 的 A 股票和 75% 的无风险资产，A 股票的预期收益率为 $R_A = 16.2\%$，方差为 $\sigma_A^2 = 0.0146$，无风险资产的预期收益率为 $R_F = 4\%$，所以：

$$R_{P_2} = \sum_{i=1}^{2} w_i R_i = w_A R_A + w_F R_F = 25\% \times 16.2\% + 75\% \times 4\% = 7.05\%$$

$$\sigma_{P_2} = \sqrt{w_A^2 \sigma_A^2} = w_A \sigma_A = 25\% \times \sqrt{0.0146} = 3.02\%$$

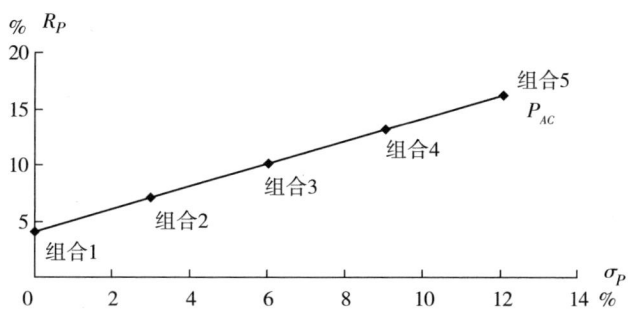

图 6-9　无风险资产与风险资产的组合

将表 6-6 所示的由不同投资比重构成的投资组合的预期收益和风险状况描点作图，可得图 6-9。

图 6-9 的结论可以推广为：对于任意一个由某种无风险资产与风险资产构成的投资组合，表示其相应的预期收益率和标准差的点都落在一条线段上，端点分别是一种无风险资产的收益率和标准差所代表的点，以及一种风险资产的收益率和标准差所代表的点。这条线段连接的是表示由无风险资产与风险资产构成的投资组合的预期收益率和标准差的点，投资组合在线段上的确切位置取决于投资于这两种资产的相对比重。

（二）投资于一种无风险资产和一个风险资产组合的情形

【例 6-11】沿用【例 6-10】有关数据，如果投资者现有一个由两种股票构成的风险资产组合 P_{AC}，其中包括 80% 的股票 A 和 20% 的股票 C，则该风险资产组合 P_{AC} 的预期收益率和风险为

$$\overline{R}_{P_{AC}} = \sum_{i=1}^{2} w_i R_i = w_A R_A + w_C R_C$$
$$= 80\% \times 16.2\% + 20\% \times 22.8\% = 17.52\%$$
$$\sigma_{P_{AC}} = \sqrt{w_A^2 \sigma_A^2 + w_C^2 \sigma_C^2 + 2w_A w_C \sigma_{AC}}$$
$$= \sqrt{0.8^2 \times 0.0146 + 0.2^2 \times 0.0289 + 2 \times 0.8 \times 0.2 \times 0.0145}$$
$$= 12.30\%$$

此时，如果投资者再投资于无风险资产，则投资者所拥有的新的投资组合包括风险资产组合 P_{AC} 和无风险资产两部分，当两部分资产的投资比重发生变化时，不同投资比重的新的投资组合其预期收益率和风险状况也会随之变化，如表 6-7 所示。

表 6-7　　　　　　　　　　　不同投资比重的新的投资组合

变量	组合 1'	组合 2'	组合 3'	组合 4'	组合 5'
$w_{P_{AC}}$	0	25%	50%	75%	1
w_F	1	75%	50%	25%	0
$\overline{R}_P$	4%	7.38%	10.76%	14.14%	17.52%
σ_P	0	3.08%	6.15%	9.23%	12.30%

将表 6-7 所示的由不同投资比重构成的新的投资组合的预期收益率和风险状况描点作图，可得图 6-10。

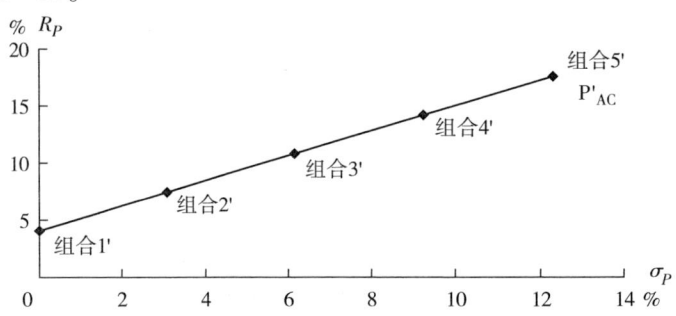

图 6-10　无风险资产与风险资产组合 P'_{AC} 的组合

此时，表示由无风险资产与风险资产组合 P'_{AC} 构成的新的投资组合的预期收益率和标准差的点仍落在一条线段上。这里有一点值得说明，本例中如图 6-10 所示，表示风险资产组合 P'_{AC} 的预期收益率和标准差的仅为一个点，即图 6-10 中的点 P'_{AC}，是因为本例限定了股票 A、C 在风险资产组合 P'_{AC} 中的具体投资比重分别为 80% 和 20%，如果取消了具体的投资比重限制，对于理

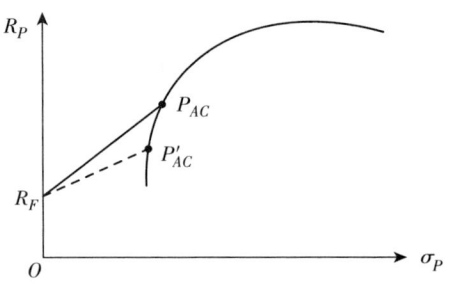

图 6-11　无风险资产与风险资产的组合

性的投资者来说，表示其风险资产组合预期收益率和标准差的点应该落在风险资产组合的有效集上，如图 6-11 所示。

图 6-11 的结论可以推广为：对于任意一个由某种无风险资产与一个风险资产组合构成的新的投资组合，表示其相应的预期收益率和标准差的点仍落在两个端点连接的一条线段上，新的投资组合在线段上的确切位置取决于投资于无风险资产与风险资产组合的相对比重。值得注意的是，这条线段表示的是风险资产组合预期收益率和标准差的端点，是风险资产组合有效集上的一点，其在有效集上的具体位置因构成风险资产组合的资产的投资比重不同而不同。

（三）引入无风险贷出对有效集的改进

当投资者可选择的投资工具不仅局限于风险资产而包含有无风险资产时，投资者的可行集首先发生了变化，不再呈伞状，而变为若干条线段的集合，这些线段连接着表示由无风险资产与风险资产所构成的投资组合的预期收益率和标准差的点。在新的可行集中符合马柯维茨有效集定义的"收益一定时风险最小、风险一定时收益最大"的新的有效集变为如图 6 – 12 所示的线段 $R_F T$ 加 TP 弧。

（四）引入无风险贷出对最优投资组合的影响

引入无风险贷出后，不同风险厌恶程度的投资者的最优投资组合仍由投资者的无差异曲线与新的有效集的切点所代表的投资组合来表示。如图 6 – 13 所示，风险厌恶程度强的投资者的无差异曲线将与表示新的有效集的线段 $R_F T$ 加 TP 弧切于点 R_F 和点 T 之间，例如图 6 – 13 中所示的点 O_1，该点表示投资者的最优投资组合中包含两部分资产，一部分是对无风险资产的投资，剩下的是对风险资产（或风险资产组合）T 的投资；而风险厌恶度弱的投资者，其无差异曲线将与新的有效集切于 TP 弧上，如点 O_2 所示的最优投资组合，该组合中将不包括任何无风险资产。

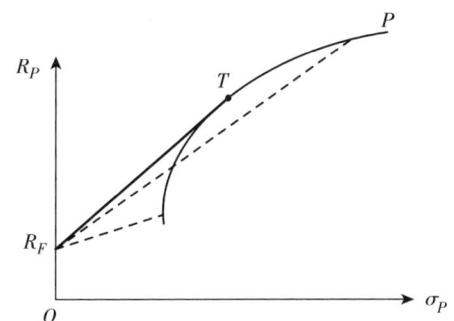

图 6 – 12　引入无风险贷出后的可行集与有效集　　图 6 – 13　引入无风险贷出后的最优投资组合

三、引入无风险借入对有效集的改进

引入无风险借入，首先意味着投资者投资期初可用于风险资产投资的初始财富额度将不再受到限制——投资者可以借入资金并投资于风险资产。这里假定借入资金时所支付的利率与投资于无风险资产所获得的收益率相等。

没有引入无风险借入时，投资于任何一种风险资产的投资比重是有限制的：$0 \leqslant w_i \leqslant 1$；但引入无风险借入后，因为投资者的贷款利率与无风险资产收益率相等，所以相当于放宽了无风险资产的投资比重限制。

【例 6 – 12】期初投资者拥有 17 200 元的资金可用于投资，如果投资者又借入了 4 300 元，并将所有资产全部投资于风险资产，此时：

$$风险资产的投资比重 = \frac{17\ 200 + 4\ 300}{17\ 200} = 1.25$$

$$无风险资产的投资比重 = \frac{-4\ 300}{17\ 200} = -0.25$$

有两点需要特别强调：

第一，投资于任何一种风险资产的投资比重 = $\dfrac{投资在该资产上的财富}{期初投资者财富总额}$。这里的"期初投资者财富总额"是投资者自有资产的总额,而不包含以无风险利率借入的款项。

第二,无论投资者是否贷款,当全部资产被投资于不同证券品种时,不同证券上的投资比例之和永远是:$\sum_{i=1}^{n} w_i = 1$。

（一）无风险借入并投资于一种风险资产的情形

【例6-13】沿用【例6-10】有关数据,如果投资者可以使用利率与无风险资产收益率相等的一笔贷款,并将所贷款项连同其自有资产全部投资于A股票,按不同投资比例形成如表6-8所示的投资组合。

表6-8　　　　　　引入无风险借入后不同投资比重的投资组合

变量	组合6	组合7	组合8	组合9
w_A	1.25	1.50	1.75	2
w_F	-0.25	-0.5	-0.75	-1
$\overline{R_P}$	19.25%	22.30%	25.35%	28.40%
σ_P	15.10	18.12%	21.15%	24.17%

表6-8中无风险资产的负的投资比重,如组合6,表示:投资者借入资金数额占原自有资产的1/4,并将借入的资金连同自有资产全部购买了股票A。

将表6-8所示的预期收益率和风险状况描点作图,可得图6-14。

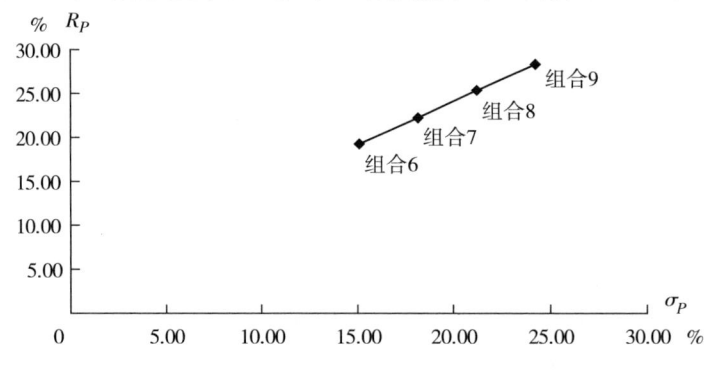

图6-14　无风险借入与风险资产的组合

比较图6-14和图6-9可以发现,代表组合6、组合7、组合8、组合9的预期收益率和风险的点与代表组合1、组合2、组合3、组合4、组合5的预期收益率和风险的点在同一条直线上,或者说表示组合6、组合7、组合8、组合9的预期收益率和风险的点在表示组合1、组合2、组合3、组合4、组合5的预期收益率和风险的点连接成的线段的延长线上。

图6-14的结论也可以推广为:投资者以无风险利率借入资金,并连同其自有资产一起全部投资于某一风险资产时,所形成的投资组合的预期收益率和标准差正好使代表该组合的点位于连接代表由无风险资产和风险资产所构成的投资组合的点的线段的延长线上,借入的资金越多,代表组合的点在延长线上的位置就越靠外。

（二）无风险借入并投资于一个风险资产组合的情形

【例 6 – 14】仍沿用【例 6 – 10】的有关数据，如果投资者借入资金并投资于一个风险资产组合 P_{AC}，当投资在两部分资产上的投资比重发生变化时，新的投资组合的预期收益率和风险如表 6 – 9 所示。

表 6 – 9　　　　　　借入无风险资产时不同投资比重的新的投资组合

变量	组合 6′	组合 7′	组合 8′	组合 9′
$w_{P_{AC}}$	1.25	1.50	1.75	2
w_F	-0.25	-0.5	-0.75	-1
$\overline{R_P}$	20.90%	24.28%	27.66%	31.04%
σ_P	15.38%	18.45%	21.53%	24.6%

此时描点作图，表示组合 6′、组合 7′、组合 8′、组合 9′ 的预期收益率和风险的点同样落在表示组合 1′、组合 2′、组合 3′、组合 4′、组合 5′ 的预期收益率和风险的点连接成的线段的延长线上，而表示风险资产组合 P_{AC} 的预期收益率和标准差的点 P_{AC} 也仍旧落在风险资产组合的有效集上，如图 6 – 15 所示。

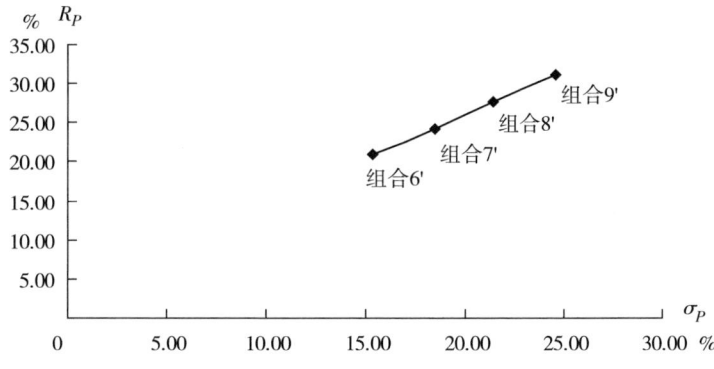

图 6 – 15　无风险借入与风险资产组合 P_{AC} 的组合

（三）引入无风险借入对有效集的改进

引入无风险借入后，投资者的可行集也不再呈伞状，而变为若干条线段延长线的集合。在新的可行集中新的有效集变为如图 6 – 16 所示的弧 $P'T$ 加延长线 TD。

四、同时允许投资者无风险借入和贷出时对有效集的改进

既允许投资者无风险借入又允许其无风险贷出，且两者利率相等时，投资者的可行集变为若干条由代表无风险资产预期收益率的点出发的射线

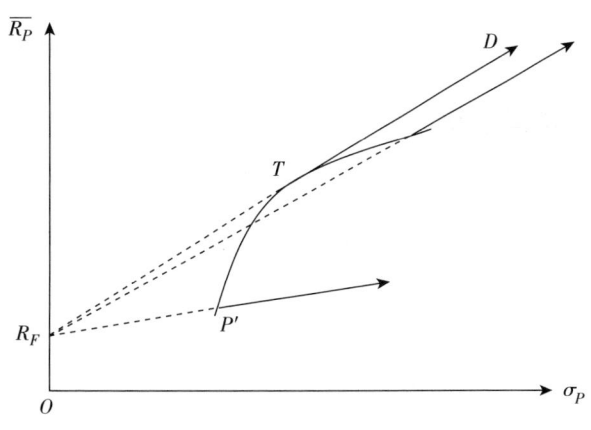

图 6 – 16　引入无风险借入后的可行集与有效集

的集合，如图 6-17 所示，其中最上方的过点 R_F 且与原来马柯维茨有效集相切的射线 R_FT 则代表着允许无风险借贷后的新的有效集。

此时，不同风险厌恶程度投资者的无差异曲线与新的有效集相切，则可以得到引入无风险借贷后投资者的最优投资组合。如图 6-18 所示，当无差异曲线与改进后的有效集切于点 R_F 时，表示投资者追求风险最小，投资于无风险资产的比重 $w_F = 1$；当二者切于点 R_F 与点 T 之间时，投资于无风险资产的比重 $0 < w_F < 1$，此时的

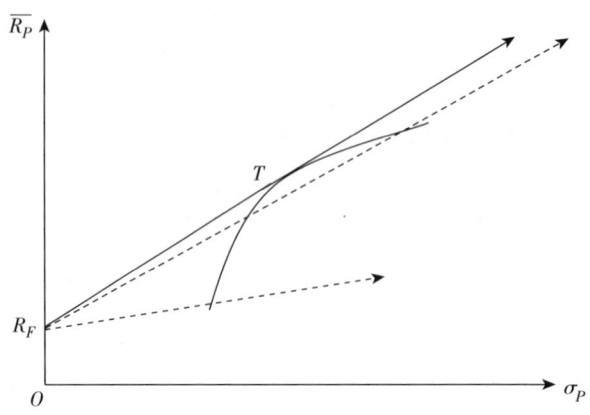

图 6-17 允许无风险借贷后的可行集与有效集

投资组合也称"放款证券组合"；切于点 T 时，投资于无风险资产的比重 $w_F = 0$，投资者全部资产都投资于风险资产；切于点 T 之外，投资于无风险资产的比重 $w_F < 0$，此时的投资组合也称"借款证券组合"。

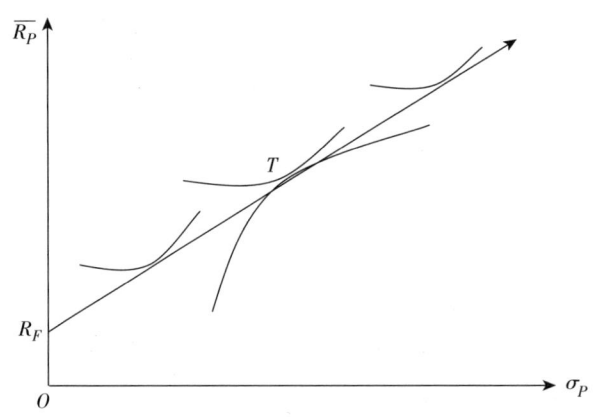

图 6-18 允许无风险借贷后的最优投资组合

【本章小结】

1. 投资者一定时期内投资于某一证券的收益率测定公式为 $R = \dfrac{W_1 - W_0}{W_0}$，式中，$R$ 表示单一证券的收益率；W_0 表示期初购买证券所投入的成本，一般即指期初证券市价；W_1 表示期末财富总和，即期末证券市价及投资期内投资者所获收益的总和，所获收益包括股息和红利。

知识拓展 6-1：
现代证券投资组合理论的局限

2. 使用概率加权的方法计算预期收益率状况：$E(R) = \sum_{i=1}^{S} E(r_i)p_i$，式中，$E(r_i)$ 表示投资期内第 i 种可能状况下证券的预期收益率；p_i 表示第 i 种可能状况下预期收益率 $E(r_i)$ 发生的概率。

3. 证券组合的预期收益率是组成该组合的 n 种证券的预期收益率的加权平均数：$E(R_P) = \sum_{i=1}^{n} w_i E(R_i)$，式中，$E(R_P)$ 表示证券投资组合的预期收益率；$E(R_i)$ 表示证券投资组合中第 i 种证券的预期收益率；w_i 表示投资于第 i 种证券的投资额占总投资额的比重。

知识拓展 6-2：
β 系数
及其应用

4. 证券的风险由该证券预期收益率的方差或标准差来衡量：

方差：$\sigma^2 = \sum_{i=1}^{S} [E(r_i) - E(R)^2] p_i$

标准差：$\sigma = \sqrt{\sum_{i=1}^{S} [E(r_i) - E(R)^2] p_i}$

知识拓展 6-3：
风险聚集、风险
分担与长期
资产的风险

5. 协方差的符号反映了两种证券收益率之间的走向关系：

$$\sigma_{AB} = \sum_{i=1}^{S} \{[E(r_{Ai}) - E(R_A)][E(r_{Bi}) - E(R_B)]p_i\}$$

式中，p_i 表示证券 A 和证券 B 在第 i 种状况下预期收益率发生的概率；$E(r_{Ai})$ 和 $E(r_{Bi})$ 分别表示证券 A 和证券 B 在第 i 种状况下的预期收益率；$E(R_A)$ 和 $E(R_B)$ 分别表示证券 A 和证券 B 的预期收益率。

协方差为正值时，两种证券收益率变动趋势一致；协方差为负值时，两种证券收益率变动趋势相反。

6. 相关系数是协方差的标准化：$\rho_{AB} = \dfrac{\sigma_{AB}}{\sigma_A \sigma_B}$

$\rho_{AB} = -1$，表示两种证券收益率变动完全负相关；$\rho_{AB} = +1$，表示变动完全正相关；$\rho_{AB} = 0$，表示变动完全不相关；而 $-1 < \rho_{AB} < 0$，表示变动负相关；$0 < \rho_{AB} < 1$，表示变动正相关。

7. 影响证券组合风险的因素有：（1）每种证券的投资额占总投资额的比重；（2）证券收益率之间的相关性；（3）每种证券自身的风险状况。

8. 证券组合预期收益率的方差：$\sigma_P^2 = \sum_{i=1}^{n}\sum_{j=1}^{n} w_i w_j \sigma_{ij} = \sum_{i=1}^{n}\sum_{j=1}^{n} w_i w_j \rho_{ij} \sigma_i \sigma_j$，式中，$\sigma_P^2$ 表示组合的方差，以衡量风险；σ_{ij} 表示组合中某两种证券的协方差；ρ_{ij} 表示组合中某两种证券的相关系数；σ_i 表示组合中某种证券的方差，用来揭示组合中单一证券的风险。

9. 证券投资的总体风险可以划分为系统风险与非系统风险。

10. 系统风险是指由于某种全局性的因素而对所有证券的收益率都产生作用的风

险。这种风险来源于宏观方面的变化，对证券市场总体产生影响，因此不可能通过证券投资组合的方式来加以分散，所以也称为宏观风险、不可分散风险，有时也被称为广义的市场风险。

11. 通常可以用 β 系数测定系统风险：$\beta_i = \dfrac{\sigma_{iM}}{\sigma_M^2}$，式中，$\beta_i$ 表示证券 i 的 β 系数；σ_{iM} 表示证券 i 的收益率与市场组合收益率的协方差；σ_M^2 表示市场组合收益率的方差。

12. 市场组合是指由市场中所有可以投资的证券构成的组合，在这个组合中，投资于每一种证券的比例等于该证券的总市值除以市场中所有证券的市值总和。

13. 非系统风险是由个别公司特殊状况造成的风险，这类风险只与公司本身有关，而与整个市场没有关联。投资者可以通过投资组合弱化甚至完全消除这部分风险，所以也称微观风险、可分散风险。非系统风险具体包括财务风险、信用风险、经营风险、偶然事件风险等。

14. 投资者的一条无差异曲线表示能够给投资者带来相同满足程度的预期收益率与风险的不同组合。对于投资组合理论基本模型假设下的厌恶风险的投资者来说，他们拥有正斜率的、下凸的无差异曲线，而且同一投资者拥有无限多条平行的无差异曲线，位置越靠上的无差异曲线所代表的投资者的满足程度越高。

15. 可行集是指由 n 种证券所构成的所有组合的集合，它包括了现实生活中所有可能的组合。可行集的形状呈伞状。

16. 一定的风险水平下，厌恶风险的投资者将会选择能够提供最大预期收益率的组合；而同样的预期收益率水平下，他们将会选择风险最小的组合。同时满足这两个条件的投资组合的集合就是有效集，也称有效边界或马柯维茨有效集。

有效集是可行集的一个子集，位于可行集的左上方边界上。从有效集的形状可以看出：有效集是一条向右上方倾斜的曲线；有效集是一条上凸的曲线，不可能存在凹陷的地方。

17. 能使投资者投资效用最大化的最优投资组合位于无差异曲线与有效集的切点上。最优投资组合是唯一的，但其具体位置依据投资者的风险厌恶程度不同而不同。

18. 无风险资产是预期收益率确定且方差为零的资产：$R_F = E(R_F)$，$\sigma_F^2 = 0 (\sigma_F = 0)$。

无风险资产的预期收益率与任何风险资产的预期收益率之间的协方差也为零：$\sigma_{iF} = 0$。

投资者持有期限与债券到期期限相一致的短期政府债券可以被视为无风险资产。所以，一定的投资期限内只会存在一种无风险资产。

19. 投资于无风险资产通常被称为"无风险贷出"；引入无风险借入，意味着投资者可以以无风险利率借入资金并投资于风险资产。同时允许投资者无风险借入和贷出时的新的有效集变为过点 R_F 且与原来马柯维茨有效集相切的射线 $R_F T$。

20. 引入无风险借贷后投资者的最优投资组合是不同风险厌恶程度投资者的无差异曲线与新的有效集相切的点：当无差异曲线与改进后的有效集切于点 R_F 时，投资者投资于无风险资产的比重 $w_F = 1$；当二者切于点 R_F 与点 T 之间时，$0 < w_F < 1$；切于点 T 时，$w_F = 0$；切于点 T 之外，$w_F < 0$。

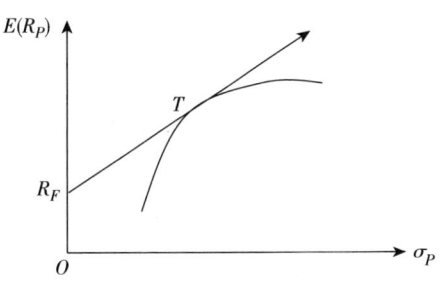

【关键术语】

市场组合　系统风险　非系统风险　可行集　有效集　最优投资组合　无风险资产

【案例分析】

风险和收益的匹配关系在基金资产配置上的运用[①]

背景资料

资产配置能力较高的基金应该在其投资组合中表现出较高的风险—收益匹配性。对积极的组合管理而言，当基金经理预测市场价格将上升时，由于预期的资本利得收益将增加，根据风险与收益相匹配的原则，基金经理可以通过提高投资组合的 β 值，从市场上升中得到更大的收益；反之则降低投资组合的 β 值，以达到规避市场下跌风险的目的。也就是说，基金经理通过对市场走势的预测，主动调整投资组合 β 值的大小来规避市场下跌的风险或获取高额收益，这即是风险与收益的匹配性在基金资产配置中的体现。

当基金经理在实践中贯彻上述风险与收益相匹配的原则时，其核心就是根据对市场走势的预测对组合的 β 值进行调整，而这一调整，则是通过组合中资产（证券）的重新配置完成的。

根据这一资产配置原则，得到基于风险与收益相匹配的基金资产配置能力模型：

$$I_{A,t+1} = \sum_{t=1}^{n} (\beta_{t+1} - \beta_t) \times (R_{m,t+1} - R_{f,t+1}) \tag{1}$$

式（1）中，$I_{A,t+1}$ 代表基金 $t+1$ 期的资产配置能力；β_{t+1} 和 β_t 表示基金投资组合在

[①] 李学峰，茅勇峰. 我国证券投资基金的资产配置能力研究——基于风险与收益相匹配的视角 [J]. 证券市场导报，2007（3）.

$t+1$ 期和 t 期的系统性风险；$R_{m,t+1}$ 表示市场在 $t+1$ 期的收益率；$R_{f,t+1}$ 表示 $t+1$ 期的无风险收益率。

式（1）的具体含义是，如果基金经理预期下一期市场上涨，即 $R_{m,t+1} > R_{f,t+1}$，则基金经理应通过资产的重新配置调整投资组合，以使得 $\beta_{t+1} > \beta_t$，从而满足风险与收益相匹配的要求；而如果基金经理预期下一期市场将下跌，即出现 $R_{m,t+1} < R_{f,t+1}$，基金经理则可通过资产的重新配置调整组合，以达到 $\beta_{t+1} < \beta_t$，同样达到风险与收益相匹配的要求。也就是说，式（1）充分体现了上述基金进行资产配置所要遵循的原则。由此我们就得到了判定基金是否具有资产配置能力的重要标准之一：如果 $I_{A,t+1}$ 值为正，表明基金具有资产配置能力，$I_{A,t+1}$ 值越大，基金的资产配置能力越强；如果 $I_{A,t+1}$ 值为负，则表明基金没有资产配置能力。

这里需要说明的是，式（1）中的 $(R_{m,t+1} - R_{f,t+1})$ 一项代表了基金经理对下一期市场走势的预测。我们将这一预测定义为：预测市场下跌就是预测市场组合收益率将小于同期无风险收益率；反之则预测市场组合收益率大于同期无风险收益率。从资产配置的角度看，即便预测下一期市场将下跌，但只要从中还能获得风险溢价，基金就不应停止投资或对组合进行大幅度的调整。

基金经理通过资产的重新配置来调整投资组合的 β 值以达到风险与收益的最优匹配。这一过程可以有两个具体措施，即资产调整和证券调整。前者是指调整组合中风险资产的比例（股票持仓比例）以达到调整整个组合 β 值的目的；后者是指通过不同 β 值的组合外证券与组合内证券之间的替换，从而以调整组合中单只股票 β 值大小的方式达到调整整个组合 β 值的目的。具体而言，当预测下期市场将下跌时，基金经理既可以减少组合中风险资产的持有比例，也可以从组合中调出系统风险大的股票同时调入系统风险小的股票；当预测下期市场将上涨时，基金经理则既可以加大风险资产的持有比例，又可以从组合中调出系统风险小的股票而换入系统风险大的股票。据此如果以 h_{t+1} 和 h_t 分别表示基金投资组合在 $t+1$ 期和 t 期的股票持仓比例，则式（1）可以进一步表述为

$$I_{A,t+1} = \sum_{t=1}^{n} (\beta_{t+1} - \beta_t) \times (R_{m,t+1} - R_{f,t+1})$$

$$= \sum_{t=1}^{n} [\beta_{t+1} - (\beta_t \times h_{t+1})/h_t + (\beta_t \times h_{t+1})/h_t - \beta_t] \times (R_{m,t+1} - R_{f,t+1})$$

$$= \sum_{t=1}^{n} \{[(\beta_t \times h_{t+1})/h_t - \beta_t] + [\beta_{t+1} - (\beta_t \times h_{t+1})/h_t]\} \times (R_{m,t+1} - R_{f,t+1})$$

即

$$I_{A,t+1} = \sum_{t=1}^{n} (h_{t+1} - h_t) \times (\beta_t/h_t) \times (R_{m,t+1} - R_{f,t+1})$$
$$+ \sum_{t=1}^{n} [(\beta_{t+1}/h_{t+1} - \beta_t/h_t)] \times h_{t+1} \times (R_{m,t+1} - R_{f,t+1}) \quad (2)$$

式（2）中的第一项我们将其定义为 I_1，即

$$I_1 = \sum_{t=1}^{n} (h_{t+1} - h_t) \times \beta_t/h_t \times (R_{m,t+1} - R_{f,t+1}) \tag{3}$$

式（3）中，假定投资组合中单位风险资产的系统风险不变，基金经理通过对市场组合收益率和无风险收益率两者大小关系的预测，通过调整投资组合风险资产的持有比例来调整投资组合的系统风险，即式（3）是从资产调整的角度研究基金经理的资产配置能力。

式（2）中的第二项我们将其定义为 I_2，即

$$I_2 = \sum_{t=1}^{n} [(\beta_{t+1}/h_{t+1}) - (\beta_t/h_t)] \times h_{t+1} \times (R_{m,t+1} - R_{f,t+1}) \tag{4}$$

式（4）中，假定风险资产的持有比例不变，基金经理通过对市场组合收益率和无风险收益率大小关系的预期，通过更换投资组合中的股票来调整投资组合单个风险资产的系统性风险，进而调整投资组合的系统风险，即式（4）是从证券调整的角度研究基金经理的资产配置能力。

就式（3）和式（4）来说，正的 I_1 和 I_2 值表明基金经理正确预测了市场走势并据此进行了相应的符合风险与收益最优匹配的资产配置，即基金经理有明显的资产配置能力；反之，负的 I_1 和 I_2 值表明基金经理的资产配置能力较低。

以 2003 年以前在沪、深两市上市的共 54 只封闭式证券投资基金为样本，样本的评价期间为从 2003 年 1 月 1 日或基金上市日到 2006 年 6 月 30 日的半年为研究单位。样本所需的数据由国信证券公布的基金净值数据整理得到。

根据上文的理论分析和研究方法，实证检验工作通过如下几个步骤进行：

首先，计算各基金投资组合的系统风险 β_p。通过观察投资组合 β 值的变化趋势，可以判断基金经理对未来市场走势的预期：如果预期未来市场组合收益率小于无风险收益率，根据风险与收益匹配的原则即降低投资组合的 β 值，以减少市场下跌对投资组合收益率的影响；如果预期未来市场收益率大于无风险收益率，则根据风险与收益相匹配的原则增大投资组合的 β 值，以增加由于市场上升带来的收益。

其次，计算市场组合的收益率。在市场组合收益率的计算中，根据证券投资基金的投资限制，一般而言各基金都规定对有价证券的投资比例不得低于其资金总量的 80%，由此，相应而言，其有可能"闲置"（或者说投资于有价证券以外的资产）的资金总量的上限约为 20%；再根据基金管理公司与托管银行之间的实际运作关系，一般而言基金所"闲置"的资金多数时间都存在于托管银行的专门账户并获得相应的利息收益。因而，在确定市场投资组合时，我们分别采用 0.8 和 0.2 的权数，计算沪、深股市和同期 1 年定期储蓄收益率的加权和。

最后，计算基金总体的资产配置能力指标 $I_{A,t+1}$ 以及资产调整能力 I_1 和证券调整能力 I_2 的值。计算中由于封闭式基金每隔半年公布其资产结构及持有证券结构明细，从中我们可以得到各基金的证券调整情况和资产调整（风险资产持有比例）的变化。其中的无风险收益率根据中国人民银行公布的相应的 1 年期定期存款利率计算。

在我国封闭式证券投资基金中，其资产配置能力由低到高所属的基金只数是逐渐上

升的。这表明总体而言我国基金的资产配置能力是令人满意的。在我们的研究样本中，属于资产配置能力较高的基金有 25 只，属于资产配置能力一般的基金有 17 只，资产配置能力较低的基金有 12 只。为了更具体地揭示我国基金的资产配置特征，此项研究分别对三类不同资产配置能力的基金作了进一步探讨。

首先，对 25 只资产配置能力强的基金作进一步分析。研究表明，对基金资产配置能力可以从基金的资产调整和证券选择两方面研究，据此我们分别计算这 25 只基金 I_1、I_2 和 $I_{A,t+1}$ 三个指标的平均值，在组成指标 $I_{A,t+1}$ 的两部分中，指标 I_1 的比重仅为 26.53%，指标 I_2 的比重高达 73.47%，这表明基金主要依靠投资组合中股票的变动来调整投资组合的系统风险，以使资产配置原则得以满足，而小部分通过资产调整来体现。这说明在我国基金的资产配置能力中，其证券调整能力要强于资产调整能力。

其次，我们对 17 只具有一般资产配置能力的基金作进一步研究。将这 17 只基金分为两类：第一类是 I_1 值小于零而 I_2 值大于零，第二类是 I_1 值大于零而 I_2 值小于零。通过分类统计得到的结果，这些具有一般资产配置能力的基金中，由于不适当地调整组合中的股票导致基金投资管理能力一般的 7 只基金，其 $I_{A,t+1}$ 的均值（0.001095）显著小于由于资产调整不合理导致投资管理能力一般的 10 只基金的 $I_{A,t+1}$ 均值（0.002066）。也就是说，由于不适当地调整投资组合中的股票，在较大程度上影响了基金资产配置能力的提高，此结果也说明中国的基金主要还是通过投资组合中股票的调整来进行资产配置的。

最后，对 12 只资产配置能力较低的基金作进一步分析。我们将这些基金分为三类：第一类是 I_1 值小于零而 I_2 值大于零，第二类是 I_1 值大于零而 I_2 值小于零，第三类是 I_1 值和 I_2 值同时小于零，然后分别计算指标 $I_{A,t+1}$、I_1 和 I_2 的均值，这 12 只资产配置能力较低的基金的 I_2 的均值（-0.00251）小于零，其原因在于对市场收益率和无风险收益率大小关系的错误预期，或者虽然准确预期了市场收益率和无风险收益率大小关系，但是由于不合理地变动投资组合内股票的配置，导致基金资产配置能力较低。说明在对市场准确预期的基础上，合理调整投资组合的股票配置对基金的资产配置能力起关键性的作用。

讨论题

（1）本案例从风险与收益相匹配的角度衡量基金资产配置能力，得出了哪些结论？

（2）本案例给我们哪些启示？

分析路径与提示

本案例从风险与收益相匹配的角度建立了衡量基金资产配置能力的模型，并给出了具体的判断指标，在此基础上对我国 54 只封闭式基金的资产配置能力进行了实证检验。研究发现，在全部 54 只封闭式基金中，资产配置能力达到较高程度的基金有 25 只，占样本总数的 46.3%；而资产配置能力较弱或不具有资产配置能力的基金为 12 只，只占研究样本的 22.2%。这说明经过近几年的发展，我国基金的资产配置能力有了较大的提高和发展。

我国基金资产配置的特点是：在很大程度上是通过投资组合中证券的调整来改变组

合的系统风险,而较少通过对投资组合中资产的调整去满足资产配置的原则。这一特征的形成既与中国证券投资基金的现状相关,又是对目前中国证券市场还不成熟的反映。从现状来看,由于受到相关法律法规和基金契约对基金投资组合资产配置的限制,基金通过资产的调整实现资产配置能力的弹性相对较小,因此基金为了实现更好的收益,不得不依靠对组合中股票的调整来满足资产配置的原则。从中国证券市场的不成熟来看,在一个不成熟的证券市场中,由于全部资产(证券)都处于一个有效性较低的市场环境中,特别是其上市公司的质量千差万别,因此对证券的选择和调整一般而言其效果会好于资产调整。一部分基金的资产配置思路或原则不甚明确,即在其对组合中的股票和资产两方面的调整中出现了相互背离的情况,这反映了我国部分证券投资基金的投资行为还不是很成熟。

本案例启示我们,提高我国证券投资基金的资产配置能力,一方面应减轻或者取消相关规则和基金契约对基金资产配置的限制,以赋予基金进行资产配置的操作空间和弹性;另一方面,从实际操作角度看,我国证券投资基金要提高自身的资产配置能力(特别是对目前资产配置能力较低的基金而言),重要的着力点即是磨炼和提高自己的证券调整能力,这将是决定基金未来生存能力、竞争能力和发展能力的基础性因素之一。

【能力训练】

(一) 选择题

1. 下面有关风险厌恶者的陈述正确的是(   )。
   A. 他们只关心收益率 B. 他们接受公平游戏的投资
   C. 他们只接受在无风险利率之上有风险溢价的风险投资
   D. 他们愿意接受高风险和低收益   E. A 和 B

2. 在均值—标准差坐标系中,无差异曲线的斜率是(   )。
   A. 负 B. 0 C. 正 D. 不能确定

3. 艾丽丝是一个风险厌恶的投资者,戴维的风险厌恶程度小于艾丽丝,因此(   )。
   A. 对于相同的风险,戴维比艾丽丝要求更高的回报率
   B. 对于相同的收益率,艾丽丝比戴维忍受更高的风险
   C. 对于相同的风险,艾丽丝比戴维要求较低的收益率
   D. 对于相同的收益率,戴维比艾丽丝忍受更高的风险
   E. 不能确定

4. 投资者把他财富的30%投资于一项预期收益率为0.15、方差为0.04的风险资产,70%投资于收益率为6%的国库券,他的资产组合的预期收益率和标准差分别为(   )。
   A. 0.114,0.12   B. 0.087,0.06

C. 0.295, 0.12 D. 0.087, 0.12

5. 市场风险可以解释为（　　）。

A. 系统风险，可分散化的风险

B. 系统风险，不可分散化的风险

C. 个别风险，不可分散化的风险

D. 个别风险，可分散化的风险

6. β用于测度（　　）。

A. 公司特殊的风险　　　　　　B. 可分散化的风险

C. 市场风险　　　　　　　　　D. 个别风险

7. 可分散化的风险是指（　　）。

A. 公司特殊的风险　　B. β　　C. 系统风险　　D. 市场风险

8. 风险资产组合的方差是（　　）。

A. 组合中各个证券方差的加权和

B. 组合中各个证券方差的和

C. 组合中各个证券方差和协方差的加权和

D. 组合中各个证券协方差的加权和

E. 以上各项均不正确

9. 当其他条件相同，分散化投资在（　　）情况下最有效。

A. 组成证券的收益不相关　　　B. 组成证券的收益正相关

C. 组成证券的收益很高　　　　D. 组成证券的收益负相关

E. B 和 C

10. 假设有两种收益率完全负相关的证券组成的资产组合，那么最小方差资产组合的标准差为（　　）。

A. 大于零　　　　　　　　　　B. 等于零

C. 等于两种证券标准差的和　　D. 等于1

11. 一位投资者希望构造一个资产组合，该资产组合的位置在使用无风险借贷改进后的有效集上最优风险资产组合的右边，那么（　　）。

A. 以无风险利率贷出部分资金，并将剩余资金投入最优风险资产组合

B. 以无风险利率借入部分资金，并将全部资金投入最优风险资产组合

C. 只投资风险资产　　　　　　D. 不可能有这样的资产组合

12. 按照马柯维茨的描述，不会落在有效边界上的资产组合是（　　）。

资产组合	期望收益率（%）	标准差（%）
W	9	21
X	5	7
Y	15	36
Z	12	15

A. 只有资产组合 W 不会落在有效边界上
B. 只有资产组合 X 不会落在有效边界上
C. 只有资产组合 Y 不会落在有效边界上
D. 只有资产组合 Z 不会落在有效边界上
E. 无法判断

13. 最优投资组合（　　）。
A. 是无差异曲线与使用无风险借贷改进后的有效集的切点
B. 是投资机会中收益方差比最高的那点
C. 是投资机会与使用无风险借贷改进后的有效集的切点
D. 是无差异曲线上收益方差比最高的那点
E. 以上各项均不正确

14. 两只股票构成的资产组合，它们之间的相关系数是（　　）为最好。
A. +1.00　　　B. +0.50　　　C. 0　　　D. -1.00

15. 证券 X 的期望收益率为12%、标准差为20%；证券 Y 的期望收益率为15%、标准差为27%。如果两只证券的相关系数为0.7，它们的协方差是（　　）。
A. 0.038　　　B. 0.070　　　C. 0.018　　　D. 0.013
E. 0.054

16. 风险的存在意味着（　　）。
A. 投资者投资过程中将会受到损失
B. 期初不能确定投资结果
C. 收益的标准差大于期望值
D. 投资者最后获得的财富小于初始财富

17. 从资本市场上选择资产组合，下列说法正确的是（　　）。
A. 风险厌恶程度低的投资者将比一般风险厌恶者较多地投资于无风险资产，较少地投资于风险资产的最优组合
B. 风险厌恶程度高的投资者将比一般风险厌恶者较多地投资于无风险资产，较少地投资于风险资产的最优组合
C. 投资者选择能使他们期望效用最大的投资组合
D. A 和 B 都正确
E. B 和 C 都正确

18. 你正在考虑投资1 000元于收益率为5%的国债和一个风险资产组合 P，P 由两项风险资产 X 和 Y 组成。X、Y 在 P 中的比重分别是0.6和0.4，X 的预期收益率和方差分别是0.14和0.01，Y 的预期收益率和方差分别是0.1和0.0081。如果你要组成一个预期收益率为0.11的资产组合，你的资金的（　　）应投资于国债，（　　）投资于资产组合 P。
A. 0.25；0.75　　B. 0.19；0.81　　C. 0.65；0.35　　D. 0.5；0.5

19. 两种证券的相关系数 ρ 的取值（　　）。

A. 为正表明两种证券的收益率有同向变动倾向

B. 总是介于 -1 和 1 之间

C. 为负表明两种证券的收益率有反向变动的倾向

D. 为 1 表明两种证券间存在完全的同向的联动关系

E. 为零表明两种证券之间没有联动倾向

20. 马柯维茨证券投资组合理论的假设条件是（　　）。[2004 年金融学联考真题]

A. 证券市场是有效的

B. 存在一种无风险资产，投资者可以不受限制地借入和贷出

C. 投资者都是风险规避的

D. 投资者在期望收益率和风险的基础上选择投资组合

21. 在均值—方差模型中，如果不允许卖空，由两种风险证券构建的证券组合的可行域（　　）。

A. 可能是均值标准差平面上的一个无限区域

B. 可能是均值标准差平面上的一条折线段

C. 可能是均值标准差平面上的一条直线段

D. 可能是均值标准差平面上的一条光滑的曲线段

E. 是均值标准差平面上的一个三角形区域

22. 对一个追求收益而又厌恶风险的投资者来说，其无差异曲线（　　）。

A. 可能是一条水平直线

B. 可能是一条垂直线

C. 可能是一条向右上方倾斜的曲线

D. 位置高低的不同能够反映该投资者与其他投资者的偏好差异

E. 之间互不相交

23. 下列对无差异曲线特点的描述正确的是（　　）。

A. 每个投资者的无差异曲线形成密布整个平面又互不相交的曲线簇

B. 无差异曲线越低，其上的投资组合带来的满意度就越高

C. 同一条无差异曲线上的组合给投资者带来的满意程度不同

D. 不同无差异曲线上的组合给投资者带来的满意程度不同

24. 在无风险资产与风险资产的组合线中，有效边界上的切点组合具有（　　）特征。

A. 它是有效组合中唯一不含无风险证券而仅由风险证券构成的组合

B. 有效边界上的任意证券组合均可视为无风险证券与切点组合的再组合

C. 切点证券组合完全由市场所决定，与投资者的偏好无关

D. 任何时候，切点证券组合都等于市场组合

25. 下面关于市场组合的陈述，正确的是（　　）。

A. 市场组合是由风险证券构成，并且其成员证券的投资比例与整个市场上风险证券的相对市值比例一致的证券组合

B. 在均衡状态下，最优风险证券组合就等于市场组合

C. 市场组合是对整个市场的定量描述，代表整个市场

D. 在均值标准差平面上，所有有效组合刚好构成连接无风险资产和市场组合的资本市场线

26. 下面关于 β 系数的陈述，正确的是（　　）。

A. β 系数反映证券或者证券组合的收益率水平对市场平均收益率水平变化的敏感性

B. β 系数是一个衡量证券承担系统风险水平的指数

C. β 系数的绝对值越大，表明证券承担的系统风险越小

D. β 系数的绝对值越小，表明证券承担的系统风险越大

27. 下面对资产组合分散化的说法正确的是（　　）。（CFA 真题）

A. 适当的分散化可以减少或消除系统风险

B. 分散化减少资产组合的期望收益，因为它减少了资产组合的总体风险

C. 当把越来越多的证券加入到资产组合当中时，总体风险一般会以递减的速率下降

D. 除非资产组合包含了至少 30 只以上的个股，否则分散化降低风险的好处不会充分地发挥出来

28. 测度分散化资产组合中某一证券的风险用的是（　　）。（CFA 真题）

A. 特有风险　　　B. 收益的标准差　　C. 再投资风险　　　D. 协方差

29. 假设一名风险厌恶型的投资者，拥有 M 公司的股票，他决定在其资产组合中加入 Mac 公司或是 G 公司的股票。这三种股票的期望收益率和总体风险水平相当，M 公司股票与 Mac 公司股票的协方差为 -0.5，M 公司股票与 G 公司股票的协方差为 +0.5。则资产组合（　　）。（CFA 真题）

A. 买入 Mac 公司股票，风险会降低更多

B. 买入 G 公司股票，风险会降低更多

C. 买入 G 公司股票或 Mac 公司股票，都会导致风险增加

D. 由其他因素决定风险的增加或降低

30. 马柯维茨描述的资产组合理论主要着眼于（　　）。（CFA 真题）

A. 系统风险的减少

B. 分散化对于资产组合的风险的影响

C. 非系统风险的确认

D. 积极的资产管理以扩大收益

（二）思考题

1. 相关系数的取值如何反映两种证券收益率的变动情况？
2. 影响证券投资组合风险的因素有哪些？
3. 讨论马柯维茨有效集的含义。
4. 当证券市场中只有风险资产可供选择时，投资者如何寻找最优证券投资组合？
5. 证券投资的总体风险如何划分？
6. 如何理解市场组合的概念？

7. 如何使用无风险资产改进马柯维茨有效集？面对改进后新的有效集，投资者如何寻找最优证券投资组合？

（三）计算题

1. 某股票各种可能收益率的概率分布如下：

可能的收益率	−10%	0	10%	20%	30%
概率	0.10	0.25	0.40	0.20	0.05

计算其预期收益率和标准差。

2. 三种股票的各种可能收益率的概率分布如下：

股票甲的收益率	−10%	0	10%	20%
股票乙的收益率	20%	10%	5%	−10%
股票丙的收益率	0	10%	15%	5%
概率	0.30	0.20	0.30	0.20

假定这三种股票分别以20%、50%和30%的权重构成投资组合，如果三种股票之间两两不相关，计算该证券投资组合的预期收益率和标准差。

3. 甲、乙、丙三种证券的标准差和相关系数如下：

证券	标准差	证券的相关系数		
		甲	乙	丙
甲	121%	1	0.4	0.2
乙	841%	0.4	1	−1
丙	289%	0.2	−1	1

计算甲、乙、丙分别以权重40%、20%和40%组成的证券投资组合的标准差。

4. 假如证券投资组合由两只证券组成，它们的标准差和权重分别为20%、25%和0.35、0.65。这两只证券可能有不同的相关系数，当相关系数为多少时这个证券投资组合的标准差最大？何时最小？

5. 一个证券投资组合由三种证券构成，它们的β值和权重如下：

证券	β值	权重
1	0.80	0.20
2	1.20	0.30
3	1.04	0.50

求这个证券投资组合的β值。

【参考资料】

[1] [美] 戈登·亚历山大，威廉·夏普，杰弗里·贝利. 投资学基础（第三版）[M]. 赵锡军

等译．北京：电子工业出版社，2003.

[2] 周爱民．证券投资学［M］．北京：中国统计出版社，2003.

[3] 吴晓求．证券投资学（第二版）［M］．北京：中国人民大学出版社，2004.

[4] 刘红忠．投资学［M］．北京：高等教育出版社，2003.

[5] 金融联考—考研网：http：//www.jrlk.net。

[6] 中国经济学教育科研网：http：//www.cenet.org.cn。

[7] 中国证券报：http：//www.cs.com.cn。

[8] 中国证券网：http：//www.cnstock.com。

第六章
【能力训练】
参考答案

第七章
资本资产定价模型与套利定价理论

【本章知识框架】

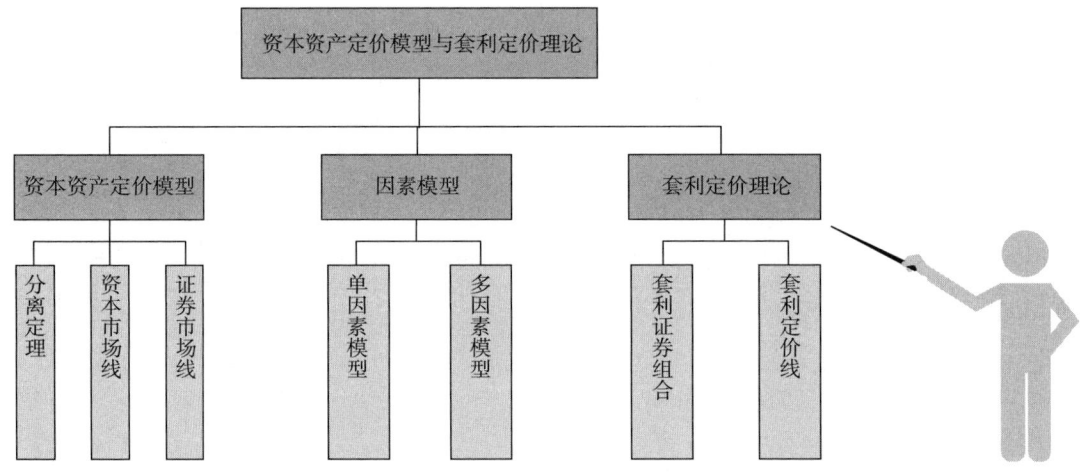

【本章学习目标】

1. 熟悉资本资产定价模型的主要假设、分离定理的原理；
2. 理解市场组合、资本市场线和证券市场线的概念，β 值的经济含义；
3. 掌握区别模型与资本资产定价模型、区别资本市场线和证券市场线；
4. 熟悉因素模型；
5. 掌握套利定价理论。

第一节　资本资产定价模型

在上一章，我们分析了投资者选择最优证券组合的过程。投资者首先要估计其选择的所有证券的期望收益率和方差,以及两种证券之间的协方差;然后确定马柯维茨有效集和无风险资产的收益率,由无风险资产收益率向马柯维茨有效集做切线,得到无风险资产借贷不受限制时的投资组合前沿,投资者根据自己的偏好在线性有效集上选择最优证券投资组合。

资本资产定价模型以马柯维茨的证券投资组合理论为基础,假设所有投资者都按照马柯维茨证券投资组合理论所刻画的过程来构造投资组合,把资产的预期收益率与预期风险之间的理论关系用一个简单的线性关系表达出来。

一、资本资产定价模型的假设

正如绝大部分经济理论一样,资本资产定价模型是建立在一系列假设基础之上的。设定假设的原因在于实际的经济环境过于复杂,以致我们无法描述所有的影响因素,因而只能集中于最重要的因素,并通过对环境作出一定的假设来得到。为了比较成功地建立一个模型,需要一定程度的抽象,因而需要对假设条件进行简化。我们暂且不关心假设的合理性,相反,对模型的检验,应依据模型帮助人们理解现实过程和模拟描述现实过程的能力。就像1976年诺贝尔经济学奖得主弗里德曼所说的:关于一种理论的假设,我们所关心的问题并不是它们是否完全描述了现实,因为它们永远不是真的。我们关心的是,它们对我们所要研究的目标是不是足够好的近似。要回答这个问题,只有通过观察理论是否起了作用,也就是说,理论是否能够产生足够精确的预测结果。

资本资产定价模型的假设包括:

1. 投资者通过在单一投资期内的期望收益率和标准差来评价投资组合。
2. 投资者永不满足,当面临其他条件相同的两种选择时,他们将选择具有较高期望收益率的那一种。
3. 投资者厌恶风险,当面临其他条件相同的两种选择时,他们将选择具有较小标准差的那一种。
4. 每种资产都是无限可分的,也就是说,投资者可以买卖单位资产或组合的任意部分。
5. 投资者可按相同的无风险利率借入或贷出资金。
6. 税收和交易费用均忽略不计。
7. 所有投资者的投资期限均相同。
8. 对于所有投资者来说,无风险利率相同。
9. 对于所有投资者来说,信息都是免费的并且是立即可得的。
10. 所有投资者对于各种资产的收益率、标准差、协方差等具有相同的预期。

通过这些假设,资本资产定价模型将现实简化为一个极端的情形:每一个人拥有相同的信息,并以同一种方式来分析和处理信息,因此他们对证券市场前景具有一致的看法。证券市场是完全的市场,没有任何摩擦阻碍交易。这样,通过考察市场上所有投资者的集体行为,就可以获得证券风险与收益率之间均衡关系的特征。

二、分离定理

有了前面的10个假设,就可以分析投资者的证券选择将会导致什么样的结果。每一个投资者将分析证券并确定切点组合,由于所有投资者对证券的收益率、方差和协方差以及无风险利率具有相同的预期,这也就意味着他们所确定的切点组合以及由无风险资产和切点组合构成的线性有效集都是相同的。

既然所有投资者都得到相同的有效集,他们之所以选择不同组合的唯一原因就在于他们拥有不同的无差异曲线,如图7-1所示。无差异曲线为 I_1 的投资者,他们将选择在切点 O_1 进行投资;无差异曲线为 I_2 的投资者,他们将选择在 O_2 进行投资。O_1 和 O_2 都是线性有效集上的点,它们都是由无风险资产和切点组合按照一定的比例搭配组合而成的。投资者风险厌恶程度越高,持有切点组合的比例越低,持有无风险资产的比例越高;反之,风险厌恶程度越低,持有切点组合的比例越高,持有无风险资产的比例越低。但不论投资者的风险偏好如何,他们都持有相同的风险证券组合,即切点组合,无风险资产的增减只是满足投资者个人对收益率和风险水平的选择偏好。

资本资产定价模型中的这一特征被称为分离定理:所有投资者都持有相同的风险证券组合,投资者的风险偏好与风险证券构成的选择无关,即一个投资者的最佳风险证券组合,可以在并不知晓投资者的风险偏好前就可以确定了。

分离理论在投资中是非常重要的。个人投资者的投资决策可分为两部分:决定一个最优的风险证券组合和决定由无风险资产和这个证券组合按照何种比例来构造自己的最优组合,这两个决策过程是可以相互分离的,只有第二个决策依赖效用曲线。

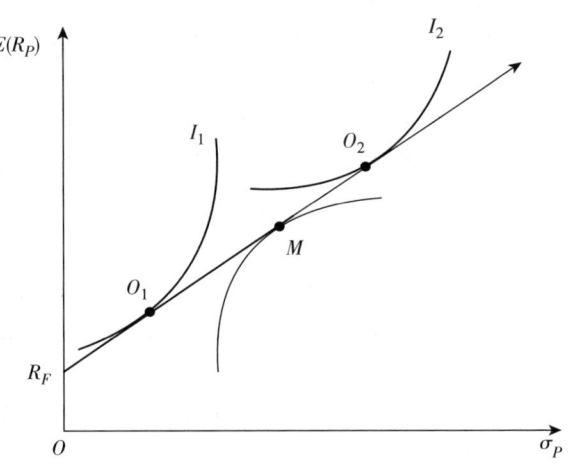

图7-1 分离定理

三、市场组合

资本资产定价模型的另一个重要特征是,在市场达到均衡时,每一种证券在切点组合的构成中都具有一个非零的比例。这是因为,在每一个投资者的投资组合中,风险资产部分仅仅是对切点组合 M 的投资,每一个投资者都购买组合 M,如果市场中某证券不包含在组合 M 中,在整个市场上就没有人对它进行投资,这就意味着该证券在资本市场上是供大于求的,它的价格必然会下降,从而该证券的期望收益率上升,一直到该证券在组合 M 中的比例达到一定水平使供求平衡为止。反之,如果在组合 M 中某证券的比例过大,以致在资本市场上供不应求,其价格就会上升,从而导致该证券的期望收益率下降,一直到它在组合 M 中的比例下降到一定水平,使市场上该证券的供求达到平衡为止。

当所有风险证券的价格调整都停止时,市场就达到了一种均衡状态。首先,每一个投资者对每一种风险证券都持有一定数量,也就是说最佳风险资产组合 M 包含了所有的风险证券；其次，每种风险证券供求平衡，此时的价格是一个均衡价格；最后，无风险利率的水平正好使得借入资金的总量等于贷出资金的总量。结果是在风险资产组合 M 中，投资于每一种风险证券的比例都等于该资产的相对市值，即该风险证券的总市值在所有风险证券市值总和中所占的比例。通常我们把最佳风险资产组合 M 称为市场组合（Market Portfolio）。

四、资本市场线

通过对切点组合 M 的分析可以知道，所有投资者的线性有效集是联结无风险资产和市场组合的一条直线，这条直线是市场组合和无风险资产按

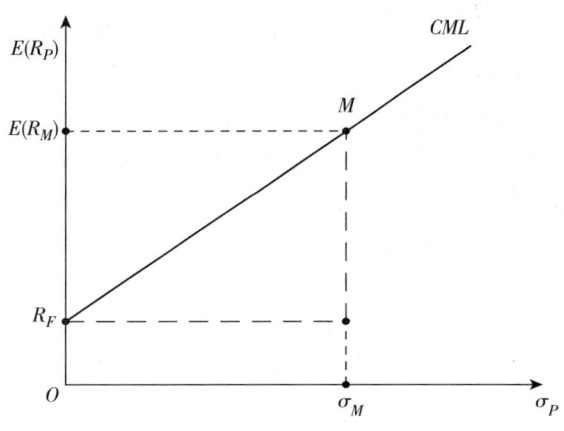

图 7-2 资本市场线

一定比例搭配得到的一系列组合，其中，无风险资产可以借入，也可以贷出。这个线性有效集就是通常所说的资本市场线（CML），如图 7-2 所示。其函数表达式为

$$E(R_P) = R_F + \frac{E(R_M) - R_F}{\sigma_M} \sigma_P \tag{7.1}$$

式中，$E(R_M)$ 是市场组合的期望收益率；σ_M 是市场组合收益率的标准差；$E(R_P)$ 是任一有效证券组合的期望收益率；σ_P 是有效证券组合收益率的标准差。

由图 7-2 中资本市场线可以看出，均衡证券市场的特征可以由两个关键的数字来刻画：第一个是资本市场线方程的截距，即无风险利率，称为时间价格；第二个是资本市场线方程的斜率，称为单位风险的价格，表示有效证券组合收益率的标准差每增加一个单位时，期望收益率应该增加的数量。本质上，证券市场提供了一个场所，在这里，时间和风险都有价格可循，可以进行交易，它们的价格将由供需力量对比来决定。

【例 7-1】假设市场组合由两只证券 A 和 B 组成。它们的期望收益率分别为 10% 和 15%，标准差分别为 20% 和 28%，权重分别为 40% 和 60%。已知 A 和 B 的相关系数为 0.3，无风险利率为 5%，求资本市场线方程。

解：依题意：$\sigma_A = 20\%$，$\sigma_B = 28\%$；$E(R_A) = 10\%$，$E(R_B) = 15\%$

市场组合的期望收益率为

$$E(R_M) = \sum_{i=1}^{2} w_i E(R_i) = 10\% \times 40\% + 15\% \times 60\% = 13\%$$

市场组合收益率的方差为

$$\begin{aligned}\sigma_M^2 &= w_A^2 \sigma_A^2 + w_B^2 \sigma_B^2 + 2 w_A w_B \rho_{AB} \sigma_A \sigma_B \\ &= 0.4^2 \times 0.2^2 + 0.6^2 \times 0.28^2 + 2 \times 0.4 \times 0.6 \times 0.3 \times 0.2 \times 0.28 \\ &= 0.04268\end{aligned}$$

$$\sigma_M = 20.66\%$$

$$CML \text{ 的斜率} = \frac{E(R_M) - R_F}{\sigma_M} = \frac{0.13 - 0.05}{0.2066} = 0.3872$$

CML 方程为 $E(R_P) = 5\% + 0.3872\sigma_P$

【例 7-2】 市场组合的期望收益率为 12%,标准差为 20%,无风险利率为 8%。求 CML 方程;现有三个充分分散化的证券投资组合,标准差分别为 14%、20% 和 30%,求它们的期望收益率。

解: 依题意已知:

$E(R_M) = 12\%, \sigma_M = 20\%, R_F = 8\%$

$$CML \text{ 的斜率} = \frac{E(R_M) - R_F}{\sigma_M} = \frac{12\% - 8\%}{20\%} = 0.2$$

CML 方程为 $E(R_P) = 8\% + 0.2\sigma_P$

由于这三个组合是充分分散化的投资组合,它们都在资本市场线上,标准差分别为 14%、20% 和 30%。由资本市场线方程计算,它们的期望收益率分别为

$$E(R_{P1}) = 8\% + 0.2 \times 14\% = 10.8\%$$

$$E(R_{P2}) = 8\% + 0.2 \times 20\% = 12\%$$

$$E(R_{P3}) = 8\% + 0.2 \times 30\% = 14\%$$

五、证券市场线(SML)

资本市场线代表了有效证券组合的期望收益率和标准差的均衡关系。对于构成市场组合的单只证券以及其他非有效组合,资本市场线不能体现其期望收益率与风险之间的关系。为了更进一步探究均衡条件下单只证券及其组合的期望收益率,需要进行更深入的分析。

首先来考察单只证券风险对市场组合的风险贡献度。市场组合 M 收益率的方差可以表示为

$$\sigma_M^2 = \sum_{i=1}^{n} \sum_{j=1}^{n} w_{iM} w_{jM} \sigma_{ij} \tag{7.2}$$

式中,w_{iM} 和 w_{jM} 分别表示风险证券 i 和 j 在市场组合 M 中所占的比例;σ_{ij} 为风险证券 i 和风险证券 j 的协方差。

可以将式(7.2)改写为

$$\sigma_M^2 = w_{1M} \sum_{j=1}^{n} w_{jM} \sigma_{1j} + w_{2M} \sum_{j=1}^{n} w_{jM} \sigma_{2j} + \cdots + w_{nM} \sum_{j=1}^{n} w_{jM} \sigma_{nj} \tag{7.3}$$

利用协方差的性质:证券 i 与市场组合的协方差 σ_{iM} 可以表示为它与组合中每只证券协方差的加权平均,即

$$\sigma_{iM} = \sum_{j=1}^{n} w_{jM} \sigma_{ij} \tag{7.4}$$

将式(7.4)应用于式(7.3)可得

$$\sigma_M^2 = w_{1M}\sigma_{1M} + w_{2M}\sigma_{2M} + \cdots + w_{nM}\sigma_{nM} \tag{7.5}$$

式中，σ_{1M}表示证券 1 与市场组合的协方差；σ_{2M}表示证券 2 与市场组合的协方差，依此类推。

可见，市场组合收益率的方差等于构成组合的所有资产与市场组合的协方差的加权平均数，权重为各只证券在组合中所占的比重，单只证券与组合的协方差代表它对整个组合的风险贡献度。

当市场达到均衡时，必然要求组合中风险贡献度高的证券相应地提供较高的期望收益率。如果某一证券在给市场组合带来风险的同时没有提供相应的收益率，就意味着如果将该证券从组合中删除的话，将会使市场组合的期望收益率相对于其风险有所上升；如果某一资产在给市场组合带来风险的同时提供过高的收益率，就意味着如果增加该证券在组合中的比重，也会使市场组合的期望收益率相对于其风险有所上升。这样，市场组合将不再是有效投资组合。因此，当市场达到均衡时，单只证券的期望收益率与它对市场组合的风险贡献度应该具有如下的均衡关系：

$$\frac{E(R_i) - R_F}{\sigma_{iM}} = \frac{E(R_M) - R_F}{\sigma_M^2}$$

（7.6）

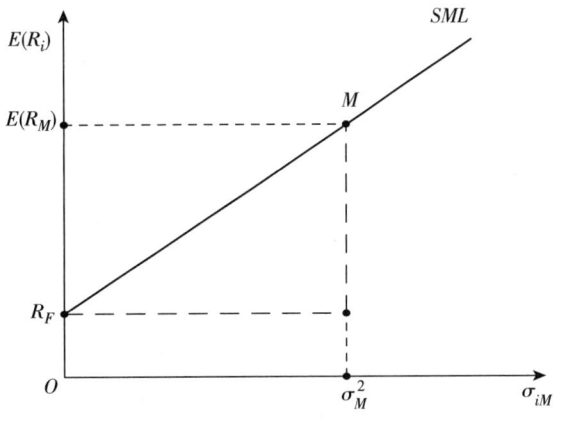

图 7-3　协方差版本的证券市场线

式（7.6）可以进一步改写为

$$E(R_i) = R_F + \frac{E(R_M) - R_F}{\sigma_M^2}\sigma_{iM}$$

（7.7）

式（7.7）所表达的就是证券市场线，如图 7-3 所示，它反映了个别证券与市场组合的协方差与其期望收益率之间的均衡关系。

证券市场线的另一种表示方式为

$$E(R_i) = R_F + \beta_{iM}[E(R_M) - R_F]$$

（7.8）

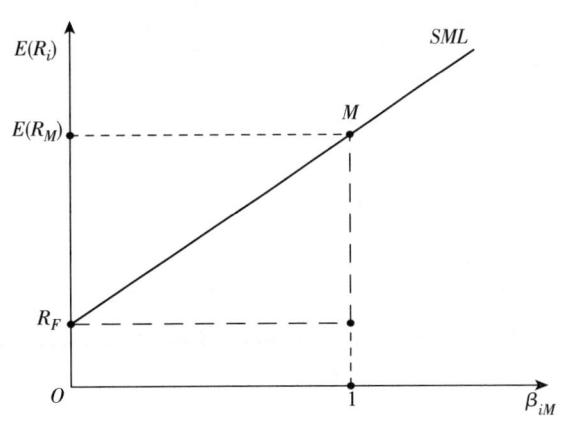

图 7-4　β 系数版本的证券市场线

式中，$\beta_{iM} = \frac{\sigma_{iM}}{\sigma_M^2}$。$\beta_{iM}$就是通常所说的 β 系数。β 系数版本的证券市场线形式如图 7-4 所示。

β 系数的一个重要特征是，一个证券组合的 β 值等于该组合中各只证券 β 值的加权平均数，权数为各只证券在该组合中所占的比重，即

$$\beta_{PM} = \sum_{i=1}^{n} w_i \beta_{iM} \tag{7.9}$$

市场组合点 M 的 β 值为1，期望收益率为 $E(R_M)$，无风险资产点的 β 值为0，期望收益率为 R_F。证券市场线反映了在不同的 β 值水平下，各种证券及证券投资组合应有的期望收益率水平，从而反映了各种证券和证券投资组合的市场风险与期望收益率的均衡关系。

【例7-3】一个证券投资组合由三种证券构成，它们的 β 值和权重如表7-1所示。

表7-1　　　　　　　　　　三种证券的 β 值和权重

证券	β 值	权重
1	0.80	0.20
2	1.20	0.30
3	1.04	0.50

求这个证券投资组合的 β 值。

解：根据题意，由公式（7.9）得

$$\beta_{PM} = \sum_{i=1}^{n} w_i \beta_{iM} = 0.8 \times 0.2 + 1.2 \times 0.3 + 1.04 \times 0.5 = 1.04$$

因此这个证券投资组合的 β 值为1.04。

【例7-4】已知如下数据，分析对两只证券的投资策略。

表7-2　　　　　　　　　　两只证券及市场组合的相关数据

证券及组合	$E(R_i)$（%）	ρ_{iM}	σ_i（%）
证券1	15.5	0.8	20
证券2	9.2	0.9	9
市场组合	12	1.0	12
无风险资产	5	0	0

解：首先计算两只证券的 β 系数。根据定义，β_{iM} 与 ρ_{iM} 的关系为

$$\beta_{iM} = \rho_{iM} \frac{\sigma_i}{\sigma_M}$$

代入数据可得　　$\beta_{1M} = 0.8 \times \dfrac{20}{12} = 1.33$；$\beta_{2M} = 0.9 \times \dfrac{9}{12} = 0.675$

由已知数据写出证券市场线方程为

$$E(R_i) = 5\% + \beta_{iM}(12\% - 5\%) = 5\% + 7\%\beta_{iM}$$

由证券市场线方程计算两只证券的期望收益率分别为

$$E(R_1) = 5\% + 7\% \times 1.33 = 14.31\%$$
$$E(R_2) = 5\% + 7\% \times 0.675 = 9.725\%$$

证券 1 的实际期望收益率为 15.5%，而按照证券市场线方程计算的均衡期望收益率为 14.31%，实际的期望收益率大于均衡期望收益率，表明相对于该证券的风险水平，它的价值被低估了，因此应该积极买入证券 1。证券 2 的实际期望收益率为 9%，而按照证券市场线方程计算的均衡期望收益率为 9.725%，实际的期望收益率小于均衡期望收益率，表明相对于该证券的风险水平，它的价值被高估了，因此应该卖出证券 2。

我们定义证券的实际期望收益率减去均衡期望收益率的差为阿尔法，记为 α。如果 $\alpha > 0$，表明证券价值被低估了，投资于该证券可以获得超过正常收益水平的超额收益；反之，如果 $\alpha < 0$，则表明证券价值被高估了，该证券没有投资价值。

【例 7-5】有证券 A 和证券组合 P，证券 A 的 β 值为 0.8，标准差为 20%。组合 P 由 80% 的市场组合和 20% 的无风险资产构成。市场组合的期望收益率为 15%，标准差为 20%，无风险利率为 5%。在资本市场线和证券市场线坐标图上标出这两个点。

解： 由已知条件可以写出资本市场线方程为

$$E(R_P) = R_F + \frac{E(R_M) - R_F}{\sigma_M}\sigma_P = 5\% + \frac{(15\% - 5\%)}{20\%}\sigma_P = 5\% + 0.50\sigma_P$$

证券市场线方程为

$$E(R_i) = R_F + \beta_{iM}[E(R_i) - R_F] = 5\% + \beta_{iM} \times 10\%$$

证券 A 的 β 值为 0.8，由证券市场线方程计算其期望收益率为 $5\% + 0.8 \times 10\% = 13\%$。组合 P 由 80% 的市场组合和 20% 的无风险资产构成，因此它的标准差为 $0.8 \times 20\% = 16\%$，β 值为 0.8，由证券市场线方程计算其期望收益率为 13%。在资本市场线和证券市场线坐标图上标出证券 A 和证券组合 P，如图 7-5 所示。

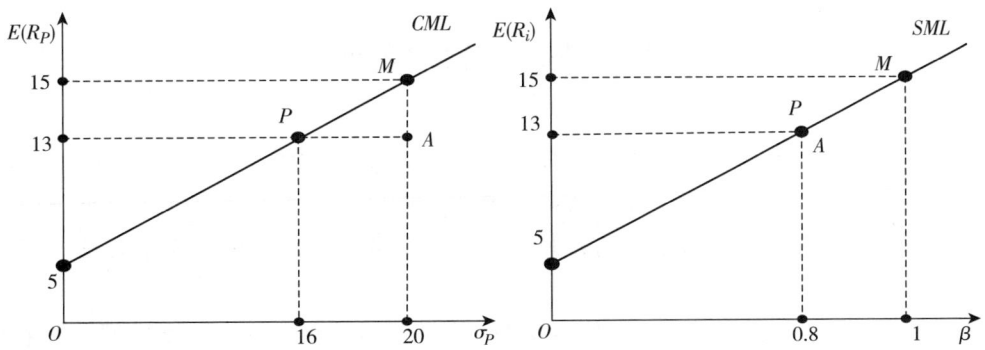

图 7-5 证券 A 和证券组合 P 在资本市场线和证券市场线坐标图上的位置

从图 7-5 可以看出，证券 A 和证券组合 P 都在证券市场线上，而且由于它们的 β 值相同，这两个点是重合的。证券组合 P 是一个有效投资组合，它在资本市场线上，而

证券 A 不是一个有效的投资组合,它在资本市场线的下方。

证券 A 与证券组合 P 具有相同的期望收益率,而两者的标准差不同,这表明在证券 A 的总风险中,有一部分风险没有得到相应的风险补偿。我们可以把证券的总风险按照式(7.10)分成两部分:

$$\sigma_i^2 = \beta_{iM}^2 \sigma_M^2 + \sigma_{ei}^2 \tag{7.10}$$

第一部分是与市场组合的波动相联系的部分,等于 β 值的平方与市场组合的方差的乘积,它常常被称为证券的"市场风险"或系统风险;第二部分是与市场组合的波动无关的部分,即可以通过构造投资组合分散掉的部分,用 σ_{ei}^2 表示,是非市场风险或非系统风险。在本例中,证券 A 的市场风险部分的方差与证券组合 P 的市场风险部分的方差相同,即证券 A 和证券组合 P 的市场风险部分相同。

为什么要将全部风险分解为两部分呢?对于投资者而言,似乎风险就是风险,而不必管它是从哪里来的。问题的答案在于期望收益率的归属。一只证券的市场风险与该证券的 β 值有关,具有较大 β 值的证券具有较高的市场风险。在资本资产定价模型中,具有较大 β 值的证券将有较高的期望收益率。把这两个关系结合起来,即具有较高市场风险的证券应该具有较高的期望收益率。

根据资本资产定价模型,非市场风险的大小并不会影响到证券的期望收益率,这是因为非市场风险不会对市场组合的风险产生贡献,它们在构造市场组合的过程中被分散掉了,因此,持有非有效证券组合的投资者不能因为承担非市场风险而获得风险补偿。

对于证券市场线与资本市场线的关系,我们可以总结出以下两点结论:

1. 资本市场线用标准差衡量风险,反映有效证券组合的总风险与期望收益率的关系;证券市场线用协方差或 β 值来衡量风险,反映证券的市场风险与期望收益率的关系。

2. 对于资本市场线,有效组合落在线上,非有效组合落在线下;对于证券市场线,无论有效组合还是非有效组合或单只证券,它们都落在线上。

第二节 因素模型

因素模型是建立在证券收益率对各种因素或指数变动具有一定敏感性的假设基础之上。两种证券的收益率具有相关性,这种相关性是通过对模型中的一个或多个因素的共同反应而体现出来。证券收益率中不能被因素模型所解释的部分被认为是各种证券的个性,因而与其他证券无关。

按照所假设的影响因素的多少,因素模型又分为单因素模型和多因素模型。如果希望对证券的收益率、方差和协方差作出精确的估计,多因素模型通常比单因素模型更为有效。

一、单因素模型

如果投资者认为证券的收益率只受一个因素的影响,例如,他们认为国内生产总值(GDP)的预期增长率是影响证券收益率的主要因素,则证券收益率与GDP增长率之间的关系就可用单因素模型来描述。如表7-3和图7-6所示。

表7-3 证券收益率与影响因素

年份	GDP增长率（%）	通货膨胀率（%）	证券A的收益率（%）
1	5.7	1.1	14.3
2	6.4	4.4	19.2
3	7.9	4.4	23.4
4	7.0	4.6	15.6
5	5.1	6.1	9.2
6	2.9	3.1	13.0

在图7-6中，横轴表示GDP的预期增长率，纵轴表示证券A的收益率。图上的每一点表示在给定的年份，证券A的收益率与GDP增长率的对应关系。通过线性回归分析，我们得到一条直线。这条直线的斜率为2，说明证券A的收益率与GDP增长率之间有正相关的关系，GDP增长率越大，证券A的收益率越高。写成数学表达式，证券A的收益率与GDP的预期增长率之间的关系可以表示如下：

$$R_t = 4\% + 2 \times \text{GDP}_t + e_t$$

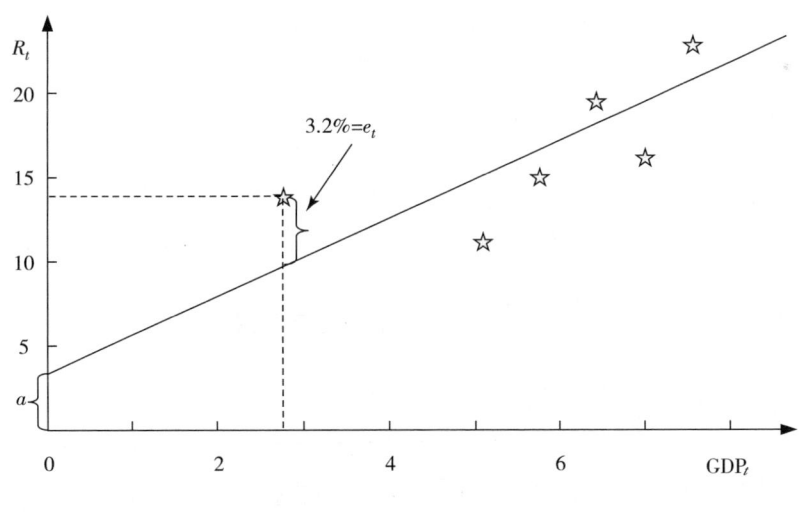

图7-6 单因素模型

在图7-6中，截距项 a 为4%，这是当GDP的预期增长率为0时，证券A的期望收益率。直线的斜率为2，即证券A的收益率对GDP增长率的敏感度为2，如果GDP的预期增长率为5%，则证券A的期望收益率为14%[4% + (2×5%)]。如果GDP增长率再增加1%，即为6%时，证券A的期望收益率相应增加2%，变为16%。

在这个例子中，表7-3显示第6年的GDP增长率为2.9%，证券A的实际收益率为13%。因此，证券A的收益率的特有部分（由e_t给出）为3.2%，即从证券A的实际收益率13%中减去证券A的期望收益率9.8%[4+(2×2.9%)]，就得到证券A的收益率的特有部分，为3.2%（13%-9.8%）。

从这个例子可以看出，证券A在任何一期的收益率包含了三种成分：第一是在任何一期都相同的部分（4%）；第二是依赖于GDP增长率，每一期各不相同的部分（2×GDP）；第三是每一期的特有部分（e_t）。

通过以上分析，可以归纳出单因素模型的一般形式：

$$R_{it} = a_i + b_i F_t + e_{it} \tag{7.11}$$

式中，R_{it}是证券i在t时期的收益率；F_t是t时期因素的预期值；a_i是零因子，即因素值为0时证券i的期望收益率；b_i是证券i对该因素的敏感度，也叫因素载荷；e_{it}是证券i在t时期的剩余收益率，它是一个均值为0，标准差为σ_{ei}的随机变量，也称为随机误差项。

单因素模型假设两种类型的因素造成证券收益率在各个期间存在差异：

1. 宏观经济环境的变化，如GDP增长率或通货膨胀率等，这些因素会影响到市场上的所有证券。尽管这些宏观经济因素会对所有证券产生影响，但影响程度是不同的，即各只证券对因素变化的敏感度不同，因素模型假设同一证券对因素的敏感度在一定期间会保持相对稳定。

2. 微观因素的影响，如上市公司的财务状况变化、公司的新产品开发、内部的人事变动等，它只对个别证券产生影响，引起a_i和e_{it}的变动。

根据单因素模型，证券i的期望收益率可表示为

$$E(R_i) = a_i + b_i E(F) \tag{7.12}$$

式中，$E(F)$是因素的期望值。

例如，如果因素选GDP的增长率，根据历史数据估计的某证券收益率的因素模型为$R_{it}=4\%+2\text{GDP}_t+e_{it}$，预期GDP增长率为3%，则该证券的期望收益率为4%+2×3%=10%。

在单因素模型中，同样可以证明，任意证券的方差可以表示为

$$\sigma_i^2 = b_i^2 \sigma_F^2 + \sigma_{ei}^2 \tag{7.13}$$

任意两只证券的协方差可以表示为

$$\sigma_{ij} = b_i b_j \sigma_F^2 \tag{7.14}$$

式中，σ_F^2是因素F的方差，σ_{ei}^2是随机误差项e_t的方差。

在式（7.13）中，第一项称为因素风险或系统风险；第二项称为非因素风险或非系统风险。

式（7.13）和式（7.14）基于两个关键性的假设：

第一个假设是：随机误差项与因素不相关，即$Cov(e_i,F)=0$，因素的结果对随机误差项没有任何影响。

第二个假设是：任意两只证券的随机误差项之间没有关系，即$Cov(e_i,e_j)=0$，一

种证券的随机误差项的结果对任意其他证券的随机误差项结果不产生任何影响,也就是说,任意两只证券收益率的关联影响都体现在所选择的因素上,除了该因素以外,没有任何其他因素可以导致两只证券的收益率发生关联变化。

如果证券市场上单因素模型成立,那么证券投资组合的期望收益率为

$$E(R_P) = a_P + b_P E(F) \tag{7.15}$$

式中,a_P 和 b_P 分别是 a_i 和 b_i 的加权平均值,即

$$a_P = \sum_{i=1}^{n} w_i a_i; \quad b_P = \sum_{i=1}^{n} w_i b_i$$

单因素模型同样也可以用于风险的分散。如果证券组合由 n 只证券组成,权重分别为 w_i,则由式(7.13)可得

$$\sigma_P^2 = b_P^2 \sigma_F^2 + \sigma_{eP}^2 \tag{7.16}$$

当一个证券组合包含足够多的证券时,这时每只证券的权重 w_i 将会很小。b_P 是 b_i 的加权平均值,即 b_P 通过多样化而使因素风险平均化,但因素风险不会随着证券只数的增加而显著减少。然而,非因素风险可以通过多样化而减少。例如,我们假设证券投资组合是一个由 n 只证券按照等权重构成的组合,每只证券的投资权重都是 $1/n$,则非因素风险可表示为

$$\sigma_{eP}^2 = \sum_{i=1}^{n} \left(\frac{1}{n}\right)^2 \sigma_{ei}^2 = \frac{1}{n} \sum_{i=1}^{n} \frac{1}{n} \sigma_{ei}^2 \approx \frac{1}{n} \overline{\sigma}_e^2$$

$\frac{1}{n} \overline{\sigma}_e^2$ 为 n 只证券的非因素风险的算术平均值,随着证券数量 n 的增加,组合的非因素风险将逐渐降低。因此,通过多样化可以降低组合的非因素风险,最终可以使非因素风险小到忽略不计。

二、多因素模型

与单因素不同,多因素模型假设影响证券收益率的因素有多个,如 GDP 增长率、利率、通货膨胀率、石油价格水平等,因素的增加会使模型的精确度提高。下面先考虑双因素模型。

我们仍用表 7-3 中的数据,假设证券 A 的收益率受 GDP 的增长率和通货膨胀率两个因素的影响,作出图 7-7。图 7-7 中的每一点描述了在特定的一年,证券 A 的收益率、GDP 增长率和通货膨胀率之间的关系。通过对表 7-3 中的数据做线性回归,可以确定一个平面,这个平面的方程为

$$R_t = 5.8\% + 2.2 \times GDP_t - 0.7 \times INF_t + e_t$$

平面在 GDP 增长率方向上的斜率($b_1 = 2.2$)表示证券 A 的收益率对 GDP 增长率变化的敏感度。同样,平面在通货膨胀率方向的斜率($b_2 = -0.7$)表示证券 A 的收益率对通货膨胀率变化的敏感度。平面的截距项表示证券 A 的零因素收益率(5.8%),即当 GDP 增长率和通货膨胀率都为 0 时,证券 A 的预期收益率为 5.8%。最后,证券 A 的实际收益率与平面上对应点的差为收益率的随机项部分,例如,证券 A 在第 6 年的随机项部分为 3%(13% - 5.8% - 2.2 × 2.9% + 0.7 × 3.1%)。

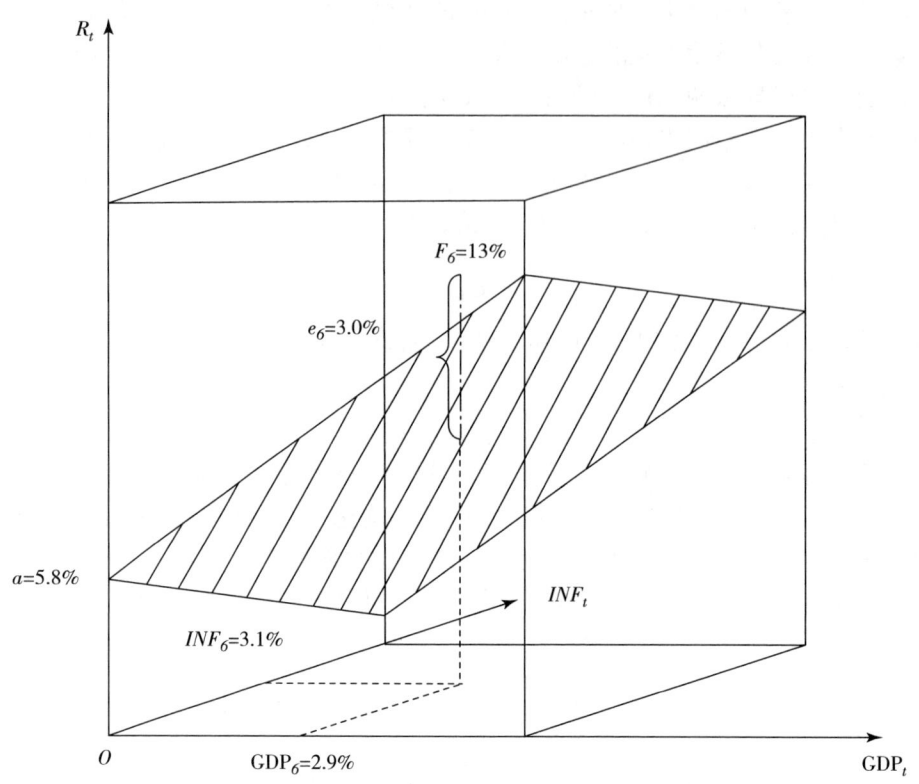

图 7-7 双因素模型

双因素可以表示为

$$R_{it} = a_i + b_{i1}F_{1t} + b_{i2}F_{2t} + e_{it} \tag{7.17}$$

式中，F_{1t} 和 F_{2t} 是两个对证券收益率具有普遍影响的因素；b_{i1} 和 b_{i2} 是证券 i 分别对两个因素的敏感度。同单因素模型一样；e_{it} 是随机误差项；a_i 是当两个因素值都为 0 时证券 i 的期望收益率。在双因素模型中，同样假设随机误差项 e_{it} 与两个因素 F_{1t} 和 F_{2t} 不相关，任意两只证券的随机误差项不相关。

根据双因素模型，证券的期望收益率为

$$E(R_i) = a_i + b_{i1}E(F_1) + b_{i2}E(F_2) \tag{7.18}$$

证券收益率的方差为

$$\sigma_i^2 = b_{i1}^2\sigma_{F1}^2 + b_{i2}^2\sigma_{F2}^2 + 2b_{i1}b_{i2}Cov(F_1,F_2) + \sigma_{ei}^2 \tag{7.19}$$

任意两只证券的协方差可以表示为

$$\sigma_{ij} = b_{i1}b_{j1}\sigma_{F1}^2 + b_{i2}b_{j2}\sigma_{F2}^2 + (b_{i1}b_{j2} + b_{i2}b_{j1})Cov(F_1,F_2) \tag{7.20}$$

同单因素模型一样，在双因素模型中，一个组合对某一因素的敏感度是对所含证券的敏感度的加权平均，权数为投资于各证券的比例。

如果一个证券组合由 n 只证券组成，它们的权重分别为 $w_i(i = 1, 2, \cdots, n)$，则证券投资组合的双因素模型为

$$R_P = a_P + b_{P1}F_{1t} + b_{P2}F_{2t} + e_{Pt} \quad (7.21)$$

式中，$a_P = \sum_{i=1}^{n} w_i a_i$；$b_{P1} = \sum_{i=1}^{n} w_i b_{i1}$；$b_{P2} = \sum_{i=1}^{n} w_i b_{i2}$；$e_{Pt} = \sum_{i=1}^{n} w_i e_{it}$。

由式（7.21）可得

$$\sigma_P^2 = b_{P1}^2 \sigma_{F1}^2 + b_{P2}^2 \sigma_{F2}^2 + 2b_{P1}b_{P2}Cov(F_1, F_2) + \sigma_{eP}^2$$

式中，$b_{P1}^2 \sigma_{F1}^2 + b_{P2}^2 \sigma_{F2}^2 + 2b_{P1}b_{P2}Cov(F_1, F_2)$ 是因素风险；$\sigma_{eP}^2 = \sum_{i=1}^{n} w_i^2 \sigma_{ei}^2$ 是非因素风险。同单因素模型一样，充分的多样化也可以使非因素风险减少到很小。

同一行业的证券的价格经常由于该行业前景的变化而同向变动。一些投资者可以使用一种特殊的多因素模型，即所谓的行业因素模型来揭示这一点。

【例7-6】假设行业1包括所有工业公司，行业2包括所有的非工业公司（如公用事业、金融业、社会服务业等），F_1 和 F_2 可以看做是代表工业股票指数收益率和非工业股票指数收益率。在两行业因素模型中，模型的形式与式（7.17）所示的双因素模型具有相同的一般形式。但是在两行业模型中，F_1 和 F_2 分别表示行业因素1和行业因素2，任一证券要么属于行业1，要么属于行业2，不能同时属于两个行业。如果证券不属于某一行业，则证券对于该行业因素的敏感度应赋值为零。

例如，我们用行业因素模型来考察中国石化（SH）和招商银行（ZS）两家公司。中国石化的两行业模型为

$$R_{SHt} = a_{SH} + b_{SH1}F_{1t} + b_{SH2}F_{2t} + e_{SHt}$$

招商银行的两行业模型为

$$R_{ZSt} = a_{ZS} + b_{ZS1}F_{1t} + b_{ZS2}F_{2t} + e_{ZSt}$$

由于中国石化属于工业企业，它对非工业行业因素的敏感系数赋值为0，即 $b_{SH2} = 0$；招商银行属于非工业企业，它对工业行业因素的敏感系数赋值为0，即 $b_{ZS1} = 0$。

双因素模型可以扩展到多于两个因素的情形，其基本原理与双因素模型是一样的。如果有 k 个因素，则模型可以表示为

$$R_{it} = a_i + b_{i1}F_{1t} + b_{i2}F_{2t} + \cdots + b_{ik}F_{kt} + e_{it} \quad (7.22)$$

在式（7.22）中有可能既含有一般因素，又含有行业因素。

三、因素模型与均衡

因素模型不是一个资产定价的均衡模型。例如，比较由式（7.12）表示的单因素模型和式（7.8）表示的资本资产定价模型：

$$E(R_i) = a_i + b_i E(F)$$
$$E(R_i) = R_F + \beta_{iM}[E(R_M) - R_F]$$

根据资本资产定价模型，决定期望收益率的唯一特征是 β_i，R_F 表示无风险利率，对所有证券都是相同的。在因素模型中，决定证券期望收益率的有两个特征，是 b_i 和 a_i，不同证券的零因素 a_i 是不同的，正是这一点妨碍了因素模型成为一种均衡模型。

当然，在一定条件下，因素模型也可以是均衡模型。取因素为市场组合的收益率，

即 $F = R_M$，则式（7.12）可以改写为
$$E(R_i) = a_i + b_i E(R_M)$$
而式（7.8）可以改写为
$$E(R_i) = (1 - \beta_{iM})R_F + \beta_{iM}E(R_M)$$
如果单因素模型和 CAPM 都成立，比较两式可得
$$a_i = (1 - \beta_{iM})R_F \tag{7.23}$$
$$b_i = \beta_{iM} \tag{7.24}$$
因此，单因素模型要成为均衡状态模型必须满足式（7.23）和式（7.24）。

第三节 套利定价理论

资本资产定价模型刻画了均衡状态下资产的期望收益率和相对市场风险测度 β 值之间的关系。不同资产的 β 值决定它们不同的期望收益率。资本资产定价模型要求大量的假设，其中包括马柯维茨在最初建立均值—方差模型时所作的一系列假设，如每个投资者都是根据期望收益率和标准差，并使用无差异曲线来选择他的最佳组合。而1976年由罗斯（Ross）发展的套利定价理论（APT）比资本资产定价模型所要求的假设要少得多，逻辑上也更加简单。该模型以收益率生成的因素模型为基础，用套利的概念来定义均衡。

一、套利机会与套利行为

套利是利用同一种实物资产或证券的不同价格来赚取无风险利润的行为。如果市场上同一种资产或者可以相互复制的两种资产的价格不同，即一价定律被违反时，套利机会就出现了。套利作为一种广泛使用的投资策略，最具代表性的做法是以较高的价格出售资产并在同时以较低的价格购进相同的资产（或功能上等价的资产）。

利用同一资产违反一价定律的机会进行的套利，其特征是很清楚的。但是，套利机会并不经常表现为相同资产的不同价格，套利机会也可能包含"相似"的证券或组合，例如受共同因素影响而使价格同步变化的两个证券或组合。

【例7-7】有四种股票，受利率变化和通货膨胀的影响，它们的预期收益率会发生相应变化，四种股票在不同状态下的预期收益率如表7-4所示。四种股票的当前价格和收益率等相关统计指标如表7-5所示。

考察四种股票的预期收益率、现价、期望收益率、标准差、相关系数等数据，似乎也发现不了明显的套利机会。但是，如果我们构造一个由A、B、C股票组成的等权重组合P，组合P的期望收益率见表7-4。将组合P的预期收益率与股票D的预期收益率进行对比后可以发现，组合P在所有状态下的预期收益率都高于股票D的预期收益率。同样，由已知数据也可以计算出组合P的期望收益率、标准差，以及组合P与股票D的相关系数，如表7-5所示。

表 7-4 四种股票的预期收益率

项目	高实际利率		低实际利率	
	高通货膨胀率	低通货膨胀率	高通货膨胀率	低通货膨胀率
概率	0.25	0.25	0.25	0.25
股票或组合				
A	-20	20	40	60
B	0	70	30	-20
C	90	-20	-10	70
D	15	23	15	36
ABC 等权重组合 P	23.33	23.33	20	36.67

表 7-5 四种股票的相关统计指标

股票	现价	期望收益率	标准差	相关系数			
				A	B	C	D
A	10	25	29.58	1	-0.15	-0.29	0.68
B	10	20	33.91	-0.15	1	-0.87	-0.38
C	10	32.5	48.15	-0.29	-0.87	1	0.22
D	10	22.25	8.58	0.68	-0.38	0.22	1
ABC 等权重组合 P	10	25.83	6.40				0.94

由于组合 P 在未来任何一个状态下的表现都优于股票 D，理性的投资者都会通过卖空股票 D 而买入等权重组合 P 来进行套利。套利的结果将是股票 D 的价格下降，股票 A、股票 B、股票 C 的价格上升，套利机会最终在投资者的套利过程中消失。

由于 ABC 等权重组合 P 与股票 D 并不是完全相关的，这两种资产不是可以完全相互复制的，因此这里并没有违反一价定律。尽管如此，它们之间还是存在很强的相关性，这种相关性可以由影响四种股票收益率的共同因素揭示出来。

根据因素模型，具有相同因素敏感度的证券或组合，如果忽略非因素风险，它们的变化将是相同的。通过充分的分散化可以将非因素风险降到最低，因此，具有相同的因素敏感度的证券或组合必然要求相同的期望收益率，否则，"准套利"机会就会存在，投资者将利用这些机会进行套利，套利机会最终会在投资者的套利过程中消失，市场达到均衡，这就是套利定价理论的基本思想。

二、套利定价理论的基本假设

套利定价理论的假设条件包括以下几个方面：

1. 市场是完全竞争的，无摩擦的。

2. 投资者是不满足的：当投资者发现套利机会时，他们就会构造套利组合来增加自己的财富。

3. 所有投资者有相同的预期：任何证券 i 的收益率满足 k 因素模型：

$$\tilde{R}_i = E(\tilde{R}_i) + b_{i1}\tilde{F}_1 + b_{i2}\tilde{F}_2 + \cdots + b_{ik}\tilde{F}_k + e_i \tag{7.25}$$

式中,$\tilde{R}_i$ 为证券 i 的收益率,是一个随机变量;b_{ij} 为证券 i 对第 j 个因素的因素敏感度,这里 $j=1,2,\cdots,k$;$\tilde{F}_j$ 为第 j 个因素的数值,是一个随机变量,$E(\tilde{F}_j)=0$,这里 $j=1,2,\cdots,k$;e_i 为证券 i 的随机误差项。

4. 对于每只证券,$E(e_i)=0$,$Cov(e_i,\tilde{F})=0$,$Cov(e_i,e_j)=0$,$i \neq j$,即每只证券的随机误差项与因素不相关,任何两只证券的随机误差项不相关。

5. 市场上的证券的只数远远大于因素的数量。根据式(7.25)的假设,证券收益率的不确定性来自两个方面:共同的或宏观经济因素和公司的特别因素。共同因素被假定具有零期望值,因为它测度的是与宏观经济有关的新信息。因此,证券的收益率可以分解为三部分:第一部分是初始期望值,即 $E(\tilde{R}_i)$,这是投资者在基于对共同因素和公司个别因素的当前预期的判断;第二部分是共同因素的随机变化引起的证券 i 收益率的变化,即式(7.25)中的 $b_{i1}\tilde{F}_1 + b_{i2}\tilde{F}_2 + \cdots + b_{ik}\tilde{F}_k$ 部分,由于因素的期望值为0,因此这部分的期望值也为0;第三部分是由于公司的个别因素(如财务状况的突然恶化、偶然的生产故障等)所导致的收益率的变化,这部分的期望值也为0。

为了更加具体地说明套利定价理论这一假设,我们举一个简单的例子:假设证券收益率只受一个因素的影响,如 GDP 增长率,因素 F 代表的就是 GDP 增长率的意外变化,假如舆论认为今年的 GDP 将增长 4%,如果 GDP 最终的统计结果是 3%,则 F 值为 -1%,如果证券的因素敏感度为 1.2,则由于 GDP 增长率低于事先预期的数据,这 -1% 的意外变化将促使投资者对该证券收益率的预期调低 1.2%。

三、套利证券组合

根据套利定价理论,投资者将竭力发掘构造一个套利组合的可能性,以便在不增加风险的前提下,提高组合的期望收益率。套利组合应满足哪些条件呢?可通过下面的例子来分析套利组合的性质。

【例 7-8】假如市场上有三只证券,每个投资者都认为他们满足单因素模型,且具有以下的期望收益率和因素敏感度:

表 7-6　　　　　　　　　三只证券的期望收益率和因素敏感度

证券	$E(R_i)$(%)	b_i
1	15	0.9
2	21	3.0
3	12	1.8

基于以上数据,投资者能否构造套利组合呢?

首先,套利组合应该是一个不需要投资者投入任何额外资金的组合,如果 w_i 表示在

套利组合中证券 i 的权重,套利组合的这一条件可表示为

$$w_1 + w_2 + w_3 = 0 \tag{7.26}$$

其次,一个套利组合对任何因素都没有敏感性,即套利组合的因素风险为0。严格来讲,除了因素风险以外,一个套利组合的非因素风险也应该等于0。由上一节的分析可知,尽管我们无法保证非因素风险等于0,但可以通过在投资组合中持有多只证券而使非因素风险变得很小,以致可以忽略不计。因为组合对某一因素的敏感度是组合中各只证券因素敏感度的加权平均,因此套利组合的这一性质可以表示为

$$b_1 w_1 + b_2 w_2 + b_3 w_3 = 0 \tag{7.27}$$

在这个例子中:

$$0.9 w_1 + 3.0 w_2 + 1.8 w_3 = 0$$

最后,投资者套利的目的是为了获得无风险收益,因此套利组合应该具有正的收益率,即

$$w_1 E(R_1) + w_2 E(R_2) + w_3 E(R_3) > 0 \tag{7.28}$$

值得注意的是,如果计算得到的套利组合具有负的收益率,则只需要对套利组合中所有的权重值 w_i 取相反数即可得到一个具有正的收益率的套利组合。因此,我们可以说,只有当任意权重值 w_i 均使得该投资组合的收益率为0时,该组合才在客观上不具备套利空间。但对于本例,若该组合想获得正的收益率,可表示为

$$15 w_1 + 21 w_2 + 12 w_3 > 0$$

满足这三个条件的解有无穷多个,因此我们可以考虑首先给 w_1 随意赋予一个值,如0.1,这样就可以得出另外两个解:$w_2 = 0.075$,$w_3 = -0.175$。具体检验一下这样一组解是否真是一个套利组合:

$$15\% \times 0.1 + 21\% \times 0.075 + 12\% \times (-0.175) = 0.975\% > 0$$

数值证明该组合的确是一个套利组合。

由于存在这样的套利机会,根据假设,投资者都是不满足的,每个投资者都会利用这种套利机会进行套利。从而,每个投资者都会购买证券1和证券2,卖空证券3。所有投资者都采用这样的策略,必然会影响证券的价格,相应地也会影响证券的收益率。由于购买压力的增加,证券1和证券2的价格将上升,导致这两只证券的收益率下降;相反,由于卖出压力的增加,证券3的价格将下降,使得证券3的收益率上升。价格和收益率的调整过程一直持续到所有的套利机会全部消失为止,市场最终达到均衡状态。

四、套利定价线

承接【例7-8】,我们首先分析单因素模型的情形。投资者争相构造套利组合的结果是使套利机会消失,此时证券市场处于一个均衡状态。也就是说,所有不需要初始投资、因素风险为0的证券组合,其期望收益率也必然为0。这时三只证券的期望收益率满足如下条件:对于任意组合 (w_1, w_2, w_3),如果有

$$w_1 + w_2 + w_3 = 0 \tag{7.29}$$

$$b_1 w_1 + b_2 w_2 + b_3 w_3 = 0 \tag{7.30}$$

则必有
$$w_1 E(R_1) + w_2 E(R_2) + w_3 E(R_3) = 0 \tag{7.31}$$

我们把式（7.29）、式（7.30）和式（7.31）的内容用数学语言加以描述如下：向量$(w_1,w_2,w_3)^T$既垂直于单位常向量，即

$$(w_1,w_2,w_3)\begin{pmatrix}1\\1\\1\end{pmatrix} = 0$$

也垂直于因素敏感度向量，即

$$(w_1,w_2,w_3)\begin{pmatrix}b_1\\b_2\\b_3\end{pmatrix} = 0$$

同时也垂直于期望收益率向量，即

$$(w_1,w_2,w_3)\begin{pmatrix}E(R_1)\\E(R_2)\\E(R_3)\end{pmatrix} = 0$$

因此，在三维空间中，单位常向量、因素敏感度向量和期望收益率向量在一个平面上，由线性代数知识可知，必存在常数λ_0和λ_1，使得下面的式子成立：

$$E(R_i) = \lambda_0 + \lambda_1 b_i \tag{7.32}$$

这就是由无套利均衡得出的定价关系，称为套利定价线。它表示在均衡状态下期望收益率和因素敏感度的关系。

在式（7.32）中，λ_0和λ_1的经济含义也是非常直观的。我们首先考虑一个因素敏感度为0的组合，即无风险资产组合，它的期望收益率为无风险利率，代入式（7.32）可得$\lambda_0 = R_F$。因此式（7.32）可写成：

$$E(R_i) = R_F + \lambda_1 b_i \tag{7.33}$$

至于λ_1，可以考虑因素敏感度为1的证券组合P，即

$$E(R_P) = R_F + \lambda_1 b_P$$

式中，$b_P = 1$，所以：

$$\lambda_1 = E(R_P) - R_F$$

因此，λ_1是因素敏感度等于1的证券投资组合的预期超额收益率——期望收益率超过无风险利率的部分，称为因素的风险溢酬（Factor Risk Premium）。令$\delta_1 = E(R_P)$，则

$$\lambda_1 = \delta_1 - R_F$$

代入式（7.33）得

$$E(R_i) = R_F + b_i(\delta_1 - R_F) \tag{7.34}$$

图7-8是套利定价线。对任意证券而言，如果它不落在这条直线上，投资者就有构造套利组合的机会。图中证券U在套利定价线上方，表示证券价值被低估了，期望收益率比与它具有相同因素敏感度的证券A要高，投资者可以通过卖出证券A而买进证券U来构造套利组合。同样，证券O在套利定价线下方，表明其价值被高估了，投资者就

可以卖出证券 O 并买进证券 B 来构造套利组合。这样的套利组合不需要投资者使用任何新的资金，同时，证券 U 和证券 A 以及证券 O 和证券 B 都有相同的因素敏感度，这使得构造的套利组合因素敏感度为 0，而且套利组合都具有正的期望收益率。由于购买压力增加将使得证券 U 的价格上升，收益率下降；卖出压力增加将使得证券 O 的价格下降，收益率上升，最后分别达到 A 点和 B 点，套利机会消失。

仍承接【例 7-8】，如果我们选取刻画均衡状态的常数 λ_0 和 λ_1 的一组数值为：$\lambda_0 = 8\%$，$\lambda_1 = 4\%$，即无风险利率为 8%，因素组合的期望收益率为 12%，因素的风险溢酬为 4%。则三只证券的均衡收益率分别为

$$E(R_1) = 0.08 + (0.04 \times 0.9) = 11.6\%$$
$$E(R_2) = 0.08 + (0.04 \times 3.0) = 20.0\%$$
$$E(R_3) = 0.08 + (0.04 \times 1.8) = 15.2\%$$

可以看出，套利的结果使证券 1、证券 2 的期望收益率分别从 15%、21% 降到 11.6%、20%，而证券 3 的期望收益率从 12% 上升到 15.2%。在初始状态，三只证券都不在套利定价线上，投资者的套利行为使三只证券逐渐向套利定价线靠近，当市场达到均衡时，三只证券都回到套利定价线上，如图 7-8 所示。

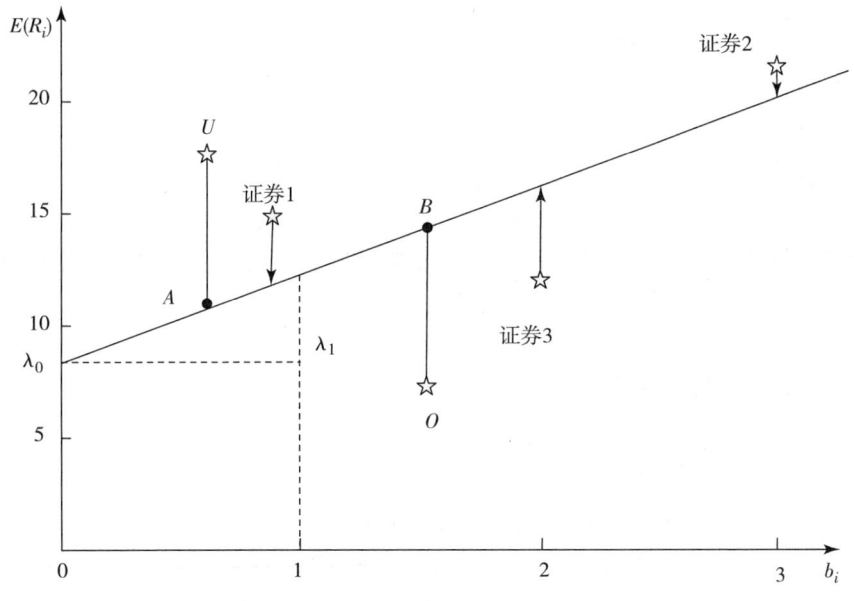

图 7-8 套利定价线

我们很容易将前面的分析扩展到多因素模型的情形。假设每只证券的收益率满足式（7.25）的多因素模型。如果存在套利机会，投资者就会构造套利组合。假设 w_i（$i = 1, 2, \cdots, n$）是套利组合中证券 i 的权重，则

$$\sum_{i=1}^{n} w_i = 0 \tag{7.35}$$

构造的套利组合的收益率为

$$\sum_{i=1}^{n} w_i R_i = \sum_{i=1}^{n} w_i E(R_i) + \sum_{i=1}^{n} (w_i b_{i1}) F_1 + \sum_{i=1}^{n} (w_i b_{i2}) F_2 + \cdots + \sum_{i=1}^{n} (w_i b_{ik}) F_k + \sum_{i=1}^{n} w_i e_i$$

如果这个证券投资组合充分多样化，非因素影响可以忽略，因此有

$$\sum_{i=1}^{n} w_i R_i \approx \sum_{i=1}^{n} w_i E(R_i) + \sum_{i=1}^{n} (w_i b_{i1}) F_1 + \sum_{i=1}^{n} (w_i b_{i2}) F_2 + \cdots + \sum_{i=1}^{n} (w_i b_{ik}) F_k$$

套利组合没有因素风险，所以

$$\sum_{i=1}^{n} w_i b_{ij} = 0 \qquad (j = 1, 2, \cdots, k) \tag{7.36}$$

因此有

$$\sum_{i=1}^{n} w_i R_i \approx \sum_{i=1}^{n} w_i E(R_i)$$

当市场达到均衡时，套利组合的收益率为0，即

$$\sum_{i=1}^{n} w_i E(R_i) = 0 \tag{7.37}$$

根据线性代数知识，式（7.35）和式（7.36）表示一组正交条件，而式（7.37）又产生了 w_i 应满足的另一个正交条件。由于 w_i 已经满足式（7.35）和式（7.36），所以只需 $E(R_i)$ 向量是这 $k+1$ 个向量的线性组合就可以了，即存在 $k+1$ 个常数（λ_0，$\lambda_1, \cdots, \lambda_k$）使得

$$E(R_i) = \lambda_0 + \lambda_1 b_{i1} + \cdots + \lambda_k b_{k1} \tag{7.38}$$

同单因素模型类似，λ_0 是所有因素敏感度都等于0的证券投资组合的期望收益率，即无风险利率 R_F，λ_j 是第 j 个因素的风险溢酬。令

$$\lambda_j = \delta_j - R_F \qquad (j = 1, 2, \cdots, k) \tag{7.39}$$

式中，δ_j 是对因素 j 的敏感度为1，对其他因素的敏感度都为0的证券投资组合的期望收益率。因此式（7.38）可以改写为

$$E(R_i) = R_F + (\delta_1 - R_F) b_{i1} + (\delta_2 - R_F) b_{i2} + \cdots + (\delta_k - R_F) b_{ik} \tag{7.40}$$

五、套利定价理论和资本资产定价模型的一致性

与 APT 不同，CAPM 没有假设证券的收益率由因素模型产生。但这并不表明 CAPM 与经济环境中证券的收益率是由因素模型生成这一假设相矛盾。事实上，可能存在一种经济环境，在这个环境中，有关 APT 的假设成立，证券的收益率由因素模型产生，同时，有关 CAPM 的假设也成立。下面讨论在这种情况下 APT 与 CAPM 的联系。

（一）单因素模型

如果证券的收益率由单因素模型产生，而且这个因素是市场证券投资组合，则 δ_1 就表示对应于市场组合的期望收益率，b_i 将代表证券 i 相对于市场组合测定的 β 值。因此，CAPM 成立。

如果证券的收益率是由单因素模型产生的，但这个因素不是市场证券组合，则 δ_1 表示对应于因素敏感度为 1 的证券投资组合的期望收益率，b_i 表示证券 i 相对于因素的敏感度。但是，如果 CAPM 也成立，则证券 i 的期望收益率既与它的 β 值有关，也与它的因素敏感度有关。

根据 CAPM，在市场均衡时任意证券的期望收益率满足：

$$E(R_i) = R_F + \beta_{iM}[E(R_M) - R_F] \tag{7.41}$$

根据 APT，在单因素模型下，证券的期望收益率满足：

$$E(R_i) = R_F + b_i(\delta_1 - R_F) \tag{7.42}$$

上述两个方程都说明证券的期望收益率与该证券的特征值 b_i 或者 β_{iM} 有关。假设因素的风险溢酬 $(\delta_1 - R_F)$ 和市场证券投资组合的风险溢酬 $[E(R_M) - R_F]$ 都为正，则证券的特征值 b_i 或者 β_{iM} 越大，证券的期望收益率越高。在这种意义上，APT 中的 b_i 与 CAPM 中的 β_{iM} 有某种相似之处。

考虑 APT 中的因素组合，如果 CAPM 成立，则它一定满足式（7.41），因此有

$$\delta_1 = R_F + \frac{Cov(F_1, R_M)}{\sigma_M^2}[E(R_M) - R_F] \tag{7.43}$$

即

$$\lambda_1 = \frac{Cov(F_1, R_M)}{\sigma_M^2}[E(R_M) - R_F] \tag{7.44}$$

将式（7.43）代入式（7.42）可得

$$E(R_i) = R_F + b_i \frac{Cov(F_1, R_M)}{\sigma_M^2}[E(R_M) - R_F] \tag{7.45}$$

比较式（7.45）和式（7.41）可得

$$\beta_{iM} = b_i \frac{Cov(F_1, R_M)}{\sigma_M^2} \tag{7.46}$$

式（7.44）表明了因素风险溢酬与市场组合风险溢酬的关系。式（7.46）描述了证券相对于市场组合的 β 值与该证券相对于因素的敏感度之间的联系。

如果因素与市场组合同向运动，即因素和市场组合正相关，则 $Cov(F_1, R_M) > 0$。又由于 σ_M^2 和 $[E(R_M) - R_F]$ 都为正，所以式（7.44）的右端为正，从而 λ_1 是正的。因此，如果因素与市场组合正相关，则证券的期望收益率是证券对因素敏感度的增函数。

同样，如果因素与市场组合运动方向相反，即因素和市场组合负相关，则 $Cov(F_1, R_M) < 0$。又由于 σ_M^2 和 $E(R_M) - R_F$ 都为正，所以式（7.44）的右端为负，从而 λ_1 是负的。因此，如果因素与市场证券投资组合负相关，则证券的期望收益率是证券对因素敏感度的减函数。

如果收益率由单因素产生，且这个因素是一种市场指数，如标准普尔 500 指数，将会得到什么结果呢？考虑满足如下两个条件的情形：（1）指数与市场组合完全相关；（2）指数的收益率方差与市场组合的收益率方差完全相同。

首先，任意股票的 β 值等于它对指数的敏感度。由假设可得，$Cov(F_1, R_M) = \sigma_M^2$，从而 $\beta_{FM} = \dfrac{Cov(F_1, R_M)}{\sigma_M^2} = 1$，因此由式（7.46）可得 $\beta_{iM} = b_i$。

其次，$\lambda_1 = E(R_M) - R_F$。因为 $\beta_{FM} = \dfrac{Cov(F_1, R_M)}{\sigma_M^2} = 1$，由式（7.43）和式（7.44）可得：$\delta_1 = E(R_M)$，$\lambda_1 = E(R_M) - R_F$。

总之，如果能够找到满足上述两个假设的市场组合的替代品，则 CAPM 成立，其中，市场组合的作用由其替代品代替。

（二）多因素模型

如果证券的收益率由多因素模型产生，CAPM 模型也是可能成立的。我们来看双因素的情形。如果证券收益率由双因素模型产生，根据 APT 有

$$E(R_i) = R_F + b_{i1}(\delta_1 - R_F) + b_{i2}(\delta_2 - R_F) \tag{7.47}$$

如果 CAPM 成立，APT 中的两个因素组合一定满足式（7.41），即

$$\delta_1 = R_F + \dfrac{Cov(F_1, R_M)}{\sigma_M^2}[E(R_M) - R_F] \tag{7.48}$$

$$\delta_2 = R_F + \dfrac{Cov(F_2, R_M)}{\sigma_M^2}[E(R_M) - R_F] \tag{7.49}$$

将式（7.48）和式（7.49）代入式（7.47）可得

$$\begin{aligned} E(R_i) &= R_F + b_{i1}\dfrac{Cov(F_1, R_M)}{\sigma_M^2}[E(R_M) - R_F] + b_{i2}\dfrac{Cov(F_2, R_M)}{\sigma_M^2}[E(R_M) - R_F] \\ &= R_F + \left(b_{i1}\dfrac{Cov(F_1, R_M)}{\sigma_M^2} + b_{i2}\dfrac{Cov(F_2, R_M)}{\sigma_M^2}\right)[E(R_M) - R_F] \end{aligned} \tag{7.50}$$

比较式（7.50）和式（7.41）可得

$$\beta_{iM} = b_{i1}\dfrac{Cov(F_1, R_M)}{\sigma_M^2} + b_{i2}\dfrac{Cov(F_2, R_M)}{\sigma_M^2} \tag{7.51}$$

式（7.51）表明，当 CAPM 和 APT 都成立时，β_{iM} 是 b_{i1} 和 b_{i2} 的函数，即证券的 β 系数是它的两个因素敏感度的线性组合。

由式（7.48）和式（7.49）可得

$$\lambda_1 = \dfrac{Cov(F_1, R_M)}{\sigma_M^2}[E(R_M) - R_F] \tag{7.52}$$

$$\lambda_2 = \dfrac{Cov(F_2, R_M)}{\sigma_M^2}[E(R_M) - R_F] \tag{7.53}$$

因此，λ_1 与 λ_2 的规模既依赖于市场组合的风险溢酬 $[E(R_M) - R_F]$，又依赖于因素与市场组合收益率的协方差。如果因素都与市场证券投资组合的收益率正相关，则 λ_1 与 λ_2 均为正。

总而言之，套利定价理论与资本资产定价模型有很多相同的作用，它们都提供了一

个收益率的基准线。此外，套利定价理论突出显示了无法分散的风险（因素风险）与可分散风险之间的重要区别，其中前者需要一个风险溢价来补偿，而后者不需要。

套利定价理论是一个非常吸引人的模型，它依赖于一个假设，那就是资本市场中的理性均衡会消除套利机会。只要违背套利定价理论的定价关系，就会产生极强的压力来恢复均衡，即使只有有限的投资者注意到了这种非均衡。

与之相比，资本资产定价模型假设存在一个内生的不可观测的市场组合。资本资产定价模型建立在均值—方差有效的基础上，如果任何证券违背了期望收益—贝塔关系，那么许多投资者将会改变其投资组合，虽然单个投资者的影响很小，但联合起来对股价构成的压力会使其恢复均衡从而这种关系再次得到满足。

知识拓展 7-1：
资本资产定价
模型的扩展

尽管套利定价理论有明显的优势，但与它并非完全主导的资本资产定价模型相比，对于所有证券，资本资产定价模型的期望收益—贝塔关系是没有规律的，但是套利定价理论表明所有证券都拥有这种关系，不过可能少量证券除外。因为套利定价理论集中于无套利条件，没有市场或指数模型进一步的假设，因此它不能消除任意特殊资产违背期望收益—贝塔关系产生的影响。因此，资本资产定价模型的假设及其主导性观点仍然为人们所需要。

知识拓展 7-2：
证券市场线的
数学推导

【本章小结】

1. 资本资产定价模型（CAPM）建立在一组关于投资者行为的特殊假设和存在完全证券市场的假设基础上。基于这些假设，所有投资者都持有相同的风险证券投资组合，即切点组合，投资者之间的不同点在于他们在无风险借入或贷出数量上的不同。所有投资者都持有的同一风险证券投资组合即为市场组合。市场组合包含所有的证券，其中每只证券所占的比例等于它在整个市场中的市值比例。资本资产定价模型中的线性有效集即为资本市场线，资本市场线代表有效组合的期望收益率与标准差之间的均衡关系。对于单只证券来说，其风险溢价是市场组合的风险溢价与该证券 β 值的乘积，β 值为该证券与市场组合的协方差除以市场组合的方差。在资本资产定价模型中，证券的风险可分解为市场风险和非市场风险，β 值可以用来衡量证券市场风险的大小。证券的非市场风险可以通过分散化来消除，因此持有非市场风险组合的投资者不能因此而获得风险补偿。

2. 因素模型是一个收益率生成过程，该过程将证券的收益率与一个或多个共同的因素的变化相联系。证券收益率中任何不能被因素模型解释的部分都被假设为该证券特有的个性，与其他证券的相应部分无关。根据因素模型，证券的风险由因素风险和非因素风险构成，分散化导致因素风险的平均化，可以降低非因素风险。因素模型不是一个均衡模型，如果均衡存在，因素模型与资本资产定价模型之间存在特定的关系。

3. 套利定价理论与资本资产定价模型一样，都是均衡状态下的模型，不同的是套利定价理论的基础是多因素模型。套利定价理论比资本资产定价模型需要更少的关于投资者偏好的假设。套利定价理论假设证券收益率由因素模型生成，但没有确定具体的因素。如果市场上存在套利机会，投资者将构造套利组合进行套利。套利组合满足三个条件：即它的初始投资为0，对任何因素没有敏感性，具有正的收益率。投资者的套利行为将导致证券价格向均衡价格回归，最终套利机会消失。当所有的套利机会消失时，证券的均衡收益率包括两部分：无风险利率和风险溢价，证券的风险溢价等于该证券的因素敏感度与因素风险溢价的乘积。因素风险溢价是因素组合的期望收益率超过无风险利率的部分，而因素组合是对某一因素具有单位敏感度而对其他因素没有敏感性的特定组合。

【关键术语】

分离定理　市场组合　资本市场线　证券市场线　市场风险与非市场风险　因素模型　套利　套利定价线　因素组合

【案例分析】

利用 CAPM 对我国煤炭股 β 值的分析[①]

背景资料

本案例中，以煤炭行业上市公司股票为研究对象，运用资本资产定价模型（CAPM）的 β 值进行研究，分析煤炭股的系统性风险与非系统性风险，该案例对我国证券市场的研究和改进具有一定的指导意义。

资本资产定价模型（CAPM）是第一个在不确定条件下，使投资者实现效用最大化的资产定价模型。它是纯交换经济中的均衡模型，告诉人们按照投资组合理论去做会产生什么结果。

（1）CAPM 模型及理论内涵。CAPM 模型为 $E(R_p) = R_f + \beta[E(R_M) - R_f]$，其中，$\beta$ 表示投资组合的期望收益率，R_f 为无风险报酬率，$E(R_M)$ 表示市场组合期望收益率，β 为某一组合的系统性风险系数，CAPM 模型主要表示单个投资组合的收益率等于无风险收益率与风险溢价之和。资本资产定价理论认为，一项投资要求的必要报酬率取决于以下

[①] 根据苏克义等《CAPM 对我国煤炭股 β 值的分析》改编。

三个因素：①无风险报酬率，即将国债投资（或银行存款）视为无风险投资；②市场平均报酬率，即整个市场的平均报酬率；③投资组合的系统性风险系数即 β 系数，即某一投资组合的风险程度与市场证券组合的风险程度之比。如果 $\beta > 1$ 则这一投资组合承担的风险大于市场风险，相应要求的投资报酬率就要大于市场平均报酬率，其超过部分称为风险溢价。

依照 CAPM 模型，β 系数是分析同一时期市场每天的收益情况以及单只股票每天的收益计算出来的，是用来衡量一种证券或一个投资组合相对总体市场的波动性的风险评估工具。投资者选择投资对象时，根据风险因子 β 来判断投资风险的大小：当 $\beta = 1$ 时，表明该证券或证券组合具有市场平均风险；当 $\beta > 1$ 时表明投资对象的风险高于市场平均风险，称该投资对象为"进攻型资产"；当 $\beta < 1$ 时，表明投资对象的风险低于市场平均风险，称之为"防御型资产"。可以看出，β 值是构造投资组合的重要参数，它给出了投资风险的衡量标准，投资者可以根据事先确定的风险标准，来选择投资组合的成分股票。

（2）数据选取及处理。①样本和市场指数的选择。案例选取了 17 只上市煤炭股票自上市之日起至 2011 年 6 月 22 日复权处理后的收盘价作为研究对象。样本涵盖了上交所上市的所有煤炭股票，具有代表性。选择上证综合指数为市场指数，因为上证综合指数比较准确地反映了整体行情的变化，比较符合 CAPM 中所描述的市场组合。

②研究方法。案例中选取每只股票的收盘价，然后计算每只股票的每天的收益率作为因变量；以整个大盘的收益率作为自变量，采用 CAPM 的单因素指数模型：$R_{it} = \alpha_i + \beta_i R_{Mt} + \varepsilon_i$。其中，$R_{it}$ 为股票 i 在时间 t 的日收益率；R_{Mt} 为时间 t 的大盘日收益率；β_i 为股票 i 的 β 值；ε_i 为随机扰动项。收益率的计算公式为：$R_t = \ln(P_t/P_{t-1})$，其中，P_t 为上证综合指数和各公司的日收盘价。为研究股改的作用，我们对股权分置改革前后以及整个走势分别做时间序列回归分析并进行比较。

（3）β 值的分析。通过数据处理及回归操作，得到我们所需要的 β 系数。案例选取的 17 只股票中，有 10 只是股改之前上市，其余 7 只为股改之后上市。从整体上来看，只有 1 家公司的 β 值小于 1，属于防御型股票，其他的都是大于 1 的，属于进攻型股票，其中最高的可以达到 1.2439（安泰集团）。一般情况下，在风险相同时，投资者会选择预期收益率高的股票，但由于单只股票的非系统性风险较大，用于收益和风险关系的检验易产生偏差，因此，通常会构造股票组合来分散大部分的非系统性风险。而从股改前后看，在股改前有 4 家公司的 β 值小于 1，属于防御型股票。在股改后，其中 3 家公司 β 值增大了，并且有 7 家公司股改后的 β 值大于股改前的。股票变得更具进攻性，但增幅并非十分显著，其中 0.1 以内的 1 家（山西焦化），0.1~0.2 的 2 家（恒源煤电、兰花科技），0.2~0.3 的 3 家（开滦股份、上海能源、兖州煤业），0.3~0.4 的 1 家（国阳新能）。除此之外，β 值减小的幅度分别是 0.215（安泰集团）、0.321（盘江股份）、0.481（ST 贤成）。可以明显地发现 β 值有向 1 靠近的趋势，这说明股改使煤炭板块系统收益变动与市场趋于同步，对减少盲目投资和泡沫起到了较好的效果。

股改前上市的 10 只煤炭股在股改后阶段 β 系数回归结果

股票名称	系数值	R^2
安泰集团	1.243	0.316
国阳新能	1.157	0.301
恒源煤电	1.130	0.355
开滦股份	1.181	0.333
兰花科技	1.176	0.406
盘江股份	1.097	0.366
山西焦化	1.039	0.295
上海能源	1.193	0.428
兖州煤业	1.115	0.421
ST 贤成	0.748	0.157

（4）结论。通过对 β 值的分析，我们可以发现煤炭行业大多是高风险高收益的进攻型股票。投资者可以在股改后的牛市买入获利，在熊市中卖出避险。而通过股改后 β 值的变化比较大，变化幅度在 0.2 以上的有 7 家，4 家增大，3 家减少。这说明股权分置改革还是起到了一定的作用，大部分公司与大盘之间的关系更加紧密了。同时，我国的股票市场还是存在着很大的系统性风险和非系统性风险，还是不成熟的。投资者可以根据不同的具体情况作出相应的调整，使其更适用于自身的投资分析。

讨论题

（1）在资本资产定价模型的应用中，无风险利率应该如何选取？

（2）市场风险溢价如何选择？

（3）关于 β 值的计算。

分析路径与提示

（1）在国外，一般选择国债利率作为无风险利率。一种观点认为应该选择短期国债收益率作为无风险利率，因为短期国债没有流动性风险，但短期国债收益率的波动性很大，如果选择短期国债收益率作为无风险利率来估计公司的资本成本，这会使得所估计的结果对短期国债收益率过于敏感，因此有人提出用长期国债收益率作为无风险利率。但期限较长意味着流动性风险和再投资风险，因此应该在长期国债收益率的基础上减去期限贴水。

我国目前可供选择的无风险利率主要有以下几个：国债收益率、国债回购利率、银行存款利率、银行间同业拆借利率。我国国债市场存在着市场化程度低、品种少、期限结构不合理（长期国债多而短期国债少）、流动性低和市场分割的问题，因此用国债利率作为无风险利率存在一定的困难。而建立在国债基础上的国债回购利率在很大程度上可以作为市场利率的参考。国债回购相当于国债抵押贷款，因此违约风险较小。我国国债回购市场交易相对活跃，流动性较高，但其主要问题是市场分割，因为回购市场有银行间和交易所两个市场。国内也有人采用商业银行的存款利率作为无风险利率。这一考虑主要基于我国的银行体系以国有商业银行为主，违约风险较小。但是采用银行存款利率的问题在于它不是市场化的,而且流动性很差,尤其是定期存款。银行同业拆借利率能够较好地反映资金的供求状况,但市场参与者仅限于具备一定资格的金融机构,而且它更多的是反映短期流动性的供求关系,波动性较大。

(2) 首先,我们需要找到一种市场组合的替代品;其次,我们需要确定抽样的期间;最后,我们要在抽样期间计算收益率的平均值,而收益率平均值的计算又有几何平均法和算术平均法。我国目前交易所提供的指数主要有两类:一类是上证综合指数和深证综合指数,以所有上市公司为样本并以总股本为权重;另一类是两市的成分指数,包括上证180指数、上证50指数、深证成分指数和沪深300指数。非交易所提供的指数主要有中信指数、中华指数、新华指数、中经指数等。其中中信指数的影响相对较大。我国在股权分置改革前,大部分股票不可流通,因此以总股本为权重的综合指数失真情况比较严重;几个成分指数由于受成分股选择的影响,有时不能代表所有股票的变化。非交易所指数的影响力要小于交易所指数。

确定抽样区间对市场风险溢价的影响比较大。市场的上涨和下跌具有周期性,有时一个周期会很长,如美国股市在1983年之后基本上以上涨为主,而在这之前的20年间,股市基本没有上涨。另外,在牛市中股票交易比较活跃,价格波动自然就大;在熊市中股票交易不活跃,价格波动就小。

计算市场风险溢价,需要把若干个样本数据作平均,而平均的方法有几何平均法和算术平均法。用几何平均法算出的数据要小于算术平均法算出的;收益率的波动性越大,两者的差别就会越大。样本跨度期间越短,用算术平均法算出的数就会越大,例如,按月计算的算术平均值要比按年计算的算术平均值大,而几何平均法不受样本期间长短的影响。

(3) 估算 β 值时需要考虑以下问题:①市场证券组合的替代品选择问题;②样本数据期间跨度的选择,用做回归分析的数据可以是日数据、也可以是周数据和月数据,比较这几种数据的选择对 β 值的影响;③样本数据区间长短的确定;④基于历史数据估算的 β 值的调整。

一般用指数作为市场组合的替代,在大多数情况下,指数的选取对 β 值的影响并不显著,但必须要保证指数应该是一个充分分散化的投资组合,因此,用成分指数作为市场组合的替代,效果会稍差一些。

样本数据期间跨度长短的选择会对 β 值产生影响,如果选择日数据,由于受个别因素的影响会使计算的 β 值较小;而选择较长的数据期间,所要求的样本数量就会增加。一般选择周数据和月度数据。

样本区间不能太短,至少要达到二至三年,例如美林公司用5年的数据来估算 β 值。但是,根据研究, β 值有向目标值1回复的趋势,即 β 值大于1的公司,其 β 值会逐渐减小,而 β 值小于1的公司,其 β 值会逐渐增大。如果时间区间太长,这期间 β 值的变化会使估计误差加大。

基于历史数据估算的 β 值,一般还要对其进行调整,作为未来 β 值的估计值。一方面是对 β 值均值回复规律的调整,例如美林公司的调整方法是:$\beta_a = 0.66\beta_h + 0.34\beta_m$,

其中，β_h 为历史数据估算的 β 值，β_m 为市场组合的 β 值。另外，还需要针对行业因素和公司财务因素对 β 值进行调整，如行业风险大，β 值要向上调整；公司财务风险大，β 值也要向上调整。

【能力训练】

（一）选择题

1. 假设无风险利率为6%，市场组合的期望收益率为14%，标准差为22%，资本市场线的斜率是（　　）。

    A. 0.64　　　B. 0.14　　　C. 0.08　　　D. 0.33　　　E. 0.36

2. 根据CAPM模型，下列说法不正确的是（　　）。

    A. 如果无风险利率降低，单只证券的收益率将成正比降低

    B. 单只证券的期望收益的增加与 β 成正比

    C. 当一只证券的价格为公平市价时，α 为零

    D. 均衡状态下，所有证券都在证券市场线上

    E. 以上各项均正确

3. 对市场组合，说法不正确的是（　　）。

    A. 它包括所有证券　　　　B. 它在有效边界上

    C. 市场资产组合中所有证券所占比重与它们的市值成正比

    D. 它是资本市场线和无差异曲线的切点

4. 证券X期望收益率为0.11，β 值为1.5，无风险收益率为0.05，市场组合的期望收益率为0.09。根据资本资产定价模型，这只证券（　　）。

    A. 被低估　　B. 被高估　　C. 定价公平　　D. 无法判断

    E. 以上各项均不正确

5. 无风险利率为0.07，市场组合的期望收益率为0.15，证券X的期望收益率为0.12，β 值为1.3。那么投资者应该（　　）。

    A. 买入X，因为它的市场价格被高估了

    B. 卖出X，因为它的市场价格被高估了

    C. 卖出X，因为它的市场价格被低估了

    D. 买入X，因为它的市场价格被低估了

    E. 以上各项均不正确，因为它的定价公平

6. APT是1976年由（　　）提出的。

    A. 林特纳　　　B. 莫迪利安尼和米勒

    C. 罗斯　　　　D. 夏普　　　E. 以上各项均不正确

7. 下面（　　）因素不属于系统性风险。

    A. 经济周期　　B. 利率　　　C. 公司的人事变动

    D. 通货膨胀率　　　　　　　E. 汇率

8. 证券市场线描述的是（ ）。
   A. 证券的期望收益率与其系统性风险的关系
   B. 风险证券组合与风险证券的最佳资产组合
   C. 证券收益与指数收益的关系
   D. 由市场资产组合与无风险资产组成的资产组合

9. CAPM 模型认为资产组合收益可以由（ ）得到最好的解释。
   A. 经济因素   B. 特有风险
   C. 系统风险   D. 分散化

10. β 与标准差作为对风险的测度，其不同之处在于 β 测度的（ ）。
    A. 仅是非系统性风险，而标准差测度的是总风险
    B. 仅是系统性风险，而标准差测度的是总风险
    C. 是系统性风险与非系统性风险，而标准差只测度非系统性风险
    D. 是系统性风险与非系统性风险，而标准差只测度系统性风险

11. 套利定价理论不同于单因素 CAPM 模型，是因为套利定价理论（ ）。
    A. 更注重市场风险
    B. 减少了分散化的重要性
    C. 承认多种非系统性风险因素
    D. 承认多种系统性风险因素

12. 假设你持有一个风险分散非常好的资产组合，其中的证券数目很多，并且单因素模型成立。如果你的资产组合的标准差是 0.20，市场组合的标准差是 0.16，则该资产组合的 β 值是（ ）。
    A. 0.64   B. 0.80   C. 1.25   D. 1.56
    E. 以上结果都不正确

13. 美林公司用单指数模型回归分析来对某只股票的总收益率进行估计。回归方程的截距为 0.06，β 值为 0.5，无风险收益率为 12%，则该股票实际的 α 为（ ）。
    A. 0   B. 3%   C. 6%   D. 9%
    E. 以上结果都不正确

14. 考虑单因素 APT 模型，因素组合收益率的方差为 0.06。一个充分分散化的资产组合的因素敏感度为 1.1，则其方差为（ ）。
    A. 0.036   B. 0.06   C. 0.073   D. 0.101
    E. 以上结果都不正确

15. 考虑有两个因素的 APT 模型，股票 A 的期望收益率为 16.4%，对因素 1 的敏感度为 1.4，对因素 2 的敏感度为 0.8。因素 1 的风险溢价为 3%，无风险利率为 6%。如果无套利机会，因素 2 的风险溢价为（ ）。
    A. 2%   B. 3%   C. 4%   D. 7.75%
    E. 以上各项均不准确

16. 考虑有两个因素的 APT 模型，股票 A 对因素 1 的敏感度为 1.2，对因素 2 的敏感度为 0.7。因素 1 的风险溢价为 5%，因素 2 的风险溢价为 6%。股票 A 的期望收益率为 17%。如果无套利机会，无风险利率为（   ）。

    A. 6.0%　　B. 6.5%　　C. 6.8%　　D. 7.4%

    E. 以上各项均不准确

17. 假设证券市场上的借贷利率相同，那么有效组合具有的特性包括（   ）。

    A. 具有相同期望收益率水平的组合中，有效组合的风险水平最低
    B. 在有相同风险水平的组合中，有效组合的期望收益率水平最高
    C. 有效组合的非系统性风险为零
    D. 除无风险资产外，有效组合与市场组合之间呈完全正相关关系
    E. 有效组合的 α 系数大于零

18. 如果 CAPM 有效，无风险利率为 5%，市场证券组合的期望收益率为 12%，标准差为 0.20。下列情形不可能出现的是（   ）。

    A. 某证券组合的 β 值为 0.8，标准差为 0.25
    B. 某证券组合的 β 值为 1.0，标准差为 0.25
    C. 某证券组合的 β 值为 1.2，标准差为 0.20
    D. 某证券组合的 β 值为 0.8，标准差为 0.14
    E. 某证券组合的 β 值为 1.2，标准差为 0.30

19. 关于资本市场线和证券市场线，以下说法正确的是（   ）。

    A. 如果某一证券的非系统性风险为零，它一定会落在资本市场线上
    B. 如果某一证券的非系统性风险大于零，它一定不会落在证券市场线上
    C. 如果某一组合落在证券市场线上，表明该组合的非系统性风险为零
    D. 如果某一组合落在资本市场线的下方，表明该组合的非系统性风险大于零
    E. 如果某一组合既在资本市场线上，又在证券市场线上，则该组合的非系统性风险一定为零

20. 关于系统性风险与非系统性风险，以下说法正确的有（   ）。

    A. 在均衡市场上，承担非系统性风险的投资者是不明智的
    B. 不论市场是否达到均衡状态，承担非系统性风险的投资者都是不明智的
    C. 如果 CAPM 成立，所有理性投资者的投资组合的非系统性风险为零
    D. 所有证券的非系统性风险都是不相关的
    E. 非系统性风险不会引起证券价格的变化

21. 下面（   ）假设是在资本资产定价模型中有而套利定价理论中没有的。

    A. 市场是完全竞争的，无摩擦的
    B. 对于所有投资者，无风险利率相同
    C. 所有投资者具有相同的投资期限
    D. 没有税收
    E. 投资者按照期望收益率和标准差来选择投资组合

22. 关于资本资产定价模型和套利定价理论，以下说法正确的有（　　）。
A. 套利定价理论和资本资产定价模型都是均衡模型，因此如果资本资产定价模型不成立，套利定价理论也一定不成立
B. 套利定价理论的假设比资本资产定价模型更少，因此适用范围更广
C. 套利定价理论使用多个因素来解释风险与收益率的关系，因此具有更大的潜在优势
D. 在套利定价理论和资本资产定价模型中，计算同一证券的系统性风险的大小是相同的
E. 如果套利定价理论和资本资产定价模型都成立，计算同一证券的期望收益率是相同的

23. 以下关于证券市场线的说法正确的有（　　）。
A. 证券市场线上的任意一点都是有效证券组合，非有效组合落在证券市场线的下方
B. 证券市场线描述的是特定证券和市场组合的协方差与该证券期望收益率之间的均衡关系
C. 证券市场线反映的是有效组合的期望收益率和标准差之间的关系
D. 证券市场线是资本资产定价模型的一种表现形式

24. 套利定价理论比简单的 CAPM 模型具有更大的潜在优势，其特征是（　　）。（CFA 真题）
A. 对生产、通胀与利率期限结构的预期变化的确定，可作为解释风险与收益间相互关系的关键因素
B. 对无风险收益率按历史时间进行更好的测度
C. 对给定的资产，按时间变化衡量套利定价理论因素敏感性系数的波动性
D. 使用多个因素而非单一市场指数来解释风险与收益的相关性

25. 与 CAPM 模型相比，套利定价理论（　　）。（CFA 真题）
A. 要求市场均衡
B. 使用以微观变量为基础的风险溢价
C. 指明数量并确定那些能够决定期望收益率的特定因素
D. 不要求关于市场资产组合的限制性假定

26. 均衡价格关系被破坏时，投资者会尽可能大地占领市场份额，这是（　　）的实例。（CFA 真题）
A. 优势竞争　　　　　　　B. 均方差有效率边界
C. 无风险套利　　　　　　D. 资本资产定价模型

（二）思考题
1. 分离定理的主要含义。
2. 资本市场线和证券市场线有何区别。
3. 比较分析以下几个模型：资本资产定价模型，单因素模型，市场模型。
4. 套利证券组合的三个条件。

5. 套利定价理论和资本资产定价模型的区别与联系。

6. 资本资产定价模型的前提假设，以及它们与真实的投资决策过程的联系。

(三) 计算题

1. 假设市场组合由两只证券组成，它们的期望收益率分别为8%和13%，标准差分别为0.12和0.20，在市场组合中的权重分别是0.4和0.6，两只证券收益率的相关系数为0.3，无风险利率为5%。某投资组合的期望收益率为10%，若该组合为前沿组合（在资本市场线上），求该组合的标准差。

2. 三只证券的β值分别为0.8、1.0和1.2，在某投资组合中三只证券的权重分别为0.2、0.3和0.5。市场组合的期望收益率为10%，标准差为0.20，无风险利率为5%。若该组合是一个充分分散化的投资组合。计算该组合的β值、期望收益率和标准差。

3. 在市场处于均衡条件下，股票1的期望收益率为19%，β值为1.7；股票2的期望收益率为14%，β值为1.2。假设CAPM成立，则市场组合的期望收益率为多少？无风险利率为多少？

4. 假设下表中的三只股票满足CAPM。填充其中的空格：

股票	预期回报	标准差	β值	误差项方差
1	0.15	( )	2.00	0.10
2	( )	0.25	0.75	0.04
3	0.09	( )	0.50	0.17

5. 给定两只证券、市场组合和无风险收益率的信息如下：

证券	期望收益率（%）	与市场组合的相关系数	标准差（%）
1	17	0.9	20
2	9	0.8	9.0
市场组合	12.0	1.0	12.0
无风险收益率	5.0	0	0

(1) 画出证券市场线。

(2) 两只证券的β值是多少？

(3) 在证券市场线图上描出两只证券。

6. 由三只证券组成的证券组合，这三只证券的相关数据如下：

证券	β值	随机误差项标准差	权重
甲	1.2	6%	0.2
乙	0.80	10%	0.5
丙	0.60	3%	0.3

如果市场指数的标准差为0.18，求这个证券组合的总风险。

7. 构成证券组合的两只证券满足单因素模型：

证券	因素敏感度	非因素风险方差	权重
A	0.20	0.0049	0.40
B	3.50	0.01	0.60

如果因素的标准差是15%，求这个证券组合的因素风险、非因素风险和它的标准差。

8. 两只证券满足双因素模型，这两个因素不相关。两只证券数据如下：

证券	零因子	因素1载荷	因素2载荷	非因素风险 $\sigma_{e_i}^2$
A	2%	0.8	2.6	0.025
B	3%	0.7	1.2	0.016

如果因素1和因素2的预期值分别为15%和4%，标准差为20%和5%，在证券A上投资4 000元，在证券B上投资6 000元构成一个证券投资组合。求证券投资组合的期望收益率和标准差。

9. 假定影响证券价格的两个因素已经确定：国内生产总值增长率与通货膨胀率。目前，预期国内生产总值增长率为3%，通货膨胀率为5%。某股票对国内生产总值增长率的敏感度为1，对通货膨胀率的敏感度为0.5，股票的期望收益率为12%。如果国内生产总值的真实增长率为5%，通货膨胀率为8%，则修正后的股票的期望收益率为多少？

10. 已知证券收益率由单因素模型生成，某一投资组合数据如下：

证券	因素敏感度	投资权重	期望收益率（%）
A	0.6	0.4	12
B	0.3	0.3	15
C	1.2	0.3	8

试确定一个可能的套利组合并计算其期望收益率。

11. 假定两个证券组合都已经充分分散化，$E(R_A) = 12\%$，$E(R_B) = 9\%$，如果影响证券价格的因素只有一个，并且 $b_A = 1.2$，$b_B = 0.8$，可以确定无风险利率是多少？

12. 市场上有下列四只证券：

证券	对因素1的敏感度	对因素2的敏感度	期望收益率（%）
A	0.5	1	8.5
B	1.5	0.8	12.9
C	0.8	1	10
D	2	1	12

假设收益率由一个双因素模型生成。

（1）试问市场是否存在套利机会。如果存在套利机会，确定一个套利组合。

（2）如果知道该市场中前三只证券已经构成一个均衡市场，根据套利定价理论写出套利定价线方程，并根据套利定价线方程确定证券 D 的均衡收益率。

13. 考虑双因素 APT 模型，有两个独立的经济因素，F1 和 F2，无风险利率为 5%。A、B 是充分分散风险的两个资产组合。

组合	对因素 1 的敏感度	对因素 2 的敏感度	期望收益率（%）
A	0.5	1.0	13
B	1.5	0.5	19

假设组合 A 和组合 B 不存在套利机会。

（1）如何利用组合 A 和组合 B 构造因素 1 的因素组合，该因素组合的期望收益率为多少？

（2）如何利用组合 A 和组合 B 构造因素 2 的因素组合，该因素组合的期望收益率为多少？

（3）如果一个新发行的证券 C，对因素 1 的敏感度为 0.5，对因素 2 的敏感度为 0.8，若该证券的期望收益率为 8%，是否存在套利机会，如果存在，如何构造套利组合？该证券的均衡收益率为多少？

14. 设资本资产定价模型成立，证券的收益率由一个单因素模型生成。证券 A、证券 B 及市场组合的相关信息如下：

$$\sigma_M^2 = 400 \quad b_A = 0.7 \quad b_B = 1.1 \quad Cov(F, R_M) = 360$$

（1）计算证券 A 和证券 B 的 β 系数。

（2）如果无风险收益率为 6%，市场组合的期望收益率为 12%，证券 A 和证券 B 的均衡收益率分别为多少？

第七章
【能力训练】
参考答案

【参考资料】

[1] Black Fischer, 1972, Capital Market Equilibrium with Restricted Borrowing. *Journal of Business*, 45（3）：444 – 455.

[2] Breeden, D. T., 1979, An Intertemporal Asset Pricing Model with Stochastic Consumption and Investment Opportunities, *Journal of Financial Economics*, 7：265 – 296.

[3] Fama E. F., French K. R., 1992, The Cross – section of Expected Stock Returns, *Journal of Finance*, 47：427 – 466.

[4] Fama E. F., French K. R., 1993, Common Risk Factors in the Returns on Bonds and Stocks, *Journal of Financial Economics*, 33：3 – 56.

[5] Lintner, John, 1965, The Valuation of Risky Assets and the Selection of Risky Investments in Stock Portfolios and Capital Budgets, *Review of Economics and Statistics*, 47：13 – 37.

［6］Lucas, Robert E., Jr. , 1978, Asset Prices in an Exchange Economy, *Econometrica*, 46: 1429 – 1446.

［7］Markowitz Harry, 1952, Portfolio Selection, *Journal of Finance* , 7: 77 – 91.

［8］Merton Robert C. , 1973, An Intertemporal Capital Asset Pricing Model, *Econometrica*, 41: 867 – 887.

［9］Mossin, J. , 1966, Equilibrium in a Capital Asset Market, *Econometrica*: 34: 768 – 783.

［10］Ross, Stephen A. , 1976, The Arbitrage Theory of Capital Asset Pricing, *Journal of Economic Theory* , 13: 341 – 360.

［11］Sharpe, William, 1964, Capital Asset Prices: A Theory of Market Equilibrium Under Conditions of Risk, *Journal of Finance*, 19: 425 – 442.

［12］Shefrin H. , Statman M. , 1994, Behavioral Capital Asset Pricing Theory, *Journal of Financial and Quantitative Analysis*, 29（3）: 323 – 349.

［13］Tobin J. , 1958, Liquidity Preference as Behavior Towards Risk, *Review of Economic Studies*, 26（1）: 65 – 86.

［14］［美］威廉·夏普, 戈登·亚历山大, 杰弗里·贝利. 投资学（第五版）［M］. 赵锡军, 龙永红等译, 北京: 中国人民大学出版社, 1998.

［15］［美］滋维·博迪, 亚历克斯·凯恩, 艾伦·马科斯. 投资学（第九版）［M］. 汪昌云, 张永翼等译, 北京: 机械工业出版社, 2012.

［16］证券之星网站: http://www.stockstar.com.cn。

［17］和讯财经网: http://www.homeway.com.cn。

［18］中国上市公司资讯网: http://www.cnlist.com。

［19］金融街投资理财网: http://www.jrj.com.cn。

［20］巨灵信息网: http://www.chinaef.com。

［21］国泰安信息技术有限公司: http://www.gtadata.com/。

［22］中国金融数据网: http://www.xxwchina.com/。

［23］中国基金网: http://www.chinafund.cn/index.asp。

［24］中国财富网: http://www.caifu.com.cn。

［25］人大经济论坛: http://www.pinggu.org/bbs/index.asp?boardid = 18。

［26］国外股票收益曲线在线分析: http://www.bloomberg.com/markets。

［27］来自北美和南美、欧洲和亚洲交易所的报价: http://www.marketcenter.com/。

第八章
投资信息披露的监控与分析

【本章知识框架】

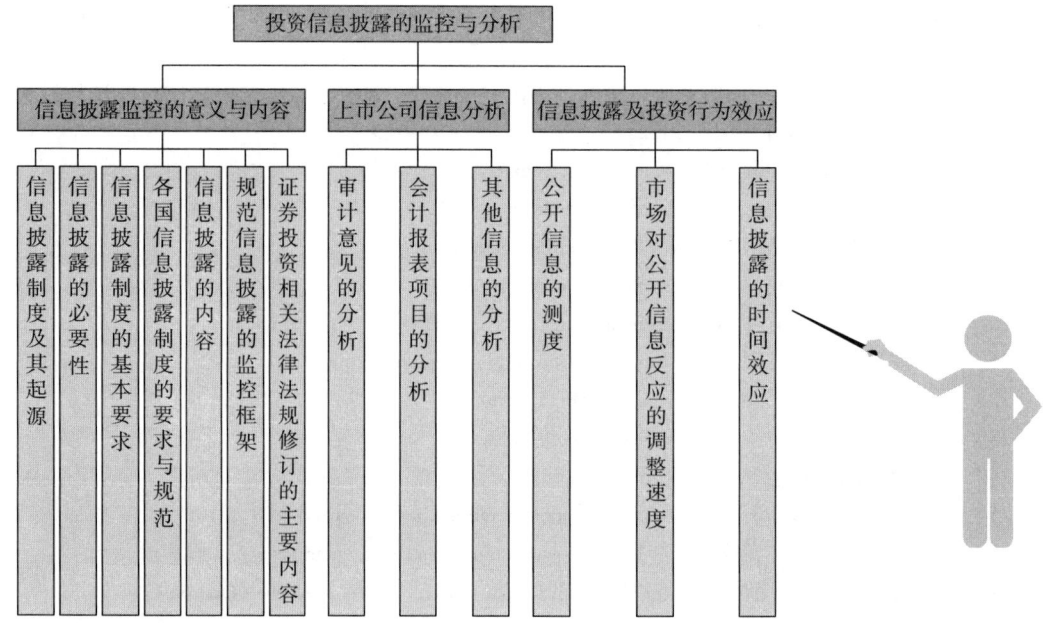

【本章学习目标】

1. 理解信息披露及其监管的基本内容与意义；
2. 了解世界主要发达国家对信息披露监管的方法；
3. 了解法律、审计与会计等不同视角对信息披露的分析；
4. 掌握公开信息的测度方法及其时间效应。

第一节　信息披露监控的意义与内容

一、信息披露制度及其起源

（一）信息披露制度的含义

它既包括发行前的披露，也包括上市后的持续信息公开。信息披露制度在各国的证券法中都有明确的规定。公平、公正、公开是证券市场运作的三大原则，也是建立我国证券市场信息披露制度的基石。

> 信息披露制度，也称公告制度、公开披露制度，是指在证券市场上从事证券发行、上市和交易的当事人应依照法律法规、证券主管机关的管理规则及证券交易场所的有关规定，以一定的方式向社会公众发布或向证券主管部门或自律机构提交申报与证券有关的信息而形成的一整套行为规范和活动准则的总称。

（二）信息披露制度的起源

信息披露制度源于英国 1844 年的《公司法》，确立于美国 1933 年的《证券法》和 1934 年的《证券交易法》。从证券市场发展的历史看，这一制度的形成主要基于证券市场的失控和对大危机的反思。美国于 1933 年和 1934 年相继颁布了《证券法》和《证券交易法》，其目的是试图通过法律监管来恢复证券市场的信心与活力。而这两部证券大法的精髓正是以信息披露为灵魂的。1933 年的《证券法》的基本目标有两个：一是保证投资者能够得到与公开销售的证券相关的实质性财务信息和其他信息；二是禁止错误的陈述、欺诈和一般证券销售中的欺骗行为。1934 年的《证券交易法》则把证券监管从一级市场延伸到二级市场，其目的是为了规范涉及证券市场交易的监管，防止不公平的交易行为，并要求上市公司提供持续性的信息披露。

（三）我国信息披露制度的发展

我国的证券市场是伴随着改革开放的步伐而逐渐成长起来的。上海证券交易所和深圳证券交易所分别于 1990 年和 1991 年相继成立，但当时并不存在统一的信息披露规范制度，上市公司信息披露处于非规范化的状态。经过三十年的风雨历程，中国证券市场已建立了以《证券法》为主体，相关的行政法规、部门规章等规范性文件为补充的全方位、多层次的上市公司信息披露制度框架。该框架从原则性规范到操作性规范，从信息披露的内容、形式到手段，都作出了较为合理的规定，并参考了国际通行的规范，披露标准较高，制定过程较为透明，基本达到了国际水平。但是，随着证券市场规模的迅速扩大、投资社会化的不断提高，人们要求上市公司和证券市场规范化管理的呼声也逐年升高。2014 年 8 月 31 日，第十二届全国人民代表大会常务委员会进行公布实施了《证券法》最新修订版。2015 年 12 月 9 日，国务院常务会议通过提请全国人大常委会授权国务院在实施股票发行注册制改革中调整适用《中华人民共和国证券法》。2016 年 3 月 9 日，全国人大常委会工作报告表示将继续修改《证券法》。2019 年 12 月 28 日，第十三届全国人大常委会第十五次会议审议通过了修订后的《中华人民共和国证券法》，已于 2020 年 3 月 1 日起施行。

二、信息披露的必要性

信息披露制度是为保障投资者利益和接受社会公众的监督而依照法律规定必须公开或公布其有关的信息和资料，使投资者能在充分了解情况的基础上做好决策的一系列制度。通过信息披露，可以了解上市公司的经营状况、财务状况及其发展趋势。从而有利于证券主管机关对证券市场的管理，引导证券市场健康、稳定地发展；有利于社会公众依据所获得的信息，及时采取措施，作出正确的投资选择，同时也有利于上市公司的广大股东及社会公众对上市公司进行监督。因此信息披露制度是证券市场良好运行的重要一环。

（一）信息披露是衡量发行人是否符合发行、上市条件的重要标准

只有申请人将招股说明书、募集说明书与上市公告书等文件提交审批机构，才能使审批机构全面了解发行申请情况。因此，相关法律文件的制作必须真实、准确、全面披露申请人的有关信息。

（二）信息披露是保护投资者的重要手段

保护投资者的利益是证券市场监管的主要目标。投资者鉴别上市公司质量的唯一手段是阅读信息披露文件，通过阅读这些文件，投资者可以全面真实地了解企业情况，并作出投资选择。如果信息披露不及时、不全面或不真实，就可能对投资形成欺诈或误导，损害公众投资者的利益。要消除证券市场的信息垄断和不对称现象，有效地防止人为操纵，使投资者公平合理地获得有关证券的所有信息，就必须依赖于强制性的信息披露制度。这是证券市场公开性原则的具体体现，也是保护投资者利益的最基本和最重要的手段。

（三）信息披露是促使企业走向规范化的重要手段

股份制和股票市场的试验目的不仅在于通过证券市场融通资金，更重要的是使企业真正实现经营机制的转换。上市公司的信息披露行为是股份有限公司的特征之一。这使上市公司以高度透明的方式，展示自己的资信和经营活动，使公司置于广大股东和全社会的监督与制约之下，从而改变过去传统的政府行政管理企业的方式，推动企业的股份制改革。强制的信息披露制度促使企业逐步走向规范化。

（四）信息披露是矫正市场失灵的必要手段

证券市场本身也是信息市场，信息在证券市场的运行与功能发挥的过程中起着核心作用，而信息失灵又是证券市场失灵的主要表现之一，同时，信息产品本身也存在垄断提供、外部性、公共产品等诱发市场失灵的特征。因此，对证券市场信息的监管自然也成为证券监管的主要内容和社会公众关注的焦点。而证券市场的信息监管也需要依赖于强制性的信息披露制度。作为矫正市场失灵的必要手段，强制性的信息披露不仅可以在一定程度上消除因信息失灵导致的证券市场的失灵，同时也是抑制证券市场欺诈、投机、操纵以及减少其他信息风险的重要手段。因此，信息披露在证券市场的整个监管体系中居于核心地位。

（五） 信息披露是提高证券市场有效性的重要途径

有效市场理论表明，一个信息完全和分布对称的资本市场才是有效的市场，而实际的资本市场往往达不到这样，这就需要政府研究并制定信息披露方面的法规，并保证其有效实施，从而实现资本市场信息的完全和对称，维护证券市场的效率。在现实经济中，信息不仅是有成本的，而且也不可能是完全的。证券有关信息的充分披露和均匀分布，使每个投资者都能够获得等质等量的信息，对于提高证券市场有效性是十分必要的。因此，强制性的信息披露在提高证券市场的有效性方面仍然具有重要作用。

（六） 信息披露是上市公司有效治理的前提条件

公司治理结构是现代公司制度的核心，也是证券市场所有上市公司所必须具备的架构。这一架构不仅表现为由股东大会、董事会、监事会与经理层之间形式上的划分，而且在本质上体现了公司的不同利益相关者之间的权利和责任关系。其目标是维护以股东为主体的所有利益相关者的利益。可见，上市公司的信息披露不仅是保护利益相关者利益的重要措施，也是上市公司治理的重要方面。在证券市场，除了以法定的形式要求上市公司履行定期的和非定期的信息披露义务之外，还包括从上市公司治理结构的规范运作等方面来保证信息披露的质量。高质量的信息披露是上市公司有效治理的前提条件，而有效的公司治理架构又是信息披露质量的保障。

三、信息披露制度的基本要求

信息披露制度的基本要求虽然因各国的法律环境、市场条件而不同，但从信息披露的时间、信息的质量和信息的数量三方面来考虑，可以归纳为及时性、有效性和充分性三条标准。

（一） 及时性标准

及时性标准要求上市公司将有关重要信息以最快的时间公开，让投资者自行判断信息对公司可能产生的影响，从而决定是继续持有还是卖出该公司股票。只有及时地披露信息，才能使公司股份依据新的信息及时作出调整，以保证股票市场的连续和有序，并且使投资者根据最新信息及时作出理性选择，避免造成损失或承担额外风险；也只有及时地披露信息，才能缩短掌握未公开信息者进行内幕交易的时间，保证公平与公正。因此，各国证券法都将及时性作为信息披露的首要要求。

（二） 有效性标准

有效性标准是对信息质量的要求。首先，信息的有效性表现为信息的准确性。披露的信息必须正确反映客观事实。当披露的信息变得不准确时，发行人必须予以更正，以正确反映当前的事实。其次，信息的有效性还表现在信息的重要性上。重要性是一个关键问题，它关系到上市公司信息披露的范围。但一个信息是否重要又具有相对性，与个人的立场和判断方法有关，因此，至今尚未找到一个普遍接受的标准。各国在立法和监管中的做法也各不相同，在美国，联邦证券法并未对重要性标准作出规定。

（三） 充分性标准

充分性标准要求信息披露人应将所有的信息全部予以公开，不得有任何隐瞒、遗漏或删减。充分披露首先表现在形式上的充分,包括法定形式和任意形式两种。法定形式有注册报表、定期报告、临时报告等方式,任意形式有新闻媒介、信息发布会等方式。其次表现在内容上的充分,各种证券法规大多对各种不同事项规定了披露表格,必须严格按表格上所列的条款编制各类报表。

四、各国信息披露制度的要求与规范

(一) 我国信息披露的监控要求与规范

根据中国证监会于 2007 年 1 月 30 日发布的《上市公司信息披露管理办法》的规定,我国上市公司的信息披露应遵循以下要求。

1. 信息披露义务人应当真实、准确、完整、及时地披露信息,不得有虚假记载、误导性陈述或者重大遗漏,并且同时向所有投资者公开披露信息。在境内外市场发行证券及其衍生品种并上市的公司在境外市场披露的信息,应当同时在境内市场披露。

2. 发行人、上市公司的董事、监事、高级管理人员应当忠实、勤勉地履行职责,保证披露信息的真实、准确、完整、及时、公平。在内幕信息依法披露前,任何知情人不得公开或者泄露该信息,不得利用该信息进行内幕交易。

3. 信息披露文件主要包括招股说明书、募集说明书、上市公告书、定期报告和临时报告等。上市公司及其他信息披露义务人依法披露信息,应当将公告文稿和相关备查文件报送证券交易所登记,并在中国证券监督管理委员会指定的媒体发布。

4. 信息披露义务人在公司网站及其他媒体发布信息的时间不得先于指定媒体,不得以新闻发布或者答记者问等任何形式代替应当履行的报告、公告义务,不得以定期报告形式代替应当履行的临时报告义务,并将信息披露公告文稿和相关备查文件报送上市公司注册地证监局,并置备于公司住所供社会公众查阅。

5. 信息披露文件应当采用中文文本。同时采用外文文本的,信息披露义务人应当保证两种文本的内容一致。两种文本发生歧义时,以中文文本为准。

6. 中国证监会依法对信息披露文件及公告的情况、信息披露事务管理活动进行监督,对上市公司控股股东、实际控制人和信息披露义务人的行为进行监督。证券交易所应当对上市公司及其他信息披露义务人披露信息进行监督,督促其依法及时、准确地披露信息,对证券及其衍生品种交易实行实时监控。证券交易所制定的上市规则和其他信息披露规则应当报中国证监会批准。

7. 中国证监会可以对金融、房地产等特殊行业上市公司的信息披露作出特别规定。

2020 年 3 月 1 日,新修订的《证券法》正式施行,对信息披露做了专章规定。中国证监会发布修订后的《上市公司信息披露管理办法》(以下简称《信披办法》),自 2021 年 5 月 1 日起施行。除不再保留原来的"招股说明书、募集说明书与上市公告书"一章外,本次修改总体保持了《信披办法》原有的框架结构。修订的主要内容包括:一是完善信息披露基本要求,新增简明清晰、通俗易懂原则,完善公平披露制度,细化自愿披露的规范要求,降低信息披露成本,明确信息披露义务人的范围等;二是完善定期报告制度,明确定期报告包括年度报告和半年度报告,针对性完善上市公司董监高异议声明制度,要求董事、监事无法保证定期报告内容的真实性、准确性、完整性或者有异议的，应当在董事会或者监事会审议、审核定期报告时投反对票或者弃权票；三是细化临时报告要求，补充完善重大事件的情形，完善上市公司重大事项披露时点，明确董事、监事或者高级管理人员知悉该重大事件发生时，上市公司即触发披露义务；四是完善信息披露事务管理制度，增加上市公司应当建立内幕信息知情人登记管理制度的要求，新增上市公司应当制定董监高对外发布信息的行为规范要求；五是进一步提升监管执法效能，完善监督管理措施类型，针对滥用异议声明制度专门设置法律责任。此外，还根据新《证券法》的相关规定，对个别文字表述作了调整。修订后的《信披办法》于2020年5月1日起施行，上市公司2020年年度报告和2021年第一季度报告的编制和披露继续适用修订前的《信披办法》。

（二）美国信息披露的监控要求与规范

美国建立的以联邦立法为核心的证券信息披露制度，其目的是防止证券欺诈、恢复投资者对市场的信心。美国的信息披露要求以规范化为特点，披露项目以表格的形式出现，随着电子化信息披露系统（EDAGR）的采用，披露要求更加规范化。美国证券交易委员会在信息披露中拥有重大的权力：美国证券交易委员会的听证和调查，可以推迟公司注册表生效的时间；只要有足够的理由，美国证券交易委员会可以通过法庭程序，从法院获得禁止令，终止注册表的效力，公司因此不得发行股票等。美国证券交易委员会监管工作的重点是：将审查大量信息披露的文件作为日常工作，从中主动发现信息披露违法行为，为信息披露处罚的有效性提供保障；在会计准则制定中发挥重要作用，以高标准的会计准则来保证信息披露的质量；推行"全面信息披露系统"促进证券信息的充分披露；强调披露内容的可读性，坚持信息披露为一般投资者服务；促进公司动态信息的披露。

（三）英国信息披露的监控要求与规范[①]

1995年6月，伦敦证券交易所成立了另类投资市场（Alternative Investment Market，AIM），这个市场把目标对准正在成长中的中小企业。这是继美国纳斯达克市场之后在欧洲成立的第一家二板市场。成立5年来，先后有570家公司在英国AIM市场上市，融资总额高达59亿英镑。其中有72家因业绩成长已经"晋升"到主板市场。

AIM的信息披露监控要求：必须委派一位指定保荐人和指定经纪人；根据本国法律合法成立的公司，且为公众公司和同类公司；公司的会计账目符合英国或美国的通用会计准则；具有2年的主营业务盈利记录。如果不符合该条件，董事和雇员必须同意自进入AIM之日起，至少1年内不得出售其持有的该公司证券所拥有的任何权益。

伦敦证券交易所在1993年专门制定了科研类企业承包的上市规则，并且于1999年11月正式建立伦敦科技板TECH-MARK，专门为具有科技创新的公司提供融资服务。任何申请在科技板上市的公司要求有3年财务记录，但不要求盈利；要求公司发行后，公众持有股份超过25%。不要求公司有3年的经营业绩和盈利要求，也没有股东和高管人员出售股份的锁定限制；对公司发售股份的数量要求至少达到3 000万美元，预期上

---

① 郭凤雯. 英国AIM市场的监管规则和市场运作 [J]. 经济咨询，2006-12-25.

市时公司市价总值不低于8 000万美元，公司应遵守季度信息披露制度。

（四）澳大利亚信息披露的监控要求与规范

澳大利亚实行初步年报制度，在年度结束后两个月内披露未经审计的年报。澳大利亚信息披露制度一直是做得比较好的，澳大利亚证券交易所（以下简称澳交所）认为，如果信息披露仅仅被作为上市公司应遵守的义务，信息披露管理工作将变得非常困难；而通过有效地与上市公司交流与沟通可以帮助上市公司提高信息披露的质量。澳交所等都在推行简化信息披露规则与内容。在半年报与初步年报方面，澳交所不再规定标准格式，在符合最低披露要求的条件下上市公司可以根据行业、经营环境选择最适合的报告格式。澳交所的最低披露要求包括两方面：一是会计准则所要求披露的内容；二是澳交所在征求市场信息使用者意见后所要求披露的内容，这部分披露内容随时都在变。不难看出，最低披露规则是动态的，交易所可以根据市场需求来做相应调整。

（五）日本信息披露的监控要求与规范

日本虽然是个经济大国，有丰厚的经济实力，但它与中国香港、新加坡不同之处是外国投资者在这里发挥着极大的作用，很多时候是外国投资者在拉动日本股价的上升。东京证券交易所（以下简称东证）对市场内的交易过程进行严格的管理，有一套买卖审查制度，通过审查来确保交易是按规则进行的，价格的形成是合适的。个人或企业想操纵股市，那是绝对不能允许的。对股票等有价证券的上市，东证要审查其申请是否具有资格，是否能成为买卖交易的对象等。上了市的企业想在东证圈钱并不容易，交易状况时刻都在东证的把握之中，对于那些在信息披露、交易状况方面有问题的企业，东证会及时发出通告，告诉投资者该企业存在的问题。对于参与投资的企业或个人，东证同样有一整套考察制度，审查其营业状况及财产状况。不能说东证不存在任何问题，经济在发展，社会在变化，东证也会时时遭遇新的问题，需要解决新的问题。但总的来说，东证走出了一条平稳的发展道路，是世界上具有信用的交易所。外国投资者不断涌入东证等日本证券市场，说明日本的直接金融开始兴起，但东证等证券交易所能保证市场有序，是外国投资者能放心地到日本来的一个重要原因。

（六）新加坡信息披露的监控要求与规范①

新加坡证券交易所（以下简称新交所）上市手册中有以特定的方式要求附加披露，但这样的方式不再适应纷繁变化的环境。因此，为了达到信息披露的一贯性和信息的高质量，监管部门认为基本立法只能对上市公司持续信息披露的一般责任进行规定，法定披露比契约披露或自愿披露更能使上市公司和它们的董事会认识到持续、充分、及时披露信息的重要性。法定披露对投资者和证券监管者来说也是必要的。不论是否有法定披露的要求，上市公司的董事会都有必要在持续经营的基础上考虑披露信息的时间、频率和内容等。这样，董事会就必须考虑并且权衡这些信息对公司、对股东和投资者的价值。由于环境是不断变化的，法定披露的要求也要随之变化。因此，对持续披露信息的基本立法应该只包含一般的（而不是具体的）责任。对此，监管部门建立了一个三层次

---

① 洪彦. 新加坡信息披露和会计准则的发展 [J]. 财会视窗, 2004 (4).

的法规：第一层只包括披露的一般责任；第二层包括最少的不完全的披露项目；第三层是由新交所等机构发布的披露指南。这种结构的法规更能适应环境的变化，符合信息披露的相关要求。

五、信息披露的内容

上市公司的信息披露，按照披露的时间、内容、方式的不同可分为首次披露和持续披露。首次披露是指新证券首次发行上市时所须履行的披露义务，主要包括招股说明书和上市公告书。持续性披露是指证券上市后的公司需要履行的持续性信息公开义务，主要内容包括上市公司的定期报告和临时报告等。美国是最早通过立法确立强制性信息披露制度的国家，其披露制度不仅被公认为体系最完备、贯彻公开性原则最彻底的披露制度，而且在披露的内容与方式等方面也最为详细和严格。

（一）证券发行时的首次信息披露

上市公司在证券发行及正式上市交易之前，必须履行上市程序所要求的信息披露义务。上市公司只有按照证券监管部门的有关规定以及证券交易所的上市规则进行公开披露，方能在证券交易所进行挂牌交易。不论是实行证券发行注册制的发达国家的证券市场，还是实行核准制的新兴资本市场，证券发行与上市都必须履行首次信息披露义务。首次公开发行股票的信息披露文件主要包括招股说明书摘要、发行公告、上市公告书和招股说明书及其附录和备查文件。信息披露不仅要保证内容上的真实与公允，而且也必须做到披露格式上的规范。

1. 招股说明书。招股说明书是公司信息披露的关键性资料，是向证券监督机构报送的主要审核文件之一，是证券发行公司在公募发行时，向投资者发出的招股要约文件，也是发行公司需要披露的最重要的信息。招股说明书的内容主要介绍公司的基本情况和经营业绩，是投资者了解发行公司详细情况的重要途径，它关系到投资者的切身利益。发行人在招股说明书及其摘要中披露的所有信息应真实、准确、完整、公平、及时，尤其要确保所披露的财务会计资料有充分的依据。所引用的财务报告、盈利预测报告（如有）应由具有证券期货相关业务资格的会计师事务所审计或审核，并由两名以上具有证券期货相关业务资格的注册会计师签署。各国对招股说明书的内容与格式都有严格的规定。

美国1933年的《证券法》规定，任何公司要在证券市场公开发行股票，都需按照法律规定公开披露有关发行的信息资料，其中，公开的文件主要是招股说明书。1933年的《证券法》第10章以及附则中，详细规定了招股说明书应披露的内容，主要包括：(1) 发行人的名称、所在地及主要营业地的名称。若发行人为外国人时，须披露其在美国的代理人的名称与地址。(2) 发行人的董事与高级管理人员的姓名及其从发行人处所获得的报酬，以及大股东的姓名与地址。(3) 发行人近3年内的资产负债表，及近3年所发行和销售的证券及其收益状况。(4) 股票承销人的基本情况。(5) 募集资金的用途等。外国发行人在美国发行股票须填报的注册表格主要有F系列1~10共10种表格，这些系列分别适用于在不同情况下外国发行者在美国发行的股票。

此外，《证券法》第7条还授权美国证券交易委员会以保护投资者的需要，要求发行人在注册申请中补充提供法定事项以外的其他信息。在美国，上市公司在证券上市销售之前必须向美国证券交易委员会递交注册申请书。注册申请书除了上述最重要的招股说明书之外，另一部分是补充信息。但是，向美国证券交易委员会的注册登记并不意味着证券已可以公开发行。在注册申请书从初次递交到最终生效的等待期内，美国证券交易委员会允许承销商印发初步的招股说明书，不过，此时的招股说明书并未在法律上生效，因此在其封面上用红字标明，这种初步的招股说明书又被称为"红鲱鱼"，在此期间，承销商不能出售证券和接受投资者购买证券的书面申请。

为具体规范招股说明书，2015年中国证监会重新发布了《公开发行证券的公司信息披露内容与格式准则第1号——招股说明书》（2015年修订），对招股说明书的内容与格式做了详细规定。准则要求公司全体董事承诺"招股说明书及其摘要不存在虚假记载、误导性陈述或重大遗漏，并对其真实性、准确性、完整性承担个别的和连带的法律责任。公司负责人和主管会计工作的负责人、会计机构负责人保证招股说明书及其摘要中财务会计资料真实、完整"。同时须在招股说明书中声明："中国证监会、其他政府部门对本次发行所做的任何决定或意见，均不表明其对发行人股票的价值或投资者的收益作出实质性判断或保证。任何与之相反的声明均属虚假不实陈述。"准则要求披露的信息包括以下内容：（1）概览与本次发行概况；（2）风险因素与发行人基本情况；（3）业务和技术；（4）同业竞争与关联交易；（5）董事、监事、高级管理人员与核心技术人员；（6）公司治理与财务会计信息；（7）管理层讨论与分析；（8）募集资金运用与股利分配政策；（9）业务发展目标与董事及有关中介机构声明；（10）其他重要事项与备查文件。

各国或地区证券市场的上市要求中对招股说明书日益重视，而且对招股说明书披露的内容和格式也越来越严格。这主要是因为在证券市场中，保护投资者是证券监管的主要目标，对招股说明书信息披露的内容越详尽，格式越严格，就越有利于保护投资者的利益。

2. 上市公告书。上市公告书是上市公司按照证券法规和证券交易所业务规则的要求，于该公司证券上市前，就其公司及证券上市事宜，通过指定报刊向社会公众披露的法律文件。其意义在于使投资者了解上市公司情况，判断上市公司的经营状况及前景，从而作出科学的投资决策。上市公告书是保护投资者权益的法律手段。由于在招股说明书中已经涵盖了上市公司各方面的情况，所以在许多成熟的证券市场，如纽约、伦敦、东京等证券交易所并不要求发行公司另行提交上市公告书，而以招股说明书来代替上市公告书。

关于上市公告书更为详尽的内容与格式，在上海证券交易所2013年发布的《股票上市公告书内容与格式指引（2013年修订）》中作出了规定，该指引规定上市公告书的内容与格式包括：（1）重要声明与提示；（2）股票上市情况；（3）发行人、股东和实际控制人情况；（4）股票发行情况；（5）财务会计情况；（6）其他重要事项；（7）上市保荐机构及其意见。

从内容上比较，上市公告书与招股说明书的内容大致相同，主要区别有以下几点。

(1) 公布的时间不同：招股说明书在前，上市公告书在后。(2) 两者意义不同：招股说明书的公布标志着股份有限公司即将上市，可向社会公众发行股票募集股份，而上市公告书的公布则标志着股份有限公司已经成为上市公司，投资者可在二级市场上买卖股票。(3) 编制目的不同：招股说明书面向股票一级市场，其目的是向社会公众募集股份，而上市公告书则面向股票二级市场，其目的是向社会公众宣布其发行的股票可以在证券交易所流通交易。

（二）上市后的持续信息披露

上市公司的持续信息披露是指发行公司在证券发行并上市之后，进入二级市场交易，就有关证券的情况进行持续不断地公开的过程。同时，证券交易所也有责任监督上市公司履行其持续信息披露义务，并就不完善或违反披露规定的行为进行引导和处理。

根据美国 1934 年的《证券交易法》，发行人的持续信息披露义务主要包括定期报告（年度报告和中期报告）、临时报告（重大事项及收购公告）、特殊人士取得证券的登记与披露、发行人回购自身股票等事项的披露。此外，发行人还须承担对谣言的澄清义务，对错误信息的更正义务以及对重大谈判的披露义务等临时性报告的内容。

我国上市公司的持续信息披露主要包括定期报告（年度报告、中期报告、季度报告）和临时报告等。

1. 定期报告。定期报告是指上市公司按照法律和证券主管机关的规定，就一定会计期间内的公司的有关财务状况、经营成果及重大事项编制报告书并在法定期限内予以发布的信息披露形式。上市公司应当在每个会计年度中，不少于三次向公众提供公司的定期报告。定期报告包括季度报告、中期报告和年度报告。季度报告在每个会计年度第 3 个月、第 9 个月结束后的 1 个月内编制完成并披露，中期报告在每个会计年度的前六个月结束后 2 个月内提交，年度报告在每个会计年度结束之日起 4 个月内提交。凡是对投资者作出投资决策有重大影响的信息，均应当披露。

年度报告中的财务会计报告应当经具有证券、期货相关业务资格的会计师事务所审计。年度报告应当记载以下内容：(1) 公司基本情况；(2) 主要会计数据和财务指标；(3) 公司股票、债券发行及变动情况，报告期末股票、债券总额、股东总数，公司前 10 大股东持股情况；(4) 持股 5% 以上股东、控股股东及实际控制人情况；(5) 董事、监事、高级管理人员的任职情况、持股变动情况、年度报酬情况；(6) 董事会报告；(7) 管理层讨论与分析；(8) 报告期内重大事件及对公司的影响；(9) 财务会计报告和审计报告全文；(10) 中国证监会规定的其他事项。

中期报告应当记载以下内容：(1) 公司基本情况；(2) 主要会计数据和财务指标；(3) 公司股票、债券发行及变动情况、股东总数、公司前 10 大股东持股情况，控股股东及实际控制人发生变化的情况；(4) 管理层讨论与分析；(5) 报告期内重大诉讼、仲裁等重大事件及对公司的影响；(6) 财务会计报告；(7) 中国证监会规定的其他事项。

季度报告应当记载以下内容：(1) 公司基本情况；(2) 主要会计数据和财务指标；(3) 中国证监会规定的其他事项。

根据中国证监会的要求，上市公司在向其所上市的证券交易所提交年度报告、中期报告和季度报告的同时，还应在指定的报刊上公告年度报告、中期报告和季度报告的摘要，并将年度报告置于公司所在地及挂牌交易的证券交易所以供股东和投资者查阅。

公司董事、高级管理人员应当对定期报告签署书面确认意见，监事会应当提出书面审核意见，说明董事会的编制和审核程序是否符合法律、行政法规和中国证监会的规定，报告的内容是否能够真实、准确、完整地反映上市公司的实际情况。董事、监事、高级管理人员对定期报告内容的真实性、准确性、完整性无法保证或者存在异议的，应当陈述理由和发表意见，并予以披露。并且，上市公司预计经营业绩发生亏损或者发生大幅变动的，应当及时进行业绩预告。

各种定期报告所要求被披露的内容有很大的不同，同时世界各个国家和地区对定期报告被披露的频率要求也不一样。其中，年度报告和中期报告的内容要求最全面，也是各主要证券市场上市公司定期报告的主要形式，部分证券市场要求上市公司提供季度报告，但相对于年度报告和中期报告而言，在内容上要简单得多。月度报告披露的内容最少，只有个别市场要求上市公司披露月度报告。

表 8-1　　　　全球主要证券市场上市公司定期报告披露情况比较

市场类别	报告种类	年度报告	中期报告	季度报告	月度报告
美国		财政年度后90天内披露	无	季度结束后45天内披露	无
英国	主板市场	财政年度后180天内披露	半个财政年度后120天内披露	无	无
	AIM市场	财政年度后180天内披露	半个财政年度后120天内披露	无	无
日本	东京证券交易所主板市场	财政年度后90天内披露	半个财政年度后90天内披露	无	无
	Mothers市场	财政年度后90天内披露	半个财政年度后90天内披露	✓	无
德国	主板市场	✓	✓	无	无
	新市场	财政年度后90天内披露	无	季度报告期结束后60天内披露	无
法国	新市场	财政年度后180天内披露	半个财政年度后120天内披露	✓	无
中国台湾地区	柜台买卖中心	财政年度后120天内披露	半个财政年度后60天内披露	季度报告期结束后30天内披露	每月10日前
中国香港特别行政区	主板市场	财政年度后150天内披露	半个财政年度后90天内披露	无	无
	创业板市场	财政年度后90天内披露	无	季度报告期结束后45天内披露	无

资料来源：贾忠磊. 证券市场监督 [M]. 北京：中央广播电视大学出版社，2004：122.

2. 临时报告。临时报告是指上市公司按照有关法律法规及规则规定，在发生可能对其股票证券价格产生重大影响，并可能影响投资者对证券投资判断的重大事项时，向投资者和社会公众披露的信息。临时报告是将上市公司的重大事项及时向投资者披露的重要途径，它对防止因信息的时滞而引发内幕交易、提高股票交易的透明度等具有重要意义。

中国证券监督管理委员会于 2006 年 12 月 13 日第 196 次主席办公会议审议通过的《上市公司信息披露管理办法》中规定，发生可能对上市公司证券及其衍生产品交易价格产生较大影响的重大事件，投资者尚未得知时，上市公司应当立即披露，说明事件的起因、目前的状态和可能产生的影响。

前款所称重大事件包括：（1）公司的经营方针和经营范围的重大变化，公司的重大投资行为和重大的购置财产的决定；（2）公司订立重要合同，可能对公司的资产、负债、权益和经营成果产生重要影响，公司生产经营的外部条件发生的重大变化；（3）公司发生重大债务和未能清偿到期重大债务的违约情况，或者发生大额赔偿责任，公司发生重大亏损或者重大损失；（4）公司的董事、1/3 以上监事或者经理发生变动，董事长或者经理无法履行职责，持有公司 5% 以上股份的股东或者实际控制人，其持有股份或者控制公司的情况发生较大变化；（5）公司减资、合并、分立、解散及申请破产的决定，或者依法进入破产程序、被责令关闭，涉及公司的重大诉讼、仲裁，股东大会、董事会决议被依法撤销或者宣告无效；（6）公司涉嫌违法违规被有权机关调查，或者受到刑事处罚、重大行政处罚，公司董事、监事、高级管理人员涉嫌违法违纪被有权机关调查或者采取强制措施；（7）新公布的法律、法规、规章、行业政策可能对公司产生重大影响，董事会就发行新股或者其他再融资方案、股权激励方案形成相关决议；（8）法院裁决禁止控股股东转让其所持股份，任一股东所持公司 5% 以上股份被质押、冻结、司法拍卖、托管、设定信托或者被依法限制表决权，主要资产被查封、扣押、冻结或者被抵押、质押；主要或者全部业务陷入停顿；（9）对外提供重大担保，获得大额政府补贴等可能对公司资产、负债、权益或者经营成果产生重大影响的额外收益，变更会计政策、会计估计，因前期已披露的信息存在差错、未按规定披露或者虚假记载，被有关机关责令改正或者经董事会决定进行更正；（10）中国证监会规定的其他情形。

并且上市公司应当在最先发生的以下任一时点，及时履行重大事件的信息披露义务：（1）董事会或者监事会就该重大事件形成决议时；（2）有关各方就该重大事件签署意向书或者协议时；（3）董事、监事或者高级管理人员知悉该重大事件发生并报告时。在前款规定的时点之前出现下列情形之一的，上市公司应当及时披露相关事项的现状、可能影响事件进展的风险因素：（1）该重大事件难以保密；（2）该重大事件已经泄露或者市场出现传闻；（3）公司证券及其衍生产品出现异常交易情况。

上市公司披露重大事件后，已披露的重大事件出现可能对上市公司证券及其衍生产品交易价格产生较大影响的进展或者变化的，应当及时披露进展或者变化情况、可能产生的影响。上市公司控股子公司发生重大事件，可能对上市公司证券及其衍生产品交易价格产生较大影响的，上市公司应当履行信息披露义务。上市公司参股公司发生可能对上市公司证券及其衍生产品交易价格产生较大影响的事件的，上市公司应当履行信息披露义务。

涉及上市公司的收购、合并、分立、发行股份、回购股份等行为导致上市公司股本总额、股东、实际控制人等发生重大变化的，信息披露义务人应当依法履行报告、公告义务，披露权益变动情况。上市公司应当关注本公司证券及其衍生产品的异常交易情况及媒体关于本公司的报道。证券及其衍生产品发生异常交易或者在媒体中出现的消息可能对公司证券及其衍生产品的交易产生重大影响时，上市公司应当及时向相关各方了解真实情况，必要时应当以书面方式问询。上市公司控股股东、实际控制人及其一致行动人应当及时、准确地告知上市公司是否存在股权转让、资产重组或者其他重大事件，并配合上市公司做好信息披露工作。公司证券及其衍生产品交易被中国证监会或者证券交易所认定为异常交易的，上市公司应当及时了解造成证券及其衍生产品交易异常波动的影响因素，并及时披露。

六、规范信息披露的监控框架

我国证券市场信息披露的现状表明，上市公司信息披露的质量离规范化的标准尚有一定距离。这一状况的形成既有上市公司及其管理人员的道德风险原因，也有外部环境因素的影响。既有体制外监管不力的原因，更有经济转轨中深刻的体制原因。因此，规范我国上市公司的信息披露，需要从多方面入手寻找对策。

（一）完善以会计准则为核心的信息披露体系

要使我国上市公司的信息披露符合真实与公允的高标准，就必须建立一套完备的信息披露体系。而从信息披露体系看，会计准则又处于核心地位。会计准则不仅规定了信息披露的基本内容，而且明确提出了会计信息所必须具备的质量要求，同时，也是注册会计师审计的重要依据。作为规范会计信息及其披露的会计准则，对于保证上市公司的信息披露质量起着关键性的作用。财政部于2006年2月15日正式发布了企业会计准则体系，并规定自2007年1月1日起在上市公司范围内施行。新会计准则在公允价值、规范资产减值计提方法和非货币性资产交换、债务重组、借款费用会计处理等方面实现了诸多突破。但我国会计准则仍应不断完善，进一步借鉴国际惯例，制定更高质量的会计准则，缩小与发达国家以及国际会计准则的差距，以满足我国证券市场充分信息披露的需要。

（二）完善以注册会计师为主体的社会监督机制

综观世界各国的证券市场，注册会计师的法定审计业已成为对上市公司信息披露质量予以监管的一项重要措施。如果注册会计师制度不健全，那么信息披露的真实与公允性就缺乏必要的监督机制，从而信息的可靠性也就无从谈起。要使会计信息披露制度的实施得到有效的监督，首先政府应保证从业的注册会计师具有应有的执业能力，并在执业的过程中保持独立性，这就需要注册会计师资格考试制度和后续教育制度的有效实施、良好执业环境的营造以及合理有效的法律责任的实行予以保障。由于多方面的主客观原因，我国目前的注册会计师制度还不够完善，对上市公司信息披露的质量不能起到应有的保障作用。因此，完善我国证券市场注册会计师的监督机制，提高注册会计师的执业水平，至少还需做好以下方面的工作：（1）进一步完善执业标准与规范。执业标准与规范是注册会计师的工作标准，也是注册会计师的行为规范。（2）继续推进会计师事务所的改革。（3）积极推行注册会计师的执业保险，营造良好的执业环境。（4）建立注册会计师的执业惩戒制度。

（三）建立以民事赔偿为主要内容的法律约束机制

上市公司信息披露的规范化离不开法律的约束。各国信息披露制度的建立正是立法者价值取向并审视实践、总结经验以及不断改进法律的结果。在我国，《公司法》、《证券法》以及《会计法》等有关法律规范都明确规定了上市公司信息披露的法律义务以及违反义务应承担的法律责任。但是现有的法规中对民事责任的规定还很薄弱。这就意味着，当投资者权益因为公司信息披露违规而受到侵害时，难以得到有效的赔偿，投资者的利益也就很难得到保护。从国外的经验以及我国证券市场的发展趋势来看，上市公司正面临着越来越多的民事赔偿风险。因此，建立董事以及高级管理人员的民事赔偿机制，应是下一阶段规范信息披露法律法规建设的重点所在。这对强化上市公司对股东的受托责任和信息披露义务已刻不容缓。

（四）健全以董事会为核心的公司治理结构

在证券市场上，上市公司与其他市场主体之间的利益不一致是滋生道德风险和信息虚假披露的内在原因。而有效的公司治理结构和治理机制不仅能够协调和平衡各市场主体之间的利益关系，避免经营者失控及对信息操纵，有利于控制和减少信息披露中的违规行为，而且，还能促使上市公司主动披露信息并接受注册会计师的严格审计以表明自己确实良好地履行了对股东的受托责任。因此，建立并完善我国上市公司的治理结构和治理机制是防范舞弊和实现信息披露规范化的长期措施。

在公司治理结构中，由股东选举产生董事会，并由董事会负责聘任、考核和监督总经理。董事会既是公司的决策中心，又是治理结构的核心。因此，提高上市公司董事会的质量和效率是建立有效公司治理结构的关键。要完善公司董事会的建设需要做到以下几点：（1）确立董事会在公司治理结构中的核心地位。（2）理顺董事长与总经理之间的权责关系，特别是纠正董事会领导下的总经理负责制的误区。（3）强化独立董事的监督作用。（4）健全董事会的各专门委员会。董事会下设的专门委员会，能有效发挥董事会监督制衡和决策的作用。（5）建立报酬与业绩相对称的激励机制。激励问题是公司治理的核心问题之一，也是长期困扰我国企业改革的关键性问题。

（五）加强信息披露的自愿性和公平性

自愿性信息披露是指上市公司在强制性信息之外，出于树立公司形象、维护与投资者关系、回避诉讼风险等动机而进行主动披露信息的行为。上市公司自愿披露的信息主要包括管理者对公司长期战略及竞争优势的评价、环境保护和社区责任、公司实际运作信息、前瞻性预测信息、公司治理效果等。随着整个经济环境变化速度的加快，投资者对上市公司信息的需求越来越高，强制性信息披露很难赶上投资者信息需求的变化。另外，在高强度竞争的市场环境下，资质较佳、业绩不俗的上市公司有动力自愿披露信息以突出公司的竞争优势，使投资者对本企业未来前景更有信心。这意味着在证券市场上,信息供求双方都认为自愿信息披露是提高资本市场有效性的重要手段。证券市场监管部门应在重要性和成本效益原则的前提下,尽快推出上市公司自愿信息披露的章程指引,鼓励并规范上市公司的自愿信息披露。

公平性信息披露是指上市公司及其他信息披露义务人应当同时向所有投资者公开披露信息,以使所有投资者平等获悉同一信息。具体要求包括:一是信息披露义务人公开披露的信息应当在第一时间向全体投资者公布,不得提前向单个或者部分投资者披露、透露或泄露。不得以新闻发布或者答记者问等任何形式代替其应当履行的报告、公告义务。二是上市公司通过业绩说明会、分析师会议、路演、接受投资者调研等形式就公司的经营情况、财务状况及其他事件与任何机构和个人进行沟通时,不得提供内幕信息。三是在境内外市场均发行股票或衍生产品并上市的公司在境外市场披露的信息应当同时在境内市场披露。

七、证券投资相关法律法规修订的主要内容[①]

在我国,涉及证券市场的法律法规分为三个层次。第一个层次是指由全国人民代表大会或全国人民代表大会常务委员会制定并颁布的国家法律,主要包括《中华人民共和国证券法》、《中华人民共和国证券投资基金法》、《中华人民共和国公司法》以及《中华人民共和国刑法》等相关法律。第二个层次是指由国务院制定并颁布的行政法规。第三个层次是指由证券监管部门和相关部门制定的部门规章。

现行《中华人民共和国证券法》已由中华人民共和国第十三届全国人民代表大会常务委员会第十五次会议于2019年12月28日修订通过,于2020年3月1日起施行。

新《证券法》全文及修订要点如下。[②]

本次证券法修订,按照顶层制度设计要求,进一步完善了证券市场基础制度,体现了市场化、法治化、国际化方向,为证券市场全面深化改革落实落地,有效防控市场风险,提高上市公司质量,切实维护投资者合法权益,促进证券市场服务实体经济功能发挥,打造一个规范、透明、开放、有活力、有韧性的资本市场,提供了坚强的法治保障,具有非常重要而深远的意义。

本次证券法修订,系统总结了多年来我国证券市场改革发展、监管执法、风险防控的实践经验,在深入分析证券市场运行规律和发展阶段性特点的基础上,作出了一系列新的制度改革完善。

一是全面推行证券发行注册制度。在总结上海证券交易所设立科创板并试点注册制的经验基础上,新证券法贯彻落实十八届三中全会关于注册制改革的有关要求和十九届四中全会完善资本市场基础制度要求,按照全面推行注册制的基本定位,对证券发行制度做了系统的修改完善,充分体现了注册制改革的决心与方向。同时,考虑到注册制改革是一个渐进的过程,新证券法也授权国务院对证券发行注册制的具体范围、实施步骤进行规定,为有关板块和证券品种分步实施注册制留出了必要的法律空间。

---

① 国家证券业从业资格考试研究组. 证券市场基础知识[M]. 北京:民主法制出版社,2006.
② 资料来源:中国证券监督管理委员会官网。

二是显著提高证券违法违规成本。新证券法大幅提高对证券违法行为的处罚力度。如对于欺诈发行行为,从原来最高可处募集资金百分之五的罚款,提高至募集资金的一倍;对于上市公司信息披露违法行为,从原来最高可处以六十万元罚款,提高至一千万元;对于发行人的控股股东、实际控制人组织、指使从事虚假陈述行为,或者隐瞒相关事项导致虚假陈述的,规定最高可处以一千万元罚款等。同时,新证券法对证券违法民事赔偿责任也做了完善。如规定了发行人等不履行公开承诺的民事赔偿责任,明确了发行人的控股股东、实际控制人在欺诈发行、信息披露违法中的过错推定、连带赔偿责任等。

三是完善投资者保护制度。新证券法设专章规定投资者保护制度,作出了许多颇有亮点的安排。包括区分普通投资者和专业投资者,有针对性地作出投资者权益保护安排;建立上市公司股东权利代为行使征集制度;规定债券持有人会议和债券受托管理人制度;建立普通投资者与证券公司纠纷的强制调解制度;完善上市公司现金分红制度。尤其值得关注的是,为适应证券发行注册制改革的需要,新证券法探索了适应我国国情的证券民事诉讼制度,规定投资者保护机构可以作为诉讼代表人,按照"明示退出""默示加入"的诉讼原则,依法为受害投资者提起民事损害赔偿诉讼。

四是进一步强化信息披露要求。新证券法设专章规定信息披露制度,系统完善了信息披露制度。包括扩大信息披露义务人的范围;完善信息披露的内容;强调应当充分披露投资者作出价值判断和投资决策所必需的信息;规范信息披露义务人的自愿披露行为;明确上市公司收购人应当披露增持股份的资金来源;确立发行人及其控股股东、实际控制人、董事、监事、高级管理人员公开承诺的信息披露制度等。

五是完善证券交易制度。优化有关上市条件和退市情形的规定;完善有关内幕交易、操纵市场、利用未公开信息的法律禁止性规定;强化证券交易实名制要求,任何单位和个人不得违反规定,出借证券账户或者借用他人证券账户从事证券交易;完善上市公司股东减持制度;规定证券交易停复牌制度和程序化交易制度;完善证券交易所防控市场风险、维护交易秩序的手段措施等。

六是落实"放管服"要求,取消相关行政许可。包括取消证券公司董事、监事、高级管理人员任职资格核准;调整会计师事务所等证券服务机构从事证券业务的监管方式,将资格审批改为备案;将协议收购下的要约收购义务豁免由经证监会免除,调整为按照证监会的规定免除发出要约等。

七是压实中介机构市场"看门人"法律职责。规定证券公司不得允许他人以其名义直接参与证券的集中交易;明确保荐人、承销的证券公司及其直接责任人员未履行职责时对受害投资者所应承担的过错推定、连带赔偿责任;提高证券服务机构未履行勤勉尽责义务的违法处罚幅度,由原来最高可处以业务收入五倍的罚款,提高到十倍,情节严重的,并处暂停或者禁止从事证券服务业务等。

八是建立健全多层次资本市场体系。将证券交易场所划分为证券交易所、国务院批准的其他全国性证券交易场所、按照国务院规定设立的区域性股权市场等三个层次;规定证券交易所、国务院批准的其他全国性证券交易场所可以依法设立不同的市场层次;

明确非公开发行的证券，可以在上述证券交易场所转让；授权国务院制定有关全国性证券交易场所、区域性股权市场的管理办法等。

九是强化监管执法和风险防控。明确了证监会依法监测并防范、处置证券市场风险的职责；延长了证监会在执法中对违法资金、证券的冻结、查封期限；规定了证监会为防范市场风险、维护市场秩序采取监管措施的制度；增加了行政和解制度，证券市场诚信档案制度；完善了证券市场禁入制度，规定被市场禁入的主体，在一定期限内不得从事证券交易等。

十是扩大证券法的适用范围。将存托凭证明确规定为法定证券；将资产支持证券和资产管理产品写入证券法，授权国务院按照证券法的原则规定资产支持证券、资产管理产品发行、交易的管理办法。同时，考虑到证券领域跨境监管的现实需要，明确在我国境外的证券发行和交易活动，扰乱我国境内市场秩序，损害境内投资者合法权益的，依照证券法追究法律责任等。

知识拓展 8-1：
证监会介绍
2015 年处罚
信息披露违法
案件情况

此外，此次证券法修订还对上市公司收购制度、证券公司业务管理制度、证券登记结算制度、跨境监管协作制度等做了完善。

第二节　上市公司信息分析

上市公司财务报告是综合反映公司经营业绩与财务状况的重要报告，是投资者据以判断证券价格变动趋势的主要依据。通过对上市公司财务报告的分析，我们可以判断上市公司的盈利能力或盈利前景。上市公司的盈利能力决定其发行股票的价值，并且制约着股票价格在二级市场上的走势。因此，数据的真实、准确、完整是分析财务报告的基础。上市公司公开披露的信息如有虚假、严重误导性陈述或者重大遗漏，负责对文件验证的中介机构对此要承担相应的法律责任，公司的全体发起人或者董事也应承担连带责任。

财务信息提供的顺序是会计报表、会计报表附注、财务情况说明书及其审计报告。但分析财务信息的顺序应是相反的，对于那些对财务报告知之甚少的投资者来说，首先看审计报告不失为一种捷径。作为投资者，首先是浏览主要的财务会计数据和注册会计师出具的审计报告，如果净利润增幅比较高，并且注册会计师出具的是标准的审计意见，那么这个公司应该说是好的，如果审计报告中提到财务报告存在问题，投资者应对审计报告中提到的问题予以关注。

一、审计意见的分析

根据上市公司会计报表反映的财务状况、经营成果和资金变动情况的真实程度，注册会计师出具审计报告分为标准审计报告和非标准审计报告两大类。非标准

> 审计报告是指注册会计师根据中国注册会计师审计准则的规定，在实施审计工作的基础上对被审计单位财务报表发表审计意见的书面文件。

审计报告是指标准审计报告以外的其他审计报告,包括带强调事项段的无保留意见的审计报告和非无保留意见的审计报告。非无保留意见的审计报告包括保留意见的审计报告、否定意见的审计报告和无法表示意见的审计报告。不同类型的审计报告是辨别上市公司会计报表反映其财务信息真实程度的重要依据。

（一）标准审计报告

注册会计师对上市公司出具标准审计报告也就是无保留意见审计报告,无保留意见审计报告是指:(1)财务报表已经按照适用的会计准则和相关会计制度的规定编制,在所有重大方面公允地反映了被审计单位的财务状况、经营成果和现金流量;(2)注册会计师已经按照中国注册会计师审计准则的规定计划和实施了审计工作,在审计过程中未受到限制;(3)不存在应当调整或披露而审计单位没有调整或披露的事项。标准审计报告说明公司会计报表公允地反映了其财务状况、经营成果及现金流量情况,能满足非特定多数的利害关系人的共同需要,并对发表的意见负责。这也是委托人最希望获得的审计意见,它可以使审计报告使用者对被审计单位的财务状况、经营成果和现金流量具有较高的信赖。

当出具无保留意见的审计报告时,注册会计师应当以"我们认为"作为意见段的开头,并使用"在所有重大方面""公允反映"等术语。判断一份财务报告的审计报告是否为无保留意见审计报告,主要看审计报告的段式和最后一段审计意见的内容。审计报告意见应说明以下内容:(1)会计报表的编制是否符合有关财务会计法规的规定;(2)会计报表在所有重大方面是否公允地反映了被审计单位资产负债表日的财务状况;(3)会计处理方法的运用是否符合一贯性原则。

【例8-1】广州珠江啤酒股份(股票代码:002461)2011年财务报告的审计报告[①]

广州珠江啤酒股份有限公司全体股东:

我们审计了后附的广州珠江啤酒股份有限公司(以下简称贵公司)财务报表,包括2011年12月31日的资产负债表和合并资产负债表、2011年度的利润表和合并利润表、2011年度的现金流量表和合并现金流量表、2011年度的所有者权益变动表和合并所有者权益变动表以及财务报表附注。

1. 管理层对财务报表的责任。编制和公允列报财务报表是贵公司管理层的责任。这种责任包括:(1)按照企业会计准则的规定编制财务报表,并使其实现公允反映;(2)设计、执行和维护必要的内部控制,以使财务报表不存在由于舞弊或错误导致的重大错报。

2. 注册会计师的责任。我们的责任是在执行审计工作的基础上对财务报表发表审计意见。我们按照中国注册会计师审计准则的规定执行了审计工作。中国注册会计师审计准则要求我们遵守中国注册会计师职业道德守则,计划和执行审计工作以对财务报表是否不存在重大错报获取合理保证。审计工作涉及实施审计程序,以获取有关财务报表金额和披露的审计证据。选择的审计程序取决于注册会计师的判断,包括对由于舞弊或错

---

① 资料来源:广州珠江啤酒股份有限公司2011年年度报告摘要。

误导致的财务报表重大错报风险的评估。在进行风险评估时，注册会计师考虑与财务报表编制和公允列报相关的内部控制，以设计恰当的审计程序，但目的并非对内部控制的有效性发表意见。审计工作还包括评价管理层选用会计政策的恰当性和作出会计估计的合理性，以及评价财务报表的总体列报。

我们相信，我们获取的审计证据是充分、适当的，为发表审计意见提供了基础。

3. 审计意见。我们认为，贵公司财务报表在所有重大方面按照企业会计准则的规定编制，公允反映了贵公司2011年12月31日的财务状况以及2011年度的经营成果和现金流量。

立信会计师事务所
中国注册会计师：刘杰生
（特殊普通合伙）

这是广州珠江啤酒股份有限公司2011年财务报告的审计报告。从报告的格式和意见段的特征判断这是一份无保留意见的审计报告。对于注册会计师出具无保留意见审计报告的财务报告，我们仍然需要运用其他分析方法对财务报告进行认真的分析。

（二）非标准审计报告

1. 带强调事项段的无保留意见的审计报告。审计报告的强调事项段是指注册会计师在审计意见段之后增加的对重大事项予以强调的段落。强调事项应当同时符合下列条件：(1) 可能对财务报表产生重大影响，但被审计单位进行了恰当的会计处理，且在财务报表中作出充分披露。(2) 不影响注册会计师发表的审计意见。当存在可能导致对持续经营能力产生重大影响的事项或情况，或存在可能对财务报表产生重大影响的不确定事项（持续经营问题除外），但不影响已发表的审计意见时，注册会计师应当考虑在审计意见段之后增加强调事项段对此予以强调。不确定事项是指其结果依赖于未来行动或事项，不受被审计单位的直接控制，但可能影响财务报表的事项。

【例8-2】ST天宏股份（股票代码：600419）2011年财务报告的审计报告①

新疆天宏纸业股份有限公司全体股东：

贵公司财务报表在所有重大方面按照企业会计准则的规定编制，公允反映了贵公司2011年12月31日的财务状况以及2011年度的经营成果和现金流量。

我们提请报表使用人关注，如财务报表附注十所述，天宏纸业主业持续亏损，2011年度经营亏损1 665.47万元，净利润392.43万元，其中：归属于母公司所有者的净利润为375.03万元，扣除非经常性损益后归属于母公司所有者的净利润为-1 705.09万元。天宏纸业已在其财务报表附注第十、（二）部分披露了拟采取的改善措施，但其持续经营能力仍然存在不确定性。此外，我们注意到，天宏纸业原在中国农业银行石河子兵团分行的贷款4 818.93万元，该贷款已逾期，中国农业银行石河子兵团分行根据股份制改制方案作为不良贷款剥离，天宏纸业在2009年已做停息挂账处理。如天宏纸业财务报表附注第七、（三）部分所述，中国农业银行石河子兵团分行对上述不良贷款是否

---

① 资料来源：ST天宏股份有限公司2011年年度报告摘要。

会向本公司收取利息具有不确定性,新疆生产建设兵团农业第八师(以下简称"农八师")就此已承诺:如果中国农业银行石河子兵团分行未来向本公司收取上述贷款自2008年11月20日以后产生的利息和罚息,则该利息和罚息均由农八师承担。上述强调事项的内容不影响已发表的审计意见。

立信会计师事务所(特殊普通合伙)

这是新疆天宏纸业股份有限公司2011年财务报告的审计报告。在一份带强调事项段的无保留意见的审计报告中,注册会计师应当在这段中指明,该段内容仅用于提醒财务报表使用者关注,并不影响已发表的审计意见。对于注册会计师出具带强调事项段的无保留意见的审计报告,我们需要运用其他分析方法对财务报告进行认真的分析。

2. 非无保留意见的审计报告。

(1)保留意见审计报告。保留意见是指注册会计师对会计报表的反映有所保留的审计意见。注册会计师对上市公司发表保留意见审计报告,意味着不能确定公司财务报告某些部分的真实程度。如果认为财务报表整体是公允的,但还存在下列情形之一,注册会计师应当出具保留意见的审计报告:①会计政策的选用、会计估计的作出或财务报表的披露不符合适用的会计准则和相关会计制度的规定,虽影响重大,但不至于出具否定意见的审计报告;②因审计范围受到限制,不能获取充分、适当的审计证据,虽影响重大,但不至于出具无法表示意见的审计报告。

【例8-3】ST钛白(股票代码:002145)2010年财务报告的审计报告。①

中核华原钛白股份有限公司全体股东:

我们审计了后附的中核华原钛白股份有限公司(以下简称贵公司)合并及母公司财务报表,包括2010年12月31日的资产负债表,2010年度的利润表、现金流量表、股东权益变动表及财务报表附注。

1. 管理层对财务报表的责任。按照企业会计准则的规定编制财务报表是贵公司管理层的责任。这种责任包括:(1)设计、实施和维护与财务报表编制相关的内部控制,以使财务报表不存在由于舞弊或错误而导致的重大错报;(2)选择和运用恰当的会计政策;(3)作出合理的会计估计。

2. 注册会计师的责任。我们的责任是在实施审计工作的基础上对财务报表发表审计意见。除本报告"3. 导致保留意见的事项"所述事项外,我们按照中国注册会计师审计准则的规定执行了审计工作。中国注册会计师审计准则要求我们遵守职业道德规范,计划和实施审计工作以对财务报表是否不存在重大错报获取合理保证。

审计工作涉及实施审计程序,以获取有关财务报表金额和披露的审计证据。选择的审计程序取决于注册会计师的判断,包括对由于舞弊或错误导致的财务报表重大错报风险的评估。在进行风险评估时,我们考虑与财务报表编制相关的内部控制,以设计恰当的审计程序,但目的并非对内部控制的有效性发表意见。审计工作还包括评价管理层选

---

① 资料来源:ST钛白2010年年度报告摘要。

用会计政策的恰当性和作出会计估计的合理性，以及评价财务报表的总体列报。

我们相信，我们获取的审计证据是充分、适当的，为发表审计意见提供了基础。

3. 导致保留意见的事项。如财务报表附注"14. 持续经营能力"所述，贵公司 2008 年度和 2009 年度连续发生亏损，2010 年度依靠非经常性收益实现盈利，但截至 2010 年 12 月 31 日，贵公司逾期银行借款 21 160.00 万元难以展期，无力偿还；截至 2010 年 12 月 31 日未分配利润 −27 116.58 万元，营运资金为 −13 568.86 万元；贵公司 2010 年为了改善公司经营、财务状况所进行的重大资产重组终止。贵公司的持续经营能力存在重大不确定性。为此，公司股东会决议委托山东东佳集团股份有限公司从 2010 年 12 月 28 日至 2011 年 8 月 31 日对贵公司整体资产实施托管经营，采取改组管理团队等重大措施，使贵公司全面复产，生产经营恢复正常，财务状况、现金流量状况好转。但贵公司未披露托管期满后如何保持持续经营的有力措施，我们对贵公司的持续经营能力仍存疑虑。

4. 审计意见。我们认为，除了前段所述事项可能产生的影响外，贵公司财务报表已经按照企业会计准则的规定编制，在所有重大方面公允反映了贵公司 2010 年 12 月 31 日的财务状况以及 2010 年度的经营成果和现金流量。

      信永中和会计师事务所有限责任公司 中国注册会计师：徐秉惠

                       中国注册会计师：牟宇红

           中国 北京 二零一零年四月二十一日

这份是 ST 钛白 2010 年财务报告的审计报告。当出具保留意见的审计报告时，注册会计师应当在审计意见段中使用"除……的影响外"等术语。如果因审计范围受到限制，注册会计师还应当在注册会计师的责任段中提及这一情况。

（2）否定意见审计报告。所谓发表否定意见是指与无保留意见相反，提出否定会计报表公允地反映了被审计单位财务状况、经营成果和现金流量的审计意见。如果认为财务报表没有按照适用的会计准则和相关会计制度的规定编制，未能在所有重大方面公允地反映被审计单位的财务状况、经营成果和现金流量，注册会计师应当出具否定意见的审计报告。

当出具否定意见的审计报告时，注册会计师应当在审计意见段中使用"由于上述问题造成的重大影响"、"由于受到前段所述事项的重大影响"等术语。

（3）无法表示意见的审计报告。无法表示意见是指注册会计师对被审计单位的会计报表不能发表意见。注册会计师在审计过程中，由于审计范围受到委托人、被审计单位或客观环境的严重限制，不能获取必要的审计证据，以致无法对会计报表整体反映发表审计意见时，应出具无法表示意见的审计报告。无法表示意见的审计报告意味着不能确定公司会计报表反映其财务状况、经营成果和现金流量情况的真实性。

无法表示意见的审计报告有三个段式：第一段是"范围段"，列示注册会计师的审计范围；第二段是"说明段"，说明注册会计师不能确认会计报表真实性的理由；第三段是"意见段"，阐述注册会计师的审计意见。判断审计报告是不是无法表示意见的审计报告，主要看其是否有"说明段"以及"意见段"的关键词，如"……无法对……

发表审计意见"。

【例8-4】 ST科健（000035）2011年财务报告的审计报告①

中国科健股份有限公司全体股东：

我们审计了后附的中国科健股份有限公司（以下简称中科健公司）财务报表，包括2011年12月31日的合并及母公司资产负债表，2011年度的合并及母公司利润表、合并及母公司现金流量表、合并及母公司股东权益变动表，以及财务报表附注。

1. 管理层对财务报表的责任。编制和公允列报财务报表是中科健公司管理层的责任，这种责任包括：（1）按照企业会计准则的规定编制财务报表，并使其实现公允反映；（2）设计、执行和维护必要的内部控制，以使财务报表不存在由于舞弊或错误导致的重大错报。

2. 导致无法表示意见的事项。如财务报表附注（九）所述，中科健公司2011年12月31日的合并净资产为-122 384万元，已严重资不抵债，存在多项巨额逾期借款、对外担保，面临多项诉讼、部分资产被查封或冻结，生产经营规模萎缩。经债权人广西新强通信科技有限公司申请，由广东省深圳市中级人民法院裁定对中科健公司自2011年10月17日起进行重整。截至审计报告日，中科健公司仍处于重整期间，管理人尚未向人民法院和债权人会议提交重整计划草案，我们无法获取充分、适当的审计证据以证实上述重整能否有效改善中科健公司的持续经营能力，因此我们无法判断中科健公司继续按持续经营假设编制的财务报表是否适当。

3. 审计意见。由于上述事项可能产生的影响非常重大和广泛，我们不对中科健公司合并及母公司财务报表发表审计意见。

众环海华会计师事务所有限公司　中国注册会计师：钟健兵
中国注册会计师：闽超
中国　武汉　二零一二年三月十六日

我们在这份审计报告的最后一段（意见段）的最后一句话找到关键词"……不对……发表审计意见"。根据这个关键词，我们知道这是一份无法表示意见的审计报告。在审计报告的说明段，注册会计师说明他们无法发表意见的理由。中科健公司连续亏损，可能难以持续经营。对它的巨额应收账款是否能够回收以及巨额异地存货的存在性，都无法作出合理的估计或判断。

按照年报编制的规则，如果注册会计师出具了无法表示意见或否定意见的审计报告，那么被审计单位就需要在年报披露后截至相关事项、相关因素解决之前，每半个月披露一次风险提示性公告，这对于年报审计意见的要求是非常高的，那么投资者也可以在看年报时重点关注审计意见。

此外，投资者还应注意年报公告的补充公告，以免受到信息披露方的误导。年报公告的补充公告主要有两种：一种是错误，就是系统过失；另外一种就是主客观不一的情况。

---

① 资料来源：ST科健股份有限公司2011年年度报告摘要。

二、会计报表项目的分析

（一）资产负债表项目的分析[①]

资产负债表是反映上市公司一定日期（期末）全部资产、负债和所有者权益情况的报表。上市公司须定期编制资产负债表，并按季、按半年、全年及时为各方信息使用者提供公司信息，作为公司投资人、债权人、国家监督及管理部门进行投资、信贷以及经营决策的依据。其结构分为左右两边，左边为资产（经济资源），右边为负债及所有者权益（经济资源的提供者）。

资产满足下列条件之一的，应当归类为流动资产：（1）预计在一个正常营业周期中变现、出售或耗用。（2）主要为交易目的而持有。（3）预计在资产负债表日起1年内（含1年，下同）变现。（4）自资产负债表日起1年内，交换其他资产或清偿负债的能力不受限制的现金或现金等价物。流动资产以外的资产应当归类为非流动资产，并应按其性质分类列示。

负债满足下列条件之一的，应当归类为流动负债：（1）预计在一个正常营业周期中清偿。（2）主要为交易目的而持有。（3）自资产负债表日起1年内到期应予以清偿。（4）企业无权自主地将清偿推迟至资产负债表日后1年以上。流动负债以外的负债应当归类为非流动负债，并应按其性质分类列示。

1. 资产负债表中的资产类至少应当单独列示反映下列信息的项目：

（1）货币资金。货币资金是最具流动性的流动资产，该项目与现金流量表中最后一项"现金及现金等价物净增加额"的关系是：货币资金的期末余额减去货币资金的期初余额就等于现金及现金等价物净增加额。

对货币资金的分析必须结合现金流量表提供的信息，了解货币资金的主要来源，从而对公司的发展潜力作出判断。

（2）应收账款与应收票据，这两个项目与"利润表"中"主营业务收入"、"主营业务利润"、"营业利润"，现金流量表中"经营活动产生的现金流量净额"相关，因为，如果上市公司无法收回到期的应收账款与应收票据，那么，公司需要增加提取坏账准备，从而减少公司的净利润和"经营活动产生的现金流量净额"；同时过大的应收账款与应收票据数额也可以从一个侧面反映公司实现利润的可靠性较小，或者是利润的现金保障程度较低。因此应对这两个项目结合周转率、收账期进行全面、重点分析。

（3）交易性投资。进行交易性投资分析时，投资者必须结合会计报表附注的交易性投资明细资料，对其结构和风险进行分析。

（4）存货。对存货的分析应结合会计报表附注详细分析存货的结构。分析存货结构的时候，一定要注意一个问题，就是要看一下存货增加是不是由于产成品存货的增加，如果存货增加完全是由于产成品存货的增加，而且产成品存货占存货总额的比例越来越大，这个必须要引起投资者的注意，这有可能说明它出现了产品积压或者销售困难，对它的利润和现金流量都有不利的影响。分析存货时，还要结合存货周转率、存货销售期

[①] 资料来源：2006年《企业会计准则》第30号——财务报表列报。

进行。存货周转率的变慢或存货销售期的延长，意味着存货所占用的时间延长，这样它的经营活动产生的现金流量净额可能会减少，对现金流量产生不利的影响。此外，还应关注存货计价方法的变化是否影响利润。

（5）长期股权投资与持有至到期投资。长期股权投资与持有至到期投资可能与利润及利润分配表的"投资收益"项目以及现金流量表中"投资活动产生的现金流量净额"相关。因为，被投资公司的盈利能力影响投资公司的"投资收益"与"投资活动产生的现金流量净额"的真实程度。

（6）投资性房地产。在2006年新会计准则第3号规定中，投资性房地产有三种：已出租的土地使用权、已出租的建筑物、持有并准备在增值后转让的土地使用权。

（7）固定资产。进行固定资产分析时，首先应分析固定资产项目的结构，通过分析固定资产的净值可初步判断固定资产的新旧程度（前提是资料真实）。在建工程数额的增加无疑是会增加未来的生产能力，但数额过大。同时，还应对在建项目投产后的前景及其资金来源作进一步分析：若是自有资金，那将意味着将其经营活动产生的现金流量净额投入固定资产，这些固定资产在将来必须创造足够的主营业务收入，来弥补其占用的现金流量净额；若是筹资活动产生的现金流量净额投入固定资产，尚应对其举借债务的情况及还款措施作进一步的分析。此外，还应注意的是固定资产价值通常和真实成本毫无关系，在更为常见的情况下其价值与资产出售可获得的收入没有联系，也和与收益相称的数值不符。因为为了达到不同的目的，固定资产的价值既可能被虚增以使账面更好看，也可能被抹杀以消灭折旧费用。投资者要注意分析比较。

（8）生物资产。生物资产是指为产出农产品、提供劳务或出租等目的而持有的生物资产，包括经济林、薪炭林、产畜和役畜等有生命的动物和植物。

（9）递延所得税资产。递延所得税资产是指企业由于以前的时间性差异而产生的未来可以获得抵减的所得税。

（10）无形资产。对无形资产进行分析时，首先应分析无形资产的有效期限，通过分析无形资产的有效期限来确定其价值。

2. 资产负债表中的负债类至少应当单独列示反映下列信息的项目：

（1）短期借款、应付及预收款项、应交税金与应付职工薪酬等流动负债。短期借款、应付及预收款项、应交税金与应付职工薪酬等流动负债的大量增加可能意味着公司经营活动存在着巨大的现金流量缺口，还可能暗示着其经营活动已经出现了某些障碍，如没有生产出产成品、产成品没有销售出去、没有按时收回应收账款和应收票据等。上述任意一种情况出现，意味着公司将无力偿还到期债务，同时也意味着公司没有创造足够的主营业务收入和利润。

投资者进行短期债务分析时，应特别关注短期银行债务，因为巨额银行债务是虚弱的信号。财务困难几乎总是伴随着即将到期的银行贷款或其他债务而出现的。换句话说，虚弱的财务状况很少仅仅是因为日常交易的应付账款而产生的。这并不是说银行债务本身是一个不好的信号；相反，使用一定的银行贷款尤其是满足季节性需要，不仅合法而且值得称道。但是，当一家公司收益不错时，它很少因为银行贷款而资不抵债。

（2）预计负债。预计负债是因过去事项而形成的现时义务，或者是结算该义务时预期会有经济资源流出企业，是真正意义上的负债。

（3）应付债券、长期借款与长期应付款等长期负债。对长期债务的分析应特别关注即将到期债务的危险性。对于经营不善的企业来说，大批债务集中在一个很短的时期内偿还将构成一个严重的财务问题。当资产负债表已显露出这种情况时，投资者应高度重视，因为即将到期的长期债务常常引起公司破产。投资者若忽视了这种显而易见的危险，就有可能遭受巨大损失，甚至血本无归。即使公司可能以某种方式来处理到期债务，也不得不考虑再筹资可能承受的成本。

（4）递延所得税负债。递延所得税负债是指企业由于以前的时间性差异而产生的未来需要缴纳的所得税。

此外，短期借款和长期借款还与利润及利润分配表中的"财务费用"和现金流量表中的"筹资活动产生的现金流量净额"相关。

在合并资产负债表中，应当在所有者权益类单独列示少数股东权益。公司的总资产与总负债的差额就是股东权益，它是公司的净资产或者账面价值，股东权益包括股本、资本公积、盈余公积和未分配利润，股票的票面价值（股本）加上资本公积就相当于股票卖给公众所得的收益，而盈余公积相当于从利润中提取的股权重新投回公司。即使公司不再增加股权，但公司的账面价值仍可以通过将收益重新投回公司而每年增加。反之，公司处于亏损状态。另外，投资者还可以将资产负债表中各项资产负债的数值调整为市场价值，使得资产总额不再像以前一样恒等于负债和所有者权益之和，基于这种差异，投资者决定是否买进或卖出公司的股票。

（二）利润表项目的分析

利润表是反映企业一定时期内生产经营成果的会计报表。它是把一定时期的营业收入与其相关的营业费用进行配比，计算出企业一定时期的净利润（或净亏损）。对利润表的分析应着重分析利润构成从而说明利润的质量。费用应当按照功能分类，分为从事经营业务发生的成本、管理费用、销售费用和财务费用等。利润表至少应当单独列示反映下列信息的项目。

1. 营业收入。应结合会计报表附注分析营业收入的详细资料，如营业收入的来源（如有否关联交易）及其构成，具体来说，要看营业收入中由销售商品、提供劳务和让渡使用权所获得的收入的比例高不高。如果比较高的话，表明"造血"功能比较好。同时还要结合赊销收入所占的份额，并分析应收账款回收得好不好，看库存的减少以及延迟支付费用的情况，目的是了解营业收入的质量，从而更能真实地说明公司的盈利能力和盈利质量。另外还要分析关联采购和关联销售在营业收入中的比重，如果超过70%，这个公司就值得质疑了。因此，投资者应当青睐那些重视主业、做大主业、做强主业的公司。

2. 营业成本和营业税金。营业成本和营业税金是企业基本经营活动产生的成本，直接影响企业的利润。如果这部分所占比重过大，尤其是营业成本比重过大，说明企业结构不合理，利润质量自然就不够好。投资者还要进一步分析企业成本中来自关联方交易的比例，因为企业管理当局可能会通过关联方交易以粉饰会计报表，调节成本。

3. 管理费用。分析管理费用时要注意看该项费用是否过高，因为管理费用中一些人工费用和办公费用等是需要支付高额现金的。

4. 销售费用。在分析销售费用项目时，应注意看销售费用的大幅度增加对它未来的市场份额扩大，是否能够有非常有利的影响；或者虽能够提高它未来的销售收入，这样是否能抵消它的营业费用上升对它产生的不利影响，营业费用的增加对它的长期利润增长可能是有利的，但可能对它的短期利润产生一些负面的影响。

5. 财务费用。分析财务费用时应该看财务费用是否在一个合理的水平上，合理水平的财务费用更有利于公司的长远发展。

6. 投资收益。投资收益也会在一定程度上对利润质量产生影响。较多投资收益的发生在一定程度上与企业的管理水平有关联，如企业取得交易性金融资产时，应按交易性金融资产的公允价值计入投资收益账户。

7. 公允价值变动损益。公允价值变动损益是记录交易性金融资产的公允价值与其账面余额的差额，本科目与投资收益科目相关，反映企业在处理交易性金融资产时的收益情况。本科目期末借方余额，反映企业交易性金融资产的公允价值。

8. 资产减值损失。根据2006年新企业会计准则的规定，各项减值准备、跌价准备对应的科目不再是管理费用、投资收益、营业外支出，而是统一用一个科目，即"资产减值损失"科目来记录。本科目反映企业根据资产减值等准则确定资产发生的减值。

9. 非流动资产处置损益。当企业发生非流动资产处置业务后，相应会对企业今后的生产经营活动带来影响，在极端情况下可能会引发企业产业或产品结构的根本性转变。

10. 所得税费用。所得税费用是针对利润表的一种叫法，本意就是企业产生的所得税。

11. 净利润。净利润是一个企业经营的最终成果，净利润多，企业的经营效益就好；净利润少，企业的经营效益就差，它是衡量一个企业经营效益的主要指标。净利润的多寡取决于两个因素：一是利润总额；二是所得税税率。企业的所得税税率都是法定的，所得税税率越高，净利润就越少。

（三）现金流量表项目的分析

现金流量表是指反映企业在一定会计期间现金和现金等价物流入和流出的报表。它反映上市公司一定时期内有关现金及现金等价物流入和流出的信息。现金是指企业库存现金以及可以随时用于支付的存款。现金等价物，是指企业持有的期限短、流动性强、易于转换为已知金额现金、价值变动风险很小的投资。企业的现金流量分成三部分：经营活动产生的现金流量、投资活动产生的现金流量和筹资活动产生的现金流量。分析现金流量表时，应关注现金流量的来源和结构。应重点分析经营活动产生的现金流量净额，如果经营活动产生的现金流量净额是负数，说明公司通过经营活动创造现金流量的能力低下，而主要依靠固定资产或外部融资等方式来弥补经营活动产生的现金流量缺口。

1. 对经营活动产生的现金流量净额进行分析。首先分析经营活动产生的现金流量的构成，投资者怎么判断一家公司创现的能力到底是比较强还是比较弱？可以分三个步骤：第一步看营业收入中由销售商品和提供劳务所获得的收入的比例高不高，如果比较高的话，表明"造血"功能比较好；第二步看应收账款回收得好不好，看库存的减少以及延迟支付费用的情况；第三步看管理费用是否过高，因为管理费用中一些人工费、办公费等是需要支付高额现金的。

2. 应结合利润表来判断。有两种情况应值得关注：一种是利润过高、现金过低。这种情况就是"白条理论"，纸上富贵。表明它的利润弹性比较大，这里面可能存在水分。因为利润数字也是从会计角度得出来的，会计有大量的估计在里面，比如说有待摊费用、预提费用、应收账款、应付账款等。考核上市公司的现金流量实际上重点就是要考核报告其实现利润的可靠性，或者是利润的现金保障程度，如果现金流量比较少，可能说明其赊销情况比较严重，存在的应收账款的回收风险较大，同时利润分配也没有现金保证。特别是一些信息失真的公司都可能存在这个问题。对于非专业的投资大众而言，最有效的还是要看经营过程中每股现金净流量，因为这是一个最实在的指标，它表明了实实在在地攥在手里的钱到底有多少。另外，现金流量增长的快慢、实现的多与少，还可以从另一个角度说明公司主导产品的市场状况，如果一项产品是供不应求的，它的现金收入肯定是非常多的，反之，现金收入相对来说非常小。迷人的数字不重要，更重要的是现金流量净额，要真正理解现金流量净额背后具有的深邃的财务意义。另外一种情况是现金过高、利润比较低。这种情况表面上看起来存的现金比较多，但由于未来没有稳定的持续的现金流入的能力，这种公司也要值得注意。

（四）所有者权益变动表项目的分析

所有者权益变动表应当反映构成所有者权益的各组成部分当期的增减变动情况。当期损益、直接计入所有者权益的利得和损失以及与所有者的资本交易导致的所有者权益的变动，应当分别列示。所有者权益变动表至少应当单独列示反映下列信息的项目：（1）净利润；（2）直接计入所有者权益的利得和损失项目及其总额；（3）会计政策变更和差错更正的累积影响金额；（4）所有者投入资本和向所有者分配利润等；（5）按照规定提取的盈余公积；（6）实收资本（或股本）、资本公积、盈余公积、未分配利润的期初和期末余额及其调节情况。

（五）会计报表附注的分析

附注是对在资产负债表、利润表、现金流量表和所有者权益变动表等报表中列示项目的文字描述或明细资料，以及对未能在这些报表中列示项目的说明等。它应当披露财务报表的编制基础，相关信息应当与资产负债表、利润表、现金流量表和所有者权益变动表等报表中列示的项目相互参照。会计报表附注是为帮助理解会计报表的内容，而对会计报表的某些项目所做的解释。在分析上市公司的会计报表之前应首先阅读和分析会计报表附注，它能提供判断上市公司会计报表真实程度的依据和线索。会计报表附注越详细，判断上市公司会计报表反映其财务状况、经营成果和现金流量情况真实程度的依据或线索就越多。根据会计报表附注可以从会计报表中分解出会计分类账，从会计分类账中分解出会计科目，从会计科目中查询会计凭证，从而详细分析公司会计报表反映其财务状况、经营成果和现金流量情况的真实程度。

三、其他信息的分析

根据持续信息披露原则，上市公司在上市之前应公告招股说明书和财务会计报表。上市之后，应按时公布中期报告、年度报告，及时公布重大事项临时报告。其目的是使投资者通过分析相关信息作出正确的投资决策。上市公司公开披露的信息如有虚假、严重误导性陈述或者重大遗漏，负责对文件验证的中介机构对此要承担相应的法律责任，公司的全体发起人或者董事也应承担连带责任。

（一）招股说明书的分析[①]

分析招股说明书时应特别注意如下事项：

1. 风险因素与对策说明：了解公司存在的风险及公司的应对之策是否有效。

2. 募集资金的运用：主要看本次募股资金的用途与投向；投资项目总体情况介绍，包括项目预算、投资周期与资金使用计划等；如果所筹资金尚不能满足规划中的项目的资金需求，应说明其缺口部分的来源及落实情况；增资发行的发行人必须说明前次公开发行股票所筹资本的运用情况。

3. 股利分配政策：主要了解公司对股东的回报情况。发行人股利发放的一般政策；发行股票后第一个盈利年度是否准备派发股利；如果准备发放，发放几次，何时发放；不同类别股票在股利分配方面的权益；如果暂不准备派发股利，简要说明原因；新股东是否享有公司本次股票发行完成前的留存利润；其他应说明的股利分配政策。

4. 发行人在过去至少3年的经营业绩：以此来判断公司经营的稳定性。这一部分应当根据专业人员的审计报告和审查结论，来观察发行人过去3年的经营业绩，它至少应包括：最近3年销售总额和利润总额；发行人业务收入的主要构成；发行人近期完成的主要工作，主要指重大项目和科研成果；产品或者服务的市场情况；筹资与投资方面的情况等。

5. 发行人股本的有关情况：对这一部分的分析应当注意公司发起人、重要持股人的持股及其变动情况，注册资本，已发行的股份；如果发行人已进行过股份制改组、定向募集或公开发行，则应当披露本次发行前公司的股权结构，包括国家股、法人股、个人股（其中含内部职工股）、外资股等各占的份额；发行人认购股份的情况；本次发行后公司股份的结构，包括公司职工股的有关情况；本次发行前后每股净资产，等等。

6. 盈利预测：直接关系到公司股票的发行情况。一般而言，上市公司更愿意乐观预测盈利，将盈利数字说得大一些，应注意辨别。

7. 公司发展规划说明：这是表明公司管理层对公司未来发展所作出的重要规划，一份好的规划应该是严谨、科学、实事求是的。

8. 发行人认为对投资者作出投资判断有重大影响的其他事项。

[①] 中国证券监督管理委员会辽宁监管局：《怎样看招股说明书》，2007年3月19日。

(二) 上市公告书的分析①

上市公告书的内容应当概括招股说明书的基本内容和公司近期的重要资料,因此应该与招股说明书对照着来看。如招股说明书中提到募集资金投向,在看上市公告书时要关注投资项目是否与招股说明书中的相吻合,看其是否改变了募集资金的投向。要重点关注的是:

1. 自招股说明书披露至上市公告书刊登期间,公司所发生的重大事项、重大变化。

2. 发行人与控股公司或被控股公司之间的关联关系和关联交易,以便分清是资产重组还是关联交易。

3. 股票发行情况及承销情况,即股本规模是多少,其中流通盘占多少,属于大盘股还是小盘股,以便于在市场中把握行情。

4. 募集资金的运用计划及风险、收益预测。这为今后关注年报中的募集资金投向情况奠定基础,即资金是否改变了投向、是否按计划使用了所募资金。

知识拓展8-2:
蓝田股份会计造假

第三节 信息披露及投资行为效应

一、公开信息的测度

(一) 每股收益公开信息的度量

信息量的大小是以多大程度减少流通中不确定性来度量的,因而,衡量股票市场中的信息量同样也是以减少由于信息不确定而造成股票价格变动程度来度量的。然而,由于我国股票市场历时较短,无法获得上市公司的每股收益分布特征与规律,因而,不能采用转送信息缺损值的方法来测度信息量的大小,只能采用"惊奇"的计量方法测度信息量的大小。通常有三种方法计量"惊奇"的大小:(1) 与每股收益预测值的误差;(2) 与上年相比,考察公司每股收益的变化量;(3) 横截面相比,考察与同类公司每股收益的差异。

我国相关法律规定,如果发行人认为提供盈利预测报告将有助于投资者对发行人及投资于发行人的股票作出正确判断,且发行人确信有能力对最近的未来期间的盈利情况作出比较切合实际的预测,发行人可以披露盈利预测报告。我国的这种规定没有强制要求上市公司披露收益预测,因而,不便于采用每股收益预测误差计量信息量的大小。此外,由于我国目前对上市公司尚没有统一的科学的分类标准,因而,也不便于从横截面的角度进行同类公司比较。

所以,我国比较适合采用第二种计量方法,即运用公司本身每股收益的变化来测量信息量的大小。为了剔除量纲的影响,同时考虑到某些公司的每股收益接近于0可能会

---

① 中国证券监督管理委员会辽宁监管局:《怎样看上市公告书》,2007年3月19日。

导致变化无穷大，从而导致信息失真，在此，我们计算单位价格的每股收益的变化量：

$$S_{it} = \Delta EPS_{it}/P_{it} \tag{8.1}$$

式（8.1）中，S_{it}是股票i在t期以单位价格每股收益变化计量的信息量；ΔEPS_{it}是股票i每股收益在t期的绝对变化量；P_{it}是股票i在t期的市场价格。值得注意的是，此信息量同时也表明由于每股收益变化导致溢价比的变化，而且，此信息量的正负方向可以表示信息的好坏。

在有效市场中，股票价格充分反映所有的信息，股票现在的价格是由投资者对未来的信息（如盈利信息）的预期决定的。如果公开信息与其预期值的偏差越大，说明股票价格与公司的预期价值相差就越大。因而，在信息披露后，市场将作出较大的反应，股票价格发生较大的调整。假定信息服从正态分布（或其他类似正态分布的分布），信息惊奇（实际信息与预期的信息的差异）越大，其发生的概率越小。因而，我们可以采用度量信息出现的概率的方法测度信息量的大小，在此运用切比雪夫不等式近似地考察惊奇程度大小：

$$P\{|\xi - E(\xi)| \geq \varepsilon\} \leq \frac{D\xi}{\varepsilon^2} \tag{8.2}$$

式（8.2）中，ξ是指信息，如考察公司所公开的每股收益的信息的价值大小，按上式，ξ取S_{it}，则其惊奇程度可表示为其偏离程度，即$|\xi - E(\xi)|$，而其大于指定程度ε的概率小于$D\xi/\varepsilon^2$。由于我国的股票市场成立的周期短，单只股票的报告较少，用单个公司度量其信息量，可能会出现一些偏差。我们可以采用横截面数据测度公司所公布的收益信息与样本公司均值的偏离程度，来反映信息量的大小。它解决了样本数据量少的问题，但由于公司收益的分布是不同的，因此，运用此种方法不便于度量公司收益本身所发生的变化。

如果我们将小概率事件代表惊奇程度的话，那么，概率越小的事件发生，其信息量就越大。我们用下式代表信息量的大小：

$$I_i = 1 - \frac{D(S_i)}{S_i^2} \tag{8.3}$$

式（8.3）中，S_i是单位价格的每股收益变化；$D(S_i)$表示所有股票的单位价格的每股收益变化的方差。

（二）其他非显性信息的度量

非显性信息是指没有每股收益那么重要的公开信息，它们的变化不会对股票价格产生很大的影响，如账面市价比、公司规模、溢价比等。投资者对其变化并没有明显的反应，因此，我们不通过计算惊奇程度的大小来计量其信息量的大小，而是直接将它们分别进行排序、分组考察不同组别的市场效应的显著性差异。

二、市场对公开信息反应的调整速度

从信息的角度看，市场有效性主要是指资产价格对信息的反应程度，具体包括调整速度与准确度两个方面。因而，研究市场对收益报告的反应期间，有助于我们描述关于信息的市场有效性，以提高对"迅速调整"的理解，同时便于理解投资者寻求相关信息的动机及对投资的影响方式。

尽管许多研究表明，在收益报告公告前超额收益就已经存在，但在收益信息公开的那一周，股票价格对信息还是有较大的反应。在信息公开时市场反应波动度较大的原因主要有以下两个方面：(1) 公开的信息从不对称转变为对称是一个过程；(2) 公开的信息本身就是复杂的，充分理解并运用到投资之中需要时间与成本。

对市场反应速度的研究，可以从分析公司规模、报告的滞后及收益类型等对价格调整速度的影响入手。选取上市公司的财务报告，估计出平均收益率的调整期间（Reaction Period of Mean，RPM）与收益方差调整期间（Reaction Period of Volatility，RPV）。

若平均收益率的调整期间等于市场对收益报告的反应时期，则说明其超额收益率均值与非反应时期的均值显著不同。

若收益方差调整期间等于收益均方差的反应时期，代表在反应期间，其超额收益率的方差与非反应期间的方差显著不同。

研究结果表明，市场对收益报告的反应期间的不同是与公司规模及报告类型有关的，大公司调整期间的均值 RPM 具有较长的期间，调整的开始时间较早；而方差调整区间 RPV，对于小公司及内部报告来说，其调整期间较长，结束得较迟。尽管在波动度调整期方面，公司报告的滞后期与波动度反应期间的 RPV 相关，但与均值反应期间 RPM 的相关性很小。对于每一个公告，报告滞后期是指财政年度结束后（即年度报告开始公告时）到公告日之间的时间，大公司公告日比小公司要早，内部报告的滞后期比年报要短。

以上研究是从股票的超额收益率的均值与波动度显著不同的角度来考察的，实际上它检验的是不同市场效应的反应期。对于均值检验，它主要是检验持续存在同方向超额收益率的股票，而波动度检验则是检验收益率波动度大的股票。可见，均值检验与波动度检验考察两种不同价格变化的反应速度。通常来说，股票价格随机波动的更多，RPV 的调整期间比 RPM 的调整期间要长。

三、信息披露的时间效应

信息的公布存在时间效应的问题。公司选择信息公布时间将因信息的好坏可能会有所不同。可以通过考察公司关于收益与股利在当天公布时间的行为，运用内生变量（股价的变化）与外生变量（与以前的公司的收益及股利相比）来对好坏消息进行分类。

为了将股票价格变动限定在仅受公布信息的影响，需要剔除公开市场、相关产业的影响，或者可以通过该证券本身的纵向比较，即将公布信息时的股票价格行为与非公布信息时的股票价格行为进行比较。假定收益不存在漂移量，公布的每股收益（如果发生股票分割，则进行相应的调整）同期增长的信息意味着是好消息，不变或减少被认为是坏消息。尽管此种分类看似简单，但研究结果表明股票价格对此有较强的反应。股利增加与特别的红利被定义为外在的好消息，股利减少被认为是坏消息。

对公布的收益与股利的信息的实证检验结果表明，使用外生变量的分类方法，坏消息的披露大都发生在收市后，增加收益或股利的披露在交易期间公布的比例比收市后要大。使用内生变量的分类方法，交易期间进行披露信息，其股票价格的变化往往是正的，而收市后公布的信息往往会产生负的价格变化。

如果信息披露时间的选择与信息对股票价格没有影响，那么什么时间公布信息都是一样的。如果信息披露对股票价格有实质性影响，那么公司会考虑信息披露的时间。一般认为，信息披露的时间效应源于投资者对信息的理解是相对的，即信息的好坏和大小是与其他公司的信息比较得出的。此外，管理者选择在收市后或周末披露信息，可能是考虑到这样做便于投资者充分消化，尤其是当信息不好的时候。

知识拓展 8-3：股利政策可以向市场传递信号

【本章小结】

1. 信息披露制度，也称公告制度、公开披露制度，是指在证券市场上从事证券发行、上市和交易的当事人应依照法律法规、证券主管机关的管理规则及证券交易场所的有关规定，以一定的方式向社会公众发布或向证券主管部门或自律机构提交申报与证券有关的信息而形成的一整套行为规范和活动准则的总称。

2. 从信息披露的时间、信息的质量和信息的数量三方面来考虑，信息披露的基本要求可以归纳为及时性、有效性和充分性三条标准。

3. 上市公司的信息披露，按照披露的时间、内容、方式的不同可分为首次披露和持续性披露。首次披露是指新证券首次发行上市时所须履行的披露义务，主要包括招股说明书、债券募集说明书和上市公告书。持续性披露是指证券上市后的公司需要履行的持续性信息公开义务，主要内容包括上市公司的定期报告和临时报告等。

4. 招股说明书是公司信息披露的关键性资料，是向证券监督机构报送的主要审核文件之一，是证券发行公司在公募发行时，向投资者发出的招股要约文件，也是发行公司需要披露的最重要的信息。发行人在招股说明书及其摘要披露的所有信息应真实、准确、完整、公平、及时，尤其要确保所披露的财务会计资料有充分的依据。

5. 上市公告书是上市公司按照证券法规和证券交易所业务规则的要求，于该公司证券上市前，就其公司及证券上市事宜，通过指定报刊向社会公众披露的法律文件。其意义在于使投资者了解上市公司情况，判断上市公司的经营状况及前景，从而作出科学的投资决策。

6. 我国上市公司的持续性信息披露主要包括：定期报告（年报、中报、季报）和临时报告等。

7. 定期报告是指上市公司按照法律和证券主管机关的规定，就一定会计期间内的公司的有关财务状况、经营成果及重大事项编制报告书并在法定期限内予以发布的信息披露形式。上市公司应当在每个会计年度中，不少于三次向公众提供公司的定期报告。

8. 定期报告包括季度报告、中期报告和年度报告。季度报告在每个会计年度第

3个月、第9个月结束后的1个月内编制完成并披露，中期报告在每个会计年度的前六个月结束后2个月内提交，年度报告在每个会计年度结束后之日起4个月内提交。凡是对投资者作出投资决策有重大影响的信息，均应当披露。

9. 临时报告是指上市公司按照有关法律法规及规则规定，在发生可能对其股票证券价格产生重大影响，并可能影响投资者对证券投资判断的重大事项时，向投资者和社会公众披露的信息。临时报告是将上市公司的重大事项及时向投资者披露的重要途径，它对防止因信息的时滞而引发内幕交易、提高股票交易的透明度等具有重要意义。

10. 自愿性信息披露是指上市公司在强制性信息之外，出于树立公司形象、维护与投资者关系、回避诉讼风险等动机而进行主动披露信息的行为。上市公司自愿披露的信息主要包括管理者对公司长期战略及竞争优势的评价、环境保护和社区责任、公司实际运作信息、前瞻性预测信息、公司治理效果等。

11. 公平性信息披露是指上市公司及其他信息披露义务人应当同时向所有投资者公开披露信息，以使所有投资者平等获悉同一信息。

12. 注册会计师出具审计报告分为标准审计报告和非标准审计报告两大类。非标准审计报告是指标准审计报告以外的其他审计报告，包括带强调事项段的无保留意见的审计报告和非无保留意见的审计报告。非无保留意见的审计报告包括保留意见的审计报告、否定意见的审计报告和无法表示意见的审计报告。

13. 资产负债表是反映上市公司一定日期（期末）全部资产、负债和所有者权益情况的报表。其结构分为左右两边，左边为资产（经济资源），右边为负债及所有者权益（经济资源的提供者）。

14. 利润表是反映企业一定时期内生产经营成果的会计报表。它是把一定时期的营业收入与其相关的营业费用进行配比，计算出企业一定时期的净利润（或净亏损）。对利润表的分析应着重分析利润构成从而说明利润的质量。费用应当按照功能分类，分为从事经营业务发生的成本、管理费用、销售费用和财务费用等。

15. 现金流量表是指反映企业在一定会计期间现金和现金等价物流入和流出的报表。它反映上市公司一定时期内有关现金及现金等价物流入和流出的信息。企业的现金流量分成三部分，即经营活动产生的现金流量、投资活动产生的现金流量和筹资活动产生的现金流量。

16. 所有者权益变动表应当反映构成所有者权益的各组成部分当期的增减变动情况。当期损益、直接计入所有者权益的利得和损失，以及与所有者的资本交易导致的所有者权益的变动，应当分别列示。

17. 附注是对在资产负债表、利润表、现金流量表和所有者权益变动表等报表中列示项目的文字描述或明细资料，以及对未能在这些报表中列示项目的说明等。

18. 通常采用三种方法计量和测度信息量的大小：（1）与每股收益预测值的误差；（2）与上年相比，考察公司每股收益的变化量；（3）横截面相比，考察与同类公司每股收益的差异。

【关键术语】

信息披露制度　首次披露　持续性披露　招股说明书　上市公告书　定期报告　临时报告　自愿性信息披露　公平性信息披露　审计报告　标准审计报告　审计报告的强调事项段　保留意见的审计报告　否定意见的审计报告　无法表示意见的审计报告

【案例分析】

2020年中国证监会稽查的20起典型违法案例

1. 康得新财务造假案。本案系一起上市公司连续多年财务造假的典型案件。2015年至2018年，康得新复合材料集团股份有限公司编造虚假合同、单据虚增收入和成本费用，累计虚增利润115亿元。本案表明，财务舞弊严重破坏市场诚信基础和投资者信心，严重破坏信息披露制度的严肃性，监管部门坚决依法从严查处上市公司财务造假等恶性违法行为。

2. 康美药业财务造假案。本案系一起上市公司系统性财务造假典型案件。2016年至2018年，康美药业股份有限公司实际控制人、董事长等通过虚开和篡改增值税发票、伪造银行单据，累积虚增货币资金887亿元，虚增收入275亿元，虚增利润39亿元。本案显示，上市公司财务信息披露的真实性、准确性和完整性是市场健康发展的基础。大股东、实际控制人和董事、监事、高级管理人员要讲真话、做真账，维护信息披露制度的严肃性。

3. 獐子岛财务造假案。本案系一起上市公司"寅吃卯粮"、调节利润的恶性舞弊案件。獐子岛集团股份有限公司少报当年扇贝采捕海域、少计成本，虚增2016年利润；随后将以前年度已经采捕但未结转成本的虚假库存一次性核销，虚减2017年利润，连续两年财务报告严重失实。本案表明，上市公司财务造假的背后是法人治理缺位，内控管理混乱，必须压实大股东、实际控制人和董事、监事、高级管理人员等"关键少数"的法定责任。

4. 辅仁药业信息披露违法违规案。本案系一起大股东及关联方长期非经营性占用上市公司资金的典型案例。2015年至2018年，辅仁药业集团制药股份有限公司大股东及其关联方长期非经营性占用辅仁药业及子公司资金，期末余额分别为4.1亿元、5.8亿元、4.7亿元和13.4亿元，辅仁药业未在相关年度报告和重组文件中依法披露。本案表明，上市公司大股东、实际控制人漠视中小股东权益，长期肆意占用上市公司资金，必将受到法律严惩。

5. 凯迪生态信息披露违法违规案。本案系一起上市公司信息披露违法典型案件。凯迪生态环境科技股份有限公司未在2017年年报中披露陈义龙实际控制凯迪生态及其大股东的重要事实，隐瞒与陈义龙相关公司间10余亿元的关联交易，形成关联方非经营性占用资金8.8亿元。本案表明，上市公司大股东、实际控制人必须严格履行法定信息披露义务，不得刻意隐瞒关联交易，侵害中小股东的知情权。

6. 东方金钰财务造假案。本案系一起上市公司虚构业务的典型造假案件。2016年至2018年上半年，东方金钰股份有限公司为完成营业收入、利润总额等业绩指标，伪造翡翠原石采购、销售合同，控制19个银行账户伪造采购、销售资金往来，累积虚构利润3.6亿元。本案表明，上市公司系统性财务造假严重影响上市公司质量提高，严重侵害投资者合法权益，是不可触碰的监管"高压线"。

7. 雅本化学信息披露违法违规案。本案系一起上市公司新冠肺炎疫情期间"蹭热点"，违规披露信息典型案件。2020年2月，雅本化学股份有限公司多次披露子公司为抗疫相关医药中间体主要供应商，并虚构境内外销售客户7家，2017年至2019年相关销售收入实为968万元，夸大为11 548万元，占市场份额比例为15%～20%。本案表明，"蹭热点"、夸大其词严重误导投资者，依法应予严惩。

8. 长园集团财务造假案。本案系一起上市公司并购标的财务造假的典型案件。2016年长园集团股份有限公司收购长园和鹰智能科技有限公司80%股权。为使长园和鹰完成业绩承诺，由时任董事长组织虚构海外销售，提前、重复确认收入，累计虚增利润3亿元。本案表明，给上市公司注入"有毒资产"，严重损害投资者利益，重组参与各方均应承担相应责任。

9. 中健网农财务造假案。本案系一起新三板公司财务造假典型案例。厦门中健网农股份有限公司采用违规确认收入、虚构客户回款、编造送货单等方法，2016年至2017年累计虚构收入1.6亿元。同时，该公司还存在未按规定披露关联交易及关联方资金占用等违法行为。本案表明，新三板挂牌公司要严格按照公众公司的治理要求，依法履行信息披露义务，恪守合规底线。

10. 史一兵信息披露违法违规案。本案系一起实际控制人指使上市公司违规披露的典型案件。2019年1月至3月，万达信息股份有限公司实际控制人史一兵，指使将万达信息及子公司将累计7.4余亿元资金划转至关联方，并调整会计科目予以掩饰，史一兵被行政处罚。本案警示，上市公司实际控制人滥用控制地位，授意、指挥上市公司违规信息披露，依法应予严惩。

11. 富贵鸟债券信息披露违法违规案。本案系一起债券虚假陈述典型案件，富贵鸟股份有限公司在债券"14富贵鸟"和"16富贵01"募集说明书中，分别隐瞒13亿元、24亿元对外担保，挪用募集资金用于购买理财产品或从事资金拆借。本案表明，债券发行人要严格遵守信息披露制度，真实、准确、完整、及时和公平地披露信息，促进债券市场健康发展。

12. 兴华所未勤勉尽责案。本案系一起审计机构未充分履行审计程序被处罚的典型案件。2018年，北京兴华会计师事务所为林州重机集团股份有限公司提供年报审计服务时，监盘程序未执行到位，未取得充分适当的审计证据，导致未发现林州重机2017年虚增在建工程 2 亿元，出具的审计报告存在虚假记载。本案表明，中介机构应当忠实履行核查验证职责，切实发挥"看门人"作用。

13. 大华所未勤勉尽责案。本案系一起审计机构未充分关注重要事项被处罚的典型案件。2018 年，大华会计师事务所为奥瑞德光电股份有限公司提供年报审计服务时，未对销售回款异常等事项予以必要关注，未发现销售收入不符合确认条件、控制股东非经营性占用资金等重要情况，出具的审计报告存在虚假记载和重大遗漏。本案警示，中介机构应当对舞弊迹象保持必要的职业怀疑和充分关注，严把执业质量关口，否则必将付出沉痛代价。

14. 恒泰证券出借客户账户案。本案系一起证券公司将客户资金账户、证券账户提供给他人使用被处罚的典型案件。2018 年 3 月至 6 月，恒泰证券股份有限公司机构交易部某业务团队将 35 个客户账户提供给他人使用，恒泰证券及相关责任人员被行政处罚。本案表明，证券经营机构应当切实加强合规管控，全面落实账户实名制要求，筑牢市场诚信体系的第一道防线。

15. 汪耀元等人内幕交易案。本案系一起巨额内幕交易案。2015 年初，健康元药业集团股份有限公司实际控制人筹划减持股份、引入新的投资方，其间，汪耀元与内幕信息知情人密切联络、接触，与亲属共同控制 21 个账户买入"健康元"股票 10 亿余元，获利 9 亿余元，被罚没 36 亿余元。本案表明，利用内幕信息从事交易，不仅损害其他投资者利益，而且破坏市场公平交易秩序，依法应予严惩。

16. 张秋菊等 11 人内幕交易案，本案系一起内幕交易窝案。2017 年 5 月 16 日，易见供应链管理股份有限公司披露大股东筹划变更控制权。内幕信息知情人胡某、李某将信息泄露给同学、同事、朋友、医生等人并引起再次传递，导致 11 人内幕交易被处罚。本案警示，内幕信息知情人务必律己慎行、严守秘密，切勿从事内幕交易或将未公开信息泄露给其他无关人员。

17. 吴联模操纵市场案。本案系一起上市公司实际控制人操纵本公司股价的典型案件，凯瑞德控股股份有限公司实际控制人吴联模在 2015 年至 2016 年期间配资 14 亿余元，炒作"凯瑞德"股价；同时操控上市公司利好信息发布节奏影响股价，非法获利 8 500 余万元，被处罚没款 5.1 亿余元。本案表明，上市公司大股东、实际控制人应当依法参与公司治理，推动公司聚焦主业，规范发展，切勿触碰操纵市场等违法红线。

18. 远大石化跨市场操纵期货合约案。本案系一起跨期货现货市场操纵的典型案件。证监会查明，2016 年 5 月至 8 月，远大石化有限公司利用资金优势，控制 18 个期货账户，大量连续买入聚丙烯期货合约 PP1609，同时在现货市场通过直接购买、代采代持等方式大量囤积现货，制造聚丙烯需求旺盛氛围，影响期货合约价格，涉嫌操纵期货市场犯罪。2020 年 9 月，法院判决远大石化罚没款 7.4 亿元，董事长吴某有期徒刑 4 年并处罚金 500 万元。本案表明，操纵市场制造虚假价格，引发市场波动，扰乱市场正常秩序，监管部门始终保持高压态势。

19. 赵艰申利用未公开信息交易被刑事追责案。本案系一起公募基金从业人员实施"老鼠仓"交易的典型案件。中国证监会查明，2013 年至 2017 年，赵艰申在财通基金管理有限公司、上投摩根基金管理有限公司任职期间,与其参与管理的4只基金趋同交易39亿余元,非法获利1 523万元,涉嫌犯罪。2020年10月,赵艰申被法院判处有期徒刑4年,没收违法所得并处罚金2 280万元。本案表明,资产管理行业从业人员要严守职业准则,为投资者最大利益忠实履行管理职责,远离利益输送等违法红线。

20. 永安信违反私募基金管理规定案。本案系一起私募基金管理人违反私募基金管理规定的典型案件。永安信(天津)股权投资基金管理有限公司违反规定,未对83只私募基金进行备案;单只私募基金投资者人数超过200人上限;将固有财产、他人财产与基金财产混同投资,受到行政处罚。本案警示,私募基金及其从业人员要恪守合法合规运作底线,高度自律,诚信经营。

讨论题

1. 请读者自行查阅相关案例详情及中国证监会最终处罚结果。
2. 这些案例对你有哪些启示?

【能力训练】

(一)选择题

1. 证券监管的基本原则是( )。
   A. 公平　　　　B. 公正　　　　C. 公开　　　　D. 完整
2. 信息披露制度的基本要求,从信息披露的时间、信息的质量和信息的数量三方面来考虑,可以归纳为( )。
   A. 及时　　　　B. 有效　　　　C. 准确　　　　D. 充分
3. 信息披露应遵循( )的原则。
   A. 公平性　　　B. 完整性　　　C. 准确性　　　D. 真实性
4. 定期报告包括( )。
   A. 年度报告　　B. 中期报告　　C. 季度报告　　D. 临时报告
5. 美国证券市场要求企业的年度报告在( )。
   A. 财政年度后90天内披露　　　B. 财政年度后120天内披露
   C. 财政年度后45天内披露　　　D. 财政年度后60天内披露
6. AIM的上市标准是( )。
   A. 必须委派一位指定保荐人和指定经纪人
   B. 根据本国法律合法成立的公司,且为公众公司和同类公司
   C. 公司的会计账目符合英国或美国的通用会计准则
   D. 具有两年的主营业务盈利记录。如果不符合该条件,董事和雇员必须同意自进入AIM之日起,至少一年内不得出售其持有的该公司证券所拥有的任何权益
7. 上市公司的信息披露,按照披露的时间、内容、方式的不同可分为( )。
   A. 首次披露　　B. 持续性披露　　C. 招股说明书　　D. 上市公告书
8. ( )是公司信息披露的关键性资料,是向证券监督机构报送的主要审核文件

之一，是证券发行公司在公募发行时，向投资者发出的招股要约文件，也是发行公司需要披露的最重要的信息。

A. 审计报告 B. 招股说明书
C. 上市公告书 D. 定期报告

9. 招股说明书的一般内容包括（　　）。

A. 董事及有关中介机构声明；招股说明书概览；本次发行概况
B. 发行人基本情况；董事、监事、高级管理人员与核心技术人员
C. 公司治理；财务会计信息；业务发展目标
D. 募股资金的运用；股利分配政策；其他重要事项

10. 首次公开发行股票的信息披露文件主要包括（　　）。

A. 招股说明书摘要 B. 发行公告
C. 上市公告书 D. 招股说明书及其附录和备查文件

11. 发行人在招股说明书及其摘要中披露的所有信息应（　　）。

A. 真实 B. 准确 C. 完整
D. 确保所披露的财务会计资料有充分的依据

12. （　　）是上市公司按照证券法规和证券交易所业务规则的要求，于该公司证券上市前，就其公司及证券上市事宜，通过指定报刊向社会公众披露的法律文件。

A. 审计报告 B. 招股说明书
C. 上市公告书 D. 定期报告

13. （　　）是注册会计师对上市公司的会计报表是否真实地反映其财务状况、经营成果和资金变动情况等发表的意见。

A. 审计报告 B. 招股说明书
C. 上市公告书 D. 定期报告

14. （　　）包括带强调事项段的无保留意见的审计报告和非无保留意见的审计报告。

A. 审计报告 B. 标准审计报告
C. 非标准审计报告 D. 定期报告

15. 如果注册会计师在审计过程中认为被审计单位的会计处理方法严重违反《企业会计准则》及国家其他有关财务会计法规的规定，或者委托人提供的会计报表严重失实，且被审计单位拒绝调整，此时，会计师应出具（　　），并且在意见段之前另设说明段，说明理由。

A. 有保留意见的审计报告 B. 无保留意见的审计报告
C. 否定意见的审计报告 D. 拒绝表示意见的审计报告

16. （　　）是指注册会计师在审计意见段之后附带对重大事项予以强调的段落。

A. 无保留审计意见 B. 带说明段的无保留审计意见
C. 保留意见 D. 否定意见

17. （　　）是指注册会计师对会计报表的反映有所保留的审计意见。

A. 无保留审计意见 B. 带说明段的无保留审计意见
C. 保留意见 D. 否定意见

18. ( ) 是注册会计师在审计过程中,由于审计范围受到委托人、被审计单位或客观环境的严重限制,不能获取必要的审计证据,以致无法对会计报表整体反映发表审计意见时,应出具的审计报告。
A. 无保留审计意见的审计报告
B. 带说明段的无保留审计意见的审计报告
C. 无法表示意见的审计报告
D. 否定意见的审计报告

19. 注册会计师出具无保留意见的审计报告的条件是( )。
A. 注册会计师认为会计报表的编制符合《企业会计准则》
B. 在所有重大方面公允地反映了被审计单位的财务状况、经营成果和资金变动情况
C. 注册会计师在根据独立审计准则进行独立审计的过程中未受到阻碍和限制
D. 不存在应该调整而被审计单位未予调整的重要事项

20. 审计报告中意见段应说明( )内容。
A. 已审会计报表名称、反映的日期或期间;会计责任与审计责任
B. 会计报表的编制是否符合有关财务会计法规的规定
C. 会计报表在所有重大方面是否公允地反映了被审计单位资产负债表日的财务状况
D. 会计处理方法的运用是否符合一贯性原则

21. 财务报表应该包括( )。
A. 资产负债表 B. 利润表
C. 现金流量表 D. 所有者权益变动表;附注

22. 分析招股说明书时应特别注意如下事项( )。
A. 风险因素与对策说明;募集资金的运用;股利分配政策
B. 发行人在过去至少3年来的经营业绩;发行人股本的有关情况
C. 盈利预测;公司发展规划说明
D. 发行人认为对投资者作出投资判断有重大影响的其他事项

23. 对上市公告书进行分析时应重点关注的是( )。
A. 自招股说明书披露至上市公告书刊登期间,公司所发生的重大事项、重大变化
B. 发行人与控股公司或被控股公司之间的关联关系和关联交易
C. 股票发行情况及承销情况
D. 募集资金的运用计划及风险、收益预测

24. 如果发行人披露盈利预测报告,在盈利预测报告中应载明:"本公司盈利预测报告的编制遵循了( )原则,但盈利预测所依据的各种假设具有不确定性,投资者进行投资决策时不应过分依赖该项资料。"
A. 谨慎性 B. 公开性 C. 重要性 D. 公平性

25. 每股收益公开信息的度量方法具体包括( )。

A. 转送信息缺损值法
B. 每股收益预测值的误差
C. 与上年相比考察公司每股收益的变化量
D. 横截面相比考察与同类公司每股收益的差异

26. 我国证券市场监管最高层次的法律依据包括（　　）。
A. 《中华人民共和国证券法》
B. 《中华人民共和国证券投资基金法》
C. 《中华人民共和国公司法》
D. 《中华人民共和国刑法》

27. 我国对证券市场的法律监管共分为几个层级（　　）。
A. 1　　　　　　　　　　　　B. 2
C. 3　　　　　　　　　　　　D. 4

第八章
【能力训练】
参考答案

（二）思考题

1. 如何借鉴国外经验完善我国的信息披露制度？
2. 高质量的会计准则应具有哪些特征？

【参考资料】

[1] 洪彦. 新加坡信息披露和会计准则的发展［J］. 财会视窗，2004（4）.

[2] 郭凤雯. 英国 AIM 市场的监管规则和市场运作［J］. 经济咨询，2006-12-25.

[3] 付娟. 银广夏失败案例解析［J］. 企业研究，2005（254）.

[4] 周亚红. 国际证券市场监管的信息披露制度［J］. 国际金融研究，2000（12）.

[5] 陈启清等. 信息披露案例［M］. 北京：中国人民大学出版社，2003.

[6] [美] 詹姆斯·B. 阿科波尔，罗恩·舒尔茨. 公开上市［M］. 吴珊，庄园等译. 北京：中国人民大学出版社，2002.

[7] 国家证券业从业资格考试研究组. 证券市场基础知识［M］. 北京：民主法制出版社，2006.

[8] 曹荣湘. 强制披露与证券立法［M］. 北京：社会科学文献出版社，2005.

[9] 贾忠磊. 证券市场监督［M］. 北京：中央广播电视大学出版社，2004.

[10] 夏鹏，刘汉平. 安然事件之后美国的会计、审计改革［J］. 商业会计，2002（12）.

[11] 中国证券监督管理委员会. 公开发行证券的公司信息披露内容与格式准则第1号——招股说明书（2015年修订）.

[12] 中国证券监督管理委员会：中华人民共和国证券法（2019年修订）.

[13] 中国证券监督管理委员会：新《证券法》全文及修订要点.

[14] 中华人民共和国司法部网站。

第九章 投资分析、策略与监管

【本章知识框架】

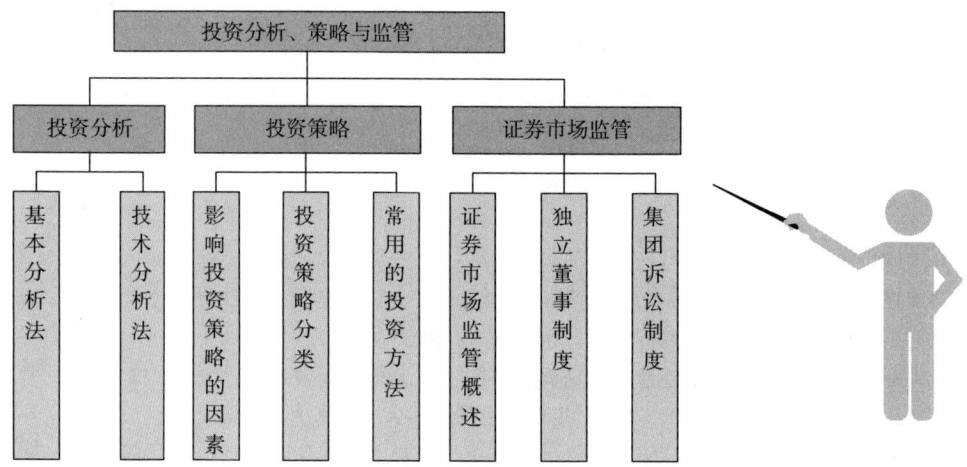

【本章学习目标】

1. 掌握证券投资分析方法、策略以及投资监管的有关知识；
2. 熟悉基本分析和技术分析的基本内容；
3. 了解投资策略分析以及影响投资策略的各种因素；
4. 了解投资监管的必要性、独立董事制度和集团诉讼制度。

第一节 投资分析

根据投资者分析的侧重点不同，证券投资分析可分为基本分析法和技术分析法。

一、基本分析法

基本分析的理论基础在于：(1) 任何一种投资对象都有一种固定基准，即投资对象的"内在价值"，它可以通过对该种投资对象的现状和未来前景进行分析而获得；(2) 市场价格和"内在价值"之间的差距最终会被市场纠正，因此当某投资对象的市场价格低于（或高于）内在价值时，可以买入（或卖出）该投资对象。①

证券投资的基本分析对选择具体的投资对象很重要，对预期整个证券市场的中长期前景很有帮助。基本分析的内容主要包括宏观经济分析、行业分析和公司分析三部分。

> 证券投资分析是指人们通过各种专业性分析方法对影响证券价值或价格的各种信息进行综合分析，以判断证券价值或价格及其变动的行为，是证券投资过程中不可或缺的一个重要环节。

> 证券投资的基本分析，是指根据经济学、金融学、财务管理学及投资学等基本原理，从影响证券价格变动的敏感因素出发，分析研究决定证券价值及价格的基本要素，包括公司外部的投资环境和公司内部的各种因素，并进行综合整理，从而发现证券价格变动的一般规律，为投资者作出正确投资决策提供科学依据。

（一）宏观经济分析

宏观基本因素影响证券市场的特点在于涉及范围较广、影响程度较深。这些因素不仅直接通过影响投资者心理使证券市场发生波动，而且通过对产业、企业等因素影响，间接作用于投资者心理，从而使证券市场发生波动。

> 证券投资的宏观经济分析主要是分析各种宏观基本因素对证券投资的影响。这些宏观基本因素包括国际宏观经济环境、国内宏观经济环境、经济周期、经济政策等许多方面。

1. 国际宏观经济环境分析。

（1）国际政治经济关系分析。② 证券市场，特别是二级交易市场，是很敏感的市场。国际政治经济关系的细微变化都会使市场上证券交易价格出现剧烈波动。

影响证券市场的国际政治关系，从其变动因素所涉及的方面来看，可以分为政治、经济、军事与外交关系等方面。具体来看，国家的政策调整或改变、领导人更替、国际政治风波、国家间发生战事等都会导致股价的波动。例如，在1992年和1993年，投资者对《北美自由贸易协定》能否在美国国会获准通过的预期产生了变化，进而导致了墨西哥股市的剧烈反应；1998年8月，俄罗斯卢布的大幅度贬值和债务违约事件使世界证券市场产生大幅波动，继而使大型套利基金——长期资本管理公司陷入困境；21世纪前十年，美国股价对伊拉克局势变化和能源供给安全相当敏感。

国际经济关系对证券市场的影响，包括国际经济的增长状况、国际金融以及利率与汇率的变动、境外股市行情波动、贸易关系等。20世纪90年代初，西方发达国家经济增长缓慢，使西方证券市场总体趋势亦上涨缓慢；而亚太地区尤其是东亚地区经济增长

---
① 中国证券业协会. 证券投资分析 [M]. 北京：中国金融出版社，2012.
② ［美］滋维·博迪等. 投资学（第九版）[M]. 汪昌云，朱永翼等译. 北京：机械工业出版社，2012.

迅速，这些地区的证券市场则出现规模不断扩大、容量不断增加、股价指数总体向上的趋势。国际金融以及利率与汇率的变动对证券市场的影响最大，西方主要国际金融市场的利率一旦上调，证券市场即刻就呈现下跌趋势。一国因某种重大因素的影响而一旦触发股市危机，将引发连锁性的经济混乱和萧条。另外，贸易关系变化通常也会引起相关国际性公司股票价格变化，如果影响一国的进出口量较大，甚至会引起整个股市指数的大幅波动。例如，1995年美国与日本的贸易战，曾使日经指数下跌。当然，贸易关系得以改善以及贸易额的大幅度增加亦会引起股市指数的上升。

随着我国经济的国际间合作不断加强，成熟的投资者应时刻关注国际政治经济关系及其变化。同时，研究分析和判断国际政治经济关系及其变化趋势对分析国内经济形势的发展也是十分有益的。

（2）国际金融市场环境分析。[①] 国际金融市场按经营业务种类可分为货币市场、证券市场、外汇市场、黄金市场和期权期货市场。证券市场是国际金融市场整体中的一部分，会受到其他市场的影响。对一国证券市场的影响是通过该国国内其他金融市场的传导而发生的。例如，20世纪80年代初，发展中国家难以在国际证券市场上筹集资金，导致国内资金市场上资金短缺，利率上升，从而影响本国证券市场的发展。

中国自加入世界贸易组织之后，资本市场逐步开放，尽管目前人民币还没有实现完全自由兑换，证券市场相对独立，但由于经济全球化的发展，我国经济与世界经济的联系日趋紧密。自2007年开始的美国次贷危机引发的国际金融危机，对全球经济和金融市场产生了巨大的冲击，而国际金融市场的剧烈动荡会通过各种途径影响我国的证券市场。

①国际金融市场动荡通过人民币汇率预期影响我国证券市场。汇率对证券市场的影响是多方面的。一般来讲，经济越开放，证券市场国际化程度越高，证券市场受汇率影响就越大。这里汇率用单位外币的本币标价（直接标价法）来表示。

一般而言，汇率上升意味着本币贬值，本国产品竞争力强，出口增加，出口型企业收益增加，从而使出口企业的股票和债券价格上涨；相反，依赖于进口的企业的成本增加，收益减少，股票和债券价格下跌。同时，汇率上升、本币贬值，将导致国内资本流出，从而使本国证券市场需求减少，市场价格下降。

另外，汇率上升使进口商品价格提高，会促使国内物价水平上涨，引发通货膨胀。通货膨胀对证券市场的影响需根据当时的经济形势、政策行为及具体企业进行分析。为维持汇率稳定，政府可能动用外汇储备，抛售外汇，从而减少本币供应量，使证券市场价格下跌，直到汇率回落、恢复均衡，反面效应又可能使证券价格回升。如果政府利用债券市场与外汇市场联动操作达到既控制汇率的升势又不减少货币供应量，即抛售外汇的同时回购国债，则将使国债市场价格上升。

②国际金融市场动荡通过宏观面和政策面间接影响我国证券市场。国际金融市场动荡加大了我国宏观经济增长目标的执行难度，从而在宏观面和政策面间接影响我国证券

[①] 中国证券业协会．证券投资分析［M］．北京：中国金融出版社，2012．

市场的发展。

改革开放以来，我国国民经济的对外依存度大大提高，国际金融市场动荡会导致出口增幅下降、外商直接投资下降，从而影响经济增长率，失业率随之上升，宏观经济环境的恶化导致上市公司业绩下降和投资者信心下降，最终使证券市场行情下跌。其中，国际金融市场的动荡对外向型上市公司和外贸行业上市公司的业绩影响最大，对其股价的冲击也最大。

③国际金融市场动荡通过微观面直接影响我国证券市场。随着中国经济实力的不断壮大，国际金融市场动荡已经从原有的通过宏观层面的间接影响深入到从微观层面直接影响到我国股票市场。

近年来，国内企业的国际竞争能力不断增强，一些大型企业通过跨国兼并参与国际竞争。国内主要上市公司通过购买境外企业的股份，以达到参股或控股的目的。另外一些大型上市公司通过购买境外企业债券进行组合投资套期保值，国际金融市场的动荡将造成境外企业的股票和债券价格大幅度缩水，严重影响上市公司的业绩。因此，证券分析师对境外市场的研究比以往显得更为重要。

2. 国内宏观经济环境分析。所有公司都在国内宏观经济这个大环境中运行，因此对国内宏观经济环境分析有助于投资者进行更准确的投资分析。对国内宏观经济环境的分析包括国内生产总值（GDP）、失业率、通货膨胀率、利率、政府信用等方面的分析。

（1）国内生产总值。[①] 国内生产总值是一国经济体生产的产品与提供的劳务的总和，是一国经济成就的根本反映。GDP增长和不同的经济形势相结合，会对证券市场产生不同的影响。

①持续、稳定、高速的GDP增长。当GDP增长处于持续、稳定、高速的状态时，社会总供求协调增长，经济结构逐步趋于平衡，经济增长来源于需求刺激并使得闲置的或利用率不高的资源得以更充分利用，从而表明经济发展势头良好，这时证券市场会呈现上升走势。一方面表现为：伴随总体经济增长，上市公司利润持续上升，股息不断增长，企业经营环境不断改善，投资风险也越来越小，从而公司的股票和债券全面得到升值，促使价格上扬。另一方面表现为：国民收入和个人收入的不断提高，收入增加也将增加证券投资的需求，从而导致证券价格上涨。除此之外，人们对经济形势形成了良好的预期，投资积极性得以提高，从而增加了对证券的需求，促使证券价格上涨。

②高通货膨胀率下的GDP增长。当经济处于严重失衡下的高速增长时，总需求大大超过总供给，这将表现为高的通货膨胀率。这是经济形势恶化的征兆，如不采取调控措施，必将导致未来的"滞胀"（通货膨胀与经济停滞并存）。这时经济中的矛盾会突出地表现出来，企业经营将面临困境，居民实际收入也将降低，从而使证券市场行情下跌。

---

① 中国证券业协会. 证券投资分析［M］. 北京：中国金融出版社，2012.

③宏观调控下的GDP减速增长。当GDP呈失衡的高速增长时，政府可能采用宏观调控措施以维持经济稳定增长，这会使GDP的增长速度减慢。如果调控目标得以顺利实现，GDP仍以适当的速度增长而未导致GDP的负增长或低增长，说明宏观调控措施十分有效，经济矛盾逐步得以缓解，为进一步增长创造了有利条件。这时证券市场亦将反映这种好的形势而呈平稳渐升的态势。

④转折性的GDP变动。如果GDP一定时期以来呈负增长，当负增长速度逐渐减缓并呈现向正增长转变的趋势时，表明恶化的经济环境逐步得到改善，证券市场走势也将由下跌转为上升。当GDP由低速增长转向高速增长时，表明低速增长中，经济结构得到调整，经济的"瓶颈"制约得以改善，新一轮经济高速增长已经来临，证券市场亦将伴之以快速上涨之势。

此外，证券市场一般提前对GDP的变动作出反应，它反映预期的GDP变动，当GDP的实际变动被公布时，证券市场只反映实际变动与预期变动的差别，因而对GDP变动进行分析时必须着眼于未来，这是最基本的原则。另外，我们还必须强调指出的是，以上有关GDP与证券市场关系的陈述对分析一国在相当长的时间内的情况比较有价值。由于影响证券市场走势的因素很多，有时一国证券市场与本国GDP走势在2~5年内都有可能出现背离。

（2）失业率。失业率是指正在寻找工作的劳动力占总劳动力（包括正在工作和正积极寻找工作）的百分比。失业率测度了经济运行中生产极限的运用程度。当失业率很高时，资源被浪费，人们收入减少，从而证券投资需求也减少。此时，经济问题还可能影响人们的情绪和家庭生活，进而引发一系列的社会问题。

（3）通货膨胀率。通货膨胀率是指价格总体水平的上涨幅度。高通货膨胀率经常与经济过热联系在一起。事实上，通货膨胀对证券市场特别是股票市场的影响较为复杂，它既有刺激股票市场的作用，又有抑制股票市场的作用。在通货膨胀之初，公司会因产品价格上升和存货增值而增加利润，从而增加可分派的股息，使股票价格上涨。同时，通货膨胀给其他收益固定的债券带来了不可回避的通货膨胀风险，投资者为了保值，争相购买收益不固定的股票，使股票需求增加，股价也会上涨。但是当通货膨胀严重、物价居高不下时，公司因原材料、工资、费用、利息等项支出增加，使其利润减少，股价就会下降。

此外，通货膨胀不仅产生经济影响，还可能产生社会影响，并影响投资者的心理和预期，从而对股价产生影响。通货膨胀使得各种商品价格具有更大的不确定性，也使得企业未来经营状况具有更大的不确定性，从而增加证券投资的风险。

（4）利率。银行利率变动不仅对银行存贷款产生直接影响，也对债券利率产生影响，汇率也会随利率的变动而发生变动。所以利率是对市场反应非常灵敏的一个经济变量。在其他条件不变时，由于利率水平上浮引起存款增加和贷款下降，一方面使居民的消费支出减少，另一方面使企业生产成本增加，它会同时抑制供给和需求。利率水平的下降则会引起需求和供给的双向扩大。

市场利率变化会主要通过以下三条途径影响股票市场价格：①利率提高，大部分企业因负有债务而使利息负担加重，公司净利润和股息相应减少，股票价格下降；利率下降，利息负担减轻，公司净盈利和股息增加，股票价格上升。②利率提高，其他投资工具收益相应增加，部分资金会流向储蓄、债券等收益固定的金融工具，对股票需求减少，股价下降；利率下降，资金流向股票市场，对股票的需求增加，股票价格上升。③利率提高，部分投资者要以较高的利息负担才能借到所需资金进行证券投资，会使投资者减少融资和对股票的需求，从而使股票价格下降；利率下降，投资者能以较低利率借到所需资金，增加融资和对股票需求，股票价格上涨。①

（5）政府信用。政府的预算赤字要通过政府借款来填补。大量的政府借款会增加经济中的信用需求，从而会抬高利率。而被抬升的利率会阻碍企业投资，从而对私人借款和投资产生"挤出"效应。

政府也可以通过发行政府债券进行融资。政府债券对股市的影响有两方面：一方面，当政府债券大量发行时，部分资金由股市转向购买政府债券，会导致股价下跌；另一方面，发行政府债券增加了债券市场的供给，降低了债券的价格，即提高了利率，而利率的提高同样会使股价下跌。因此，一般而言，政府债券的大量发行会使股价下跌。

3. 经济周期分析。② 国民经济运行经常表现为扩张与收缩的周期性交替，它是一个连续不断的过程，每个周期一般都要经过高涨、衰退、萧条、复苏四个阶段，即所谓景气循环。经济周期循环对股票市场的影响非常显著，从根本上决定了股票价格的长期变动趋势。

当经济走出低谷渐渐复苏时，人们开始对经济发展前景恢复信心，企业开始增加投资，对资金需求增加，有的公司进行增资配股或向银行增加贷款。敏锐的投资者已觉察到随着生产恢复，公司利润和股息也将增加，从而又激发起投资股票的兴趣。股票市场因长期经济衰退，股价很低，同时政府为扶持经济发展，会维持较低的利率水平，股票的内在价值有所提高，于是一部分投资者开始将资金投入股票市场，促使股票价格的回升。随着经济的逐渐恢复，在一部分较为敏锐的投资者投资行为的示范效应下，更多的投资者进入股市，于是股价开始上涨。

在经济高涨阶段，由于企业竞相增加投资、扩大生产，纷纷采用新技术以提高竞争能力，从而对各种生产要素的需求都将增加，企业产品价格上涨，利润增加，股息增加。生产发展带来就业率提高，人们收入普遍增加。收入的增加一方面引起消费需求增加，另一方面引起储蓄—投资的增加。由于受股息增加的吸引，人们热衷于投资股票，致使股票价格持续上升。到经济高涨后期，由于经济过热有引发通货膨胀的可能，中央银行开始紧缩银根，提高利率。利率提高、工资增加、原材料涨价等因素可能造成企业利润相对减少，生产增长速度放慢。敏锐的投资者又感到经济将要下降，股息也将减

---

① 全国金融联考命题研究中心，金程教育金融联考教研组. 金融学基础辅导（第五版）[M]. 上海：复旦大学出版社，2010.
② 邢天才，王玉霞. 证券投资学（第三版）[M]. 大连：东北财经大学出版社，2012.

少，而此时利率却很高，于是卖出股票，转向其他投资工具，因此股价在危机到来之前已先行下跌了。

在经济危机阶段，由于生产萎缩、市场呆滞、企业倒闭频繁、失业率上升、收入水平下降、利润和股息都大幅下降，股票价格将急剧下跌。

在萧条阶段，虽然利率开始下降，但生产仍不景气，因为对利润和股息回升仍不乐观，股市长期低迷，股价也长期在低水平徘徊。

值得重视的是，股票价格的变动通常比实际经济的繁荣或衰退领先一步，即在经济高潮后期股价已率先下跌，在经济尚未全面复苏之际，股价已先行上涨。西方专家和学者认为股价变动要比经济周期循环早4~6个月。这是因为股票价格是对未来收入的预期，所以先于经济周期的变动而变动。

经济周期的波动可以通过很多指标来预测和衡量，如果按照时间的迟早来划分，可分为先行指标、同步指标和滞后指标三类。

先行指标是指在总体经济活动之前到达顶峰和谷底的经济指标。这些指标可用于预测经济周期的波动趋向。先行指标主要有：货币政策、财政政策、劳动生产率、消费支出、住宅建设、建筑业许可证的发放数量、商品订单等。

同步指标是指与经济活动同时到达顶峰和谷底的经济指标。这些指标可用于确定经济到达顶峰和谷底的时间。同步指标主要有：真实国民生产总值、公司利润率、工业生产指数、失业率等。

滞后指标是在总体经济活动之后达到顶峰和谷底的经济指标。滞后指标一般在总体经济活动发生变化后6个月达到顶峰或谷底，滞后指标主要有：优惠贷款利率、存货水平、资本支出、商品零售等。

4. 经济政策分析。

（1）货币政策。[①] 中央银行的货币政策对股票价格有直接的影响。货币政策是政府重要的宏观经济政策，中央银行通常采用存款准备金率、再贴现政策、公开市场业务等货币政策手段调控货币供应量，从而实现发展经济、稳定货币等政策目标。货币政策对股票价格的影响主要通过以下途径。

①中央银行提高法定存款准备金率，使商业银行可运用的资金减少，对企业的贷款能力下降，货币乘数变小，货币供应量减少，流入股市的资金减少，股票价格下降；反之，中央银行降低法定存款准备金率，商业银行可贷资金增加，货币供应量增加，股票价格上升。

②中央银行提高再贴现率，使商业银行得到的中央银行贷款减少，市场资金趋紧。再贴现率又是基准利率，它的提高必定使市场利率随之提高，股票市场价格下降。反之，中央银行放松银根，降低再贴现率，一方面使商业银行得到的再贴现贷款增加，资金供应相对宽松；另一方面再贴现率的下降必定使市场利率随之下降，股票价格相应提

[①] 全国金融联考命题研究中心，金程教育金融联考教研组. 金融学基础辅导（第五版）[M]. 上海：复旦大学出版社，2010.

高。再贴现率主要着眼于短期政策效应；而中央银行对再贴现资格条件的规定则着眼于长期的政策效用，以发挥抑制或扶持作用，并改变资金流向。

③中央银行在公开市场上大量出售证券，收紧银根，在收回中央银行供应的基础货币的同时又增加证券的供应，使证券价格下降。中央银行放松银根时，在公开市场上大量买入证券，在投放中央银行供应的基础货币的同时又增加证券需求，使证券价格上升。

同时，中央银行的公开市场业务也会对利率产生影响。当中央银行大量买入证券时，会推动利率下降，资金成本降低，从而企业和个人的投资和消费热情高涨，生产扩张，利润增加，这又会推动股票价格上涨；反之，股票价格将下降。

随着中央银行宏观调控作用的重要性的加强，货币政策工具也趋向多元化，因而出现了一些供选择使用的新措施，这些措施被称为选择性货币政策工具。选择性货币政策工具主要有两类：直接信用控制和间接信用指导。

①直接信用控制。直接信用控制是指以行政命令或其他方式，直接对金融机构尤其是商业银行的信用活动进行控制。其具体手段包括规定利率限额与信用配额、信用条件限制、规定金融机构流动性比率和直接干预等。

②间接信用指导。间接信用指导是指中央银行通过道义劝告、窗口指导等办法来间接影响商业银行等金融机构行为的做法。

当直接信用控制或间接信用指导提高贷款限制、压缩信贷规模时，紧缩的货币政策使证券市场行情呈下跌趋势。但如果在紧缩的货币政策前提下，实行总量控制的同时，通过直接信用控制或间接信用指导区别对待不同产业或不同区域，紧中有松，那么一些优先发展的产业和国家支柱产业以及农业、能源、交通、通信等基础产业及优先重点发展的地区的证券价格则可能不受影响，甚至逆市而上。总的来说，此时贷款流向反映当时的产业政策与区域政策，并引起证券市场价格的比价关系作出结构性的调整。

（2）财政政策。① 财政政策是当代市场经济条件下国家干预经济、与货币政策并重的一项手段，它也是政府的重要宏观经济政策。财政政策分为扩张性财政政策、紧缩性财政政策和中性财政政策。扩张性财政政策以降低税率、扩大财政支出等为手段，通过增加政府投资、带动民间投资、鼓励消费以实现拉动经济增长、调整经济结构的目标。

具体而言，实施扩张性财政政策对证券市场的影响有：

①降低税率，减少税收，扩大减免税范围。这可以增加微观经济主体的收入，以刺激经济主体的投资需求，从而扩大社会供给，进而增加人们的收入，并同时增加了他们的投资需求和消费支出。增加收入直接引起证券市场价格上涨，增加投资需求和消费支出又会拉动社会总需求，而总需求增加又反过来刺激投资需求，从而使企业扩大生产规模，增加企业利润，利润增加，又将刺激企业扩大生产规模的积极性，进一步增加利润总额，从而促进股票价格上涨。由于市场需求活跃，企业经营环境改善，盈利能力增强，进而还本付息风险降低，债券价格也将上扬。

---

① 中国证券业协会. 证券投资分析［M］. 北京：中国金融出版社，2012.

②扩大财政支出,加大财政赤字。这样会扩大社会总需求,从而刺激投资,扩大就业。政府通过购买和公共支出增加商品和劳务需求,激励企业增加投入,提高产出水平,于是企业利润增加,经营风险降低,将使得股票价格和债券价格上升。同时居民在经济复苏中增加了收入,持有货币增加,对证券市场需求增加,证券价格上扬。但过度使用此项政策,财政收支出现巨额赤字时,虽然进一步扩大了需求,但却进而增加了经济的不稳定因素,通货膨胀加剧,物价上涨,有可能使投资者对经济的预期不乐观,反而造成股价下跌。

减少国债发行(或回购部分短期国债)。国债是证券市场上重要的交易券种,国债发行规模的缩减使市场供给量减少,从而对证券市场原有的供求平衡产生影响,导致更多的资金转向股票,推动证券市场上扬。

增加财政补贴。财政补贴往往使财政支出扩大。其政策效应是扩大社会总需求和刺激供给增加,从而使整个证券市场的总水平趋于上涨。

紧缩性财政政策则通过提高税率、减少政府投资、压缩政府开支等手段,使过热的经济增长速度下降至合理的目标区间,使社会经济保持持续、稳定、协调的发展。其对证券市场的影响与扩张性财政政策情况相反。总的来说,紧缩性财政政策将使得过热的经济受到控制,证券市场将走弱;而扩张性财政政策将刺激经济发展,证券市场则将走强。

(二) 行业分析

公司的生存和发展受到其所属产业或行业的兴衰的制约,发展前景比较好的产业对投资者的吸引力大;发展前景欠佳的产业对投资者的吸引力小。

1. 行业分析的意义。[①] 行业分析的主要任务包括:解释行业本身所处的发展阶段及其在国民经济中的地位;分析影响行业发展的各种因素以及判断对行业影响的力度;预测并引导行业的未来发展趋势;判断行业投资价值,揭示行业投资风险,从而为政府部门、投资者及其他机构提供决策依据或投资依据。

行业经济是宏观经济的构成部分,行业经济活动是介于宏观经济活动和微观经济活动中间的经济层面,是中观经济分析的主要对象之一。宏观经济分析主要分析了社会经济的总体状况,但没有对总体经济的各组成部分进行具体分析。宏观经济的发展水平和增长速度反映了各组成部分的平均水平和速度,但各个组成部分的发展却有很大差别,并非都和总体水平保持一致,总是有些行业的增长快于宏观经济的增长,而有些行业的增长慢于宏观经济的增长。因此,投资者在进行投资对象选择时需要进行行业分析。

行业分析是对上市公司进行分析的前提,也是连接宏观经济分析和上市公司分析的桥梁,是基本分析的重要环节。行业有自己特定的生命周期,处在生命周期不同发展阶段的行业,其投资价值也不一样,而在国民经济中具有不同地位的行业,其投资价值也不一样。公司的投资价值可能会由于所处行业不同而有明显差异。因此,行业是决定公司投资价值的重要因素之一。

---

① 中国证券业协会. 证券投资分析 [M]. 北京:中国金融出版社,2012.

2. 行业特点分析。

(1) 行业的市场结构分析。[①] 市场结构即市场竞争或垄断的程度。现实中各行业存在着不同的市场结构。根据各行业中企业的数量、产品的属性、价格控制程度等因素，可将行业基本分为四种市场结构：完全竞争、垄断竞争、寡头垄断、完全垄断。

①完全竞争。完全竞争型市场是指竞争不受任何阻碍和干扰的市场结构。其特点是企业因产品没有差别而不能控制价格，产品的价格和企业利润完全取决于市场的供需关系。完全竞争行业的各个企业生产的产品具有同一性的特征，相互之间没有根本的差别。由于受市场条件和其他客观环境的影响较大，这类行业的企业经营业绩波动较大，利润往往很不稳定，证券价格容易受到影响，投资风险比较大。

②不完全竞争。不完全竞争型市场是指许多生产者生产同种但不同质产品的市场情形。在垄断竞争型市场上，每个企业都在市场上具有一定的垄断力，但它们之间又存在激烈的竞争。其主要特点是企业生产的产品有一定差别，这种差别可以是现实的差别，也可以仅仅是消费者观念上或消费习惯上的差别。由于企业家数仍然很多，各种生产资料可以流动，产品之间替代性很强，单个企业无法控制产品的价格，只能在价格水平大致相同的条件下在一定范围内决定本企业的产品价格。价格和利润仍受市场供求关系决定，但产品品牌、特征、质量也在一定程度上产生影响，使产品产生差异，从而树立自己的信誉，如不同品牌的啤酒、服装、鞋类、家用电器、快餐业等都属于这一类。

③寡头垄断。寡头垄断型市场是指相对少量的生产者在某种产品的生产中占据很大市场份额，从而控制了这个行业的供给的市场结构。其特征是企业家数很少，产品具有同一性或只有微小差别，相互间替代性很强，个别企业对产品价格的控制程度较高。这类行业基本上是资本密集型或技术密集型的，由于需要巨额资本、高新的技术水平和复杂的生产工艺而限制了大量新企业进入这一行业，如汽车制造、飞机制造、钢铁冶炼等。

④完全垄断。完全垄断型市场是指独家企业生产某种特质的没有相似及可替代性的产品，产品价格和市场被这唯一一家企业控制的市场结构。这类行业主要是公用事业（如发电厂、煤气公司、自来水公司和邮电通信等）和某些资本、技术高度密集型或稀有金属矿藏开采等行业。由于这类行业供应的产品是生产、生活不可缺少的，又是高度垄断的，垄断者在制定产品的价格与生产数量方面的自由是有限度的，它要受到反垄断法和政府管制的约束。

实际上，大多数行业处于完全竞争和完全垄断这两种极端情况之间，往往既有不完全竞争的特征，又有寡头垄断的特征，而且很多行业的产品都有替代产品，当一种商品的价格过高时，消费者就会转向价格较低的商品。通常，竞争程度越高的行业，其商品价格和企业利润受供求关系影响越大，因此该行业的证券投资风险越大；而垄断程度越高的行业，其商品价格和企业利润受控制程度越大，证券投资风险相对较小。

[①] 全国金融联考命题研究中心，金程教育金融联考教研组. 金融学基础辅导（第五版）[M]. 上海：复旦大学出版社，2010.

（2）经济周期与行业分析。[①] 经济周期变化一般会对行业的发展产生影响，但影响的程度不尽相同，根据经济周期与行业发展的相互关系，可将行业分为三种类型：增长型行业、周期型行业、防守型行业。

①增长型行业。增长型行业是指发展速度经常快于社会经济平均发展速度的行业，较快的发展速度主要靠技术的进步、新产品的开发和优质服务取得。增长型行业的发展一般与经济周期及其变化并不紧密相关。选择增长型行业进行投资通常可以分享行业增长的利益，同时又不受经济周期的影响，在证券买卖的时机选择上也比较灵活，因此很多投资者对增长型行业倍加青睐。

②周期型行业。周期型行业的特征是受经济周期影响很大。当经济繁荣时，这些行业会相应扩张；当经济衰退时，这些行业也随之收缩。该类型行业收益的变化幅度往往会在一定程度上夸大经济的周期性。这是因为，当经济上升时，对这些行业相关产品的购买相应增加；当经济衰退时，这些行业相关产品的购买被延迟到经济改善之后。例如，建筑材料业、家用电器业、旅游业等属于典型的周期型行业。

③防守型行业。防守型行业的特征是受经济周期的影响小，它们的商品往往是生活必需品或是必要的公共服务，公众对它们的商品有相对稳定的需求，需求弹性小，因而行业中有代表性的公司盈利水平相对也较稳定。这些行业往往不因经济周期变化而出现大幅度变动，甚至在经济衰退时也能取得稳步发展，例如食品业、药品业、公用事业等就属于这一类行业。投资于防守型行业一般属于收入型投资，而非资本利得型投资。

投资者应根据经济周期与行业发展的关系，顺势选择不同的行业进行投资。当经济处于上升繁荣阶段时，投资者可选择投资周期型行业证券，以谋取丰厚的资本利得；当经济处于衰退阶段时，投资者可选择投资防守型行业证券，以获得稳定的收益，并减轻承受的风险。

（3）行业生命周期分析。[②] 大多数行业从产生到衰亡要经历一个相当长的发展演变过程，这一过程又可分为若干个发展阶段，每一阶段显示出不同的特征。通常将行业发展必然经历若干阶段以及各阶段具有的某些特征概括为行业的生命周期。行业的生命周期一般为早期增长率很高，到中期阶段增长率逐步放慢，在经过一段较长的成熟期后会出现停滞和衰败的现象。一般地，行业的生命周期可以分为开拓、扩展、稳定和衰退四个阶段。

①开拓阶段。开拓阶段主要是由技术进步推动的，最先试制新产品的企业成本很高，而大众对其产品尚缺乏全面了解，致使产品市场需求狭小，销量很小，销售收入很低，公司利润很低甚至没有盈利，经营风险很大。此时这一行业尚未被人们认识，但随着新产品开发的成功，利润水平很可能成倍增长，新行业也逐步由高风险、低收益的开拓阶段迈入高风险、高收益的成长阶段。

---

① 全国金融联考命题研究中心，金程教育金融联考教研组. 金融学基础辅导（第五版）[M]. 上海：复旦大学出版社，2010.

② 同①。

②扩展阶段。扩展阶段以竞争加强、价格下降、利润上升为特点。随着新产品得到市场的认可，产品的销售数量在强劲的需求推动下迅速增加，许多新企业看到这一行业的发展前景而纷纷设立，市场逐步扩大。随着竞争的加剧，产品价格急速下降，一些基础不稳、经营无方和效益低下的企业逐渐被大企业兼并。这一阶段充分体现了适者生存规律的作用。最后，只剩下少数实力雄厚、技术先进、经营有方的主导型大公司得以生存并控制这一行业。这一阶段由于企业价格和利润都不稳定，投资风险较大，投资者购买处于扩展阶段行业的股票，要有较大的承受风险的能力。

③稳定阶段。这一阶段对产品的需求仍在扩大，销售数量继续增加，但增长率开始下降，生产和价格都比较稳定，竞争很激烈，但程度有所缓和。随着生产的扩大，价格开始降低，利润的增长幅度也有所下降。在这一阶段主要由少数大企业控制了整个行业，它们经过上一阶段的竞争，成为资金实力雄厚、财务状况良好、竞争力强的一流企业。它们可以通过内部筹集资金扩充业务而不需要完全依赖资本市场，它们可以凭借雄厚的技术力量不断推出新产品，从而保持强劲的竞争能力，又可借助于规模经济效应以较低的成本进行大批量生产，在价格降低的同时保持一定的利润水平。行业稳定阶段是一个相对较长的时期。具体来看，各个行业稳定阶段的时间长度往往有所区别，一般而言，技术含量高的行业稳定阶段历时较短，而公用事业和与基本生活相关的行业稳定阶段持续的时间较长。

④衰退阶段。一个行业发展到最后阶段即是衰退阶段，出现在较长的稳定阶段之后。在这一阶段由于大量替代品的出现，原行业产品的市场需求逐渐减少，产量下降，增长率逐渐降低甚至出现负增长，竞争能力削弱，在国民经济中的地位也逐渐降低。但是在很多情况下，行业的衰退阶段历时很长，往往比行业生命周期的其他三个阶段的总和还要长，大量的行业衰而不亡，甚至在技术进步的条件下，有可能重新焕发成长的生机。

行业生命周期分析并非适用所有行业，有的行业的产品是生活和生产不可缺少的必需品，有漫长的生命周期，有的行业则由于科技含量高，需要高额成本、专利权和高深的知识而阻碍其他公司参与竞争，但行业生命周期分析仍适用于大部分行业。

对处于生命周期不同阶段的行业选择时，投资者应避免开拓阶段和衰退阶段的行业，因为开拓阶段行业的发展前景尚难预料，投资风险较大；而衰退阶段行业缺乏竞争力，投资收益较低，风险也较大。投资者应挑选正处于扩展阶段和稳定阶段的行业，这些行业有较大的发展潜力，基础逐渐稳定，盈利逐年增加，股息红利相应提高，股票价格稳步提高，一般可以得到丰实而稳定的收益。

（三）公司分析

公司分析又称企业分析，是基本分析的重点。公司分析侧重对公司的竞争能力、盈利能力、经营管理能力、财务状况、经营业绩以及潜在风险等进行分析，借此评估和预测证券的投资价值、价格及其未来变化的趋势。同时还要将该公司的状况与其他同类型的公司进行比较、与本行业的平均水平进行比较、与本公司的历史情况进行比较，才能得出较为客观的结论。

1. 公司竞争能力分析。[①] 公司竞争实力的强弱和公司的生存能力、盈利能力有密切关系，投资者一般都愿意投资于具有强大竞争实力的公司。在市场经济的激烈竞争中，公司要始终立于不败之地，主要依靠雄厚的资金实力、规模经营优势、先进技术水平、优异的产品质量和服务、高效的经营管理等条件，而竞争实力的强弱又集中表现在公司产品的销售额、销售额增长率及其稳定性等情况。公司的竞争能力主要用以下指标来衡量。

（1）年销售额或年营业额。公司年销售额（营业额）的大小是衡量一个公司在同行业中相对竞争地位的重要指标。一般来说，一家公司相对于该行业其他公司的年销售额越大，表明其所占市场份额越大，竞争能力越强，它对市场的影响力就越大。销售额在整个行业中占前几名的公司，通常被称为主导型公司。主导型公司的产品往往在市场同类产品中占有很大份额，对市场的影响力较大，甚至长期居于支配地位，而小型公司则很可能在竞争中消亡。

（2）销售额和营业额的年增长率。销售额（营业额）指标主要是从静态的角度判断公司的竞争力状况，而销售额的年增长率则是从动态角度判断公司的竞争力动向。判断一个公司的竞争能力仅仅分析其销售额并不够，还要通过分析其年增长率来考察公司的发展趋势。销售额大的公司很可能只在一段时间内获得有利的竞争地位，如果它不思进取，则有可能被其他更有发展潜力的公司所取代。只有那些既有相当规模又能长期保持稳定增长的公司才能长期保持在本行业中的主导、支配地位，才是真正具有竞争实力的公司。一般将公司销售额年增长率持续多年快于全行业平均增长率或是快于国民经济指标年增长率的公司称为成长型公司。成长型公司有较大的发展潜力和良好的发展前景，随着销售额的快速增长，其利润额也会大量增加。因此，成长型公司是理想的投资对象。

（3）销售额的稳定性。销售额及其增长是否能经常保持稳定，也是投资者在分析公司竞争能力时需要考虑的重要条件。销售额的稳定性在很大程度上决定了投资该公司风险的大小。在其他条件相同的情况下，公司若能保持稳定的销售额和销售额增长率，则公司的盈利水平也能稳定或稳定增长，股息派发也相应稳定，投资者面临的投资风险将大为下降；相反，年销售额的大起大落必然给经营者带来困难，稳定的盈利和股息无从谈起，投资风险也相应加大。一般来说，提供生活必需品和基本服务公司的销售额较为稳定，经营生产资料和高档耐用消费品公司的销售额较为不稳定。

（4）公司销售趋势预测。年销售额大小和销售额增长率只能说明过去公司是否能继续保持雄厚的竞争实力和较快的增长速度，还需要对其销售趋势作出预测。预测公司未来销售趋势可用以下方法：一是运用最小二乘法找出公司销售额的趋势线；二是可以算出公司销售额占全行业销售额的百分比，再用回归分析法预测未来的百分比。

总之，当投资者在分析公司竞争实力时，主要应考虑以下原则：首先，应选择在本

[①] 全国金融联考命题研究中心，金程教育金融联考教研组. 金融学基础辅导（第五版）[M]. 上海：复旦大学出版社，2010.

行业中占主导地位的大公司；其次，应选择增长率高于行业平均增长率或主要竞争对手的成长型公司；最后，应选择不仅在主营业务中而且在它所生产的其他产品的不同行业中都具有强大竞争实力的公司。

2. 公司盈利能力分析。① 公司盈利水平的高低和盈利能力的大小是决定其股息收入和股票价值高低的重要因素，因此也是基本分析的重点。

公司的盈利是营业收入减去成本和费用后的余额，是公司生产经营状况的综合反映，是公司盈利能力的具体体现。只有具有较强盈利能力的公司才能保证连续取得较高的盈利水平，因此，投资者不仅要注意分析公司过去的盈利水平，更应注意分析公司的盈利能力。在分析公司盈利能力时要注意剔除影响公司利润的偶然因素和临时因素，尽可能较准确地反映公司在正常年景下的盈利能力和盈利水平并以此来预测公司未来盈利的增减趋势。

公司盈利能力的大小主要通过一些财务指标来衡量：毛利率、资产周转率、投资收益率、销售净利率或营业净利率、每股收益（EPS）等。

3. 公司经营管理水平分析。② 公司的管理人员对公司的发展与成功具有决定性意义。因此投资者必须对各公司的管理水平作出分析，以选择具有卓越管理水平的公司。一个高效卓越的管理机构应表现为有足够能力解决公司可能面临的内部事务或外部事务。公司管理水平主要包括以下几方面的内容：

（1）公司管理人员的素质和能力分析。在现代企业里，管理人员不仅担负着对企业生产经营活动进行计划、组织、指挥、控制等管理职能，而且从不同角度和方面负责对非管理人员的选择、使用与培训。企业管理人员必备的素质有：专业技术能力、人际关系协调能力、道德品质修养、综合能力等。

（2）公司管理风格及经营理念分析。管理风格是企业在管理过程中所一贯坚持的原则目标及方式等方面的总称。经营理念是企业发展所坚持的一种核心思想，是公司员工坚守的基本信条，也是企业制定战略目标及实施战术的前提条件和基本依据。一般而言，公司管理风格及经营理念有稳健型与创新型两种。投资者需对公司的管理风格及经营理念有足够的了解和分析。

（3）公司业务人员素质和创新能力分析。公司业务人员的素质也会对公司的发展起到很重要的作用。作为公司的员工应具有如下素质：熟悉自己从事的业务，拥有必要的专业技术能力，对本职工作有责任感，有团队合作精神等。管理创新则是产品、技术和市场创新的基础，在进取型的公司管理风格下，还需具有创新能力的公司业务人员。因此，公司业务人员的素质中，进取意识和业务技能也是公司不可或缺的要素。对员工素质进行分析可以判断该公司发展的持久力和创新能力。

（4）合理融资的能力。合理融资是保证公司生存和稳健发展的重要保证，其中最重

---

① 全国金融联考命题研究中心，金程教育金融联考教研组. 金融学基础辅导（第二版）[M]. 上海：复旦大学出版社，2006.

② 孙可娜. 证券投资教程 [M]. 北京：机械工业出版社，2000.

要的是红利政策和融资政策。公司的税后利润归公司的所有者所有,但为了公司将来能创造更多的利润,税后利润要留一部分作为发展基金和后备基金。同时考虑股东利益,股息也不能太低或是没有。在融资政策方面,公司的资金不足,可以通过股票融资和债务融资来解决。债务融资的利率通常是固定的,因此当公司投资收益率大于债务利率时,债务融资可以增加股东的权益。但公司过多地利用债务融资会增大公司倒闭的风险。所以,高水平的管理部门应能把债务融资比例控制在一个合理的水平上。

此外,投资者还可以对公司的新产品开发计划、职工和管理人员培训计划、公司适应环境变化的能力等方面进行考察。最后,把各方面考察的结果综合起来,对公司的管理水平作出总的评价。

4. 公司财务分析。[①] 财务分析是证券投资分析的主要内容,财务分析的对象是上市公司定期公布的财务报表。财务报表能综合地反映企业在一定会计期间内资金流转、财务状况和盈利水平的全貌,是企业向有关方面传递经济信息的主要手段。投资者通过阅读财务报表,就账面会计数据间的相互关系、在一定时期内的变动趋势和量值进行分析比较,以判断公司的财务状况和经营状况是否良好,并以此为依据预测公司的未来发展以及作出投资决策。

不同的经济主体进行财务分析的目的不同,分析的侧重点也有所不同。企业的经营者为测定企业的经营效率、更有效地管理和规划企业而进行分析,他们分析的重点集中于企业在营运过程中出现的某些薄弱环节或对企业发展有重大影响的项目。企业的债权人主要为测定企业的偿债能力而进行财务分析:提供短期融资的债权人,主要关心企业的现金头寸和近期的现金收入状况;提供中长期贷款的金融机构、企业债券持有者和优先股股东,主要关心企业在较长时间内支付利息和产生收入的能力以及提存偿债基金的情况。普通股股东和潜在投资者则主要关心企业当期的盈利水平以及未来的发展潜力。但是不论分析者的目的和侧重点存在多大差异,他们都能从大量的会计数据资料中迅速而又准确地得到自己所需要的各种经济信息。

二、技术分析法

技术分析是证券投资分析中常用的一种分析方法。与基本分析相比,技术分析对市场的反映比较直观,分析的结论时效性较强。技术分析的各种理论和技术指标经过了几十年甚至上百年的实践检验,在今天看来仍然具有指导意义和参考意义。

(一) 技术分析的含义

技术分析是以证券市场过去和现在的市场行为为分析对象,它用数学和逻辑的方法,探索出一些典型变化规律,并据此预测证券市场未来变化趋势的技术方法。证券的市场行为可以有多种表现形式,其中证券的市场价格、成交量、价和量的变化以及完成这些变化所经历的时间是市场行为最基本的表现形式。由于技术分析运用了广泛的数据资料,并采用了各种不同的数据处理方法,因此受到投资者的重视和青睐。技术分析法

---

① 全国金融联考命题研究中心,金程教育金融联考教研组. 金融学基础辅导(第五版) [M]. 上海:复旦大学出版社,2010.

不但大量应用于证券市场,还广泛应用于外汇、期货和其他金融市场。

(二) 技术分析的要素①

在证券市场中,技术分析的要素包括价格、成交量、时间和空间。各要素的具体情况和相互关系是进行正确分析的基础。

市场行为最基本的表现就是成交价和成交量。过去和现在的成交价、成交量涵盖了过去和现在的市场行为。技术分析就是利用过去和现在的成交量、成交价资料,以图形分析和指标分析工具来分析、预测未来的市场走势。在某一时点上的价和量反映的是买卖双方在这一时点上共同的市场行为,是双方的暂时均势点。随着时间的变化,均势会不断发生变化,这就是价量关系的变化。一般来说,买卖双方对价格的认同程度通过成交量的大小得到确认。认同程度小,分歧大,成交量小;认同程度高,分歧小,成交量大。双方的这种市场行为反映在价、量上就往往呈现出这样一种趋势规律:价升量增,价跌量减。根据这一趋势规律,当价格上升时,成交量不再增加,意味着价格得不到买方确认,价格的上升趋势就将会改变;反之,当价格下跌时,成交量萎缩到一定程度就不再萎缩,意味着卖方不再认同价格继续往下降了,价格下跌趋势就将会改变。成交价、成交量的这种规律关系是技术分析的合理性所在,因此,价、量是技术分析的基本要素,一切技术分析方法都是以价、量关系为研究对象的,目的就是分析、预测未来价格趋势,为投资决策提供服务。

在进行行情判断时,时间有着很重要的作用。一个已经形成的趋势在短时间内不会发生根本改变,中途出现的反方向波动,对原来趋势不会产生大的影响。一个形成了的趋势又不可能永远不变,经过了一定时间又会有新的趋势出现。循环周期理论着重关心的就是时间因素,它强调了时间的重要性。

在某种意义上讲,空间可以认为是价格的一方面,指的是价格波动能够达到的极限。

(三) 技术分析的基本假设

技术分析是以统计科学的方法,根据过去循环的轨迹去探索未来股价变动的趋势。技术分析作为一种投资分析工具,是以一定的假设条件为前提的。这些假设条件是:市场行为涵盖一切信息,证券价格沿趋势移动,历史会重演。

1. 市场行为涵盖一切信息。该假设是进行技术分析的基础。其主要思想是,影响证券市场的一切因素,最终都必然体现在股票价格的变动上。该假设有一定的合理性,因为任何一种信息对市场的影响最终都会体现在价格以及相应的成交量的变动上。

2. 证券价格沿趋势移动。这一假设是进行技术分析最根本、最核心的条件。证券价格的变动是有一定规律的,即保持原来运动方向的惯性,而证券价格的运动方向是由供求关系决定的。只有承认证券价格遵循一定的规律变动,运用各种方法发现、揭示这些规律并对证券投资活动进行指导的技术分析法才有存在的价值。

3. 历史会重演。从预测趋势的角度而言,历史会重演是假设决定事物过去发展的因

---

① 中国证券业协会. 证券投资分析 [M]. 北京:中国金融出版社,2012.

素也决定着事物未来的发展，其条件是不变的或变化不大。也就是说，假定根据过去资料建立的趋势外推模型能适合未来，能代表未来趋势变化的情况，即未来和过去的规律一样。

从人的心理因素方面考虑。在证券市场上，一个人在某种情况下按一种方法进行操作取得成功，那么以后遇到相同或相似的情况，他就会按同一方法进行操作；如果前一次失败了，后面这一次就不会按前一次的方法操作。证券市场的某个市场行为给投资者留下的阴影或快乐是会长期存在的。在进行技术分析时，一旦遇到与过去某一时期相同或相似的情况，应该与过去的结果比较。

因此，技术分析法认为，根据历史资料概括出来的规律已经包含了未来证券市场的一切变动趋势，已经发生的证券交易量和交易价格所反映的一切信息与未来发生的一切信息相同，所以可以根据历史预测未来。

（四）技术分析法的分类[①]

在价、量历史资料基础上进行的统计、数学计算、绘制图表方法是技术分析法的主要手段。从这个意义上讲，技术分析法种类繁多、形式多样。一般来说，可以将技术分析法分为以下五类：K线类、切线类、形态类、指标类、波浪类。

1. K线类。K线类是根据若干天的K线组合情况，推测证券市场中多空双方力量的对比，进而判断证券市场行情的方法。K线图是进行各种技术分析的最重要的图表。人们经过不断的经验总结，发现了一些对股票买卖有指导意义的K线组合，而且新的研究成果也在不断地发现和运用。

2. 切线类。切线类是按一定方法和原则在由股票价格的数据所绘制的图表中画出一些直线，然后根据这些直线的情况推测股票价格的未来趋势，为操作行为提供参考，这些直线即为切线。切线主要是起支撑和压力的作用。支撑线和压力线的向后延伸的位置对价格趋势起一定的制约作用。用切线进行技术分析主要是根据切线的这一特性进行的。切线画法很重要，画得好坏直接影响预测的结果。目前，常见的切线有：趋势线、轨道线、黄金分割线、甘氏线、角度线等。

3. 形态类。形态类是根据价格图表中过去一段时间走过的轨迹形态来预测股票价格未来趋势的方法。技术分析的第一条假设告诉我们，市场行为包含一切信息。价格走过的形态是市场行为的重要部分，是证券市场对各种信息吸收之后的具体表现，因此用价格图的轨迹或者说形态来推测股票价格的未来趋势是有道理的。从价格轨迹的形态中，我们可以推测出证券市场处在一个什么样的大环境之中，由此对今后的投资给予一定的指导。主要的形态有M头、W底、头肩顶、头肩底等十几种。

4. 指标类。指标类是在考虑市场行为的各个方面的基础上，建立一个数学模型，给出数学上的计算公式，得到一个体现证券市场的某个方面内在实质的指标值。指标值的具体数值和相互间关系，直接反映证券市场所处的状态，为操作行为提供指导方向。指标反映的东西大多是无法从行情报表中直接看到的。目前，证券市场上有很多技术指

[①] 中国证券业协会. 证券投资分析［M］. 北京：中国金融出版社，2012.

标，常见的指标有：相对强弱指标（RSI）、随机指标（KD）、趋向指标（DMI）、平滑异同移动平均线（MACD）、能量潮（OBV）、心理线（PSY）、乖离率（BIAS）等。这些指标都是很著名的技术指标，在证券市场上长期使用。而且，随着时间的推移，新的技术指标也在不断涌现。

5. 波浪类。波浪理论是把股价的上下变动和不同时期的持续上涨、下跌看成是波浪的上下起伏，认为股票的价格运动遵循波浪起伏的规律，数清楚各浪就能准确预见到跌势已接近尾声，牛市即将来临；或是牛市已近结束，熊市即将到来。波浪理论较之别的技术分析流派，最大的区别就是能提前很长时间预计到行情的底和顶，而别的流派往往要等到新的趋势已经确立之后才能看到。但是，波浪理论又是公认的较难掌握的技术分析方法。

以上五类技术分析方法从不同的方面理解和考虑证券市场，有的有相当坚实的理论基础，有的没有很明确的理论基础。在操作上，有的注重长线，有的注重短线；有的注重价格的相对位置，有的注重绝对位置；有的注重时间，有的注重价格。尽管各类分析方法考虑的方式不同，但目的是相同的，彼此并不排斥，在使用上可相互借鉴。

（五）技术分析的重要理论

1. 道氏理论。道氏理论是技术分析的理论基础，是一种最古老、最著名的股票价格分析方法，许多技术分析方法的基本思路都来自道氏理论。道氏理论的创始人是美国人查尔斯·亨利·道。为了反映市场总体趋势，他与爱德华·琼斯创立了著名的道·琼斯平均指数。他们在《华尔街日报》上发表了许多有关股价变动情况的文章和评论，基本确立了技术分析的总体思路。后人根据其基本原理进一步确认、补充并发展成为我们今天看到的道氏理论。虽然道氏理论只是非常简单的技术性理论，只是根据股市本身的行为来进行分析，而且有时候对股价的预测可能有些滞后，但经过投资者若干年的实践检验，已证明是一种行之有效的方法。

（1）道氏理论的主要原理。[1]

①市场价格平均指数可以解释和反映市场的大部分行为。这是道氏理论对证券市场的重大贡献。市场的价格指数预先反映了市场参与者整体的市场行为，无论是来自投资者、中介者还是监管者。价格指数在每日的波动过程中包含和消化了各种已知的和可预知的事件，而这些信息都会影响整个市场中各种股票的供求关系。道氏理论认为收盘价是最重要的价格，并利用收盘价计算平均价格指数。目前，世界上证券交易所计算价格指数的方法基本相同，都源于道氏理论。此外，他还提出平均价格指数涵盖一切信息的假设。这目前仍是技术分析的一个基本假设。

②市场波动具有某种趋势。道氏理论认为，价格的波动尽管表现形式不同，但是，最终可以将它们分为三种趋势：主要趋势、次要趋势和短暂趋势。

主要趋势是那些持续1年或1年以上的趋势，看起来像大潮。它是一种长期趋势，影响着整个股票市场股价的涨跌。也就是说，股票价格出现长期上涨趋势，即看涨市

---

[1] 中国证券业协会. 证券投资分析［M］. 北京：中国金融出版社，2012.

场；或者出现长期下跌趋势，即看跌市场。正常情况下，主要趋势是三种趋势中中长期投资者所真正关注的唯一趋势。中长期投资者的目标是在主要上涨趋势中尽可能早地买入并持有，直到发现明显的牛市终止、熊市开始的信号。

次要趋势是那些持续3周到3个月的趋势，看起来像波浪，是对主要趋势的调整。它是趋向于把价格的偏差约束在股票内在价值上下范围内的波动。也就是说，在股价上升趋势中发生急剧的下降，或者在股价下降趋势中出现迅速的上升。

短暂趋势持续时间不超过3周，看起来像波纹，其波动幅度更小。在道氏理论中，短暂趋势本身是不具有什么意义的，然而我们并不能否认短暂趋势的重要性。短暂趋势的意义在于：一方面，它受到短期投资者以及投机者的青睐，因为他们只关心短期的价格变动，并试图从中获得超常收益；另一方面，它是主要趋势和次要趋势的组成部分，因此短暂趋势的走向对于判断次要趋势进而判断主要趋势具有一定的启示作用。短暂趋势的局限性在于，它易于被人为因素所操纵，因此从这种日间波动中所推出的结论通常会误导投资者。相比之下，次要趋势和主要趋势则不易被操纵。

③主要趋势有三个阶段。以上升趋势为例：

第一个阶段为累积阶段。该阶段中，股价处于横向盘整时期。在这一阶段，有远见的投资者在得到信息并进行分析的基础上开始买入股票。

第二个阶段为上涨阶段。在这一阶段，更多的投资者根据财经信息加以分析，开始参与股市。尽管趋势是上升的，但也存在股价修正和回落。

第三个阶段为市场价格达到顶峰后出现的又一个累积期。在这一阶段，市场信息变得更加为众人所知，市场活动更加频繁。第三个阶段结束的标志是下降趋势，并又回到累积期。

④两种平均价格指数必须相互加强。道氏理论认为，工业平均指数和运输业平均指数必须同时上升或下降，即两种指数在同一方向上运行时，才可确认某一市场趋势的形成。当其中一种平均指数的上升超过先前有重要意义的高点时，伴随着另一种平均指数的同样上升，市场则处于基本向上的趋势。当这两个平均指数都下降超过先前有重要意义的低点时，市场就处于下降的趋势。若以一种平均指数的运动为基础，未通过另一种平均指数的运动加以证实，所作的预测往往是不正确的。

⑤趋势必须得到交易量的确认。在确定趋势时，交易量是重要的附加信息，交易量应在主要趋势的方向上放大。价格与交易量的关系在于，当价格沿着当前的基本趋势方向运动时，交易活动倾向于增加。在牛市中，当价格上涨时交易量通常也相应增加，而当价格下跌时交易量则会萎缩；在熊市中则相反，即当价格下跌时交易量会增加，而在价格回升时交易量会萎缩。这一规律不仅在主要趋势中成立，在次要趋势以及短暂趋势中也普遍成立。然而需要注意的是，交易量自身并不能用于趋势的判定，它只对以价格判断趋势起到辅助的作用。另外，交易量只有在一定长度的交易时间内才能得出相对较为有效的结论，因为在极为短期的交易中，交易量也容易受到人为的操纵。

⑥一个趋势形成后将持续，直到趋势出现明显的反转信号。这是趋势分析的基础。它说明了一种经验，即与那些过早买入（或卖出）的交易者相比，机会总是站在更有耐

心的交易者一边。然而，确定趋势的反转却不太容易。

(2) 道氏理论的缺陷。① 道氏理论是在相关收盘价的基础上确定出股票市场的主要趋势，不能用来判断应该买卖哪只股票。因此，道氏理论对大形势的判断有较大作用，而对每日每时都在发生的小波动则无能为力，甚至对次要趋势的判断作用也不大。

道氏理论的可操作性较差。一方面，道氏理论的结论落后于价格变化，信号太迟；另一方面，理论本身存在不足，使得在运用道氏理论进行行情判断时，会因得到一些不明确的信号而产生困惑。

尽管道氏理论存在缺陷，且有些内容对当前投资者来说已过时，但它仍是许多技术分析的理论基础。近年来出现了很多新的技术分析方法，很多都是道氏理论的延伸，在一定程度上弥补了道氏理论的不足。

2. 波浪理论及循环周期分析。

(1) 波浪理论的基本思想。② 波浪理论是由艾略特于1939年根据在此之前80年的股市波动发现的一种规律，是当今普遍采用的技术分析方法。

艾略特最初发明波浪理论是受到股价上涨和下跌现象不断重复的启发，力图找出其上升和下降的规律。他认为，由于证券市场是经济的晴雨表，而经济发展具有周期性，所以股价的上涨和下跌也应该遵循周期发展的规律。不过股价波动的周期规律要比经济发展的循环周期复杂得多。

艾略特的波浪理论以周期为基础。他把大的运动周期分成时间长短不同的各种周期，并指出，在一个大周期之中可能存在一些小周期，而小的周期又可以再细分成更小的周期。每个周期无论时间长短，都是以一种模式进行，即每个周期都是由上升（或下降）的5个过程和下降（或上升）的3个过程组成。这8个过程完成以后，我们才能说这个周期已经结束，将进入另一个周期。新的周期仍遵循上述模式。这是波浪理论最核心的内容，也是艾略特对波浪理论最为突出的贡献。

与波浪理论密切相关的除了经济周期以外，还有道氏理论和费波纳奇数列。波浪理论中的大部分理论是与道氏理论相吻合的。不过，波浪理论不仅找到了走势的变动，还找到了这些走势变动发生的时间和位置，从而更明确地指导操作，这是波浪理论优于道氏理论的地方。另外，波浪理论中用到的数字（2、3、5、8、13、21、34……）都来自费波纳奇数列。这个数列是数学上很著名的数列，有很多特殊的性质，是波浪理论的数学基础。波浪理论在这一基础上向前发展。

(2) 波浪理论考虑的因素。③ 波浪理论考虑的因素主要有三个方面：第一，股价走势所形成的形态；第二，股价走势图中各个高点和低点所处的相对位置；第三，完成某个形态所经历的时间长短。以上三个方面可以简单地概括为：形态、比例和时间。这三个方面是波浪理论首先应考虑的。

---

① 中国证券业协会.证券投资分析 [M].北京：中国金融出版社，2012.
② 同①。
③ 同①。

三个方面中，股价的形态是最重要的。它是指波浪的形状和构造，是波浪理论赖以生存的基础。高点和低点所处的相对位置是波浪理论中各个波浪的开始和结束位置。通过计算这些位置，可以弄清楚各个波浪之间的相互关系，确定股价的回调点和将来股价可能达到的位置。完成某个形态的时间可以让我们预先知道某个大趋势的即将来临。波浪理论中各个波浪之间在时间上是相互联系的，用时间可以验证某个波浪形态是否已经形成。

（3）波浪理论价格走势的基本形态结构。① 波浪理论认为证券市场遵循一定的周期，从而周而复始地向前发展。股价的上下波动也是按照某种规律进行的。通过多年的实践，艾略特发现每一个周期（无论是上升还是下降）可以分成8个小的过程，这8个小的过程一结束，一次大的行动就结束了，紧接着是另一次大的行动。他指出，股市呈一定的基本规律和形态，5个上升波浪和3个下降波浪构成了上升阶段的8个波浪的完整循环，3个下降波浪是前5个上升波浪的调整。

图9-1是一个上升阶段的8个浪的全过程。0~1是第一浪，1~2是第二浪，2~3是第三浪，3~4是第四浪，

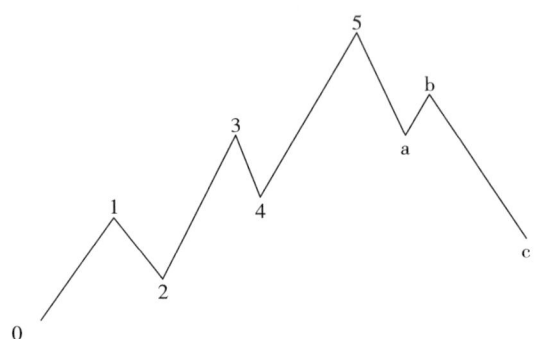

图9-1　8浪结构的基本形态图

4~5是第五浪。这五浪中，第一、第三、第五浪为上升主浪，实际影响这种有向运动，而它们又被两个逆势的休整期所分割，即第二、第四浪。这五浪中有三个永恒之处：第二浪永远不会超过第一浪的起点；第三浪永远不是最短的一浪；第四浪永远不会进入第一浪的价格领地。上述5个浪完成后，紧接着会出现一个三浪的向下调整，这三浪是：5~a是a浪、a~b是b浪、b~c是c浪。从0到5可以认为是一个大的上升趋势，而从5到c可以认为是一个大的下降趋势。

应用波浪理论时必须弄清一个完整周期规模的大小。因为趋势是有层次的，每个层次的不同取法，可能会使我们在使用波浪理论时发生混乱。但我们应记住，无论我们所研究的趋势是何种规模，是主要趋势还是短暂趋势，8个浪的基本形态结构是不变的。在实践中，每一个波浪并不是相等的，它可以压缩，可以延长，可以简单，可以复杂。

3. 江恩理论。② 江恩理论是江恩通过数学、几何学、天文学等学科知识，对股市进行深入研究而总结得出的。江恩认为金融市场是根据波动法则运行的，此外，每一种股票都拥有一个独特的波动率主宰该市场价位的涨跌。1908年，他发展了对自己而言最为重要的市场走势预测方法，即控制时间因素。经过多次准确预测之后，确定了江恩理论

---

① ［美］小罗伯特·R. 普莱切特，阿尔弗雷德·J. 弗罗斯特. 艾略特波浪理论：20周年纪念版［M］. 陈鑫译. 北京：机械工业出版社，2015.

② 何造中. 解读江恩理论（修订版）［M］. 广州：广东经济出版社，2008.

的重要地位。

(1) 江恩理论的基本内容。江恩理论是江恩通过数学、几何学、天文学的综合运用建立起来的、独特的分析方法和测市理论,以研究、预测市场为主。在测市系统之外,江恩还建立了一整套操作系统,当测市系统发生失误时,操作系统将及时补救。其中江恩12条买卖规则是江恩操作系统的重要组成部分。

江恩认为,进行交易必须根据一套既定的交易规则去操作,而不能随意买卖。随着时间的转变,市场的条件也会发生转变,投资者必须学会跟随市场的转变而转变。江恩告诫投资者:在输钱之前应先细心研究市场,因为很可能会作出与市场完全相反的错误买卖决定,同时必须学会如何去处理这些错误。一个成功的投资者并不是不犯错误,成败的关键是成功者懂得如何去处理错误,不使其继续扩大;而失败者因犹豫不决、优柔寡断任其错误发展,而造成巨大损失。

江恩认为造成投资者遭受重大损失的主要原因有三个:①在有限的资本上过度买卖,即操作过分频繁。在市场中做短线和超短线要求有很高的操作技巧,在投资者没有掌握这些操作技巧之前,过分做短线会导致大的损失。②投资者没有设下止损点以控制损失。学会设置止损点以控制风险是投资者必须学会的基本功之一。还有一些投资者虽然设了止损点,但在实际操作中并不坚决执行,结果遭受巨大损失。③缺乏市场知识。缺乏市场知识是在市场买卖中造成损失的最重要原因。一些投资者并不注重学习市场知识,而是主观认为市场是如何的,不会辨别消息的真伪,结果接受错误信息的误导,遭受巨大损失。还有一些投资者仅凭一些书本上学来的知识指导实践,不加区分地套用,结果也会造成巨大损失。江恩强调的是市场的知识和实践的经验。而这种市场的知识往往要在长期的投资实践中才能有所体会。

(2) 江恩理论的组成构架。

①江恩时间法则。在江恩的理论中,时间是进行交易的最重要的因素,用于揭示价格发生回调的规律。江恩认为,一定量的价格回调发生在特定的时间内,运用江恩时间法则,实际的价格回调是能够预测的。江恩的时间间隔不只是数日、数周,也可以是数月、数年。在江恩年中,还有一些重要的时间间隔,如一周有7天,而$7 \times 7 = 49$,故江恩将49视为很有意义的数字,一些重要的顶或底的间隔为49~52天,中级趋势的转变时间间隔为42~45天,而45天恰恰是一年的1/8。

②江恩回调法则。回调是指价格在主运动趋势中的暂时的反转运动。回调理论是江恩价格理论中重要的一部分。江恩认为,50%、75%、100%的价格回调位置是对价格进一步运动的最强劲的支持和阻力。回调到达起点的50%的位置,称之为平衡点,是一种常见的回调。江恩认为在同一价位发生两次以上的50%回调时,表示发生堵塞情况。

③江恩线。江恩线由时间单位和价格单位定义价格运动,每条江恩线由时间和价格的关系所决定。从各个显著的顶点或显著的底点画出江恩线,彼此互相交叉,构成江恩线之间的关系。它们不仅能确定价格何时会反转,而且能够指出将反转到何种价位。江恩线的基本比例为1:1,即1个单位时间内,价格运行1个单位。1×1江恩线表示每1个单位时间内价格运动1个单位,2×1表示每2个单位时间内价格运动1个单位。当市

场趋势由降转升时，价格通常会沿着上升甘氏线①向上，上升趋势缓和时，价格会沿着 2×1 线上升，如反弹有力，上升趋势会提高至 1×2 线，1×3 线或 1×4 线。大多数情况价格会沿着 1×1 线（45°线）上升，下降趋势时则套用下降甘氏线。见表 9－1。

表 9－1　　　　　　　　　　江恩线中时间与价格关系

时间为 1 个单位	价格百分比（%）	几何角（度）	江恩线
1/8	12.5	7.50	8×1
2/8	25.0	15.00	4×1
3/3	33.0	18.75	3×1
3/8	37.5	26.25	2×1
4/8	50.0	45.00	1×1
5/8	62.5	63.75	1×2
2/3	67.0	71.25	1×3
6/8	75.0	75.00	1×4
7/8	87.5	82.50	1×8
8/8	100.0	—	—

④数字"7"的重要作用。江恩认为，"7"是一个很重要的数字，拥有崇高的地位，第七日可被视为是前一阶段的结束和新一轮循环的开始。江恩十分看重数字"7"，认为 7 天、7 周、7 月、7 年都可能是某种股票的内在的循环周期。而 7 的倍数如 14、21、49……也是重要的江恩循环周期。

（3）江恩 12 条买卖规则。江恩在华尔街进行了 45 年的投资买卖。他后来对自己长期以来的投资经验进行总结，得出 12 条买卖规则，即决定趋势；在单底、双底或三底水平入市买入；根据市场波动的百分比买卖；根据 3 周上升或下跌买卖；市场分段波动；根据 5 点或 7 点买卖；观察市场成交量；时间因素；当市场创新高时买入，创新低时卖出；大市趋势的转向；最安全的买卖点；市场动量界定不同市场走势。

4. 其他技术分析理论简介。②

（1）随机漫步理论。随机漫步理论认为，证券价格的波动是随机的，价格的变化是没有规律的。证券市场中，价格的走向受多方面因素影响，任何一件小事都可能对市场产生巨大影响。从长时间的价格走势图上也可以看出，价格上下起伏的机会差不多是均等的。从这个意义上讲，在一个特定的时间，可以认为价格的波动方向是随机的。

---

① 甘氏线是将百分比原理与几何角度原理结合起来的产物，是从一个点出发，依一定的角度，向后画出的多条射线。甘氏线分为上升甘氏线和下降甘氏线两类。

② 吴晓求．证券投资学（第四版）［M］．北京：中国人民大学出版社，2014.

（2）相反理论。相反理论认为，证券市场本身并不创造新的价值，没有增值，甚至可以说是减值的。如果与大多数投资者有相同的行动，那么就不能获得最大收益，因为不可能多数人获利。要获得大的利益，一定要与大多数人的行动不一致。相反理论提醒投资者，在市场投资者很多的时候出场，在投资者稀少的时候入场。应该指出，相反理论并不是说与大众的行动相反就一定能获利。

（3）混沌理论。混沌理论也称为非线性动力学，是最近几十年出现的新兴学科。它的理论基础之一是分形几何，即不管你在多么微小的尺寸上观察事物，它的每一部分都呈现出与整体相似的形状。这种特征也反映在证券市场上，周 K 线图看上去与日 K 线图、小时 K 线图、5 分钟 K 线图的形状十分相似，即证券市场价格的分形特征。我们可以应用 5 分钟 K 线图或小时 K 线图来推断日 K 线图或周 K 线图的形状，从而帮助投资者进行投资决策。为了能够获取交易收入，重要的是预测交易中图形的形状、模式和交易趋势，而并不需要对未来作出精确的预测。混沌理论可以辨认出图形形状，但并不能给出它们的精确尺度和变动。

知识拓展 9-1：如何利用基本面和技术面分析方法选择股票

除上述几种理论之外，技术分析还有一些方法在进行行情判断时有很重要的作用，它们大部分是有关某一方面的具体结论，不是对市场整体的结论。

第二节　投资策略

投资策略是指投资者为获取最大收益而采取的各种策略。其基本的策略思路在于：（1）安全性，即尽可能把那些还本付息性强、收益有保障的证券作为投资对象；（2）分散性，即将投资适当分散在不同地区、行业、企业的不同类型的证券上，并在投资时间上不宜过分集中；（3）流动性，即投资者应把容易销售的股票和流动性强的债券作为主要投资目标。投资者只有掌握各种投资策略，才能在充满激烈竞争的证券市场上获得较好的收益。

一、影响投资策略的因素

（一）资金因素

投资者有一定数量、来源可靠而合法的资金，是制订投资计划进行投资的前提。

（二）对资金投资收益的依赖程度

所谓对资金投资收益的依赖程度，也就是投资者承担投资风险的能力。如果对投资收益的依赖很大，就应该选择债券、优先股等安全可靠、有稳定收益的证券投资项目。如果对投资收益的依赖较小，则可以选择收益可能较大但风险程度也较高的股票进行投资。

（三）时间信息因素

投资者应该考虑能够投放在某项投资上的时间和精力有多少，以及获得信息的渠道、手段和时效等因素，如果条件都不充裕，就不应选定价格波动较大的短线股票作为投资对象，而应以购买绩优股和成长股等较长线的股票作为投资对象。

（四）心理因素

在证券投资中，投资者的心理素质有时比资金的多寡更为重要。优柔寡断、多愁善感性格类型的投资者应该避免进行风险较大、跌宕起伏的短线股票投资。

（五）知识和经验因素

投资者的知识结构中对哪种投资方法更为了解和信赖，以及人生经验中对哪种投资的操作更为擅长，都会对制订投资计划有帮助。相对来说，选择自己熟悉了解的投资项目，充分利用自己已有的专业知识和成熟经验，是投资稳定安全、成功获益的有利因素。对于股票投资，选择自己熟悉了解的行业的上市公司、运用自己便于掌握的方法来决定操作手段，对成功获利会大有裨益。

（六）多元化投资方案

世事风云变幻，兴旺的市场不会永远不变。投资的风险与收益并存，收益越高往往风险也越大。好的投资方案可以使投资者较大限度地提高收益，躲避风险。

多元化投资是通过将资金分布于不同的投资对象以规避风险的一种策略。选择多种投资对象，比如债券、储蓄、股票、集邮等，就可以在一个投资项目收益不佳时，由其他投资项目补足。

当把证券作为投资对象时，应同时持有国库券、金融债券、股票等多种证券。当一种证券蒙受损失时，其他证券可能带来收益，整体的风险就相对降低。

多元化投资降低风险的效果要取决于投资组合之间的相关程度。只有当一种投资的盈亏和另一种投资的盈亏经常出现相逆的情况，才可能达到较大程度降低风险的目的。

具体到股票市场，投资者很难准确预测出每一种股票价格的走势。假如贸然把全部资金投资于一种股票，一旦判断有误，将造成较大损失。如果选择不同公司、不同行业性质、不同地域、不同循环周期的股票，也会相应降低投资风险。

二、投资策略分类[①]

投资者在对证券市场进行分析的基础上，根据自己的风险收益偏好，会选择适合于自己的投资策略。因此，不同的投资者会有不同的投资策略。根据投资者对风险收益的不同偏好，投资者的投资策略大致可分为以下几类：保守稳健型、稳健成长型、积极成长型。

（一）保守稳健型

保守稳健型投资者的风险承受能力最低，他们主要考虑的是投资的安全性。其投资策略一般有以下选择。

1. 选择投资无风险、低收益的证券，例如国债和国债回购。投资的信息需求主要包括各类无风险证券的特征、到期收益率、期限结构及与之相关的宏观财政、货币政策

---

① 中国证券业协会. 证券投资分析［M］. 北京：中国金融出版社，2012.

信息。

2. 选择投资低风险、低收益的证券，例如企业债券、金融债券和可转换债券。投资的信息需求主要包括发债企业和担保机构的信用等级、财务状况、市场价格走势等。

（二）稳健成长型

稳健成长型投资者希望能在足够长的投资期间里，通过获得投资机会来获利。其投资策略一般为选择投资中风险、中收益的证券，例如稳健型、指数型投资基金，分红稳定、持续的蓝筹股及高利率、低等级企业债券等。投资的信息需求更多地体现在所选择投资品种的微观层面上。

（三）积极成长型

积极成长型投资者可以承受投资的短期波动，愿意承担为了获得高收益率随之而来的高风险。其投资策略一般可选择投资于高风险、高收益的证券，如市场相关性较小的股票。由于我国证券市场目前还属于弱有效市场、信息公开化不足、虚假披露时有发生，因此这类投资的信息需求很难在理性上得到有效满足。

此外，对于风险收益既定型的投资者而言，也可以投资于证券组合。该类投资的信息需求主要集中在投资组合产品的各项特征参数及其动态修正上，以保证投资组合的风格与其需求一致。

三、常用的投资方法[①]

股市风险很大，投资者针对不同的市场情况，应采用不同的投资策略，从而最大限度地降低风险、提高收益率。投资者常用的投资方法有以下几种。

（一）顺势投资法

根据道氏理论，股票价格运动中的主要趋势一经形成，就要持续一段较长的时间，一般认为持续的时间要达1年至4年。对于小额股票投资者来说，由于不能操纵股市行情，较有把握的做法是跟随股市的大趋势进行顺势投资，当整个股市主要趋势向上时，投资者可以购买并持有股票，即采取购买后持有策略，待到出现看跌市场的信号，主要趋势开始转变时，投资者就出售其持有的股票，转变他的投资地位。由于主要趋势将不断变动，看涨市场与看跌市场交替出现，因此要求投资者能够及时准确判断大势涨跌，对短期市场波动的判定难度很大，故经常用于中长线投资。

哈奇计划是顺势投资法的典型代表，该计划的创始者是哈奇。哈奇计划含有高度机械性、简单性与肯定性。他将所购进的股票，在每个周末计算平均数，到了月底，再将各周的平均数相加，求出该月的平均数。如果本月的平均数较上次的最高点下降了10%，他便卖出全部股票，不再购买。等到他卖出股票的平均数由最低点回升了10%时，他会再行购买。哈奇计划不做卖空交易，当市场趋势发生了10%的反向变动时，便改变投资地位。

顺势投资法的优点是能够把握市场长期趋势，但同时也存在一些问题：（1）即使投资者正确地估计了市场的发展趋势，如果没有进行证券组合调整，也会因短期内股市的

---

① 徐国祥. 证券投资分析 [M]. 上海：上海三联书店，1999.

波动而遭受损失，虽然这种损失在长期内可得到弥补，但这并不利于投资者的最佳利益；（2）投资者若错误估计了股市的发展趋势，则顺势投资计划及其相应的投资组合调整，会给投资者带来灾难性的损失。

（二）定式投资法

定式投资法是指投资者按照某种固定公式来进行股票和债券的组合投资策略，也就是根据市场股价行情来判断是否应该买卖股票。该方法的侧重点在于利用股市行情的短期趋势变化来获利，而非股票市场的长期趋势或主要趋势。投资者采用该方法时只需依据事先拟定好的策略进行股票买卖，是否买卖股票取决于股票市场的价格水平。

定式投资法可分为等级投资法、平均成本投资法、固定金额投资法、固定比率投资法和可变比率投资法等。各种策略方法的基本原理是一样的，即将投资资金分成股票和非股票两部分，适当划定两者比率及买卖的价格标准，然后不管市场情况如何，都依照事先制订的计划进行买卖。

1. 等级投资法。采用等级投资法进行投资，投资者在选定一种股票作为投资对象后，需要确定一个标准价位和一个股价变动的幅度等级（价差或百分比），当股价从标准价位每下降一个等级，就买进一定数量的股票，而当股价从标准价位每上升一个等级，就卖出一定数量的股票。这样，投资者就可以使他的平均购买价格低于平均出售价格。在执行该方法过程中，投资者要同时作止损委托，一旦市场状况下降到平均线以下，投资者就取消他的计划，以免蒙受损失。这种方法适用于股价波动较小的股票，一旦股价持续上升或下跌，投资者应修正投资计划。

2. 平均成本投资法。采用平均成本投资法进行投资，投资者在决定投资某种股票后，确定一个合适的投资时期，在这期间，不管此种股票价格如何波动，定期以相同数量的资金持续购进股票，以达到每股平均成本低于每股的实际价格。该方法的特点在于：（1）选择某种具有长期投资价值的股票，同时这种股票的价格具有较大的波动性；（2）投资者可选择或短或长的投资期限，不论股价是上涨还是下跌，都必须有规律地投资于同一种股票。

用平均成本投资法购买股票时，每次都以接近固定的金额购买，这样当股价较高时，购入的股票数就少；当股价较低时，购入的股票数就多。因此，在购入的总股数中，低价股占的比例大于高价股，每股的成本就会偏低，当股价又上升时，就会获利。如果股价波动幅度大，股价呈上升趋势，那么投资者就有更多的机会在低价时购买较多的股数，从而在股价上升中获得收益；反之，如果股价持续下跌，在整个投资期中，投资者必然要发生亏损。

该方法的最大优点是投资者只需定期投资而不必考虑投资时间的确定问题，这较适合于刚步入证券市场的新投资者。该方法的不足之处在于：一是投资者很难获得巨利；二是如果股价持续下跌，那就必然发生亏损。

3. 固定金额投资法。采用固定金额投资法进行投资，投资者按照事先拟订的计划，将资金分别投放于股票和债券，并将投资股票的资金数量确定，同时制定一个该数量的百分比额度。当股票价格上升到这个百分比额度时，就出售股票的增值部分用来购买债券；当股价下跌到预定的百分比额度时，就出售相应数量的债券用来购买股票。这种方法不需要对股价的短期趋势进行判断，只要关注每天的股价去进行调整即可；但在持续上升或下跌行情中可能承担丧失应得利益或减少持股风险的机会，并导致股票、债券资金分配比例失衡。

4. 固定比率投资法。采用固定比率投资法进行投资，投资者按照事先拟订的计划比率，将资金分别投放于股票和债券，并确定好股票投资资金的市价变动幅度百分比。当股票价格上升达到这个百分比时，就出售股票的增值部分用来购买债券以维持拟订比率；当股价下跌到预定的百分比时，就出售相应数量的债券用来购买股票以维持拟订比率。

在选择股票时，也应该将收益与风险不等的各种股票进行组合，一部分考虑保护性，选择低风险的股票；另一部分注重进取性，选择收益可能较高的股票。这种方法在持续上升或下跌行情中同样可能丧失应得利益及降低持股风险的机会。

5. 可变比率投资法。采用可变比率投资法进行投资，首先要确定投资于债券和股票投资比率的可变范围，实际操作时根据股价的变动，在这个范围内调整两种投资的相对比率。投资者通过计算以往数年股价指数或选定股票价格指数的平均水平，确定一个中间价值。当股价指数等于这个中间值时，股价总值与债券总值的比率为 50∶50，一旦发生价格波动，指数每变化一定点数，就调整一次比率。采用这种方法投资者可以不必逐次选择投资时机，只要对股价变动作出及时反应即可。

（三）分散投资法

分散投资法是证券组合原理的具体应用。其具体操作方法是，将投向有价证券的全部资金分为三部分：一部分资金投资于风险小或无风险的债券或优先股；另有一部分资金投资于风险大、盈利性强的普通股；剩下的一部分资金作为投资的预备金，以等待更好的投资机会。对资金有限的投资者来说，则可以考虑购买债券、股票和银行存款并行，既可获得债券高于存款利率的利息收入，又有可能得到股票投资的较高回报，银行存款则可提供不时之需，还可以在适当时机转为股票投资。

（四）拨档操作法

拨档操作法是指投资者在股票价位较高时卖出手中股票，待价格下跌后再买回股票，以赚取一段价差的方法。这是降低成本、获得收益的快捷手段。当价格处于上升阶段，在涨价一定幅度后卖出，价格回落后再买回；在价格下跌阶段，趁价位仍较高时卖出，价格跌至低位时再买进。主力大户经常使用该方法来影响股市。

（五）逆我操作法

逆我操作法是一种反向思维操作法。当市场影响投资者趋于购入股票时，考虑卖出股票；当市场影响投资者趋于卖出股票时，反而购入股票。这是因为，市场上大多数投资者纷纷购入股票时，往往价格也会较高，上升的空间已经比较小，风险却相应加大，不如将股票卖出获利，待股价下跌后再买进；而股价下跌后，大多数投资者因为惧怕套牢卖出股票，如果适时以较低价位购入股票，就有机会在将来市场回转时卖出获利。使用该方法需要投资者有良好的心理控制能力，并且应该建立在冷静分析和审慎判断基础之上，消除自己盲目从众的行为。

（六）以静制动法

以静制动法适用于短期投资的组合策略。股票市场上品种繁多、涨跌错落，投资者不希望自己买进的股票立即停止上涨或是下跌，而没买的股票却一直在上涨。这时可采用以静制动法，尽量避免该现象发生。

投资者在对股票近期涨价幅度进行比较后，视资金情况选择几种涨幅较小或还未涨价的股票买进持有，每种只买一手。待股价变动后，将涨了一定幅度的股票卖掉，将资金购买跌了一定幅度的股票。采用这种方法的前提是市场走势上升，不赚钱的股票不出手，且不买过分冷门的股票。

（七）渔翁撒网法和反渔翁撒网法

投资者在上升行情中进行短线操作时，当难以确定何种股票价格上涨时，可以像渔翁撒网那样同时购买多种股票，当股票上涨到一定比率时就卖掉该种股票。由于股市大势上涨，可能会出现各种股票轮番上涨的局面，获益的可能会比较大。如果意外出现跌势，因为资金是分散在多种股票上，可避免只选一两种股票投资所承担的风险。这就是渔翁撒网法。采用这种方法，应该小心不断卖出优质股票却没有获得较大价差，而手中最终留下的都是劣质股票。

为避免上述欠缺，可以采用反渔翁撒网法，即有选择地购进多种股票，哪种股票价格最先上升就追加买进，而后择机卖掉价格下跌或长久不动的股票，以使投资组合中获得较多的强势股票，提高总体获利水平。

（八）博傻主义操作法

博傻主义操作法是一种典型的投机方法，是大户操纵股市的惯用手法。这种方法的前提是：自己是"傻瓜"，但总会有人比自己更傻，因此就可能"傻瓜赢傻瓜"。投资者预计股价上涨还将持续一段时间，大胆以高价买进，等待机会在价格更高时出手获得价差；当行情下跌时，投资者预期下跌还会持续一段时间，在低价时卖出，而在价格更低时购回。

投资者操作时必须注意下面几点：首先，所选股票必须具有很好的前景，人们普遍看好该股票，即使买进后价格下跌，也有保留和等待的价值；其次，要密切关注股市的人气，只有大家普遍乐观时股价才有可能继续上扬，"博傻"才能成功；最后，选择的股票应该是绩优股，这类股票由于公司业绩稳定，出现价格意外波动的可能性较小。

这种高买低卖策略有极大的投机性和风险性，因此要求投资者必须对行情走势、对大户的行踪有深入的分析，否则无异于孤注一掷。

要注意的是，任何一种投资计划策略都是建立在一定的假定条件之上的，而任何一种假定条件都无法全面概括股票市场上瞬息万变的行情。因此，这就要求投资者对具体情况作具体分析，并十分注意各种策略的结合应用。

知识拓展 9-2：
困境投资：中国"资产荒"中的新策略

第三节 证券市场监管

一、证券市场监管概述

（一）证券市场监管的意义[①]

证券市场监管是指证券管理机关运用法律的、经济的以及必要的行政手段，对证券的募集、发行、交易等行为以及证券投资中介机构的行为进行监督与管理。证券市场监管是一国宏观经济监管体系中不可缺少的组成部分，对证券市场的健康发展意义重大。

1. 加强证券市场监管是保障广大投资者权益的需要。投资者是证券市场的重要参与者，他们参与证券交易、承担投资风险是以获取收益为前提的。为保护投资者的合法权益，必须坚持"公开、公平、公正"的原则，加强对证券市场的监管。只有这样，才便于投资者充分了解证券发行人的资信、证券的价值和风险状况，从而使投资者能够比较正确地选择投资。

2. 加强证券市场监管是维护市场良好秩序的需要。为保证证券发行和交易的顺利进行，一方面国家要通过立法手段，允许一些金融机构、中介机构和个人在国家政策法令许可的范围内买卖证券并取得合法收益；另一方面，在现有的经济基础和条件下，市场也存在着蓄意欺诈、垄断行市、操纵交易和哄抬股价等多种弊端。为此，必须对证券市场活动进行监督检查，对非法证券交易活动进行严厉查处，以保护正当交易，维护证券市场的正常秩序。

3. 加强证券市场监管是发展和完善证券市场体系的需要。完善的市场体系能促进证券市场筹资和融资功能的发挥，有利于稳定证券市场，增强社会投资信心，促进资本合理流动，从而推动金融业、商业和其他行业以及社会福利事业的顺利发展。

4. 准确和全面的信息是证券市场参与者进行发行和交易决策的重要依据。一个发达、高效的证券市场也必定是一个信息灵敏的市场，它既要有现代化的信息通信设备系统，又必须有组织严密的科学的信息网络机构；既要有收集、分析、预测和交换信息的制度与技术，又要有与之相适应的、高质量的信息管理人才，而这些都只有通过相关的统一组织管理才能实现。

（二）证券市场监管的原则[②]

1. 依法监管原则。依法监管首先要求"有法可依"，我国目前的证券法律体系还不完善，需要进一步制定相关细则。其次，依法监管要"有法必依"。加强对证券市场违法违规行为的查处力度，维护证券市场的正常秩序。

2. 保护投资者利益原则。从资本市场的发展历程来看，保护投资者利益，让投资

---

① 中国证券业协会. 证券市场基础知识 [M]. 北京：中国金融出版社，2012.
② 中国证券业协会. 金融市场基础知识 [M]. 北京：中国财政经济出版社，2020.

者树立信心，是培育和发展市场的重要环节，是证券监管机构的首要任务和宗旨。严厉打击损害中小投资者利益的行为，全力维护市场的"三公"，是各国证券监管的首要任务。

3．"三公"原则。"三公"原则具体包括公开原则、公平原则、公正原则。公开原则要求证券市场具有充分的透明度，要实现市场信息的公开化。公平原则要求市场不存在歧视，参与市场的主体具有完全平等的权利。只要是市场主体，就能够在进入和退出市场、投资机会、享受服务、获取信息等方面享有完全平等的权利。公正原则要求证券监管机构在公开、公平原则的基础上，对一切被监管对象给予公正待遇。

4．监督与自律相结合的原则。监督与自律相结合原则是指在加强政府、证券监管机构对证券市场监管的同时，也要加强从业者的自我约束、自我教育和自我管理。国家监督与自我管理相结合是世界各国共同奉行的原则。

（三）证券市场监管的目标

国际证监会组织（IOSCO）综合了各国证券市场监管的目标，提出了三个目标：保护投资者利益；保证市场的公平、有效和透明；减少系统性风险。这三个目标中，保护投资者利益是最终目标，另外两个是中间目标，是为最终目标服务的。

我国证券市场的监管目标是：运用和发挥证券市场机制的积极作用，限制其消极作用；保护投资者利益，保障合法的证券交易活动，监督证券中介机构依法经营；防止人为操纵、欺诈等不法行为，维持证券市场的正常秩序；根据国家宏观经济管理的需要，运用灵活多样的方式，调控证券市场与证券交易规模，引导投资方向，使之与经济发展相适应。

（四）证券市场监管的主要内容

1．发行市场监管。各国对发行市场的监管制度分两种：注册制和审核制。

（1）注册制是指发行者在准备公开募集和发行证券时，应将依法应当公开的各种资料完全、准确地向证券主管机构汇报并申请登记。其实质是一种发行证券的公司的财务公布制度，它要求发行证券的公司提供关于证券发行本身，以及与证券发行有关的一切信息，并要求所提供的信息具有真实性、可靠性。注册制只适用于市场架构完善、投资者素质较高的成熟市场。注册制的代表是美国、日本、韩国等国家。

（2）核准制是指证券发行者在发行证券之前，不仅要公开证券发行的真实情况，而且必须合乎公司法和证券法中规定的发行证券必需的实质要件，证券主管机构有权否决不符合实质条件的证券发行申请。核准制遵循的是实质管理的原则，它在信息公开的基础上，在公开原则的基础上，考察发行者的营业性质、管理人员的资格、资本结构、是否有合理的成功机会等，并由此作出是否符合发行实质要件的价值判断，并把不符合实质要求的劣质证券排斥在外。这种制度是以维护公共利益和社会经济安全为本位，强调实质管理，以国家监管机关的审核代替市场对发行证券优胜劣汰的选择，试图使发行的证券本身就有优良的品质。该制度排除了投资者的合理选择权，不注重行为个体的自由权，在很大程度上体现了国家干预的经济政策，体现了制度的硬约束和刚性。核准制较适用于证券市场历史不长的国家和地区。

2. 交易市场监管。交易市场监管是证券市场监管的重要组成部分，证券立法和监督的最主要任务之一是规范和监督证券交易活动，确立并实施证券交易的基本规则。

（1）对不正当证券交易行为的监管。一是反操纵监管。证券市场操纵方式很多，例如，通过联合操纵或集中资金操纵市场价格；以对倒①方式制造虚假价格，从事非所有权真实转移的虚买虚卖；恶意散布谣言、制造虚假信息；以抬高或压低价格为目的的连续交易等。二是反内幕交易监管，内幕交易是指内幕人员利用内幕信息买卖证券或根据该信息建议他人买卖证券；内幕人员向他人泄露内幕消息，使他人利用该信息进行内幕交易；非内幕人员通过不正当手段或其他途径获得内幕信息，并根据该信息买卖证券或建议他人买卖证券及其他内幕交易行为。

（2）抑制市场过度投机、稳定市场的监管。一般采取的直接或间接监管或干预措施包括价格涨跌幅限制和涨跌停板制度、停止交易制度、保证金制度等。

3. 证券经营机构和从业人员监管。

（1）证券经营机构的监管。在证券市场上，证券的发行和交易都是通过证券经营机构来进行的，证券经营机构作为中介人，对沟通供需双方的资金流通，促进证券交易的形成和证券市场的发展起着重要的作用。证券经营机构的行为直接关系到投资者利益，为实现监管目标，各国都非常重视对证券经营机构的设立进行审批，主要有登记制和许可制。对证券经营机构财务进行监管目的是对证券经营机构所持有的顾客的资金和证券提供安全保证，维持准确的账务记录，使证券经营机构保持资金的合理流动性。禁止证券经营机构的自营与经纪业务混合操作，目的是防止证券商为维护自身的利益而损害委托人的利益，禁止欺诈客户行为，要求证券商定期向证券主管机关提交有关报告。

（2）对证券从业人员进行监管，提高证券从业人员的素质，特别是增强其风险防范意识是证券市场风险防范的重要环节。我国主要通过一系列监督管理的法律法规来加强对从业人员的监管。

4. 证券交易所的监管。各国证券法都规定，政府主管机关对证券交易所有检查监督权。主管机关主要通过审查交易所的章程、业务规则和决议的内容，规定交易所报告业务以及监督检查交易所的业务、财务状况，调查违法、违规事件等方式对证券交易进行监督和管理。

（五）我国证券市场的监管机构

我国证券市场的监管机构是国务院证券监督管理机构。国务院证券监督管理机构依法对证券市场实行监督管理，维护证券市场秩序，保障其合法运行。国务院证券监督管理机构由中国证券监督管理委员会及其派出机构组成。

1. 中国证券监督管理委员会（以下简称中国证监会）是国务院直属机构，是全国证券、期货市场的主管部门，按照国务院授权履行行政管理职能，依照相关法律法规对全国证券、期货市场实行集中统一监管，维护证券市场秩序，保障其合法运行。中国证

---

① 对倒指的是市场主力或庄家在自己管理的多个账户之间进行买卖，也就是自己买自己卖，是主力的惯用手法，其目的是震仓或吸引跟风盘或拉升股价。

监会成立于 1992 年 10 月。

2. 中国证监会派出机构。中国证监会在省、自治区、直辖市和计划单列市设立了 36 个证券监管局，以及上海、深圳证券监管专员办事处，其主要职责如下：认真贯彻、执行国家有关法律、法规和方针、政策，依据中国证监会的授权对辖区内的上市公司、证券期货经营机构，证券期货投资咨询机构和从事证券业务的律师事务所、会计师事务所、资产评估机构等中介机构的证券期货业务活动进行监督管理。依法查处辖区内的违法违规案件，开展辖区内投资者教育与保护工作以及中国证监会授予的其他职责。

我国证券市场逐步形成了以国务院证券监督管理机构、国务院证券监督管理机构的派出机构、证券交易所、行业协会和证券投资者保护基金公司为一体的监管体系和自律管理体系。

二、独立董事制度

（一）独立董事的含义

1. 独立董事的概念。所谓独立董事，又称做外部董事、独立非执行董事。根据中国证监会《关于在上市公司建立独立董事制度的指导意见》，上市公司独立董事是指不在公司担任除董事外的其他职务，并与其所受聘的上市公司及其主要股东不存在可能妨碍其进行独立、客观判断关系的董事。独立董事既不代表出资人，也不代表公司管理层，因此可以充分利用这一特殊的身份考察、评估和监督公司管理层，从而有效制衡控股股东和监督经营者，确保董事会考虑所有股东的利益，减少内部人控制和大股东操纵，使中小股东的利益得到有效保护。同时，积极的独立董事可以提高董事会的独立性和客观性，也可以带来外部的知识、经验和关系，使董事会能够独立地行使职权，促使知识的转换，并接触潜在客户；还可以提高董事会的透明度，使外部各方更容易了解其决策流程，吸引优秀的合作伙伴和潜在的投资者。

独立董事的监督与平衡已被西方企业确立为一个良好的法人管理模式的基本原则。在美国和许多欧洲国家，设立独立董事的趋势正日益显著。在美国企业的董事会构成中，外部董事很多，有时甚至超过一半，如摩托罗拉公司董事会 11 名成员中有 9 个为外聘的独立董事；美林集团董事会由 16 位董事组成，其中 5 位是现任美林集团经营班子的核心成员，另外 11 位董事均为独立董事，其中包括纽约证券交易所主席及一些专营公司的总裁。

2. 独立董事的特点。独立董事关键是"独立"二字，同时具有公正性、专业性和兼职性的特点。

（1）独立性。独立性是独立董事最重要的特点，所谓独立性可概括为：①财产和个人利益的独立，独立董事必须在财产上不依附于任职公司，其个人利益与任职公司之间没有必然的联系。世界各国对独立董事财产的独立性均做了严格、详细的规定，如发起设立全球公司治理网络的美国加州公职人员退休基金在其拟定的《美国公司治理原则》的附录中指出，"独立董事与接受该公司大量捐赠的非盈利实体不存在利害关系"等。②身份的独立，独立董事必须具有独立的身份，他既不隶属于任职公司，也不隶属于与公司相关的任何公司或部门。一般规定为独立董事不得是任职公司及其下属公司的股东或亲属,不得是公司董事或高级管理人员及其亲友,不得是公司股东单位的任职人员,不得是公司的顾问。③业务的独立,独立董事与就职公司在一定期间内不存在业务往来关系,即独立董事与任职公司不存在直接的经济利益关系,没有紧密的合作伙伴关系或明显的业务依附关系。这种业务关系一般分为两类:一是不得与任职公司存在关联交易;二是不得是公司的财务顾问、法律顾问。

(2) 公正性。就是独立董事在行使职权时,凭借自身独立于公司的优势,能够公正地对待公司整体利益和股东之间的利益。我国当前上市公司的股本结构缺陷极易造成大股东或公司高管人员控制董事会,从而造成公司大股东或高管人员侵害中小投资者的现象。独立董事针对公司重大事项能够站在独立、客观、公正的角度发表独立意见,以维护中小股东等弱势群体的利益。

(3) 专业性。指独立董事的来源往往是拥有与公司经营相关的经济、管理、法律、金融、工程或者人事管理等方面的资深人士,或是在政府或者民间有一定影响力的人士,他们具备一定的专业素质和能力,能够凭自己的专业知识和经验对公司的董事和经理以及有关问题独立地作出判断和发表有价值的意见,能够利用专业素养对股东履行诚信与勤勉的义务。这样,公司可以借用"外脑"来减少企业决策的失误率,牢牢掌握应对挑战、把握机遇的主动权,使企业在激烈的市场竞争中立于不败之地。

(4) 兼职性。指独立董事一般在公司之外都有自己的事务,他们并不在公司中任专职,而是在多家公司任职,因而独立董事又被称为公司的兼职董事。

(二) 独立董事制度的基本架构[①]

1. 独立董事的资格制度。独立董事的资格,是指担任独立董事的条件,包括积极资格和消极资格。积极资格是指担任独立董事必须具备的条件;消极资格是指担任独立董事不得具备的情形。

对于独立董事的积极资格,各国均要求其具备一定的财务知识。发行人应保证审计委员会中至少有一名成员具有财务会计的专业背景,精通公司会计及财务信息披露的有关要求。

由于个人能力是私人信息,独立董事候选人在与公司谈判时使公司处于信息不对称的地位。在英国,为了克服公司信息缺失的不利因素,建立了成立独立董事协会并由协会负责审核独立董事候选人是否有资格担任独立董事的制度。公司任命的独立董事必须是独立董事协会的会员。而当独立董事候选人的个人能力不再是私人信息时,其在与公司谈判时更容易被接纳为独立董事。

独立董事属于董事中的一员,因此,法律禁止担任或在一定期限内限制担任公司董事的人不能成为独立董事。除此之外,不具有"独立性"的人士更不能担任独立董事。这是因为独立性是独立董事制度的灵魂和基础,只有其独立,才能站在客观、公正的立场上作出评价和决策。国外关于独立董事"独立性"的规定着眼于强调独立董事除在公司担任董事职务外,与公司及其高层管理人员没有其他重大利益关系和人身关系从而可

[①] 谢朝斌. 独立董事法律制度研究 [M]. 北京:法律出版社,2004.

能影响其客观、公正的判断，并不要求独立董事独立于股东。管理学家认为，一个好的董事会的关键在于董事拥有适量股权。

2. 独立董事的任免制度。

（1）独立董事的提名和选举。独立董事的独立性需要得到制度上的保障。一般采用三种方法：①独立董事必须由股东大会选举产生，并不得由董事会任命。②由股东大会和董事会指定某一董事为独立董事，该董事必须符合独立董事最低限度的条件。同时，当该董事不再具备独立条件时，股东大会和董事会均可取消这种指定。③设立一个独立董事提名委员会，如英国英格兰银行率先建立一个提名非执行董事的推荐机构——非执行董事提名委员会，用此促进对非执行董事的提名和任命。

从国际惯例来看，独立董事的任命都必须经过正式的程序来产生，而且独立董事的任命必须有特定的任期。

（2）独立董事的解任。董事任期届满前，股东大会经过法定程序，可以依法罢免其选任的董事，即股东大会享有董事罢免权。英美公司法规定，罢免董事无须说明理由。独立董事的解任除了适用董事解任的一般规定外，其自身的特点也决定了其在解任方面具有特殊之处。独立董事如果丧失了独立性，让其继续留任已经无法再发挥其独立的监督作用，此时即须将其解任。

（3）独立董事的选举方法。传统的"一股一票"选举制度很容易使股东大会被大股东操纵，使中小股东丧失参加改善公司治理的机会。如果沿用"一股一票"制度选举独立董事，所选任的独立董事更多地代表大股东尤其是控制股东的利益，从而无法实现"股东利益最大化"和"公司整体利益最大化"。因此，英美国家在独立董事的选举上采用累积投票制。

3. 独立董事的权利和薪酬制度。

（1）独立董事的职权。①独立董事所发表的意见应在董事会决议中列明；②公司的关联交易必须由独立董事签字后才能生效；③2名以上的独立董事可提议召开临时股东大会；④独立董事可直接向股东大会、证监会或其他有关部门报告情况；⑤要求设立专门由独立董事组成的审计委员会。

在英美等国，独立董事主要通过董事会下属的各个专门委员会行使职权，其中最为重要的三个专门委员会是：①审计委员会，主要功能是选择公司审计事务所，确定审计范围，评议审计结果，监督公司内部会计核算程序；②提名委员会，负责处理董事、高级职员的提名、推荐事宜，以供股东进行表决；③薪酬委员会，负责评定董事和高级职员的报酬（薪金、奖金以及股票期权等）。这三个专门委员会全部或主要由独立董事组成。独立董事的监督职能主要依赖审计委员会实现。除此之外，许多上市公司还设立了全部或主要由独立董事组成的特别诉讼委员会、发展战略委员会、财务委员会和环境保护委员会。自20世纪90年代以来，越来越多的上市公司设立了全部或主要由独立董事组成的治理委员会，负责监督和考核董事会的运作，对董事会、董事和高级职员的经营活动进行整体评价和具体评价。

（2）独立董事的薪酬。独立董事的主要责任在于保护公司的利益——实现股东利益的最大化。但有时独立董事的立场并不一定与股东的立场完全吻合，主要表现为独立董事通常比投资者所希望的更为谨慎，甚至表现出令人难以接受的保守。这主要是由于：①独立董事缺乏足够的金钱激励，从而缺乏足够动力去履行必要的职责；②独立董事对声誉的爱惜和责任的加重；③独立董事行使职权所需的信息质量和获取信息的渠道有限。因此，制定合理的独立董事薪酬制度以增强对独立董事的激励尤其是中长期激励，使其在积极进取和谨慎保守之间找到一个最佳平衡点至关重要。

英美国家独立董事薪酬制度的实践表明，独立董事的薪酬不能太低，太低则不能给其提供足够的动力去完成他的职责，并且不能反映独立董事对公司的贡献；同时，又不能太高，太高容易使董事对公司产生过分的依附，尤其是产生对公司经理层的依赖而丧失宝贵的独立性，或产生不利于公司的短期行为。在制定独立董事的薪酬时要坚持几项原则：①独立董事的薪酬必须反映他们投入到公司的时间和精力；②独立董事薪酬的数额和支付方式不能使其产生对公司尤其是经理层的过度依赖；③公司给独立董事的薪酬必须使公司在独立董事人才市场上能够吸引高素质的独立董事加盟；④聘请独立董事强化公司治理取得的收益必须大于公司未聘请独立董事因代理问题产生的交易成本，这一原则等于给独立董事的薪酬设定了一个上限；⑤独立董事薪酬的结构和支付方式要能激励其任期内的持久工作激情。

担任独立董事所获取的利益包括直接利益和间接利益。直接利益是独立董事因在公司提供了服务而获得的现金报酬（固定的年度聘用费和出席董事会会议的补贴）和非现金报酬。非现金报酬包括股票期权、限制性股票、退休金计划、人寿保险和医疗保险等。一般而言，股票期权往往在独立董事离职时才能行权，限制性股票则对独立董事出售股票附加了种种限制条件。非现金报酬并不是在所有国家都能采用，在有些国家，独立董事只能获取现金报酬。间接利益则是因出任独立董事且工作成就卓著而得到较高的社会评价，从而在企业家市场上提高了自己的身份并且具有了更大的选择权。

独立董事薪酬的决定机关主要有股东大会和董事会两种。多数公司的经理层在董事会中影响较大，尤其是在 CEO 兼任董事会主席的情形下。由董事会决定独立董事的薪酬等于给了经理层一个控制和影响独立董事的手段。所以，为避免这种情况的发生，独立董事的薪酬应由股东大会决定，股东会在授权董事会决定独立董事薪酬时，相应地在章程中应作限制或规定必须经股东会事后追认方能生效。

4. 独立董事的义务和责任制度。

（1）独立董事的信义义务。为确保董事会为公司利益积极、正当行使权力，防止滥用职权，英美公司法课以董事信义义务。这种义务包括忠实义务和注意义务。忠实义务要求董事在经营公司业务时，当自身利益与公司利益发生冲突时，董事必须以公司的利益为重，不得将自身利益置于公司利益之上；注意义务要求董事在作出经营决策时，其行为标准必须是为了公司的利益，以适当的方式并尽量合理地注意履行职责。

独立董事也是董事，也应当承担相应责任。对于包括独立董事在内的非执行董事，应与执行董事一样负有相同的忠实义务。而对于注意义务，非执行董事与执行董事一样要承担注意义务，但二者的职责有明显不同。考虑到非执行董事在决策方面的局限性以及在监督经理层方面必须起到积极的作用，非执行董事的注意义务标准应参照执行董事的标准予以适当的下调，同时保证非执行董事的注意义务有一个客观的最低标准。

（2）独立董事的竞业禁止义务。竞业禁止就是禁止或限制董事在与任职公司具有竞争性的其他公司或企业任职。由于董事的竞业可能产生董事利用其他地位与职权损害公司利益以谋取私利的可能，各国法律对董事的竞业行为大多给予禁止或限制。但独立董事并不是公司的专职人员，在公司担任独立董事之外，在其他公司担任独立董事或执行董事或者拥有自己的事业是很正常的事情，且这样的独立董事对公司的决策和监督能起到更为显著的作用，因此对由于担任独立董事而产生的竞业应采取宽松的态度。但独立董事竞业确实又会导致独立董事个人利益与公司利益的冲突，这时可以适用董事的忠实义务对其进行规制。董事的竞业数量应当有一定的限制，否则无法保证其有足够的时间和精力履行职责。具体的数量可以由公司根据本公司独立董事的工作量确定，作为担任公司独立董事的条件之一，此为事前规制。如果独立董事由于竞业数量过多而影响了职责的履行，可以董事的注意义务对其进行规制，此为事后规制。

（三）美英独立董事制度的起源变迁及启示

1. 美国：受市场规则和法律制度变化而自发演进的独立董事制度。美国董事会结构经历了从以内部董事为主转向以独立董事为主的演变。独立董事制度起源于美国，但这一制度在美国的演进并不是自上而下、一蹴而就的过程，它的演变与美国证券市场、法律规则的发展密不可分，在更大程度上是自发演进而形成的。根据美国法学家杰弗里·戈登（Jeffery Gordon）的研究，1950—2005 年的 55 年间，美国董事会结构最大的变化是从以内部董事为主逐渐转向了独立董事占多数，这一转变贯穿了整个历史演变的过程，特别是在 20 世纪 70 年代后加快了转变的速度，而在这一过程中，并不是通过定义独立董事的方式去给独立董事打标签而形成的，而是通过"事实上的独立性"董事而逐步形成的。显然，在这一点上，在我国引入独立董事的时候，我们采用的是一种"打标签"的方式，先预设了最低 2 名并不低于三分之一的占比，然后指定了具有身份独立性的董事作为独立董事，这些独立董事将享有独立董事特别的权利和义务，而其他即便符合独立董事属性的人员，只要没有被打上独立董事的标签，即便他们可能事实上也具有独立性，也不会被称为"独立董事"。

从美国董事会结构演变来看，内部董事的占比从 20 世纪 50 年代的 50%，降到了 2000 年前后的 15%，相应地，独立董事的比例在 2000 年前后达到了 75%；特别是在 2003 年以后《萨班斯法案》和证券交易所规则的影响下，91% 的美国上市公司中只有 1~2 名内部董事，绝大部分董事会成员为外部董事。根据 Spencer Stuart 公司的统计，到 2018 年前后，在美国标准普尔 500 指数的公司中，独立董事在董事会中已经占到了 85%。

法律制度和市场发展是美国独立董事制度演进的主要动因。美国独立董事形成目前这一趋势有两个重要的原因：一是股东利益至上被视为公司的主要目标，独立董事在公司抵挡敌意收购、满足法律合规要求方面具有实际意义；二是在股票市场价格的传递效应方面，独立董事被认为比内部董事更能客观实现股东利益的最大化。

美国董事会结构演进过程包含了多个阶段和多种因素的推动,包括了 20 世纪 80 年代特拉华州法院对于"商业判断规则"的适用,纽交所规则对公司董事会中独立董事占多数的要求,要求审计和薪酬委员会必须全部由独立董事组成,纳斯达克要求由独立董事对利益冲突交易进行审批,以及安然事件后对于审计委员会中独立董事成员更加重视。

正是这一步步的重要制度演进推动着美国董事会结构的演变,但是为什么最终会把答案指向了独立董事?独立董事对于美国公司治理来说,至少解决了三个核心问题:第一,强化了经理对股东利益的忠诚度;第二,提高了公司公开披露信息的可信度,因为有独立董事的监督,经理层更能够以他们最佳的判断进行履职;第三,独立董事提供了一套机制,可以让公司的股价更准确地传递公司绩效信号。

部分学者认为,独立董事制度在美国的引入提高了公司绩效在股票市场中的信号功能,最终实现了资本的最优配置,而这一过程也是美国董事会从建议型董事会转变为监督型董事会的过程,是不断突出独立董事作用的一个变化过程。导致这一变化的主要动因有两个方面。

一是公司治理的目的从 20 世纪 50 年代以经理人主义为核心的利益相关者模式,逐步转变为了 1990—2000 年股东利益最大化模式,内部董事或者关联外部董事被视为损害股东利益最大化的因素,因此对于增加独立董事的诉求非常明显。

二是整体的信息披露环境的变化,特别是随着市场有效性的提高,信息的价值从内部信息逐步转变为已内涵了重大信息的公开市场价格中。学术研究认为,市场比特定公司的经理人掌握的信息更多,公司依靠外部融资的边界不断提高,丰富的公开信息环境逐渐改变了董事的角色。独立董事可以更好地依托公共信息为 CEO 提供建议,尤其是更独立的董事会相对于内部董事能提供更客观的估值和资本配置建议。而在建议和监督的权衡上,由于市场信息和信号的有效性逐渐提高,监督显得更有意义,此时公司董事会最重要的任务是督促公司向市场披露准确完整的信息。因此,对于经理成功与否的衡量,逐步简化为他对股东利益最大化的忠诚和对股票价格信号的忠实反映,从有效市场假说的视角来看,充分的信息带来了价格的充分反映,最终实现了最优资本配置和社会福利的最大化。

2. 英国:自下而上的独立董事制度的确立。英美两国公司治理机制的差异。从公司的股权结构来看,英国的上市公司股权结构不是典型的股权分散型,可以大致归类为"半分散型",其中 50% 的股份为国际机构投资者持有,而国内的机构投资者则持有剩余的约 40% 的股份。

英国和美国都经历了从个人散户向机构投资者聚集的过程,但是对公司治理机制的总体发展在两国则不尽相同:在股东和董事会的权力权衡中,美国更倾向于董事会;而在英国,股东的地位更强势,董事只是在部分事项中拥有决定权,同时也逐步建立起了一个有独立董事的董事会模式,但仍带有较重的"股东中心主义"的色彩。

从公司治理机制的供给来看,美国主要通过强制性的法律对治理机制进行规范,包括了联邦证券法下的证券监管规则以及各州的公司法且基本是判例法;英国更多是通过一系列治理准则逐步形成的，例如，英国2006年的《公司法》对于公司董事会的组织、构成以及职能并没有进行明确的规定，仅规定了单层董事会的基本构造。英国公司治理的核心文件是《英国的公司治理准则》，这一准则的制定主体是英国的财务报告委员会。该准则引入了独立的监督型董事会模式，同时对董事会结构提出要求，这一准则最著名的规定是引入了有关"不遵守即解释"（Comply or Explain）的原则："如果公司不遵守准则的规定，必须要提供合理的解释"，不遵守即解释的准则在伦敦证券交易所的上市规则中也得到了采纳。

英美两国关于独立董事制度的发展演进路径不同。与美国类似，英国在20世纪50年代也是采纳以经理人为中心的治理理念，主要采取的是内部人和外部人混合组成的建议型董事会结构。尽管对于美国公司治理产生巨大影响的20世纪80年代敌意收购浪潮等事件在英国和其他欧洲大陆国家并没有发生，但从20世纪80年代起英国的治理机制也逐步开始向监督型董事会转变，但是总体而言，英国是自下而上的市场推动而不是政府强制主导的，并且在董事会中仅仅强调非执行董事的监督而没有明确强调一定要采用独立董事。

直到1992年著名的凯德伯瑞报告（Cadbury Report）的发布。报告发布方是英国公司治理财务问题委员会，该委员会主要针对1991年发生的系列财务丑闻问题而成立。报告的发布得到了国际关注，开启了英国公司治理改革运动。凯德伯瑞报告首先批评了以CEO为核心的治理机制，并提出在董事会中应该配备足够数量非执行董事，并建议非执行董事同时应当是独立董事，3名非执行董事通常被认为是最低的要求。

可以肯定的是，英国构建独立型的董事会结构和公司治理机制是从美国移植引进的。随后，英国的公司治理经历了1995年的格林伯瑞报告、1998年的哈姆佩尔报告、2003年的希格斯报告等三次逐步完善，在美国安然公司财务丑闻等事件的启发下，英国最终在2006年修订完成了联合准则（Combined Code）。2006年联合准则明确要求在英国大型公司的董事会中，独立非执行董事必须占到一半以上，目前，英国独立董事在上市公司中占比超过70%。

3. 金融危机后西方对独立董事制度的反思。金融市场的法律制度永远是随着金融创新和金融危机而不断完善的。美国的政策制定者把独立董事视为解决控股权与经营权分离的重要工具，主要解决的是股东和管理层的代理问题，而不是大股东与小股东之间的问题。而在亚洲和欧洲大陆，股权结构集中和控股股东普遍存在，无论是家族控股、金融机构控股还是主权财富基金控股，独立董事在面对这些控股主体时，其监督作用的发挥是受到质疑的。

从2008年国际金融危机的经验来看，仅强调独立董事的独立性难以充分发挥其监督的作用，而《英国的公司治理准则》的修改，在独立性之外增加了更多有关专业性的要求。德国一直以来更加强调董事（监事）的能力而不仅是独立性，从德国董事会、监事会后续的发展来看，则倾向于采取混合的治理结构，在其董事会层面强调专业性，而在监事会层面则在强调独立性的同时要求兼顾专业性，形成了一个动态的组合。美国的绝对多数独立董事结构可能会走向一个极端，这一制度最终可能导致董事会更加依靠唯一的内部人，即 CEO 的作用，因为所有重要的信息都由其个人掌握，而其他独立董事反而难以获得充分的信息进行决策监督。

实际上，早在 2001 年安然事件后，有学者把安然公司的董事会结构进行研究发现，在安然公司，由 17 人组成的董事会中独立董事占据绝对多数比例，除了担任董事局主席的 Kenneth Lay 和担任 CEO 的 Jeffrey Skilling 为安然的内部董事外，其余 15 人则全部为来自其他公司的高管、非政府组织机构负责人和大学教授的独立董事。2007 年次贷危机中最先被接管的美国国际保险集团（AIG），其在 2005 年后也大幅度提高了外部独立董事比例，由原来占比约 56%（18 人中 10 人为外部董事）调整为危机爆发前的 86%（14 人中 12 人为外部董事）[①]。这两个案例比较突出地反映了一味追求独立性，不一定能带来好的治理。根据 Spencer Stuart 公司对全球董事会治理的统计，2020 年各主要市场的董事会结构中，荷兰、美国、加拿大 3 个国家的独立董事占比超过了 80%，芬兰、德国、英国等 15 个国家独立董事在董事会中的占比超过了 50%，这在一定程度上说明独立董事制度确实已经成为了主流资本市场在公司治理中的必选项。

4. 英美等国独立董事制度演进对我国改革的启示。恰当地选择独立董事制度，与各国公司股权结构、法律制度以及公司治理机制密不可分。对中国的启示如下：

（1）正确认识我国股权结构背景。我国上市公司长期以来股权结构集中，第一大股东平均持股比例超过 30%，在这一背景下独立董事的选聘、薪酬、履职等具体实践都受到大股东的直接影响，公司必须设定有针对性的选聘和考核履职保障机制。

（2）独立董事制度的完善应与监事会、董事会专门委员会制度改革相衔接。从境外市场独立董事制度的发展不难看出，独立董事制度是监督型董事会制度的一项机制，它的完善与专门委员会制度、监事会制度应当相互配合和衔接，形成一定的制度关联和强化，不应单兵突进。

知识拓展 9-3：独立董事如何独立又懂事

（3）研究有关"不遵守即解释"的可选择性公司治理机制。有条件的话，允许部分公司自行选择适用的独立董事制度或监事会制度，形成最佳的公司治理实践。

三、集团诉讼制度

（一）集团诉讼制度的定义[②]

集团诉讼制度，是指诉讼标的为同一种类的一方当事人组成的庞大集团，且成员在起诉时尚不能完全确定，而由权利人推举代表人进行诉讼的制度。集团诉讼起源于英国十七八世纪衡平法院的代表诉讼规则，允许代表人为其他就诉讼标的有利害关系的人起诉，将来的判决将约束这些人。这一规则的出现解决了因同一或同类违法事实损害众多主体的利益而引起的诉讼中当事人不可能全部到庭的不便，还可避免分别诉讼可能造成的矛盾判决。该制度在证券领域经过 20 世纪八九十年代的繁荣后，目前已进入稳健完

---

① 参见郑志刚. 成为董事长：郑志刚公司治理通识课 [M]. 北京：中国人民大学出版社，2020.
② 谢百三. 证券市场的国际比较 [M]. 北京：清华大学出版社，2003.

善的阶段，既普遍有效地保护股东利益，又在实体和程序设计上防止投机性诉讼行为。美国证券集团诉讼机制是全球证券集团诉讼的典范。

（二）集团诉讼制度的特点

集团诉讼制度有如下特点：

第一，投资者集团诉讼属于引入陪审团审理的诉讼，由普通人组成的陪审团来对证据进行判断。通常情况下，陪审团更多地站在弱势的中小投资者一边。

第二，通过费用转移减轻集团成员的诉讼负担和风险。法院规定集团原告的所有诉讼费用可由集团律师先行垫付，胜诉或和解后再从集团收益中偿还；如果索赔成功，发起的律师行也将获得约占总赔偿金额30%的份额。这种方式极大地鼓舞了律师行和投资者的诉讼热情。

第三，集团诉讼实行"默示参加，明示退出"的原则。经法院有效通知，集团诉讼所涉成员在规定时间内明确表示不加入诉讼的，将被排除在诉讼之外。而没有"明示退出"的人自动成了诉讼成员，一旦胜诉都将分到应得的赔偿。

第四，集团诉讼采取的是"辩方取证"的规则，以中国人寿的集团诉讼为例，由于中国人寿的母公司——人寿集团已经公开接受了审计署处罚，那么如果中国人寿应诉，它就必须在法庭上向陪审团证明自己与人寿集团属于两个不同的团队，否则陪审团将会认为中国人寿的不披露行为是明知故犯。

（三）美国证券集团诉讼制度主要内容简介[①]

美国证券集团诉讼法律制度主要包括：根据衡平法上的救济原则制定的集团诉讼规则——1848年《菲尔德法典》确立的民事诉讼规则；1938年《联邦诉讼规则》第23条规定的集团诉讼规则；1966年《联邦民事诉讼规则》第23条规定的集团诉讼规则；1933年《证券交易法》第10b-5条规定所存在的默示民事诉讼以及2005年布什政府出台的《集体诉讼公平法》。

这些法律对证券集团诉讼的规定可简单归纳如下：

1. 集团诉讼的条件。诉讼的先决条件有：（1）集团诉讼成员人数众多不可能合并所有的成员参加诉讼；（2）集团诉讼成员必须存在共同的法律关系和事实，有共同的诉由；（3）诉讼代表人提出的诉讼请求或抗辩对于所有集团诉讼成员来讲具有"代表性"；（4）诉讼代表人能够公正和充分地维护集团成员的利益，代表人与其他人没有利益冲突。

诉讼的维持条件有：（1）案件分别起诉或抗辩可能产生风险。这具体是指：①将案件分别立案处理，可能对单个集团成员作出不一致或不同的判决，这类判决会形成不适当的行为标准，使得当事人用这些标准对案件处理的合理性提出质疑。②将案件分别处理，仅就其中个别当事人提起的诉讼作出判决，会对其他成员权利产生决定性的影响，或对其他成员权利形成实质性的削弱或阻碍。（2）案件处理结果将要求受判决拘束的所有当事人为某种行为或不作为，因而应该将案件作为一个整体，作出最终禁止令给予救

---

① 谢百三. 证券市场的国际比较 [M]. 北京：清华大学出版社, 2003.

济，确认所有相关当事人的权利，或以公开宣告权威解释的形式给予普遍的救济。(3) 在集团成员设计的法律或事实问题有共同点又有不同点时，认为共同点占主导地位并且将案件作为集团诉讼处理，比其他可能的方式处理更加公平、有效。任何已经满足集团诉讼"先决条件"的诉讼请求，只要再满足上述一项"维持条件"，就应该被作为集团诉讼处理。

2. 集团诉讼的类型。根据美国《联邦民事诉讼规则》第 23（b）条的规定，集团诉讼有三种类型：(1) 必要的集团诉讼，即法院必须将它作为集团诉讼对待，而不分开来进行审理的集团诉讼。它除了符合集团诉讼上述四项条件外，还必须符合以下要求：集团成员分别诉讼或针对集团分别起诉的，存在产生相互矛盾和不一致的判决；并会产生处分非判决当事人的利益或妨碍其保护自身利益的情况。(2) 寻求禁止令的集团诉讼，即要求向对方当事人的作为或不作为或者寻求的救济为宣告性救济的集团诉讼，不同于一般的寻求损害赔偿的集团诉讼。(3) 普通的集团诉讼，即相对于第一种类型而言，合并不是必要的条件，属于可分之诉。

3. 集团诉讼的管辖。集团诉讼制度仅涉及程序方面的规定，管辖问题依照《联邦民事诉讼规则》来确定，但客观上管辖问题对集团诉讼制度的功能发挥起着极大的制约作用。然而，集团诉讼作为一种特殊的机制解决了管辖问题，表现为：诉讼代表人可以保证对非集团成员的适当代理，保证对集团内未出庭成员的适当通知，判决的拘束力涉及一切符合条件的权利主体。

4. 集团诉讼的证明。集团诉讼的证明即法院从程序上对集团诉讼加以审查和裁量，如果符合构成要件，法院作出确认可以继续进行的决定；否则，作出否定其为集团诉讼的决定，当事人必须以其他形式进行诉讼；如果证明是部分集团诉讼，则作出改变结构加以分拆的决定。这些决定在诉讼程序结束前可以随时修改和变更，有些决定是可以附加条件的。

5. 集团诉讼代表人的确定。集团诉讼的代表可以自荐产生也可以推选产生，得到法院认可即可。除和解与撤诉以外，其代表权得到全面认可和尊重。如果有集团成员不认可，则可以另选，委托律师或直接参加推选。法官自始至终行使监督权，监督其诉讼行为能力和诉讼代表资格，诉讼代表资格包括必须具有"充分"的代表性和不存在利益冲突。

6. 集团诉讼中的通知。在集团诉讼中集团代表人和集团律师必须按照法院的要求，将法院指令或认可的通知发送到所有经合理努力可以确认的集团成员手中。集团通知名义上是法院通知，但通知一般是由集团律师拟定和发送，通知的目的是为了保障集团成员的知情权，进而保证集团成员自主决定如何行使自己的诉讼权利。

集团诉讼在集团证明的阶段上需要进行"集团证明通知"，将诉讼基本情况通知给集团成员，并告知集团成员可以选择不参加集团诉讼。当诉讼将以和解方式结案时，集团代表人和律师还必须向集团成员发出"和解通知"，告知集团成员拟议的和解协议的主要内容、和解金的分配和派送办法、拟议的律师费和其他诉讼费用等情况。

在美国联邦法院处理的集团诉讼中，信件是最基本的通知形式。除信件之外，法官还会要求集团代表人及律师在全国性证券报刊或广播电视上发布公告作为补充通知。通知所需费用往往超过数万美元，通知费用的负担常常是诉讼双方争执的问题，费用具体由哪一方负担或者由双方分担由法院裁定。

7. 法官在集团诉讼中的职权。一般民事案件中实行对抗制，但集团诉讼中对对抗制必须加以限制，法官无论从程序上还是在实体上都必须加以控制和审查。根据《联邦民事诉讼规则》第23（d）条规定，法官有如下职权：（1）决定包括证据提供和辩论在内的诉讼程序的进行；（2）保护集团成员的利益并公正地指挥诉讼；（3）规定诉讼代表人或诉讼参加人的条件；（4）根据诉讼人的退出要求，将其从诉讼中排除出去；（5）其他程序权和监督权。

8. 案件的终结。法官必须对诉讼代表人的撤诉或和解行为进行监督，并及时通知所有集团成员。案件终结时，法官必须对决定禁止令的方式和期限、损害赔偿的财产分配及过程、诉讼文书的送达、参加集团诉讼人员和拒绝参加集团诉讼人员的名单、合情合理地支付律师费等作出规定。

（四）美国集团诉讼与中国代表人诉讼的区别①

美国的集团诉讼与中国的代表人诉讼存在很大区别，这些区别不仅是形式上的，而且是本质的区别。这是由两者所处的法律体系不同导致的。

众所周知，美国属于英美法系国家，集团诉讼的形成与发展是在衡平法范围内进行的，衡平法所独有的灵活性也同样体现在集团诉讼制度上，并使集团诉讼在美国发展成为一种独立的，既不同于共同诉讼，也不同于诉讼代理的现代诉讼形式。而中国法律体系受大陆法系影响，代表人诉讼制度是以传统的共同诉讼理论和任意的诉讼担当理论为基础，在制度的设计上更接近于大陆法系国家的做法。具体来说，美国集团诉讼与中国代表人诉讼的区别主要体现在以下几点：

第一，集团诉讼本质上不是共同诉讼的一种形式，而中国的代表人诉讼则是共同诉讼的一种形式。集团诉讼从衡平法诞生而来，经过几个世纪的演变，在形式和内容上都有了极大的丰富和发展。人们倾向于认定它是一种独立的，与单独诉讼、共同诉讼并列的现代诉讼形式。而代表人诉讼制度是共同诉讼的一种形式，是一种当事人制度。

第二，由于程序拟制的作用，集团诉讼中的"集团"被认为是一种独立的诉讼主体，其诉讼权利能力自代表人以集团的名义起诉并被法院认可时而存在，即"集团"的诉讼主体资格是司法权赋予的。这一点无法在大陆法系（包括中国）中得到承认。中国的代表人诉讼中的代表人是由当事人推选或由法院与当事人商定的，享有诉讼实施权，而代表人的诉讼权利能力与其作为民事诉讼主体的资格是一致的，是由民事诉讼法所赋予的，并不是因为被推举为代表人才具有的，具有诉讼权利能力正是当选代表人的条件而不是当选的结果。

第三，在代表的充分性上，集团诉讼承认只要代表人符合充分性的判断标准，无论

---

① 谢百三. 证券市场的国际比较［M］. 北京：清华大学出版社，2003.

集团成员是否参加诉讼，代表人的诉讼行为后果涉及全体集团成员。这不仅体现了集团诉讼判决效力在适用范围上的扩张，而且体现了英美国家传统的正当程序理论的妥协。中国的代表人诉讼仍然坚持代表人的充分性必须经明确授权。比如，《中华人民共和国民事诉讼法》第五十四条规定：代表人变更、放弃诉讼请求或者承认对方当事人的诉讼请求，进行和解，必须经被代表的当事人同意。

第四，在代表人的适用要件上，集团诉讼的成员只要有共同的法律问题或事实问题即可成立集团诉讼。由此，美国的集团诉讼曾有真正的集团诉讼、混合的集团诉讼和假想的集团诉讼之分。在中国的代表人诉讼制度中，被选出的代表人必须与全体当事人有共同的实体利益，存在共同诉讼人关系。

第五，集团诉讼与代表人诉讼的功能明显不同。在美国集团诉讼中，由于法院职权的介入，积极干预个人权利与公共利益的平衡，因此，集团诉讼不仅仅是受害者救济的途径，更多体现的是对公共政策的影响。相反，我国代表人诉讼制度在损害赔偿救济方面，仍然要求以特定的受害者和具体的损害为要件。比如，在人数不确定的代表人诉讼中，中国要求进行登记以确定权利人，法院的判决只对登记的权利人发生效力，除非未登记的权利人在诉讼时效期间提起诉讼。由此可见，集团诉讼具有"政策发现"的功能，而中国的代表人诉讼制度强调的仍是保护个人利益的功能。

综上所述，两种制度的最重要区别在于代表人的诉讼权利的区别和法官在集团诉讼过程中的作用，这是决定集团诉讼是否具有操作性的重要方面。在美国集体诉讼中，代表人具有非常大的处分权利，包括接受和解等，而不必事事取得集团成员的同意，当然代表人行使这些权利要接受法官的审查和制约，法官远比在一般的民事诉讼案件中积极。中国严格坚持诉讼权利的授予理论，诉讼代表人行使处分权利需要取得被代表的利害关系人同意。

知识拓展 9-4：
巴菲特投资策略简介

【本章小结】

1. 证券投资分析是指人们通过各种专业性分析方法对影响证券价值或价格的各种信息进行综合分析，以判断证券价值或价格及其变动的行为。根据投资者分析的侧重点不同，证券分析方法分为基本分析法和技术分析法。

2. 证券投资的基本分析，是指根据经济学、金融学、财务管理学及投资学等基本原理，从影响证券价格变动的敏感因素出发，分析研究决定证券价值及价格的基本要素，并进行综合整理，从而发现证券价格变动的一般规律，为投资者作出正确投资决策提供科学依据。其理论基础在于：（1）任何投资对象都有内在价值；（2）市场价格和内在价值的差距会被市场纠正。基本分析的内容主要包括宏观经济分析、行业分析和公司分析三部分。

3. 证券投资的宏观经济分析主要是分析各种宏观基本因素对证券投资的影响。这些宏观基本因素包括国际宏观经济环境、国内宏观经济环境、经济周期、经济政策等许多方面。国际宏观经济环境包括国际政治经济关系分析和国际金融市场环境分析；国内宏观经济环境分析包括对国内生产总值、失业率、通货膨胀率、利率、政府信用等方面的分析；经济周期包括高涨、衰退、萧条、复苏四个阶段，预测和衡量经济周期的波动的指标可分为先行指标、同步指标和滞后指标三类；经济政策分析包括货币政策分析和财政政策分析。

4. 行业分析的主要任务包括：解释行业本身所处的发展阶段及其在国民经济中的地位；分析影响行业发展的各种因素以及判断对行业影响的力度；预测并引导行业的未来发展趋势；判断行业投资价值，揭示行业投资风险，从而为政府部门、投资者及其他机构提供决策依据或投资依据。行业分析是对上市公司进行分析的前提，也是连接宏观经济分析和上市公司分析的桥梁，是基本分析的重要环节。

5. 行业特点分析包括行业的市场结构分析、经济周期与行业分析和行业生命周期分析。行业基本上可分为四种市场结构：完全竞争、垄断竞争、寡头垄断和完全垄断。根据经济周期与行业发展的相互关系，可将行业分为三种类型：增长型行业，周期型行业和防守型行业。一般地，行业的生命周期可以分为开拓、扩展、稳定和衰退四个阶段。

6. 公司分析又称企业分析，是基本分析的重点。公司分析侧重对公司的竞争能力、盈利能力、经营管理能力、财务状况、经营业绩以及潜在风险等进行分析，借此评估和预测证券的投资价值、价格及其未来变化的趋势。公司分析主要从公司竞争能力、公司盈利能力、公司管理水平、公司财务报表四方面进行分析。

7. 技术分析是以证券市场过去和现在的市场行为为分析对象，它用数学和逻辑的方法，探索出一些典型变化规律，并据此预测证券市场未来变化趋势的技术方法。与基本分析相比，技术分析对市场的反映比应直观，分析的结论时效性较强。在证券市场中，技术分析的要素包括价格、成交量、时间和空间。

8. 技术分析的三个基本假设是：（1）市场行为涵盖一切信息；（2）证券价格沿趋势移动；（3）历史会重演。一般来说，可以将技术分析方法分为以下五类：K线类、切线类、形态类、指标类、波浪类。技术分析的重要理论有：道氏理论、波浪理论及循环周期分析、江恩理论。其他技术分析理论有：随机漫步理论、相反理论、混沌理论等。

9. 投资者的投资策略是指投资者为获取最大收益而采取的各种策略。其基本的策略思路在于：安全性、分散性、流动性。影响投资策略的因素有：资金因素、对资金投资收益的依赖程度、时间信息因素、心理因素、知识和经验因素、多元化投资方案。根据投资者对风险收益的不同偏好，投资者的投资策略大致可分为：保守稳健型、稳健成长型、积极成长型。常用的投资方法有：顺势投资法、定式投资法、分散投资法、拨档操作法、逆我操作法、以静制动法、渔翁撒网法和反渔翁撒网法、博傻主义操作法。

10. 证券市场监管是指证券管理机关运用法律的、经济的以及必要的行政手段，对证券的募集、发行、交易等行为以及证券投资中介机构的行为进行监督与管理。证券市场监管的原则包括：依法监管原则；保护投资者利益原则；公开、公平、公正的"三公"原则；监督与自律相结合的原则。国际证监会组织（IOSCO）综合了各国证券市场监管的目标，提出了三个目标：保护投资者；保证市场的公平、有效和透明；减少系统性风险。

11. 证券市场监管的主要内容有：发行市场监管、交易市场监管、证券经营机构和从业人员监管、证券交易所的监管。我国证券市场监管机构是国务院证券监督管理机构。国务院证券监督管理机构依法对证券市场实行监督管理，维护证券市场秩序，保障其合法运行。国务院证券监督管理机构由中国证券监督管理委员会及其派出机构组成。

12. 独立董事，又称做外部董事、独立非执行董事，是指不在公司担任除董事外的其他职务，并与其所受聘的上市公司及其主要股东不存在可能妨碍其进行独立、客观判断关系的董事。独立董事关键是"独立"二字，同时具有公正性、专业性和兼职性的特点。

13. 独立董事制度的基本架构包括：独立董事的资格制度，独立董事的任免制度，独立董事的权利和薪酬制度，独立董事的义务和责任制度。中美独立董事制度的环境差异包括：一元制与二元制公司治理差异、股权结构差异、公司治理外部环境的差异。

14. 所谓集团诉讼制度，是指诉讼标的为同一种类的一方当事人组成的庞大集团，且成员在起诉时尚不能完全确定，而由权利人推举代表人进行诉讼的制度。集团诉讼制度的特点有：（1）投资者进行集团诉讼属于引入陪审团审理的诉讼；（2）集团成员通过费用转移减轻诉讼负担和风险；（3）集团诉讼实行"默示参加，明示退出"的原则；（4）集团诉讼采取的是"辩方取证"的规则。

15. 美国证券集团诉讼制度主要内容包括集团诉讼的条件、集团诉讼的类型、集团诉讼的管辖、集团诉讼的证明、诉讼代表人的确定、集团诉讼中的通知、法官在集团诉讼中的职权、案件的终结等相关内容。美国的集团诉讼与中国的代表人诉讼存在很大区别，这些区别不仅是形式上的，而且是本质的区别。这是由两者所处的法律体系不同导致的。

【关键术语】

投资分析　基本分析　宏观经济分析　经济周期分析　行业分析　公司分析
技术分析　道氏理论　波浪理论　江恩理论　投资策略　证券市场监管
独立董事制度　集团诉讼制度

【案例分析】

上海来伊份股份有限公司上市新股投资分析[①]

背景资料

一、新股发行概况

1. 发行股票类型：人民币普通股（A 股）
2. 每股面值：1 元
3. 本次发行股数：6 000 万股
4. 发行日期：2016 年 9 月 23 日
5. 上市证券交易所：上海证券交易所
6. 发行后总股本：24 000 万股
7. 本次发行前股东所持股份的流通限制及股东对所持股份自愿锁定的承诺：公司控股股东上海爱屋企业管理有限公司，公司实际控制人郁瑞芬、施辉，公司股东上海海锐德投资咨询有限公司和上海德域投资咨询有限公司承诺："自上海来伊份股份有限公司股票上市之日起三十六个月内，不转让或者委托他人管理本公司持有的发行人首次公开发行股票前已发行的股份，也不由发行人回购该部分股份。"公司股东德同国联（无锡）投资中心（有限合伙）、杭州德同创业投资合伙企业（有限合伙）、广州德同凯得创业投资有限合伙企业（有限合伙）、常春藤（上海）股权投资中心（有限合伙）、深圳市融元创业投资有限责任公司、上海海德立业投资有限公司和南通临港城建投资有限公司承诺："自发行人股票上市之日起十二个月内，不转让或者委托他人管理所持有的发行人股份，也不由发行人回购所持有的股份。"
8. 保荐人（主承销商）：中信建投证券股份有限公司

二、公司简介

公司是一家经营自主品牌的休闲食品连锁经营企业，是国内销售规模、拥有门店数量领先的休闲食品连锁经营企业之一，致力于构建国内领先的专业化休闲食品连锁经营平台，公司通过"以直营连锁为主、特许加盟等多种渠道为辅"的方式进行标准化的连锁运营管理，打造了一个传统产业与现代经营模式有机结合的国内休闲食品连锁业领先品牌。公司销售炒货、肉制品、蜜饯、水产品、糖果/果冻、膨化、果蔬、豆制品、糕点等九大类，共计700多种特色产品，其中来伊份的香榧子被评为"上海十大最值得品尝的甜食及休闲食品新品"，小核桃仁则被评为"上海经典休闲食品"和"上海名优产品"。公司通过了 ISO9001、HACCP 认证，拥有长期合作供应商 130 多家，打造了完整的供应链管理体系。公司获得了"中国休闲食品知名品牌"、"中国驰名商标"、"最具影响力特许品牌"、"上海市名牌产品"等荣誉。

---

① 《上海来伊份股份有限公司首次公开发行股票招股意向书》，Wind 资讯，2016。

三、公司面临的风险因素分析

（一）公司经营食品的安全质量风险

公司已建立起一套完整的商品及服务质量管理控制体系，以确保公司供应的产品做到安全、健康和新鲜。但是商品的质量仍不可避免地受限于农产品原料供应、供应商的生产能力、加工工艺等因素影响。如果公司销售的商品存在不符合国家食品安全标准，甚至发生重大的食品安全事故，将会对公司品牌形象产生不利影响，并会对公司业绩产生影响，可能会发生公司营业利润下降的风险，不能完全排除上市当年营业利润比上年下滑50%以上或上市当年即亏损的可能性。

（二）行业其他企业发生重大食品安全事故而引起的经营风险

食品安全是社会高度关注的问题。目前我国休闲食品行业尚处于初级发展阶段，由于部分厂商生产技术较为落后，食品安全标准和监督控制程序缺失，滥用食品添加剂等情况时有发生，导致可能会出现不符合国家食品安全标准的事故发生。如果行业内个别企业发生重大的食品安全事故，社会媒体报道所产生的负面影响将会波及整个休闲食品行业，对整个行业形象、消费者信心造成严重损害，也会对包括本公司在内的整个休闲食品行业的经营产生重大影响，进而可能发生公司营业利润下降的风险。

（三）门店租金提高、人力成本上升所带来的经营风险

公司直营门店绝大部分为租赁经营，近年房屋租赁价格呈持续上涨趋势。2014年、2015年和2016年1—6月的门店租赁费总额分别为28 262.35万元、29 490.88万元和14 990.88万元，占同期营业收入的比例分别为9.89%、9.43%和8.80%。公司在未来仍将面临营业场所继续租金提高的风险，可能导致公司利润下降。同时近年，我国企业的人力成本快速上升。截至2016年6月30日，公司共有员工8 593人，人力成本支出较大。2014年、2015年和2016年1—6月公司人力成本分别为49 122.25万元、53 296.36万元和28 547.42万元，分别占公司当年营业收入的17.19%、17.04%和16.75%。如果未来我国企业的用工成本继续上升，可能对公司的业绩造成较大的影响，导致公司盈利能力下降。

（四）经营业绩主要来源于江浙沪成熟市场以及新区域市场开拓风险

中国南北文化、饮食习惯差异大，因此休闲食品消费市场特性亦差别较大。公司的发源地为上海，在江浙沪等成熟区域具有较高的市场影响力。尽管近年来公司已经逐渐向新区域市场开拓，但是在进入新区域市场前期，由于门店租赁、人工成本及固定资产购置等投入的成本刚性较大，而公司品牌知名度、规模经济效应等尚未体现，报告期内公司在新进区域的外地子公司存在较大亏损，公司已采取多种经营策略调整，如果今后公司在新区域市场开拓未达到预期，产生的亏损将可能导致公司经营业绩下滑。

（五）公司经营业绩季节性波动的风险

公司所属行业为休闲食品零售行业，具有较强季节性。由于天气原因和节假日，消费者在第一和第四季度对休闲食品有较高的消费需求，在第二和第三季度对休闲食品有较低的消费需求。因此，季节性影响造成公司在第一和第四季度收入的占比较高，第二和第三季度收入的占比较低，公司的盈利主要集中在第一和第四季度，在第二和第三季

度有可能发生业绩下滑甚至当季出现亏损的情况。

（六）公司首次公开发行股票摊薄即期回报的风险

本次发行股票的募投项目产生效益需要一定的时间，随着募集资金的到位、公司的总股本将增加，根据公司合理测算，本次发行可能导致公司发行当年每股收益、净资产收益率等指标较上年同期相比出现下降的情形。本次融资募集资金到位，当年公司的即期回报存在短期内被摊薄的风险，敬请广大投资者理性投资，并注意投资风险。

四、行业分析

（一）产业扶植政策

近年来，为扶持我国休闲食品行业及连锁业的发展，国家有关部门出台了一系列产业扶持政策，并把与休闲食品行业及连锁业相关的物流配送中心建设、连锁企业信息化建设等列入国债贴息项目给予重点支持。各级主管部门也对开展休闲食品行业连锁经营、物流配送和电子商务的企业给予必要的扶持，同时国家一直强调要拉动内需并出台了一系列拉动内需、支持连锁经营企业发展的相关政策。

2011年12月31日，国家发改委、工业和信息化部下发《食品工业"十二五"发展规划》提出，继续发挥中央和地方财政对食品工业的引导和支持作用，支持关键技术创新与产业化、重点装备自主化、食品及饲料安全检（监）测能力建设、节能减排和资源综合利用、食品加工产业集群以及自主品牌建设等重点项目建设。完善农业结构调整资金、粮食风险基金、农业综合开发、中小企业发展专项资金等资金投向和项目选择协调机制，提高资金使用效率。到2015年，食品工业总产值达到12.3万亿元，增长100%，年均增长15%。2012年1月，商务部下发《关于"十二五"时期促进零售业发展的指导意见》（商流通发〔2012〕27号），提出："促进中小企业发展，支持中小企业发展直营连锁经营、特许连锁经营和自愿连锁经营，实行统一采购，统一配送，统一结算，统一形象。加快完善促进中小零售企业发展的政策措施，破除投资障碍，降低经营负担，缓解融资困难。开展中小商贸流通企业服务体系建设，通过扶持发展一批公共服务平台和服务机构，为中小企业提供融资、市场开拓、科技应用和管理提升等服务。支持建设以中小企业为服务对象的物流配送中心和第三方电子商务平台。"并指出，各地商务主管部门要充分认识"十二五"时期促进零售业发展的重要性和紧迫性，加强与相关部门的组织协调，建立工作联动机制，形成工作合力。要认真分析零售业发展趋势和存在问题，及时总结成功经验和做法，研究提出促进零售业发展的政策措施，努力构建促进零售业发展的长效机制。

（二）休闲食品行业发展潜力巨大

食用休闲食品能减轻人的心理压力，并能帮助食用者缓解自身情绪，保持心情舒畅，休闲食品逐渐成为人们日常消费必不可少的一部分。即使在受金融危机影响的2008—2009年，休闲食品行业受到的冲击依然很小，国人对休闲食品的需求也呈现出不减反增的势头。虽然2011年我国休闲食品市场容量已超过960亿元，但人均年消费量仍不足100元，人均消费量远低于发达国家人均消费水平。随着我国经济水平及人们消费水平、购买能力的不断提高，休闲食品市场仍将会高速增长，我国休闲食品企业在未来具有巨大的发展空间。

（三）休闲食品行业属于充分竞争行业

休闲食品行业经过多年的发展壮大，行业已经完全市场化，竞争充分。目前国内休闲食品的经营主体数量巨大，发展参差不齐，规模大的年销售额数十亿元，规模小的如单个个体店、街边摊。优势企业可以抓住机会跳出产品同质化的圈子，实施差异化战略，用差异化特征来提高消费者的消费意识，用产品的特色、内在质量、新鲜度等优越性吸引消费者，通过创新产品、品牌认知和拓展市场从竞争中胜出。

（四）海外休闲食品企业开始进入国内市场

近几年进口食品加快了进军国内市场的步伐，同时很多外销型企业也转向开拓国内市场。从近年春季糖酒会、广交会等展会的参展企业变化上来看，许多海外企业开始在国内市场亮相。海外食品企业和原仅对外出口的食品企业也开始参与国内食品市场竞争，尽管增大了国产休闲食品企业的压力，但也带来了不少创新元素，同时也看出国内休闲食品市场潜力巨大。

五、公司的竞争地位分析

（一）公司的行业地位分析

多年来公司专注于休闲食品连锁经营，报告期内，公司休闲食品连锁销售规模持续增长，其销售规模在国内休闲食品零售行业名列前茅。2011年公司销售收入为25.18亿元，休闲食品市场规模为960亿元，公司市场占有率为2.62%。截至2016年6月30日，公司的直营和加盟门店总数已有2 271家，在休闲食品连锁行业领域处于领先地位。

（二）公司的竞争优势

1. 品牌优势。来伊份目前是长三角地区，乃至全国休闲食品的领先品牌，在休闲食品连锁行业内享有较高的知名度、良好的美誉度。2011年，"来伊份及图"商标被国家工商行政管理总局商标局认定为"中国驰名商标"。2012年、2013年及2014年，来伊份被中国食品工业协会分别评为"2011年全国坚果炒货行业提供优质服务10强企业"、"2012年度全国坚果炒货营销10强"及"2013年度全国坚果炒货行业10大诚信企业"。作为上海市食品协会、上海连锁经营协会和中国连锁经营协会的会员，来伊份品牌获得了"中国休闲食品知名品牌"、"上海市著名商标"、上海世界博览会"最具影响力特许品牌"、"上海名牌产品"等荣誉。公司拥有众多的忠实消费者，截至2016年6月30日公司会员人数超过1 300万。未来"来伊份"品牌效应将进一步增强，使"来伊份"品牌成为全国范围内的领先休闲食品品牌。

2. 网络终端优势。截至2016年6月30日，公司及其控股的子公司先后在上海、江苏、浙江、北京、安徽及山东等地区开设连锁直营门店2 111家，在湖北、江西、福建等地发展特许经营加盟门店160家，并在上海、江苏、浙江等地区占据了市场领先地位，形成了公司营销网络规模优势和区位优势。公司自成立起，十多年以来一直在休闲食品零售行业以打造自有"来伊份"品牌的方式精耕细作，专注于休闲食品产业链中最核心的自主品牌培育推广、供应链管理、连锁经营等环节。目前，公司形成了直营门店、加盟门店、经销商、特渠团购、电子商务、移动APP等全渠道终端网络，不断引领、满足消费需求，"来伊份"品牌效应、规模效应日益凸显，形成有别于一般休闲食品企业的核心竞争力。

3. 信息化管理优势。休闲食品连锁零售模式同其他模式相比，具有员工多、门店数量多、分布广泛、配送商品种类多、批量小、频率高的特点，采购信息、物流信息、销售信息、财务信息等数据量大、实时性强，对信息管理系统的数据处理、传输能力和可靠性要求非常高。公司在行业内率先建设信息系统，并进行持续的优化和完善。该信息系统包括ERP业务管理系统、流程管理系统、企业综合信息门户系统和门店管理系统等，公司信息系统全面整合了企业内部的商品管理、采购管理、销售管理、物流管理、人才管理和财务管理。其优势主要体现在：高效的业务支撑、安全稳定的信息处理、及时的决策支持等。

4. 产品品质优势。公司本着"人无我有、人有我优、人优我特"的产品开发理念，不断进行产品推陈出新、筛选优质的供应商。来伊份早在2005年前已开始着手按ISO9001的质量管理体系的标准，建立覆盖源头环节、生产环节、流通环节的品质控制体系，公司按照事前风险预防、事中风险监控管理和事后风险释放的原则，建立来伊份食品安全管控体系。完善事前风险预防——在引进供应商的时候，重点考核其企业价值观、质量意识和质量管控能力，并对生产现场进行全面评估；事中风险监控管理——通过对供应商进行日常巡检和飞行检查、要求供应商进行第三方认证、要求供应商对原材料质量的控制、约谈供应商、进行供应商考评、建立供应商奖惩制度、淘汰制度等措施，加强对供应商的日常管理；通过远程视频监控系统，监控其主要生产环节等措施，加强对供应商的产品质量的监控；通过对供应商产品质量进行多角度、全方位管控，保障来伊份休闲食品的质量；事后风险释放——通过消费者七天内无理由退货、开通了 7×13 小时的服务热线和会员热线、售后服务标准和为消费者量身定做的独特化的投诉处理方案等，公司建立了完善的退货、售后服务和投诉处理等制度，制定了严格的热线受理工作流程，妥善及时处理消费者退换货和各类投诉等事宜，进一步提升了公司的商品和服务的质量，提高顾客满意度。

六、财务状况分析

（一）资产构成情况分析

表9-2　　　　　　　　　来伊份资产情况　　　　　　　　单位：万元，%

项目	2016-06-30		2015-12-31		2014-12-31	
	金额	比例	金额	比例	金额	比例
流动资产	89 181.59	51.14	101 189.19	53.89	95 137.62	61.72
非流动资产	85 213.16	48.86	86 581.44	46.11	58 834.21	38.28
资产总计	174 394.76	100	187 770.63	100	153 699.41	100

从资产结构看，2014年末、2015年末和2016年6月末，公司流动资产占总资产比例分别为61.72%、53.89%和51.14%；非流动资产占总资产比例分别为38.28%、46.11%和48.86%。公司流动资产占总资产比例较高的主要原因为：公司货币资金、预付账款以及存货的比重较高。这是由公司的经营特征决定的，公司绝大部分收入通过直接收现实现，货币资金的比重较高。公司经营所需的门店绝大部分为租赁，预付账款主要为公司门店租赁的预付租金。同时，为满足正常经营，保证及时供货，公司须根据以

往的销售经验保持一定数量的安全库存。公司2014年以后非流动资产比例上升主要系募投项目上海来伊份股份有限公司生产及仓库用房项目在2014年开始建设，在建工程及固定资产大幅增加所致。

（二）负债结构分析

2015年该公司总负债为79 912.69万元，流动负债占99.54%，非流动负债占0.46%，远远低于流动负债。流动负债中应付账款50 829.98万元，占比最大超过半数（63.9%），其次为预收款项（17.02%）、其他应付款（14.47%）、应交税费（4.5%）、应付职工薪酬（0.1%）。2014年该公司负债总额为68 461.55万元。

（三）偿债能力分析

表9-3　　　　　　　　　　　来伊份偿债能力

财务指标	2016-06-30	2015-12-31	2014-12-31
流动比率	1.51	1.27	1.40
速动比率	1.28	0.94	1.07
资产负债表（母公司）	37.65%	44.89%	40.75%
息税折旧摊销前利润（万元）	14 404.34	25 017.64	27 878.64
每股经营性现金流量净额（元）	0.53	1.06	1.26
每股净现金流量（元）	0.24	-0.04	0.05

由表9-3可见，该公司最近三年偿债能力较强。报告期内，流动比率和速动比率整体情况良好，公司的流动性风险较低，公司的资产负债率处于合理水平。公司的资本结构稳健。总体而言，该公司流动比率、速动比率、资产负债率均维持在合理水平，具有较强的偿债能力，经营现金流较充足，银行资信较好。

（四）盈利能力分析

根据财务数据显示，2014年、2015年和2016年上半年，来伊份的营业收入分别约为28.58亿元、31.27亿元和17.04亿元，实现净利润分别约为13 575.64万元、13 158.85万元和6 924.60万元，业绩增长势头良好。据中泰证券的研报显示，2010年到2015年间，来伊份收入年均复合增长率达到11.73%，净利润年均复合增长率为5%。

该公司以直营门店销售为主要销售渠道，其他多种渠道为辅，主要渠道包括：直营门店零售、加盟商批发销售、团购销售、经销商销售、电子商务平台销售。截至2016年6月30日，公司共开设直营门店2 111家，加盟门店160家，电子平台的销售主要在淘宝、京东商城、1号店以及来伊份的自主官方网站。公司的主要利润来源于直营零售且基本稳定（90%左右）；加盟商批发、团购销售作为公司利润来源的补充；经销商销售和电子平台销售作为公司销售方式的新尝试，也增加了公司的利润来源。2014年公司电子平台参与天猫"双十一"活动并在官方网站推出各种优惠活动，2014年电子平台销售收入同比增长2 098.12万元，增幅164.13%，未来有较大的增长潜力。炒货及豆制品、肉制品及水产品、蜜饯及果蔬为该公司的主打产品，其收入合计占比约85%；其他产品主要包括糖果/果冻、饮料等，糕点和其他产品收入占比约为15%。

费用率总体平稳，2014年、2015年和2016年上半年分别占营业收入的40.57%、40.24%和38.54%，公司处于连锁零售的行业，拥有众多的连锁门店，与此相配套的门店租金支出、营业员工资支出较多，在门店数量一定的情况下，该部分费用不随着公司的营业收入变化而变化。

讨论题

1. 公司面临哪些风险？
2. 该公司有哪些竞争优势？
3. 用基本分析法对该公司进行分析。

分析路径与提示

1. 股票市场的波动总是与整体经济的变化联系在一起，宏观经济的发展状况决定股票市场的长期趋势。一家公司的股票价格反映的是投资者依据收益、现金流量及其必要的收益率对该公司业绩所作的预期，而公司的业绩同样受到整体经济运行的影响。对于某些公司来说，在众多影响公司利润的因素中，宏观经济和行业环境甚至比其在行业中的业绩好坏更重要。同时，股票市场对国家宏观经济政策非常敏感。特别是在市场经济条件下，政府通过货币政策、财政政策和收入政策等工具调控经济，或挤出泡沫，或刺激经济增长；这些政策会对经济增长速度和企业经济效益产生影响，并进一步影响到股票市场上人们的预期和交易行为。

2. 投资者在进行股票选择时要对该股票所在行业进行分析。行业分析介于宏观分析和微观分析之间，也称为中观分析。行业的发展状况对该行业上市公司的业绩影响巨大，行业的兴衰也是决定公司价值的重要因素之一。从某种意义上讲，投资于某上市公司，实际上就是以该上市公司所处行业为投资对象。

3. 投资者对具体投资对象的选择最终落实到微观层面的公司分析上，这是因为投资者的直接投资对象是公司所发行的证券，而其市场表现和投资收益直接受制于该发行公司的经营状况。只有通过分析潜在投资对象的背景资料、业务资料和财务资料，从整体上多角度地了解企业，才能适当地确定公司股票的合理定价，进而通过比较市场价位与合理定价的差异进行投资决策。

【能力训练】

（一）选择题

1. 证券投资分析中的基本分析包括（　　）。
   A. 宏观经济分析　　B. 行业分析　　C. 公司分析　　D. 技术分析
2. 汇率用单位外币的本币标价来表示，汇率上升怎样影响证券市场（　　）。
   A. 本币贬值，本国产品竞争力强
   B. 出口型企业收益增加，其股票和债券价格上涨

C. 依赖于进口的企业成本增加，利润受损，股票和债券价格将下跌

D. 资本流出本国，使本国证券市场需求减少，从而市场价格下跌

3. 下列（　　）状态会使证券市场有下跌行情。

　A. 持续、稳定、高速的 GDP 增长　　　　B. 高通货膨胀下的 GDP 增长

　C. 宏观调控下的 GDP 减速增长

　D. GDP 负增长速度逐渐减缓并呈现向正增长转变

4. 下列选项中，通货膨胀对证券市场的影响错误表述的是（　　）。

　A. 温和的通货膨胀会使公司利润增加，从而公司股票价格上涨

　B. 物价上涨，股东实际股息收入下降，公司会增加股息派发，从而促使股价上涨

　C. 通货膨胀风险使投资者更愿意购买固定收益债券

　D. 严重的通货膨胀使公司支出增加，从而利润减少，股价下降

5. 下列利率对证券市场的影响表述正确的是（　　）。

　A. 利率水平上浮引起存款增加，贷款减少，同时扩大供给和需求

　B. 利率水平上浮引起存款增加，贷款减少，同时抑制供给和需求

　C. 利率水平下降引起存款减少，贷款增加，同时抑制供给和需求

　D. 利率水平下降引起存款减少，贷款增加，同时扩大供给和需求

6. 对经济周期分析正确的是（　　）。

　A. 每个经济周期都经历高涨、衰退、萧条、复苏四个阶段

　B. 经济走出低谷渐渐复苏时，政府会收紧银根，利率上升

　C. 经济高涨阶段，股票价格持续上升

　D. 股票价格的变动通常比实际经济的繁荣或衰退领先一步

7. 西方专家和学者认为股价变动要比经济周期循环早（　　）。

　A. 2~4 个月　　　　B. 4~6 个月　　　　C. 6~8 个月　　　　D. 8~10 个月

8. （　　）属于先行指标。

　A. 失业率　　　　　　　　　　　　　B. 消费支出

　C. 货币、财政政策指标　　　　　　　D. 存货水平

9. （　　）属于货币政策手段。

　A. 存款准备金制度　　　　　　　　　B. 再贴现政策

　C. 税收政策　　　　　　　　　　　　D. 公开市场业务

10. （　　）不是实施积极财政政策的手段。

　A. 降低税率，减少税收　　　　　　　B. 扩大财政支出，加大财政赤字

　C. 减少国债发行　　　　　　　　　　D. 增加国债发行

11. 以下对行业分析叙述错误的是（　　）。

　A. 行业分析属于微观经济分析

　B. 行业分析是连接宏观经济分析和上市公司分析的桥梁

　C. 处在生命周期不同发展阶段的行业，其投资价值也不一样

　D. 国民经济中具有不同地位的行业，其投资价值也不一样

12. 行业的市场结构分为（　　）。

   A. 完全竞争　　　　　　　　　　　　B. 不完全竞争

   C. 寡头垄断　　　　　　　　　　　　D. 完全垄断

13. 对于行业生命周期分析正确的是（　　）。

   A. 行业生命周期分析适用于所有行业

   B. 一般地，行业的生命周期可以分为开拓、扩展、稳定和衰退四个阶段

   C. 投资者应挑选正处于扩展阶段和稳定阶段的行业

   D. 投资者应避免投资开拓阶段和衰退阶段的行业

14. （　　）不是公司盈利能力分析指标。

   A. 毛利率　　　　　　　　　　　　　B. 资产周转率

   C. 销售额的年增长率　　　　　　　　D. 投资收益率

15. 技术分析的基本假设有（　　）。

   A. 市场行为涵盖一切信息

   B. 市场行为包含可得到的外部信息

   C. 证券价格沿趋势移动

   D. 历史会重演

16. （　　）不属于切线类技术分析。

   A. 趋势线　　　　　　　　　　　　　B. 黄金分割线

   C. 甘氏线　　　　　　　　　　　　　D. 平滑异同移动平均线

17. 关于道氏理论主要原理的叙述错误的是（　　）。

   A. 市场价格平均指数可以解释和反映市场的大部分行为

   B. 市场波动具有某种趋势，可分为主要趋势、次要趋势和短暂趋势

   C. 以一种主要的平均指数的运动为基础确认市场趋势

   D. 趋势必须得到交易量的确认

18. 波浪理论要考虑的因素有（　　）。

   A. 股价走势所形成的形态

   B. 股价走势图中各个高点所处的相对位置

   C. 股价走势图中各个低点所处的相对位置

   D. 完成某个形态所经历的时间长短

19. 关于波浪理论叙述正确的是（　　）。

   A. 股市呈一定的基本规律和形态，5个上升波浪和3个下降波浪构成上升阶段的8个波浪的完整循环

   B. 股市严格遵守8浪循环，无压缩和延伸

   C. 上升阶段中的第二浪的下调幅度可以超过第一浪的最低点

   D. 一般第一浪是运行时间及上升幅度最长的一个波浪

20. 关于江恩理论叙述正确的是（　　）。

   A. 江恩的时间间隔较短，仅为数日、数周

B. 回调到达起点的100%的位置，称为"平衡点"
C. 江恩线的基本比例为1:1，即1个单位时间内，价格运行1个单位
D. 2×1表示每1个单位时间价格运动2个单位

21. （　　）不是基本投资策略思路。
    A. 安全性　　　　　B. 分散性　　　　　C. 流动性　　　　　D. 盈利性

22. 影响投资策略的因素有（　　）。
    A. 对资金投资收益的依赖程度　　　　　B. 时间信息因素
    C. 心理因素　　　　　　　　　　　　　D. 知识和经验因素

23. 常用的投资方法有（　　）。
    A. 顺势投资法　　　　　　　　　　　　B. 分散投资法
    C. 拨档操作法　　　　　　　　　　　　D. 博傻主义操作法

24. 证券市场监管的原则有（　　）。
    A. 依法监管原则　　　　　　　　　　　B. 保护投资者利益原则
    C. "三公"原则　　　　　　　　　　　　D. 监督与自律相结合的原则

25. （　　）不是独立董事的特点。
    A. 独立性　　　　　B. 公正性　　　　　C. 专业性　　　　　D. 专职性

26. 关于国外独立董事制度的基本架构，叙述正确的是（　　）。
    A. 独立董事的资格，包括积极资格和消极资格
    B. 英美国家在独立董事的选举上采用"一股一票"选举制度
    C. 英国是独立董事制度首创国
    D. 独立董事与执行董事负有相同的忠实义务和注意义务

27. 中美独立董事制度的环境差异有（　　）。
    A. 一元制与二元制公司治理差异，我国是一元制，英美国家是二元制
    B. 股权结构差异，美国股权高度分散，我国股权集中
    C. 证券市场的差异，美国证券市场高度成熟，我国证券市场发展还不完善
    D. 经理人市场的差异，美国有发达的经理人市场，我国没有统一和有效的经理人市场

28. 集团诉讼起源于（　　）。
    A. 美国17、18世纪衡平法院的代表诉讼规则
    B. 英国17、18世纪衡平法院的代表诉讼规则
    C. 美国18、19世纪衡平法院的代表诉讼规则
    D. 英国18、19世纪衡平法院的代表诉讼规则

（二）思考题

1. 简述国内宏观经济环境对证券市场的影响。
2. 简述货币政策对证券市场的影响。
3. 简述技术分析的基本假设。
4. 简述道氏理论的主要原理。

5. 简述波浪理论的基本特征。
6. 简述江恩理论的组成构架。
7. 简述影响投资策略的因素。
8. 简述独立董事制度的定义和特点。
9. 简述集团诉讼制度的含义和特点。

第九章
【能力训练】
参考答案

【参考资料】

[1] 全国金融联考命题研究中心，金程教育金融联考教研组. 金融学基础辅导（第五版）[M]. 上海：复旦大学出版社，2010.

[2] 中国证券业协会. 证券投资分析[M]. 北京：中国金融出版社，2012.

[3] 王丽颖. 证券投资学[M]. 合肥：合肥工业大学出版社，2009.

[4] 邢天才，王玉霞. 证券投资学（第三版）[M]. 大连：东北财经大学出版社，2012.

[5] 吴晓求. 证券投资学（第四版）[M]. 北京：中国人民大学出版社，2014.

[6] [美] 滋维·博迪等. 投资学（第九版）[M]. 汪昌云，朱永翼等译. 北京：机械工业出版社，2012.

[7] [美] 小罗伯特·R. 普莱切特，阿尔弗雷德·J. 弗罗斯特. 艾略特波浪理论：20 周年纪念版[M]. 陈鑫译. 北京：机械工业出版社，2015.

[8] 何造中. 解读江恩理论（修订版）[M]. 广州：广东经济出版社，2008.

[9] 邵宇，秦培景. 证券投资分析——来自报表和市场行为的见解[M]. 上海：复旦大学出版社，2005.

[10] 冯彬. 证券投资导论[M]. 上海：上海财经大学出版社，2004.

[11] 谢朝斌. 独立董事法律制度研究[M]. 北京：法律出版社，2004.

[12] 谢百三. 证券市场的国际比较[M]. 北京：清华大学出版社，2003.

[13] [美] 罗伯特·哈格斯特朗. 巴菲特之道（第3版）[M]. 杨天南译. 北京：机械工业出版社，2015.

[14] 《上海来伊份股份有限公司首次公开发行股票招股意向书》，Wind 资讯，2016。

[15] 张俊云. 借鉴美国证券集团诉讼完善我国证券诉讼制度[J]. 天津法学，2016.

[16] 王浩. 我国证券市场监管的问题及其完善[J]. 学理论，2013（27）.

[17] 孙可娜. 证券投资教程[M]. 北京：机械工业出版社，2009.

[18] 王开定. 美国集体诉讼制度[M]. 北京：法律出版社，2008.

[19] www.chinesejy.com，2006.

[20] 中国证券业协会. 金融市场基础知识[M]. 北京：中国财政经济出版社，2020.

参 考 文 献

[1] [美] 威廉·F. 夏普等. 投资学基础（第三版）[M]. 赵锡军等译. 北京：电子工业出版社，2004.

[2] [美] 汉姆·列维. 投资学 [M]. 任淮秀等译. 北京：北京大学出版社，2004.

[3] [美] 博迪等. 投资学（第六版）[M]. 朱宝宪等译. 北京：机械工业出版社，2005.

[4] 布莱恩. 金融经济学（第一版）[M]. 北京：中国金融出版社，2005.

[5] 弗兰克·K. 赖顿. 投资学（第六版）[M]. 北京：机械工业出版社，2005.

[6] 刘红忠，蒋冠. 金融市场学（第一版）[M]. 上海：上海财经大学出版社，2006.

[7] 王锦炎. 美国市场做市商制度 [J]. 数字财富，2003（7）.

[8] 杨博. 中国股票市场有效性特征的实证分析 [J]. 经济论坛，2005（4）.

[9] 熊春红. 行为金融学与中国的资本市场 [J]. 金融与经济，2004（11）.

[10] 陈信华. 证券投资学讲义 [M]. 上海：立信会计出版社，2002.

[11] 中国证券业协会. 证券投资分析 [M]. 北京：中国财政经济出版社，2003.

[12] 林清泉. 固定收益证券 [M]. 武汉：武汉大学出版社，2005.

[13] 张亦春，郑振龙. 金融市场学 [M]. 北京：高等教育出版社，2003.

[14] 杨海明，王燕. 投资学 [M]. 上海：上海人民出版社，1998.

[15] 威廉·夏普，戈登·亚历山大，杰弗里·贝利. 投资学 [M]. 北京：中国人民大学出版社，1998.

[16] 文中桥. 固定收益证券的投资价值分析 [M]. 北京：经济科学出版社，2006.

[17] 中国证券业协会. 证券市场基础知识 [M]. 北京：中国财政经济出版社，2011.

[18] 中国证券监督管理委员会：《上市公司证券发行管理办法》，2006。

[19] 中国证券监督管理委员会：《首次公开发行股票并上市管理办法》，2006。

[20] 滋维·博迪，亚历克斯·凯恩，艾伦·J. 马科斯. 投资学题库与题解（第四版）[M]. 北京：机械工业出版社，2000.

[21] 张元萍. 现代投资理论与实务 [M]. 北京：首都经济贸易大学出版社，2004.

[22] 邢恩泉. 证券投资禁忌50例 [M]. 北京：电子工业出版社，2006.

[23] 金融学硕士研究生招生联考指导小组. 金融学基础考试大纲 [M]. 北京：中国财政经济出版社，2006.

[24] 中国证券业协会. 证券投资分析 [M]. 北京：中国金融出版社，2012.

[25] 孙可娜. 证券投资教程 [M]. 北京：机械工业出版社，2009.

[26] 周爱民. 证券投资学 [M]. 北京：中国统计出版社，2003.

[27] 吴晓求. 证券投资学（第二版）[M]. 北京：中国人民大学出版社，2004.

[28] 刘红忠. 投资学 [M]. 北京：高等教育出版社，2003.

[29] 夏鹏，刘汉平. 安然事件之后美国的会计、审计改革 [J]. 商业会计，2002（12）.

[30] 洪彦. 新加坡信息披露和会计准则的发展 [J]. 财会视窗，2004（4）.

[31] 郭凤雯. 英国AIM市场的监管规则和市场运作 [J]. 经济咨询，2006-12-25.

[32] 付娟. 银广夏失败案例解析 [J]. 企业研究，2005-08-08.

[33] 周亚红. 国际证券市场监管的信息披露制度 [J]. 国际金融研究，2000（12）.

[34] 秦大军. "安然事件"诱因及对我们的启示 [N]. 中国证券报，2002-2-26.

[35] 陈启清等. 信息披露案例 [M]. 北京：中国人民大学出版社，2003.

[36] [美] James. B. Arkebauer. 公开上市 [M]. 吴珊，庄园，陈启清等译. 北京：中国人民大学出版社，2002.

[37] 曹荣湘. 强制披露与证券立法 [M]. 北京：社会科学文献出版社，2005.

[38] 贾忠磊. 证券市场监督 [M]. 北京：中央广播电视大学出版社，2004.

[39] 全国金融联考命题研究中心，金程教育金融联考教研组. 金融学基础辅导（第二版）[M]. 上海：复旦大学出版社，2006.

[40] 徐国祥. 证券投资分析 [M]. 上海：上海三联书店，1999.

[41] 张亦春，郑振龙. 证券投资理论与技巧 [M]. 厦门：厦门大学出版社，2000.

[42] [美] 滋维·博迪，亚历克斯·凯恩、艾伦·J. 马科斯，陈雨露译. 投资学精要 [M]. 北京：中国人民大学出版社，2003.

[43] 李康. 证券市场投资分析技术 [M]. 北京：中央广播电视大学出版社，2004.

[44] 邵宇，秦培景. 证券投资分析——来自报表和市场行为的见解 [M]. 上海：复旦大学出版社，2005.

[45] 冯彬. 证券投资导论 [M]. 上海：上海财经大学出版社，2004.

[46] 谢朝斌. 独立董事法律制度研究 [M]. 北京：法律出版社，2004.

[47] 谢百三. 证券市场的国际比较 [M]. 北京：清华大学出版社，2003.

[48] 赵锡军. 论证券监管 [M]. 北京：中国人民大学出版社，2000.

[49] 谢德高. 巴菲特投资策略全书 [M]. 北京：九州出版社，2001.

[50] Black Fischer, 1972, Capital Market Equilibrium with Restricted Borrowing. *Journal of Business*, 45 (3): 444-455.

[51] Breeden, D. T. 1979, An Intertemporal Asset Pricing Model with Stochastic Consumption and Investment Opportunities. *Journal of Financial Economics*, 7: 265-296.

[52] Fama E. F., French K. R., 1992, The Cross-section of Expected Stock Returns. *Journal of Finance*, 47: 427-466.

[53] Fama E. F., French K. R., 1993, Common Risk Factors in the Returns on Bonds and Stocks. *Journal of Financial Economics*, 33: 3-56.

[54] Lintner, John, 1965, The Valuation of Risky Assets and the Selection of Risky Investments in Stock Portfolios and Capital Budgets, *Review of Economics and Statistics*, 47: 13-37.

[55] Lucas, Robert E., Jr., 1978, Asset Prices in an Exchange Economy, *Econometrica*, 46: 1429-1446.

[56] Markowitz Harry, 1952, Portfolio Selection, *Journal of Finance*, 7: 77-91.

[57] Merton Robert C., 1973, An Intertemporal Capital Asset Pricing Model, *Econometrica* 41: 867-887.

[58] Mossin, J., 1966, Equilibrium in a Capital Asset Market. *Econometrica*: 34: 768-783.

[59] Ross, Stephen A., 1976, The Arbitrage Theory of Capital Asset Pricing. *Journal of Economic Theory*,

13：341 –360.

[60] Sharpe, William, 1964, Capital Asset Prices：A Theory of Market Equilibrium Under Conditions of Risk. *Journal of Finance*, 19：425 –442.

[61] Shefrin H., Statman M., 1994, Behavioral Capital Asset Pricing Theory. *Journal of Financial and Quantitative Analysis*, 29（3）：323 –349.

[62] Tobin J., 1958, Liquidity Preference as Behavior Towards risk. *Review of Economic Studies*, 26（1）：65 –86.

21 世纪高等学校金融学系列教材

一、货币银行学子系列

★货币金融学（第五版）	朱新蓉	主编	69.00元	2021.05出版

（普通高等教育"十一五"国家级规划教材/国家精品课程教材·2008）

货币金融学	张 强 乔海曙	主编	32.00元	2007.05出版

（国家精品课程教材·2006）

货币金融学（附课件）	吴少新	主编	43.00元	2011.08出版
货币金融学（第二版）	殷孟波	主编	48.00元	2014.07出版

（普通高等教育"十五"国家级规划教材）

现代金融学	张成思	编著	58.00元	2019.10出版

——货币银行、金融市场与金融定价

货币银行学（第二版）	夏德仁 李念斋	主编	27.50元	2005.05出版
货币银行学（第三版）	周 骏 王学青	主编	42.00元	2011.02出版

（普通高等教育"十一五"国家级规划教材）

货币银行学原理（第六版）	郑道平 张贵乐	主编	39.00元	2009.07出版
金融理论教程	孔祥毅	主编	39.00元	2003.02出版
西方货币金融理论	伍海华	编著	38.80元	2002.06出版
现代货币金融学	汪祖杰	主编	30.00元	2003.08出版
行为金融学教程	苏同华	主编	25.50元	2006.06出版
中央银行通论（第三版）	孔祥毅	主编	40.00元	2009.02出版
中央银行通论学习指导（修订版）	孔祥毅	主编	38.00元	2009.02出版
商业银行经营管理（第二版修订版）	宋清华	主编	50.00元	2021.08出版
商业银行管理学（第五版）	彭建刚	主编	53.00元	2019.04出版

（普通高等教育"十一五"国家级规划教材/国家精品课程教材·2007/国家精品资源共享课配套教材）

商业银行管理学（第三版）	李志辉	主编	48.00元	2015.10出版

（普通高等教育"十一五"国家级规划教材/国家精品课程教材·2009）

商业银行管理学习题集	李志辉	主编	20.00元	2006.12出版

（普通高等教育"十一五"国家级规划教材辅助教材）

商业银行管理	刘惠好	主编	27.00元	2009.10出版
现代商业银行管理学基础	王先玉	主编	41.00元	2006.07出版
金融市场学（第三版）	杜金富	主编	55.00元	2018.07出版
现代金融市场学（第四版）	张亦春	主编	50.00元	2019.02出版
中国金融简史（第二版）	袁远福	主编	25.00元	2005.09出版

（普通高等教育"十一五"国家级规划教材）

货币与金融统计学（第四版）	杜金富	主编	48.00元	2018.07出版

（普通高等教育"十一五"国家级规划教材/国家统计局优秀教材）

金融信托与租赁（第五版）	王淑敏 齐佩金	主编	45.00元	2020.06出版
（普通高等教育"十一五"国家级规划教材）				
金融信托与租赁案例与习题	王淑敏 齐佩金	主编	25.00元	2006.09出版
（普通高等教育"十一五"国家级规划教材辅助教材）				
金融营销学	万后芬	主编	31.00元	2003.03出版
金融风险管理	马昕田	主编	40.00元	2021.06出版
金融风险管理	宋清华 李志辉	主编	33.50元	2003.01出版
网络银行（第二版）	孙 森	主编	36.00元	2010.02出版
（普通高等教育"十一五"国家级规划教材）				
银行会计学	于希文 王允平	主编	30.00元	2003.04出版
互联网金融	万光彩 曹 强	主编	50.00元	2022.01出版

二、国际金融子系列

国际金融学	潘英丽 马君潞	主编	31.50元	2002.05出版
★国际金融概论（第五版）	孟 昊 王爱俭	主编	45.00元	2020.01出版
（普通高等教育"十二五"国家级规划教材/国家精品课程教材·2009）				
国际金融（第三版）	刘惠好	主编	48.00元	2017.10出版
国际金融概论（第三版）（附课件）	徐荣贞	主编	40.00元	2016.08出版
★国际结算（第七版）（附课件）	苏宗祥 徐 捷	著	70.00元	2020.08出版
（普通高等教育"十二五"国家级规划教材/2012—2013年度全行业优秀畅销书）				
各国金融体制比较（第五版）	白钦先	等编著	78.00元	2021.09出版
国际金融（第二版）	周 文 漆腊应	主编	43.00元	2021.04出版
国际金融管理	鞠国华	主编	43.00元	2020.01出版

三、投资学子系列

投资学（第四版）	张元萍	主编	63.00元	2022.04出版
证券投资学	吴晓求 季冬生	主编	24.00元	2004.03出版
证券投资学（第二版）	金 丹	主编	49.50元	2016.09出版
证券投资学	王玉宝	主编	38.00元	2018.06出版
现代证券投资学	李国义	主编	39.00元	2009.03出版
证券投资分析（第二版）	赵锡军 李向科	主编	35.00元	2015.08出版
组合投资与投资基金管理	陈伟忠	主编	15.50元	2004.07出版
投资项目评估（第三版）	李桂君 宋砚秋 王瑶琪	主编	60.00元	2021.06出版
项目融资（第三版）	蒋先玲	编著	36.00元	2008.10出版

四、金融工程子系列

金融经济学教程（第三版）	陈伟忠 陆珩瑱	主编	56.00元	2021.11出版
衍生金融工具（第二版）	叶永刚 张 培	主编	53.00元	2020.07出版
衍生金融工具	王德河 杨 阳	编著	38.00元	2016.12出版
现代公司金融学（第三版）	马亚明	主编	59.00元	2021.08出版

金融计量学	张宗新	主编	42.50元	2008.09出版
数理金融	张元萍	编著	29.80元	2004.08出版
金融工程学	沈沛龙	主编	46.00元	2017.08出版
金融工程	陆珩瑱	主编	39.50元	2018.01出版

五、金融英语子系列

金融英语阅读教程（第四版）	沈素萍	主编	48.00元	2015.12出版
（北京高等教育精品教材）				
金融英语阅读教程导读（第四版）	沈素萍	主编	23.00元	2016.01出版
（北京高等学校市级精品课程辅助教材）				
保险专业英语	张栓林	编著	22.00元	2004.02出版
保险应用口语	张栓林	编著	25.00元	2008.04出版

注：加★的书为"十二五"普通高等教育本科国家级规划教材。

21 世纪高等学校保险学系列教材

保险学概论	许飞琼		主编	49.80 元	2019.01 出版
保险学概论学习手册	许飞琼		主编	39.00 元	2019.04 出版
经典保险案例分析 100 例	许飞琼		主编	36.00 元	2020.01 出版
保险学（第二版）	胡炳志	何小伟	主编	29.00 元	2013.05 出版
风险管理与保险	孔月红	高 俊	主编	39.50 元	2019.10 出版
保险精算（第三版）	李秀芳	曾庆五	主编	36.00 元	2011.06 出版
（普通高等教育"十一五"国家级规划教材）					
人身保险（第二版）	陈朝先	陶存文	主编	20.00 元	2002.09 出版
财产保险（第六版）	许飞琼	郑功成	主编	56.00 元	2020.12 出版
（普通高等教育"十一五"国家级规划教材/普通高等教育精品教材奖）					
财产保险案例分析	许飞琼		编著	32.50 元	2004.08 出版
海上保险学	郭颂平	袁建华	编著	34.00 元	2009.10 出版
责任保险	许飞琼		编著	40.00 元	2007.11 出版
再保险（第二版）	胡炳志	陈之楚	主编	30.50 元	2006.02 出版
（普通高等教育"十一五"国家级规划教材）					
保险经营管理学（第二版）	江生忠	祝向军	主编	49.00 元	2017.12 出版
保险经营管理学（第二版）	邓大松	向运华	主编	42.00 元	2011.08 出版
（普通高等教育"十一五"国家级规划教材）					
保险营销学（第四版）	郭颂平	赵春梅	主编	42.00 元	2018.08 出版
（教育部经济类专业主干课程推荐教材）					
保险营销学（第二版）	刘子操	郭颂平	主编	25.00 元	2003.01 出版
★风险管理（第五版修订本）	许谨良		主编	50.00 元	2022.01 出版
（普通高等教育"十一五"国家级规划教材）					
保险产品设计原理与实务	石 兴		著	24.50 元	2006.09 出版
社会保险（第四版）	林 义		主编	39.00 元	2016.07 出版
（普通高等教育"十一五"国家级规划教材）					
保险学教程（第二版）	张 虹	陈迪红	主编	36.00 元	2012.07 出版
利息理论与应用（第二版）	刘明亮		主编	32.00 元	2014.04 出版
保险法学	李玉泉		主编	53.50 元	2020.08 出版

注：加★的书为"十二五"普通高等教育本科国家级规划教材。